해커스
JLPT

실전
모의
고사 **N3**

200% 활용법!

무료 교재 학습 자료

교재 MP3
테스트용/고사장 소음 버전/복습용 분할 MP3

해커스일본어
[MP3/자료]
바로가기
▼

[이용 방법]
해커스일본어 사이트(japan.Hackers.com) 접속 후 로그인 ▶ 상단의 [교재/MP3 → MP3/자료]
클릭 후 이용하기

**회차별 단어·
문형집**
(PDF)

**JLPT N5/N4
필수 단어 · 문형집**
(PDF)

회독용 답안지
(PDF)

해커스일본어
[MP3/자료]
바로가기
▼

[이용 방법]
해커스일본어 사이트(japan.Hackers.com) 접속 후 로그인 ▶ 상단의 [교재/MP3 → MP3/자료]
클릭 후 이용하기

해커스일본어 단과/종합 인강 **30%** 할인쿠폰

2948-4A58-9AFA-A000

* 쿠폰 유효기간: 쿠폰 등록 후 30일

[이용 방법]

해커스일본어 사이트(japan.Hackers.com) 접속 후 로그인 ▶
메인 우측 하단 [쿠폰&수강권 등록]에서 쿠폰번호 등록 후 강의 결제 시 사용 가능

* 본 쿠폰은 1회에 한해 등록 가능합니다.

* 이 외 쿠폰과 관련된 문의는 해커스 고객센터(02-537-5000)로 연락 바랍니다.

쿠폰 바로
등록하기 ▶

해커스
JLPT

"실제 N3 시험의 난이도는 어떤지 궁금해요."

"해설이 잘 되어 있는 교재, 뭘 사야할지 모르겠어요!"

"독학으로 하려니까 너무 막막해요."

N3 실전모의고사로
합격 달성을 위한 완벽 대비!

1

다양한 난이도의 실전모의고사 총 5회분 수록!

'상/중상/중' 다양한 난이도의
모의고사 5회분으로
실전 감각을 기르세요.

2

정답이 한눈에 보이는 전략적 해설 제공!

정답을 고르는 전략적 해설과
상세한 오답 설명으로
문제 유형별 전략을
확실하게 익히세요.

최신 기출경향 반영

해커스
JLPT
일본어능력시험

실전
모의
고사

문제집

N3

讯 해커스어학연구소

해커스
JLPT
일본어능력시험

실전모의고사

문제집

N3

해커스일본어

CONTENTS

문제집

📖 **폰 안에 쏙! 회차별 단어·문형집** [PDF]

📖 **폰 안에 쏙! JLPT N5/N4 필수 단어·문형집** [PDF]

📄 **회독용 답안지** [PDF]

🎧 **테스트용 MP3/고사장 소음 버전 MP3/복습용 분할 MP3**

모든 PDF 학습 자료와 MP3는 해커스일본어 사이트(japan.Hackers.com)에서 무료로 다운받으실 수 있습니다.

해설집

해커스가 알려 드리는 JLPT N3 합격 비법

🔲 최신 출제 경향을 반영한 다양한 난이도의 모의고사를 풀어 보며 실전 감각 극대화!

합격률을 높이기 위해서는 실전 감각을 기르는 것이 가장 중요합니다. **최신 출제 경향을 철저히 분석하여 반영**한 <해커스 JLPT 실전모의고사 N3>의 모의고사 5회분을 직접 풀어 보고, 각 **회차와 문제의 난이도**를 확인하면서 취약한 부분을 보충하다 보면, 실제 시험에 완벽하게 대비할 수 있습니다.

🔲 정답이 보이는 전략적 해설로 유형별 풀이 방법 체득하기!

정답만을 위한 단편적인 설명 방식의 해설은 실제 문제 풀이에 크게 도움이 되지 않습니다. **문제 풀이 전략을 기반으로 정답뿐만 아니라 오답에 대한 설명까지 상세하게 수록**한 <해커스 JLPT 실전모의고사 N3>로 문제 유형별 풀이 방법을 학습하면 빠르게 오답을 소거하고 정확하게 정답을 고를 수 있습니다. 또한, 모든 문제가 해석/해설/어휘 정리와 함께 수록되어 있어 해설집만 가지고도 간편하게 학습할 수 있습니다.

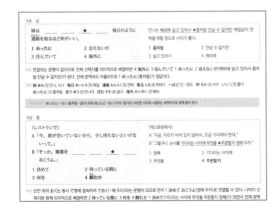

🔲 '꼭! 알아두기'로 문제 풀이 핵심 포인트 익히고 합격 실력 완성하기!

'꼭! 알아두기'는 실제 시험장에서 활용 가능한 핵심 문제 풀이 포인트만 엄선하여 수록하였습니다. 모의고사 문제를 풀고난 후, '꼭! 알아두기'를 함께 복습하면 시험장에서 비슷한 문제가 나왔을 때 바로 적용할 수 있을 만큼의 합격 실력을 완성할 수 있습니다.

모르는 어휘는 바로바로 찾고 암기하기!

지문과 스크립트에 사용된 거의 모든 단어와 문형을 수록하여 문제를 풀다가 모르는 어휘가 나와도 바로바로 찾아서 해석할 수 있습니다. 모르는 어휘를 그 자리에서 바로 찾고 암기한다면 학습 시간을 더욱 효율적으로 활용할 수 있습니다.

폰 안에 쏙! 들어가는 PDF로 언제 어디서나 N3-N5 단어와 문형 집중 학습하기!

해커스일본어 사이트에서 다운로드 받을 수 있는 '**폰 안에 쏙! 회차별 단어·문형집(PDF)**'과 '**폰 안에 쏙! JLPT N5/N4 필수 단어·문형집(PDF)**'을 스마트폰에 넣어 가지고 다니며 시험 직전까지 언제 어디서든 반복 학습하면 N3 수준의 어휘력을 키울 수 있습니다.

총 3종의 다양한 MP3 음원으로 청해 과목 실력 극대화하기!

실제 시험의 감각을 익힐 수 있는 **테스트용 MP3, 고사장 소음 버전 MP3**와 원하는 문제만 반복하여 들을 수 있는 **복습용 분할 MP3**까지 총 3종의 MP3를 반복 청취하면 직청직해 능력과 실전 감각을 효과적으로 키울 수 있습니다. 모든 MP3는 "해커스 MP3 플레이어" 어플로 1.05~2.0배속까지 원하는 배속으로 들을 수 있습니다.

JLPT N3 시험 정보

JLPT N3 인정 수준

일상적인 화제에 대해 쓰인 구체적인 내용의 글을 읽고 이해할 수 있으며, 조금 난이도가 있는 글도 다른 표현이 주어지면 요지를 이해할 수 있다. 제법 자연스러움에 가까운 속도의 짜임새 있는 회화를 듣고 내용과 인물의 관계를 거의 이해할 수 있다.

시험 구성 및 시험 시간

시험 내용		문항수	시험 시간
입실			13:10 까지
1교시	언어지식(문자·어휘)	35	13:30~14:00 (30분)
	언어지식(문법)	22~23	14:05~15:15 (70분)
	독해	16	
휴식			15:15~15:35 (20분)
2교시	청해	28	15:35~16:20 (45분) * 시험은 40분간 진행

합격 기준

JLPT는 합격점 이상 득점하면 합격하며, 한 과목이라도 과락 기준점 미만으로 득점하면 불합격됩니다.

레벨	합격점 / 만점	과목별 과락 기준점 / 만점		
		언어지식(문자·어휘·문법)	독해	청해
N3	95점 / 180점	19점 / 60점	19점 / 60점	19점 / 60점

시험 결과

· JLPT에 합격하면, 「일본어능력인정서」와 「일본어능력시험 인정결과 및 성적에 관한 증명서」를 받을 수 있으며, 불합격할 경우, 「일본어능력시험 인정결과 및 성적에 관한 증명서」만 수령하게 됩니다.

· 「일본어능력시험 인정결과 및 성적에 관한 증명서」에는 과목별 점수와 총점, 백분율, 언어지식(문자·어휘·문법) 과목의 정답률을 알 수 있는 참고 정보가 표기되어 있어, 자신의 실력이 어느 정도인지 알 수 있습니다.

\<인정결과 및 성적에 관한 증명서\>

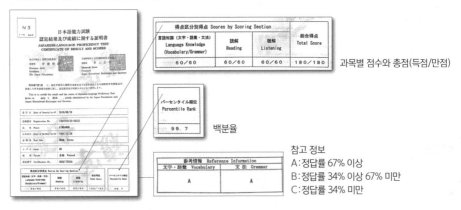

과목별 점수와 총점(득점/만점)

백분율

참고 정보
A: 정답률 67% 이상
B: 정답률 34% 이상 67% 미만
C: 정답률 34% 미만

JLPT N3 접수부터 성적 확인까지

1. JLPT 시험 접수, 시험일, 시험 결과 조회 일정

	시험 접수	시험일	시험 결과 조회
해당연도 1회	4월 초	7월 첫 번째 일요일	8월 말
해당연도 2회	9월 초	12월 첫 번째 일요일	1월 말

* 일반 접수 기간이 끝난 뒤, 약 일주일 동안의 추가 접수 기간이 있습니다.
　 정확한 일정은 JLPT 한국 홈페이지 (http://jlpt.or.kr)에서 확인 가능합니다.

2. JLPT 시험 접수 방법

(1) 인터넷 접수

　 JLPT 한국 홈페이지(http://jlpt.or.kr)에서 [인터넷 접수]로 접수합니다.

　 접수 과정 : [인터넷 접수] > [로그인] > [사진 등록] > [개인정보 등록] > [급수 선택] > [시험장 선택] > [결제]

(2) 우편 접수　*시험장 선택 불가

　 구비 서류를 등기우편으로 발송하여 접수합니다.

　 구비 서류 : 수험 원서(홈페이지 다운로드), 증명사진 1매(뒷면에 이름, 생년월일, 휴대 전화 번호 기재),
　　　　　　 수험료(우체국 통상환)

　 보낼 곳 : [서울권역] (03060) 서울시 종로구 율곡로53, 해영빌딩 1007호 JLPT일본어능력시험

　　　　　　[부산권역] (48792) 부산광역시 동구 중앙대로 319, 1501호(초량동, 부산YMCA) (사) 부산한일문화교류협회

　　　　　　[제주권역] (63219) 제주특별자치도 제주시 청사로 1길 18-4 제주상공회의소 JLPT사무국

3. JLPT 시험 준비물

 수험표　 규정 신분증
(주민등록증, 운전면허증, 여권 등)　 필기구
(연필이나 샤프, 지우개)　 시계

4. JLPT 결과 확인

(1) 결과 조회

　 1회 시험은 8월 말, 2회 시험은 1월 말에 JLPT 한국 홈페이지(http://jlpt.or.kr)에서 조회 가능합니다.

(2) 결과표 수령 방법

　 JLPT 결과표는 1회 시험은 9월 말, 2회 시험은 2월 말에 접수 시 기재한 주소로 발송됩니다.

　 합격자 : 일본어능력인정서, 일본어능력시험 인정결과 및 성적에 관한 증명서 발송

　 불합격자 : 일본어능력시험 인정결과 및 성적에 관한 증명서만 발송

(3) 자격 유효 기간

　 유효 기간이 없는 평생 자격이지만, 기관 등에서는 보통 2년 이내 성적을 요구하므로 주의하세요.

JLPT N3 출제 형태 및 문제 풀이 전략

언어지식(문자·어휘)

문제 1 | 한자 읽기

· 한자로 써진 단어의 읽는 방법을 묻는 문제로, 음독 어휘와 훈독 어휘의 발음을 고르는 문제가 출제된다.
· 총 문항 수: 8문항

▣ 문제 풀이 Step

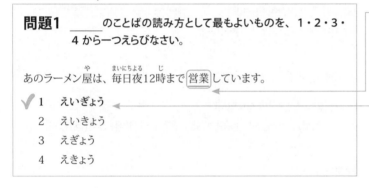

問題1 _____ のことばの読み方として最もよいものを、1・2・3・4 から一つえらびなさい。

あのラーメン屋は、毎日夜12時まで 営業 しています。

✓ 1 えいぎょう

2 えいきょう

3 えぎょう

4 えきょう

Step 1 밑줄 친 단어를 천천히 발음해 본다.

밑줄 친 営業의 발음은 えいぎょう이다. 한자 営는 장음 えい로, 業는 탁음 ぎ가 포함된 ぎょう로 발음되는 것에 유의한다.

Step 2 발음에 해당하는 선택지를 정답으로 고른다.

밑줄 친 営業의 정확한 발음인 1 えいぎょう를 정답으로 고른다.

2는 ぎ에서의 탁음을 삭제한 오답이고, 3은 えい에서의 장음을 삭제한 오답이며, 4는 えい에서의 장음을 삭제하고, ぎ에서의 탁음을 삭제한 오답이다.

문제 2 | 표기

· 히라가나로 써진 단어의 한자 표기를 묻는 문제로, 음독 이휘와 훈독 어휘의 한자 표기를 고르는 문제가 출제된다.
· 총 문항 수: 6문항

▣ 문제 풀이 Step

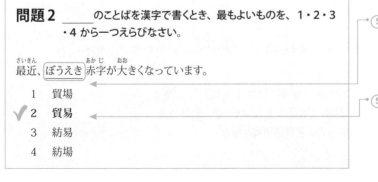

問題2 _____ のことばを漢字で書くとき、最もよいものを、1・2・3・4 から一つえらびなさい。

最近、 ぼうえき 赤字が大きくなっています。

1 貿場

✓ 2 貿易

3 紡易

4 紡場

Step 1 밑줄 친 히라가나 단어를 읽고 뜻을 떠올리며 한자를 써 본다.

ぼうえき의 의미는 '무역'이고, 한자 표기는 貿易이다.

Step 2 히라가나에 해당하는 한자를 정답으로 고른다.

올바른 한자인 2 貿易를 정답으로 고른다.
1 貿場는 場가 정답의 易와 모양이 비슷하고, 3 紡易는 紡가 정답의 貿와 음독이 같은 오답이다. 4 紡場는 紡가 정답의 貿와 음독이 같고, 場가 정답의 易와 모양이 비슷한 오답이다.

문제 3 | 문맥 규정

· 괄호에 들어갈 문맥에 맞는 알맞은 의미의 어휘를 고르는 문제로, 명사, 동사, 부사, 형용사가 골고루 출제된다.
· 총 문항 수: 11문항

▣ 문제 풀이 Step

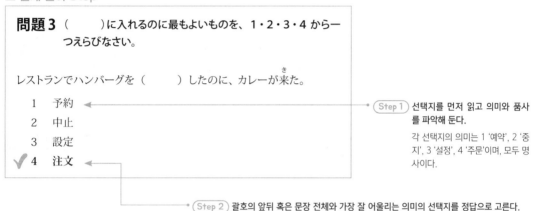

問題 3 （　　　）に入れるのに最もよいものを、1・2・3・4 から一
つえらびなさい。

レストランでハンバーグを（　　　）したのに、カレーが来_きた。

　　1　予約
　　2　中止
　　3　設定
✓　4　注文

Step 1 선택지를 먼저 읽고 의미와 품사를 파악해 둔다.

각 선택지의 의미는 1 '예약', 2 '중지', 3 '설정', 4 '주문'이며, 모두 명사이다.

Step 2 괄호의 앞뒤 혹은 문장 전체와 가장 잘 어울리는 의미의 선택지를 정답으로 고른다.

괄호의 앞부분인 ハンバーグを(햄버그를)를 보았을 때, ハンバーグを注文した(햄버그를 주문했다)라는 문맥이 가장 자연스러우므로 4 注文(주문)을 정답으로 고른다.
1은 ホテルを予約する(호텔을 예약하다), 2는 取引を中止する(거래를 중지하다), 3은 目標を設定する(목표를 설정하다)로 자주 쓰인다.

문제 4 | 유의 표현

· 밑줄 친 단어나 구와 의미적으로 가까운 표현을 고르는 문제로, 밑줄의 동의어나 뜻을 풀어 쓴 선택지를 고르는 문제가 출제된다.
· 총 문항 수: 5문항

▣ 문제 풀이 Step

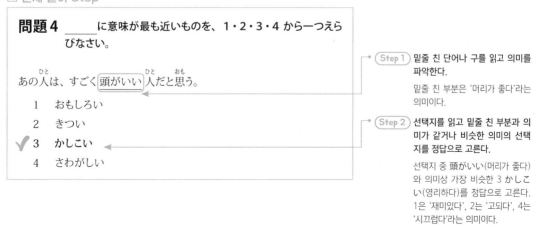

問題 4 ＿＿＿に意味が最も近いものを、1・2・3・4 から一つえら
びなさい。

あの人_{ひと}は、すごく頭_{ひと}がいい人_{おも}だと思う。

　　1　おもしろい
　　2　きつい
✓　3　かしこい
　　4　さわがしい

Step 1 밑줄 친 단어나 구를 읽고 의미를 파악한다.

밑줄 친 부분은 '머리가 좋다'라는 의미이다.

Step 2 선택지를 읽고 밑줄 친 부분과 의미가 같거나 비슷한 의미의 선택지를 정답으로 고른다.

선택지 중 頭がいい(머리가 좋다)와 의미상 가장 비슷한 3 かしこい(영리하다)를 정답으로 고른다.
1은 '재미있다', 2는 '고되다', 4는 '시끄럽다'라는 의미이다.

문제 5 | 용법

· 제시어가 쓰이는 상황과 의미가 모두 올바르게 사용된 문장을 고르는 문제로, 제시어로는 명사, 동사가 주로 출제되며, 형용사나 부사가 각각 1문항 정도 출제된다.

· 총 문항 수: 5문항

문제 풀이 Step

問題 5 つぎのことばの使い方として最もよいものを、1・2・3・4か ら一つえらびなさい。

かなり

1 大雨で、家がかなりにこわれてしまった。 ×

✓ 2 かなり勉強したが、いい結果が出なかった。 ○

3 成人したとはいえ、かなりまだ子供だな。 ×

4 昔のことを、かなり思い出して、涙が出た。 ×

Step 1 제시어를 읽고 품사와 의미를 확인한다.

제시어 かなり는 '제법, 상당히'라는 의미의 부사이다. 주로 정도가 보통의 상태를 넘는 상황에 사용한다.

Step 2 제시문의 앞뒤 혹은 문장 전체의 문맥을 파악하여, 제시어가 올바르게 사용된 선택지를 정답으로 고른다.

제시어를 뒷부분과 함께 읽었을 때, 2의 かなり勉強したが(제법 공부했지만)에서 문맥상 올바르게 사용되었으므로, 2를 정답으로 고른다. 1은 '제법으로 부서져 버렸다', 3은 '제법 아직 아이네', 4는 '제법 떠올려서, 눈물이 났다'라는 어색한 문맥이므로 오답이다.

■ 언어지식(문법)

문제 1 | 문법형식 판단

- 서술문 또는 대화문에서 빈칸 안에 들어갈 문맥에 맞는 문법형식을 고르는 문제이다. 조사나 부사, 문형, 문말 표현, 경어 표현을 묻는 문제가 출제된다.
- 총 문항 수: 13문항

▣ 문제 풀이 Step

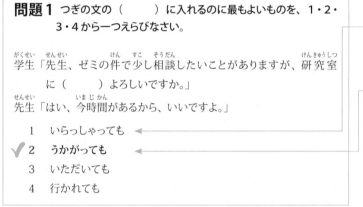

問題 1 つぎの文の（　　　）に入れるのに最もよいものを、1・2・3・4から一つえらびなさい。

学生「先生、ゼミの件で少し相談したいことがありますが、研究室に（　　　）よろしいですか。」

先生「はい、今時間があるから、いいですよ。」

　1　いらっしゃっても

✓　2　うかがっても

　3　いただいても

　4　行かれても

Step 1 선택지를 읽고 각 선택지의 의미와 무엇을 묻는 문제인지 파악한다.

선택지 4개가 모두 경어 표현이므로, 경어 표현을 묻는 문제이다.

Step 2 서술문 또는 대화문을 읽고 문맥상, 문법상 적절한 선택지를 정답으로 고른다.

대화자는 선생님과 학생 관계이며, 빈칸이 있는 문장에서 행동의 주체는 학생이다. 따라서, 빈칸에 들어갈 표현은 겸양 표현이어야 한다. 선택지 중에서 겸양 표현은 2번과 3번이다.

2 うかがっても(찾아 뵈어도)와 3 いただいても(받아도) 중에서 빈칸 앞의 **研究室**に(연구실로)와 문맥상 어울리는 2 うかがっても(찾아 뵈어도)를 정답으로 고른다.

문제 2 | 문장 만들기

· 4개의 선택지를 문맥에 맞게 올바른 순서로 배열한 뒤 ★이 있는 빈칸에 들어갈 선택지를 고르는 문제이다.
· 총 문항 수: 5문항

▣ 문제 풀이 Step

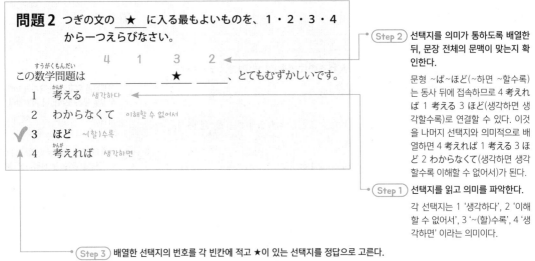

Step 2 선택지를 의미가 통하도록 배열한 뒤, 문장 전체의 문맥이 맞는지 확인한다.

문형 ~ば~ほど(~하면 ~할수록)는 동사 뒤에 접속하므로 4 考えれば 1 考える 3 ほど(생각하면 생각할수록)로 연결할 수 있다. 이것을 나머지 선택지와 의미적으로 배열하면 4 考えれば 1 考える 3 ほど 2 わからなくて(생각하면 생각할수록 이해할 수 없어서)가 된다.

Step 1 선택지를 읽고 의미를 파악한다.

각 선택지는 1 '생각하다', 2 '이해할 수 없어서', 3 '~(할)수록', 4 '생각하면' 이라는 의미이다.

Step 3 배열한 선택지의 번호를 각 빈칸에 적고 ★이 있는 선택지를 정답으로 고른다.

배열이 완료된 제시문은 '이 수학 문제는 4 생각하면 1 생각할 3 수록 2 이해할 수 없어서, 정말 어렵습니다'로, 문맥상 적절하다. 따라서 ★이 있는 세 번째 빈칸에 위치한 3 ほど(수록)를 정답으로 고른다.

문제 3 | 글의 문법

· 지문을 읽고 글의 흐름에 맞게 빈칸에 들어갈 알맞은 표현을 고르는 문제이다. 접속사나 부사, 지시어, 조사를 고르는
  문제, 적절한 문형, 문말 표현을 고르는 문제가 출제된다.
· 총 문항 수: 4~5문항 (지문 1개와 관련 문제 4~5문항)

▣ 문제 풀이 Step

問題 3 つぎの文章を読んで、文章全体の内容を考えて、[　　　]
の中に入る最もよいものを、1・2・3・4 から一つえらびな
さい。

下の文章は、留学生が書いた作文です。

日本語の難しさについて

イングリッド　アーリラ

　日本に来てから１年経ちましたが、今でも日本人が私のお願いや
誘いを断っているのかどうかを判断することはとても難しいです。
　例えば、私が日本に来たばかりのときに、クレジットカードが作りた
かったので、インターネットで申し込んでみました。[　　　]、カー
ド会社から返信が来ました。そこには難しい単語や表現で丁寧にい
ろいろなことが書いてありましたが、何度読んでも否定の言葉は一
つもありませんでした。だから、私はたぶん大丈夫だろうと思って
いました。しかし、どんなに待ってもカードは来ませんでした。それ
で、やっと断られたと気づいたのです。

1　ところが
2　そのうえ
3　つまり
✓ 4　すると

Step 2 빈칸 앞뒤를 읽으며 문맥을 파악
한다.

빈칸 뒤의 カード会社から返信が
来ました(카드 회사로부터 답장이
왔습니다)는 빈칸 앞의 クレジット
カードが作りたかったので、イン
ターネットで申し込んでみま
した(신용 카드를 만들고 싶었기
때문에, 인터넷으로 신청해보았습
니다)의 결과이므로, 빈칸에는 결
과를 나타내는 접속사가 필요하다.

Step 1 선택지를 읽고 각 선택지의 의미
와 무엇을 고르는 문제인지 파악
한다.

선택지를 보면 1 '그러나', 2 '게다
가', 3 '즉', 4 '그러자'이며, 문맥에
맞는 접속사 혹은 부사를 고르는
문제이다.

Step 3 문맥에 맞는 선택지를 정답으로
고른다.

선택지 1 '그러나', 2 '게다가', 3 '
즉', 4 '그러자' 중 4 すると(그러
자)가 문맥상 가장 자연스러우므로
4 すると를 정답으로 고른다.

■ 독해

문제 4 | 내용 이해(단문)

· 150~200자 내외의 지문을 읽고 질문에 올바른 내용을 고르는 문제이다. 일상생활에서의 경험 또는 특정 소재와 관련된 에세이나 설명문, 이메일, 메모, 편지, 공지 형식의 실용문이 출제된다.
· 총 문항 수: 4문항 (지문 1개와 각 지문과 관련된 문제 1문항씩)

▣ 문제 풀이 Step

問題 4 つぎの文章を読んで、質問に答えなさい。答えは、1・2・3・4 から最もよいものを一つえらびなさい。

　　日本の 結婚式 に行ったことがありますか。日本の結婚式には、招待状をもらった人しか行くことができません。招待 状をもらったら、行くか行かないか、必ず返事を出さなければなりません。 そのとき に、お祝いの言葉を一言書くのもいいでしょう。結婚式では、お祝いのお金を出します。3万円が普通ですが、2万円や4万円など2で割ることができる数字は注意したほうがいいです。そして着ていく服は、男性はスーツ、女性はドレスかワンピースが良いでしょう。ただし、白はだめです。白は花嫁が着る色だからです。
(注)
(注)花嫁：結婚する女性のこと

そのとき とあるが、 どのようなときか 。
　1　 結婚式 に 招待 するとき
✓ 2　 結婚式 の 招待 状の返事を送るとき
　3　 結婚式 のお祝いのお金を出すとき
　4　 結婚式 に行くとき

(Step 2) 지문에서 공통 핵심 어구가 언급되는 부분을 주의 깊게 읽고 정답의 단서를 찾는다.

지문에서 밑줄 친 그때를 찾고, 앞뒤 문장을 주의 깊게 읽는다. 지문에서 밑줄 친 그때의 앞 문장을 보면 招待状をもらったら、行くか行かないか、必ず返事を出さなければなりません(초대장을 받으면, 갈지 가지 않을지, 반드시 답장을 보내지 않으면 안 됩니다)이라고 언급하고 있다.

(Step 1) 질문과 선택지를 읽고 무엇을 묻는 문제인지 파악하고 공통 핵심 어구에 표시한다.

질문에서 밑줄 친 そのとき(그때)가 어떤 때인지를 묻고 있으므로, 그때에 표시해 둔다. 밑줄 문제이므로 선택지에서 반복되는 結婚式(결혼식), 招待(초대)를 밑줄 주변에서 찾는다.

(Step 3) 지문에서 찾은 정답의 단서와 일치하는 선택지를 정답으로 고른다.

따라서, 정답의 단서와 일치하는 내용인 2 結婚式の招待状の返事を送るとき(결혼식 초대장의 답장을 보낼 때)가 정답이다.

문제 5·6 | 내용 이해(중문) · 내용 이해(장문)

· 내용 이해(중문)은 350자 내외, 내용 이해(장문)은 550자 내외의 지문을 읽고 질문에 올바른 내용을 고르는 문제이다. 특정 이슈에 대한 필자의 경험이나 생각을 담은 에세이가 제시되며, 밑줄 친 부분에 대해 묻는 문제, 지문의 세부 내용을 묻는 문제, 그리고 필자의 생각이나 주제를 묻는 문제가 출제된다.
· 총 문항 수: 중문 – 6문항 (지문 2개와 각 지문과 관련된 문제 3문항씩), 장문 – 4문항 (지문 1개와 관련된 문제 4문항)

▣ 문제 풀이 Step

問題5 つぎの文章を読んで、質問に答えなさい。答えは、1・2・3・4 から最もよいものを一つえらびなさい。

先週、久しぶりに家に帰った。家に帰るのは、何年ぶりだろうか。玄関で「ただいま」と言うと、奥の方から母の声で、「どなたですか」と返ってきた。「僕だよ」というと、母はびっくりした顔で「おかえりなさい」と言ってくれた。そのとき、少しホッとした気持ちになった。

その夜、いつもは仕事で忙しい父と、大学に通っている妹が早く帰ってきたので、一緒に夕食を食べた。家族でご飯を食べるのも久しぶりだったが、やはり母が作った料理が一番おいしい。普段は、コンビニやお弁当屋で買って食べることが多いのだが、いつも母の料理の味を思い出していた。父は、相変わらず「いつ結婚するんだ」とか「仕事はちゃんとしてるのか」ばかりだ。でも、こういうことを言ってくれるのは、家族だからなんだろう。

（後略）

父の発言 について、「私」はどう思っている か。

1 結婚するつもりではないので、言われたくないと思っている。
2 結婚するつもりだし、仕事もちゃんとしているので言われてもいいと思っている。
✓ 3 父は色々なことを言うが、家族だから言ってくれると思っている。
4 家族だとしても結婚や仕事の話は言われたくないと思っている。

Step 2 지문에서 질문의 핵심 어구를 찾아 그 주변에서 정답의 단서를 찾는다.

지문의 후반부에 父は、相変わらず「いつ結婚するんだ」とか「仕事はちゃんとしてるのか」ばかりだ(아버지는, 여전히 '언제 결혼하니'라든가 '일은 제대로 하고 있는 거니' 뿐이다)라고 서술하고 있다. 그리고 그 뒤에 でも、こういうことを言ってくれるのは、家族だからなんだろう(하지만, 이런 것을 말해 주는 것은, 가족이니까 그런 거겠지)라고 아버지의 말에 대한 '나'의 생각을 서술하였다.

Step 1 질문을 읽고 무엇을 묻는 문제인지 파악하고 핵심 어구에 표시한다.

질문에 父の発言(아버지의 발언)이 언급되므로 父の発言에 표시해 둔다. 아버지가 말한 것에 대해 '나'가 어떻게 생각하고 있는지 묻는 문제이므로 아버지의 말에 대한 필자의 생각을 파악하며 지문을 읽어야 한다.

Step 3 지문에서 찾은 정답의 단서와 일치하는 선택지를 정답으로 고른다.

정답의 단서와 일치하는 내용인 3 父は色々なことを言うが、家族だから言ってくれると思っている(아버지는 여러 말씀을 하시지만, 가족이니까 말해 주는 것이라고 생각하고 있다)를 정답으로 고른다.

문제 7 | 정보 검색

· 조건이나 상황을 제시하는 문제 2문항과 관련된 지문 1개가 출제된다. 제시된 조건들에 모두 부합하는 상품이나 행사 등을 고르는 문제와 제시된 상황에 따라 해야 할 행동이나 지불할 금액 등을 고르는 문제가 출제된다.
· 총 문항 수: 2문항

▣ 문제 풀이 Step

問題 7 下のページは、就職説明会のポスターである。これを読んで、下の質問に答えなさい。答えは、1・2・3・4から最もよいものを一つえらびなさい。

ジョンさんは、外国人留学生就職説明会に参加したいと思っている。しかし、アルバイトで履歴書を書く時間がない。また、11月19日は午前にアルバイトがある。ジョンさんが参加できるプログラムはどれか。

1　エントリーシート作成の方法
2　各企業担当者の説明
3　模擬面接
✔ 4　企業担当者との相談

外国人留学生　就職説明会のご案内

外国人留学生のための就職説明会を実施します。興味がある方はぜひご来場ください。

日時	11月19日（火）午前9時～午後6時
場所	かな日本語学校 本館 3階 会議室
対象	かな日本語学校卒業予定の外国人留学生
プログラム内容	・○○商社、△△社など、総35社が参加します。
	・9時～10時：エントリーシート作成の方法
	・10時～12時：企業担当者の説明
	・13時～15時：模擬面接（必ず履歴書をお持ちください）
	・15時～18時：企業担当者との相談

※模擬面接と担当者との相談は事前に申し込みしない場合、参加することができないので、ご注意ください。

Step 1 지문의 종류를 먼저 확인한 후, 질문을 읽고 제시된 조건이나 상황에 표시한다.

취직 설명회 포스터이다. 질문에 제시된 조건인 (1) 履歴書を書く時間がない(이력서를 쓸 시간이 없다), (2) 午前にアルバイトがある(오전에 아르바이트가 있다)와 질문인 参加できるプログラム(참가할 수 있는 프로그램)에 표시해 둔다.

Step 3 질문의 조건에 모두 부합하는 선택지나 상황에 맞는 선택지를 정답으로 고른다.

질문에 제시된 모든 조건과 상황을 만족시키는 프로그램은 15시~18시의 企業担当者との相談(기업 담당자와의 상담)이므로 4번을 정답으로 고른다.

Step 2 지문에서 제시된 조건이나 상황에 해당하는 부분을 찾아 표시한다.

(1) 이력서를 쓸 시간이 없다 : 13~15시에 있는 模擬面接(모의 면접)는 이력서가 필요하므로 X 표시를 한다. (2) 오전에 아르바이트가 있다 : 9시~10시의 エントリーシート作成の方法(입사 지원서 작성 방법), 10시~12시의 企業担当者の説明(기업 담당자의 설명)에는 아르바이트 때문에 참가가 불가능하기 때문에 X 표시를 한다.

청해

문제 1 | 과제 이해

· 특정 이슈에 대한 두 사람의 대화 또는 음성 메시지나 행사 설명과 같은 한 사람이 하는 말을 듣고, 화자가 앞으로 해야 할 일을 고르는 문제이다. 앞으로 해야 할 일, 가장 먼저 해야 할 일, 어떻게 해야 하는지를 묻는 문제가 출제된다.

· 총 문항 수: 6문항

문제 풀이 Step

[문제지]

もんだい
問題1では、まず質問を聞いてください。それから話を聞いて、問題
ようし
用紙の1から4の中から、最もよいものを一つえらんでください。

1　イタリアンレストランへ行く　×

2　カレーを食べに行く　×

3　家で作って食べる　×

✓ 4　ホテルのすし屋へ行く　○

Step 1 음성을 듣기 전, 선택지를 빠르게 읽고 음성에서 언급될 과제들을 미리 확인한다.

선택지를 읽고, 1 이탈리안 레스토랑, 2 카레, 3 집에서 만들어 먹기, 4 호텔의 스시 가게에 관한 내용이 대화에 언급될 것임을 파악해 둔다.

[음성]

おんな　ひと　おとこ　ひと　はな
女の人と男の人が話しています。二人は晩ごはんをどうすることにしました
したか。

F：　あなた、たまには外で食べるのはどう？ 隣の奥さんに最近オープ
　　ンしたイタリアンレストランの店を教えてもらったのよ。

M：　イタリアンレストランか。今日のお昼に会社の近くでスパゲティとピ
　　ザを食べたからな。

F：　そうなんだ。残念。なら、カレーはどう？ 先月、一緒に行ったじゃない？

M：　あー、あの店か。おいしかったよね。でも、この間、前を通ったと
　　きに、当分休みますって書いてあったような。

F：　えぇ、本当？ 今日は、外で食べる日じゃないみたいね。久しぶり
　　に、あなたとデートできると楽しみにしてたのに。

M：　なら、駅前のホテルのすし屋はどう？ あそこだったら、静かでゆっ
　　くり食べることができるし。

F：　いいわね。そこにしましょう。

ふたり　ばん
二人は晩ごはんをどうすることにしましたか。

Step 2 음성에서 질문을 들을 때 질문의 포인트를 파악하고, 대화 또는 한 사람의 말을 들을 때 과제의 순서나 최종 확정된 사항을 파악한다.

두 사람의 오늘 저녁을 고르는 문제임을 파악한다. 대화에서 남자가 오늘 점심에 스파게티를 먹었다고 언급했으므로 1번에 X 표시를 한다. 카레 가게는 당분간 쉰다고 언급했으므로 2번에 X 표시를 한다. 駅前のホテルのすし屋はどう？ (역 앞 호텔의 스시 가게는 어때?) 라고 묻자, 여자가 いいわね。そこにしましょう(좋네. 거기로 해요) 라고 동의한다. 따라서 4번에 O 표시를 한다. 3번은 대화가 끝날 때까지 언급되지 않으므로 X 표시를 한다.

Step 3 질문을 다시 들을 때 결정된 과제로 언급된 선택지를 정답으로 고른다.

질문을 다시 들을 때, O 표시를 한 4 ホテルのすし屋へ行く(호텔의 스시 가게에 간다)를 정답으로 고른다.

문제 2 | 포인트 이해

· 두 사람의 대화 또는 한 사람이 말하는 음성 메시지나 방송을 듣고 세부 내용을 고르는 문제이다. 음성에서 언급된 이유, 상태, 일정, 방법 등을 묻는 문제가 출제된다.

· 총 문항 수: 6문항

■ 문제 풀이 Step

[문제지]

問題2では、まず質問を聞いてください。そのあと、問題用紙を見てください。読む時間があります。それから話を聞いて、問題用紙の1から4の中から、最もよいものを一つえらんでください。

여행을 가지 못하는 이유

1 同期を見まうから
2 交通事故があったから
✓ 3 出張に行くから
4 食事のやくそくが できたから

Step 1 음성에서 상황 설명과 질문을 들은 뒤 20초 동안 선택지를 빠르게 읽는다.

남자가 여행을 가지 못하는 이유를 묻는 문제이다. 각 선택지의 핵심 내용은, 1 '병문안', 2 '교통사고', 3 '출장', 4 '식사 약속'이다.

[음성]

留守番電話のメッセージを聞いています。男の人はどうして旅行に行けないと言っていますか。

M: 鈴木です。来週行くつもりだった大阪旅行なんだけど、ごめん。その日、出張に行くことになって、旅行に行けなくなったんだ。実は、今回の出張は僕の同期の担当なんだけど、昨日交通事故でけがをして入院したって聞いた。それで僕が急に担当することになった。出張の日程を変えようとしたけど、できなかった。ごめん。もしよかったら旅行の日程を変えない? 変更による手数料とか追加料金は僕が払うから。詳しいことは明日会って食事しながら話すよ。本当にごめん。

男の人はどうして旅行に行けないと言っていますか。

Step 2 음성을 들으며 질문의 포인트에 유의하여 정답의 단서를 파악한다.

대화 중, 남자가 그 날, 출장에 가게 되어서, 여행에 갈 수 없게 되었다(그날, 출장에 가기에 되어서, 여행에 갈 수 없게 되었어)라고 언급했다.

Step 3 음성에서 질문을 다시 들을 때 정답의 단서와 일치하는 내용의 선택지를 정답으로 고른다.

남자가 여행을 가지 못하는 이유를 묻는 문제이므로, 3 出張に行くから(출장에 가기 때문에)를 정답으로 고른다. 1은 언급되지 않았고, 2는 교통사고가 있었던 것은 남자가 아니라 동기라고 했으므로 오답이다. 4는 식사 약속이 생겨서 여행을 못 가는 것이 아니라, 남자가 내일 친구와 식사를 하며 이야기를 할 예정이라는 것이므로 오답이다.

문제 3 | 개요 이해

· 두 사람의 대화 또는 한 사람이 말하는 음성 메시지나 방송을 듣고 개요를 파악하는 문제이다. 두 사람의 대화인 경우에는 화자 한 명의 생각이나 대화의 소재를 묻는 문제가 출제되고, 한 사람이 하는 말인 경우에는 중심 내용이나 주제를 묻는 문제가 출제된다. 개요 이해부터는 문제지에 아무 내용도 써 있지 않다.

· 총 문항 수: 3문항

■ 문제 풀이 Step

[문제지]

問題3では、問題用紙に何もいんさつされていません。この問題は、ぜんたいとしてどんなないようを聞く問題です。話の前に質問はありません。まず話を聞いてください。それから、質問とせんたくしを聞いて、1から4の中から、最もよいものを一つえらんでください。

-メモ-

남녀 대화

수요일 저녁 약속   이미 가게 예약   1명 못 감, 인원수 변경

(Step 2) 음성을 들을 때, 간단히 메모하며 핵심 내용을 파악한다.

이번 주 수요일에 팀원들 다같이 저녁 식사를 하기로 하여, 여자가 식당을 예약해 두었다. 그러나, 팀원 중 한 명이 못 가게 되어서 예약 인원수를 변경해야 한다. 남자가 여자에게 인원수 변경 가능 여부를 식당에 물어봐 주기를 부탁하는 내용의 대화이다.

[음성]

男の人と女の人が話しています。

M : 田中さん。今週の水曜日にチームのみんなで晩ご飯を食べに行く約束なんだけど。

F : あ、それだったらもうお店を予約しましたよ。6時半に7人ですよね。

M : 申し訳ないんだけど、さっき吉川くんが、都合が悪くなって行けなくなったらしいんだよ。まだ人数を変えることができるかな。

F : そうなんですね。わかりました。一度聞いてみます。だめだったらどうしますか。

M : そうだね。その時は、僕が吉川くんの分を出すよ。

F : わかりました。確認してからまた報告しますね。

二人は予約の何について話していますか。

　1　予約のお店を変えること
　2　予約の時間を変えること
✔　3　予約の人数を変えること
　4　予約の曜日を変えること

(Step 1) 음성에서 상황 설명을 듣고 대화 또는 한 사람의 말 중 무엇을 듣게 될지 파악하고 질문을 미리 예상한다.

상황 설명에서 언급된 화자가 남자와 여자 두 명이므로, 대화 내용에 대한 화자 한 명의 생각이나 대화의 소재를 묻는 질문이 나올 것임을 예상한다.

(Step 3) 음성에서 질문과 선택지를 듣고, 알맞은 내용의 선택지를 정답으로 고른다.

질문에서 두 사람이 무엇에 대해 이야기하는지 물었으므로, 3 예약의 인원수를 변경하는 것(예약한 인원수를 바꾸는 것)를 정답으로 고른다.

· 주어진 상황에서 그림 속 화살표가 가리키는 인물이 할 말을 고르는 문제이다.
· 총 문항 수: 4문항

☑ 문제 풀이 Step

[문제지]

　問題４では、えを見ながら質問を聞いてください。やじるし（➡）の人
は何と言いますか。１から３の中から、最もよいものを一つえらんでく
ださい。

주말 아르바이트 / 쉬고 싶음

1. ✕
2. ○
3. ✕

(Step 1) 질문을 듣기 전, 그림 속 상황과 화살표의 인물을 확인하고 여백에 선택지 번호를 미리 써 둔다.

그림 속 인물 중 왼쪽 여자에 화살표 표시가 되어 있으므로, 그림의 상황에 맞는 여자의 말을 고르는 문제임을 파악한다.

(Step 3) 음성에서 선택지를 듣고, 질문에 가장 적절한 것을 정답으로 고른다.

1은 '죄송합니다, 주말 아르바이트를 쉬어 주었으면 좋겠는데요'이므로, 그림의 상황과 맞지 않으므로 ✕표시를 한다. 2 '죄송합니다, 주말 아르바이트를 쉬고 싶습니다만'은 주말 아르바이트를 쉬고 싶은 상황에 적절한 말이므로 2 옆에 ○ 표시를 한다. 3은 '죄송합니다, 주말 아르바이트를 그만두고 싶은데요'이므로, 그림의 상황과 맞지 않다. 따라서 ○ 표시를 한 2를 정답으로 고른다.

[음성]

　週末のアルバイトを休みたいです。何と言いますか。
　F：　1　すみません、週末のバイトを休んでもらいたいのですが。
　　✔　2　すみません、週末のバイトを休みたいんですが。
　　　　3　すみません、週末のバイトをやめたいんですが。

(Step 2) 질문을 들을 때, 상황과 누가 할 말을 묻고 있는지 파악한다.

주말 아르바이트를 쉬고 싶을 때 여자가 할 수 있는 말을 고르는 문제이다.

문제 5 | 즉시 응답

- 짧은 질문과 3개의 선택지를 연속하여 듣고, 질문에 가장 적절한 응답을 고르는 문제이다.
- 총 문항 수: 9문항

▣ 문제 풀이 Step

[문제지]

問題 5 では、問題用紙に何もいんさつされていません。まず文を聞いてください。それから、そのへんじを聞いて、1 から 3 の中から、最もよいものを一つえらんでください。

1. ○
2. ×
3. ×

-メモ-

Step 2 음성에서 선택지를 듣고, 질문에 가장 적절한 것을 정답으로 고른다.

1의 '앉으세요'는 자리가 비어 있다는 의미이므로, 빈 자리인지 묻는 여자의 말에 대한 적절한 응답이다. 따라서 1 옆에 O 표시를 한다. 2는 空いて(아이테)를 아케테로 반복 사용하여 혼동을 준 오답이므로, 2 옆에 X 표시를 한다. 3은 빈 자리인지 묻고 있는 상황에 맞지 않는 응답이므로, 3 옆에 X 표시를 한다. O 표시를 한 1 あ、どうぞ(아, 앉으세요)를 정답으로 고른다.

[음성]

F: あのう、ここ空いてますか。

M: ＿＿＿＿＿＿＿。

1 あ、どうぞ。

2 すみません。あけています。

3 え、すわっちゃったの?

Step 1 질문을 들을 때 내용과 의도를 파악한다.

여자가 남자에게 자리가 비어 있는지 묻고 있는 상황이다.

JLPT N3 합격 달성을 위한 맞춤 학습 플랜

 7일 학습 플랜

* 시험 직전 실전 감각을 극대화하고, 합격 실력을 마지막으로 점검하고 싶은 학습자

일차	날짜	학습 내용
1일차	☐___월___일	실전모의고사 제1회 채점 후 틀린 문제 복습 「폰 안에 쏙! 회차별 단어·문형집(PDF) – 제1회」 암기 「폰 안에 쏙! JLPT N5/N4 필수 단어·문형집(PDF) – N5 필수 단어」 암기
2일차	☐___월___일	실전모의고사 제2회 채점 후 틀린 문제 복습 「폰 안에 쏙! 회차별 단어·문형집(PDF) – 제2회」 암기 「폰 안에 쏙! JLPT N5/N4 필수 단어·문형집(PDF) – N5 필수 문형」 암기
3일차	☐___월___일	실전모의고사 제3회 채점 후 틀린 문제 복습 「폰 안에 쏙! 회차별 단어·문형집(PDF) – 제3회」 암기 「폰 안에 쏙! JLPT N5/N4 필수 단어·문형집(PDF) – N4 필수 단어」 암기
4일차	☐___월___일	실전모의고사 제1회~제3회 틀린 문제 한 번 더 풀기 「폰 안에 쏙! 회차별 단어·문형집(PDF) – 제1회~제3회」 잘 안 외워진 단어 한 번 더 암기 「폰 안에 쏙! JLPT N5/N4 필수 단어·문형집(PDF) – N4 필수 문형」 암기
5일차	☐___월___일	실전모의고사 제4회 채점 후 틀린 문제 복습 「폰 안에 쏙! 회차별 단어·문형집(PDF) – 제4회」 암기 「폰 안에 쏙! JLPT N5/N4 필수 단어·문형집(PDF) – N5 필수 단어/문형」 잘 안 외워진 단어와 문형 한 번 더 암기
6일차	☐___월___일	실전모의고사 제5회 채점 후 틀린 문제 복습 「폰 안에 쏙! 회차별 단어·문형집(PDF) – 제5회」 암기 「폰 안에 쏙! JLPT N5/N4 필수 단어·문형집(PDF) – N4 필수 단어/문형」 잘 안 외워진 단어와 문형 한 번 더 암기
7일차	☐___월___일	실전모의고사 제4회~제5회 틀린 문제 한 번 더 풀기 「폰 안에 쏙! 회차별 단어·문형집(PDF) – 제4회~제5회」 잘 안 외워진 단어 한 번 더 암기
시험일	☐___월___일	시험장에 가져가면 좋을 학습 자료 1. 청해 문제별 분할 MP3를 담은 휴대 전화 – 시험 직전까지 계속 들어요. 2. 「폰 안에 쏙! 회차별 단어·문형집(PDF)」 3. 「폰 안에 쏙! JLPT N5/N4 필수 단어·문형집(PDF)」

📅 **14일** 학습 플랜

* 현재 실력을 가늠해 보고, 차근차근 실력을 다지면서 합격 실력을 만들어 가고 싶은 학습자

일차	날짜	학습 내용
1일차	□___월___일	「폰 안에 쏙! JLPT N5/N4 필수 단어·문형집(PDF) – N5 필수 단어·문형」 암기
2일차	□___월___일	「폰 안에 쏙! JLPT N5/N4 필수 단어·문형집(PDF) – N4 필수 단어·문형」 암기
3일차	□___월___일	**실전모의고사 제1회** 「폰 안에 쏙! 회차별 단어·문형집(PDF) – 제1회」 암기
4일차	□___월___일	실전모의고사 제1회 틀린 문제 한 번 더 풀기 「폰 안에 쏙! 회차별 단어·문형집(PDF) – 제1회」 잘 안 외워진 단어 한 번 더 암기
5일차	□___월___일	**실전모의고사 제2회** 「폰 안에 쏙! 회차별 단어·문형집(PDF) – 제2회」 암기
6일차	□___월___일	실전모의고사 제2회 틀린 문제 한 번 더 풀기 「폰 안에 쏙! 회차별 단어·문형집(PDF) – 제2회」 잘 안 외워진 단어 한 번 더 암기
7일차	□___월___일	**실전모의고사 제3회** 「폰 안에 쏙! 회차별 단어·문형집(PDF) – 제3회」 암기
8일차	□___월___일	실전모의고사 제3회 틀린 문제 한 번 더 풀기 「폰 안에 쏙! 회차별 단어·문형집(PDF) – 제3회」 잘 안 외워진 단어 한 번 더 암기
9일차	□___월___일	**실전모의고사 제1회~제3회 회독용 답안지로 다시 풀기** 「폰 안에 쏙! JLPT N5/N4 필수 단어·문형집(PDF) – N5 필수 단어·문형」 한 번 더 암기
10일차	□___월___일	**실전모의고사 제4회** 「폰 안에 쏙! 회차별 단어·문형집(PDF) – 제4회」 암기
11일차	□___월___일	실전모의고사 제4회 틀린 문제 한 번 더 풀기 「폰 안에 쏙! 회차별 단어·문형집(PDF) – 제4회」 잘 안 외워진 단어 한 번 더 암기
12일차	□___월___일	**실전모의고사 제5회** 「폰 안에 쏙! 회차별 단어·문형집(PDF) – 제5회」 암기
13일차	□___월___일	실전모의고사 제5회 틀린 문제 한 번 더 풀기 「폰 안에 쏙! 회차별 단어·문형집(PDF) – 제5회」 잘 안 외워진 단어 한 번 더 암기
14일차	□___월___일	**실전모의고사 제4회~제5회 회독용 답안지로 다시 풀기** 「폰 안에 쏙! JLPT N5/N4 필수 단어·문형집(PDF) – N4 필수 단어·문형」 한 번 더 암기
시험일	□___월___일	**시험장에 가져가면 좋은 학습 자료** 1. 청해 문제별 분할 MP3를 담은 휴대 전화 – 시험 직전까지 계속 들어요. 2. 「폰 안에 쏙! 회차별 단어·문형집(PDF)」 3. 「폰 안에 쏙! JLPT N5/N4 필수 단어·문형집(PDF)」

실전모의고사 제1회

난이도 : 중

답안지 작성법

にほんごのうりょくしけん かいとうようし
일본어능력시험 정답 용지

N3

げんごちしき (もじ・ごい)
언어지식(문자·어휘)

〈ちゅうい Notes〉
1. 〈くろいえんぴつ(HB、No.2)でかいて
   ください。〉
   Use a black medium soft (HB or No.2) pencil.
   〈ペンやボールペンではかかないで
   ください。〉
   (Do not use any kind of pen.)
2. かきなおすときは、けしゴムできれ
   いにけしてください。
   Erase any unintended marks completely.

3. きたなくしたり、おったりしないで
   ください。
   Do not soil or bend this sheet.
4. マークれい Marking Examples

よいれい Correct Example	わるいれい Incorrect Examples
●	⊘ ○ ● ◑ ○ ⊙

あなたの なまえを ローマじで かいて ください。   Please print in block letters.

あなたの なまえを ローマじで かいて ください。

なまえ Name	K I M J I I S U

〈주의사항〉
1. 검정 연필(HB, No.2)로 써 주세요.
   펜이나 볼펜으로는 쓰지 마세요.
2. 고쳐 쓸 때는 지우개로 깨끗이 지워 주세요.
3. 답안지를 더럽히거나 접지 마세요.
4. 마킹 예시

올바른 예	잘못된 예
●	⊘ ○ ● ◑ ○ ⊙

じゅけんばんごうをかいて、そのしたのマーク
らんにマークしてください。
Fill in your examinee registration number
in this box, and then mark the circle for
each digit of the number.

수험번호를 써서 그 아래의 마크란에 마크해 주세요.

じゅけんばんごう (Examinee Registration Number)
수험 번호

20A101013123-30123

せいねんがっぴをかいてください。
Fill in your date of birth in the box.
생년월일

せいねんがっぴ(Date of Birth)

ねん Year	つき Month	ひ Day
1 9 9 3	0 4	1 4

생년월일을 올바르게 작성하세요.
오늘 날짜를 작성하지 않도록 주의하세요.

수험표 상의 이름과 답안지에 기재된 영문 이름이 일치하는지 확인하십시오.

답안 마킹 시 문항 번호에 주의하세요.

수험표 상의 수험 번호와
답안지에 기재된 수험 번호가
일치하는지 확인하세요.

問 題 1 문제 1				
1	①	②	③	④
2	①	②	③	④
3	①	②	③	④
4	①	②	③	④
5	①	②	③	④
6	①	②	③	④
7	①	②	③	④
8	①	②	③	④

問 題 2 문제 2				
9	①	②	③	④
10	①	②	③	④
11	①	②	③	④
12	①	②	③	④
13	①	②	③	④
14	①	②	③	④

問 題 3 문제 3				
15	①	②	③	④
16	①	②	③	④
17	①	②	③	④
18	①	②	③	④

問 題 4 문제 4				
26	①	②	③	④
27	①	②	③	④
28	①	②	③	④
29	①	②	③	④
30	①	②	③	④

問 題 5 문제 5				
31	①	②	③	④
32	①	②	③	④
33	①	②	③	④
34	①	②	③	④
35	①	②	③	④

일본어도 역시,
1위 해커스

japan.Hackers.com

실전모의고사 1

にほんごのうりょくしけん かいとうようし

N3

인어지식(문자·어휘)

げんごちしき（もじ・ごい）

あなたの なまえを ローマじで かいて ください。

Please print in block letters.

なまえ
Name

じゅけんばんごう
(Examinee Registration Number)

20A1010123-30123

せいねんがっぴをかいてください。
Fill in your date of birth in the box.

せいねんがっぴ(Date of Birth)

ねん Year	つき Month	ひ Day

問題 1

	1	2	3	4
1	①	②	③	④
2	①	②	③	④
3	①	②	③	④
4	①	②	③	④
5	①	②	③	④
6	①	②	③	④
7	①	②	③	④
8	①	②	③	④

問題 2

	1	2	3	4
9	①	②	③	④
10	①	②	③	④
11	①	②	③	④
12	①	②	③	④
13	①	②	③	④
14	①	②	③	④

問題 3

	1	2	3	4
15	①	②	③	④
16	①	②	③	④
17	①	②	③	④
18	①	②	③	④
19	①	②	③	④
20	①	②	③	④
21	①	②	③	④
22	①	②	③	④
23	①	②	③	④
24	①	②	③	④
25	①	②	③	④

問題 4

	1	2	3	4
26	①	②	③	④
27	①	②	③	④
28	①	②	③	④
29	①	②	③	④
30	①	②	③	④

問題 5

	1	2	3	4
31	①	②	③	④
32	①	②	③	④
33	①	②	③	④
34	①	②	③	④
35	①	②	③	④

にほんごのうりょくしけん かいとうようし

N3 언어지식(문법)·독해

げんごちしき（ぶんぽう）・どっかい

<注意Notes>
1. くろいえんぴつ(HB、No.2)でかいて
ください。
Use a black medium soft (HB or No.2) pencil.
(ペンやボールペンではかかないで
ください。)
(Do not use any kind of pen.)
2. かきなおすときは、けしゴムできれいに
けしてください。
Erase any unintended marks completely.
3. きたなくしたり、おったりしないでください。
Do not soil or bend this sheet.
4. マークれい Marking Examples

よいれい Correct Example	わるいれい Incorrect Examples
●	⊘ ◌ ◑ ⊖ ◐ ⊙

あなたの なまえを ローマじで かいて ください。
Please print in block letters.

なまえ
Name

じゅけんばんごう (Examinee Registration Number)

じゅけんばんごうをかいて、そのしたのマーク
らんにマークしてください。
Fill in your examinee registration number
in this box, and then mark the circle for
each digit of the number.

2 0 A 1 0 1 0 1 2 3 - 3 0 1 2 3

せいねんがっぴをかいてください。
Fill in your date of birth in the box.

せいねんがっぴ(Date of Birth)

ねん Year	つき Month	ひ Day

問題 1

	①	②	③	④
1	①	②	③	④
2	①	②	③	④
3	①	②	③	④
4	①	②	③	④
5	①	②	③	④
6	①	②	③	④
7	①	②	③	④
8	①	②	③	④
9	①	②	③	④
10	①	②	③	④
11	①	②	③	④
12	①	②	③	④
13	①	②	③	④

問題 2

14	①	②	③	④
15	①	②	③	④
16	①	②	③	④
17	①	②	③	④
18	①	②	③	④

問題 3

19	①	②	③	④
20	①	②	③	④
21	①	②	③	④
22	①	②	③	④

問題 4

23	①	②	③	④
24	①	②	③	④
25	①	②	③	④
26	①	②	③	④

問題 5

27	①	②	③	④
28	①	②	③	④
29	①	②	③	④
30	①	②	③	④
31	①	②	③	④
32	①	②	③	④

問題 6

33	①	②	③	④
34	①	②	③	④
35	①	②	③	④
36	①	②	③	④

問題 7

37	①	②	③	④
38	①	②	③	④

실전모의고사 1

にほんごのうりょくしけん かいとうようし

N3 청해

げんごちしき（もじ・ごい）

ちょうかい

あなたの なまえを ローマじで かいて ください。

Please print in block letters.

なまえ
Name

じゅけんばんごう
(Examinee Registration Number)

20A1010123-30123

せいねんがっぴをかいてください。
Fill in your date of birth in the box.

せいねんがっぴ(Date of Birth)

ねん Year	つき Month	ひ Day

もんだい 1

	①	②	③	④
れい	①	●	③	④
1	①	②	③	④
2	①	②	③	④
3	①	②	③	④
4	①	②	③	④
5	①	②	③	④
6	①	②	③	④

もんだい 2

	①	②	③	④
れい	①	②	③	④
1	①	②	③	④
2	①	②	③	④
3	①	②	③	④
4	①	②	③	④
5	①	②	③	④
6	①	②	③	④

もんだい 3

	①	②	③	④
れい	①	②	③	④
1	●	②	③	④
2	①	②	③	④

もんだい 4

れい	①	●	③
1	①	②	③
2	①	②	③
3	①	②	③
4	①	②	③

もんだい 5

れい	①	●	③
1	①	②	③
2	①	②	③
3	①	②	③
4	①	②	③
5	①	②	③
6	①	②	③
7	①	②	③
8	①	②	③
9	①	②	③

N3

げんごちしき（もじ・ごい）

（30ぷん）

ちゅうい
Notes

1．しけんが　はじまるまで、この　もんだいようしを　あけないで　ください。
　　Do not open this question booklet until the test begins.

2．この　もんだいようしを　もって　かえる　ことは　できません。
　　Do not take this question booklet with you after the test.

3．じゅけんばんごうと　なまえを　したの　らんに、じゅけんひょうと
　　おなじように　かいて　ください。
　　Write your examinee registration number and name clearly in each box below as written on
　　your test voucher.

4．この　もんだいようしは、ぜんぶで　5ページ　あります。
　　This question booklet has 5 pages.

5．もんだいには　かいとうばんごうの　　1 、 2 、 3 …が　ついて　います。
　　かいとうは、かいとうようしに　ある　おなじ　ばんごうの　ところに
　　マークして　ください。
　　One of the row numbers 1 , 2 , 3 … is given for each question. Mark your answer in the
　　same row of the answer sheet.

じゅけんばんごう　Examinee Registration Number	

なまえ　Name	

問題 1 _____のことばの読み方として最もよいものを、1・2・3・4から一つ
えらびなさい。

1 右下の図を見てください。

1 と 　　　　　 2 ど 　　　　　 3 す 　　　　　 4 ず

2 山田選手は試合の直後、インタビューに答えた。
（やま だ せんしゅ）

1 じきご 　　　 2 ちょくご 　　　 3 じきこう 　　　 4 ちょくこう

3 予定より早く仕事を終えることができそうだ。

1 あたえる 　　 2 おぼえる 　　 3 おえる 　　　 4 かえる

4 毎朝犬の散歩に行くのが日課です。
（さん ぽ）

1 にっか 　　　 2 にちか 　　　 3 にってい 　　　 4 にちてい

5 今日は昨日よりだいぶ涼しかった。

1 すずしかった 　 2 いそがしかった 　 3 たのしかった 　 4 むずかしかった

6 私の地元は魚がよく取れることで有名です。

1 ちもと 　　　 2 ちげん 　　　 3 じもと 　　　 4 じげん

7 週末に、録画していたドラマを見た。

1 どうかく 　　 2 ろくかく 　　 3 どうが 　　　 4 ろくが

8 締め切りまではまだ余裕があります。
（し き）

1 ようゆ 　　　 2 ようゆう 　　 3 よゆ 　　　　 4 よゆう

問題2 _____のことばを漢字で書くとき、最もよいものを、1・2・3・4から一つ
えらびなさい。

9 客に出すジュースをコップに<u>そそいだ</u>。
1 注いだ   2 泣いだ   3 流いだ   4 沈いだ

10 他の<u>ていあん</u>があればぜひ聞かせてください。
1 担案   2 提案   3 担容   4 提容

11 月に一回<u>くみあい</u>の会議が開かれる。
1 組合   2 組会   3 結合   4 結会

12 外は、手足の<u>かんかく</u>がなくなるほど寒かった。
1 感角   2 感覚   3 関角   4 関覚

13 あの国の経済は<u>きゅうげき</u>に成長している。
1 究劇   2 急劇   3 究激   4 急激

14 これは千年以上前に<u>たてられた</u>寺です。
1 作てられた   2 設てられた   3 建てられた   4 構てられた

問題3 （　　　）に入れるのに最もよいものを、1・2・3・4から一つえらびなさい。

15 大学4年間の（　　　）を払ってくれた両親にはとても感謝している。

1 運賃　　　　　　2 現金　　　　　　3 学費　　　　　　4 収入

16 去年入社した森さんも、安心して仕事が任せられるぐらい（　　　）なってきた。

1 親しく　　　　　2 頼もしく　　　　3 おとなしく　　　4 するどく

17 （　　　）して動かなくなったスマートフォンを修理に出した。

1 停電　　　　　　2 渋滞　　　　　　3 休業　　　　　　4 故障

18 運動会の日、弁当箱に娘の好きなおかずをいっぱい（　　　）あげた。

1 かさねて　　　　2 ためて　　　　　3 つめて　　　　　4 しまって

19 最近、持ち歩ける（　　　）のせんぷうきが人気らしい。

1 タイトル　　　　2 テーマ　　　　　3 ヒント　　　　　4 タイプ

20 水や森林などの（　　　）には限りがあるから、大切に使わなければならない。

1 栄養　　　　　　2 資源　　　　　　3 生物　　　　　　4 成分

21 家族で旅行の計画を立てていたが、（　　　）行かないことになった。

1 結局　　　　　　2 偶然　　　　　　3 早速　　　　　　4 大体

22 普段、はでな（　　　）の服はほとんど着ない。

1 線　　　　　　　2 柄　　　　　　　3 中身　　　　　　4 種類

23 先月結婚した友人に、結婚のお祝いを（　　　）。

1 移した　　　　　2 配った　　　　　3 分けた　　　　　4 渡した

24 汚れていた窓ガラスを新聞紙でみがいたら、（　　　）になった。

1 ばらばら　　　　2 ぶらぶら　　　　3 ぴかぴか　　　　4 ぺらぺら

25 小学校の給食費は、市が毎月決まった日に親の口座から（　　　）いる。

1 取り出して　　　2 引き落として　　3 押し込んで　　　4 払い戻して

問題4 _____に意味が最も近いものを、1・2・3・4から一つえらびなさい。

26 今日はなんだか教室がさわがしい。

1 きれいだ　　　2 きたない　　　3 うるさい　　　4 しずかだ

27 二人は共通点が多い。
きょうつうてん

1 同じところ　　2 違うところ　　3 好きなところ　　4 嫌いなところ
ちが　　　　　　　　　　きら

28 なるべく安いほうがいいです。

1 もっと　　　　2 できるだけ　　3 きっと　　　　4 もちろん

29 この仕事は私に向いていると思う。

1 決まって　　　2 かかって　　　3 合って　　　　4 できて

30 肉はまだ火が通っていないようだ。

1 味がついていない　　　　　　2 味が変わっていない

3 こげていない　　　　　　　　4 焼けていない

問題5 つぎのことばの使い方として最もよいものを、1・2・3・4から一つ
えらびなさい。

31 リーダー

1 今回泊（と）まったホテルは、快適（かいてき）でリーダーも親切だった。

2 息子（むすこ）が地域（ちいき）の少年野球のリーダーに入ってもう3年になる。

3 来月にある期末試験では、学年でリーダーの成績を取りたい。

4 優秀なリーダーとはメンバーの能力を引き出せる人である。

32 こぼす

1 川で釣（つ）った魚はあまりに小さかったので、その場でこぼしてやった。

2 席に運ぶ途中（とちゅう）で人にぶつかって、持っていたカレーをこぼしてしまった。

3 インターネットなどでうその情報をこぼすと犯罪（はんざい）になることもある。

4 この間の台風は、家の前に止めてある自転車をこぼすほど風が強かった。

33 消費（しょうひ）

1 節約（せつやく）のため、食料品は週に一回スーパーでまとめて消費（しょうひ）している。

2 環境（かんきょう）を考えて、家の電球を消費（しょうひ）するエネルギー量が少ないものに変えた。

3 仕事（しごと）で消費（しょうひ）するパソコンをもっと機能（きのう）が優（すぐ）れているものに買（か）い替（か）えたい。

4 最近一気に体重が増えたので、野菜を多く消費（しょうひ）するようにしている。

34 飛び込む

1 鳥のように空を自由に飛び込むことができたら楽しいと思う。

2 郵便（ゆうびん）で届いた荷物は、箱が破（やぶ）れて中身が飛び込んでいた。

3 けがの危険（きけん）があるので、プールに飛び込んではいけません。

4 近くを走っていた車が水たまりを飛び込んで靴（くつ）に水がかかった。

35 かゆい

1 昨日虫にさされたところがかゆくてしょうがない。

2 満員電車の中で、誰かに足をふまれてかゆかった。

3 文化祭でダンスをおどったが、失敗（しっぱい）してかゆかった。

4 昔はかゆくて苦手だったコーヒーが飲めるようになった。

N3

言語知識 (文法)・読解

（70分）

注　意
Notes

1．試験が始まるまで、この問題用紙を開けないでください。

Do not open this question booklet until the test begins.

2．この問題用紙を持って帰ることはできません。

Do not take this question booklet with you after the test.

3．受験番号と名前を下の欄に、受験票と同じように書いて
ください。

Write your examinee registration number and name clearly in each box below as written on your test voucher.

4．この問題用紙は、全部で19ページあります。

This question booklet has 19 pages.

5．問題には解答番号の ⬛**1**、⬛**2**、⬛**3** … が付いています。
解答は、解答用紙にある同じ番号のところにマークして
ください。

One of the row numbers ⬛**1**, ⬛**2**, ⬛**3** … is given for each question. Mark your answer in the same row of the answer sheet.

受験番号 Examinee Registration Number	

名　前　Name	

問題1 つぎの文の（　　　）に入れるのに最もよいものを、1・2・3・4から

一つえらびなさい。

1 忙しいとき（　　　）心に余裕^{よゆう}をもって行動することが大切だ。

1 こそ 　　　　2 しか 　　　　3 とか 　　　　4 ばかり

2 そのチームは応援^{おうえん}している人たちの期待^{きたい}（　　　）、最初の試合で負けてしまった。

1 によって 　　　2 にとって 　　　3 に反して 　　　4 に対して

3 ぜひ、アンケート（　　　）ご協力をお願いいたします。

1 との 　　　　2 への 　　　　3 からの 　　　　4 ほどの

4 （病院で）

A「こちらの紙に（　　　）終わったら、カウンターまでお持ちください。」

B「はい、分かりました。」

1 記入^{きにゅう} 　　2 記入^{きにゅう}し 　　3 記入^{きにゅう}する 　　4 記入^{きにゅう}した

5 昨日夜中にお腹が空いて（　　　）我慢^{がまん}できず、ラーメンを作って食べてしまった。

1 どんなに 　　　2 必ずしも 　　　3 すっかり 　　　4 どうしても

6 A「あのレストラン、今日もお客さんいっぱいだね。」

B「うん。テレビに（　　　）一気に有名になったんだって。今度予約して行ってみ

よう。」

1 出たといっても 　　　　　　　　2 出たばかりか

3 出たとたん 　　　　　　　　　　4 出たかわりに

7 一人暮らしを（　　　）必要な家具や家電製品をそろえるのはお金がかかる。

1 始めるくせに 　　　　　　　　　2 始めるうえで

3 始めるついでに 　　　　　　　　4 始めるようで

8 季節（　　　　）洋服を整理して、着ない服は他の人にゆずるようにしている。

1　ごとに　　　　　2　どおりに　　　　3　のうちに　　　　4　のほかに

9 山中「森さん、毎日お弁当を持ってきててすごいな。料理上手なんですかね。」

後藤「得意な（　　　　）。お母さんがシェフで子どもの頃から習っていたと聞きました。」

山中「そうなんですか。」

1　ことです　　　　2　おかげです　　　3　せいです　　　4　はずです

10 都市部の人口は増え続けており、問題になっている交通渋滞は（　　　　）。

1　悪化するはずがなかった　　　　　　2　悪化しそうになった

3　悪化する一方だ　　　　　　　　　　4　悪化しているほうだ

11 （デパートで）

母親　「静かにしなさい。店の中で（　　　　）よ。」

子ども「はい、ごめんなさい。」

1　さわぐもんじゃありません　　　　　2　さわぐことはありません

3　さわいでもおかしくありません　　　4　さわぐに違いありません

12 （会社で）

村上「先輩、部長がいつお戻りになるか（　　　　）。」

石田「私も分かりません。」

村上「そうですか。他の人に聞いてみます。」

1　おっしゃいますか　　　　　　　　　2　ご覧になりますか

3　召し上がりますか　　　　　　　　　4　ご存じですか

13 大学生のときにアルバイトをして社会経験を積むことも大事だが、学生なら勉強を

（　　　　）と思う。

1　優先させるとは限らない　　　　　2　優先させるわけにはいかない

3　優先させるものではない　　　　　4　優先させなくてはならない

問題2 つぎの文の ___★___ に入る最もよいものを、1・2・3・4から一つ
えらびなさい。

あそこで ＿＿＿＿ ＿＿＿＿ ＿★＿ ＿＿＿＿ は山田さんです。

　　1　テレビ　　　　2　人　　　　　3　見ている　　　　4　を

（解答のしかた）

1．正しい答えはこうなります。

あそこで ＿＿＿＿ ＿＿＿＿ ＿★＿ ＿＿＿＿ は山田さんです。
1　テレビ　4　を　3　見ている　2　人

2．___★___ に入る番号を解答用紙にマークします。

（解答用紙）　| （例） | ① | ② | ● | ④ |

14　姉は ＿＿＿＿ ＿＿＿＿ ＿★＿ ＿＿＿＿ 毎日のように連絡を取るほど仲がいい。

　　1　めったに　　　2　会えないが　　　3　住んでいて　　　4　海外に

15　（レストランで）

　A「今、席が空いていないから、少し待たないといけないって。」

　B「そっか。順番を ＿＿＿＿ ＿＿＿＿ ＿★＿ ＿＿＿＿ おこうよ。」

　　1　決めて　　　　2　待っている間に　3　何を　　　　　4　頼むか

16　会社のすぐ近くに住んでいて、徒歩で ＿＿＿＿ ＿＿＿＿ ＿★＿ ＿＿＿＿ 自転車
で通っている。

　　1　こともないが　　2　楽なので　　　　3　自転車のほうが　4　通えない

17　息子が習い事をやめたいと言い出した。本人がしたくないことを無理に ＿＿＿＿＿

＿＿＿＿＿　★　＿＿＿＿＿　つもりだ。

1　必要はないので　2　やめさせる　　　3　すぐにでも　　　4　やらせる

18　A「今田さんが今度結婚するらしいですよ。」

B「そうですか。それで ＿＿＿＿＿ ＿＿＿＿＿ ★ ＿＿＿＿＿ ね。」

1　わけです　　　2　忙しそうに　　　3　最近　　　　4　していた

問題3 つぎの文章を読んで、文章全体の内容を考えて、 | 19 |から| 22 |の中に

入る最もよいものを、1・2・3・4から一つえらびなさい。

下の文章は、留学生が書いた作文です。

日本の年末

テイラー　ブラウン

　去年、日本ではじめての年末を過ごしました。学校が休みだったので国に帰ろうかとも

思いましたが、日本の年末を体験したくて | 19 |。

　同じ寮に住む友達に、日本では年末に何をするのかと聞いたところ、掃除をする人が多

いと言われました。せっかく休みなのにどうして掃除をするのか不思議に思いました。調

べてみると、1年の間にたまったほこりを払い、家と心をきれいに | 20 | 新しい年を迎

えようという意味があるそうです。意味を聞いて、私も掃除 | 21 | したくなりました。普

段はしない天井や壁、窓ガラスもふきました。寒い中行うのはとても大変でしたが、部屋

がきれいになると気持ちもすっきりしました。

　31日の夜は、友達が実家に招待してくれました。友達のお母さんが作ってくれたそばを

みんなで食べました。これは「年越しそば」といって、 | 22 | の麺のように長く生きるこ

とを願い、1年の最後の日に食べるのだそうです。

　私の国とは文化が違ってとても面白い経験でした。今年も日本でいろんなことができた

らいいなと思います。

19

    1　帰らないことがありました　　　　　　2　帰らないことにしました

    3　帰らないようになりました　　　　　　4　帰らないはずでした

20

    1　したら　　　　　2　しては　　　　　3　して以来　　　　4　してから

21

    1　が　　　　　　　2　は　　　　　　　3　でも　　　　　　4　ぐらい

22

    1　そば　　　　　　2　どのそば　　　　3　ああいうそば　　4　これらのそば

問題4 つぎの(1)から(4)の文章を読んで、質問に答えなさい。答えは、1・2・3・4から最もよいものを一つえらびなさい。

（1）

　チャンさんの机の上に、川島部長からのメモが置いてある。

チャンさん

　おはようございます。

　チャンさんのパソコンのことですが、修理に少し時間がかかると総務部の担当者から連絡がありました。修理している間、別のパソコンを貸してくれるそうですので、会社に着いたらすぐ総務部に取りに行ってください。パソコンを借りるとき、パスワードを聞くのを忘れないようにしてくださいね。

　明日は午前中工場に行く用事があって、会社には午後から出勤します。借りたパソコンについて何か聞きたいことがあれば、担当者に直接連絡してください。

川島

23　このメモを読んで、チャンさんがしなければならないことは何か。

1　会社に着いたら総務部に修理が必要なパソコンを持っていく。
2　会社に着いてすぐ総務部にパソコンを借りに行き、パスワードを聞く。
3　午前中のうちに総務部にパソコンを取りに行き、午後から工場に行く。
4　午後出勤して総務部にパソコンを借りたら川島部長に電話する。

（2）

　風呂の残った水で洗濯をしていると言うと驚く人も多い。風呂に使った水なんかで洗ったら洗濯物がきれいにならないんじゃないかと言う人もいるが、私は特に気になったことがない。実家でも母親がそうしていたからだろう。

　洗濯をするときに風呂の水を再利用することのメリットはいくつかある。まず、水を節約することができて環境にいい。それに、お湯を使うことで衣服の汚れが落ちやすくなるとも言われている。とはいえ、それらの効果は私には正直よく分からない。水道代の節約になるから続けているだけなのだ。

24　「私」が洗濯するときに風呂の水を使うのは、どうしてか。

　1　母親が昔から風呂の水を使っていたから

　2　水が節約できてエコにつながるから

　3　お湯を使ったほうが汚れがよく落ちるから

　4　使う水の量が減って料金が節約できるから

(3)

これはネットショップから客に届いたメールである。

送 信 者： sasaki-shoes@abcmail.co.jp

件　　名： ご注文商品について

送信日時： 2023年4月28日　11:00

吉田様

　当店の商品をご注文いただきありがとうございます。

　お客様はコンビニ決済を選択されましたので、代金をコンビニにてお支払いください。お支払いはご注文日を含めて1週間、5月4日までに済ませていただくようお願いいたします。お支払いが確認でき次第、商品を発送いたします。

　ただし、連休による休業で、5月3日から5月7日までは発送手続きを行うことができませんので、3日以降にお支払いいただいた場合は8日以降の発送となります。ご了承ください。

25　このメールを読んで、客がしなければならないことは何か。

1　注文した商品の代金をどの方法で支払うか返事をする。

2　5月4日までにコンビニで注文した商品の代金を支払う。

3　5月3日から5月7日までに注文した商品を受け取る。

4　注文した商品の発送がいつになるか店に確認する。

(4)

　近年、仕事よりも個人の生活を大事にしたいと考える人が増えてきた。それとともに、残業をさせないようにしよう、任せる仕事の量を減らそうという上司や会社が多くなった。それぞれの希望にあった働き方が尊重され始めた結果だ。

　その一方で、もっと働いて仕事を学びたいのに、決まった退勤時間に帰らせられたり色んな仕事を任せてもらえなかったりすることを不満に思っている社員もいるそうだ。仕事に対する考えはみんな違う。どんな人の働き方も認められるべきではないか。上司や会社は、社員が本当に望んでいるものは何なのか考え直す必要があるだろう。

26　働き方について、「私」はどのように考えているか。

　1　すべての人が自分の生活を大事にする働き方ができたらいいと思う。

　2　決まった退勤時間に帰れるぐらいの仕事量が丁度いいと思う。

　3　すべての人の希望する働き方が認められるべきだと思う。

　4　上司も自分の望む働き方が何なのか考える必要があると思う。

問題5 つぎの(1)と(2)の文章を読んで、質問に答えなさい。答えは、1・2・3・4から最もよいものを一つえらびなさい。

（1）

　わたしは30年間高校教師をしています。教師にとって生徒の進路相談は重要な仕事の一つですが、最近残念なことがあります。「自分のやりたいことが分からないから進路が決められない」という声をよく聞くようになったことです。

　この原因は子どもたちの環境の変化にあると思います。昔は、子どもたちだけで近所の空き地や公園に行き、かくれんぼうや鬼ごっこなど自分たちがしたい遊びを自由にしていました。

　今では公園に行くにも親がついてきます。そして、少しでも危ないことをするとすぐにやめさせ、親が安心できる遊びを勧めます。最近の子どもが多くの時間を使う習い事も、先生に教わりながらすることです。つまり、大人が指定したことをするだけで、自由にしたいことをするという経験が減りました。その結果、自分がしたいことは何なのか分からなくなるのです。

　進路を決める年齢になって急にしたいことを問われても子どもは混乱してしまいます。彼らにとって自由な遊びは守られるべきものなのです。

（注）進路：ここでは、高校卒業後に進む道

27　この原因は、何を指しているか。
1　生徒の進路について話し合う機会が減った原因
2　何がしたいのか分からない生徒が増えた原因
3　子どもたちが自由に遊べる場所が減った原因
4　子どもたちが屋外で遊ぶ時間が減った原因

28　この文章では、子どもがどのように変化したと言っているか。
1　公園に子どもだけで遊びに行くようになった。
2　少しでも危ないと感じる遊びはしないようになった。
3　大人が勧めたことを楽しんでするようになった。
4　自分がしたいことを自由にする機会が少なくなった。

29　この文章で一番言いたいことは何か。

1　子どものころから進路について考えなくてはいけない。

2　子どもの進路について親が意見を出さないほうがいい。

3　子どもには遊びたいように遊ばせたほうがいい。

4　子どもが何をしても遊んでいる間は止めてはいけない。

（2）

　ある日、母と押入れを片付けていたら、両親が恋人時代に送り合った手紙が出てきた。当時は電話が一家に一台しかなかったため、よく手紙を書いていたそうだ。とは言っても手紙は時間を共にするものではないので、直接会って話す時間がとても貴重だったという。そんなこともあって、母は今の若者が一緒にいるのにお互い無言でスマホを見ているのが信じられないらしい。
_①

　そんな話を聞いてふと気になった。待ち合わせはどうしていたのだろうか。約束の場所や時間は決めていても、少し遅れることや待ち合わせ場所を変更したいことだってあるはずだ。母に聞くと、相手が来るまでずっと同じ場所で待っていたらしい。公衆電話から連絡したとしても、相手がすでに家を出発していたら繋がらないし、移動している間に相手が着くかもしれないからだ。そのせいか今より時間を守る人が多かったという。
_②

　当時は不便な分、相手のことをもっと大事に思えていたのかと思うと少しうらやましくもなった。便利なことが必ずしも幸せとは限らないのかもしれない。
_③

（注）公衆電話：街角や店などに設けられた、一般の人々が利用できる有料電話

30 ①信じられないとあるが、それはなぜか。

1　今の若者は手紙をほとんど書かないから
2　当時は家に一台しか電話がなかったから
3　当時は直接会う時間が大切だったから
4　今の若者はスマホを長時間使っているから

31 ②そのとあるが、何のことか。

1　約束の時間や場所を細かく決めていたこと
2　人を待つのが当たり前だったこと
3　人と待ち合わせるのが難しかったこと
4　時間に厳しい人が多かったこと

32　③少しうらやましくもなったとあるが、それはなぜか。

1　今のほうが時間を大切にする気持ちがあると感じたから

2　昔のほうが相手を思いやる気持ちがあったと感じたから

3　昔の人たちは不便な生活も楽しめていたと感じたから

4　今の時代は便利さだけでは幸せになれないと感じたから

問題6　つぎの文章を読んで、質問に答えなさい。答えは、１・２・３・４から最もよいものを一つえらびなさい。

　先日、面白いサービスがテレビで紹介されていた。月に決まった金額を支払えば全国にある物件から何か所でも好きなところを選んで住むことができる、いわゆる家の「サブスク」だ。「サブスク」とは、定期的に料金を払うことで商品やサービスが好きなだけ使えるようになるシステムのことを言い、①若い世代を中心に利用が広がっている。物を持つことより、何かを体験することを重視する人の増加が影響しているそうだ。

　家の「サブスク」を始めたある会社の人は「旅をしながら暮らすことができるサービスです。」と話していた。月４万５千円で日本各地にある物件に滞在できる。台所や風呂は共用スペースだが、一人一部屋ずつ個室が使えるようになっている。

　テレビ番組では利用者たちがこのサービスの魅力について話していた。一つ目は、いろんな場所に住めるという点だ。旅行だけでは分からないその地域のよしあしを手軽に体験することができる。二つ目は、いろんな人に出会えるという点だ。普段生活していたら会えない人たちと交流できる。最近はリモートで働く会社員などの利用者も増えているという。

　現在、このサービスで住める家は200を超える。②これらのほとんどが空き家をリフォームして提供されているというから驚きだ。日本では、空き家の増加が社会的な問題となっている。利用者を満足させるとともに（　　　　）と考えると、とても素敵なサービスだと思う。

（注１）物件：ここでは、家や部屋
（注２）共用：二人以上が一緒に使うこと
（注３）よしあし：よいことと悪いこと

33　①若い世代を中心に利用が広がっているとあるが、それはどうしてだと言っているか。

1　決まった料金を払えばいくらでもサービスが利用できるから
2　商品を買うよりも安い料金で商品を利用することができるから
3　色んな商品やサービスを使ってみたいと考える人が増えたから
4　物を持つよりも体験することを大事に考える人が増えたから

34 このサービスが人気を集めているのはなぜか。

1　旅行するよりも、安い料金で各地に住めるから

2　共用スペースだけでなく、個室も利用できるから
　きょうよう

3　いろんな場所に住んで、いろんな人と出会えるから

4　全国にあり、リモートで働く環境が整っているから

35　②これらとあるが、何か。

1　旅行したときに気軽に泊まることができる家

2　いろんな人と交流するために作られた家

3　誰も住んでいなかった家をリフォームした家

4　このサービスを使って住むことができる家

36　（　　　）に入るのはどれか。

1　空き家が増加している

2　社会的に評価されている
　ひょうか

3　社会問題にも取り組んでいる

4　会社も満足している

問題7　右のページは旅行会社の案内である。これを読んで、下の質問に答えなさい。答えは、1・2・3・4から最もよいものを一つえらびなさい。

37　ジェシカさんは、金曜日に出発する1泊2日の旅行に行きたいと思っている。また、4回食事が食べられるツアーがいい。ジェシカさんの希望（きぼう）に合うのはどれか。

1　①

2　②

3　③

4　④

38　カンナさんは「バスで行く!いちご食べ放題の旅」を予約したが、行けなくなったのでキャンセルしたい。3月9日に予約を取り消す場合、キャンセル料は旅行代金の何パーセントか。

1　出発日の10日前から8日前だから20%

2　出発日の7日前から2日前だから30%

3　出発日の前日だから40%

4　出発日の当日だから50%

はなまる旅行　春のツアー案内

暖かくなってきたこの季節、ご家族やお友達と旅に出かけませんか♬

ツアーの種類

	ツアー名	出発日	料金	説明
①	バスで行く!いちご食べ放題の旅	3月10日（金）	7,500円	日帰りツアー 農園に行って、いちごを取ります。取ったいちごは食べ放題です。
②	3つのブランド肉を食べ比べ!の旅	3月24日、31日（金）	28,000円	1泊2日ツアー 夕食は日本3大牛肉が楽しめます。4度の食事が付いています。旅館に泊まります。
③	1泊4食付き!おいしいカニを食べる温泉旅館2日間の旅	4月8日、15日、22日、29日（土）	30,000円	1泊2日ツアー 地域で釣れたカニを食べます。宿泊先の旅館にはすべての部屋に温泉が付いています。
④	桜の名所3つを列車でめぐる!鉄道2日間の旅	4月7日、14日、21日（金）	32,000円	1泊2日ツアー 列車から桜が楽しめます。二日目は午前までの日程で、食事は3回です。ホテルに泊まります。

●お申し込みは、ホームページまたはお電話から、出発日の3日前までにお願いします。

●料金のお支払いは、出発日の3日前までです。出発日の5日前より後のお支払いは、クレジットカード決済のみとなります。

●出発日の10日前より後に予約を取り消す場合は、キャンセル料がかかります。キャンセル料は下の表を参考にしてください。

取り消し日	キャンセル料
出発日の10日から8日前	旅行代金の20%
出発日の7日から2日前	旅行代金の30%
出発日の前日	旅行代金の40%
出発日の当日	旅行代金の50%
旅行開始後または連絡なしで不参加	旅行代金の100%

※キャンセル料の返金手数料はお客様に支払っていただきます。

> はままる旅行
> 電話　03‐123‐4567（受付時間：年中無休9:00～18:00）
> ホームページ　http://hanamaru-tour.com

N3

ちょうかい
聴解

（40分）

注　意
Notes

１．試験が始まるまで、この問題用紙を開けないでください。
Do not open this question booklet until the test begins.

２．この問題用紙を持って帰ることはできません。
Do not take this question booklet with you after the test.

３．受験番号と名前を下の欄に、受験票と同じように書いて
ください。
Write your examinee registration number and name clearly in each box below as written on your test voucher.

４．この問題用紙は、全部で14ページあります。
This question booklet has 14 pages.

５．この問題用紙にメモをとってもいいです。
You may make notes in this question booklet.

受験番号 Examinee Registration Number	

名　前　Name	

もんだい
問題1

테스트용　　　　고사장 소음 버전

🔊 해커스N3실전모의고사_1회.mp3

問題1では、まず質問を聞いてください。それから話を聞いて、問題用紙の1から
4の中から、最もよいものを一つえらんでください。

れい

1 コンビニ

2 駅の北口

3 レストラン

4 ゆうびんきょく

1ばん

1 仕事のながれ

2 メールの書き方

3 せんもん用語の説明

4 ふくそうの決まり

2ばん

1 箱を組み立てる

2 箱にはしを入れる

3 ごはんを弁当箱につめる

4 おかずを弁当箱につめる

3ばん

1 はんに分かれてならぶ

2 ごみを拾う

3 くさをぬく

4 ごみぶくろをもらう

4ばん

1　ア　イ

2　イ　ウ

3　ウ　エ

4　ア　エ

5ばん

1　おみやげを買<ruby>う<rt>か</rt></ruby>

1　おみやげを買う

2　料理<ruby>をれんしゅうする<rt>りょう り</rt></ruby>

3　薬<ruby>をじゅんびする<rt>くすり</rt></ruby>

4　アルバムを作<ruby>る<rt>つく</rt></ruby>

6ばん

1　きぼうするりょうを　えらぶ

2　あんないを　かくにんする

3　学生課<ruby>にしょるいを送<rt>がくせい か</rt></ruby>る

4　りょうのへやを見学<ruby>する<rt>けんがく</rt></ruby>

もんだい
問題2

問題2では、まず質問を聞いてください。そのあと、問題用紙を見てください。読む時間があります。それから話を聞いて、問題用紙の1から4の中から、最もよいものを一つえらんでください。

れい

1　祭りに人がたくさん来ないから

2　祭りを楽しみにしていたから

3　いろいろなやたいが出ているから

4　やきにくが食べほうだいだから

1ばん

1 ざんぎょうが多いこと

2 一人で作業すること

3 多くの知識が必要なこと

4 失敗してはいけないこと

2ばん

1 色をうすくする

2 ポケットを大きくする

3 リボンのいちを下げる

4 生地を変える

3ばん

1 けっこんしきをするため

2 家<ruby>家<rt>いえ</rt></ruby>を買<ruby>買<rt>か</rt></ruby>うため

3 車<ruby>車<rt>くるま</rt></ruby>を買<ruby>買<rt>か</rt></ruby>うため

4 ペットのため

4ばん

1 むすこを朝<ruby>朝<rt>あさ</rt></ruby>早<ruby>早<rt>はや</rt></ruby>い時<ruby>時<rt>じ</rt></ruby>間<ruby>間<rt>かん</rt></ruby>に起<ruby>起<rt>お</rt></ruby>こす

2 むすこのひるねの時<ruby>時<rt>じ</rt></ruby>間<ruby>間<rt>かん</rt></ruby>をへらす

3 むすこが外<ruby>外<rt>そと</rt></ruby>で遊<ruby>遊<rt>あそ</rt></ruby>ぶ時<ruby>時<rt>じ</rt></ruby>間<ruby>間<rt>かん</rt></ruby>をふやす

4 むすこがねる前<ruby>前<rt>まえ</rt></ruby>に絵<ruby>絵<rt>え</rt></ruby>本<ruby>本<rt>ほん</rt></ruby>を読<ruby>読<rt>よ</rt></ruby>んであげる

5ばん

1 来週の月曜日の午後3時

2 来週の月曜日の午後5時

3 来週の木曜日の午後3時

4 来週の木曜日の午後5時

6ばん

1 さきによやくが入っていたから

2 りようする人が決まっていないから

3 もうしこみの　しめきりが　すぎたから

4 うけつけ時間ではないから

もんだい
問題3

問題3では、問題用紙に何もいんさつされていません。この問題は、ぜんたいとしてどんなないようかを聞く問題です。話の前に質問はありません。まず話を聞いてください。それから、質問とせんたくしを聞いて、1から4の中から、最もよいものを一つえらんでください。

- メモ -

問題4

問題4では、えを見ながら質問を聞いてください。やじるし（➡）の人は何と言いますか。1から3の中から、最もよいものを一つえらんでください。

れい

1 ばん

2 ばん

3 ばん

4 ばん

問題5では、問題用紙に何もいんさつされていません。まず文を聞いてください。それから、そのへんじを聞いて、1から3の中から、最もよいものを一つえらんでください。

- メモ -

정답표 p.286
[해설집] p.4

일본어도 역시,
1위 해커스

japan.Hackers.com

실전모의고사 제2회

난이도 : 중상

실전모의고사 2

にほんごのうりょくしけん かいとうようし

N3 인어지식(문자·어휘)
げんごちしき（もじ・ごい）

にほんごのうりょく しけん かいとうようし

あなたの なまえを ローマじで かいて ください。
Please print in block letters.

なまえ
Name

問 題 1

1	①	②	③	④
2	①	②	③	④
3	①	②	③	④
4	①	②	③	④
5	①	②	③	④
6	①	②	③	④
7	①	②	③	④
8	①	②	③	④

問 題 2

9	①	②	③	④
10	①	②	③	④
11	①	②	③	④
12	①	②	③	④
13	①	②	③	④
14	①	②	③	④

問 題 3

15	①	②	③	④
16	①	②	③	④
17	①	②	③	④
18	①	②	③	④
19	①	②	③	④
20	①	②	③	④
21	①	②	③	④
22	①	②	③	④
23	①	②	③	④
24	①	②	③	④
25	①	②	③	④

問 題 4

26	①	②	③	④
27	①	②	③	④
28	①	②	③	④
29	①	②	③	④
30	①	②	③	④

問 題 5

31	①	②	③	④
32	①	②	③	④
33	①	②	③	④
34	①	②	③	④
35	①	②	③	④

じゅけんばんごうをかいて、そのしたのマーク
らんにマークしてください。
Fill in your examinee registration number
in this box, and then mark the circle for
each digit of the number.

じゅけんばんごう
(Examinee Registration Number)

20A1010123-30123

せいねんがっぴをかいてください。
Fill in your date of birth in the box.

せいねんがっぴ(Date of Birth)

ねん Year	つき Month	ひ Day

にほんごのうりょくしけん かいとうようし

N3 언어지식(문법)·독해

げんごちしき (ぶんぽう)・どっかい

あなたの なまえを ローマじで かいて ください。
Please print in block letters.

なまえ
Name

じゅけんばんごう をかいて、そのしたのマーク
らんにマークしてください。
Fill in your examinee registration number
in this box, and then mark the circle for
each digit of the number.

じゅけんばんごう (Examinee Registration Number)

20A1010123-30123

せいねんがっぴをかいてください。
Fill in your date of birth in the box.

せいねんがっぴ(Date of Birth)

ねん Year	つき Month	ひ Day

問題 1

	①	②	③	④
1	①	②	③	④
2	①	②	③	④
3	①	②	③	④
4	①	②	③	④
5	①	②	③	④
6	①	②	③	④
7	①	②	③	④
8	①	②	③	④
9	①	②	③	④
10	①	②	③	④
11	①	②	③	④
12	①	②	③	④
13	①	②	③	④

問題 2

14	①	②	③	④
15	①	②	③	④
16	①	②	③	④
17	①	②	③	④
18	①	②	③	④

問題 3

19	①	②	③	④
20	①	②	③	④
21	①	②	③	④
22	①	②	③	④

問題 4

23	①	②	③	④
24	①	②	③	④
25	①	②	③	④
26	①	②	③	④

問題 5

27	①	②	③	④
28	①	②	③	④
29	①	②	③	④
30	①	②	③	④
31	①	②	③	④
32	①	②	③	④

問題 6

33	①	②	③	④
34	①	②	③	④
35	①	②	③	④
36	①	②	③	④

問題 7

37	①	②	③	④
38	①	②	③	④

실전모의고사 2

にほんごのうりょくしけん かいとうようし

N3

ちょうかい 청해

（ちゅうい Notes）
1. くろいえんぴつ(HB、No.2)でかいて ください。
   Use a black medium soft (HB or No.2) pencil.
   （ペンやボールペンではかかないで ください。）
   (Do not use any kind of pen.)
2. かきなおすときは、けしゴムできれいに けしてください。
   Erase any unintended marks completely.
3. きたなくしたり、おったりしないでください。
   Do not soil or bend this sheet.
4. マークれい Marking Examples

よいれい Correct Example	わるいれい Incorrect Examples
●	⊘ ⊙ ○ ◑ ⊖ ◍

あなたの なまえを ローマじで かいて ください。
Please print in block letters.

なまえ
Name

じゅけんばんごう
(Examinee Registration Number)

20A10101233-30123

せいねんがっぴをかいてください。
Fill in your date of birth in the box.

せいねんがっぴ(Date of Birth)

ねん Year	つき Month	ひ Day

もんだい 問題 1

れい	①	②	●	④
1	①	②	③	④
2	①	②	③	④
3	①	②	③	④
4	①	②	③	④
5	①	②	③	④
6	①	②	③	④

もんだい 問題 2

れい	①	②	●	④
1	①	②	③	④
2	①	②	③	④
3	①	②	③	④
4	①	②	③	④
5	①	②	③	④
6	①	②	③	④

もんだい 問題 3

れい	●	②	③	④
1	①	②	③	④
2	①	②	③	④
3	①	②	③	④

もんだい 問題 4

れい	①	②	●
1	①	②	③
2	①	②	③
3	①	②	③
4	①	②	③

もんだい 問題 5

れい	①	②	●
1	①	②	③
2	①	②	③
3	①	②	③
4	①	②	③
5	①	②	③
6	①	②	③
7	①	②	③
8	①	②	③
9	①	②	③

じゅけんばんごうをかいて、そのしたのマーク らんにマークしてください。
Fill in your examinee registration number in this box, and then mark the circle for each digit of the number.

N3

げんごちしき（もじ・ごい）

（30ぷん）

ちゅうい
Notes

1．しけんが　はじまるまで、この　もんだいようしを　あけないで　ください。

Do not open this question booklet until the test begins.

2．この　もんだいようしを　もって　かえる　ことは　できません。

Do not take this question booklet with you after the test.

3．じゅけんばんごうと　なまえを　したの　らんに、じゅけんひょうと
おなじように　かいて　ください。

Write your examinee registration number and name clearly in each box below as written on
your test voucher.

4．この　もんだいようしは、ぜんぶで　5ページ　あります。

This question booklet has 5 pages.

5．もんだいには　かいとうばんごうの　1、2、3…　が　ついて　います。
かいとうは、かいとうようしに　ある　おなじ　ばんごうの　ところに
マークして　ください。

One of the row numbers 1, 2, 3 … is given for each question. Mark your answer in the
same row of the answer sheet.

じゅけんばんごう　Examinee Registration Number	

なまえ　Name	

問題1 ＿＿＿のことばの読み方として最もよいものを、1・2・3・4から一つ えらびなさい。

1 研修の件について担当者に聞いた。

1 けい　　　　　2 けん　　　　　3 げい　　　　　4 げん

2 このボタンを押すと機械が停止します。

1 ていし　　　　2 せいし　　　　3 ちゅうし　　　4 きんし

3 レモンの皮はきれいに洗ってください。

1 なか　　　　　2 そと　　　　　3 み　　　　　　4 かわ

4 この道は横断してはいけません。

1 おだん　　　　2 おたつ　　　　3 おうだん　　　4 おうたつ

5 手術をしても命が助かるかわからない。

1 たすかる　　　2 かかる　　　　3 うかる　　　　4 あずかる

6 今日は湿気が多く、蒸し暑い。

1 しっげ　　　　2 しつげ　　　　3 しっけ　　　　4 しつけ

7 父にかわいい人形を買ってもらいました。

1 じんきょう　　2 じんぎょう　　3 にんきょう　　4 にんぎょう

8 田中さんはその理由を述べた。

1 まなべた　　　2 のべた　　　　3 ならべた　　　4 うかべた

問題2 _____のことばを漢字で書くとき、最もよいものを、1・2・3・4から一つ えらびなさい。

9 公園の池にこおりがはっています。

    1 水   2 氷   3 泳   4 永

10 だんだん天気がかいふくしてきた。

    1 解腹   2 解復   3 回腹   4 回復

11 彼女とこうさいをはじめて2年が経ちました。

    1 交祭   2 好祭   3 交際   4 好際

12 兄は大学にすすむことにしたようだ。

    1 進む   2 過む   3 移む   4 転む

13 このお茶はどくとくのにおいがする。

    1 虫得   2 独得   3 虫特   4 独特

14 そのやり方はいっぱんてきではないと思う。

    1 一設的   2 一般的   3 一訪的   4 一舫的

問題3 （　　　）に入れるのに最もよいものを、1・2・3・4から一つえらびなさい。

15 社長は今日（　　　）とお子さんを連れて家族でお出かけするらしい。
1 主婦　　　　2 夫人　　　　3 相手　　　　4 女優

16 作成したファイルを間違って（　　　）して、作り直すことになった。
1 故障　　　　2 破壊　　　　3 消化　　　　4 削除

17 そんなに（　　　）をして働いていたら、倒れてしまいますよ。
1 無理　　　　2 努力　　　　3 無視　　　　4 協力

18 約束の時間に遅れたというのに、彼は待ち合わせ場所に（　　　）歩いてやってきた。
1 からから　　　2 くらくら　　　3 のろのろ　　　4 どろどろ

19 目的地に向かっている途中で（　　　）しまい、コンビニの店員に道を聞いた。
1 変わって　　　2 探して　　　3 悩んで　　　4 迷って

20 この（　　　）を使えば、私の長い髪もすぐに乾かすことができる。
1 エアコン　　　2 リモコン　　　3 ドライヤー　　　4 アイロン

21 新しく買った小説は内容が（　　　）、理解するのが難しい。
1 複雑で　　　2 派手で　　　3 面倒で　　　4 夢中で

22 ぶた肉とキャベツを食べやすいサイズに（　　　）、フライパンで炒めました。
1 混ぜて　　　2 切って　　　3 むいて　　　4 つかんで

23 川北さんは試合に負けてとても（　　　）のか、さっきから一言も話さない。
1 にくい　　　2 はげしい　　　3 さびしい　　　4 くやしい

24 先生に問題の答えを聞かれ困っていたら、林くんが（　　　）答えを教えてくれた。
1 さっぱり　　　2 こっそり　　　3 ぐっすり　　　4 わざと

25 上司が私の提案を（　　　）くれたのは、初めてのことでした。
1 申し込んで　　　2 聞き取って　　　3 受け入れて　　　4 言い出して

問題4 _____ に意味が最も近いものを、1・2・3・4から一つえらびなさい。

26 ここ最近、客からの苦情が増えている。

1 不満　　　　2 質問　　　　3 要求　　　　4 意見

27 彼の演奏はすばらしかった。

1 意外だった　　2 見事だった　　3 退屈だった　　4 残念だった

28 会議は案外早く終わりそうだ。

1 たぶん　　　　2 多少　　　　3 いつもより　　4 思ったより

29 借りた本は指定の場所に返してください。

1 元の　　　　2 別の　　　　3 決められた　　4 空いている

30 用心することを忘れてはいけない。

1 言葉にする　　2 気を付ける　　3 感謝する　　4 謝罪する

問題5 つぎのことばの使い方として最もよいものを、1・2・3・4から一つ

えらびなさい。

[31] 番組

1 この時間帯はテレビでおもしろい番組があまり放送されていません。

2 初めて手品の番組を目の前で見て、ドキドキが止まらなかった。

3 娘が出場するピアノコンクールは年齢で番組が分かれている。

4 結婚式当日はとても幸せで、まるで番組の主人公になった気分だった。

[32] 重なる

1 昨日の夜から降り続いた雪は、朝にはひざの高さまで重なっていた。

2 ゲームの発売日には、いつも店の前にたくさんの人が重なる。

3 今週からうちのチームに重なる新入社員のみなさんを紹介します。

4 妻の誕生日と出張が重なり、当日は祝ってあげられなくなった。

[33] 感心

1 今の会社を辞め、夢だった料理人になることを感心した。

2 子どもの成長するスピードには毎度感心してしまう。

3 留学したいという頼みを聞いてくれた両親には感心している。

4 試験に合格したという通知を見て、ほっと感心しました。

[34] しつこい

1 睡眠不足によって、体にしつこい問題が引き起こされます。

2 隣の家で飼われている犬の鳴き声がしつこくて、勉強に集中できない。

3 遊べないと断ったのに、木村さんがしつこく誘ってきて困る。

4 うちの会社は業務はしつこいが、給料は高いほうです。

[35] 思い込む

1 彼は人から聞いた話を疑いもせず、事実だと思い込んでいた。

2 いいアイディアが思い込まないから、少し休憩でも取ろう。

3 事故について思い込んだことがあったら、また連絡をください。

4 ひさしぶりの海外旅行なので、思い込んで楽しむつもりです。

N3

言語知識（文法）・読解

（70分）

注　意
Notes

1．試験が始まるまで、この問題用紙を開けないでください。

Do not open this question booklet until the test begins.

2．この問題用紙を持って帰ることはできません。

Do not take this question booklet with you after the test.

3．受験番号と名前を下の欄に、受験票と同じように書いて
ください。

Write your examinee registration number and name clearly in each box below as written on your test voucher.

4．この問題用紙は、全部で19ページあります。

This question booklet has 19 pages.

5．問題には解答番号の 1 、 2 、 3 … が付いています。
解答は、解答用紙にある同じ番号のところにマークして
ください。

One of the row numbers 1 , 2 , 3 … is given for each question. Mark your answer in the same row of the answer sheet.

受験番号　Examinee Registration Number	

名　前　Name	

問題1 つぎの文の（　　　）に入れるのに最もよいものを、1・2・3・4から
一つえらびなさい。

1 今日は仕事が忙（いそが）しくて、食事をとる時間（　　　）なかった。

1　でも　　　　　　2　ほど　　　　　　3　までに　　　　4　さえも

2 A「年末の旅行先、今年もハワイはどう?」

B「うーん、私は今まで（　　　）ことがない国がいいなあ。」

1　行き　　　　　　2　行く　　　　　　3　行った　　　　4　行かない

3 （会社で）

田中（たなか）「竹内（たけうち）さん（　　　）本当に誰（だれ）にでも親切ですよね。」
木村（きむら）「いつも笑顔（えがお）で、私もあんな先輩（せんぱい）になりたいです。」

1　という　　　　　2　って　　　　　　3　くらい　　　　4　しか

4 これからテストを始めます。問題を解（と）く前に（　　　）解答用紙（かいとうようし）に名前を記入（きにゅう）してく
ださい。

1　まず　　　　　　2　さっき　　　　　3　けっして　　　4　やはり

5 大会の前日に足をけがした（　　　）、試合（しあい）に出場できなかった。

1　くせに　　　　　2　ために　　　　　3　ついでに　　　4　かわりに

6 薬を飲んでもよくならない（　　　）、こちらで詳（くわ）しい検査（けんさ）を行います。

1　ようなら　　　　2　そうなら　　　　3　ようなのに　　4　そうなのに

7 （学校で）

A「図書館に勉強しに行ったんだけど、ずっと話している人たちがいてうるさくてさ。」
B「えー、図書館では（　　　）よね。」

1　静（しず）かにしたがる　　　　　　　　2　静（しず）かにしたい

3　静（しず）かにしてほしい　　　　　　　4　静（しず）かにできない

8 （リビングで）

母「学校から帰ったら、制服を脱ぐように言ってるでしょ?」

娘「だって、めんどくさいんだもん。」

母「いいから、すぐ（　　　）。」

1　着替えていかないで　　　　　　　2　着替えてこないで

3　着替えていきなさい　　　　　　　4　着替えてきなさい

9　お客様の気持ちが変わらない（　　　　）なんとか契約を結びたい。

1　ことで　　　　　　2　よりは　　　　　　3　うちに　　　　　　4　ばかりか

10　駅の出口で友達を（　　　　）、見知らぬ男性から声をかけられた。

1　待っていると　　　　　　　　　　2　待ってしまうと

3　待ってみても　　　　　　　　　　4　待ってあげても

11　ニュースによると、今年は桜の開花が遅く、この辺りでは4月の末に（　　　　）。

1　咲くところです　　　　　　　　　2　咲くらしいです

3　咲いたかもしれません　　　　　　4　咲いたことになります

12　（会社で）

A「課長、昨日お送りしたファイル、（　　　　）いただけましたか。」

B「悪いね。それがまだなんだ。」

1　伺って　　　　　　　　　　　　　2　拝見して

3　ご覧になって　　　　　　　　　　4　召し上がって

13　この新人バンドが（　　　　）のは、有名女優がラジオで紹介したことがきっかけだった。

1　注目させやすい　　　　　　　　2　注目させはじめた

3　注目されやすい　　　　　　　　4　注目されはじめた

問題2　つぎの文の　__★__　に入る最もよいものを、1・2・3・4から一つ
　　　　えらびなさい。

14　都市計画による　_____　_____　__★__　_____　が起きているそうだ。

　　1　市と住民の間で　　　　　　　　2　をめぐって
　　3　道路の建設　　　　　　　　　　4　激しい対立

15　（駅で）
　　もうすぐ電車が参ります。　_____　_____　__★__　_____　お待ちください。

　　1　線の内側で　　　　　　　　　　2　から
　　3　足元にあります　　　　　　　　4　危険です

16　A「最近、痩せたんじゃない？　運動しているの?」

　　B「うん。でも、　_____　_____　__★__　_____　のが大きいと思う。」

　　1　食事に変えた　　　　　　　　　2　のは
　　3　効果が現れた　　　　　　　　　4　野菜を中心にした

17 彼の英語は10年以上 _____ _____ ★ _____ 上手だとは言えないレベルだ。

1　に　　　　　　　　　　　　　　2　勉強している

3　しては　　　　　　　　　　　4　あまり

18 髪は大人になった今も、小さい頃から切って _____ _____ ★ _____ いる。

1　いる　　　　　　　　　　　　2　地元の美容院に

3　お世話になって　　　　　　4　もらって

問題3 つぎの文章を読んで、文章全体の内容を考えて、 $\boxed{19}$ から $\boxed{22}$ の中に入る最もよいものを、1・2・3・4から一つえらびなさい。

下の文章は、留学生が書いた作文です。

先生の日

キム　ミンジ

　私の国には「先生の日」があります。　$\boxed{19}$　は手紙を渡したり、歌を歌ったりして先生にありがとうの気持ちを表現します。私も国にいたとき、クラスでけんかが起きたふりをして先生を呼び出し、クラスメイトと集めたお金で買ったケーキをプレゼントするサプライズパーティーをしたことがありました。私の国ではこのような先生を驚かせるイベントを行うことが多いです。

　$\boxed{20}$　、日本には母の日や父の日などはあるのに、先生の日はありません。日本の友だちによると、学年が終わる終業式や卒業式の日に別れのあいさつとともに先生に感謝の気持ちを述べるそうですが、あいさつすらきちんとしない人もいる　$\boxed{21}$　。

　その話を聞いて、少しさびしくなりました。やはり、こういう特別な日がなかったら、なかなか感謝を口に　$\boxed{22}$　。先生たちは私たちをいつもサポートしてくれています。そんな先生たちにありがとうを伝える特別な日が、いつか日本にもできることを願っています。

19

1 ある日　　　　　2 その日　　　　　3 こんな日　　　　　4 あのような日

20

1 さらに　　　　　2 それで　　　　　3 しかし　　　　　4 もっとも

21

1 ということです　　　　　　　　2 というつもりです

3 というだけです　　　　　　　　4 というからです

22

1 出すのかもしれません　　　　　2 出したはずがありません

3 出すと思いませんでした　　　　4 出しにくいのでしょう

問題4 つぎの(1)から(4)の文章を読んで、質問に答えなさい。答えは、1・2・3・4

から最もよいものを一つえらびなさい。

（1）

　騒音が原因で近所の人たちとトラブルになる事件が増えている。いくら言い方に気を付けて

も、相手によっては怒り出してしまう人もいるから直接注意するのは避けたいところだ。ひどい

時は警察を呼ぶ騒ぎになるという。できることなら管理人を通して解決することだ。大迷惑な

騒音による睡眠不足やストレスなどで悩んでいるのなら、がまんしたりせず早めに相談するべ

きである。

23 騒音トラブルについて、この文章を書いた人はどのように考えているか。

1　近所の人が怒らないように、注意の仕方には気を付けたほうがいい。

2　騒音の問題を相談したいなら、警察に行ったほうがいい。

3　騒音に悩んでいるのなら、まずは管理人に相談したほうがいい。

4　近所の人に迷惑をかけないように、騒音には注意したほうがいい。

（2）

これはある会社からのお知らせである。

2023年4月
山本医療機器

価格変更のお知らせ

当社の製品をご利用いただき、誠にありがとうございます。

本社は皆さまに質が高い製品を低価格でお届けできるよう、これまで努力を重ねてまいりました。しかし、製品の生産に必要な材料や部品の価格が上がり、現在のまま維持することは難しい状況です。

つきましては大変申し訳ありませんが、来月5月1日の注文分より価格を変更させていただきます。変更後の価格表は別紙をご覧ください。ご迷惑をおかけすることになりますが、どうかご理解のほどお願い申し上げます。

24 このお知らせからわかることは何か。

1 今月までに注文を受けた製品を届けられない。

2 今月までは今の価格で製品の注文を受けている。

3 5月1日から材料の価格が上がり、製品が生産できない。

4 5月1日からは製品をこれまでの価格で販売する。

(3)

　その日あった出来事を忘れないために、日記をつけているという人は多いだろう。出来事を思い出しながら書いていると、いつの間にかまたうれしくなったり悲しくなったり、その時の感情が戻ってくる。だが、少し日を空けて昔のページを読み返すと、悲しい出来事として記録したはずの文章でも、くすっと笑ってしまう。ときどき自分の成長に気付かされるのが面白いところである。

| 25 | 面白いところとあるが、何が面白いのか。

　1　1日にあった出来事を忘れないように日記に書くこと
　2　日記をつけていると、その時の感情を思い出すこと
　3　悲しくないことを悲しい出来事のように記録すること
　4　昔書いた出来事を読み返すと、自分の成長を感じること

（4）

小林さんの机の上に山田先生からのメモがある。

小林さん

　部活のみんなに、美術館ツアーに参加するかどうか
聞いてくれて、ありがとうございます。美術館には電話
で人数を伝えました。美術館の近くの公園に桜がきれ
いに咲いているので、そこでお弁当を食べましょう。人
数分、予約しておきますね。それから、10時に山村駅
で集合することになっていましたが、美術館まであまり
遠くないので、直接向かうようにしましょう。参加する
みんなにも伝えておいてください。

山田

26　小林さんはこのメモを読んで、どうしなければならないか。

1　美術館ツアーに参加する人数を聞いて、先生に伝えに行く。

2　美術館ツアーを予約するために、美術館に電話をかける。

3　美術館ツアーに参加する人数の数だけ、弁当を予約する。

4　美術館ツアーに参加する人に、集合場所が変わったことを伝える。

問題5 つぎの(1)と(2)の文章を読んで、質問に答えなさい。答えは、1・2・3・4から最もよいものを一つえらびなさい。

（1）

　「科学の進歩により経済は大きく発展する。そして、働く時間も今とは比べられないくらい短くなる。」こう述べた経済学者ケインズの予測は残念ながら<u>一部</u>を除いて正解とは遠いものだった。
_①

　確かに経済の発展により私たちの生活は豊かになったが、労働のほうには70年代以来今も大きな変化はない。残った時間の過ごし方が人間の課題になると言った彼だが、それどころか現代人は毎日時間に追われている。

　世の中が便利になり、寿命が延びた現在どうしてこうも忙しいのか。それには<u>人間の内側</u>が関係している。人は休んでいると落ち着かないから自らしなくてもいい仕事を探して行うし、やりたいことが見つかっても失敗を怖がって準備に時間をかける。それなのに、目標を早く実現しようと近道を探すものだから、急ぎすぎていい判断ができず、かえって回り道を選んでしまいがちだ。

　不必要な仕事、長すぎる準備期間、目標までの遠回り。これでは時間に追われるのも仕方がない。外の世界が発展していくら便利になっても、人間の内の部分が変わらなければ、時間に余裕は生まれないだろう。

27 ①一部とあるが、どのようなことか。

1　科学が進歩して時間に追われるようになること
2　経済が発展して暮らしが豊かになること
3　科学が発展して人が働く時間が短くなること
4　人の寿命が延びて人生に余裕ができること

28 ②人間の内側についての説明で、合っているのはどれか。

1 時間をどのように過ごすかを課題にしている。

2 何もしていない時間があると落ち着かない。

3 失敗をすることが怖いから行動をとらない。

4 目標を実現させるためには手段を選ばない。

29 この文章のテーマは何か。

1 科学が人間に与えた影響

2 時間をうまく作る方法

3 人間が繰り返してきた失敗

4 現代人が余裕なく過ごす理由

（2）

　今でこそ読書好きの私だが、子供の頃はマンガしか読んでいなかった。そんな私が絵のない本を手に取ったのは大学生の時だ。卒業論文に必要な日本語のデータを集めなければならなくなった。幼い頃から親に勧められてはいたが、本を読むと眠くなってしまっていた。そこで友人のアドバイスを聞き、大好きな映画の原作から読むことにした。意外とおもしろかった。

　小説から始まった読書だが、様々な本に出会ううちに私にはある能力が不足していることに気付いた。内容が分からないのだ。難しい漢字や単語があったら、辞書を引けばいいのだが、全体的な内容は誰も説明してくれない。これは専門的知識がどうこうという問題ではない。作者の主張が理解できないから、それに共感もできない。

　マンガに慣れていたのがその理由だろう。マンガは絵と文字で情報を与えてくれる。しかし、本には内容を理解して頭の中にその世界を描く想像力が要る。マンガにも絵だけを見て想像力を働かせることはあるが、目から入ってくるイメージがそのまま頭に描かれるため、本ほどの想像力を必要としない。マンガばかり読んでいた私はこの力が弱かったのだ。

（注）原作：もとの作品

30　「私」が本を手に取るようになったのは、どうしてか。
　　1　論文を書くため本からデータを集めたかったから
　　2　親に幼い頃から読書をするように言われてきたから
　　3　友人がおもしろい本をプレゼントしてくれたから
　　4　好きな映画の原作が小説だということを知ったから

31　ある能力が不足しているとあるが、何が不足しているのか。
　　1　本を読むために必要な単語の知識
　　2　本に書かれていることを理解する力
　　3　本を読むために必要な専門知識
　　4　本に書かれていることに共感する力

32 「私」は本とマンガについて、どのように考えているか。

1 マンガは絵が多くて想像力がつかないから、本を読むようにするべきだ。

2 本が読めない人は代わりに、マンガを読んで想像力を働かせるといい。

3 本は文字だけで情報を得るから、マンガよりも想像力を必要とする。

4 本とマンガには違った世界観が描かれていて、どちらにも良さがある。

問題6 つぎの文章を読んで、質問に答えなさい。答えは、1・2・3・4から最も
よいものを一つえらびなさい。

　子どもの頃、姉と一緒にピアノを習い始めたのだが、どんどん上手になる姉に比べて私には
才能があると言えなかった。その代わり運動はわりとよくできた。そして姉が好きな国語や英
語よりも算数や理科を好んだ。

　姉妹でさえこんなに違うのだから、人によって得意なことや好きなことが違うのは当たり前
だ。もちろん、そんなことは分かっている。でも、息子の好き嫌いのこととなると厳しくなって
しまうのはなぜだろう。

　私たちの体は私たちが口にするものでできている。様々な栄養をバランスよくとることで健
康な体を維持できる。それに自然が与えてくれる命を無駄にしてはいけない。「嫌いなものも
残さず食べなさい」という親の言葉にはそんな思いがあったのだろうが、小学生の息子の母
親になった今、それだけではなかったのも分かる。子どもを思って作った料理を残されると悲
しいものだ。

　だから、ついしつこく言って後悔してしまう。自分だって小さい頃、好き嫌いが激しくて母に
同じことを注意されて泣いていたのに。注意しても食べられるようになるとは限らないし、これ
では食事の時間自体が嫌いになってしまう。

　食事の度、そのような言葉を聞かされては息子もうんざりしているだろう。好き嫌いが多く
栄養のバランスがよくないなら、不足している栄養を違う食材やサプリメントでとればいい。
家族でテーブルを囲む時間は楽しい時間でなくてはならない。私のほうにも努力が必要なよ
うだ。

(注)無駄：ここでは、食べずに捨てること

33　「私」は子どものとき、どのような子どもだったか。
　　1　楽器は苦手だが、スポーツは得意な子ども
　　2　スポーツは苦手だが、楽器は得意な子ども
　　3　国語は苦手だが、算数は得意な子ども
　　4　算数は苦手だが、国語は得意な子ども

34 ①「嫌いなものも残さず食べなさい」という親の気持ちを今の「私」はどう考えているか。

1　好きなものではなく栄養があるものを食べてほしい。

2　たくさん食べて健康な体を作ってほしい。

3　自らの命を与えてくれる食べ物に感謝してほしい。

4　子どものために料理したから全部食べてほしい。

35 ②後悔してしまうとあるが、どうしてか。

1　みんなが当たり前だと考えることを、分かっていなかったから

2　自分がされて嫌だったことを、息子に同じようにしているから

3　好き嫌いについて厳しく注意して、息子を泣かせてしまうから

4　好き嫌いが激しい息子を、小さい頃から注意してこなかったから

36　「私」がこの文章で言いたいことは何か。

1　好き嫌いは注意しても直らないから、厳しく言わないほうがいい。

2　体に足りない栄養はサプリメントなどで、とらなければならない。

3　好き嫌いを注意するよりも、食事の時間を楽しいものにすべきだ。

4　子どもが好き嫌いをしないように、料理に力を入れていきたい。

問題7 右のページは料理教室の案内である。これを読んで、下の質問に答えなさい。答えは、1・2・3・4から最もよいものを一つえらびなさい。

[37] 遠藤さんは、土曜日に外国の料理を作ってみたいと思っている。午後5時までに終わるもので、肉が使われていない料理がいい。遠藤さんの希望に合うものはどれか。

1 A
2 B
3 C
4 D

[38] 「一般クラス」に通っている田中さんは、ハワイ料理のクラスに参加したい。クラスに参加するために田中さんがしなければならないことはどれか。

1 電話で申し込んで、4月2日に4,000円払う。
2 電話で申し込んで、4月2日に5,000円払う。
3 ホームページで申し込んで、4月2日に4,000円払う。
4 ホームページで申し込んで、4月2日に5,000円払う。

❀さくら料理教室❀

春の特別イベントのご案内

特別クラス
飛行機に乗らずに、世界の味を楽しみましょう!

A　韓国料理	B　ハワイ料理
キムチチゲ **ぶた肉炒め**	**ハンバーグ丼** **ガーリックシュリンプ**
簡単でおいしいです。からい物が好きな方はぜひ! ①4月1日(土)　11時〜 ②4月15日(土)　16時〜	お子さんにも大人気のハンバーグ丼は優しい味です。 4月2日(日)　10時〜
C　イタリア料理	D　タイ料理
トマトパスタ **チーズのサラダ**	**タイ風焼きそば** **シーフードスープ**
短い時間で作れます。お肉が食べられない方も参加できます。 ①4月8日(土)　11時〜 ②4月9日(日)　16時〜	スープは少しからいです。ハーブの香りが好きな方におすすめです。 ①4月15日(土)　16時〜 ②4月16日(日)　10時〜

時間　A、C：2時間　　　　B、D：3時間

料金　A：4,000円　　　　B、C、D：5,000円

食事　すべて会場で食事可能(B、Cはお持ち帰りもできます)

一般クラス

平日に行われる一般クラスの生徒さんも募集しています!

お好きな日にちに参加することが可能です。

(ホームページから事前予約が必要)

>> 日　時：月〜金曜日　18時〜20時
>> 入会金：5,000円
>> 料　金：33,000円(6回分)

*なお、一般クラスに入会なさると、1,000円割引価格で特別クラスを受講することができます!

[申し込み方法]

●特別クラス、一般クラスともにお申し込みはお電話から承っております。

●特別クラスの場合、料金は当日現金でお支払いいただきます。一般クラスの場合は、入会された日に入会金とともに料金をお支払いください。

●特別クラスのお申し込みは3月26日(金)までですが、一般クラスのほうは常に募集しております。

❀さくら料理教室❀	☎：0028-56-xxxx　🏠：www.sakura.cooking.com

N3

ちょうかい
聴解

（40分）

注　意
Notes

1．試験が始まるまで、この問題用紙を開けないでください。
Do not open this question booklet until the test begins.

2．この問題用紙を持って帰ることはできません。
Do not take this question booklet with you after the test.

3．受験番号と名前を下の欄に、受験票と同じように書いて
ください。
Write your examinee registration number and name clearly in each box below as written on your test voucher.

4．この問題用紙は、全部で14ページあります。
This question booklet has 14 pages.

5．この問題用紙にメモをとってもいいです。
You may make notes in this question booklet.

じゅけんばんごう 受験番号　Examinee Registration Number	

名　前　Name	

問題1
もんだい

테스트용　고사장 소음 버전

🔊 해커스N3실전모의고사_2회.mp3

問題1では、まず質問を聞いてください。それから話を聞いて、問題用紙の1から
4の中から、最もよいものを一つえらんでください。

れい

1　コンビニ

2　駅の北口
えき　きたぐち

3　レストラン

4　ゆうびんきょく

실전모의고사 제2회

해커스 JLPT 실전모의고사 N3

1ばん

2ばん

1 　説明会にさんかする

2 　説明会のないようをまとめる

3 　説明会をろくがする

4 　さつえいの日程を決める

3ばん

1 安_{やす}いけいたいに変_かえる

2 安_{やす}いつうしんプランに変_かえる

3 オプションのけいやくをやめる

4 コンテンツのけいやくをやめる

4ばん

1 来週（らいしゅう）の月（げつ）よう日（び）

2 来週（らいしゅう）の火（か）よう日（び）

3 来週（らいしゅう）の水（すい）よう日（び）

4 来週（らいしゅう）の木（もく）よう日（び）

5ばん

1 木村（きむら）さんに電話（でんわ）をかける

2 高田部長（たかだぶちょう）に電話（でんわ）をかける

3 本社（ほんしゃ）にむかう

4 おみやげを買（か）いに行（い）く

6ばん

1　タオルをたたむ

2　予約^{よやく}をかくにんする

3　どうぐを　じゅんびする

4　店^{みせ}の前^{まえ}をそうじする

問題2では、まず質問を聞いてください。そのあと、問題用紙を見てください。読む時間があります。それから話を聞いて、問題用紙の1から4の中から、最もよいものを一つえらんでください。

れい

1 祭りに人がたくさん来ないから

2 祭りを楽しみにしていたから

3 いろいろなやたいが出ているから

4 やきにくが食べほうだいだから

1ばん

1 もうすぐせんきょが始まるから

2 しょうひぜいが上がったから

3 姉が子育てにくろうしているから

4 ヨーロッパにりゅうがくしたから

2ばん

1 会社の人といろんな話ができたこと

2 いつもは行けない店に行けたこと

3 おいしい料理が食べられたこと

4 むりょうで食事ができたこと

3ばん

1 かぜをひいたから

2 かふんしょうが　ひどいから

3 子どものぐあいが　わるいから

4 母親をむかえに行くから

4ばん

1 カレーを売る

2 ダンスのはっぴょうをする

3 えんげきをする

4 カラオケ大会をひらく

5ばん

1 　3日の午後1時

2 　3日の午後1時15分

3 　4日の午後7時

4 　4日の午後7時15分

6ばん

1 　ちかくの大学で留学生にアンケートする

2 　ちかくの大学で日本人学生にアンケートする

3 　別のキャンパスで留学生にアンケートする

4 　別のキャンパスで日本人学生にアンケートする

もんだい
問題3

　問題3では、問題用紙に何もいんさつされていません。この問題は、ぜんたいとしてどんなないようかを聞く問題です。話の前に質問はありません。まず話を聞いてください。それから、質問とせんたくしを聞いて、1から4の中から、最もよいものを一つえらんでください。

- メモ -

問題4

<ruby>問<rt>もん</rt></ruby><ruby>題<rt>だい</rt></ruby>4

問題4では、えを<ruby>見<rt>み</rt></ruby>ながら<ruby>質問<rt>しつもん</rt></ruby>を<ruby>聞<rt>き</rt></ruby>いてください。やじるし（➡）の<ruby>人<rt>ひと</rt></ruby>は<ruby>何<rt>なん</rt></ruby>と<ruby>言<rt>い</rt></ruby>いますか。1から3の<ruby>中<rt>なか</rt></ruby>から、<ruby>最<rt>もっと</rt></ruby>もよいものを<ruby>一<rt>ひと</rt></ruby>つえらんでください。

れい

1 ばん

2 ばん

3ばん

4ばん

もんだい
問題5

問題5では、問題用紙に何もいんさつされていません。まず文を聞いてください。それから、そのへんじを聞いて、1から3の中から、最もよいものを一つえらんでください。

- メモ -

정답표 p.287
[해설집] p.58

일본어도 역시,
1위 해커스

japan.Hackers.com

실전모의고사 제3회

| 난이도 : 상 |

실전모의고사 3

にほんごのうりょくしけん かいとうようし

N3 언어지식(문자·어휘)

げんごちしき (もじ・ごい)

あなたの なまえを ローマじで かいて ください。
Please print in block letters.

なまえ
Name

じゅけんばんごう
(Examinee Registration Number)

20A1010123 - 30123

じゅけんばんごうをかいて、そのしたのマーク
らんにマークしてください。
Fill in your examinee registration number
in this box, and then mark the circle for
each digit of the number.

せいねんがっぴをかいてください。
Fill in your date of birth in the box.

せいねんがっぴ(Date of Birth)

ねん Year	つき Month	ひ Day

もんだい 1

1	① ② ③ ④
2	① ② ③ ④
3	① ② ③ ④
4	① ② ③ ④
5	① ② ③ ④
6	① ② ③ ④
7	① ② ③ ④
8	① ② ③ ④

問題 2

9	① ② ③ ④
10	① ② ③ ④
11	① ② ③ ④
12	① ② ③ ④
13	① ② ③ ④
14	① ② ③ ④

問題 3

15	① ② ③ ④
16	① ② ③ ④
17	① ② ③ ④
18	① ② ③ ④
19	① ② ③ ④
20	① ② ③ ④
21	① ② ③ ④
22	① ② ③ ④
23	① ② ③ ④
24	① ② ③ ④
25	① ② ③ ④

問題 4

26	① ② ③ ④
27	① ② ③ ④
28	① ② ③ ④
29	① ② ③ ④
30	① ② ③ ④

問題 5

31	① ② ③ ④
32	① ② ③ ④
33	① ② ③ ④
34	① ② ③ ④
35	① ② ③ ④

にほんごのうりょくしけん かいとうようし

N3

6 언어지식(문법)·독해

げんごちしき (ぶんぽう)・どっかい

よいれい Correct Example	わるいれい Incorrect Examples
●	⊗ ◯ ◌ ⊙ ⊖ ◑

あなたの なまえを ローマじで かいて ください。

Please print in block letters.

なまえ
Name

じゅけんばんごう
(Examinee Registration Number)

20A1010123-30123

せいねんがっぴ(Date of Birth)

あなたの じゅけんばんごうをかいて、そのしたのマーク
らんにマークしてください。
Fill in your examinee registration number
in this box, and then mark the circle for
each digit of the number.

せいねんがっぴをかいてください。
Fill in your date of birth in the box.

ねん Year	つき Month	ひ Day

問題 1

	①	②	③	④
1	①	②	③	④
2	①	②	③	④
3	①	②	③	④
4	①	②	③	④
5	①	②	③	④
6	①	②	③	④
7	①	②	③	④
8	①	②	③	④
9	①	②	③	④
10	①	②	③	④
11	①	②	③	④
12	①	②	③	④
13	①	②	③	④

問題 2

14	①	②	③	④
15	①	②	③	④
16	①	②	③	④
17	①	②	③	④
18	①	②	③	④

問題 3

19	①	②	③	④
20	①	②	③	④
21	①	②	③	④
22	①	②	③	④

問題 4

23	①	②	③	④
24	①	②	③	④
25	①	②	③	④
26	①	②	③	④

問題 5

27	①	②	③	④
28	①	②	③	④
29	①	②	③	④
30	①	②	③	④
31	①	②	③	④
32	①	②	③	④

問題 6

33	①	②	③	④
34	①	②	③	④
35	①	②	③	④
36	①	②	③	④

問題 7

37	①	②	③	④
38	①	②	③	④

실전모의고사 3

にほんごのうりょくしけん かいとうようし

N3 정답
ちょうかい

よいれい Correct Example	わるいれい Incorrect Examples
●	⊘ ⊙ ◑ ⊗ ◐ ○

あなたの なまえを ローマじで かいて ください。　Please print in block letters.

なまえ
Name

じゅけんばんごう
(Examinee Registration Number)

20A1010123-30123

せいねんがっぴをかいてください。
Fill in your date of birth in the box.

せいねんがっぴ(Date of Birth)

ねん Year	つき Month	ひ Day

もんだい 1

れい	①	②	●	④
1	①	②	③	④
2	①	②	③	④
3	①	②	③	④
4	①	②	③	④
5	①	②	③	④
6	①	②	③	④

もんだい 2

れい	①	②	●	④
1	①	②	③	④
2	①	②	③	④
3	①	②	③	④
4	①	②	③	④
5	①	②	③	④
6	①	②	③	④

もんだい 3

れい	①	●	③	④
1	①	②	③	④
2	①	②	③	④
3	①	②	③	④

もんだい 4

れい	①	②	●
1	①	②	③
2	①	②	③
3	①	②	③
4	①	②	③

もんだい 5

れい	①	②	●
1	①	②	③
2	①	②	③
3	①	②	③
4	①	②	③
5	①	②	③
6	①	②	③
7	①	②	③
8	①	②	③
9	①	②	③

N3

げんごちしき（もじ・ごい）

（30ぷん）

ちゅうい
Notes

1. しけんが はじまるまで、この もんだいようしを あけないで ください。
   Do not open this question booklet until the test begins.

2. この もんだいようしを もって かえる ことは できません。
   Do not take this question booklet with you after the test.

3. じゅけんばんごうと なまえを したの らんに、じゅけんひょうと
   おなじように かいて ください。
   Write your examinee registration number and name clearly in each box below as written on your test voucher.

4. この もんだいようしは、ぜんぶで 5ページ あります。
   This question booklet has 5 pages.

5. もんだいには かいとうばんごうの　1、2、3…が ついて います。
   かいとうは、かいとうようしに ある おなじ ばんごうの ところに
   マークして ください。
   One of the row numbers 1, 2, 3 … is given for each question. Mark your answer in the same row of the answer sheet.

じゅけんばんごう　Examinee Registration Number	

なまえ　Name	

問題1 ＿＿＿のことばの読み方として最もよいものを、1・2・3・4から一つ
えらびなさい。

1 本校は長い歴史と伝統がある学校です。

1 てんとう　　　　2 でんとう　　　　3 てんこう　　　　4 でんこう

2 科学技術の発達は暮らしを豊かにした。

1 はっだち　　　　2 はくだち　　　　3 はったつ　　　　4 はくたつ

3 今日の煮物はいつもより味が薄い。

1 こい　　　　　　2 からい　　　　　3 あまい　　　　　4 うすい

4 プレゼントで高価なグラスをもらった。

1 こうか　　　　　2 ごうか　　　　　3 こうきゅう　　　4 ごうきゅう

5 彼女は黒のドレスがよく似合っている。

1 みどり　　　　　2 あお　　　　　　3 くろ　　　　　　4 あか

6 友人と旅行の計画を立てました。

1 かいが　　　　　2 かいかく　　　　3 けいが　　　　　4 けいかく

7 最初の試合の相手がもうすぐ決まります。

1 とまります　　　2 きまります　　　3 あつまります　　4 はじまります

8 仕事が多くて、残業しました。

1 ざんご　　　　　2 ざんごう　　　　3 ざんぎょ　　　　4 ざんぎょう

問題2 _____のことばを漢字で書くとき、最もよいものを、1・2・3・4から一つえらびなさい。

9 彼はせいかくがよくて、みんなに優(やさ)しい。
1 性各 2 性格 3 成各 4 成格

10 一人で考えても、けつろんは出なかった。
1 結局 2 結婚 3 結果 4 結論

11 都市部(としぶ)からはなれたところに住んでいる。
1 外れた 2 散れた 3 離れた 4 退れた

12 あきらめるのは、まだはやいです。
1 早い 2 易しい 3 草い 4 是い

13 年に1回病院でけんさを受(う)けてください。
1 検査 2 検作 3 剣査 4 剣作

14 しんやのバスに乗って東京(とうきょう)に向かった。
1 真夜 2 慎夜 3 探夜 4 深夜

問題3 （　　）に入れるのに最もよいものを、1・2・3・4から一つえらびなさい。

15 この大雨では、川の水が（　　）のも時間の問題でしょう。

1　うまる　　　　　2　あふれる　　　　　3　かさなる　　　　　4　こぼれる

16 うちでは、料理の得意な夫が食事の（　　）を担当しています。

1　支度（したく）　　2　規則（きそく）　　3　中身（なかみ）　　4　手間（てま）

17 幼稚園（ようちえん）の前をうろうろしている（　　）男がいた。

1　めずらしい　　　2　くやしい　　　　　3　あやしい　　　　　4　おとなしい

18 ボランティアの参加者（さんかしゃ）に1日の活動（かつどう）の（　　）を説明（せつめい）します。

1　流れ（なが）　　　2　強み（つよ）　　　3　支え（ささ）　　　4　驚き（おどろ）

19 ネットで変なうわさが（　　）、社会に混乱（こんらん）を招（まね）くことがある。

1　含んで（ふく）　　2　移って（うつ）　　3　伸びて（の）　　　4　広まって（ひろ）

20 最近はペットを（　　）利用できるカフェが増（ふ）えているそうだ。

1　飼って（か）　　　2　連れて（つ）　　　3　引いて（ひ）　　　4　囲んで（かこ）

21 ついに長年の夢（ゆめ）だった（　　）マイホームができあがりました。

1　気楽な（きらく）　　2　利口な（りこう）　　3　重大な（じゅうだい）　　4　立派な（りっぱ）

22 今回のテストは前回のものに比（くら）べて（　　）簡単（かんたん）だった。

1　けっこう　　　　2　常に（つね）　　　3　わざと　　　　　4　思わず（おも）

23 このホテルは観光地（かんこうち）への（　　）がよくて、便利（べんり）です。

1　ノック　　　　　2　トンネル　　　　　3　アクセス　　　　　4　パスポート

24 報告書（ほうこくしょ）を提出（ていしゅつ）する前に、間違（まちが）いがないか何度も（　　）。

1　飛び出した（とだ）　　2　見返した（みかえ）　　3　書き直した（かなお）　　4　受け取った（うと）

25 足首（あしくび）が（　　）痛（いた）むから、今日は練習（れんしゅう）を休むつもりです。

1　ぎりぎり　　　　2　ずきずき　　　　　3　ぶらぶら　　　　　4　ごろごろ

問題4 _____に意味が最も近いものを、1・2・3・4から一つえらびなさい。

---

26 駅まではここから徒歩でわずか10分だ。

 1 やはり   2 案外   3 およそ   4 たった

---

27 田中さんはとても短気な人だ。

 1 すぐ怒る   2 すぐ泣く   3 よく笑う   4 よく忘れる

---

28 2時にグラウンドに来てください。

 1 実験室   2 運動場   3 体育館   4 図書室

---

29 卒業式の日に先生にお礼を伝えた。

 1 お詫びの言葉   2 感謝の言葉

 3 お祝いの言葉   4 別れの言葉

---

30 今日はいつもよりいそがしいです。

 1 慌ただしい   2 しつこい   3 恐ろしい   4 面倒くさい

問題5 つぎのことばの使い方として最もよいものを、1・2・3・4から一つ えらびなさい。

31 そろえる

1 流行語について調べて、レポートにそろえます。

2 どこでぶつけたのか覚えていないが、車に傷がそろえていた。

3 玄関でくつをぬいだら、きちんとそろえて隅に置きましょう。

4 この頃春らしい暖かい日がそろえていて、過ごしやすい。

32 集合

1 店の場所が分かりにくいから、駅に集合することになった。

2 ある作家の人生を描いた映画が人気を集合しています。

3 西洋では目が集合すると、にこっと微笑んでくれる人が多い。

4 周りの生徒がうるさくて、勉強に集合することができない。

33 盛ん

1 妹は書道が盛んで、コンクールで賞をもらったこともある。

2 この地域は昔から外国との貿易が盛んだったらしいです。

3 落ち着いた色が好きなので、盛んな服はほとんど着ません。

4 韓国ドラマに盛んな娘は、韓国に留学すると言い出した。

34 成分

1 この経済の本は成分が難しくて、何回読んでも理解できない。

2 面接の前に聞かれそうな成分の答えを先に準備しておいた。

3 レモンに入っている成分が魚の嫌なにおいを消してくれる。

4 日本の家の成分は木で、地震による大きな揺れに強いです。

35 取り上げる

1 友達の髪にほこりがついていたので、取り上げてあげた。

2 警察は、店の金や宝石を取り上げた犯人を追っている。

3 夏の夜空に取り上げられた花火は、本当に美しかった。

4 最近増えているという学生社長を取り上げた記事を読んだ。

N3

言語知識（文法）・読解

（70分）

注　意
Notes

１．試験が始まるまで、この問題用紙を開けないでください。

Do not open this question booklet until the test begins.

２．この問題用紙を持って帰ることはできません。

Do not take this question booklet with you after the test.

３．受験番号と名前を下の欄に、受験票と同じように書いてください。

Write your examinee registration number and name clearly in each box below as written on your test voucher.

４．この問題用紙は、全部で19ページあります。

This question booklet has 19 pages.

５．問題には解答番号の 1 、 2 、 3 … が付いています。解答は、解答用紙にある同じ番号のところにマークしてください。

One of the row numbers 1 , 2 , 3 … is given for each question. Mark your answer in the same row of the answer sheet.

受験番号　Examinee Registration Number	

名　前　Name	

問題1 つぎの文の（　　　）に入れるのに最もよいものを、1・2・3・4から一つえらびなさい。

1 来月、家族みんな（　　　）初の海外旅行に行くことになった。

　1　で　　　　　　　2　に　　　　　　　3　こそ　　　　　　4　さえ

2 （店で）

　店長「明日のバイトをお願いしてもいい？人が足りないんだ。」

　森　「午前中は授業なので、午後２時（　　　）大丈夫です。」

　1　までしか　　　　2　までなら　　　　3　からしか　　　　4　からなら

3 友人にすすめられた小説を買って読んでみたが、（　　　）おもしろくなかった。

　1　せっかく　　　　2　ちっとも　　　　3　そろそろ　　　　4　だんだん

4 教室の窓から公園で子どもたちが楽しそうに（　　　）見えた。

　1　遊んでいるのが　　　　　　　　　2　遊んでいることが

　3　遊んでくるのが　　　　　　　　　4　遊んでくることが

5 もうすぐ試合が始まる（　　　）、部長はトイレに行って戻ってこない。

　1　というので　　　2　といっても　　　3　というのに　　　4　といったら

6 この塾に入ってから、先生方の丁寧な指導（　　　）成績がどんどん上がった。

　1　のことで　　　　2　のように　　　　3　のくせに　　　　4　のおかげで

7 林さんは数か月前に入社（　　　）、すでに大きな仕事を任せられている。

　1　するばかりだが　　　　　　　　　2　したばかりだが

　3　するところだが　　　　　　　　　4　したところだが

8 （会社で）

木村「山本さん、最近なんか元気がないよね。どうしたんだろう?」

田中「ああ、彼女とうまく（　　　　）よ。」

1　いっていないほうだ　　　　　　　　2　いっていないわけだ

3　いっていないみたいだ　　　　　　　4　いっていないものだ

9　料理が苦手な人でも、レシピ（　　　　）作れば失敗することはありません。

1　の通りに　　　　2　に対して　　　　3　のせいで　　　　4　に加えて

10 （電話で）

中村　「もしもし。松田商事の中村と申します。営業部の鈴木部長をお願いいたします。」

電話係「鈴木は会議で席を外しております。」

中村　「そうですか。では、また（　　　　）。」

1　かけはじめます　　　　　　　　　　2　かけなおします

3　かけておきます　　　　　　　　　　4　かけていきます

11　不正なアクセスを防ぐためにパソコンのパスワードは定期的に（　　　　）。

1　変えすぎてしまった　　　　　　　　2　変えかねない

3　変えっぱなしだった　　　　　　　　4　変えなくてはならない

12　A「どうしましたか。」

B「携帯電話がないんです。さっきバスの中で（　　　　）。」

1　落としたことがあります　　　　　　2　落としたとはかぎりません

3　落としたことにします　　　　　　　4　落としたのかもしれません

13 （道で）

A「この建物は100年前に有名な建築家によって（　　　）。」

B「そうなんだ。よく知っているね。」

1　建てさせたんだって

2　建てさせたのかな

3　建てられたんだって

4　建てられたのかな

問題2 つぎの文の ___★___ に入る最もよいものを、1・2・3・4から一つ えらびなさい。

14　カレーが好きな人は多いが、林さん ＿＿＿＿ ＿★＿ ＿＿＿＿ ＿＿＿＿ いないだろう。

　　1　カレーを　　　　2　人は　　　　　　3　ほど　　　　　4　よく食べる

15　出張で家を空けるときは、犬を ＿＿＿＿ ＿＿＿＿ ＿★＿ ＿＿＿＿ います。

　　1　ホテルで　　　　2　預かって　　　　3　ペット用の　　　4　もらって

16　この国は石油や ＿＿＿＿ ＿＿＿＿ ＿★＿ ＿＿＿＿ 輸入に頼っている。

　　1　資源が　　　　　2　ガスなどの　　　3　そのほとんどを　4　少ないので

17 （店で）

　　客　「ランニングをする時に使う時計がほしいんですが。」

　　店員「走った距離やペースが測定できる ＿＿＿ ＿＿＿ ＿★＿ ＿＿＿ おす

　　　　　すめです。」

　　1　探しているの　　　2　こちらが　　　　　3　時計を　　　　4　でしたら

18 パーティーに誘ってくれた ＿＿＿ ＿＿＿ ＿★＿ ＿＿＿ 行く気にはなれ

　ない。

　　1　あまり　　　　　　2　佐藤さんには　　3　けど　　　　　4　悪い

問題3 つぎの文章を読んで、文章全体の内容を考えて、 19 から 22 の中に
入る最もよいものを、1・2・3・4から一つえらびなさい。

下の文章は、留学生が書いた作文です。

日本の祭り

ブカヨ・ドミンコ

昨日、友達と一緒に初めて日本の祭りに行ってきました。私は 19 が楽しみでしか
たありませんでした。小さいころから日本のアニメで祭りを見てきた私にとって祭りは憧れ
だったからです。

祭りは食べ物の屋台がたくさんあって、にぎやかでした。 20 浴衣を着ている人も
多かったです。浴衣には夏らしいひまわりや金魚の模様が描かれていてきれいでした。た
だ歩いているだけでも楽しかったです。

そのあと、花火を待ちながら食べ物を食べていると、突然「どん」という音とともに花
火があがりました。夜空に咲く花火に感動しました。また、その美しさ 21 花火の音
やにおいも魅力的でした。

そして、祭りで驚いたのが道にごみを捨てる人がいないことでした。人や店が多い場所
だと、道がごみで 22 。しかし、人々はきちんとごみをごみ箱に捨てたり、自分で持ち
帰っていました。そんなところからも日本らしさが感じられました。

19

1 この日　　　　2 あの日　　　　3 そんな日　　　　4 こういう日

20

1 ですから　　　　2 それに　　　　3 ただし　　　　4 けれども

21

1 によると　　　　2 としては　　　　3 であるうえに　　　　4 だけでなく

22

1 あふれたままです　　　　　　　　2 あふれないものです

3 あふれがちです　　　　　　　　　4 あふれそうもないです

問題4 つぎの(1)から(4)の文章を読んで、質問に答えなさい。答えは、1・2・3・4から最もよいものを一つえらびなさい。

（1）

　昔からの夢がようやく叶う。今日家にねこがやってくるのだ。子どものころは一緒に住んでいた祖父が動物が苦手だということもあって反対されていた。そのせいでうちでは<u>ペットが禁止</u>だった。

　春から地元を出て一人暮らしを始めた。ねこを飼うために、ペットを飼うことが許可されているマンションを選んだ。ねこの世話をするのはお金がかかったり、大変なことがあったりするかもしれないけれど、大切に育てていきたい。

23　<u>ペットが禁止</u>だったのは、どうしてか。

1　祖父が動物と一緒に住むことに反対していたから

2　一人で動物の世話をすることが大変だから

3　マンションで動物を飼うことが許されていなかったから

4　動物を育てることにお金がかかってしまうから

(2)

これはマンションの掲示板に貼ってあるお知らせである。

水道工事についてのご案内

この度、水道の設備工事を行います。作業中は水を使用できませんので、ご理解お願い

いたします。

> 日程：3月20日（木）午前8時～午前11時
>
> ○ 作業中に水が出ても飲まないようにしてください。
> ○ 作業日に雨が降った場合、予定日の翌日に行います。

※作業後、水の使用を開始するときに白っぽい水が出ることがありますが、2～3分ほど

出しておくときれいな水になります。

---

24 このお知らせからわかることは何か。

1 水道の設備工事の日は一日中、水道から水が出てこない。

2 作業が開始してから午前11時までは、水道の水が使えない。

3 3月20日に雨が降っても、作業は予定通りに行われる。

4 作業後の水道から出てくる白っぽい水は、飲んでもいい。

（3）

　娯楽の一つである映画が消費するものへと変わってきているようだ。ネットでの配信サービスが人気を集めている今、速めて映画を見たり、結末だけを知ろうとしたりする人が増加しているらしい。仕事や勉強で時間に追われているけれど、見ておくべき名作はたくさんある。こういう状況が映画の消費を進めているのかもしれないが、それでいいのだろうか。映画を作った人が作品に込めた考えやメッセージを味わわず、次々と情報を頭に入れるだけなんて寂しい気がする。

---

25 消費するものへと変わってきているとあるが、どのようなことか。

1　映画館に行かないで、配信サービスで映画を楽しむ人が増えている。

2　時間に追われているせいで、映画が見られない人が増えている。

3　映画のメッセージを味わわないで、情報だけを得る人が増えている。

4　情報が多いせいで、人気のある作品だけを見る人が増えている。

（4）

これは山田先生からキムさんに届いたメールである。

あ　て　先　：　kimkim2002@kmail.co.jp

件　　　名　：　論文について

送信日時　：　11月11日　11:00

キムさん

おはようございます。

　送ってくれた論文を読みました。インタビューに協力してくれる人を探すのに苦労していたようですが、こんなに多くのデータが集まったとはびっくりです。これが加わったことによってさらにおもしろい論文になりましたね。

　ただ、日本語の表現で分かりにくい点がありました。キムさんの意見を聞きながら一緒に直すのがいいと思います。来週のゼミでこの論文を発表しますよね。その前までに修正できるように今週中に研究室に来てください。

山田

26　このメールを読んで、キムさんは何をしなければならないか。

1　インタビューの内容を論文に加えて、先生にメールで送る。
2　論文のデータが少ないから、たくさんのデータを集める。
3　ゼミで論文を発表し、意見を聞いて内容を修正する。
4　論文の日本語を修正するために、先生の研究室に行く。

問題5　つぎの(1)と(2)の文章を読んで、質問に答えなさい。答えは、1・2・3・4から最もよいものを一つえらびなさい。

（1）

　不登校が社会問題になっている。今年度、国が行った調査によると、不登校の生徒数は24万人近くに上った。これは過去最多だと言われた前年度をこえる数字だ。

　学校に行かなくても居場所を見つけ元気に過ごす子どもがいる一方で、ほとんどは外に出ず家に引きこもりがちになってしまう。そのせいで、正しいリズムで健康的な生活が送れなくなったり、人との交流のしかたが分からなくなったりする。このような生活が長く続くと、大人になっても社会に出られないこともあるそうだ。

　そんな中、ある大学が不登校の生徒に対して居場所をサポートするプログラムを実施した。最新技術で作り出したコンピューターの世界の中で生徒に人との出会いや交流を提供するというものだ。そこではキャラクターがもう一人の自分として動く。これなら人とのコミュニケーションに不安がある生徒でも気楽に参加できるというわけだ。

27　①調査についての説明で、合っているものはどれか。

1　今年度の不登校の生徒数は24万人をこえる。
2　前年度の不登校の生徒数は24万人をこえる。
3　今年度の不登校の生徒数は今までで一番多い。
4　前年度の不登校の生徒数は今までで一番多い。

28　②このような生活とあるが、どのような生活か。

1　学校に行って、元気よく過ごす生活
2　家から出ず、人と交流しない生活
3　健康的で、生活リズムがいい生活
4　大人になっても、社会に出ない生活

29 ③<u>気楽に参加できる</u>のは、どうしてか。

1　交流のしかたが分からなくても、大学の人がサポートしてくれるから

2　最新技術で作り出された世界が自分の居場所<ruby>居場所<rt>いばしょ</rt></ruby>になっているから

3　自分と同じような不登校<ruby>不登校<rt>ふとうこう</rt></ruby>の生徒だけが参加するプログラムだから

4　コンピューターの世界の中で、キャラクターが自分の代わりに動くから

（2）

　　1年ぶりに帰省した。私は外国人の夫と子供2人と夫の故郷で暮らしている。毎年正月とお盆には1週間ほど帰省するのだが、今年は長男の受験があり塾への送り迎えをしたり、夜食を作ったりサポートが続いた。夫にまとまった休みを取ってもらおうとも考えたが、転職したばかりで忙しくしている夫に無理は言えなかった。
^(注)

　　今回の帰省は父の誕生日に合わせた。笑顔で迎えてくれる父に私までうれしくなった。久しぶりの父は年を取ったように感じた。なんだか体が小さくなった気がしたが、やせたのではなく腰が曲がってきているようだ。これから足が不自由になったり、耳が聞こえにくくなったりしていくのだろうか。そんなことを考えた。

　　プレゼントを渡すと、父は「こうやって会いに来てくれるのが一番うれしい」と言った。その言葉に申し訳なくなった。

　　離れて暮らしているから連絡はよくしている。それに4月の誕生日には毎年プレゼントを必ず送る。親孝行しているつもりだった。そういったことも大事かもしれない。でも、これからはどんな理由があってもできるだけ父と一緒に過ごす時間を作ろうと思う。

(注)転職：仕事を変えること

30　　どうして1年ぶりに帰省したか。
　　1　故郷から遠いところで暮らしているから
　　2　子供の受験をサポートしなければいけなかったから
　　3　夫がまとまった休みを取ってくれなかったから
　　4　仕事を変えたばかりで、とても忙しかったから

31　　「私」はどんなところから父が年を取ったと感じたか。
　　1　曲がってきている腰
　　2　やせてしまった体
　　3　不自由になってきている足
　　4　よく聞こえなくなった耳

32 親孝行について、「私」はどう考えているか。

1 これからプレゼントをあげるときは、父に直接渡すようにしたい。

2 親と離れて暮らしている人ほど、よく親孝行しなければならない。

3 連絡を取ったり、プレゼントを送ったりすることは親孝行ではない。

4 よく連絡することよりも、父と過ごす時間を作ることが大事だ。

問題6 つぎの文章を読んで、質問に答えなさい。答えは、1・2・3・4から最も よいものを一つえらびなさい。

天気予報が外れたからといって文句を言ったりしてはいないだろうか。そういう人は<u>正しくない情報の受け取り方</u>①をしているか、天気予報に期待しすぎなのだろう。

例えば、今日の天気は晴れ、降水確率は0％と表示されているとしよう。これを見て雨が絶対降らないと理解するのは間違いだ。これは今までのデータ上、この大気の状態で雨が降ることがなかったという結果を述べているだけなのである。つまり、今日がこの条件で雨が降る最初の日になるかもしれないということを頭に置いておかなければならない。

そもそも「絶対」という状況が存在すると考えるのはどうかと思う。どんなに評判がいい化粧品でも、広告にはその効果とともに<u>「個人差があります」</u>②と追加される。効果が出る人もいれば出ない人もいるという意味だ。また、有名企業の洗剤のパッケージにも「99％の汚れを落とす」などといった書き方がされていたりもする。企業からすると「絶対」という状況を避けたいわけだ。

しかし、親切な注意書きを見ても<u>期待通りの結果を求めてしまう</u>③。人間は自分に都合がいい情報ばかりを信じたがる生き物なのかもしれない。結局、客観的な情報があってもそれを無視して自分が望むように考えるのだから、期待をやめることは相当難しいに決まっている。期待をしなかったら楽に生きられると言うが、そんなことは不可能だと思う。

(注)降水確率：雨が降る可能性

33 ①<u>正しくない情報の受け取り方</u>の例はどれか。
1 降水確率0％を見て、雨が降る可能性がないと考えること
2 降水確率0％を見て、雨が降る可能性があると考えること
3 降水確率0％を見て、雨が降りやすい大気の状態だと考えること
4 降水確率0％を見て、雨が降りにくい大気の状態だと考えること

34 ②<u>個人差があります</u>とは、どのようなことを言っているか。

1　化粧品の効果が感じられるまでに時間がかかることがあること

2　広告にある化粧品の効果とは違う効果が現れる人もいること

3　人によっては化粧品の効果が感じられないこともあること

4　人によって化粧品の効果は違うが、効果が感じられない人はいないこと

35 ③<u>期待通りの結果を求めてしまう</u>とあるが、それはなぜか。

1　使った人からの評判がいいものだから

2　有名な会社で作られたものだから

3　書かれている注意を読まないから

4　自分が望む情報だけを信じるから

36 この文章を書いた人が言いたいことは何か。

1　自分が望むことではなく、客観的な情報を信じたほうがいい。

2　自分の気持ちを無視して、期待することをやめる必要はない。

3　人間は都合よく考える生き物だから、期待せずに生きることは難しい。

4　人間は期待しないようにすれば、もっと楽に生きることができる。

問題7 右のページは雪森市民体育館の利用案内である。これを読んで、下の質問に答えなさい。答えは、1・2・3・4から最もよいものを一つえらびなさい。

37　雪森市内の大学に通うグェンさんは大学のサークルのメンバーでバスケをする予定だ。大学の授業が17時に終わるため、18時から利用するつもりだ。グェンさんが払う料金はいくらか。

1　利用料金4,200円と電気代500円

2　利用料金2,100円と電気代500円

3　利用料金4,200円と電気代250円

4　利用料金2,100円と電気代250円

38　市内に住む田中さんは7月10日に近所の人と一緒に卓球がしたい。初めて雪森市民体育館を利用する田中さんが卓球場を予約するために、しなければならないことはどれか。

1　7月5日までにインターネットで団体登録をし、卓球場を予約する。

2　7月5日までに窓口で団体登録をし、卓球場を予約する。

3　7月10日までにインターネットで卓球場を予約し、料金を払う。

4　7月10日までに窓口で卓球場を予約し、料金を払う。

雪森市民体育館
利用案内

[利用料金の案内]

	利用時間	9:00-12:00	12:00-15:00	15:00-18:00	18:00-21:00
体育館	一般	4,200円	4,400円	4,400円	4,200円
	高校生以下	2,000円	2,100円	2,100円	2,000円
	電気代	500円			
卓球場	一般	2,600円	2,800円	2,800円	2,600円
	高校生以下	1,200円	1,300円	1,300円	1,200円
	電気代	200円			

●市内団体の場合は利用料金の半分の価格でご利用できます。電気代の割引はございません。

※市内団体…メンバーの半分以上が市内に住んでいる人、または市内の学校や会社に通っている人で構成される団体

[利用方法]

●施設の利用には予約が必要です。予約はインターネット、窓口で受け付けております。

●予約できる期間は市内団体は利用希望日の２か月前から５日前まで、市外団体は利用希望日の１か月前から５日前までです。

●予約する前に団体登録が必要になります。登録には団体のメンバー全員の身分証、または身分証のコピーが必要です。団体登録は窓口でのみ承っております。

（一度利用したことがある団体は再登録の必要がありません）

●利用料金は利用日当日、窓口にて現金でお支払いください。

N3

ちょうかい
聴解

（40分）

注　意
Notes

1．試験が始まるまで、この問題用紙を開けないでください。
Do not open this question booklet until the test begins.

2．この問題用紙を持って帰ることはできません。
Do not take this question booklet with you after the test.

3．受験番号と名前を下の欄に、受験票と同じように書いて
ください。
Write your examinee registration number and name clearly in each box below as written on your test voucher.

4．この問題用紙は、全部で14ページあります。
This question booklet has 14 pages.

5．この問題用紙にメモをとってもいいです。
You may make notes in this question booklet.

じゅけんばんごう 受験番号　Examinee Registration Number	

名　前　Name	

問題1
もん だい

問題1では、まず質問を聞いてください。それから話を聞いて、問題用紙の1から
4の中から、最もよいものを一つえらんでください。

れい

1　コンビニ

2　駅の北口
　　えき　きたぐち

3　レストラン

4　ゆうびんきょく

1ばん

2ばん

1 読書会で読む本

2 読書会のにってい

3 申し込みのほうほう

4 申し込みのしめきり

3ばん

1 英語のメールをかくにんする

2 相手にアポイントをとる

3 ユーザーのニーズを調べる

4 質問用紙をさくせいする

4ばん

1 500円

2 1000円

3 2000円

4 2500円

5ばん

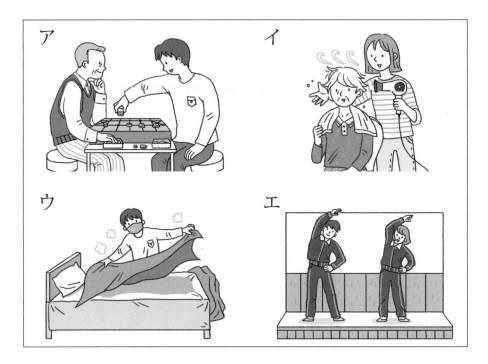

1　ア、イ

2　イ、ウ

3　ウ、エ

4　イ、ウ、エ

6 ばん

1　アジアけいざい

2　生活（せいかつ）の中（なか）のかがく

3　外国人生徒（がいこくじんせいと）へのしえん

4　メディアのえいきょうりょく

問題2

<ruby>問<rt>もん</rt></ruby><ruby>題<rt>だい</rt></ruby>2

<ruby>問題<rt>もんだい</rt></ruby>2では、まず<ruby>質問<rt>しつもん</rt></ruby>を<ruby>聞<rt>き</rt></ruby>いてください。そのあと、<ruby>問題用紙<rt>もんだいようし</rt></ruby>を<ruby>見<rt>み</rt></ruby>てください。<ruby>読<rt>よ</rt></ruby>む<ruby>時間<rt>じかん</rt></ruby>があります。それから<ruby>話<rt>はなし</rt></ruby>を<ruby>聞<rt>き</rt></ruby>いて、<ruby>問題用紙<rt>もんだいようし</rt></ruby>の1から4の<ruby>中<rt>なか</rt></ruby>から、<ruby>最<rt>もっと</rt></ruby>もよいものを<ruby>一<rt>ひと</rt></ruby>つえらんでください。

れい

1 <ruby>祭<rt>まつ</rt></ruby>りに<ruby>人<rt>ひと</rt></ruby>がたくさん<ruby>来<rt>こ</rt></ruby>ないから

2 <ruby>祭<rt>まつ</rt></ruby>りを<ruby>楽<rt>たの</rt></ruby>しみにしていたから

3 いろいろなやたいが<ruby>出<rt>で</rt></ruby>ているから

4 やきにくが<ruby>食<rt>た</rt></ruby>べほうだいだから

1ばん

1 インターネットで社会の変化を調べる

2 本で社会の変化を調べる

3 結婚観についてインタビューする

4 結婚観についてアンケートする

2ばん

1 りょかん

2 すし屋

3 すいぞくかん

4 おみやげ屋

3ばん

1 やりたい仕事が見つかったから

2 仕事にふまんがあったから

3 しょくばの人と仲がよくないから

4 きゅうりょうがいい会社で働きたいから

4ばん

1 気に入ったものがなかったから

2 ほしいものが売り切れていたから

3 かかくが上がっていたから

4 げんきんを持って行かなかったから

5ばん

1　ポケットをつける

2　サイズを大きくする

3　軽いきじにする

4　明るい色にする

6ばん

1　カウンセリング

2　ホームステイ先の紹介

3　りゅうがく生活のサポート

4　英会話レッスン

問題3

　問題３では、問題用紙に何もいんさつされていません。この問題は、ぜんたいとしてどんなないようかを聞く問題です。話の前に質問はありません。まず話を聞いてください。それから、質問とせんたくしを聞いて、１から４の中から、最もよいものを一つえらんでください。

- メモ -

問題4

問題4では、えを見ながら質問を聞いてください。やじるし（➡）の人は何と言いますか。1から3の中から、最もよいものを一つえらんでください。

れい

1 ばん

2 ばん

무료 학습자료 제공 **japan.Hackers.com**

3ばん

4ばん

もん だい
問題 5

　問題5では、問題用紙に何もいんさつされていません。まず文を聞いてください。それから、そのへんじを聞いて、1から3の中から、最もよいものを一つえらんでください。

- メモ -

정답표　p.288
[해설집]　p.108

일본어도 역시,
1위 해커스

japan.Hackers.com

실전모의고사 제**4**회

| 난이도 : 중상 |

실전모의고사 4

にほんごのうりょくしけん かいとうようし

N3 언어지식(문자·어휘)

げんごちしき（もじ・ごい）

あなたの なまえを ローマじで かいて ください。 Please print in block letters.

なまえ Name

じゅけんばんごう (Examinee Registration Number)

20A10101123-30123

せいねんがっぴをかいてください。
Fill in your date of birth in the box.

せいねんがっぴ(Date of Birth)

ねん Year	つき Month	ひ Day

問題 1

	①	②	③	④
1	①	②	③	④
2	①	②	③	④
3	①	②	③	④
4	①	②	③	④
5	①	②	③	④
6	①	②	③	④
7	①	②	③	④
8	①	②	③	④

問題 2

	①	②	③	④
9	①	②	③	④
10	①	②	③	④
11	①	②	③	④
12	①	②	③	④
13	①	②	③	④
14	①	②	③	④

問題 3

	①	②	③	④
15	①	②	③	④
16	①	②	③	④
17	①	②	③	④
18	①	②	③	④
19	①	②	③	④
20	①	②	③	④
21	①	②	③	④
22	①	②	③	④
23	①	②	③	④
24	①	②	③	④
25	①	②	③	④

問題 4

	①	②	③	④
26	①	②	③	④
27	①	②	③	④
28	①	②	③	④
29	①	②	③	④
30	①	②	③	④

問題 5

	①	②	③	④
31	①	②	③	④
32	①	②	③	④
33	①	②	③	④
34	①	②	③	④
35	①	②	③	④

にほんごのうりょくしけん かいとうようし

N3 언어지식(문법)·독해

げんごちしき(ぶんぽう)・どっかい

よいれい Correct Example	わるいれい Incorrect Examples
●	⊗ ◯ ◖ ◑ ○ ●

あなたの なまえを ローマじで かいて ください。　Please print in block letters.

なまえ
Name

問 題 1

1	①	②	③	④
2	①	②	③	④
3	①	②	③	④
4	①	②	③	④
5	①	②	③	④
6	①	②	③	④
7	①	②	③	④
8	①	②	③	④
9	①	②	③	④
10	①	②	③	④
11	①	②	③	④
12	①	②	③	④
13	①	②	③	④

問 題 2

14	①	②	③	④
15	①	②	③	④
16	①	②	③	④
17	①	②	③	④
18	①	②	③	④

問 題 3

19	①	②	③	④
20	①	②	③	④
21	①	②	③	④
22	①	②	③	④
23	①	②	③	④

問 題 4

24	①	②	③	④
25	①	②	③	④
26	①	②	③	④
27	①	②	③	④

問 題 5

28	①	②	③	④
29	①	②	③	④
30	①	②	③	④
31	①	②	③	④
32	①	②	③	④
33	①	②	③	④

問 題 6

34	①	②	③	④
35	①	②	③	④
36	①	②	③	④
37	①	②	③	④

問 題 7

38	①	②	③	④
39	①	②	③	④

じゅけんばんごう
(Examinee Registration Number)

20A1010123-30123

せいねんがっぴ(Date of Birth)

ねん Year	つき Month	ひ Day

にほんごのうりょくしけん かいとうようし

N3 ^{정해}
げんごちしき（もじ・ごい）

ちょうかい

あなたの なまえを ローマじで かいて ください。　Please print in block letters.

なまえ
Name

〈ちゅうい Notes〉

1. くろいえんぴつ(HB、No.2)でかいて
ください。
Use a black medium soft (HB or No.2) pencil.
（ペンやボールペンではかかないで
ください。）
(Do not use any kind of pen.)

2. かきなおすときは、けしゴムできれいに
けしてください。
Erase any unintended marks completely.

3. きたなくしたり、おったりしないでください。
Do not soil or bend this sheet.

4. マークれい Marking Examples

よいれい Correct Example	わるいれい Incorrect Examples
●	⊘ ⊗ ○ ◑ ◐ ◉

じゅけんばんごう
(Examinee Registration Number)

20A1010123-30123

せいねんがっぴをかいてください。
Fill in your date of birth in the box.

せいねんがっぴ(Date of Birth)

ねん Year	つき Month	ひ Day

じゅけんばんごうをかいて、そのしたのマーク
らんにマークしてください。
Fill in your examinee registration number
in this box, and then mark the circle for
each digit of the number.

もんだい 1

れい	①	●	③	④
1	①	●	③	④
2	①	②	③	④
3	①	②	③	④
4	①	②	③	④
5	①	②	③	④
6	①	②	③	④

もんだい 2

れい	①	②	●	④
1	①	②	③	④
2	①	②	③	④
3	①	②	③	④
4	①	②	③	④
5	①	②	③	④
6	①	②	③	④

もんだい 3

れい	●	②	③	④
1	●	②	③	④
2	①	②	③	④
3	①	②	③	④

もんだい 4

れい	①	②	●
1	①	②	③
2	①	②	③
3	①	②	③
4	①	②	③

もんだい 5

れい	①	●	③
1	①	②	③
2	①	②	③
3	①	②	③
4	①	②	③
5	①	②	③
6	①	②	③
7	①	②	③
8	①	②	③
9	①	②	③

N3

げんごちしき（もじ・ごい）

（30ぷん）

ちゅうい
Notes

1．しけんが　はじまるまで、この　もんだいようしを　あけないで　ください。

   Do not open this question booklet until the test begins.

2．この　もんだいようしを　もって　かえる　ことは　できません。

   Do not take this question booklet with you after the test.

3．じゅけんばんごうと　なまえを　したの　らんに、じゅけんひょうと
   おなじように　かいて　ください。

   Write your examinee registration number and name clearly in each box below as written on
   your test voucher.

4．この　もんだいようしは、ぜんぶで　5ページ　あります。

   This question booklet has 5 pages.

5．もんだいには　かいとうばんごうの　1、2、3…が　ついて　います。
   かいとうは、かいとうようしに　ある　おなじ　ばんごうの　ところに
   マークして　ください。

   One of the row numbers 1, 2, 3 … is given for each question. Mark your answer in the
   same row of the answer sheet.

じゅけんばんごう　Examinee Registration Number	

なまえ　Name	

問題1 _____のことばの読み方として最もよいものを、1・2・3・4から一つ

えらびなさい。

1 あの通りの角で降ろしてください。

1 はし　　　　　2 うら　　　　　3 さき　　　　　4 かど

2 入口にある看板を見て店に入った。

1 かんぱん　　　2 かんばん　　　3 けんぱん　　　4 けんばん

3 ここは駐車が禁止されている場所です。

1 じゅうしゃ　　2 ちゅうしゃ　　3 じゅうじゃ　　4 ちゅうじゃ

4 気になるいくつかの商品の特徴を比べた。

1 くらべた　　　2 しらべた　　　3 のべた　　　　4 ならべた

5 毎日往復2時間かけて会社に通っている。

1 おふく　　　　2 おぶく　　　　3 おうふく　　　4 おうぶく

6 歴史的な建物を壊さずに長く保存していきたい。

1 ほがん　　　　2 ほかん　　　　3 ほぞん　　　　4 ほそん

7 この行事は300年も前から行われているそうだ。

1 ぎょうじ　　　2 こうじ　　　　3 ぎょうごと　　4 こうごと

8 激しい雨が降っている。

1 けわしい　　　2 くやしい　　　3 くるしい　　　4 はげしい

問題2 _____のことばを漢字で書くとき、最もよいものを、1・2・3・4から一つ
えらびなさい。

9 選挙で応援している政治家にとうひょうした。

    1 投標   2 投票   3 役標   4 役票

10 息子は高校生になってから成績がおちていて心配だ。

    1 落ちて   2 下ちて   3 低ちて   4 減ちて

11 この木は枝がほそくて弱々しい。

    1 少くて   2 細くて   3 薄くて   4 軽くて

12 社会にはたような考えを持った人々がいる。

    1 他洋   2 他様   3 多洋   4 多様

13 この自動車のねんりょうはガソリンです。

    1 焼量   2 燃量   3 焼料   4 燃料

14 上司に山口さんへのでんごんを頼まれた。

    1 伝言   2 伝語   3 電言   4 電語

問題3 （　　　）に入れるのに最もよいものを、1・2・3・4から一つえらびなさい。

15　急に予定が入って、飛行機のチケットを（　　　）した。

1　キャンセル　　　2　ストップ　　　　3　カット　　　　4　チェック

16　スポーツ大会で、クラスメイトとの仲が（　　　）気がする。

1　増えた　　　　　2　伸びた　　　　　3　深まった　　　4　広がった

17　その映画は、ある事情により公開の時期が（　　　）された。

1　延期　　　　　　2　遅刻　　　　　　3　渋滞　　　　　4　制限

18　面接では、相手の目を見て（　　　）話すことが大事です。

1　どきどき　　　　2　ぶつぶつ　　　　3　とんとん　　　4　はきはき

19　お昼に駅で友達と（　　　）デパートに行った。

1　見かけて　　　　2　知り合って　　　3　呼びかけて　　4　待ち合わせて

20　彼のことを（　　　）見ていたら、目が合った。

1　ざっと　　　　　2　ほっと　　　　　3　じっと　　　　4　やっと

21　優勝が（　　　）だと言われていたチームが予選で負けて驚いた。

1　正確　　　　　　2　確実　　　　　　3　完全　　　　　4　素直

22　食事中、音を立てて食べていたら、母に（　　　）が悪いと注意された。

1　調子　　　　　　2　表情　　　　　　3　行儀　　　　　4　性格

23　アンケートの結果を（　　　）、今日中に見せてください。

1　まとめて　　　　2　ためて　　　　　3　かさねて　　　4　しばって

24　この機械は免許がないと（　　　）することができません。

1　操作　　　　　　2　経営　　　　　　3　行動　　　　　4　活用

25　子どもたちが紙で作った飛行機を空に（　　　）遊んでいる。

1　のばして　　　　2　とばして　　　　3　ながして　　　4　わたして

問題4 _____に意味が最も近いものを、1・2・3・4から一つえらびなさい。

26 この携帯電話にはさまざまな機能がある。

1　便利な　　　　　2　複雑な　　　　　3　新たな　　　　　4　いろいろな

27 彼はあまいものを控えているそうだ。

1　買おうと思っている　　　　　　　　2　食べないようにしている

3　作ろうと思っている　　　　　　　　4　あげないようにしている

28 空港までの連絡バスはただです。

1　運休　　　　　2　満席　　　　　3　無料　　　　　4　直通

29 最近、あのドラマがブームらしい。

1　見られている　　　　　　　　　　　2　放送されている

3　楽しまれている　　　　　　　　　　4　はやっている

30 石川さんとは相変わらず親しくしている。

1　前よりもずっと　　　　　　　　　　2　前と同じで

3　この頃特に　　　　　　　　　　　　4　この頃になって

問題 5 つぎのことばの使い方として最もよいものを、1・2・3・4 から一つ えらびなさい。

31 訪問

1 新製品について担当者と話し合うため、取引先を訪問した。

2 梅雨が明けて、ずっと待っていた夏がようやく訪問します。

3 水曜日は午前中に講義がないから、12時ごろ大学に訪問する。

4 家に帰る途中、コンビニに訪問して夕飯を買うつもりだ。

32 オーバー

1 大雨で川の水がオーバーすれば、町は大きな被害を受けるだろう。

2 問題なく運転していたのに、いきなり車のエンジンがオーバーした。

3 結婚式の予算は最初に決めていたが、結局オーバーしてしまった。

4 山本選手はゴールの直前で前を走る選手をオーバーし、1位になった。

33 通り過ぎる

1 提出期限が通り過ぎたレポートは受け取ることができません。

2 電車で寝ていて、降りなければいけない駅を通り過ぎてしまった。

3 20分ほど煮て、野菜に火が通り過ぎたら出来上がりです。

4 無事、筆記試験を通り過ぎて面接に進めることになりました。

34 支払い

1 自動販売機でジュースを買ったあと、支払いを取るのを忘れていた。

2 あの店は人気だから、電話で支払いをしてから行ったほうがいいよ。

3 ボランティア参加の支払いは、ホームページから受け付けています。

4 購入した商品の代金は、コンビニで支払いをすることもできます。

35 ゆでる

1 お客さんにお茶を出すため、お湯をゆでています。

2 パスタの麺をゆでている間に、ソースを作りましょう。

3 冷蔵庫の中のカレーは電子レンジでゆでてから食べてください。

4 フライパンに油を引いて、魚の両面をしっかりゆでた。

問題用紙

N3

言語知識 (文法)・読解

（70分）

受験番号　Examinee Registration Number	

名　前　Name	

問題1 つぎの文の（　　　）に入れるのに最もよいものを、1・2・3・4から
一つえらびなさい。

1 もう一年が終わる（　　　）、時間が経（た）つのが早すぎます。

1　か　　　　　　　2　なんて　　　　　3　けれど　　　　　4　ほど

2 A「今年の『成人の日』っていつ（　　　）。」
B「2番目の月曜日だから、1月9日だね。」

1　だっけ　　　　2　だもん　　　　　3　なのに　　　　　4　だけど

3 電車で通勤（つうきん）しているので、休日（　　　）車を運転しません。

1　にでも　　　　2　にさえ　　　　　3　にしか　　　　　4　にこそ

4 イギリスへの留学（りゅうがく）が決まり、外国に住むという夢（ゆめ）が（　　　）実現（じつげん）すると思うと本当
に嬉（うれ）しい。

1　つねに　　　　2　どうか　　　　　3　ついに　　　　　4　まるで

5 私（　　　）一番大事なものは、いつも味方でいてくれる家族です。

1　に加（くわ）えて　　2　に対（たい）して　　　3　によって　　　　4　にとって

6 （会社で）
A「書類（しょるい）にミスが見つかったんだけど、どうしよう。」
B「部長（ぶちょう）に言えばいいよ。誰（だれ）でもミスはあるから、きっと（　　　）分かってくれるよ。」

1　部長（ぶちょう）だって　　2　部長（ぶちょう）として　　3　部長（ぶちょう）のせいで　　4　部長（ぶちょう）のわりに

7 母「トイレの電気、また（　　　）よ。消しなさいって何度も言っているじゃない。」

子「え、消したと思ったんだけどなあ。」

1　つけてしまった　　　　　　　　　　2　つけたほうがよかった

3　つけっぱなしだった　　　　　　　　4　つけるほかなかった

8 あのチームは弱いと言われてきたが、最近どんどん強くなっている。彼らが次の試合で（　　　）。

1　勝ってもかまわない　　　　　　　　2　勝ってもおかしくない

3　勝つわけにはいかない　　　　　　　4　勝つとはかぎらない

9 （電話で）

高橋「すみません、待ち合わせの時間を30分遅くしてもいいですか。」

吉村「はい、大丈夫ですよ。急ぎの用事でもありますか。」

高橋「いいえ、（　　　）。」

1　寝坊しやすいです　　　　　　　　　2　寝坊したはずです

3　寝坊しちゃったんです　　　　　　　4　寝坊しそうになったんです

10 来月にある試験はむずかしくて今のままでは（　　　）ので、一生懸命勉強しなければならない。

1　合格するものではない　　　　　　　2　合格するかもしれない

3　合格できそうにない　　　　　　　　4　合格できないこともない

11 大学が遠くて通学が大変だから、近くに引っ越す（　　　）。

1　ことだ　　　　　2　ことにした　　　　3　ことはない　　　　4　ことになる

12 A「天気がいいですね。今日も暑く（　　　）。」

B「ニュースでは30度まで上がると言っていました。」

1　なりそうです　　　　　　　　　　　2　なっているでしょう

3　なったらしいです　　　　　　　　　4　ならないでしょう

13 （電話で）

店員「はい、ひまわりレストランです。」

客　「あ、30日の５時に予約した鈴木ですが、６時に（　　　　）。」

店員「はい、かしこまりました。」

1　変更<ruby>されませんか<rt>へんこう</rt></ruby>

2　変更されないでしょうか

3　変更していただきませんか

4　変更していただけないでしょうか

問題2 つぎの文の ___ ★ ___ に入る最もよいものを、1・2・3・4から一つ
えらびなさい。

14　A「ねえ、遊園地のチケット予約してくれた?その日は _____ _____ __★__
　　　　 _____ 人が多いんじゃない?早くしないと売り切れるかもしれないよ。」

　　　 B「そうだね。今日中にやっておくよ。」

　　1　より　　　　　　2　だから　　　　　3　いつも　　　　　4　祝日

15　最初から育児が上手な親などいません。子育てをしながら、親の _____ _____
　　　 __★__ _____ いいのです。

　　1　とともに　　　　2　自分も　　　　　3　成長していけば　　4　子ども

16　A「料理は得意ですか。」

　　　 B「いいえ。電子レンジで _____ _____ __★__ _____ できません。」

　　1　温めさえ　　　　2　料理しか　　　　3　すれば　　　　4　食べられるような

17 上司から初めて大きな ＿＿＿ ＿＿＿ ★ ＿＿＿ とても不安だ。

1 任せられたが　　2 プロジェクトの　　3 リーダーを　　4 うまくできるか

18 小学生のころは、友達と公園を走り回る ＿＿＿ ＿＿＿ ★ ＿＿＿ だ。

1 もの

2 だけで

3 時間が過ぎていた

4 何時間も

問題3 つぎの文章を読んで、文章全体の内容を考えて、 19 から 23 の中に入る最もよいものを、1・2・3・4から一つえらびなさい。

下の文章は、留学生が書いた作文です。

日本の車

エミリー　ジョンソン

　日本に来て驚いたのは、「軽自動車」 19 呼ばれる小さい車に乗っている人が多いことでした。実際に、日本では、家族で乗る車として軽自動車を購入することもめずらしくありません。私の国では大きい車を好む人が多いので、とても不思議でした。 20 、日本人の友人に日本で小さい車が人気の理由を聞いてみました。

　友人は私に、軽自動車の二つの長所を 21 。一つは、運転しやすいことです。日本は狭い道が多いので、車が大きいと通りにくいそうです。もう一つは経済的にお得なことです。大きい車より少ないガソリンで長い距離を走ることができます。しかし、 22 長所が理由になるのは納得できませんでした。小さい車にかかるお金が安いのは私の国でも同じだからです。

　日本に住んで1年経った今、最も納得できる理由を見つけました。日本で売っている食料品や日用品は他の国のもの 23 小さくて量も少ないということです。買い物をしてもそこまで荷物が多くなりません。大きいものや量が多いものを乗せる必要がないので、大きい車がいらないのです。これは外国から来た私だから気づけた理由だと思います。

19

　1　と　　　　　　　2　に　　　　　　　3　を　　　　　　　4　は

20

　1　すると　　　　　2　そのうえ　　　　3　そこで　　　　　4　なぜなら

21

　1　教えてあげました　　　　　　　　2　教えてもらいました
　3　教えてやりました　　　　　　　　4　教えてくれました

22

　1　その　　　　　　2　ある　　　　　　3　ここの　　　　　4　どういった

23

　1　において　　　　2　について　　　　3　に比べて　　　　4　に反して

問題4 つぎの(1)から(4)の文章を読んで、質問に答えなさい。答えは、1・2・3・4 から最もよいものを一つえらびなさい。

（1）

これは川上先生のゼミの学生に届いたメールである。

あ て 先	：	hanasaki@abcmail.co.jp
件　　名	：	休講のお知らせ
送信日時	：	6月3日　10:30

学生のみなさん

　来週6月7日（月）のゼミですが、当日学会に出席することになったため、休講にします。その分の授業は6月9日（水）の午後3時から行う予定です。9日の講義に出席できるかどうか明日6月4日（金）の夜までに返信をしてください。来られない学生がいれば、日にちや時間を調整することも考えます。

　なお、7日に行う予定だった発表は9日の講義で行いますので、発表者はしっかり準備をしてきてください。

川上

---

24 このメールからわかることは何か。

1 学生たちは6月4日に学会に出席する。

2 川上先生は6月9日に講義を行うことができない。

3 6月9日の講義に出られるかどうか6月4日までに返信する。

4 6月4日の講義を欠席する学生は6月9日に発表をする。

（2）

　最近、スマホやタブレットで本を読む人が増えている。紙の本より値段が安く、置く場所にも困らないので、本が好きな人にとっては便利だろう。それは私も分かっている。

　しかし、私は紙の本しか読まない。新しい本を開いたときの紙のにおいや、ページをめくる音がいいし、本棚に好きな本が並んでいるのを見るのも好きだ。便利さに負けない魅力があると思う。だから、今後も紙の本を買い続けるつもりだ。

25　　紙の本について、「私」はどのように考えているか。

　1　読む人も多いが、値段が高いので、好きな本だけ買っている。

　2　便利だと思うが、置く場所に困るので、買いたくない。

　3　いろんな魅力があるが、値段が安くないので、たまにしか買わない。

　4　便利ではないが、いろんな魅力があるので、今後も買うつもりだ。

（3）

　　高速道路の休憩所にあるトイレでは毎日多くの忘れ物が見つかっている。そこで、ある高速
道路の管理会社が忘れ物を防ぐトイレを開発した。個室トイレの鍵部分を大きな板にし、荷
物が置ける台として使えるようにしたのだ。個室を出るときに鍵を触るため、そこに置いた荷
物に気づけるというわけだ。

　　管理会社は、利用者から忘れ物の連絡を受けると、その場所に取りに行き、持ち主が来る
まで預かっている。この仕事を大変だと感じた職員が開発したそうだ。実際、忘れ物はほとん
どなくなったという。

26　　忘れ物を防ぐトイレが開発されたのは、どうしてか。

　　1　トイレに荷物が置ける場所を作ってほしいと、利用者に言われたから
　　2　トイレで忘れ物をしたくないと、管理会社の職員が思ったから
　　3　トイレで忘れ物をすると取りに行くのが大変だと、利用者に言われたから
　　4　トイレでの忘れ物に関する仕事が大変だと、管理会社の職員が思ったから

（4）

10月20日の朝、パクさんが出勤すると、机の上に白石課長からのメモが置いてあった。

パクさん

　新商品についてのアンケート調査の報告書を確認しました。内容は分かりやすく書けていると思います。ただ、表が少し見にくいですから作り直してください。前回報告書を書いた成田さんにお願いして、どのようにまとめるかアドバイスをもらうのもいいと思います。明日の午後3時からある会議でこの資料を使うので、それまでにお願いします。

　明日の午前中は本社でセミナーがあるので、午後から出勤します。報告書のことで何か分からないことがあったら電話してください。

10月19日（水）

白石

27　このメモを読んで、パクさんがしなければならないことは何か。

1　明日の会議までに、報告書の表を見やすくなるよう作り直す。

2　明日の午後3時までに、成田さんにお願いして報告書を直してもらう。

3　明日の午前中、本社に行ってセミナーを受けてから出勤する。

4　明日、白石課長に電話して報告書についてアドバイスをもらう。

問題5 つぎの(1)と(2)の文章を読んで、質問に答えなさい。答えは、1・2・3・4から最もよいものを一つえらびなさい。

（1）

　私たち夫婦は3年前に<u>田舎暮らしを始めた</u>。二人とも地方で生まれ育ったこともあり、あわただしい都会での生活に不満を感じていたためだ。一番下の娘が就職したことをきっかけに、二人で会社を退職し、空き家になっていた夫の親戚の家に引っ越してきた。

　最初は<u>残念に思うこと</u>もあった。親しくしていた人たちに会えないことだ。東京にいたときはよく友人と会って、長話をしたりしていたので、その時間がなくなったのは少し寂しかった。

　しかし、今はそれもプラスに考えている。夫との時間が増えたからだ。ここは店が早く閉まるので、家に帰る時間も早くなった。毎晩夕食を食べた後に近所の川へ散歩に行っている。忙しい都会の生活では、夫と二人の時間が限られていたので、とても新鮮な気持ちだ。

　3年間住んでみて私にはここでの生活が合っているように思う。これからもゆったりとした時間を夫婦二人で楽しみたい。

(注)空き家：人が住んでいない家

28 ①<u>田舎暮らしを始めた</u>とあるが、その理由は何か。

　　1　自分が生まれ育った町に戻りたかったから
　　2　あわただしい都会の生活が嫌になったから
　　3　一番下の娘が田舎で就職したいと言ったから
　　4　夫の親戚の家が空き家になっていたから

29 ②<u>残念に思うこと</u>とあるが、どのようなことか。

　　1　東京で親しくしていた友人に会えなくなったこと
　　2　引っ越してきた町で親しい友人ができないこと
　　3　友人と長話をする時間がないほど忙しくなったこと
　　4　友人や家族と過ごす時間が減ってしまったこと

30 　田舎での生活について、「私」はどう思っているか。

1　良くないこともプラスに考えられるようになっていい。

2　夫と過ごせる時間が限られているので大事にしたい。

3　毎晩散歩に行く健康的な生活ができていい。

4　自分に合っているここでの生活を楽しみたい。

(2)

　私たち人間が発する声は感情によって変化する。例えば、感情が高まっているときは声が大きく、トーンは高く、早口になりやすい。反対に怒りをがまんしているときは、声が低く、スピードも遅くなる。また、トーンが安定しないときは緊張している可能性が高い。ある研究チームがこのような特徴を研究し、「人の声から感情を判断するAI技術」を開発した。

　この技術は、さまざまな場面で活用され始めている。代表的なのは、電話で客に対応するコールセンターである。電話は相手の顔が見えないため、声で感情を判断するしかない。この技術を使って、客が満足しているかどうかを調査したり、スタッフのストレスが溜まっていないかを確認したりすることで、サービスの向上に役立てているそうだ。

　そもそもAIには感情がない。そんなAIが人間の感情を正確に理解できるとは思えないが、よりよいサービスのためのヒントとして使う程度ならおもしろい考えだと思う。

(注)トーン：声の調子

31　　このような特徴とあるが、何か。
　　1　人によって感情の表し方が違うという特徴
　　2　感情によって声が変化するという特徴
　　3　感情の高まりは声に表れやすいという特徴
　　4　感情が安定しないときに声が低くなるという特徴

32　　「人の声から感情を判断するAI技術」についての説明で、合っているものはどれか。
　　1　電話で客に対応するコールセンターで開発された。
　　2　相手の表情が見えない場面でしか活用することができない。
　　3　コールセンターでサービス向上のために使われている。
　　4　ストレスが溜まっている人の声を使って研究している。

33 「人の声から感情を判断するAI技術」について、この文章を書いた人はどう思っているか。

1 AIのほうが人間より正確に判断できると思うので、役に立つはずだ。

2 AIに人間の感情を判断させても、サービスが変わらなければ意味がない。

3 AIに人間の感情が理解できるはずがないので、役に立たない。

4 AIに人間の感情が分かるとは信じられないが、アイデアはおもしろい。

問題6　つぎの文章を読んで、質問に答えなさい。答えは、1・2・3・4から最も
　　　　　よいものを一つえらびなさい。

　現在、多くの会社で働く人が不足している。①最近行われた調査では、全企業の50.1％が正
社員の人手が足りないと感じていることが明らかになった。その原因の一つに、人口が多い世
代が年を取って退職したということがある。そんな中、人手不足を解消する方法として、65歳
以上の高齢者を雇うことが注目されている。

　実際にこの方法で人手不足を解消した企業がある。ある工業会社の例だ。この会社は、働
く人が足りず、常に社員が残業をしなければならなかった。この状態を変えようと社員を増や
すことにしたのだが、その際、同じ業務の経験がある高齢者にしぼって募集したという。技術
や経験が豊かなため、すぐに現場で業務を行うことができるうえ、他の社員への技術指導を頼
むことで、社員全体の技術力が上がるからだ。つまり、人手が増える以外にも良い影響が期待
できるのだ。

　高齢者を社員として迎えるため、いくつかの工夫を行った。まず、週5日出勤、週3日出
勤、一日6時間勤務など様々な働き方から自分に合ったものを自由に選べるようにした。ま
た、医師と協力して、社員の健康状態を管理することにした。その結果、65歳以上の社員が十
数名入り、人手不足が解消したそうだ。

　高齢者を雇うことは会社にとってメリットが多い。そのため、積極的に雇おうという会社が増
えてきている。そして、それは②今後も増えていくだろう。

（注）人手：働く人

34　①最近行われた調査とあるが、この調査でわかったことはどのようなことか。

　1　企業の半分が正社員が足りないと考えている。
　2　働く人の半分が会社に社員が足りないと考えている。
　3　企業の半分が高齢者を雇いたいと考えている。
　4　退職した高齢者の半分が会社で働きたいと考えている。

35 ある工業会社が同じ業務の経験がある高齢者を雇ったのはなぜか。

1 同じ業務の経験がある若者が少ないから

2 すぐに現場で活躍できるから

3 他の社員に仕事を教えるのが上手だから

4 会社に若い社員しかいなかったから

36 ②今後も増えていくだろうとあるが、この文章を書いた人はなぜそのように言っているのか。

1 人手が足りなくても、自分に合った働き方ができるから

2 人手が足りなくても、会社の制度が良くなるから

3 人手が増え、積極的に働こうとする社員も増えるから

4 人手が増え、他の社員にもいい影響を与えるから

37 この文章全体のテーマは、何か。

1 多くの会社で働く人が減った原因

2 会社が技術を教えることの大切さ

3 働きやすい会社の特徴

4 会社が高齢者を雇うことの利点

問題7 右のページは美術館の案内である。これを読んで、下の質問に答えなさい。
答えは、1・2・3・4から最もよいものを一つえらびなさい。

38 今日は金曜日である。高校生の中山さんは13時に美術館に着き、この案内を見た。
夏休み特別イベントの中で、今から参加できるものはどれか。

1　AとB

2　AとC

3　BとD

4　CとD

39 美術館で案内を見たジョンさんは、「国際書道展」に興味を持った。「国際書道展」
を見るために、ジョンさんがしなければいけないことはどれか。

1　17時までに予約をして、追加料金500円を払う。

2　17時までに予約をして、追加料金2,000円を払う。

3　予約はせずに、入り口カウンターで追加料金500円を払う。

4　予約はせずに、入り口カウンターで追加料金2,000円を払う。

神田美術館

神田美術館では、お客様にお楽しみいただける
様々なイベントや展覧会を開催しています。

★夏休み特別イベント★

A　展示品解説会 職員が展示作品について詳しく解説します。 時間：(土)(日)　一日2回 　　　　①11時～　②15時～ 場所：館内1階　講堂 参加費：500円	B　お茶体験 伝統的な和室でお茶とお菓子を楽しむことができます。 時間：毎日　一日3回 　　　　①10時～　②14時～　③16時～ 場所：館内2階　和室 参加費：700円
C　子ども見学ツアー 普段見られない展示室の裏側をスタッフが案内します。 時間：毎日　一日2回 　　　　①11時～　②13時～ 場所：館内1階　受付カウンター前集合 参加費：なし	D　中高生対象アートツアー 職員と一緒に館内の作品を見ながらアートについて考えます。 時間：(金)(土)(日)　一日2回 　　　　①12時～　②14時～ 場所：館内1階　受付カウンター前集合 参加費：なし

※夏休み特別イベントは7月16日から8月31日まで開催します。

※A,Bのイベントは入館料と別に参加費がかかります。

※C,Dのイベントは予約が必要です。(予約は、イベントが始まる30分前まで)

★今開催している展覧会★

国際書道展	「高田のり子」展
国内・国外から応募があった書道作品を展示しています。 場所：館内1階　第1展示室 追加料金：500円	世界的な画家高田のり子の代表作品を見ることができます。 場所：館内1階　第2展示室 追加料金：2,000円

※開館時間は9時半から17時半までです。(入館は17時まで)

※予約はいりませんが、入館料と別に追加料金がかかります。

追加料金はそれぞれの展示室の入り口カウンターでお支払いください。

N3

ちょうかい
聴解

（40分）

注　意
Notes

1．試験が始まるまで、この問題用紙を開けないでください。
　　Do not open this question booklet until the test begins.

2．この問題用紙を持って帰ることはできません。
　　Do not take this question booklet with you after the test.

3．受験番号と名前を下の欄に、受験票と同じように書いて
　　ください。
　　Write your examinee registration number and name clearly in each box below as written
　　on your test voucher.

4．この問題用紙は、全部で14ページあります。
　　This question booklet has 14 pages.

5．この問題用紙にメモをとってもいいです。
　　You may make notes in this question booklet.

じゅけんばんごう 受験番号　Examinee Registration Number	

名　前　Name	

<ruby>問題<rt>もん だい</rt></ruby>1

테스트용　　　고사장 소음 버전

🔊 해커스N3실전모의고사_4회.mp3

<ruby>問題<rt>もん だい</rt></ruby>1では、まず<ruby>質問<rt>しつ もん</rt></ruby>を<ruby>聞<rt>き</rt></ruby>いてください。それから<ruby>話<rt>はなし</rt></ruby>を<ruby>聞<rt>き</rt></ruby>いて、<ruby>問題用紙<rt>もん だい よう し</rt></ruby>の1から4の<ruby>中<rt>なか</rt></ruby>から、<ruby>最<rt>もっと</rt></ruby>もよいものを<ruby>一<rt>ひと</rt></ruby>つえらんでください。

れい

1　コンビニ

2　<ruby>駅<rt>えき</rt></ruby>の<ruby>北口<rt>きた ぐち</rt></ruby>

3　レストラン

4　ゆうびんきょく

1ばん

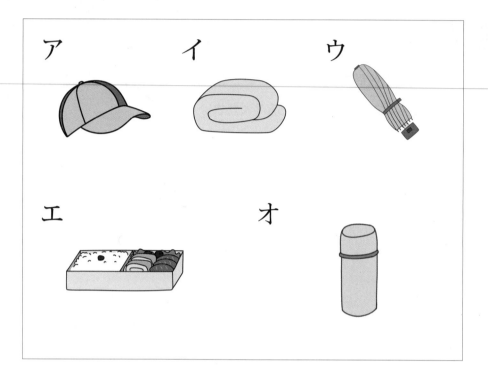

1　ア　イ　ウ

2　ア　エ　オ

3　イ　ウ　エ

4　イ　エ　オ

2ばん

1 電話に出る

2 打ち合わせにしゅっせきする

3 データを入力する

4 たんとうしゃに　れんらくする

3ばん

1 ロッカーの中をせいりする

2 しょるいを　かたづけていいか聞く

3 机の上をかたづける

4 ごみを捨てる

4ばん

1 教室
きょうしつ

2 しょくどう

3 カフェ

4 こうてい

5ばん

1 イベントのしょうかい

2 売る食べ物のしょうかい
う た もの

3 大学の地図
だいがく ちず

4 去年の大学祭の写真
きょねん だいがくさい しゃしん

6ばん

1 じこしょうかいをする

2 ゲームをする

3 おかしを食べる

4 ステージに上がる

もんだい
問題2

問題2では、まず質問を聞いてください。そのあと、問題用紙を見てください。読む時間があります。それから話を聞いて、問題用紙の1から4の中から、最もよいものを一つえらんでください。

れい

1　祭りに人がたくさん来ないから

2　祭りを楽しみにしていたから

3　いろいろなやたいが出ているから

4　やきにくが食べほうだいだから

1ばん

1 まつりに行くため

2 おみまいに行くため

3 そうじを手伝うため

4 けっこんしきに出るため

2ばん

1 会社から遠かったから

2 けいやくきかんが終わったから

3 部屋がせまかったから

4 たてものが古かったから

실전모의고사 제4회

해커스 JLPT 실전모의고사 N3

3ばん

1 席をいどうすること

2 パソコンを使うこと

3 でんげんを使うこと

4 飲み物を飲むこと

4ばん

1 朝早く起きること

2 しょうひんのアイデアを考えること

3 お客さんがたくさん来ること

4 しょうひんをたくさん作ること

5ばん

1 打ち合わせが入ったから

2 他の人にたのむから

3 そうたいするから

4 えいぎょうに行くから

6ばん

1 部屋におんせんがあるところ

2 ご飯がおいしいところ

3 かんこうちから近いところ

4 けしきがきれいなところ

問題３では、問題用紙に何もいんさつされていません。この問題は、ぜんたいとしてどんなないようかを聞く問題です。話の前に質問はありません。まず話を聞いてください。それから、質問とせんたくしを聞いて、１から４の中から、最もよいものを一つえらんでください。

- メモ -

問題4

<ruby>問<rt>もん</rt></ruby><ruby>題<rt>だい</rt></ruby>

問題4では、えを見ながら質問を聞いてください。やじるし（➡）の人は何と言いますか。1から3の中から、最もよいものを一つえらんでください。

れい

1ばん

2ばん

3ばん

4ばん

問題 5 では、問題用紙に何もいんさつされていません。まず文を聞いてください。それから、そのへんじを聞いて、1 から 3 の中から、最もよいものを一つえらんでください。

- メモ -

정답표 p.289
[해설집] p.156

일본어도 역시,
1위 해커스

japan.Hackers.com

실전모의고사 제5회

| 난이도 : 상 |

にほんごのうりょくしけん かいとうようし

N3 언어지식(문자·어휘)

げんごちしき（もじ・ごい）

あなたの なまえを ローマじで かいて ください。　Please print in block letters.

なまえ Name	

じゅけんばんごう (Examinee Registration Number)

じゅけんばんごうをかいて、そのしたのマーク
らんにマークしてください。
Fill in your examinee registration number
in this box, and then mark the circle for
each digit of the number.

20A1010123-30123

せいねんがっぴをかいてください。
Fill in your date of birth in the box.

せいねんがっぴ(Date of Birth)

ねん Year	つき Month	ひ Day

問題 1

	1	2	3	4
1	①	②	③	④
2	①	②	③	④
3	①	②	③	④
4	①	②	③	④
5	①	②	③	④
6	①	②	③	④
7	①	②	③	④
8	①	②	③	④

問題 2

	1	2	3	4
9	①	②	③	④
10	①	②	③	④
11	①	②	③	④
12	①	②	③	④
13	①	②	③	④
14	①	②	③	④

問題 3

	1	2	3	4
15	①	②	③	④
16	①	②	③	④
17	①	②	③	④
18	①	②	③	④
19	①	②	③	④
20	①	②	③	④
21	①	②	③	④
22	①	②	③	④
23	①	②	③	④
24	①	②	③	④
25	①	②	③	④

問題 4

	1	2	3	4
26	①	②	③	④
27	①	②	③	④
28	①	②	③	④
29	①	②	③	④
30	①	②	③	④

問題 5

	1	2	3	4
31	①	②	③	④
32	①	②	③	④
33	①	②	③	④
34	①	②	③	④
35	①	②	③	④

にほんごのうりょくしけん かいとうようし

N3 言語知識(문법)·독해

げんごちしき (ぶんぽう)・どっかい

あなたの なまえを ローマじで かいて ください。　　Please print in block letters.

なまえ Name	

問題 1

	①	②	③	④
1	①	②	③	④
2	①	②	③	④
3	①	②	③	④
4	①	②	③	④
5	①	②	③	④
6	①	②	③	④
7	①	②	③	④
8	①	②	③	④
9	①	②	③	④
10	①	②	③	④
11	①	②	③	④
12	①	②	③	④
13	①	②	③	④

問題 2

14	①	②	③	④
15	①	②	③	④
16	①	②	③	④
17	①	②	③	④
18	①	②	③	④

問題 3

19	①	②	③	④
20	①	②	③	④
21	①	②	③	④
22	①	②	③	④
23	①	②	③	④

問題 4

24	①	②	③	④
25	①	②	③	④
26	①	②	③	④
27	①	②	③	④

問題 5

28	①	②	③	④
29	①	②	③	④
30	①	②	③	④
31	①	②	③	④
32	①	②	③	④
33	①	②	③	④

問題 6

34	①	②	③	④
35	①	②	③	④
36	①	②	③	④
37	①	②	③	④

問題 7

38	①	②	③	④
39	①	②	③	④

じゅけんばんごうをかいて、そのしたのマークらんにマークしてください。
Fill in your examinee registration number in this box, and then mark the circle for each digit of the number.

じゅけんばんごう
(Examinee Registration Number)

2	0	A	1	0	1	0	1	2	3	–	3	0	1	2	3

せいねんがっぴをかいてください。
Fill in your date of birth in the box.

せいねんがっぴ(Date of Birth)

ねん Year	つき Month	ひ Day

にほんごのうりょくしけん かいとうようし

N3 청해
ちょうかい

〈ちゅうい Notes〉

1. くろいえんぴつ(HB、No.2)でかいて
ください。
Use a black medium soft (HB or No.2) pencil.
（ペンやボールペンではかかないで
ください。）
(Do not use any kind of pen.)

2. かきなおすときは、けしゴムできれいに
けしてください。
Erase any unintended marks completely.

3. きたなくしたり、おったりしないでください。
Do not soil or bend this sheet.

4. マークれい Marking Examples

よいれい Correct Example	わるいれい Incorrect Examples
●	⊗ ◯ ◑ ⊘ ⊙ ◐

あなたの なまえを ローマじで かいて ください。

Please print in block letters.

なまえ
Name

じゅけんばんごう
(Examinee Registration Number)

じゅけんばんごうをかいて、そのしたのマーク
らんにマークしてください。
Fill in your examinee registration number
in this box, and then mark the circle for
each digit of the number.

20A1010123-30123

せいねんがっぴをかいてください。
Fill in your date of birth in the box.

せいねんがっぴ(Date of Birth)

ねん Year	つき Month	ひ Day

もんだい1

	1	2	3	4
れい	①	②	●	④
1	①	②	③	④
2	①	②	③	④
3	①	②	③	④
4	①	②	③	④
5	①	②	③	④
6	①	②	③	④

もんだい2

	1	2	3	4
れい	①	②	③	④
1	①	②	③	④
2	①	②	③	④
3	①	②	③	④
4	①	②	③	④
5	①	②	③	④
6	①	②	③	④

もんだい3

	1	2	3	4
れい	●	②	③	④
1	①	②	③	④
2	①	②	③	④
3	①	②	③	④

もんだい4

	1	2	3
れい	①	②	●
1	①	②	③
2	①	②	③
3	①	②	③
4	①	②	③

もんだい5

	1	2	3
れい	①	②	●
1	①	②	③
2	①	②	③
3	①	②	③
4	①	②	③
5	①	②	③
6	①	②	③
7	①	②	③
8	①	②	③
9	①	②	③

Language Knowledge（Vocabulary）　　もんだいようし

N3

げんごちしき（もじ・ごい）

（30ぷん）

ちゅうい
Notes

1. しけんが　はじまるまで、この　もんだいようしを　あけないで　ください。
   Do not open this question booklet until the test begins.

2. この　もんだいようしを　もって　かえる　ことは　できません。
   Do not take this question booklet with you after the test.

3. じゅけんばんごうと　なまえを　したの　らんに、じゅけんひょうと
   おなじように　かいて　ください。
   Write your examinee registration number and name clearly in each box below as written on
   your test voucher.

4. この　もんだいようしは、ぜんぶで　5ページ　あります。
   This question booklet has 5 pages.

5. もんだいには　かいとうばんごうの　1、2、3…が　ついて　います。
   かいとうは、かいとうようしに　ある　おなじ　ばんごうの　ところに
   マークして　ください。
   One of the row numbers 1, 2, 3 … is given for each question. Mark your answer in the
   same row of the answer sheet.

じゅけんばんごう　Examinee Registration Number	

なまえ　Name	

問題1 _____ のことばの読み方として最もよいものを、1・2・3・4から一つ
えらびなさい。

1 大阪市の一部の地区で停電が起こった。

1 ちく　　　　　2 じく　　　　　3 ちか　　　　　4 じか

2 子育てに役立つ情報を教えてもらいました。

1 しょうぼう　　2 じょうぼう　　3 しょうほう　　4 じょうほう

3 きのう指をけがしてしまった。

1 うで　　　　　2 あし　　　　　3 ゆび　　　　　4 くび

4 彼が作曲した歌は大ヒットした。

1 さっこく　　　2 さっきょく　　3 さくこく　　　4 さくきょく

5 今日の夕食はカレーにしましょう。

1 ゆしょく　　　2 ゆうしょく　　3 ゆはん　　　　4 ゆうはん

6 故郷を離れる時、寂しい気持ちになった。

1 まずしい　　　2 くるしい　　　3 かなしい　　　4 さびしい

7 この山にはきのこがたくさん生えています。

1 しょうえて　　2 いえて　　　　3 はえて　　　　4 せいえて

8 部下に新プロジェクトについて意見を求めた。

1 もとめた　　　2 すすめた　　　3 あつめた　　　4 つよめた

問題2 ＿＿＿＿のことばを漢字で書くとき、最もよいものを、1・2・3・4から一つ
えらびなさい。

9 転んで、ひざからちが出た。

1 皿　　　　　　2 血　　　　　　3 由　　　　　　4 宙

10 ホテルのおくじょうにプールがあります。

1 室上　　　　　2 室場　　　　　3 屋上　　　　　4 屋場

11 会社を始めるにはたいりょうの資金が必要だ。

1 多料　　　　　2 多量　　　　　3 大料　　　　　4 大量

12 読んだ本は棚にもどしてください。

1 戻して　　　　2 返して　　　　3 移して　　　　4 直して

13 新製品のこうこくに力を入れている。

1 交告　　　　　2 交浩　　　　　3 広告　　　　　4 広浩

14 鈴木さんの話が本当なのはたしかだろう。

1 適か　　　　　2 証か　　　　　3 定か　　　　　4 確か

問題3 （　　　）に入れるのに最もよいものを、1・2・3・4から一つえらびなさい。

15 コーヒーをこぼしてできた（　　　）は洗っても落ちなかった。

1　しみ　　　　　　2　きず　　　　　　3　しるし　　　　　4　ほこり

16 皮を（　　　）細く切ったじゃがいもを油であげました。

1　けして　　　　　2　やぶって　　　　3　はずして　　　　4　むいて

17 田中さんは（　　　）性格で、怒ったところを見たことがない。

1　単純な　　　　　2　穏やかな　　　　3　熱心な　　　　　4　明らかな

18 10年ぶりに訪れた熊本は、昔とは（　　　）変わっていた。

1　しばらく　　　　2　最も　　　　　　3　ずいぶん　　　　4　一斉に

19 新車は高いから、予算を考えて（　　　）の自動車を買うことにした。

1　当時　　　　　　2　途中　　　　　　3　時期　　　　　　4　中古

20 うちの大学の（　　　）は桜並木がきれいで観光地としても有名です。

1　キャンパス　　　2　オフィス　　　　3　ファイル　　　　4　ホームページ

21 仕事でミスをして、上司に（　　　）をかけてしまった。

1　迷惑　　　　　　2　悪化　　　　　　3　違反　　　　　　4　被害

22 明日は弟のバスケの試合を家族全員で（　　　）しに行くつもりだ。

1　希望　　　　　　2　応援　　　　　　3　救助　　　　　　4　賛成

23 不満があるなら（　　　）文句を言わず、相手に直接伝えたほうがいい。

1　いらいら　　　　2　のろのろ　　　　3　ぶつぶつ　　　　4　はきはき

24 商品を買うときは値段よりも質を（　　　）しています。

1　集中　　　　　　2　制限　　　　　　3　主張　　　　　　4　重視

25 一生懸命書いた作文を先生に（　　　）もらえてうれしかった。

1　許して　　　　　2　優れて　　　　　3　輝いて　　　　　4　褒めて

問題4 ＿＿＿に意味が最も近いものを、1・2・3・4から一つえらびなさい。

26 もっと<u>冷静に</u>行動しなさい。

1 急いで　　　　2 考えて　　　　3 落ち着いて　　　4 思い切って

27 今の<u>暮らし</u>に満足しています。

1 生活　　　　　2 成績　　　　　3 記録　　　　　　4 職場

28 バレーボールの練習は<u>大変だ</u>。

1 やさしい　　　2 きつい　　　　3 楽だ　　　　　　4 嫌いだ

29 今日はピザを<u>テイクアウト</u>します。

1 頼みます　　　2 届けます　　　3 焼きます　　　　4 持ち帰ります

30 彼女の説明を聞いて<u>納得した</u>。

1 反対した　　　2 感心した　　　3 よく分かった　　4 少し困った

問題5 つぎのことばの使い方として最もよいものを、1・2・3・4から一つ

えらびなさい。

31 滞在

1 夏休みを利用して、アメリカに1か月間滞在する予定だ。

2 息子はおばけが本当に滞在すると信じているらしい。

3 ポチは私が小学生のころから滞在している犬です。

4 退勤時間を過ぎても、会社には多くの社員が滞在していた。

32 都合

1 今回の大会の都合は、選手にとってかなりハードなものです。

2 事故の影響で電車の都合が乱れ、駅は人であふれていた。

3 本日のイベントは、天候の都合により中止にさせていただきます。

4 両親への結婚のあいさつに向かう彼は、とても緊張した都合だ。

33 見かける

1 将来の夢が見かけないことに悩んでいる人は少なくないでしょう。

2 昔好きだった人を偶然見かけて、思わず声をかけたくなった。

3 無事に解決したと思われた事件は、意外な展開を見かけた。

4 部屋の窓から富士山が見かけるホテルを予約するつもりだ。

34 修理

1 探しやすいように、本棚の本はジャンル別に修理している。

2 経済が修理してきていると言うが、国民は実感がないようだ。

3 科学の進歩によって、修理できない病気が減ったといいます。

4 壊れた自転車を修理してもらうのに、1時間もかからなかった。

35 だるい

1 近くに大きなスーパーができてから、店の経営がだるくなった。

2 このコースはだるい坂道が続くので、初心者におすすめだ。

3 彼はお金にだるい人で、計画なしに大きな買い物をする。

4 高熱で体がだるくて、一日中ベッドに横になっていた。

N3

げんごちしき　　　ぶんぽう　　　　どっかい
言語知識 (文法)・読解

（70分）

注　意

Notes

１．試験が始まるまで、この問題用紙を開けないでください。

Do not open this question booklet until the test begins.

２．この問題用紙を持って帰ることはできません。

Do not take this question booklet with you after the test.

じゅけんばんごう　　　　　　　　　らん　　　じゅけんひょう
３．受験番号と名前を下の欄に、受験票と同じように書いて
ください。

Write your examinee registration number and name clearly in each box below as written on your test voucher.

ぜんぶ
４．この問題用紙は、全部で19ページあります。

This question booklet has 19 pages.

かいとうばんごう
５．問題には解答番号の　1　、　2　、　3　… が付いています。
かいとう　　　　　　かいとう　　　　ばんごう
解答は、解答用紙にある同じ番号のところにマークして
ください。

One of the row numbers　1　,　2　,　3　… is given for each question. Mark your answer in the same row of the answer sheet.

じゅけんばんごう 受験番号　Examinee Registration Number	

名　前　Name	

問題1 つぎの文の（　　　）に入れるのに最もよいものを、1・2・3・4から一つえらびなさい。

1 息子にお風呂の掃除を頼むと、嫌な顔（　　　）された。

1　が　　　　　　　2　を　　　　　　　3　に　　　　　　　4　と

2 祖父の体調は（　　　）良くなり、来週には退院できるらしい。

1　大して　　　　　2　今にも　　　　　3　次第に　　　　　4　続々

3 （玄関で）

A「急におじゃましてごめんね。」

B「ううん。お茶（　　　）出せないけど、ゆっくりしていってね。」

A「うん。ありがとう。」

1　ぐらいまで　　　2　ぐらいなら　　　3　ぐらいから　　　4　ぐらいしか

4 （店で）

店員「お探しのものはございますか。」

客　「同窓会に着て行く服を探しています。」

店員「では、この青いワンピースはいかがですか。色は青（　　　）黒と赤がございます。」

1　のほかにも　　　2　のようには　　　3　のために　　　4　のかわりに

5 海外に行った経験はあまりないが、昔一度だけ中国に（　　　）。

1　行ったわけがある　　　　　　　　　2　行ったわけがない

3　行ったことがある　　　　　　　　　4　行ったことがない

6 夏休みの（　　　）だけに遊園地はたくさんの親子でにぎわっていた。

1　期間だ　　　　　2　期間で　　　　　3　期間の　　　　　4　期間な

7 （電話で）

妻「もしもし。もう駅に着いちゃったんだけど、あとどのぐらいかかる？」

夫「僕は今、会社を（　　　）よ。10分もあれば着くと思う。」

1　出たつもりだ　　　2　出たところだ　　　3　出る一方だ　　　4　出る場合だ

8　たびたび事件が起こったことで、ようやく外国人労働者[がいこくじんろうどうしゃ]の労働環境[ろうどうかんきょう]に目が（　　　）。

1　向けられるようにした　　　　　2　向けさせるようにした

3　向けられるようになった　　　　4　向けさせるようになった

9　先月まで緑色だった木々の葉は、気温が（　　　）真っ赤に変化していった。

1　下がるにつれ　　　　　　　2　下がりがちで

3　下がったうえで　　　　　　4　下がったのに

10　クレジットカードを（　　　）身分が証明できる書類[しょるい]が必要です。

1　作るとは　　　　2　作るとともに　　　3　作るには　　　4　作るうちに

11　（会社で）

A「あれ？声がガラガラですね。風邪[かぜ]ですか。」

B「いいえ。昨日カラオケで（　　　）。のどが痛いです。」

1　歌いはじめました　　　　　　2　歌いなおしました

3　歌いおわりました　　　　　　4　歌いすぎました

12　電灯[でんとう]が少なく、人通りがないこの道を夜一人で（　　　）危ない。

1　歩くにも　　　　2　歩くのは　　　3　歩くことで　　　4　歩くたびに

13 （マラソン大会で）

スタッフ「最後までコースを走り切った方にプレゼントを（　　　　）。どうぞ。」

参加者　「ありがとうございます。頑張ってよかったです。」

1　差し上げております

2　差し上げましょうか

3　いただいております

4　いただきましょうか

問題2 つぎの文の ___★___ に入る最もよいものを、1・2・3・4から一つ えらびなさい。

14　今日の安藤選手は _____ _____ ___★___ _____ 明るい表情が印象的でした。

　1　ような　　　　　2　からは　　　　　3　想像できない　　4　普段の様子

15　娘の誕生日に _____ _____ ___★___ _____ つもりだ。

　1　ほしがっている　2　ギターを　　　　3　買ってあげる　　4　以前から

16　(空港で)

　　客　「飛行機に乗り遅れました。どうにか今日中に出発したいんですけど。」
　　係員「只今、次の飛行機に _____ _____ ___★___ _____ 確認いたします。」

　1　座席が　　　　　2　かどうか　　　　3　ある　　　　　　4　空いている

17 （学校で）

A「料理って楽しいけど、片付けが面倒なんだよね。」

B「うん。だから、僕は料理を ＿＿＿ ＿＿＿ ★ ＿＿＿ ゴミを片付けた

りしているよ。」

1 使った 　　　　2 しながら 　　　　3 洗ったり 　　　　4 道具を

18 日本には、生活 ＿＿＿ ＿＿＿ ★ ＿＿＿ がある。

1 に困っても 　　2 制度 　　　　3 をしてもらえる 　　4 経済的な援助

問題3 つぎの文章を読んで、文章全体の内容を考えて、 19 から 23 の中に入る最もよいものを、1・2・3・4から一つえらびなさい。

下の文章は、留学生が書いた作文です。

日本のおばあさん

エミリ・フォード

　私がホームステイを始めて、もうすぐ半年が 19 。家族はお父さんとお母さん、おばあさんの３人です。大学生の子どももいますが、大学に通うために離れて暮らしています。

　私は特におばあさんと仲が良く、おばあさんはいつも日本の文化や礼儀 20 教えてくれます。おばあさんは運動が大好きで、80歳を過ぎた今でもスポーツクラブに通っています。

　ある日、 21 おばあさんが転んで足を折ってしまいました。しばらくスポーツクラブに通えないことがショックなようで落ち込んでいました。こんなに元気がないおばあさんを見たのは初めてでした。 22 、元気を出してもらいたくて、足を使わずにできる体操を考えて一緒にすることにしました。

　おばあさんに体操を教えると、とてもうれしそうな様子で「私はこんな優しい孫がいて幸せ者だね」と言いました。その言葉を聞いて、私は涙が 23 。本当の孫のように考えてくれているとは思ってもいなかったので、とてもうれしかったです。

19

1 経とうとしています 　　　　　 2 経つことになっています

3 経ったことにします 　　　　　 4 経っているのでしょう

20

1 によって 　　　 2 において 　　　 3 にとって 　　　 4 について

21

1 この 　　　　 2 そんな 　　　　 3 あんな 　　　　 4 どのような

22

1 さらに 　　　　 2 または 　　　　 3 それで 　　　　 4 ところが

23

1 出そうになりました 　　　　 2 出ていくみたいでした

3 出たふりをしました 　　　　 4 出たはずがありません

問題4 つぎの(1)から(4)の文章を読んで、質問に答えなさい。答えは、1・2・3・4から最もよいものを一つえらびなさい。

（1）
これは利用者が市民プールに送ったメールである。

あ て 先 ： harukawacity-pool@harukawasports.com

件 　名 ： マナーについて

送信日時 ： 2023年4月3日　16:00

市民プール様

　こんにちは。シニアクラスに通っている岡田と申します。私のような老人がクラスについていけるか心配でしたが、ゆっくり丁寧に指導してくださる先生方のおかげで楽しく通うことができています。

　いつ行ってもプールだけでなく、シャワー室もきれいで快適なのですが、ただ水泳後ぬれたままロッカールームに移動する利用者がいて、床がびちょびちょなことがあります。プールから上がったら、タオルで体を拭くように呼びかけてほしいです。よろしくお願いします。

岡田

---

24 このメールを見た人は、どうしなければいけないか。
1 クラスの指導をもっと丁寧にするように、先生に伝える。
2 プールやシャワー室をきれいに使うように、利用者に呼びかける。
3 ぬれた体でロッカールームに入らないように、利用者に注意する。
4 プールから上がった後、ぬれた体を拭けるように、タオルをおく。

(2)

　日本は祝日が多い国だ。祝日が日曜日のときはその翌日を休日にする制度もある。何年か前には「山の日」も追加され、祝日は16日に増えた。

　日本に祝日が多い理由に会社を休みにくい社会の雰囲気がよく挙げられる。休むのが申し訳ないと考える人が多いという。そんな日本人が何も心配せず休める機会が祝日なのかもしれないが、祝日の数が多いことよりも自由に休暇が取りやすい社会であることのほうがずっといいのではないだろうか。政府にはこっちに力を入れてほしい。

| 25 | 祝日について、この文章を書いた人はどう考えているか。 |

　1　日本は祝日が多く、社会制度がいい国である。

　2　日本は祝日の数をもっと減らしたほうがいい。

　3　自由に休めるよう、会社の休暇を増やすべきである。

　4　自由に休みやすい雰囲気の社会になってほしい。

（3）

学校にボランティア募集のお知らせが貼ってある。

学生環境ボランティア募集のお知らせ

　県内の学校に通う大学生を対象に環境を守る活動を行うボランティアを募集します。ただし、事前研修を２日間とも受講できる方に限ります。活動期間は１年間で、全ての活動への参加は不要ですが、少なくとも３回は参加してください。最初の活動は３月30日(水)に河川の清掃を予定しています。

[応募について]

●申請方法：本団体のホームページよりお願いします。

●締め切り：３月11日(金)17:00

●事前研修：３月16日(水)、３月18日(金)14:00-16:00

26　ボランティアについて、この文章からわかることは何か。

1　参加できるのは研修を受けた県内にある大学の学生だけだ。

2　期間内に行われる活動には３回より多く参加する必要がある。

3　申請は３月30日までにホームページから行わなければならない。

4　河川の清掃活動に参加する大学の学生は研修を受けなくてもいい。

（4）

　いつもは近所のスーパーに行くが、今日はずっと行きたかった大型スーパーに友人といっしょに向かった。月末のセールの日だけあって、野菜や肉が低価格で売られていた。ただ、その価格（かかく）の理由は他にもあった。一つ一つの商品の量が多いのだ。だから、半分ずつお金を出し合って買った商品を友人と分けた。子どもがたくさんいる家庭やよくパーティーを開く人はいいかもしれないが、どちらでもない私には食べきれない。こんなときじゃないと私がここで買い物するのは難しいと思った。近所のスーパーが休みのときでも一人では来ることはないだろう。

27　　こんなときとあるが、どのようなときか。

　1　いつも行くスーパーにほしい商品がないとき
　2　だれかといっしょに買った物を分けるとき
　3　セールでいつもより商品が安く買えるとき
　4　たくさんの友人といっしょにパーティーをするとき

問題5 つぎの(1)と(2)の文章を読んで、質問に答えなさい。答えは、1・2・3・4から最もよいものを一つえらびなさい。

(1)

　　サッカーの国際大会が始まった。今回の大会はサッカー場の建設とインフラ整備の遅れが心配されていた。サッカー場は間に合ったが、インフラに関しては十分ではなく来場客から不満の声があがっている。大会の進行には問題がなく、残念だったのは活躍が期待された大会の開催国がすぐ負けてしまったことだ。

　　楽しい大会には暗い面もある。どこの国も試合に勝った時はいい。国民が一つになる。問題は負けた時だ。原因になった選手を犯人と呼び、一斉に批判する。選手だけでなく監督や関係者がともに戦った結果なのに、そんなのおかしい。それに勝った相手チームの批判を始めることもある。

　　大会だから結果を重視するのは当たり前だ。ただ、それだけに集中するとこの大会がサッカーの祭りであることを忘れてしまう。選手の国に関係なく、すばらしいプレーを見せる選手がいれば褒め、試合が終われば選手たちに拍手を送る。熱心に応援するのはいいが、試合自体を楽しむ余裕を持ってほしい。

(注)インフラ：ここでは道路や周辺の施設

28　①今回の大会について、合っているものはどれか。
1　サッカー場の建設が遅れて、大会の開催も遅れた。
2　大会前までにインフラがきちんと整えられた。
3　試合の進行が良くなくて、不満の声があがった。
4　期待されていた国が活躍できなかった。

29　②そんなのおかしいとあるが、何がおかしいのか。
1　試合で勝った時だけ国民が一つにまとまること
2　試合で負けた原因を一人の選手のせいにすること
3　関係者が選手と一緒に戦っていると考えないこと
4　自分の国に勝った相手チームの選手を批判すること

　この文章を書いた人が一番言いたいことは何か。

1　試合でミスした選手の批判ばかりするのなら、国を応援するべきではない。

2　試合に負けたからといって、選手を批判しても結果が変わることはない。

3　大会の結果に集中しすぎて、試合を楽しむことを忘れてはいけない。

4　大会の結果を考えずに応援できる人だけが、スポーツを楽しめる。

（2）

　入社５年目で初のプロジェクトリーダーを任された。うちの会社ではプロジェクト案を書いた人がリーダーをやることがほとんどで、本当は２歳下の後輩がやるはずだった。しかし、後輩に代わりを頼まれて上司である私がやることになったのだ。初めてのリーダーで不安もあったが、うれしかった。

　リーダーになって１か月が経ったとき、後輩からの「もっと仕事を任せてほしい」という言葉に驚いた。担当の仕事にいつも私が細かく指示を出していたことが不満だったようだ。プロジェクトを成功させたかったのもあるが、チームに苦労をかけたくなくてこの方法をとったのに、何とも言えない気持ちになった。

　理想のリーダーは部長だった。責任感が強く、問題が起きても一人で解決する。部下は部長の出す指示通りに動くだけだから楽に仕事ができた。でも、状況を見てどんなリーダーが必要か判断しなければならなかったのだ。このチームでは部下を信じて仕事を任せて、彼らがそれをうまくできるようにサポート役に回ったほうがいいのかもしれない。

31　「私」がプロジェクトリーダーになったのは、なぜか。

1　会社に入ってから５年になったから

2　プロジェクト案を出したから

3　後輩にやってほしいと頼まれたから

4　上司にやってみたいと言ったから

32　驚いたとあるが、どうしてか。

1　後輩が仕事のやり方に不満を持っていたから

2　後輩が担当する仕事を変えてほしがったから

3　後輩がプロジェクトが成功するか不安がったから

4　後輩が仕事の苦労をチームの人に話していたから

33　「このチーム」にはどんなリーダーが必要だと言っているか。

1　責任感があって、どんな問題でも解決できるリーダー

2　指示を細かく出して、部下を楽に働かせられるリーダー

3　状況が変わっても、正しい判断ができるリーダー

4　部下に仕事を任せ、チームのサポートに回るリーダー

問題6 つぎの文章を読んで、質問に答えなさい。答えは、1・2・3・4から最も よいものを一つえらびなさい。

金子先生

お久しぶりです。お変わりありませんか。先生と最後にお会いしたのが高校を卒業して5年目の年の同窓会でしたね。あの時はたくさんお話しできてよかったです。1年に1回は集まろうという話がありましたが、あれからもう3年が経ってしまいました。

同窓会の時に高校で英語を教えているとお話ししましたよね。今までは茶道部を担当していましたが、今年から演劇部の指導をすることになりました。先生がしてくださったように生徒たちにうまく指導できているか分かりませんが、頑張っています。

演劇部の指導を始めて、自分が部活をやっていた頃のことをよく思い出します。練習が大変で休みたいと文句を言っていたこともありましたが、練習のあとに先生が買ってきてくれたアイスを食べたり、一緒に有名なミュージカルを見に行ったり、楽しいことばかりでした。

そういえば、大会に出た時に演技の発表前なのに自信がなくて先生の前で泣いてしまうなんてこともありました。先生をたくさん困らせてしまいましたね。

こないだ演劇部だった今川さんと京都に行って来ました。今回手紙と一緒に送ったのは京都のきれいな風景とともに撮った私たちの写真です。今川さんが持って来てくれた高校時代の写真と比べてみたんですが、やっぱりあの時とは若さが違いますね。写真には先生の姿も映っていて、今川さんも懐かしがっていました。

今度先生がお時間のある時にぜひお会いしたいです。最近、冷えてきましたのでお体には十分にお気を付けください。

山本　花子

(注)同窓会：卒業後、クラスメイトと集まる会

34 山本さんが金子先生に最後に会ったのはいつか。

1 1年前

2 3年前

3 5年前

4 8年前

35 山本さんはどういう人か。

1 金子先生に英語を教えてくれた人

2 金子先生に英語を教えてもらった人

3 金子先生に演劇を教えてくれた人

4 金子先生に演劇を教えてもらった人

36 部活をやっていた頃に、山本さんがしたことはどれか。

1 部活の練習が大変で練習を休んだ。

2 先生と一緒にアイスを買いに行った。

3 部活の人と有名なミュージカルに出た。

4 大会で演技をする前に泣き出した。

37 山本さんは金子先生にどんな写真を送ったか。

1 今川さんと京都で撮った写真

2 京都のきれいな景色を撮った写真

3 今川さんと撮った高校時代の写真

4 先生が映った高校時代の写真

問題7 右のページは図書館の案内である。これを読んで、下の質問に答えなさい。答えは、1・2・3・4から最もよいものを一つえらびなさい。

38 会社員のパクさんは10日前に星空図書館で本を借りた。日曜日の午前中に本を返却するつもりだ。パクさんがしなければいけないことはどれか。

1 ホームページで本の返却を申し込む。

2 カウンターで本の返却をお願いする。

3 カウンターの横のデスクに本を返す。

4 入り口の横の返却ポストに本を入れる。

39 小学6年生の大友くんは図書館のイベントに参加しようと思っている。イベントに参加するために、大友くんはどうしなければならないか。

1 3月8日までに予約し、友達と一緒に参加する。

2 3月8日までに予約し、母親と一緒に参加する。

3 3月10日までに予約し、友達と一緒に参加する。

4 3月10日までに予約し、母親と一緒に参加する。

―星空図書館―

>>>来館される方へ

　当図書館はお住まいに関係なくどなたでもご利用になれます。ただし、本の貸出には図書館カードが必要です。カードはカウンターにてお作りできます。カウンター横のデスクに申込書がありますので、ご記入の上、名前と住所が確認できる身分証とお出しください。借りたい本は事前にホームページから予約できます。

[利用案内]

開館時間	午前9時～午後7時
休館日	日曜日、第2・4月曜日、年末年始
貸出	本の数：一人10冊まで
	貸出期間：2週間以内　*次の貸出は返却後に可能
返却場所	カウンター（開館時間外は入り口横の返却ポスト）

*天候の影響による交通機関の混乱などで開館時間が変更になる場合は、当図書館ホームページでお知らせします。

[今月のイベント♬]

●オリジナル絵本作り●
自分だけの特別な絵本を作ってみませんか。お友達と一緒にぜひ！
全部で3回のレッスンになっています。
（3月12、19、26日（土）　13:00-15:00）
費　用　：　500円

●対象者：高校生までのお子さん

*小学生以下のお子さんは必ずご家族の方とともにご参加お願いいたします。

●定　員：40名

●申請方法：当図書館のカウンター、ホームページで受け付けています。

●締め切り：3月1日（火）から8日（火）の午後7時までです。定員に満たない場合は10日までに延ばす予定です。

N3

ちょうかい
聴解

（40分）

注　意
Notes

１．試験が始まるまで、この問題用紙を開けないでください。
Do not open this question booklet until the test begins.

２．この問題用紙を持って帰ることはできません。
Do not take this question booklet with you after the test.

３．受験番号と名前を下の欄に、受験票と同じように書いてください。
Write your examinee registration number and name clearly in each box below as written on your test voucher.

４．この問題用紙は、全部で14ページあります。
This question booklet has 14 pages.

５．この問題用紙にメモをとってもいいです。
You may make notes in this question booklet.

受験番号　Examinee Registration Number	

名　前　Name	

<ruby>問題<rt>もん だい</rt></ruby>1

<ruby>問題<rt>もんだい</rt></ruby>1

テスト用　　　　　고사장 소음 버전

🔊 해커스N3실전모의고사_5회.mp3

<ruby>問題<rt>もんだい</rt></ruby>1では、まず<ruby>質問<rt>しつもん</rt></ruby>を<ruby>聞<rt>き</rt></ruby>いてください。それから<ruby>話<rt>はなし</rt></ruby>を<ruby>聞<rt>き</rt></ruby>いて、<ruby>問題用紙<rt>もんだいようし</rt></ruby>の1から4の<ruby>中<rt>なか</rt></ruby>から、<ruby>最<rt>もっと</rt></ruby>もよいものを<ruby>一<rt>ひと</rt></ruby>つえらんでください。

れい

1　コンビニ

2　<ruby>駅<rt>えき</rt></ruby>の<ruby>北口<rt>きたぐち</rt></ruby>

3　レストラン

4　ゆうびんきょく

1ばん

2ばん

1　301番

2　302番

3　401番

4　402番

3ばん

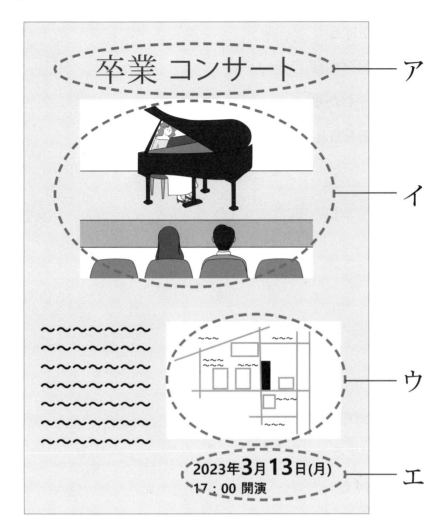

1 ア、イ

2 イ、エ

3 ア、エ

4 ウ、エ

4ばん

1 部長に電話をかける

2 せいひんの説明をする

3 部長にしりょうをわたす

4 せいひんの長所をまとめる

5ばん

1 プログラムを決める

2 説明会にさんかする

3 しょるいを準備する

4 英語のしけんを受ける

6ばん

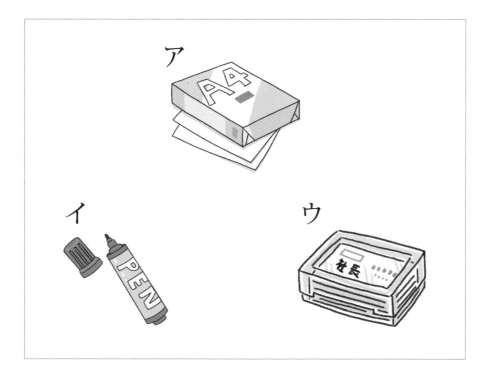

1　ア

2　イ

3　イ、ウ

4　ア、イ、ウ

問題2

問題2では、まず質問を聞いてください。そのあと、問題用紙を見てください。読む時間があります。それから話を聞いて、問題用紙の1から4の中から、最もよいものを一つえらんでください。

れい

1 祭りに人がたくさん来ないから

2 祭りを楽しみにしていたから

3 いろいろなやたいが出ているから

4 やきにくが食べほうだいだから

1ばん

1 運動不足がかいしょうされること

2 けんこうてきな生活が送れること

3 何も考えない時間が持てること

4 一人の時間ができること

2ばん

1 料理の味

2 きれいな景色

3 インテリア

4 料理のねだん

3ばん

1 売り上げをほうこくするため

2 会議にさんかするため

3 面接にさんかするため

4 けんしゅうを受けるため

4ばん

1 4日

2 6日

3 9日

4 10日

5ばん

1 薬を使っていない野菜が食べたかったから

2 スーパーの野菜が高くなったから

3 むすめに野菜を食べてほしかったから

4 友人に野菜作りをすすめられたから

6ばん

1 こうぎの復習をする

2 こうぎの予習をする

3 本を買いに行く

4 アルバイトに行く

問題3

問題3では、問題用紙に何もいんさつされていません。この問題は、ぜんたいとしてどんなないようかを聞く問題です。話の前に質問はありません。まず話を聞いてください。それから、質問とせんたくしを聞いて、1から4の中から、最もよいものを一つえらんでください。

- メモ -

問題4では、えを見ながら質問を聞いてください。やじるし（➡）の人は何と言いますか。1から3の中から、最もよいものを一つえらんでください。

れい

1ばん

2ばん

3ばん

4ばん

<ruby>問<rt>もん</rt></ruby><ruby>題<rt>だい</rt></ruby> 5

　<ruby>問<rt>もん</rt></ruby><ruby>題<rt>だい</rt></ruby>5では、<ruby>問<rt>もん</rt></ruby><ruby>題<rt>だい</rt></ruby><ruby>用<rt>よう</rt></ruby><ruby>紙<rt>し</rt></ruby>に<ruby>何<rt>なに</rt></ruby>もいんさつされていません。まず<ruby>文<rt>ぶん</rt></ruby>を<ruby>聞<rt>き</rt></ruby>いてください。それから、そのへんじを<ruby>聞<rt>き</rt></ruby>いて、1から3の<ruby>中<rt>なか</rt></ruby>から、<ruby>最<rt>もっと</rt></ruby>もよいものを<ruby>一<rt>ひと</rt></ruby>つえらんでください。

- メモ -

정답표　p.290
[해설집] p.204

일본어도 역시,
1위 해커스

japan.Hackers.com

언어지식(문자·어휘)

문제 1

1	4
2	2
3	3
4	1
5	1
6	3
7	4
8	4

문제 2

9	1
10	2
11	1
12	2
13	4
14	3

문제 3

15	3
16	2
17	4
18	3
19	4
20	2
21	1
22	2
23	4
24	3
25	2

문제 4

26	3
27	1
28	2
29	3
30	4

문제 5

31	4
32	2
33	2
34	3
35	1

언어지식(문법)

문제 1

1	1
2	3
3	2
4	2
5	4
6	3
7	2
8	1
9	4
10	3
11	1
12	4
13	4

문제 2

14	1
15	4
16	3
17	3
18	4

문제 3

19	2
20	4
21	1
22	1

독해

문제 4

23	2
24	4
25	2
26	3

문제 5

27	2
28	4
29	3
30	3
31	3
32	2

문제 6

33	4
34	3
35	4
36	3

문제 7

37	2
38	3

청해

문제 1

1	4
2	1
3	2
4	4
5	3
6	2

문제 2

1	4
2	2
3	1
4	4
5	3
6	2

문제 3

1	2
2	3
3	2

문제 4

1	3
2	1
3	2
4	2

문제 5

1	3
2	1
3	2
4	1
5	1
6	3
7	2
8	3
9	2

언어지식(문자 · 어휘)

문제 1

1	2
2	1
3	4
4	3
5	1
6	3
7	4
8	2

문제 2

9	2
10	4
11	3
12	1
13	4
14	2

문제 3

15	2
16	4
17	1
18	3
19	4
20	3
21	1
22	2
23	4
24	2
25	3

문제 4

26	1
27	2
28	4
29	3
30	2

문제 5

31	1
32	4
33	2
34	3
35	1

언어지식(문법)

문제 1

1	4
2	3
3	2
4	1
5	2
6	1
7	3
8	4
9	3
10	1
11	2
12	3
13	4

문제 2

14	1
15	3
16	4
17	3
18	2

문제 3

19	2
20	3
21	1
22	4

독해

문제 4

23	3
24	2
25	4
26	4

문제 5

27	2
28	2
29	4
30	1
31	2
32	3

문제 6

33	1
34	4
35	2
36	3

문제 7

37	3
38	1

청해

문제 1

1	3
2	2
3	4
4	1
5	2
6	1

문제 2

1	3
2	1
3	1
4	4
5	4
6	1

문제 3

1	1
2	3
3	4

문제 4

1	3
2	1
3	2
4	2

문제 5

1	3
2	1
3	1
4	2
5	3
6	2
7	1
8	2
9	3

언어지식(문자 · 어휘)

문제 1

1	2
2	3
3	4
4	1
5	3
6	4
7	2
8	4

문제 2

9	2
10	4
11	3
12	1
13	1
14	4

문제 3

15	2
16	1
17	3
18	1
19	4
20	2
21	4
22	1
23	3
24	2
25	2

문제 4

26	4
27	1
28	2
29	2
30	1

문제 5

31	3
32	1
33	2
34	3
35	4

언어지식(문법)

문제 1

1	1
2	4
3	2
4	1
5	3
6	4
7	2
8	3
9	1
10	2
11	4
12	4
13	3

문제 2

14	1
15	2
16	4
17	4
18	3

문제 3

19	1
20	2
21	4
22	3

독해

문제 4

23	1
24	2
25	3
26	4

문제 5

27	3
28	2
29	4
30	2
31	1
32	4

문제 6

33	1
34	3
35	4
36	3

문제 7

37	2
38	2

청해

문제 1

1	2
2	4
3	1
4	1
5	3
6	4

문제 2

1	3
2	2
3	1
4	3
5	4
6	4

문제 3

1	2
2	1
3	2

문제 4

1	2
2	2
3	3
4	1

문제 5

1	2
2	3
3	1
4	3
5	2
6	1
7	3
8	2
9	3

언어지식(문자·어휘)

문제 1		문제 4	
1	4	26	4
2	2	27	2
3	2	28	3
4	1	29	4
5	3	30	2
6	3	문제 5	
7	1	31	1
8	4	32	3
문제 2		33	2
9	2	34	4
10	1	35	2
11	2		
12	4		
13	4		
14	1		
문제 3			
15	1		
16	3		
17	1		
18	4		
19	4		
20	3		
21	2		
22	3		
23	1		
24	1		
25	2		

언어지식(문법)

문제 1	
1	2
2	1
3	3
4	3
5	4
6	1
7	3
8	2
9	3
10	3
11	2
12	1
13	4
문제 2	
14	3
15	1
16	4
17	1
18	3
문제 3	
19	1
20	3
21	4
22	1
23	3

독해

문제 4	
24	3
25	4
26	4
27	1
문제 5	
28	2
29	1
30	4
31	2
32	3
33	4
문제 6	
34	1
35	2
36	4
37	4
문제 7	
38	3
39	3

청해

문제 1		문제 4	
1	2	1	2
2	3	2	1
3	3	3	3
4	4	4	2
5	4	문제 5	
6	4	1	1
문제 2		2	2
1	2	3	2
2	1	4	1
3	1	5	3
4	2	6	2
5	1	7	1
6	4	8	3
문제 3		9	1
1	3		
2	2		
3	4		

언어지식(문자 · 어휘)

문제 1		문제 4	
1	1	**26**	3
2	4	**27**	1
3	3	**28**	2
4	2	**29**	4
5	2	**30**	3
6	4	문제 5	
7	3	**31**	1
8	1	**32**	3
문제 2		**33**	2
9	2	**34**	4
10	3	**35**	4
11	4		
12	1		
13	3		
14	4		
문제 3			
15	1		
16	4		
17	2		
18	3		
19	4		
20	1		
21	1		
22	2		
23	3		
24	4		
25	4		

언어지식(문법)

문제 1		문제 2	
1	2	**14**	3
2	3	**15**	2
3	4	**16**	3
4	1	**17**	4
5	3	**18**	3
6	4	문제 3	
7	2	**19**	1
8	3	**20**	4
9	1	**21**	2
10	3	**22**	3
11	4	**23**	1
12	2		
13	1		

독해

문제 4		문제 6	
24	3	**34**	2
25	4	**35**	4
26	1	**36**	4
27	2	**37**	1
문제 5		문제 7	
28	4	**38**	4
29	2	**39**	2
30	3		
31	3		
32	1		
33	4		

청해

문제 1		문제 4	
1	1	**1**	2
2	2	**2**	1
3	3	**3**	1
4	4	**4**	1
5	2	문제 5	
6	1	**1**	1
문제 2		**2**	2
1	3	**3**	3
2	1	**4**	1
3	4	**5**	3
4	2	**6**	3
5	1	**7**	2
6	3	**8**	2
문제 3		**9**	1
1	4		
2	2		
3	3		

일본어도 역시,
1위 해커스

japan.Hackers.com

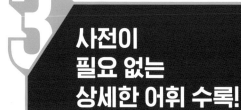

3

사전이
필요 없는
상세한 어휘 수록!

모르는 단어나 문형을
사전으로 찾을 필요 없이
그 자리에서 바로 학습하고
암기하세요.

4

문제별
핵심 포인트만 짚은
꼭! 알아두기 수록!

실제 시험장에서 적용 가능한
문제 풀이 포인트만
콕콕 학습해보세요.

해커스일본어 홈페이지에서 「폰 안에 쏙! 회차별 단어·문형집(PDF)」과
「폰 안에 쏙! JLPT N5/N4 필수 단어·문형집(PDF)」을 다운로드 받아
언제 어디서든 단어와 문형을 학습하세요.

해커스일본어를 선택한 선배들의
일본어 실력 수직상승 비결!

해커스일본어와 함께라면
일본어 실력상승의 주인공은 바로 여러분 입니다.

"

답답한 마음을 마치 사이다같이 뚫어주는 꿀팁!
해커스일본어 수강생 이*희

해커스일본어를 통해 공부하기 시작하니 그동안 잃었던 방향을 찾고 꽉 막힌 미로 속에서 지도를
찾은 기분이었고, 덕분에 혼자 공부를 하면서도 아주 만족하면서 공부를 할 수 있었던 것 같습니다.
특히나 혼자 책으로 공부했다면 절대 몰랐을 여러 선생님들의 설명들이 답답한 마음을 마치
사이다같이 뚫어주셔서 꿀팁들이 나올 때마다 마음속으로 정말 환호를 질렀습니다.

해커스일본어 수강생 김*현
짧은 시간 안에 초보인 제가 N3를 취득할 수 있었습니다!

교환학생을 가기 위해서는 자격증이 필요했습니다. 동시에 일본에서 생활하기 위한 언어 실력
또한 갖춰야 했습니다. 기초 일본어 문법 수업은 일본어 초심자였던 저에게 딱 필요했던 수준 및
내용의 강의였고, 선생님의 설명 방식 또한 이해하기 쉬웠습니다. 선생님의 스타일이 저와 잘 맞은
덕에 초반에 일본어 공부에 열정을 놓지 않고 열심히 이어갈 수 있었고, 이는 결국 부족한 공부
시간에도 불구하고 N3 합격까지 저를 이끌어주었습니다!

대부분의 문법 문제 푸는 것이 가능해졌습니다.
해커스일본어 수강생 송*미

만약 합격하지 못하면 어떻게 하지라는 생각에 매일 인강을 들었습니다.
이렇게 매일 공부하는 루틴이 생기다 보니 시험에 대한 불안감도 줄어들었습니다.
무엇보다 언어는 암기가 중요하기에 인강의 장점인 반복 재생으로 필수 단어 암기에 큰 도움이
되었습니다.

해커스일본어 수강생 김*주
막막한 일본어 공부. 해커스인강으로 해결했습니다!

무작정 해커스 JLPT N3 책을 사서 공부를 시작했습니다. 생각보다 막막하여 해커스인강을 신청해서
공부하기 시작했습니다. 처음 독해 청해 문법 등 공부하다 보니 막막했는데 강의를 차근차근 듣다
보니까 어느새 익숙해져 가는 절 발견했습니다. 항상 공부에 도움 되어준 해커스일본어와 설명 잘
해주신 해커스 선생님께 감사드립니다. 앞으로도 잘 부탁드리고 올해 N2, 내년 N1까지 함께
부탁드릴게요!

"

해커스
JLPT
일본어능력시험

실전모의고사

해설집

N3

해커스일본어

일본어도 역시,
1위 해커스

japan.Hackers.com

CONTENTS

합격을 위한 막판 1주!
해커스 JLPT 실전모의고사 N3

실전모의고사 제1회

언어지식(문자·어휘)

문제 1

1	4
2	2
3	3
4	1
5	1
6	3
7	4
8	4

문제 2

9	1
10	2
11	1
12	2
13	4
14	3

문제 3

15	3
16	2
17	4
18	3
19	4
20	2
21	1
22	2
23	4
24	3
25	2

문제 4

26	3
27	1
28	2
29	3
30	4

문제 5

31	4
32	2
33	2
34	3
35	1

언어지식(문법)

문제 1

1	1
2	3
3	2
4	2
5	4
6	3
7	2
8	1
9	4
10	3
11	1
12	4
13	4

문제 2

14	1
15	4
16	3
17	3
18	4

문제 3

19	2
20	4
21	1
22	1

독해

문제 4

23	2
24	4
25	2
26	3

문제 5

27	2
28	4
29	3
30	3
31	3
32	2

문제 6

33	4
34	3
35	4
36	3

문제 7

37	2
38	3

청해

문제 1

1	4
2	1
3	2
4	4
5	3
6	2

문제 2

1	4
2	2
3	1
4	4
5	3
6	2

문제 3

1	2
2	3
3	2

문제 4

1	3
2	1
3	2
4	2

문제 5

1	3
2	1
3	2
4	1
5	1
6	3
7	2
8	3
9	2

문제 1의 디렉션

問題1 ＿＿＿のことばの読み方として最もよいものを、1・2・3・4から一つえらびなさい。	문제1 ＿＿＿의 말의 읽는 법으로 가장 알맞은 것을, 1·2·3·4에서 하나 고르세요.

---

1 중

右下の図を見てください。	오른쪽 아래의 그림을 봐 주세요.
1 と　　　　　2 ど	1 X　　　　　2 X
3 す　　　　　**4 ず**	3 X　　　　　**4 그림**

해설 図는 4 ず로 발음한다.

어휘 図 ず 圏그림 右 みぎ 圏오른쪽 下 した 圏아래 見る みる 圄보다 ～てください ~(해) 주세요

---

2 중

山田選手は試合の直後、インタビューに答えた。	야마다 선수는 시합 직후, 인터뷰에 응했다.
1 じきご　　　　**2 ちょくご**	1 X　　　　　**2 직후**
3 じきこう　　　4 ちょくこう	3 X　　　　　4 X

해설 直後는 2 ちょくご로 발음한다. 直後의 直는 두 가지 음독 ちょく와 じき 중 ちょく로 발음하는 것에 주의한다.

어휘 直後 ちょくご 圏직후 選手 せんしゅ 圏선수 試合 しあい 圏시합 インタビュー 圏인터뷰 答える こたえる 圄응하다, 답하다

꼭! 알아두기 後가 포함된 명사로 前後(ぜんご, 전후), 最後(さいご, 최후)를 함께 알아 둔다.

---

3 중

予定より早く仕事を終えることができそうだ。	예정보다 빨리 일을 끝내는 것이 가능할 것 같다.
1 あたえる　　　2 おぼえる	1 주는　　　　　2 기억하는
3 おえる　　　4 かえる	**3 끝내는**　　　4 돌아가는

해설 終える는 3 おえる로 발음한다.

어휘 終える おえる 圄끝내다 予定 よてい 圏예정 ～より 图~보다 早く はやく 團빨리 仕事 しごと 圏일 できる 圄가능하다
～そうだ ~(할) 것 같다 あたえる 圄주다 おぼえる 圄기억하다 かえる 圄돌아가다

---

4 중상

毎朝犬の散歩に行くのが日課です。	매일 아침 개 산책하러 가는 것이 일과입니다.
1 にっか　　　2 にちか	**1 일과**　　　　2 X
3 にってい　　　4 にちてい	3 일정　　　　　4 X

해설 日課는 1 にっか로 발음한다. 日課의 日은 にっ으로 발음하는 것에 주의한다. 3 にってい는 1 にっか와 같은 한자를 포함하고 의미가 비슷한 日程(일정)의 발음을 써서 혼동을 준 오답이다.

어휘 日課 にっか 圏일과 毎朝 まいあさ 圏매일 아침 犬 いぬ 圏개 散歩 さんぽ 圏산책 ～に行く ～にいく ~(하)러 가다 日程 にってい 圏일정

꼭! 알아두기 日가 포함된 명사로 平日(へいじつ, 평일), 半日(はんにち, 반나절), 夕日(ゆうひ, 석양)를 발음에 유의하여 구별해서 알아 둔다.

今日は昨日よりだいぶ涼しかった。 / 오늘은 어제보다 상당히 시원했다.

| 1 すずしかった | 2 いそがしかった | 1 시원했다 | 2 바빴다 |
| 3 たのしかった | 4 むずかしかった | 3 즐거웠다 | 4 어려웠다 |

해설 涼しかった는 1 すずしかった로 발음한다.

어휘 涼しい すずしい [い형] 시원하다 今日 きょう [명] 오늘 昨日 きのう [명] 어제 ~より [조] ~보다 だいぶ [부] 상당히, 꽤 いそがしい [い형] 바쁘다
たのしい [い형] 즐겁다 むずかしい [い형] 어렵다

私の地元は魚がよく取れることで有名です。 / 제 고장은 물고기가 잘 잡히는 것으로 유명합니다.

| 1 ちもと | 2 ちげん | 1 X | 2 X |
| 3 じもと | 4 じげん | 3 고장 | 4 X |

해설 地元는 3 じもと로 발음한다. 地元의 地는 두 가지 음독 じ와 ち 중 じ로, 元는 훈독 もと, 음독 げん 중 훈독 もと로 발음하는 것에 주의한다.

어휘 地元 じもと [명] 고장, 고향, 출신 지역 魚 さかな [명] 물고기 よく [부] 잘 取れる とれる [동] 잡히다 有名だ ゆうめいだ [な형] 유명하다

週末に、録画していたドラマを見た。 / 주말에, 녹화했었던 드라마를 봤다.

| 1 どうかく | 2 ろくかく | 1 X | 2 X |
| 3 どうが | 4 ろくが | 3 동영상 | 4 녹화 |

해설 録画는 4 ろくが로 발음한다. 3 どうが는 4 ろくが와 같은 한자를 포함하는 動画(동영상)의 발음을 써서 혼동을 준 오답이다.

어휘 録画 ろくが [명] 녹화 週末 しゅうまつ [명] 주말 ドラマ [명] 드라마 見る みる [동] 보다 どうが [명] 동영상

꼭! 알아두기 画가 포함된 명사로 絵画(かいが, 그림), 映画(えいが, 영화)를 함께 알아 둔다.

締め切りまではまだ余裕があります。 / 마감까지는 아직 여유가 있습니다.

| 1 ようゆ | 2 ようゆう | 1 X | 2 X |
| 3 よゆ | 4 よゆう | 3 X | 4 여유 |

해설 余裕는 4 よゆう로 발음한다. よ가 장음이 아닌 것에, ゆう가 장음인 것에 주의한다.

어휘 余裕 よゆう [명] 여유 締め切り しめきり [명] 마감 ~まで [조] ~까지 まだ [부] 아직

문제 2의 디렉션

問題2 _____ のことばを漢字で書くとき、最もよいものを、1・2・3・4から一つえらびなさい。 / 문제2 _____ 의 말을 한자로 쓸 때, 가장 알맞은 것을, 1·2·3·4 에서 하나 고르세요.

客に出すジュースをコップにそそいだ。 / 손님에게 낼 주스를 컵에 따랐다.

| 1 注いだ | 2 泣いだ | 1 따랐다 | 2 X |
| 3 流いだ | 4 沈いだ | 3 X | 4 X |

해설 そそいだ는 1 注いだ로 표기한다.

어휘 注ぐ そそぐ [동] 따르다, 붓다 客 きゃく [명] 손님 出す だす [동] 내다 ジュース [명] 주스 コップ [명] 컵

10 중상

他の<u>ていあん</u>があればぜひ聞かせてください。		다른 <u>제안</u>이 있으면 꼭 들려주세요.	
1 担案	**2 提案**	1 X	**2 제안**
3 担容	4 提容	3 X	4 X

해설 ていあん은 2 提案으로 표기한다.

어휘 提案 ていあん 圓제안　他 ほか 圓다름　ぜひ 囝꼭　聞く きく 圄듣다　～てください ~(해) 주세요

11 상

月に一回<u>くみあい</u>の会議が開かれる。		한 달에 한 번 <u>조합</u>의 회의가 열린다.	
1 組合	2 組会	**1 조합**	2 X
3 結合	4 結会	3 결합	4 X

해설 くみあい는 1 組合로 표기한다. 合(あい, 합하다)를 선택지 2, 4의 会(あい, 모이다)와 구별해서 알아 둔다.

어휘 組合 くみあい 圓조합　月 つき 圓한 달　一回 いっかい 圓한 번　会議 かいぎ 圓회의　開く ひらく 圄열리다

꼭 알아두기 組合(조합)와 같이 훈독으로 구성된 명사 중 合가 포함된 명사로 場合(ばあい, 경우), 割合(わりあい, 비율)를 함께 알아 둔다.

12 중

外は、手足の<u>かんかく</u>がなくなるほど寒かった。		밖은, 손발의 <u>감각</u>이 없어질 정도로 추웠다.	
1 感角	**2 感覚**	1 X	**2 감각**
3 関角	4 関覚	3 X	4 X

해설 かんかく는 2 感覚로 표기한다. 感(かん, 느끼다)을 선택지 3, 4의 関(かん, 관계하다)과 구별해서 알아 두고, 覚(かく, 깨닫다)를 선택지 1, 3의 角(かく, 뿔)와 구별해서 알아 둔다.

어휘 感覚 かんかく 圓감각　外 そと 圓밖　手足 てあし 圓손발　なくなる 圄없어지다　～ほど 囜~정도　寒い さむい い囵춥다

꼭 알아두기 感이 포함된 명사로 感想(かんそう, 감상), 感動(かんどう, 감동)를 함께 알아 둔다.

13 상

あの国の経済は<u>きゅうげき</u>に成長している。		저 나라의 경제는 <u>급격</u>히 성장하고 있다.	
1 究劇	2 急劇	1 X	2 X
3 究激	**4 急激**	3 X	**4 급격**

해설 きゅうげき는 4 急激로 표기한다. 急(きゅう, 급하다)를 선택지 1, 3의 究(きゅう, 연구하다)와 구별해서 알아 두고, 激(げき, 격하다)를 선택지 1, 2의 劇(げき, 연극)와 구별해서 알아 둔다.

어휘 急激だ きゅうげきだ な囵급격하다　国 くに 圓나라　経済 けいざい 圓경제　成長 せいちょう 圓성장

14 중상

これは千年以上前に<u>たてられた</u>寺です。		이것은 천 년 이상 전에 <u>지어진</u> 절입니다.	
1 作てられた	2 設てられた	1 X	2 X
3 建てられた	4 構てられた	3 지어진	4 X

해설 たてられた는 3 建てられた로 표기한다.

어휘 建てる たてる 圄짓다, 세우다　千年 せんねん 圓천 년　以上 いじょう 圓이상　前 まえ 圓전　寺 てら 圓절

問題3　（　　　）に入れるのに最もよいものを、1・2・3・4から一つえらびなさい。	문제3　（　　　）에 넣을 것으로 가장 알맞은 것을, 1·2·3·4에서 하나 고르세요.

---

15 중

大学 4 年間の（　　　）を払ってくれた両親にはとても感謝している。	대학 4년간의 （　　　）를 지불해 준 부모님께는 매우 감사하고 있다.
1 運賃　　　　　2 現金	1 운임　　　　　2 현금
3 学費　　　　　4 収入	3 학비　　　　　4 수입

해설 선택지가 모두 명사이다. 괄호 앞의 내용과 함께 쓸 때 **大学 4 年間の学費**(대학 4년간의 학비)라는 문맥이 가장 자연스러우므로 3 学費(학비)가 정답이다. 1은 バスの運賃(버스의 운임), 2는 財布の中の現金(지갑 속의 현금), 4는 店の 1 年間の収入(가게의 1년간의 수입)로 자주 쓰인다.

어휘 大学 だいがく 圏대학　〜年間 〜ねんかん ~년간　払う はらう 園지불하다　両親 りょうしん 圏부모님　とても 園매우　感謝 かんしゃ 圏감사　運賃 うんちん 圏운임　現金 げんきん 圏현금　学費 がくひ 圏학비　収入 しゅうにゅう 圏수입

---

16 상

去年入社した森さんも、安心して仕事が任せられるぐらい（　　　）なってきた。	작년에 입사한 모리 씨도, 안심하고 일을 맡길 수 있을 정도로 （　　　）졌다.
1 親しく　　　　2 頼もしく	1 친해　　　　　2 믿음직스러워
3 おとなしく　　4 するどく	3 얌전해　　　　4 날카로워

해설 선택지가 모두 い형용사이다. 괄호 앞의 내용과 함께 쓸 때 **安心して仕事が任せられるぐらい頼もしく**(안심하고 일을 맡길 수 있을 정도로 믿음직스러워)라는 문맥이 가장 자연스러우므로 2 頼もしく(믿음직스러워)가 정답이다. 1은 何でも言えるぐらい親しくなる(무엇이든 말할 수 있을 정도로 친해지다), 3은 かつてないぐらいおとなしくなる(전에 없을 정도로 얌전해지다), 4는 びっくりするぐらい感覚がするどくなる(깜짝 놀랄 정도로 감각이 날카로워지다)로 자주 쓰인다.

어휘 去年 きょねん 圏작년　入社 にゅうしゃ 圏입사　安心 あんしん 圏안심　仕事 しごと 圏일　任せる まかせる 園맡기다　〜ぐらい 조~정도　なる 園되다　親しい したしい い형친하다　頼もしい たのもしい い형믿음직스럽다　おとなしい い형얌전하다　するどい い형날카롭다

---

17 중상

（　　　）して動かなくなったスマートフォンを修理に出した。	（　　　）나서 작동하지 않게 된 스마트폰을 수리에 맡겼다.
1 停電　　　　　2 渋滞	1 정전　　　　　2 정체
3 休業　　　　　4 故障	3 휴업　　　　　4 고장

해설 선택지가 모두 명사이다. 괄호 뒤의 내용과 함께 쓸 때 **故障して動かなくなったスマートフォン**(고장 나서 작동하지 않게 된 스마트폰)이라는 문맥이 가장 자연스러우므로 4 故障(고장)가 정답이다. 1은 停電になって真っ暗な部屋(정전이 되어 캄캄한 방), 2는 渋滞している道路(정체되어 있는 도로), 3은 休業して開いていない店(휴업해서 열려 있지 않은 가게)로 자주 쓰인다.

어휘 動く うごく 園작동하다　スマートフォン 圏스마트폰　修理に出す しゅうりにだす 수리에 맡기다　停電 ていでん 圏정전　渋滞 じゅうたい 圏정체　休業 きゅうぎょう 圏휴업　故障 こしょう 圏고장

---

18 중상

運動会の日、弁当箱に娘の好きなおかずをいっぱい（　　　）あげた。	운동회 날, 도시락 통에 딸이 좋아하는 반찬을 가득 （　　　）주었다.
1 かさねて　　　2 ためて	1 포개　　　　　2 모아
3 つめて　　　　4 しまって	3 채워　　　　　4 치워

해설 선택지가 모두 동사이다. 괄호 앞의 내용과 함께 쓸 때 おかずをいっぱいつめて(반찬을 가득 채워)라는 문맥이 가장 자연스러우므로 3 つめて(채워)가 정답이다. 1은 手を重ねる(손을 포개다), 2는 お金を貯める(돈을 모으다), 4는 おもちゃをしまう(장난감을 치우다)로 자주 쓰인다.

어휘 運動会 うんどうかい 圏 운동회 日 ひ 圏 날 弁当箱 べんとうばこ 圏 도시락 통 娘 むすめ 圏 딸 好きだ すきだ な형 좋아하다 おかず 圏 반찬
いっぱい 閏 가득 あげる 圏 주다 かさねる 圏 포개다 ためる 圏 모으다 つめる 圏 채우다 しまう 圏 치우다

꼭! 알아두기 つめる(채우다)는 '(공간을) 채우다'라는 의미 외에, 距離をつめる(きょりをつめる, 거리를 좁히다)에서와 같이 '(간격을) 좁히다'라는 의미와 袖をつめる(そでをつめる, 소매를 줄이다)에서와 같이 '(길이를) 줄이다'라는 의미로도 자주 쓰이므로 함께 알아 둔다.

19 중

最近、持ち歩ける（　　　）のせんぷうきが人気らしい。		최근, 가지고 다닐 수 있는 (　　　)의 선풍기가 인기라고 한다.	
1 タイトル	2 テーマ	1 제목	2 테마
3 ヒント	**4 タイプ**	3 힌트	**4 타입**

해설 선택지가 모두 명사이다. 괄호 앞뒤의 내용과 함께 쓸 때 持ち歩けるタイプのせんぷうき(가지고 다닐 수 있는 타입의 선풍기)라는 문맥이 가장 자연스러우므로 4 タイプ(타입)가 정답이다. 1은 同じタイトルの曲(같은 제목의 곡), 2는 色々なテーマのイベント(다양한 테마의 이벤트), 3은 重要なヒントの意味(중요한 힌트의 의미)로 자주 쓰인다.

어휘 最近 さいきん 圏 최근 持ち歩く もちあるく 圏 가지고 다니다 せんぷうき 圏 선풍기 人気 にんき 圏 인기 タイトル 圏 제목, 타이틀
テーマ 圏 테마 ヒント 圏 힌트 タイプ 圏 타입

20 중

水や森林などの（　　　）には限りがあるから、大切に使わなければならない。		물이나 삼림 등의 (　　　)에는 한계가 있으니까, 소중하게 사용하지 않으면 안 된다.	
1 栄養	**2 資源**	1 영양	**2 자원**
3 生物	4 成分	3 생물	4 성분

해설 선택지가 모두 명사이다. 괄호 앞의 내용과 함께 쓸 때 水や森林などの資源(물이나 삼림 등의 자원)이라는 문맥이 가장 자연스러우므로 2 資源(자원)이 정답이다. 1은 たんぱく質やカルシウムなどの栄養(단백질이나 칼슘 등의 영양), 3은 鳥類や哺乳類などの生物(조류나 포유류 등의 생물), 4 アルコールやカフェインなどの成分(알코올이나 카페인 등의 성분)으로 자주 쓰인다.

어휘 水 みず 圏 물 森林 しんりん 圏 삼림 ~など 圏 ~등 限り かぎり 圏 한계 大切だ たいせつだ な형 소중하다 使う つかう 圏 사용하다
~なければならない ~(하)지 않으면 안 된다 栄養 えいよう 圏 영양 資源 しげん 圏 자원 生物 せいぶつ 圏 생물 成分 せいぶん 圏 성분

21 중상

家族で旅行の計画を立てていたが、（　　　）行かないことになった。		가족끼리 여행 계획을 세우고 있었는데, (　　　) 가지 않게 되었다.	
		1 결국	2 우연히
1 結局	2 偶然	3 즉시	4 대체로
3 早速	4 大体		

해설 선택지가 모두 부사이다. 괄호 앞뒤의 내용과 함께 쓸 때 家族で旅行の計画を立てていたが、結局行かないことになった(가족끼리 여행 계획을 세우고 있었는데, 결국 가지 않게 되었다)라는 문맥이 가장 자연스러우므로 1 結局(결국)가 정답이다. 2는 偶然出会う(우연히 만나다), 3은 早速始める(즉시 시작하다), 4는 大体一致する(대체로 일치하다)로 자주 쓰인다.

어휘 家族 かぞく 圏 가족 旅行 りょこう 圏 여행 計画 けいかく 圏 계획 立てる たてる 圏 세우다 行く いく 圏 가다 ~ことになる ~(하)게 되다
結局 けっきょく 閏 결국 偶然 ぐうぜん 閏 우연히 早速 さっそく 閏 즉시 大体 だいたい 閏 대체로

꼭! 알아두기 빈칸 뒤가 빈칸 앞의 결론에 해당할 경우 結局(결국), つまり(요컨대), とうとう(마침내) 등과 같이 결론을 도출하거나 앞의 내용을 요약할 때 쓰는 단어가 정답일 가능성이 크다.

22 중

普段、はでな（　　　）の服はほとんど着ない。　　　평소, 화려한（　　　）의 옷은 거의 입지 않는다.

| 1 線 せん | 2 柄 がら | 1 선 | 2 무늬 |
| 3 中身 なかみ | 4 種類 しゅるい | 3 내용물 | 4 종류 |

해설 선택지가 모두 명사이다. 괄호 앞뒤의 내용과 함께 쓸 때 はでな柄の服(화려한 무늬의 옷)라는 문맥이 가장 자연스러우므로 2 柄(무늬)가 정답이다. 1은 細い線(얇은 선), 3은 シンプルな中身(간단한 내용물), 4는 いろいろな種類(다양한 종류)로 자주 쓰인다.

어휘 普段 ふだん 몡평소　はでだ 䝋혱화려하다　服 ふく 몡옷　ほとんど 뷘거의　着る きる 튕입다　線 せん 몡신　柄 がら 몡무늬
中身 なかみ 몡내용물　種類 しゅるい 몡종류

23 중상

先月結婚した友人に、結婚のお祝いを（　　　）。　　　지난달 결혼한 친구에게, 결혼 축하 선물을 （　　　）.

| 1 移した うつした | 2 配った くばった | 1 옮겼다 | 2 나눠 주었다 |
| 3 分けた わけた | 4 渡した わたした | 3 나누었다 | 4 건넸다 |

해설 선택지가 모두 동사이다. 괄호 앞의 내용과 함께 쓸 때 結婚のお祝いを渡した(결혼 축하 선물을 건넸다)라는 문맥이 가장 자연스러우므로 4 渡した(건넸다)가 정답이다. 1은 場所を移す(장소를 옮기다), 2는 チラシを配る(전단지를 나눠 주다), 3은 ケーキを分ける(케이크를 나누다)로 자주 쓰인다.

어휘 先月 せんげつ 몡지난달　結婚 けっこん 몡결혼　友人 ゆうじん 몡친구　お祝い おいわい 몡축하 선물　移す うつす 튕옮기다
配る くばる 튕나눠주다　分ける わける 튕나누다　渡す わたす 튕건네다

24 중상

汚れていた窓ガラスを新聞紙でみがいたら、（　　　）になった。　　　더러워져 있던 창문 유리를 신문지로 닦았더니, （　　　） 해졌다.

| 1 ばらばら | 2 ぶらぶら | 1 뿔뿔 | 2 어슬렁어슬렁 |
| 3 ぴかぴか | 4 ぺらぺら | 3 반짝반짝 | 4 술술 |

해설 선택지가 모두 부사이다. 괄호 앞뒤의 내용과 함께 쓸 때 窓ガラスを新聞紙でみがいたら、ぴかぴかになった(창문 유리를 신문지로 닦았더니, 반짝반짝해졌다)라는 문맥이 가장 자연스러우므로 3 ぴかぴか(반짝반짝)가 정답이다. 1은 卒業してみんなばらばらになる(졸업해서 모두 뿔뿔이 흩어지다), 2는 怪しい人がぶらぶらする(수상한 사람이 어슬렁어슬렁하다), 4는 日本語がぺらぺらになる(일본어를 술술 말하게 되다)로 자주 쓰인다.

어휘 汚れる よごれる 튕더러워지다　窓 まど 몡창문　ガラス 몡유리　新聞紙 しんぶんし 몡신문지　みがく 튕닦다　ばらばら 뷘뿔뿔
ぶらぶら 뷘어슬렁어슬렁　ぴかぴか 뷘반짝반짝　ぺらぺら 뷘술술

25 중상

小学校の給食費は、市が毎月決まった日に親の口座から（　　　）いる。　　　초등학교의 급식비는, 시가 매월 정해진 날에 부모의 계좌로부터 （　　　） 있다.

| 1 取り出して とりだして | 2 引き落として ひきおとして | 1 꺼내고 | 2 자동 이체하고 |
| 3 押し込んで おしこんで | 4 払い戻して はらいもどして | 3 밀어 넣고 | 4 환불하고 |

해설 선택지가 모두 동사이다. 괄호 앞의 내용과 함께 쓸 때 親の口座から引き落として(부모의 계좌로부터 자동 이체하고)라는 문맥이 가장 자연스러우므로 2 引き落として(자동 이체하고)가 정답이다. 1은 引き出しから取り出す(서랍에서 꺼내다), 3은 押し入れに押し込む(벽장에 밀어 넣다), 4는 商品を払い戻す(상품을 환불하다)로 자주 쓰인다.

어휘 小学校 しょうがっこう 몡초등학교　給食費 きゅうしょくひ 몡급식비　市 し 몡시　毎月 まいつき 몡매월　決まる きまる 튕정해지다　日 ひ 몡날
親 おや 몡부모　口座 こうざ 몡계좌　取り出す とりだす 튕꺼내다　引き落とす ひきおとす 튕자동 이체하다　押し込む おしこむ 튕밀어 넣다
払い戻す はらいもどす 튕환불하다

꼭 알아두기 引き落とす(자동 이체하다)는 '돈을 계좌에서 자동으로 이체한다'라는 의미이고, 取り出す(꺼내다)는 '물건을 안에서 바깥으로 꺼내다'라는 의미로 잘 구별하여 알아 둔다.

문제 4의 디렉션

問題4 ＿＿＿に意味が最も近いものを、1・2・3・4から一つえらびなさい。	문제4 ＿＿＿에 의미가 가장 가까운 것을, 1·2·3·4에서 하나 고르세요.

26 중

今日はなんだか教室が<u>さわがしい</u>。	오늘은 왠지 교실이 <u>소란스럽다</u>.
1 きれいだ　　　2 きたない	1 깨끗하다　　　2 더럽다
3 うるさい　　4 しずかだ	**3 시끄럽다**　　4 조용하다

해설 さわがしい가 '소란스럽다'라는 의미이므로, 의미가 가장 비슷한 3 うるさい(시끄럽다)가 정답이다.

어휘 今日 きょう 圆 오늘　なんだか 凰 왠지　教室 きょうしつ 圆 교실　さわがしい い형 소란스럽다　きれいだ な형 깨끗하다　きたない い형 더럽다
うるさい い형 시끄럽다　しずかだ な형 조용하다

27 중

二人は<u>共通点</u>が多い。	두 사람은 <u>공통점</u>이 많다.
1 同じところ　　2 違うところ	**1 같은 점**　　2 다른 점
3 好きなところ　　4 嫌いなところ	3 좋아하는 점　　4 싫어하는 점

해설 共通点이 '공통점'이라는 의미이므로, 이와 교체하여도 문장의 의미가 바뀌지 않는 1 同じところ(같은 점)가 정답이다.

어휘 二人 ふたり 圆 두 사람　共通点 きょうつうてん 圆 공통점　多い おおい い형 많다　同じ おなじ 圆 같음　ところ 圆 점, 곳　違う ちがう 통 다르다
好きだ すきだ な형 좋아하다　嫌いだ きらいだ な형 싫어하다

28 중

<u>なるべく</u>安いほうがいいです。	<u>되도록</u> 싼 편이 좋습니다.
1 もっと　　　**2 できるだけ**	1 더욱　　　**2 가능한 한**
3 きっと　　　4 もちろん	3 꼭　　　4 물론

해설 なるべく가 '되도록'이라는 의미이므로, 의미가 가장 비슷한 2 できるだけ(가능한 한)가 정답이다.

어휘 なるべく 凰 되도록　安い やすい い형 싸다　いい い형 좋다　もっと 凰 더욱　できるだけ 가능한 한　きっと 凰 꼭　もちろん 凰 물론

꼭 알아두기 なるべく(되도록)의 유의어로 できれば(된다면), 可能な限り(かのうなかぎり, 가능한 만큼)를 함께 알아 둔다.

29 중상

この仕事は私に<u>向いている</u>と思う。	이 일은 나에게 <u>적합하다</u>고 생각한다.
1 決まって　　　2 かかって	1 정해져　　　2 걸려
3 合って　　　4 できて	**3 맞**　　　4 되어

해설 向いて가 '적합하'라는 의미이므로, 의미가 가장 비슷한 3 合って(맞)가 정답이다.

어휘 仕事 しごと 圆 일　向く むく 통 적합하다, 향하다　思う おもう 통 생각하다　決まる きまる 통 정해지다　かかる 통 걸리다　合う あう 통 맞다
できる 통 되다

꼭 알아두기 向いている(적합하다)의 유의어로 適切だ(てきせつだ, 적절하다), ぴったりだ(딱 맞다)를 함께 알아 둔다.

肉はまだ**火が通って**いないようだ。

1 味がついていない　　2 味が変わっていない

3 こげていない　　**4 焼けていない**

고기는 아직 **익지 않은** 것 같다.

1 맛이 배어 있지 않은　　2 맛이 변하지 않은

3 타지 않은　　**4 구워지지 않은**

해설 火が通っていない가 '익지 않은'이라는 의미이므로, 이와 교체하여도 문장의 의미가 바뀌지 않는 4 焼けていない (구워지지 않은)가 정답이다.

어휘 肉 にく 閉고기　まだ 囝아직　火が通る ひがとおる 익다　味 あじ 閉맛　つく 匽(맛이) 배다　かわる 匽변하다　こげる 匽타다

焼ける やける 匽구워지다

問題5　つぎのことばの使い方として最もよいものを、
　　　　1・2・3・4から一つえらびなさい。

문제5　다음의 말의 사용법으로 가장 알맞은 것을, 1·2·3·4
에서 하나 고르세요.

リーダー

1 今回泊まったホテルは、快適で**リーダー**も親切だった。

2 息子が地域の少年野球の**リーダー**に入ってもう3年になる。

3 来月にある期末試験では、学年で**リーダー**の成績を取りたい。

4 優秀なリーダーとはメンバーの能力を引き出せる人である。

리더

1 이번에 묵은 호텔은, 쾌적하고 리더도 친절했다.

2 아들이 지역 소년 야구의 리더에 들어간 지 벌써 3년이 된다.

3 다음 달에 있을 기말시험에서는, 학년에서 리더 성적을 받고 싶다.

4 우수한 리더란 멤버의 능력을 이끌어 낼 수 있는 사람이다.

해설 リーダー (리더)는 조직이나 단체에서 전체를 이끌어 가는 사람을 말하는 경우에 사용한다. 4의 優秀なリーダーとはメンバーの能力を引き出せる人である(우수한 리더란 멤버의 능력을 이끌어 낼 수 있는 사람이다)에서 올바르게 사용되었으므로 4가 정답이다. 참고로, 1은 スタッフ(스태프), 2는 チーム(팀), 3은 トップ(톱)를 사용하는 것이 올바른 문장이다.

어휘 リーダー 閉리더　今回 こんかい 閉이번　泊まる とまる 匽묵다　ホテル 閉호텔　快適だ かいてきだ な형쾌적하다

親切だ しんせつだ な형친절하다　息子 むすこ 閉아들　地域 ちいき 閉지역　少年 しょうねん 閉소년　野球 やきゅう 閉야구

入る はいる 匽들어가다　もう 囝벌써　来月 らいげつ 閉다음 달　期末 きまつ 閉기말　試験 しけん 閉시험　学年 がくねん 閉학년

成績 せいせき 閉성적　取る とる 匽받다　優秀だ ゆうしゅうだ な형우수하다　メンバー 閉멤버　能力 のうりょく 閉능력

引き出す ひきだす 匽이끌어 내다　人 ひと 閉사람

こぼす

1 川で釣った魚はあまりに小さかったので、その場でこぼしてやった。

2 席に運ぶ途中で人にぶつかって、持っていたカレーをこぼしてしまった。

3 インターネットなどでうその情報をこぼすと犯罪になることもある。

4 この間の台風は、家の前に止めてある自転車をこぼすほど風が強かった。

엎지르다

1 강에서 낚은 물고기는 너무나 작았기 때문에, 그 자리에서 엎질러 주었다.

2 자리로 옮기는 도중에 사람과 부딪혀서, 들고 있던 카레를 엎지르고 말았다.

3 인터넷 등에서 거짓 정보를 엎지르면 범죄가 되는 경우도 있다.

4 요전번의 태풍은, 집 앞에 세워 둔 자전거를 엎지를 정도로 바람이 강했다.

해설 こぼす (엎지르다)는 물 등의 액체를 쏟아지게 하거나 넘치게 하는 경우에 사용한다. 2의 席に運ぶ途中で人にぶつかって、持っていたカレーをこぼしてしまった(자리로 옮기는 도중에 사람과 부딪혀서, 들고 있던 카레를 엎지르고 말았다)에서 올바르게 사용되었으므로 2가 정답이다. 참고로, 1은 放す(놓다), 3은 流す(퍼뜨리다), 4는 倒す(쓰러뜨리다)를 사용하는 것이 올바른 문장이다.

어휘 こぼす 图엎지르다, 흘리다 川 かわ 图강 釣る つる 图낚다 魚 さかな 图물고기 あまりに 图너무나 小さい ちいさい い형작다

場 ば 图자리, 장소 席 せき 图자리, 좌석 運ぶ はこぶ 图옮기다 途中 とちゅう 图도중 ぶつかる 图부딪히다 持つ もつ 图들다

カレー 图카레 ～てしまう ～(하)고 말다 インターネット 图인터넷 ～など 조등 うそ 图거짓(말) 情報 じょうほう 图정보

犯罪 はんざい 图범죄 この間 このあいだ 요전번 台風 たいふう 图태풍 家 いえ 图집 前 まえ 图앞 止める とめる 图세우다

自転車 じてんしゃ 图자전거 風 かぜ 图바람 強い つよい い형강하다

꼭 알아두기 こぼす(흘리다)는 涙をこぼす(なみだをこぼす, 눈물을 흘리다)에서의 涙(눈물), 粉をこぼす(こなをこぼす, 가루를 흘리다)에서의 粉(가루)와 같이 액체나 분말을 나타내는 단어와 함께 쓰인다.

33 중

消費	소비
1 節約のため、食料品は週に一回スーパーでまとめて消費している。	1 절약을 위해, 식료품은 주에 한 번 슈퍼에서 한 번에 모아 소비하고 있다.
2 環境を考えて、家の電球が消費するエネルギー量が少ないものに変えた。	2 환경을 생각해서, 집의 전구가 소비하는 에너지양이 적은 것으로 바꿨다.
3 仕事で消費するパソコンをもっと機能が優れているものに買い替えたい。	3 일에서 소비하는 컴퓨터를 더 기능이 뛰어난 것으로 사서 바꾸고 싶다.
4 最近一気に体重が増えたので、野菜を多く消費するようにしている。	4 최근 단번에 체중이 늘었기 때문에, 야채를 많이 소비하도록 하고 있다.

해설 消費(소비)는 돈이나 물자, 시간, 노력 따위를 들이거나 쓰는 경우에 사용한다. 2의 環境を考えて、家の電球が消費するエネルギー量が少ないものに変えた(환경을 생각해서, 집의 전구가 소비하는 에너지양이 적은 것으로 바꿨다)에서 올바르게 사용되었으므로 2가 정답이다. 참고로, 1은 購入(구입), 3은 使う(사용하다), 4는 食べる(먹다)를 사용하는 것이 올바른 문장이다.

어휘 消費 しょうひ 图소비 節約 せつやく 图절약 食料品 しょくりょうひん 图식료품 週 しゅう 图주 一回 いっかい 图한 번 スーパー 图슈퍼

まとめる 图한 번에 모으다, 통합하다 環境 かんきょう 图환경 考える かんがえる 图생각하다 家 いえ 图집 エネルギー 图에너지

量 りょう 图양 少ない すくない い형적다 変える かえる 图바꾸다 仕事 しごと 图일 パソコン 图컴퓨터 機能 きのう 图기능

優れる すぐれる 图뛰어나다 買い替える かいかえる 图(새것으로) 사서 바꾸다 最近 さいきん 图최근 一気に いっきに 图단번에

体重 たいじゅう 图체중 増える ふえる 图늘어나다 野菜 やさい 图야채 多い おおい い형많다

34 상

飛び込む	뛰어들다
1 鳥のように空を自由に飛び込むことができたら楽しいと思う。	1 새처럼 하늘을 자유롭게 뛰어들 수 있다면 즐거울 것이라고 생각한다.
2 郵便で届いた荷物は、箱が破れて中身が飛び込んでいた。	2 우편으로 도착한 짐은, 상자가 찢어져서 내용물이 뛰어들어 있었다.
3 けがの危険があるので、プールに飛び込んではいけません。	3 부상의 위험이 있으므로, 수영장에 뛰어들어서는 안 됩니다.
4 近くを走っていた車が水たまりを飛び込んで靴に水がかかった。	4 근처를 달리던 차가 물웅덩이를 뛰어들어 신발에 물이 튀었다.

해설 飛び込む(뛰어들다)는 몸을 던져 들어가는 경우에 사용한다. 3의 けがの危険があるので、プールに飛び込んではいけません(부상의 위험이 있으므로, 수영장에 뛰어들어서는 안 됩니다)에서 올바르게 사용되었으므로 3이 정답이다. 참고로, 1은 飛ぶ(날다), 2는 飛び出す(튀어나오다), 4는 はねる(튀다)를 사용하는 것이 올바른 문장이다.

어휘 飛び込む とびこむ 图뛰어들다 鳥 とり 图새 空 そら 图하늘 自由だ じゆうだ な형자유롭다 楽しい たのしい い형즐겁다

思う おもう 图생각하다 郵便 ゆうびん 图우편 届く とどく 图도착하다, 도달하다 荷物 にもつ 图짐 箱 はこ 图상자 中身 なかみ 图내용물

けが 图부상, 상처 危険 きけん 图위험 プール 图수영장 近く ちかく 图근처 走る はしる 图달리다 車 くるま 图차

水たまり みずたまり 图물웅덩이 靴 くつ 图신발 水 みず 图물 かかる 图튀다, 닿다

35 중

かゆい	가렵다
1 昨日虫にさされたところがかゆくてしょうがない。	**1** 어제 벌레에 물린 곳이 가려워서 어쩔 수가 없다.
2 満員電車の中で、誰かに足をふまれてかゆかった。	2 만원 전철 안에서, 누군가에게 발을 밟혀 가려웠다.
3 文化祭でダンスをおどったが、失敗してかゆかった。	3 문화제에서 춤을 췄는데, 실패해서 가려웠다.
4 昔はかゆくて苦手だったコーヒーが飲めるようになった。	4 옛날에는 가려워서 싫어했던 커피를 마실 수 있게 되었다.

해설 かゆい(가렵다)는 피부에 긁고 싶은 느낌이 있는 경우에 사용한다. 1의 昨日虫にさされたところがかゆくてしょうがない(어제 벌레에 물린 곳이 가려워서 어쩔 수가 없다)에서 올바르게 사용되었으므로 1이 정답이다. 참고로, 2는 痛い(아프다), 3은 はずかしい(부끄럽다), 4는 苦い(쓰다)를 사용하는 것이 올바른 문장이다.

어휘 かゆい いᴤ 가렵다 昨日 きのう 명 어제 虫 むし 명 벌레 ささる 동 물리다 ところ 명 곳 しょうがない 어쩔 수가 없다 満員 まんいん 명 만원 電車 でんしゃ 명 전철 中 なか 명 안 誰か だれか 누군가 ふまれる 동 밟히다 文化祭 ぶんかさい 명 문화제 ダンス 명 춤 おどる 동 춤을 추다 失敗 しっぱい 명 실패 昔 むかし 명 옛날 苦手だ にがてだ なᴤ 싫어하다 コーヒー 명 커피 飲む のむ 동 마시다

언어지식(문법) p.41

문제 1의 디렉션

問題1 つぎの文の（　　　）に入れるのに最もよいものを、1・2・3・4から一つえらびなさい。	문제1 다음 문장의 （　　　）에 넣을 것으로 가장 알맞은 것을, 1·2·3·4에서 하나 고르세요.

1 중

忙しいとき（　　　）心に余裕をもって行動することが大切だ。	바쁠 때 （　　　）마음에 여유를 가지고 행동하는 것이 중요하다.
1 こそ　　　　2 しか	**1 야말로**　　　　2 밖에
3 とか　　　　4 ばかり	3 라든가　　　　4 만

해설 적절한 조사를 고르는 문제이다. 빈칸 뒤의 心に余裕をもって(마음에 여유를 가지고)와 문맥상 어울리는 말은 '바쁠 때야말로'이다. 따라서 1 こそ(야말로)가 정답이다.

어휘 忙しい いそがしい いᴤ 바쁘다 心 こころ 명 마음 余裕 よゆう 명 여유 もつ 동 가지다 行動 こうどう 명 행동 大切だ たいせつだ なᴤ 중요하다
　　 ~こそ 조 ~야말로 ~しか 조 ~밖에 ~とか 조 ~라든가 ~ばかり 조 ~만

2 중

そのチームは応援している人たちの期待（　　　）、最初の試合で負けてしまった。	그 팀은 응원하고 있는 사람들의 기대 （　　　）, 첫 시합에서 지고 말았다.
1 によって　　　　2 にとって	1 에 의해　　　　2 에 있어서
3 に反して　　　　4 に対して	**3 에 반해**　　　　4 에 대해

해설 적절한 문형을 고르는 문제이다. 빈칸 뒤의 最初の試合で負けてしまった(첫 시합에서 지고 말았다)에 이어지는 문맥을 보면 '사람들의 기대에 반해'가 가장 자연스럽다. 따라서 3 に反して(에 반해)가 정답이다.

어휘 チーム 명 팀 応援 おうえん 명 응원 人たち ひとたち 명 사람들 期待 きたい 명 기대 最初 さいしょ 명 첫, 최초 試合 しあい 명 시합
　　 負ける まける 동 지다 ~てしまう ~(하)고 말다 ~によって ~에 의해 ~にとって ~에 있어서 ~に反して ~にはんして ~에 반해
　　 ~に対して ~にたいして ~에 대해

꼭! 알아두기 A에 반해서(A에 반해, A와 달리)는 A가 결과와 다르다는 의미이다. 期待に反して(기대에 반해), 予測に反して(예측과 달리), 予想に反して(예상과 달리)로 자주 사용됨을 알아 둔다.

3 중상

ぜひ、アンケート（ 　　　 ）ご協力をお願いいたします。	부디, 설문 조사 （ 　　 ） 협력을 부탁드립니다.
1 との 　　　　　　　 **2 への**	1 와의 　　　　　 **2 에**
3 からの 　　　　　 4 ほどの	3 로부터의 　　　 4 정도의

해설 적절한 조사를 고르는 문제이다. 빈칸 뒤의 ご協力をお願いいたします(협력을 부탁드립니다)와 문맥상 어울리는 말은 '설문 조사에'이다. 따라서 2 への(에)가 정답이다.

어휘 ぜひ 閨 부디, 꼭 アンケート 圀 설문 조사, 앙케트 協力 きょうりょく 圀 협력 願う ねがう 閨 부탁하다, 원하다 いたす 閨 하다 ～と 조 ~와 ～へ 조 ~에 ～から 조 ~로부터 ～ほど 조 ~정도

4 중상

（病院で）	（병원에서）
A「こちらの紙に（ 　　 ）終わったら、カウンターまで	A "이쪽의 종이에 다 （ 　 ） 면, 카운터까지 가져와 주세요."
お持ちください。」	B "네, 알겠습니다."
B「はい、分かりました。」	1 기입 　　　　　 **2 기입하**
1 記入 　　　　　　 **2 記入し**	3 기입하다 　　　 4 기입했다
3 記入する 　　　 4 記入した	

해설 문형에 접속하는 알맞은 형태를 고르는 문제이다. 빈칸 뒤의 문형 ～終わる(다 ~(하)다)는 동사 ます형에 접속하는 문형이므로, 2 記入し(기입하)가 정답이다.

어휘 病院 びょういん 圀 병원 紙 かみ 圀 종이 ～終わる ～おわる 다 ~(하)다 カウンター 圀 카운터 ～まで 조 ~까지 持つ もつ 閨 가지다, 들다, 지니다 分かる わかる 閨 알다 記入 きにゅう 圀 기입

5 중상

昨日夜中にお腹が空いて（ 　　 ）我慢できず、ラーメンを作って食べてしまった。	어제 밤중에 배가 고파서 （ 　 ） 참지 못하고, 라멘을 만들어 먹고 말았다.
1 どんなに 　　　　 2 必ずしも	1 아무리 　　　　　 2 반드시
3 すっかり 　　　　 **4 どうしても**	3 완전히 　　　　　 **4 도저히**

해설 적절한 부사를 고르는 문제이다. 빈칸 뒤의 我慢できず(참지 못하고)를 보면 '배가 고파서 도저히'라는 문맥이 가장 자연스럽다. 따라서 4 どうしても(도저히)가 정답이다.

어휘 昨日 きのう 圀 어제 夜中 よなか 圀 밤중 お腹が空く おなかがすく 배가 고프다 我慢 がまん 圀 참음, 견딤 できる 閨 할 수 있다 ラーメン 圀 라멘 作る つくる 閨 만들다 食べる たべる 閨 먹다 ～てしまう ~(하)고 말다 どんなに 閨 아무리 必ずしも かならずしも 閨 반드시 すっかり 閨 완전히 どうしても 閨 도저히

꼭! 알아두기 どうしても는 '도저히'라는 의미도 있지만, どうしても~たい(무슨 일이 있어도 ~하고 싶다)에서와 같이 '무슨 일이 있어도'라는 의미로도 자주 쓰이므로 함께 알아 둔다.

6 중

A「あのレストラン、今日もお客さんいっぱいだね。」	A "저 레스토랑, 오늘도 손님 가득이네."
B「うん。テレビに（ 　　 ）一気に有名になったんだって。今度予約して行ってみよう。」	B "응. 텔레비전에 （ 　 ） 단숨에 유명해졌대. 다음에 예약해서 가 보자."
1 出たといっても 　　　　 2 出たばかりか	1 나왔다고 말해도 　　　　 2 나왔을 뿐만 아니라
3 出たとたん 　　　　　 4 出たかわりに	**3 나오자마자** 　　　　　 4 나온 대신에

해설 적절한 문형을 고르는 문제이다. 빈칸 앞뒤를 보면 '텔레비전에 나오자마자 단숨에 유명해졌대'가 가장 자연스럽다. 따라서 3 出たとたん(나오자마자)이 정답이다.

어휘 レストラン 圐 레스토랑　今日 きょう 圐 오늘　お客さん おきゃくさん 圐 손님　いっぱい 凮 가득　テレビ 圐 텔레비전　一気に いっきに 凮 단숨에
　　有名だ ゆうめいだ 뎚 유명하다　今度 こんど 圐 다음　予約 よやく 圐 예약　行く いく 뎡 가다　出る でる 뎡 나오다　~といっても ~라고 말해도
　　~ばかりか ~뿐만 아니라　~たとたん ~(하)자마자　~かわりに ~대신에

---

7 중

一人暮らしを（　　）必要な家具や家電製品をそろえ るのはお金がかかる。	자취를（　　）필요한 가구나 가전제품을 갖추는 것은 돈이 든다.
1 始めるくせに　　　　2 始めるうえで	1 시작하는 주제에　　　　**2 시작하는 데 있어서**
3 始めるついでに　　　　4 始めるようで	3 시작하는 김에　　　　4 시작할 것 같아서

해설 적절한 문형을 고르는 문제이다. 빈칸 앞뒤를 보면 '자취를 시작하는 데 있어서 필요한 가구나 가전제품을 갖추는 것은 돈이 든다'가 가장 자연
　　스럽다. 따라서 2 始めるうえで(시작하는 데 있어서)가 정답이다.

어휘 一人暮らし ひとりぐらし 圐 자취, 혼자 삶　必要だ ひつようだ 뎚 필요하다　家具 かぐ 圐 가구　家電製品 かでんせいひん 圐 가전제품
　　そろえる 뎡 갖추다　お金 おかね 圐 돈　かかる 뎡 들다　始める はじめる 뎡 시작하다　~くせに ~주제에　~うえで ~(하)는 데 있어서
　　~ついでに ~(하)는 김에　~ようで ~(할) 것 같아서

---

8 중상

季節（　　）洋服を整理して、着ない服は他の人にゆ ずるようにしている。	계절（　　）옷을 정리해서, 안 입는 옷은 다른 사람에게 주도록 하고 있다.
1 ごとに　　　　2 どおりに	**1 마다**　　　　2 대로
3 のうちに　　　　4 のほかに	3 일 때　　　　4 외에

해설 적절한 문형을 고르는 문제이다. 빈칸 뒤의 洋服を整理して(옷을 정리해서)에 이어지는 문맥을 보면 '계절마다'가 가장 자연스럽다. 따라서
　　1 ごとに(마다)가 정답이다.

어휘 季節 きせつ 圐 계절　洋服 ようふく 圐 옷, 양복　整理 せいり 圐 정리　着る きる 뎡 입다　服 ふく 圐 옷　他 ほか 圐 다른　人 ひと 圐 사람
　　ゆずる 뎡 (물려) 주다, 양보하다　~ごとに ~마다　~どおりに ~대로　~のうちに ~일 때　~のほかに ~외에

> 꼭! 알아두기　~ごとに(~마다)는 季節ごとに(계절마다)에서의 季節(계절), 2年ごとに(2년마다)에서의 2年(2년), 5分ごとに(5분마다)에서의 5分(5분)과 같이 시간을 나타내는 표
> 현과 함께 자주 사용된다.

---

9 중

山中「森さん、毎日お弁当を持ってきててすごいな。料 　　　理上手なんですかね。」 後藤「得意な（　　）。お母さんがシェフで子どものこ 　　　ろから習っていたと聞きました。」 山中「そうなんですか。」	야마나카 "모리 씨, 매일 도시락을 가져오고 있고 대단하네. 요리 　　　　　잘하는 것일까요?" 고토　　"잘（　　）. 어머니가 셰프여서 어릴 때부터 배웠었다 　　　　　고 들었습니다." 야마나카 "그렇습니까?"
1 ことです　　　　2 おかげです	1 것입니다　　　　2 덕분입니다
3 せいです　　　　**4 はずです**	3 탓입니다　　　　**4 할 것입니다**

해설 적절한 문말 표현을 고르는 문제이다. 모리 씨는 셰프인 어머니에게 어릴 때부터 요리를 배웠다고 들었기에 요리를 잘 할 거라고 이야기하는 문
　　맥이다. 따라서 4 はずです(할 것입니다)가 정답이다.

어휘 毎日 まいにち 圐 매일　お弁当 おべんとう 圐 도시락　持つ もつ 뎡 가지다　すごい 㿧 대단하다　料理 りょうり 圐 요리
　　上手だ じょうずだ 뎚 잘하다, 능숙하다　得意だ とくいだ 뎚 잘하다, 특기이다　お母さん おかあさん 圐 어머니　シェフ 圐 셰프
　　子どものころ こどものころ 어릴 때　習う ならう 뎡 배우다　聞く きく 뎡 듣다　~ことだ ~것이다　~おかげだ ~덕분이다　~せいだ ~탓이다
　　~はずだ ~일 것이다

10 중상

都市部の人口は増え続けており、問題になっている交通渋滞(じゅうたい)は（　　　）。	도시 지역의 인구는 계속 늘어나고 있어, 문제가 되고 있는 교통 정체는 （　　　）.
1 悪化(あっか)するはずがなかった　2 悪化(あっか)しそうになった	1 악화할 리가 없었다　2 악화할 뻔했다
3 悪化(あっか)する一方だ　　4 悪化(あっか)しているほうだ	**3 악화하기만 한다**　　4 악화하고 있는 쪽이다

해설 적절한 문말 표현을 고르는 문제이다. 빈칸 앞의 都市部の人口は増え続けており、問題になっている交通渋滞は(도시 지역의 인구는 계속 늘어나고 있어, 문제가 되고 있는 교통 정체는)를 보면, '도시 지역의 인구는 계속 늘어나고 있어, 문제가 되고 있는 교통 정체는 악화하기만 한다'가 가장 자연스럽다. 따라서 3 悪化する一方だ(악화하기만 한다)가 정답이다.

어휘 都市部 としぶ 圏 도시 지역　人口 じんこう 圏 인구　増える ふえる 圄 늘다　続ける ~つづける 계속 ~하다　~ておる ~(하)고 있다
　　　問題 もんだい 圏 문제　交通 こうつう 圏 교통　渋滞 じゅうたい 圏 정체　悪化 あっか 圏 악화　~はずがない ~(할) 리가 없다
　　　~そうになる ~(할) 뻔하다　~一方だ ~いっぽうだ ~(하)기만 하다

11 중

（デパートで）	（백화점에서）
母親「静(しず)かにしなさい。店(みせ)の中(なか)で（　　　）よ。」	어머니 "조용히 하렴. 가게 안에서 （　　　） 요."
子ども「はい、ごめんなさい。」	아이 "네, 죄송합니다."
1 さわぐもんじゃありません	**1 떠들어서는 안 돼**
2 さわぐことはありません	2 떠들 필요는 없어
3 さわいでもおかしくありません	3 떠들어도 이상하지 않아
4 さわぐに違(ちが)いありません	4 떠들 것이 틀림없어

해설 적절한 문말 표현을 고르는 문제이다. 어머니가 아이에게 가게 안에서는 조용히 해야 한다고 일러 주는 문맥이다. 따라서 1 さわぐもんじゃありません(떠들어서는 안 돼)이 정답이다.

어휘 デパート 圏 백화점　静かだ しずかだ 圀 조용하다　店 みせ 圏 가게　中 なか 圏 안　さわぐ 圄 떠들다
　　　~もんじゃない ~(해)서는 안 된다(ものではない의 구어체)　~ことはない ~(할) 필요는 없다　~てもおかしくない ~(해)도 이상하지 않다
　　　~に違いない ~にちがいない ~임에 틀림없다

12 중상

（会社で）	（회사에서）
村上(むらかみ)「先輩(せんぱい)、部長(ぶちょう)がいつお戻(もど)りになるか（　　　）。」	무라카미 "선배님, 부장님이 언제 돌아오시는지 （　　　）?"
石田(いしだ)「私も分(わ)かりません。」	이시다 "저도 모르겠습니다."
村上(むらかみ)「そうですか。他(ほか)の人(ひと)に聞(き)いてみます。」	무라카미 "그렇습니까. 다른 사람에게 물어보겠습니다."
1 おっしゃいますか　　2 ご覧(らん)になりますか	1 말씀하십니까　　2 보십니까
3 召(め)し上(あ)がりますか　**4 ご存(ぞん)じですか**	3 드십니까　　**4 알고 계십니까**

해설 적절한 경어를 고르는 문제이다. 부장님이 언제 돌아오시는지에 대해 선배가 알고 있는지 물어보는 상황이므로, '알다'라는 뜻의 상대를 높이는 존경 표현을 사용해야 한다. 따라서 4 ご存じですか(알고 계십니까)가 정답이다.

어휘 会社 かいしゃ 圏 회사　先輩 せんぱい 圏 선배(님)　部長 ぶちょう 圏 부장(님)　いつ 圏 언제　戻る もどる 圄 돌아오다　分かる わかる 圄 알다
　　　他 ほか 圏 다름　人 ひと 圏 사람　聞く きく 圄 묻다　おっしゃる 圄 말씀하시다　ご覧になる ごらんになる 보시다　召し上がる めしあがる 圄 드시다
　　　ご存じ ごぞんじ 圏 알고 계심

13 상

大学生のときにアルバイトをして社会経験を積むことも大事だが、学生なら勉強を（　　　）と思う。

1　優先させるとは限らない
2　優先させるわけにはいかない
3　優先させるものではない
4　優先させなくてはならない

대학생 때에 아르바이트를 해서 사회 경험을 쌓는 것도 중요하지만, 학생이라면 공부를 （　　　）고 생각한다.

1　우선시한다고는 단정 지을 수 없다
2　우선시할 수는 없다
3　우선시해서는 안 된다
4　우선시하지 않으면 안 된다

해설 적절한 문말 표현을 고르는 문제이다. 빈칸 앞의 学生なら勉強を(학생이라면 공부를)를 보면, '학생이라면 공부를 우선시하지 않으면 안 된다' 가 문맥상 가장 자연스럽다. 따라서 4 優先させなくてはならない(우선시하지 않으면 안 된다)가 정답이다.

어휘 大学生 だいがくせい 圏대학생　とき 圏때　アルバイト 圏아르바이트　社会 しゃかい 圏사회　経験 けいけん 圏경험　積む つむ 圏쌓다
大事だ だいじだ 啮형중요하다　学生 がくせい 圏학생　〜なら 图라면　勉強 べんきょう 圏공부　思う おもう 圏생각하다　優先 ゆうせん 圏우선
〜とは限らない 〜とはかぎらない ~(라)고는 단정 지을 수 없다　〜わけにはいかない ~(할) 수는 없다　〜ものではない ~(해)서는 안 된다
〜なくてはならない ~(하)지 않으면 안 된다

꼭! 알아두기 ~なくてはならない(~(하)지 않으면 안 된다) 외에, ~なくてはいけない, ~なければならない, ~なければいけない도 '~(하)지 않으면 안 된다'라는 의미로 사용되는 표현이므로 함께 알아 둔다.

문제 2의 디렉션

問題2　つぎの文の　★　に入る最もよいものを、1・2・3・4から一つえらびなさい。

문제2　다음 문장의　★　에 들어갈 가장 알맞은 것을, 1·2·3·4에서 하나 고르세요.

---

14 상

姉は ＿＿＿ ＿＿＿ ★ ＿＿＿ 毎日のように連絡を取るほど仲がいい。

1　めったに
2　会えないが
3　住んでいて
4　海外に

언니는 해외에 살고 있어서 ★좀처럼 만날 수 없지만 매일같이 연락을 취할 정도로 사이가 좋다.

1　좀처럼
2　만날 수 없지만
3　살고 있어서
4　해외에

해설 연결되는 문형이 없으므로 전체 선택지를 의미적으로 배열하면 4 海外に 3 住んでいて 1 めったに 2 会えないが(해외에 살고 있어서 좀처럼 만날 수 없지만)가 된다. 전체 문맥과도 어울리므로 1 めったに(좀처럼)가 정답이다.

어휘 姉 あね 圏언니, 누나　毎日 まいにち 圏매일　連絡 れんらく 圏연락　取る とる 圏취하다　〜ほど 图~정도　仲 なか 圏사이　いい い형좋다
めったに 囝좀처럼　会う あう 圏만나다　住む すむ 圏살다　海外 かいがい 圏해외

꼭! 알아두기 めったに~ない(좀처럼 ~없다) 외에 ほとんど~ない(거의~없다)도 비슷한 의미로 사용되는 표현이므로 함께 알아 둔다.

---

15 중

（レストランで）
A「今、席が空いていないから、少し待たないといけないって。」
B「そっか。順番を ＿＿＿ ＿＿＿ ★ ＿＿＿ おこうよ。」

1　決めて
2　待っている間に
3　何を
4　頼むか

（레스토랑에서）
A "지금, 자리가 비어 있지 않아서, 조금 기다려야 한대."
B "그렇구나. 순서를 기다리는 사이에 무엇을 ★주문할지 정해 두자."

1　정해
2　기다리는 사이에
3　무엇을
4　주문할지

해설 빈칸 뒤의 おくは 동사 て형에 접속하여 ておく(~해 두다)라는 문형이 되므로 먼저 1 決めて おこうよ(정해 두자)로 연결할 수 있다. 나머지 선택지와 함께 의미적으로 배열하면 2 待っている間に 3 何を 4 頼むか 1 決めて(기다리는 사이에 무엇을 주문할지 정해)가 되면서 전체 문맥과도 어울린다. 따라서 4 頼むか(주문할지)가 정답이다.

어휘 レストラン 図레스토랑　今 いま 図지금　席 せき 図자리, 좌석　空く あく 图비다　~から 图~해서　少し すこし 回조금　待つ まつ 图기다리다
　　~ないといけない ~해야 한다　順番 じゅんばん 図순서, 순번　~ておく ~(해) 두다　決める きめる 图정하다　間 あいだ 図사이
　　頼む たのむ 图주문하다, 부탁하다

16　중

会社のすぐ近くに住んでいて、徒歩で ＿＿＿ ＿＿＿ ★ ＿＿＿ 自転車で通っている。	회사 바로 근처에 살고 있어서, 도보로 다닐 수 없는 것도 아니지만 ★자전거 쪽이 편해서 자전거로 다니고 있다.
1 こともないが　　2 楽なので	1 것도 아니지만　　2 편해서
3 自転車のほうが　　4 通えない	**3 자전거 쪽이**　　4 다닐 수 없는

해설 4의 ない와 1의 こともない는 연결하여 ないこともない(~없는 것도 아니다)라는 문형이 되므로 먼저 4 通えない 1 こともないが(다닐 수 없는 것도 아니지만)로 연결할 수 있다. 이것을 나머지 선택지와 함께 의미적으로 배열하면 4 通えない 1 こともないが 3 自転車のほうが 2 楽なので(다닐 수 없는 것도 아니지만 자전거 쪽이 편해서)가 된다. 전체 문맥과도 어울리므로 3 自転車のほうが(자전거 쪽이)가 정답이다.

어휘 会社 かいしゃ 図회사　すぐ 回바로　近く ちかく 図근처　住む すむ 图살다　徒歩 とほ 図도보　自転車 じてんしゃ 図자전거
　　通う かよう 图다니다　~ないこともない ~없는 것도 아니다　楽だ らくだ 囮편하다

꼭! 알아두기 ~ないこともない(~없는 것도 아니다)는 '그러한 면이 있다, 가능성이 있다'라는 의미의 긍정적인 표현이다. 通えないこともない(다닐 수 없는 것도 아니다)에서의 通える(다닐 수 있다), 言えないこともない(말할 수 없는 것도 아니다)에서의 言える(말할 수 있다), 行けないこともない(갈 수 없는 것도 아니다)에서의 行ける(갈 수 있다)와 같이 동사의 가능형과 함께 자주 사용된다.

17　상

息子が習い事をやめたいと言い出した。本人がしたくないことを無理に ＿＿＿ ＿＿＿ ★ ＿＿＿ つもりだ。	아들이 학원을 그만두고 싶다고 말을 꺼냈다. 본인이 하고 싶지 않은 것을 무리하게 시킬 필요는 없으니 ★당장이라도 그만두게 할 생각이다.
1 必要はないので　　2 やめさせる	1 필요는 없으니　　2 그만두게 할
3 すぐにでも　　4 やらせる	**3 당장이라도**　　4 시킬

해설 문형 つもりだ는 동사 사전형에 접속하므로 먼저 2 やめさせる つもりだ(그만두게 할 생각이다) 혹은 4 やらせる つもりだ(시킬 생각이다)로 연결할 수 있다. 빈칸 앞의 '본인이 하고 싶지 않은 것을 무리하게'와 문맥상 어울리는 말은 4 やらせる 1 必要はないので 3 すぐにでも 2 やめさせる(시킬 필요는 없으니 당장이라도 그만두게 할)이므로, 3 すぐにでも(당장이라도)가 정답이다.

어휘 息子 むすこ 図아들　習い事 ならいごと 図학원(주로 예체능 관련)　やめる 图그만두다　~たい ~(하)고 싶다　言い出す いいだす 图말을 꺼내다
　　本人 ほんにん 図본인　無理に むりに 무리하게　必要 ひつよう 図필요　すぐにでも 당장이라도　やる 图하다

18　중

A「今田さんが今度結婚するらしいですよ。」 B「そうですか。それで ＿＿＿ ＿＿＿ ★ ＿＿＿ ね。」	A "이마다 씨가 이번에 결혼한다고 해요." B "그렇습니까? 그래서 최근 바쁜 듯이 ★지내고 있던 것이군요."
1 わけです　　2 忙しそうに	1 것이　　2 바쁜 듯이
3 最近　　**4 していた**	3 최근　　**4 지내고 있던**

해설 문형 わけだ는 동사 보통형에 접속하므로 먼저 4 していた 1 わけです(지내고 있던 것이)로 연결할 수 있다. 이것을 나머지 선택지와 함께 의미적으로 배열하면 3 最近 2 忙しそうに 4 していた 1 わけです(최근 바쁜 듯이 지내고 있던 것이)가 되면서 전체 문맥과도 어울린다. 따라서 4 していた(지내고 있던)가 정답이다.

어휘 今度 こんど 図이번　結婚 けっこん 図결혼　~らしい ~라고 한다　~わけだ ~(인) 것이다　忙しい いそがしい 囮바쁘다　最近 さいきん 図최근

問題3 つぎの文章を読んで、文章全体の内容を考えて、 19 から 22 の中に入る最もよいものを、1・2・3・4から一つえらびなさい。

문제3 다음 글을 읽고, 글 전체의 내용을 생각하여, 19 부터 22 의 안에 들어갈 가장 알맞은 것을, 1·2·3·4에서 하나 고르세요.

19-22

下の文章は、留学生が書いた作文です。

日本の年末

テイラー　ブラウン

　去年、日本ではじめての年末を過ごしました。[19]学校が休みだったので国に帰ろうかとも思いましたが、日本の年末を体験したくて 19 。

　同じ寮に住む友達に、日本では年末に何をするのかと聞いたところ、掃除をする人が多いと言われました。せっかく休みなのにどうして掃除をするのか不思議に思いました。調べてみると、1年の間にたまったほこりを払い、[20]家と心をきれいに 20 新しい年を迎えようという意味があるそうです。意味を聞いて、[21]私も掃除 21 したくなりました。普段はしない天井や壁、窓ガラスもふきました。寒い中行うのはとても大変でしたが、部屋がきれいになると気持ちもすっきりしました。

　31日の夜は、友達が実家に招待してくれました。友達のお母さんが作ってくれたそばをみんなで食べました。[22]これは「年越しそば」といって、 22 の麺のように長く生きることを願い、1年の最後の日に食べるのだそうです。

　私の国とは文化が違ってとても面白い経験でした。今年も日本でいろんなことができたらいいなと思います。

일본의 연말

테일러 브라운

　작년, 일본에서 처음으로 연말을 보냈습니다. [19]학교가 방학이었기 때문에 고국에 돌아갈까도 생각했지만, 일본의 연말을 체험하고 싶어서 19 .

　같은 기숙사에 사는 친구에게, 일본에서는 연말에 무엇을 하냐고 물었더니, 청소를 하는 사람이 많다고 들었습니다. 모처럼 쉬는 날인데 어째서 청소를 하는 건지 의아하게 생각했습니다. 조사해 보니, 1년 동안 쌓인 먼지를 털어내고, [20]집과 마음을 깨끗하게 20 새해를 맞이하자는 의미가 있다고 합니다. 의미를 듣고, [21]저도 청소 21 하고 싶어졌습니다. 평소에는 하지 않는 천장이나 벽, 유리창도 닦았습니다. 추운 가운데 하는 것은 매우 힘들었지만, 방이 깨끗해지자 기분도 상쾌해졌습니다.

　31일 밤은, 친구가 집에 초대해 주었습니다. 친구의 어머니가 만들어 주신 메밀국수를 모두 같이 먹었습니다. [22]이것은 '토시코시소바'라고 해서, 22 의 면처럼 오래 살기를 바라며, 1년의 마지막 날에 먹는 것이라고 합니다.

　우리나라와는 문화가 달라서 매우 재미있는 경험이었습니다. 올해도 일본에서 다양한 것을 할 수 있으면 좋겠다고 생각했습니다.

어휘 下 した 圏 아래　文章 ぶんしょう 圏 글　留学生 りゅうがくせい 圏 유학생　書く かく 圐 쓰다　作文 さくぶん 圏 작문　日本 にほん 圏 일본
年末 ねんまつ 圏 연말　去年 きょねん 圏 작년　はじめて 凰 처음으로　過ごす すごす 圐 보내다, 지내다　学校 がっこう 圏 학교
休み やすみ 圏 방학, 휴일　国 くに 圏 고국, 나라　帰る かえる 圐 돌아가다　思う おもう 圐 생각하다　体験 たいけん 圏 체험　同じ おなじ 圏 같음
寮 りょう 圏 기숙사　住む すむ 圐 살다　友達 ともだち 圏 친구　聞く きく 圐 묻다, 듣다　掃除 そうじ 圏 청소　人 ひと 圏 사람
多い おおい い형 많다　言う いう 圐 말하다　せっかく 凰 모처럼　どうして 凰 어째서　不思議だ ふしぎだ な형 의아하다, 신기하다
調べる しらべる 圐 조사하다　間 あいだ 圏 동안　たまる 圐 쌓이다　ほこり 圏 먼지　払う はらう 圐 털어내다　家 いえ 圏 집
心 こころ 圏 마음　きれいだ な형 깨끗하다, 예쁘다　新しい あたらしい い형 새롭다　年 とし 圏 해, 년　迎える むかえる 圐 맞이하다
意味 いみ 圏 의미　~そうだ ~라고 한다　普段 ふだん 圏 평소　天井 てんじょう 圏 천장　壁 かべ 圏 벽　窓 まど 圏 창(문)　ガラス 圏 유리
ふく 圐 닦다　寒い さむい い형 춥다　~中 ~なか ~가운데, 중　行う おこなう 圐 하다, 행하다　とても 凰 매우　大変だ たいへんだ な형 힘들다
部屋 へや 圏 방　気持ち きもち 圏 기분　すっきり 凰 상쾌하게　夜 よる 圏 밤　実家 じっか 圏 집, 본가　招待 しょうたい 圏 초대
お母さん おかあさん 圏 어머니　作る つくる 圐 만들다　そば 圏 메밀국수　みんな 圏 모두　食べる たべる 圐 먹다
年越しそば としこしそば 圏 토시코시소바(한 해 마지막 날에 먹는 메밀국수)　麺 めん 圏 면　長い ながい い형 오래다, 길다　生きる いきる 圐 살다
願う ねがう 圐 바라다　最後 さいご 圏 마지막　文化 ぶんか 圏 문화　違う ちがう 圐 다르다　面白い おもしろい い형 재미있다　今年 ことし 圏 올해
いろんな 다양한　できる 圐 할 수 있다　いい い형 좋다

19 상

1 帰らないことがありました	1 돌아가지 않는 경우가 있었습니다
2 帰らないことにしました	**2 돌아가지 않기로 했습니다**
3 帰らないようになりました	3 돌아가지 않게 되었습니다
4 帰らないはずでした	4 돌아가지 않을 것이었습니다

해설 적절한 문말 표현을 고르는 문제이다. 빈칸 앞에서 学校が休みだったので国に帰ろうかとも思いましたが、日本の年末を体験したくて (학교가 방학이었기 때문에 고국에 돌아갈까도 생각했지만, 일본의 연말을 체험하고 싶어서)라고 언급하였으므로, '일본의 연말을 체험하고 싶어서 돌아가지 않기로 했습니다'가 가장 자연스럽다. 따라서 2 帰らないことにしました (돌아가지 않기로 했습니다)가 정답이다.

어휘 帰る かえる 图 돌아가다 ~ことにする ~(하)기로 하다 ~ようになる ~(하)게 되다 ~はずだ ~일 것이다

꼭! 알아두기 빈칸 앞에 ~したくて(~하고 싶어서)와 같은 표현이 있으면 ~ことにする(~(하)기로 하다), ~ようと思う(~하려고 생각한다)와 같은 표현을 사용한 선택지가 정답일 가능성이 높다.

20 중상

1 したら	2 しては	1 하면	2 해서는
3 して以来	**4 してから**	3 한 이래로	**4 하고 나서**

해설 적절한 문형을 고르는 문제이다. 빈칸 앞에서 家と心をきれいに(집과 마음을 깨끗하게)라고 언급하였고, 빈칸 뒤에서 新しい年を迎えよう (새해를 맞이하자)라고 언급하였으므로, '집과 마음을 깨끗하게 하고 나서 새해를 맞이하자'가 가장 자연스럽다. 따라서 4 してから(하고 나서) 가 정답이다.

어휘 ~たら 图 ~라면 ~ては 图 ~(해)서는 ~て以来 ~ていらい ~(한) 이래로 ~てから ~(하)고 나서

21 중

1 が	2 は	**1 를**	2 는
3 でも	4 ぐらい	3 라도	4 정도

해설 적절한 조사를 고르는 문제이다. 빈칸 앞의 私も掃除(저도 청소), 빈칸 뒤의 したくなりました(하고 싶어졌습니다)를 보면, 문맥상 '저도 청소를 하고 싶어졌습니다'라는 말이 자연스럽다. 따라서 1 が(를)가 정답이다.

어휘 ~が 图 ~를, 가 ~は 图 ~는 ~でも 图 ~라도 ~ぐらい 图 ~정도

22 중상

1 そば	2 どのそば	**1 메밀국수**	2 어느 메밀국수
3 ああいうそば	4 これらのそば	3 저런 메밀국수	4 이들의 메밀국수

해설 적절한 지시어를 고르는 문제이다. 문맥상 빈칸을 포함한 문장은 '이것은 '토시코시소바'라고 해서, 메밀국수의 면처럼 오래 살기를 바라며'로 이어지는 것이 자연스럽다. 따라서 1 そば(메밀국수)가 정답이다.

어휘 そば 몡 메밀국수 ああいう 저런 これら 몡 이들, 이것들

독해 p.48

문제 4의 디렉션

問題4 つぎの(1)から(4)の文章を読んで、質問に答えなさい。答えは、1・2・3・4から最もよいものを一つえらびなさい。

문제4 다음 (1)부터 (4)의 글을 읽고, 질문에 답하세요. 답은, 1·2·3·4에서 가장 알맞은 것을 하나 고르세요.

(1)

チャンさんの机の上に、川島部長からのメモが置いてある。

チャンさん

　おはようございます。

　チャンさんのパソコンのことですが、修理に少し時間がかかると総務部(そうむぶ)の担当者(たんとうしゃ)から連絡がありました。修理している間、別のパソコンを貸してくれるそうですので、会社に着いたらすぐ総務部に取りに行ってください。パソコンを借りるとき、パスワードを聞くのを忘れないようにしてくださいね。

　明日は午前中工場に行く用事があって、会社には午後から出勤します。借りたパソコンについて何か聞きたいことがあれば、担当者(たんとうしゃ)に直接連絡してください。

　　　　　　　　　　　　　　　　川島

このメモを読んで、チャンさんがしなければならないことは何か。

1　会社に着いたら総務部(そうむぶ)に修理が必要なパソコンを持っていく。

2　会社に着いてすぐ総務部(そうむぶ)にパソコンを借りに行き、パスワードを聞く。

3　午前中のうちに総務部(そうむぶ)にパソコンを取りに行き、午後から工場に行く。

4　午後出勤して総務部(そうむぶ)にパソコンを借りたら川島部長に電話する。

(2)

장 씨의 책상 위에, 가와시마 부장님으로부터의 메모가 놓여 있다.

장 씨

　안녕하세요.

　장 씨의 컴퓨터 말입니다만, 수리에 조금 시간이 걸린다고 총무부 담당자로부터 연락이 있었습니다. 수리하고 있는 동안, 다른 컴퓨터를 빌려준다고 하니, 회사에 도착하면 바로 총무부로 가지러 가 주세요. 컴퓨터를 빌릴 때, 비밀번호를 묻는 것을 잊지 않도록 해 주세요.

　내일은 오전 중에 공장에 갈 용건이 있어서, 회사에는 오후부터 출근합니다. 빌린 컴퓨터에 대해 무언가 묻고 싶은 것이 있으면, 담당자에게 직접 연락해 주세요.

　　　　　　　　　　　　　　　가와시마

이 메모를 읽고, 장 씨가 하지 않으면 안 되는 일은 무엇인가?

1　회사에 도착하면 총무부에 수리가 필요한 컴퓨터를 가지고 간다.

2　회사에 도착하면 바로 총무부에 컴퓨터를 빌리러 가서, 비밀번호를 묻는다.

3　오전 중에 총무부에 컴퓨터를 가지러 가서, 오후부터 공장에 간다.

4　오후 출근해서 총무부에 컴퓨터를 빌리면 가와시마 부장님에게 전화한다.

해설 메모 형식의 실용문으로 장 씨가 해야만 하는 일이 무엇인지 묻고 있다. 선택지에서 반복되는 総務部(총무부), パソコン(컴퓨터)을 지문에서 찾는다. 지문의 중반부에 会社に着いたらすぐ総務部に取りに行ってください。パソコンを借りるとき、パスワードを聞くのを忘れないようにしてくださいね(회사에 도착하면 바로 총무부로 가지러 가 주세요. 컴퓨터를 빌릴 때, 비밀번호를 묻는 것을 잊지 않도록 해 주세요)라고 언급하고 있으므로 2 会社に着いてすぐ総務部にパソコンを借りに行き、パスワードを聞く(회사에 도착하면 바로 총무부에 컴퓨터를 빌리러 가서, 비밀번호를 묻는다)가 정답이다.

어휘 机 つくえ 圏 책상　上 うえ 圏 위　部長 ぶちょう 圏 부장(님)　メモ 圏 메모　置く おく 圏 놓다　パソコン 圏 컴퓨터　修理 しゅうり 圏 수리
少し すこし 囝 조금　時間 じかん 圏 시간　かかる 图 걸리다　総務部 そうむぶ 圏 총무부　担当者 たんとうしゃ 圏 담당자　連絡 れんらく 圏 연락
間 あいだ 圏 동안, 사이　別の べつの 다른　貸す かす 图 빌려주다　〜そうだ 〜라고 한다　会社 かいしゃ 圏 회사　着く つく 图 도착하다
〜たら 图 〜(하)면　すぐ 囝 바로　取る とる 图 가지다, 받다　〜に行く 〜にいく 〜(하)러 가다　〜てください 〜(해) 주세요　借りる かりる 图 빌리다
とき 圏 때　パスワード 圏 비밀번호　聞く きく 图 묻다, 듣다　忘れる わすれる 图 잊다　〜ようにする 〜(하)도록 하다　明日 あした 圏 내일
午前中 ごぜんちゅう 오전 중　工場 こうじょう 圏 공장　用事 ようじ 圏 용건, 용무　午後 ごご 圏 오후　〜から 〜부터　出勤 しゅっきん 圏 출근
〜について 〜에 대해　〜たい 〜(하)고 싶다　直接 ちょくせつ 圏 직접　読む よむ 图 읽다　〜なければならない 〜(하)지 않으면 안 된다
必要だ ひつようだ 極 필요하다　持つ もつ 图 가지다　〜うちに 〜에, 〜안으로　電話 でんわ 圏 전화

(2)

　風呂の残った水で洗濯をしていると言うと驚く人も多い。風呂に使った水なんかで洗ったら洗濯物がきれいにならないんじゃないかと言う人もいるが、私は特に気になったことがない。実家でも母親がそうしていたからだろう。

　洗濯をするときに風呂の水を再利用することのメリットはいくつかある。まず、水を節約することができて環境にいい。それに、お湯を使うことで衣服の汚れが落ちやすくなるとも言われている。とはいえ、それらの効果は私には正直よく分からない。水道代の節約になるから続けているだけなのだ。

「私」が洗濯するときに風呂の水を使うのは、どうしてか。

1　母親が昔から風呂の水を使っていたから

2　水が節約できてエコにつながるから

3　お湯を使ったほうが汚れがよく落ちるから

4　使う水の量が減って料金が節約できるから

(2)

　욕조의 남은 물로 세탁을 하고 있다고 말하면 놀라는 사람도 많다. 목욕에 사용한 물 따위로 빨면 세탁물이 안 깨끗해지지 않을까 라고 말하는 사람도 있지만, 나는 특별히 신경이 쓰인 적이 없다. 본가에서도 어머니가 그렇게 하고 있었기 때문일 것이다.

　세탁을 할 때 목욕물을 재사용하는 것의 장점은 몇 가지가 있다. 우선, 물을 절약할 수 있어 환경에 좋다. 게다가, 뜨거운 물을 사용함으로써 옷의 때가 지워지기 쉬워진다고도 말해지고 있다. 그렇다고 해도, 그것들의 효과는 나는 솔직히 잘 모르겠다. 수도세 절약이 되니까 계속하고 있을 뿐인 것이다.

'내'가 세탁할 때에 목욕물을 사용하는 것은, 어째서인가?

1　어머니가 옛날부터 목욕물을 사용하고 있었기 때문에

2　물을 절약할 수 있어서 친환경으로 이어지기 때문에

3　뜨거운 물을 사용하는 편이 때가 잘 지워지기 때문에

4　사용하는 물의 양이 줄어서 요금을 절약할 수 있기 때문에

해설 에세이로 필자가 세탁할 때에 목욕물을 사용하는 이유를 묻고 있다. 선택지에서 반복되는 水(물), 節約(절약)를 지문에서 찾는다. 지문의 후반부에서 水道代の節約になるから続けているだけなのだ(수도세 절약이 되니까 계속하고 있을 뿐인 것이다)라고 서술하고 있으므로 4 使う水の量が減って料金が節約できるから(사용하는 물의 양이 줄어서 요금을 절약할 수 있기 때문에)가 정답이다.

어휘 風呂 ふろ 圏 욕조, 목욕 (물)　残る のこる 图 남다　水 みず 圏 물　洗濯 せんたく 圏 세탁　言う いう 图 말하다　驚く おどろく 图 놀라다
人 ひと 圏 사람　多い おおい い행 많다　使う つかう 图 사용하다　～なんか ~따위　洗う あらう 图 빨다, 씻다　洗濯物 せんたくもの 圏 세탁물
きれいだ な행 깨끗하다　～になる ~(하)게 되다　特に とくに 图 특별히　気になる きになる 신경이 쓰이다　～ことがない ~(한) 적이 없다
実家 じっか 圏 본가, 친정　母親 ははおや 圏 어머니　そうする 그렇게 하다　～から 图 ~때문　～だろう ~일 것이다　とき 圏 때
再利用 さいりよう 圏 재사용, 재이용　メリット 圏 장점, 메리트　いくつ 圏 몇 가지　まず 图 우선　節約 せつやく 圏 절약　環境 かんきょう 圏 환경
いい い행 좋다　それに 쩝 게다가　お湯 おゆ 圏 뜨거운 물　～ことで ~(함)으로써　衣服 いふく 圏 옷, 의복　汚れ よごれ 圏 때, 오점
落ちる おちる 图 지워지다, 떨어지다　～やすい ~(하)기 쉽다　～とも ~라고도　言われる いわれる 图 말해지다　とはいえ 쩝 그렇다고 해도
それら 圏 그것들　効果 こうか 圏 효과　正直 しょうじき 图 솔직히　分かる わかる 图 알다　水道代 すいどうだい 圏 수도세
続ける つづける 图 계속하다　～だけ 图 ~뿐　～なのだ ~인 것이다　どうして 图 어째서　エコ 圏 친환경　つながる 图 이어지다
料金 りょうきん 圏 요금

(3)

　これはネットショップから客に届いたメールである。

送　信　者	sasaki-shoes@abcmail.co.jp
件　　　名	ご注文商品について
送信日時	2023 年 4 月 28 日　11:00

吉田様

　当店の商品をご注文いただきありがとうございます。

(3)

　이것은 인터넷 쇼핑몰로부터 손님에게 도착한 이메일이다.

송　신　자	sasaki-shoes@abcmail.co.jp
건　　　명	주문 상품에 대해서
송신 일시	2023년 4월 28일 11:00

요시다 님

　저희 가게의 상품을 주문해 주셔서 감사합니다.

お客様はコンビニ決済を選択されましたので、代金をコンビニにてお支払いください。お支払いはご注文日を含めて1週間、5月4日までに済ませていただくようお願いいたします。お支払いが確認でき次第、商品を発送いたします。

ただし、連休による休業で、5月3日から5月7日までは発送手続きを行うことができませんので、3日以降にお支払いいただいた場合は8日以降の発送となります。ご了承ください。

고객님은 편의점 결제를 선택하셨으니, 대금을 편의점에서 지불해 주세요. 지불은 주문일을 포함하여 1주일간, 5월 4일까지 완료해 주시기를 부탁드립니다. 결제가 확인되는 대로, 상품을 발송해 드리겠습니다.

단, 연휴로 인한 휴업으로, 5월 3일부터 5월 7일까지는 발송 절차를 진행할 수 없으므로, 3일 이후에 지불해 주신 경우에는 8일 이후 발송됩니다. 양해해 주십시오.

このメールを読んで、客がしなければならないことは何か。

1 注文した商品の代金をどの方法で支払うか返事をする。
2 5月4日までにコンビニで注文した商品の代金を支払う。
3 5月3日から5月7日までに注文した商品を受け取る。
4 注文した商品の発送がいつになるか店に確認する。

이 이메일을 읽고, 손님이 하지 않으면 안 되는 것은 무엇인가?

1 주문한 상품의 대금을 어느 방법으로 지불할지 답장을 한다.
2 5월 4일까지 편의점에서 주문한 상품의 대금을 지불한다.
3 5월 3일부터 5월 7일까지 주문한 상품을 받는다.
4 주문한 상품의 발송이 언제 될지 가게에 확인한다.

해설 이메일 형식의 실용문으로 손님이 해야만 하는 것은 무엇인지 묻고 있다. 선택지에서 반복되는 商品(상품), 代金(대금), 支払う(지불하다)를 지문에서 찾는다. 지문의 초반부에서 お客様はコンビニ決済を選択されましたので、代金をコンビニにてお支払いください。お支払いはご注文日を含めて1週間、5月4日までに済ませていただくようお願いいたします(고객님은 편의점 결제를 선택하셨으니, 대금을 편의점에서 지불해 주세요. 지불은 주문일을 포함하여 1주일간, 5월 4일까지 완료해 주시기를 부탁드립니다)라고 언급하고 있으므로 2 5월 4일까지 편의점에서 주문한 상품의 代金을 支払う(5월 4일까지 편의점에서 주문한 상품의 대금을 지불한다)가 정답이다.

어휘 ネットショップ 圏 인터넷 쇼핑몰　～から 图 ~로부터　客 きゃく 圏 손님　届く とどく 图 도착하다　メール 圏 이메일　送信者 そうしんしゃ 圏 송신자
件名 けんめい 圏 건명　注文 ちゅうもん 圏 주문　商品 しょうひん 圏 상품　～について ~에 대해서　日時 にちじ 圏 일시
当店 とうてん 圏 저희 가게, 당점　いただく 图 (상대방이) 주다, 받다(もらう의 겸양어)　お客様 おきゃくさま 圏 고객님　コンビニ 圏 편의점
決済 けっさい 圏 결제　選択 せんたく 圏 선택　～ので 图 ~으니　代金 だいきん 圏 대금　～にて 图 ~에서　支払い しはらい 圏 지불
～ください ~주세요　注文日 ちゅうもんび 圏 주문일　含める ふくめる 图 포함하다　一週間 いっしゅうかん 圏 1주일 간　～までに 图 ~까지
済ませる すませる 圏 완료하다　～ていただく ~(해) 주시다　願う ねがう 图 부탁하다, 바라다　いたす 图 하다(する의 겸양어)　確認 かくにん 圏 확인
できる 图 되다, 할 수 있다　～次第 ~しだい ~(하)는 대로　発送 はっそう 圏 발송　ただし 圈 단　連休 れんきゅう 圏 연휴　～による ~로 인한
休業 きゅうぎょう 圏 휴업　～まで ~까지　手続き てつづき 圏 절차, 수속　行う おこなう 图 진행하다, 행하다　以降 いこう 圏 이후
場合 ばあい 圏 경우　～となる ~(이) 되다　了承 りょうしょう 圏 양해

26 상

（4）

近年、仕事よりも個人の生活を大事にしたいと考える人が増えてきた。それとともに、残業をさせないようにしよう、任せる仕事の量を減らそうという上司や会社が多くなった。それぞれの希望にあった働き方が尊重され始めた結果だ。

その一方で、もっと働いて仕事を学びたいのに、決まった退勤時間に帰らせられたり色んな仕事を任せてもらえなかったりすることを不満に思っている社員もいるそうだ。仕事に対する考えはみんな違う。すべての人の働き方が尊重されるべきではないか。上司や会社は、社員が本当に望んでいるものは何なのか考え直す必要があるだろう。

（4）

근래, 일보다도 개인의 생활을 소중히 하고 싶다고 생각하는 사람이 늘어났다. 그것과 함께, 야근을 시키지 않도록 하자, 맡기는 일의 양을 줄이자고 하는 상사나 회사가 많아졌다. 각자의 희망에 맞는 일하는 방식이 존중받기 시작한 결과이다.

그러는 한편, 더 일해서 일을 배우고 싶은데, 정해진 퇴근 시간에 돌아가게 하거나 여러 가지 일을 맡겨 주지 않는다거나 하는 것을 불만으로 생각하고 있는 사원도 있다고 한다. 일에 대한 생각은 모두 다르다. 모든 사람의 일하는 방식이 존중받아야 하지 않을까. 상사나 회사는, 사원이 정말로 원하고 있는 것은 무엇인지 다시 생각할 필요가 있을 것이다.

働き方について、「私」はどのように考えているか。

1 すべての人が自分の生活を大事にする働き方ができた
らいいと思う。
2 決まった退勤時間に帰れるぐらいの仕事量が丁度いい
と思う。
3 すべての人の希望する働き方が認められるべきだと思う。
4 上司も自分の望む働き方が何なのか考える必要がある
と思う。

일하는 방식에 대해서, '나'는 어떻게 생각하고 있는가?

1 모든 사람이 자신의 생활을 소중히 하는 일하는 방식이 가능하
면 좋겠다고 생각한다.
2 정해진 퇴근 시간에 돌아갈 수 있을 정도의 일양이 딱 좋다고 생
각한다.
3 모든 사람이 희망하는 일하는 방식을 인정받아야 한다고 생각
한다.
4 상사도 자신이 바라는 일하는 방식이 무엇인지 생각할 필요가
있다고 생각한다.

해설 에세이로 필자의 생각을 묻고 있다. 선택지에서 반복되는 すべての人(모든 사람), 働き方(일하는 방식)를 지문의 후반부에서 찾아 '일하는 방
식'에 대한 필자의 생각을 파악한다. 후반부에서 仕事に対する考えはみんな違う。すべての人の働き方が尊重されるべきではないか(일
에 대한 생각은 모두 다르다. 모든 사람의 일하는 방식이 존중받아야 하지 않을까)라고 서술하고 있으므로 3 すべての人の希望する働き方が
認められるべきだと思う(모든 사람이 희망하는 일하는 방식을 인정받아야 한다고 생각한다)가 정답이다.

어휘 近年 きんねん 圏근래, 근년 仕事 しごと 圏일 ～より 国～보다 個人 こじん 圏개인 生活 せいかつ 圏생활 大事だ だいじだ な형소중하다
～たい ~(하)고 싶다 考える かんがえる 圏생각하다 人 ひと 圏사람 増える ふえる 圏늘다 ～とともに ~와 함께 残業 ざんぎょう 圏야근, 잔업
～ようにする ~(하)도록 하다 任せる まかせる 圏맡기다 量 りょう 圏양 減らす へらす 圏줄이다 上司 じょうし 圏상사 会社 かいしゃ 圏회사
多い おおい い형많다 それぞれ 囝각자, 각각 希望 きぼう 圏희망 働き方 はたらきかた 圏일하는 방식 尊重 そんちょう 圏존중
始める はじめる 圏시작하다 結果 けっか 圏결과 一方 いっぽう 圏한편 もっと 囝더, 더욱 働く はたらく 圏일하다 学ぶ まなぶ 圏배우다
～のに 国~은데 決まる きまる 圏정해지다 退勤 たいきん 圏퇴근 時間 じかん 圏시간 帰る かえる 圏돌아가다 色んな いろんな 여러 가지
～たり 国~(하)거나 不満 ふまん 圏불만 思う おもう 圏생각하다 社員 しゃいん 圏사원 ～そうだ ~라고 한다 ～に対する ～にたいする ～에 대한
違う ちがう 圏다르다 すべて 圏모두, 전부 ～べきだ ~(해)야 한다 ～ではないか ~(하)지 않을까 本当に ほんとうに 정말로
望む のぞむ 圏원하다 考え直す かんがえなおす 圏다시 생각하다 必要 ひつよう 圏필요 ～だろう ~일 것이다 ～について ~에 대해서
どのように 어떻게 自分 じぶん 圏자신 ～たら 国~(하)면 ～ぐらい 国~정도 丁度 ちょうど 囝딱, 적당히 いい い형좋다
認める みとめる 圏인정하다

꼭 알아두기 ～べきではないか(~해야 하지 않을까)나 ～べきである(~해야만 한다)와 같은 표현이 사용된 문장에서 필자의 생각을 찾을 수 있으므로 특히 꼼꼼히 읽고 해석한다.

문제 5의 디렉션

問題5 つぎの(1)と(2)の文章を読んで、質問に答えな
さい。答えは、1・2・3・4から最もよいもの
を一つえらびなさい。

문제5 다음 (1)과 (2)의 글을 읽고, 질문에 답하세요. 답은, 1·2·
3·4에서 가장 알맞은 것을 하나 고르세요.

27-29

(1)

わたしは30年間高校教師をしています。教師にとって
生徒の進路相談は重要な仕事の一つですが、最近残念な
ことがあります。[27]「自分のやりたいことが分からないから
進路が決められない」という声をよく聞くようになったこと
です。

この原因は子どもたちの環境の変化にあると思います。
昔は、子どもたちだけで近所の空き地や公園に行き、か
くれんぼや鬼ごっこなど自分たちがしたい遊びを自由に
していました。

(1)

저는 30년간 고등학교 교사를 하고 있습니다. 교사에게 있어서
학생의 진로 상담은 중요한 일 중 하나이지만, 최근 유감스러운 점
이 있습니다. [27]'내가 하고 싶은 것을 모르기 때문에 진로를 결정
할 수 없다'라는 소리를 자주 듣게 된 것입니다.

이 원인은 아이들의 환경의 변화에 있다고 생각합니다. 옛날에
는, 아이들만으로 근처의 공터나 공원에 가서, 숨바꼭질이나 술래
잡기 등 자신들이 하고 싶은 놀이를 자유롭게 했었습니다.

今では公園に行くにも親がついてきます。そして、少しでも危ないことをするとすぐにやめさせ、親が安心できる遊びを勧めます。最近の子どもが多くの時間を使う習い事も、先生に教わりながらすることです。つまり、[28]大人が指定したことをするだけで、自由にしたいことをするという経験が減りました。その結果、自分がしたいことは何なのか分からなくなるのです。

進路を決める年齢になって急にしたいことを問われても子どもは混乱してしまいます。[29]彼らにとって自由な遊びは守られるべきものなのです。

(注)進路：ここでは、高校卒業後に進む道

지금은 공원에 가는데도 부모님이 따라옵니다. 그리고, 조금이라도 위험한 일을 하면 즉시 그만두게 하고, 부모가 안심할 수 있는 놀이를 권합니다. 요즘 아이들이 많은 시간을 쓰는 학원도, 선생님께 배우면서 하는 일입니다. 즉, [28]어른이 지정한 것을 할 뿐이고, 자유롭게 하고 싶은 것을 한다는 경험이 줄었습니다. 그 결과, 자신이 하고 싶은 것은 무엇인지 알 수 없게 되는 것입니다.

진로를 결정할 연령이 되어 갑자기 하고 싶은 것을 물어도 아이는 혼란해져 버립니다. [29]그들에게 있어 자유로운 놀이는 지켜져야만 하는 것입니다.

(주) 진로 : 여기서는, 고등학교 졸업 후에 나아갈 길

어휘 ～年間 ～ねんかん ～년간　高校 こうこう 圏 고등학교　教師 きょうし 圏 교사　～にとって ～에게 있어서　生徒 せいと 圏 학생　進路 しんろ 圏 진로

相談 そうだん 圏 상담　重要だ じゅうようだ な형 중요하다　仕事 しごと 圏 일　一つ ひとつ 圏 하나, 한 개　最近 さいきん 圏 최근

残念だ ざんねんだ な형 유감스럽다　自分 じぶん 圏 나, 자신　やる 图 하다　～たい ～(하)고 싶다　分かる わかる 图 알다　～から ～때문에

決める きめる 图 결정하다　声 こえ 圏 소리, 목소리　よく 閏 자주　聞く きく 图 듣다　～ようになる ～(하)게 되다　原因 げんいん 圏 원인

子ども こども 圏 아이　～たち ～들　環境 かんきょう 圏 환경　変化 へんか 圏 변화　思う おもう 图 생각하다　昔 むかし 圏 옛날　～だけ ～만

近所 きんじょ 圏 근처　空き地 あきち 圏 공터　公園 こうえん 圏 공원　行く いく 图 가다　かくれんぼう 圏 숨바꼭질　鬼ごっこ おにごっこ 圏 술래잡기

～など 图 등　遊び あそび 圏 놀이　自由だ じゆうだ な형 자유롭다　今 いま 圏 지금　親 おや 圏 부모(님)　ついていく 따라오다　そして 쩝 그리고

少しでも すこしでも 조금이라도　危ない あぶない い형 위험하다　すぐに 閏 즉시, 바로　やめる 图 그만두다　安心 あんしん 圏 안심

できる 图 할 수 있다　進める すすめる 图 권하다　多く おおく 圏 많음　時間 じかん 圏 시간　使う つかう 图 쓰다, 사용하다

習い事 ならいごと 圏 학원(주로 예체능 관련)　先生 せんせい 圏 선생(님)　教わる おそわる 图 배우다　～ながら 图 ～(하)면서　つまり 閏 즉

大人 おとな 圏 어른　指定 してい 圏 지정　経験 けいけん 圏 경험　減る へる 图 줄다　結果 けっか 圏 결과　年齢 ねんれい 圏 연령

急に きゅうに 閏 갑자기　問う とう 图 묻다　混乱 こんらん 圏 혼란　～てしまう ～(해)버리다　彼ら かれら 圏 그들　守る まもる 图 지키다

～べきだ ～해야만 한다　～なのだ ～인 것이다　卒業 そつぎょう 圏 졸업　進む すすむ 图 나아가다　道 みち 圏 길

27　중상

この原因は、何を指しているか。	이 원인은, 무엇을 가리키고 있는가?
1 生徒の進路について話し合う機会が減った原因	1 학생의 진로에 대해서 함께 이야기하는 기회가 줄어든 원인
2 何がしたいのか分からない生徒が増えた原因	**2 무엇을 하고 싶은지 모르는 학생이 늘어난 원인**
3 子どもたちが自由に遊べる場所が減った原因	3 아이들이 자유롭게 놀 수 있는 장소가 줄어든 원인
4 子どもたちが屋外で遊ぶ時間が減った原因	4 아이들이 집 밖에서 노는 시간이 줄어든 원인

해설 지문의 この原因(이 원인)의 내용이 무엇인지 밑줄 주변에서 찾는다. 밑줄의 앞부분에서 「自分のやりたいことが分からないから進路が決められない」という声をよく聞くようになったことです('내가 하고 싶은 것을 모르기 때문에 진로를 결정할 수 없다'라는 소리를 자주 듣게 된 것입니다)라고 서술하고 있으므로 2 何がしたいのか分からない生徒が増えた原因(무엇을 하고 싶은지 모르는 학생이 늘어난 원인)이 정답이다.

어휘 指す さす 图 가리키다　話し合う はなしあう 图 함께 이야기하다　機会 きかい 圏 기회　遊ぶ あそぶ 图 놀다　場所 ばしょ 圏 장소

屋外 おくがい 圏 집 밖, 옥외

꼭 알아두기 밑줄에 この, その와 같은 지시어가 있는 경우에는 주로 밑줄의 앞부분에서 정답의 단서를 찾을 수 있다.

28　상

この文章では、子どもがどのように変化したと言っているか。	이 글에서는, 아이가 어떻게 변화했다고 말하고 있는가?
1 公園に子どもだけで遊びに行くようになった。	1 공원에 아이만으로 놀러 가게 되었다.
2 少しでも危ないと感じる遊びはしないようになった。	2 조금이라도 위험하다고 느끼는 놀이는 하지 않게 되었다.

3 大人が勧めたことを楽しんでするようになった。
4 自分がしたいことを自由にする機会が少なくなった。

3 어른이 권한 것을 즐기면서 하게 되었다.
4 자신이 하고 싶은 것을 자유롭게 할 기회가 적어졌다.

해설 질문의 変化(변화)를 지문에서 찾아 그 주변을 주의 깊게 읽는다. 세 번째 단락에서 大人が指定したことをするだけで、自由にしたいことをするという経験が減りました。その結果、自分がしたいことは何なのか分からなくなるのです(어른이 지정한 것을 할 뿐이고, 자유롭게 하고 싶은 것을 한다는 경험이 줄었습니다. 그 결과, 자신이 하고 싶은 것은 무엇인지 알 수 없게 되는 것입니다)라고 서술하고 있으므로 4 自分がしたいことを自由にする機会が少なくなった(자신이 하고 싶은 것을 자유롭게 할 기회가 적어졌다)가 정답이다.

어휘 文章 ぶんしょう 圏글, 문장 どのように 어떻게 言う いう 圏말하다 感じる かんじる 圏느끼다 楽しむ たのしむ 圏즐기다
少ない すくない い형적다

29 상

この文章で一番言いたいことは何か。
1 子どものころから進路について考えなくてはいけない。
2 子どもの進路について親が意見を出さないほうがいい。
3 子どもには遊びたいように遊ばせたほうがいい。
4 子どもが何をしても遊んでいる間は止めてはいけない。

이 글에서 가장 말하고 싶은 것은 무엇인가?
1 어렸을 때부터 진로에 대해 생각하지 않으면 안 된다.
2 아이의 진로에 대해 부모가 의견을 내지 않는 편이 좋다.
3 아이가 놀고 싶은 대로 놀게 하는 편이 좋다.
4 아이가 무엇을 해도 놀고 있는 동안에는 말리면 안 된다.

해설 필자가 말하고자 하는 바를 묻고 있다. 마지막 단락에서 彼らにとって自由な遊びは守られるべきものなのです(그들에게 있어 자유로운 놀이는 지켜져야만 하는 것입니다)라고 서술하고 있으므로 3 子どもには遊びたいように遊ばせたほうがいい(아이가 놀고 싶은 대로 놀게 하는 편이 좋다)가 정답이다.

어휘 一番 いちばん 圏가장 ころ 圏때, 적 ~から 图~부터 ~てはいけない ~(하)면 안 된다 意見 いけん 圏의견 出す だす 圏내다
~ほうがいい ~(하)는 편이 좋다 間 あいだ 圏동안, 사이 止める とめる 圏말리다, 멈추다

30-32

(2)

　ある日、母と押入れを片付けていたら、両親が恋人時代に送り合った手紙が出てきた。当時は電話が一家に一台しかなかったため、よく手紙を書いていたそうだ。[30]とは言っても手紙は時間を共にするものではないので、直接会って話す時間がとても貴重だったという。そんなこともあって、母は今の若者が一緒にいるのにお互い無言でスマホを見ているのが①信じられないらしい。

　そんな話を聞いてふと気になった。待ち合わせはどうしていたのだろうか。約束の場所や時間は決めていても、少し遅れることや待ち合わせ場所を変更したいことだってあるはずだ。母に聞くと、[31]相手が来るまでずっと同じ場所で待っていたらしい。公衆電話から連絡したとしても、相手がすでに家を出発していたら繋がらないし、移動している間に相手が着くかもしれないからだ。②そのせいか今より時間を守る人が多かったという。

　[32]当時は不便な分、相手のことをもっと大事に思えていたのかと思うと③少しうらやましくもなった。便利なことが必ずしも幸せとは限らないのかもしれない。

(注) 公衆電話：街角や店などに設けられた、一般の人々が利用できる有料電話

(2)

　어느 날, 어머니와 벽장을 치우고 있었더니, 부모님이 연인 시절에 서로 보낸 편지가 나왔다. 당시에는 전화가 한 집에 한 대밖에 없었기 때문에, 자주 편지를 썼었다고 한다. [30]그래 봤자 편지는 시간을 함께하는 것이 아니기 때문에, 직접 만나서 이야기하는 시간이 매우 귀중했다고 한다. 그런 일도 있어서, 어머니는 지금의 젊은이가 함께 있는데 서로 말없이 스마트폰을 보고 있는 것을 ①믿을 수 없는 것 같다.

　그런 얘기를 듣고 문득 궁금해졌다. 만날 약속은 어떻게 했었던 것일까. 약속 장소나 시간은 정했어도, 조금 늦는 경우나 약속 장소를 변경하고 싶은 경우도 또한 있을 것이다. 어머니에게 물어보니, [31]상대방이 올 때까지 계속 같은 장소에서 기다리고 있었다고 한다. 공중전화로 연락했다고 해도, 상대방이 이미 집을 출발했다면 연결되지 않고, 이동하고 있는 사이에 상대방이 도착할지도 모르기 때문이다. ②그 때문인지 지금보다 시간을 지키는 사람이 많았다고 한다.

　[32]당시에는 불편한 만큼, 상대방을 더 소중하게 여기고 있었던 것인가 생각하니 ③조금 부러워지기도 했다. 편리한 것이 반드시 행복이라고는 단정 지을 수 없을지도 모른다.

(주) 공중전화 : 길목이나 가게 등에 설치된, 일반 사람들이 이용할 수 있는 유료 전화

어휘 ある日 あるひ 어느 날　母 はは 명어머니, 엄마　押し入れ おしいれ 명벽장　片付ける かたづける 동치우다　～たら ~더니

両親 りょうしん 명부모님　恋人 こいびと 명연인　時代 じだい 명시절, 시대　送り合う おくりあう 동서로 보내다　手紙 てがみ 명편지

出る でる 동나오다　当時 とうじ 명당시　電話 でんわ 명전화　一家 いっか 명한 집　一台 いちだい 명한 대　～しか ~밖에

～ため 조~때문에　よく 부자주　書く かく 동쓰다　～そうだ ~라고 한다　とは言っても とはいっても 그래 봤자　時間 じかん 명시간

共に ともに 부함께　～ので 조~때문에　直接 ちょくせつ 직접　会う あう 동만나다　話す はなす 동이야기하다　とても 부매우

貴重だ きちょうだ 나형귀중하다　今 いま 명지금　若者 わかもの 명젊은이, 청년　一緒に いっしょに 명함께　～のに 조~는데

お互い おたがい 명서로　無言 むごん 명무언, 말 없음　スマホ 명스마트폰　見る みる 동보다　信じる しんじる 동믿다　～らしい ~(한) 것 같다

話 はなし 명이야기　聞く きく 동듣다, 묻다　ふと 명문득　気になる きになる 궁금해지다, 신경 쓰이다

待ち合わせ まちあわせ 명(만날) 약속　約束 やくそく 명약속　場所 ばしょ 명장소　決める きめる 동정하다　少し すこし 조금

遅れる おくれる 동늦다　変更 へんこう 명변경　～たい ~(하)고 싶다　～だって ~도 또한　～はずだ ~일 것이다　相手 あいて 명상대방

来る くる 동오다　～まで ~까지　ずっと 계속, 쭉　同じだ おなじだ 나형같다　待つ まつ 동기다리다　公衆電話 こうしゅうでんわ 명공중전화

～から ~로, 때문　連絡 れんらく 명연락　～としても ~라고 해도　すでに 부이미　家 いえ 명집　出発 しゅっぱつ 명출발

繋がる つながる 동연결되다　移動 いどう 명이동　間 あいだ 명사이, 동안　着く つく 동도착하다　～かもしれない ~(할)지도 모른다

～せい ~때문, 탓　～より 조~보다　守る まもる 동지키다　人 ひと 명사람　多い おおい い형많다　不便だ ふべんだ 나형불편하다

～分 ～ぶん ~만큼　もっと 부더, 더욱　大事だ だいじだ 나형소중하다　思える おもえる 여기다, 생각되다　うらやましい い형부럽다

便利だ べんりだ 나형편리하다　必ずしも かならずしも 부반드시　幸せ しあわせ 명행복

～とは限らない ～とはかぎらない ~라고는 단정 지을 수 없다　街角 まちかど 명길목　店 みせ 명가게　～など 조~등　設ける もうける 동설치하다

一般 いっぱん 명일반　人々 ひとびと 명사람들　利用 りよう 명이용　有料 ゆうりょう 명유료

30 중상

①信じられないとあるが、それはなぜか。	①믿을 수 없다이라고 되어 있는데, 그것은 어째서인가?
1 今の若者は手紙をほとんど書かないから	1 지금의 젊은이는 편지를 거의 쓰지 않기 때문에
2 当時は家に一台しか電話がなかったから	2 당시에는 집에 한 대밖에 전화가 없었기 때문에
3 当時は直接会う時間が大切だったから	**3 당시에는 직접 만나는 시간이 중요했기 때문에**
4 今の若者はスマホを長時間使っているから	4 지금의 젊은이는 스마트폰을 장시간 사용하고 있기 때문에

해설 지문의 信じられない(믿을 수 없다)에 관한 이유가 무엇인지 밑줄 주변에서 찾는다. 밑줄의 앞부분에서 とは言っても手紙は時間を共にする ものではないので、直接会って話す時間がとても貴重だったという。そんなこともあって(그래 봤자 편지는 시간을 함께하는 것이 아니 기 때문에, 직접 만나서 이야기하는 시간이 매우 귀중했다고 한다. 그런 일도 있어서)라고 서술하고 있으므로 3 当時は直接会う時間が大切だっ たから(당시에는 직접 만나는 시간이 중요했기 때문에)가 정답이다.

어휘 ほとんど 부거의　大切だ たいせつだ 나형중요하다, 소중하다　長時間 ちょうじかん 명장시간　使う つかう 동사용하다

31 중

②そのとあるが、何のことか。	②그라고 되어 있는데, 무슨 일인가?
1 約束の時間や場所を細かく決めていたこと	1 약속 시간이나 장소를 자세하게 정했던 것
2 人を待つのが当たり前だったこと	2 사람을 기다리는 것이 당연했던 것
3 人と待ち合わせるのが難しかったこと	**3 사람과 약속하고 만나는 것이 어려웠던 것**
4 時間に厳しい人が多かったこと	4 시간에 엄격한 사람이 많았던 것

해설 지문의 その(그)의 내용이 무엇인지 밑줄 주변에서 찾는다. 밑줄의 앞부분에서 相手が来るまでずっと同じ場所で待っていたらしい。公衆 電話から連絡したとしても、相手がすでに家を出発していたら繋がらないし、移動している間に相手が着くかもしれないからだ(상 대방이 올 때까지 계속 같은 장소에서 기다리고 있었다고 한다. 공중전화로 연락했다고 해도, 상대방이 이미 집을 출발했다면 연결되지 않고, 이 동하고 있는 사이에 상대방이 도착할지도 모르기 때문이다)라고 서술하고 있으므로 3 人と待ち合わせるのが難しかったこと(사람과 약속하 고 만나는 것이 어려웠던 것)가 정답이다.

어휘 細かい こまかい い형자세하다, 세밀하다　当たり前だ あたりまえだ 나형당연하다　難しい むずかしい い형어렵다　厳しい きびしい い형엄격하다

③少しうらやましくもなったとあるが、それはなぜか。

1 今のほうが時間を大切にする気持ちがあると感じたから
2 昔のほうが相手を思いやる気持ちがあったと感じたから
3 昔の人たちは不便な生活も楽しめていたと感じたから
4 今の時代は便利さだけでは幸せになれないと感じたから

③조금 부러워지기도 했다고 되어 있는데, 그것은 어째서인가?

1 지금 쪽이 시간을 소중히 하는 마음이 있다고 느꼈기 때문에
2 옛날 쪽이 상대를 헤아리는 마음이 있었다고 느꼈기 때문에
3 옛날 사람들은 불편한 생활도 즐길 수 있었다고 느꼈기 때문에
4 지금 시대는 편리함만으로는 행복해질 수 없다고 느꼈기 때문에

해설 지문의 少しうらやましくもなった(조금 부러워지기도 했다)에 관한 이유가 무엇인지 밑줄 주변에서 찾는다. 밑줄의 앞부분에서 当時は不便な分、相手のことをもっと大事に思えていたのかと思うと(당시에는 불편한 만큼, 상대방을 더 소중하게 여기고 있었던 것인가 생각하니)라고 서술하고 있으므로 2 昔のほうが相手を思いやる気持ちがあったと感じたから(옛날 쪽이 상대를 헤아리는 마음이 있었다고 느꼈기 때문에)가 정답이다.

어휘 気持ち きもち 圏마음 感じる かんじる 圐느끼다 思いやる おもいやる 圐헤아리다 楽しむ たのしむ 圐즐기다

문제 6의 디렉션

問題6 つぎの文章を読んで、質問に答えなさい。答えは、1・2・3・4から最もよいものを一つえらびなさい。

문제6 다음의 글을 읽고, 질문에 답하세요. 답은, 1·2·3·4에서 가장 알맞은 것을 하나 고르세요.

33-36

先日、面白いサービスがテレビで紹介されていた。月に決まった金額を支払えば全国にある物件から何か所でも好きなところを選んで住むことができる、いわゆる家の「サブスク」だ。「サブスク」とは、定期的に料金を払うことで商品やサービスが好きなだけ使えるようになるシステムのことを言い、①若い世代を中心に利用が広がっている。[33]物を持つことより、何かを体験することを重視する人の増加が影響しているそうだ。

家の「サブスク」を始めたある会社の人は「旅をしながら暮らすことができるサービスです。」と話していた。月4万5千円で日本各地にある物件に滞在できる。台所や風呂は共用スペースだが、一人一部屋ずつ個室が使えるようになっている。

テレビ番組では利用者たちが[34]このサービスの魅力について話していた。一つ目は、いろんな場所に住めるという点だ。旅行だけでは分からないその地域のよしあしを手軽に体験することができる。[34]二つ目は、いろんな人に出会えるという点だ。普段生活していたら会えない人たちと交流できる。最近はリモートで働く会社員などの利用者も増えているという。

現在、[35]このサービスで住める家は200を超える。[36]②これらのほとんどが空き家をリフォームして提供されているというから驚きだ。日本では、空き家の増加が社会的な問題となっている。利用者を満足させるとともに（　　　　）と考えると、とても素敵なサービスだと思う。

얼마 전, 재미있는 서비스가 텔레비전에 소개되고 있었다. 한 달에 정해진 금액을 지불하면 전국에 있는 집 중 몇 군데든 원하는 곳을 골라 살 수 있는, 이른바 집의 '서브스크'다. '서브스크'란, 정기적으로 요금을 지불함으로써 상품이나 서비스를 원하는 만큼 사용할 수 있게 되는 시스템을 말하며, ①젊은 세대를 중심으로 이용이 확산되고 있다. [33]물건을 가지는 것보다, 무언가를 체험하는 것을 중시하는 사람의 증가가 영향을 미치고 있다고 한다.

집의 '서브스크'를 시작한 한 회사 사람은 '여행을 하면서 살 수 있는 서비스입니다.'라고 이야기하고 있었다. 월 4만 5천 엔으로 일본 각지에 있는 집에 체재할 수 있다. 부엌이나 욕실은 공용 공간이지만, 한 사람 한 방씩 개인실을 사용할 수 있게 되어 있다.

텔레비전 프로그램에서는 이용자들이 [34]이 서비스의 매력에 대해 이야기하고 있었다. 하나는, 다양한 장소에서 살 수 있다는 점이다. 여행만으로는 알 수 없는 그 지역의 좋고 나쁨을 손쉽게 체험할 수 있다. [34]두 번째는, 다양한 사람을 만날 수 있다는 점이다. 평소 생활하고 있으면 만날 수 없는 사람들과 교류할 수 있다. 최근에는 원격으로 일하는 회사원 등의 이용자도 늘고 있다고 한다.

현재, [35]이 서비스로 살 수 있는 집은 200개가 넘는다. [36]②이것들 대부분이 빈집을 리모델링해 제공되고 있다고 하니 놀랍다. 일본에서는, 빈집의 증가가 사회적인 문제가 되고 있다. 이용자를 만족시키는 동시에 （　　　　）라고 생각하면, 매우 멋진 서비스라고 생각한다.

（注１）物件：ここでは、家や部屋	（주1）물건：여기서는 집이나 방
（注２）共用：二人以上が一緒に使うこと	（주2）공용：2인 이상이 함께 쓰는 것
（注３）よしあし：よいことと悪いこと	（주3）좋고 나쁨：좋은 것과 나쁜 것

어휘 先日 せんじつ 団 얼마 전, 전날　面白い おもしろい い형 재미있다　サービス 団 서비스　テレビ 団 텔레비전, TV　紹介 しょうかい 団 소개
月 つき 団 한 달　決まる きまる 동 정해지다　金額 きんがく 団 금액　支払う しはらう 동 지불하다　全国 ぜんこく 団 전국　物件 ぶっけん 団 집, 물건
〜か所 〜かしょ 〜군데, 개 곳　好きだ すきだ な형 원하다, 좋아하다　ところ 団 곳, 장소　選ぶ えらぶ 동 고르다　住む すむ 동 살다
いわゆる 부 이른바　家 いえ 団 집　定期的だ ていきてきだ な형 정기적이다　料金 りょうきん 団 요금　払う はらう 동 지불하다
商品 しょうひん 団 상품　〜だけ 조 ~만큼　使う つかう 동 사용하다　システム 団 시스템　言う いう 동 말하다　若い わかい い형 젊다
世代 せだい 団 세대　中心 ちゅうしん 団 중심　利用 りよう 団 이용　広がる ひろがる 동 확산되다, 퍼지다　物 もの 団 물건　持つ もつ 동 가지다
〜より 조 ~보다　体験 たいけん 団 체험　重視 じゅうし 団 중시　人 ひと 団 사람　増加 ぞうか 団 증가　影響 えいきょう 団 영향
〜そうだ ~라고 한다　始める はじめる 동 시작하다　会社 かいしゃ 団 회사　旅 たび 団 여행　〜ながら ~하면서　暮らす くらす 동 살다
話す はなす 동 이야기하다　日本 にほん 団 일본　各地 かくち 団 각지　滞在 たいざい 団 체재　台所 だいどころ 団 부엌　風呂 ふろ 団 욕실
共用 きょうよう 団 공용　スペース 団 공간　一人 ひとり 団 한 사람, 혼자　一部屋 ひとへや 団 한 방　〜ずつ 조 ~씩　個室 こしつ 団 개인실
〜ようになる ~(하)게 되다　番組 ばんぐみ 団 프로그램　利用者 りようしゃ 団 이용자　魅力 みりょく 団 매력　一つ目 ひとつめ 첫 번째
いろんな 다양한, 여러 가지　場所 ばしょ 団 장소　旅行 りょこう 団 여행　分かる わかる 동 알다　地域 ちいき 団 지역　よしあし 団 좋고 나쁨
手軽だ てがるだ な형 손쉽다　二つ目 ふたつめ 두 번째　出会う であう 동 만나다　点 てん 団 점　普段 ふだん 団 평소　生活 せいかつ 団 생활
会う あう 동 만나다　交流 こうりゅう 団 교류　最近 さいきん 団 최근　リモート 団 원격　働く はたらく 동 일하다　会社員 かいしゃいん 団 회사원
〜など 조 ~등　増える ふえる 동 늘다　現在 げんざい 団 현재　超える こえる 동 넘다　ほとんど 団 대부분　空き家 あきや 団 빈집
リフォーム 団 리모델링, 리폼　提供 ていきょう 団 제공　〜から 조 ~(하)니　驚き おどろき 団 놀람　社会的だ しゃかいてきだ な형 사회적이다
問題 もんだい 団 문제　満足 まんぞく 団 만족　〜とともに ~(하)는 동시에　考える かんがえる 동 생각하다　とても 부 매우
素敵だ すてきだ な형 멋지다　思う おもう 동 생각하다

꼭! 알아두기 내용이해(장문)는 주로 지문의 내용 순서대로 관련된 문제가 출제되므로, 지문을 처음부터 해석하면서 문제 순서대로 정답의 단서를 찾는다.

33 중상

①若い世代を中心に利用が広がっているとあるが、それはどうしてだと言っているか。	①젊은 세대를 중심으로 이용이 확산되고 있다고 되어 있는데, 그것은 어째서라고 말하고 있는가?
1 決まった料金を払えばいくらでもサービスが利用できるから	1 정해진 요금을 지불하면 얼마든지 서비스를 이용할 수 있으니까
2 商品を買うよりも安い料金で商品を利用することができるから	2 상품을 사는 것보다도 싼 요금으로 상품을 이용할 수 있으니까
3 色んな商品やサービスを使ってみたいと考える人が増えたから	3 다양한 상품이나 서비스를 사용해 보고 싶다고 생각하는 사람이 늘었으니까
4 物を持つよりも体験することを大事に考える人が増えたから	4 물건을 가지는 것보다도 체험하는 것을 중요하게 생각하는 사람이 늘었으니까

해설 지문의 若い世代を中心に利用が広がっている(젊은 세대를 중심으로 이용이 확산되고 있다)에 관한 이유가 무엇인지 밑줄 주변에서 찾는다. 밑줄의 뒷부분에서 物を持つことより、何かを体験することを重視する人の増加が影響しているそうだ(물건을 가지는 것보다, 무언가를 체험하는 것을 중시하는 사람의 증가가 영향을 미치고 있다고 한다)라고 서술하고 있으므로 4 物を持つよりも体験することを大事に考える人が増えたから(물건을 가지는 것보다도 체험하는 것을 중요하게 생각하는 사람이 늘었으니까)가 정답이다.

어휘 どうして 부 어째서　料金 りょうきん 団 요금　いくらでも 얼마든지　買う かう 동 사다　安い やすい い형 싸다　大事だ だいじだ な형 중요하다

34 중상

このサービスが人気を集めているのはなぜか。	이 서비스가 인기를 모으고 있는 것은 어째서인가?
1 旅行するよりも、安い料金で各地に住めるから	1 여행하는 것보다도, 싼 요금으로 각지에서 살 수 있으니까
2 共用スペースだけでなく、個室も利用できるから	2 공용 공간뿐만 아니라, 개인실도 이용할 수 있으니까

3 いろんな場所に住んで、いろんな人と出会えるから | 3 다양한 장소에 살고, 다양한 사람과 만날 수 있으니까

4 全国にあり、リモートで働く環境が整っているから | 4 전국에 있고, 원격으로 일하는 환경이 갖추어져 있으니까

해설 질문의 このサービス(이 서비스)를 지문에서 찾아 그 주변을 주의 깊게 읽는다. 세 번째 단락에서 このサービスの魅力について話していた(이 서비스의 매력에 대해 이야기하고 있었다. 一つ目は、いろんな場所に住めるという点だ(첫 번째는, 다양한 장소에서 살 수 있다는 점이다)라고 하고, 二つ目は、いろんな人に出会えるという点だ(두 번째는, 다양한 사람을 만날 수 있다는 점이다)라고 서술하고 있으므로 3 いろんな場所に住んで、いろんな人と出会えるから(다양한 장소에 살고, 다양한 사람과 만날 수 있으니까)가 정답이다.

어휘 人気 にんき 圐 인기 集める あつめる 图 모으다 なぜ 凰 어째서, 왜 ~だけでなく ~뿐만 아니라 環境 かんきょう 圐 환경
整う ととのう 图 갖추어지다

35 상

② これらとあるが、何か。 | ② 이것들이라고 되어 있는데, 무엇인가?

1 旅行したときに気軽に泊まることができる家 | 1 여행했을 때에 부담 없이 묵을 수 있는 집

2 いろんな人と交流するために作られた家 | 2 다양한 사람과 교류하기 위해 만들어진 집

3 誰も住んでいなかった家をリフォームした家 | 3 누구도 살지 않았던 집을 리모델링한 집

4 このサービスを使って住むことができる家 | **4 이 서비스를 사용해 살 수 있는 집**

해설 지문의 これら(이것들)의 내용이 무엇인지 밑줄 주변에서 찾는다. 밑줄의 앞부분에서 このサービスで住める家は200を超える(이 서비스로 살 수 있는 집은 200개가 넘는다)라고 서술하고 있으므로 4 このサービスを使って住むことができる家(이 서비스를 사용해 살 수 있는 집)가 정답이다.

어휘 気軽だ きがるだ 饶園 부담 없다, 소탈하다 泊まる とまる 图 묵다 作る つくる 图 만들다 誰 だれ 圐 누구

36 중상

( ) に入るのはどれか。 | ( ) 에 들어가는 것은 어느 것인가?

1 空き家が増加している | 1 빈집이 증가하고 있다

2 社会的に評価されている | 2 사회적으로 평가받고 있다

3 社会問題にも取り組んでいる | **3 사회 문제에도 대처하고 있다**

4 会社も満足している | 4 회사도 만족하고 있다

해설 괄호 안에 들어갈 말을 묻고 있다. 괄호가 포함된 문장 앞부분에서 これらのほとんどが空き家をリフォームして提供されているというから驚きだ。日本では、空き家の増加が社会的な問題となっている(이것들 대부분이 빈집을 리모델링해 제공되고 있다고 하니 놀랍다. 일본에서는, 빈집의 증가가 사회적인 문제가 되고 있다)라고 사회 문제가 되고 있는 빈집을 이용한 서비스임을 서술하고 있으므로 3 社会問題にも取り組んでいる(사회 문제에도 대처하고 있다)가 정답이다.

어휘 入る はいる 图 들어가다 評価 ひょうか 圐 평가 取り組む とりくむ 图 대처하다, 임하다 会社 かいしゃ 圐 회사

문제 7의 디렉션

問題7 右のページは旅行会社の案内である。これを読んで、下の質問に答えなさい。答えは、1・2・3・4から最もよいものを一つえらびなさい。 | 문제7 오른쪽 페이지는 여행 회사의 안내이다. 이것을 읽고, 아래 질문에 답하시오. 답은, 1·2·3·4에서 가장 알맞은 것을 하나 고르시오.

37 중

ジェシカさんは、金曜日に出発する1泊2日の旅行に行きたいと思っている。また、4回食事が食べられるツアーがいい。ジェシカさんの希望に合うのはどれか。 | 제시카 씨는, 금요일에 출발하는 1박 2일 여행을 가고 싶다고 생각하고 있다. 또, 4번 식사를 먹을 수 있는 투어가 좋다. 제시카 씨의 희망에 맞는 것은 어느 것인가?

1 ①			1 ①	
2 ②			2 ②	
3 ③			3 ③	
4 ④			4 ④	

해설 제시카 씨의 희망에 맞는 투어는 무엇인지를 묻는 문제이다. 질문에서 제시된 조건 (1)金曜日に出発する(금요일에 출발하는), (2) 1 泊 2 日の旅行(1박 2일 여행), (3) 4回食事が食べられるツアー(4번 식사를 먹을 수 있는 투어)에 따라,

(1) 금요일에 출발히는 : ツアーの種類(투어 종류) 표에서 出発日(출발일)를 보면, 금요일에 출발하는 투어는 ①, ②, ④이다.

(2) 1박 2일 여행 : ツアーの種類(투어 종류) 표에서 ①, ②, ④의 説明(설명)를 보면, ①은 日帰りツアー(당일치기 투어)이고, ②, ④가 1 泊 2 日ツアー(1박 2일 투어)이다.

(3) 4번 식사를 먹을 수 있는 : ツアーの種類(투어 종류) 표에서 ②, ④의 説明(설명)을 보면, ②는 4 度の食事が付いています(4번의 식사가 딸려 있습니다)라고 되어 있고, ④는 食事は3回です(식사는 3번입니다)라고 되어 있다.

제시카 씨가 희망했던 금요일에 출발하는 1박 2일여행이며, 4번의 식사를 먹을 수 있는 2 ②가 정답이다.

어휘 金曜日 きんようび 圀금요일　出発 しゅっぱつ 圀출발　～泊 ～はく ～박　旅行に行く りょこうにいく 여행을 가다　～たい ～(하)고 싶다
思う おもう 圄생각하다　また 凰또　～回 ～かい ~번, 회　食事 しょくじ 圀식사　食べる たべる 圄먹다　ツアー 圀투어　いい 圅좋다
希望 きぼう 圀희망　合う あう 圄맞다

38　중

<table>
<tr><td>

カンナさんは「バスで行く！いちご食べ放題の旅」を予約したが、行けなくなったのでキャンセルしたい。3月9日に予約を取り消す場合、キャンセル料は旅行代金の何パーセントか。

1　出発日の 10 日前から 8 日前だから 20%

2　出発日の 7 日前から 2 日前だから 30%

3　出発日の前日だから 40%

4　出発日の当日だから 50%

</td><td>

칸나 씨는 '버스로 간다! 딸기 무한 리필 여행'을 예약했는데, 가지 못하게 되어서 취소하고 싶다. 3월 9일에 예약을 취소할 경우, 취소 수수료는 여행 대금의 몇 퍼센트인가?

1　출발일의 10일 전에서 8일 전이니까 20%

2　출발일의 7일 전에서 2일 전이니까 30%

3　출발일의 전날이니까 40%

4　출발일 당일이니까 50%

</td></tr>
</table>

해설 제시된 상황 「バスで行く！いちご食べ放題の旅」を予約('버스로 간다! 딸기 무한 리필 여행'을 예약), 3月9日に予約を取り消す(3월 9일에 예약을 취소할)에 따라 칸나 씨가 취소 수수료를 몇 퍼센트 지불해야 하는지를 파악한다. ツアーの種類(투어 종류) 표에서 バスで行く！いちご食べ放題の旅(버스로 간다! 딸기 무한 리필 여행)의 출발일은 3월 10일 (금)이다. ツアーの種類(투어 종류) 표 아래에 있는 取り消し日(취소일), キャンセル料(취소 수수료) 표를 보면 칸나 씨가 취소하는 날은 3월 9일 즉, 출발일의 전날이라서 旅行代金の40%(여행 대금의 40%)를 지불해야 하므로 3 出発日の前日だから40%(출발일의 전날이니까 40%)가 정답이다.

어휘 バス 圀버스　行く いく 圄가다　いちご 圀딸기　食べ放題 たべほうだい 圀무한 리필　旅 たび 圀여행　予約 よやく 圀예약　～ので 图~해서
キャンセル 圀취소, 캔슬　取り消す とりけす 圄취소하다　場合 ばあい 圀경우　キャンセル料 キャンセルりょう 圀취소 수수료, 취소 요금
代金 だいきん 圀대금　パーセント 圀퍼센트　出発日 しゅっぱつび 圀출발일　前 まえ 圀전　～から 图~에서　～だから 图~니까

37-38　여행 회사의 안내

<table>
<tr><td>

はなまる旅行　春のツアー案内

暖かくなってきたこの季節、ご家族やお友達と旅に出かけませんか♬

ツアーの種類

	ツアー名	出発日	料金	説明
①	バスで行く！いちご食べ放題の旅	[37][38]3 月 10 日（金）	7,500 円	[37]日帰りツアー 農園に行って、いちごを取ります。取ったいちごは食べ放題です。

</td><td>

하나마루 여행 봄 투어 안내

따뜻해진 이 계절, 가족이나 친구와 여행을 떠나지 않겠습니까♬

투어 종류

	투어명	출발일	요금	설명
①	버스로 간다! 딸기 무한 리필 여행	[37][38]3월 10일 (금)	7,500엔	[37]당일치기 투어 농원에 가서, 딸기를 땁니다. 딴 딸기는 무한 리필입니다.

</td></tr>
</table>

②	3つのブランド肉を食べ比べ!の旅	[37]3月24日、31日（金）	28,000円	[37]1泊2日ツアー 夕食は日本3大牛肉が楽しめます。[37]4度の食事が付いています。旅館に泊まります。
③	1泊4食付き!おいしいカニを食べる温泉旅館2日間の旅	4月8日、15日、22日、29日（土）	30,000円	1泊2日ツアー 地域で釣れたカニを食べます。宿泊先の旅館にはすべての部屋に温泉が付いています。
④	桜の名所3つを列車でめぐる!鉄道2日間の旅	[37]4月7日、14日、21日（金）	32,000円	[37]1泊2日ツアー 列車から桜が楽しめます。二日目は午前までの日程で、[37]食事は3回です。ホテルに泊まります。

● お申し込みは、ホームページまたはお電話から、出発日の3日前までにお願いします。

● 料金のお支払いは、出発日の3日前までです。出発日の5日前より後のお支払いは、クレジットカード決済のみとなります。

● 出発日の10日前より後に予約を取り消す場合は、キャンセル料がかかります。キャンセル料は下の表を参考にしてください。

[38]取り消し日	[38]キャンセル料
出発日の10日から8日前	旅行代金の20%
出発日の7日から2日前	旅行代金の30%
[38]出発日の前日	[38]旅行代金の40%
出発日の当日	旅行代金の50%
旅行開始後または連絡なしで不参加	旅行代金の100%

※キャンセル料の返金手数料はお客様に支払っていただきます。

はままる旅行
電話　03‐123‐4567
　　　（受付時間：年中無休9:00～18:00）
ホームページ　http://hanamaru-tour.com

②	3개 브랜드의 고기를 맛 비교하기! 여행	[37]3월 24일, 31일 (금)	28,000엔	[37]1박 2일 투어 저녁은 일본 3대 소고기를 즐길 수 있습니다. [37]4번의 식사가 딸려 있습니다. 여관에서 묵습니다.
③	1박 4식 포함! 맛있는 게를 먹는 온천 여관 2일간의 여행	4월 8일, 15일, 22일, 29일 (토)	30,000엔	1박 2일 투어 지역에서 잡은 게를 먹습니다. 숙박지인 여관에는 모든 방에 온천이 딸려 있습니다.
④	벚꽃 명소 3개를 열차로 돌다! 철도 2일간의 여행	[37]4월 7일, 14일, 21일 (금)	32,000엔	[37]1박 2일 투어 열차에서 벚꽃을 즐길 수 있습니다. 2일째에는 오전까지의 일정으로, [37]식사는 3번입니다. 호텔에서 묵습니다.

● 신청은, 홈페이지 또는 전화로, 출발일 3일 전까지 부탁드립니다.

● 요금 지불은, 출발일 3일 전까지입니다. 출발일 5일 전보다 나중의 지불은, 신용 카드 결제만 됩니다.

● 출발일 10일 전보다 나중에 예약을 취소할 경우에는, 취소 수수료가 듭니다. 취소 수수료는 아래 표를 참고해 주세요.

[38]취소일	[38]취소 수수료
출발일의 10일부터 8일 전	여행 대금의 20%
출발일의 7일부터 2일 전	여행 대금의 30%
[38]출발일의 전날	[38]여행 대금의 40%
출발일 당일	여행 대금의 50%
여행 개시 후 또는 연락 없이 불참가	여행 대금의 100%

※취소 수수료의 환불 수수료는 손님이 지불해 주시겠습니다.

하나마루 여행
전화　03-123-4567 (접수 시간 : 연중무휴 9:00~18:00)
홈페이지　http://hanamaru-tour.com

어휘　春 はる 圏봄　案内 あんない 圏안내　暖かい あたたかい い형따뜻하다　季節 きせつ 圏계절　家族 かぞく 圏가족　友達 ともだち 圏친구
出かける でかける 图떠나다, 외출하다　～名 ～めい ~명　料金 りょうきん 圏요금　説明 せつめい 圏설명　～円 ～えん ~엔
日帰り ひがえり 圏당일치기　農園 のうえん 圏농원　取る とる 图따다, 잡다　3つ みっつ 3개　ブランド 圏브랜드　肉 にく 圏고기
食べ比べ たべくらべ 圏맛 비교하기　夕食 ゆうしょく 圏저녁　日本 にほん 圏일본　～大 ～だい ~대　牛肉 ぎゅうにく 圏소고기
楽しむ たのしむ 图즐기다　～度 ～ど ~번　付く つく 图딸리다, 붙다　旅館 りょかん 圏여관　付き つき 圏포함, 딸림　おいしい い형맛있다
釣れる つれる 图잡히다, 낚이다　カニ 圏게　温泉 おんせん 圏온천　～間 ～かん ~간　地域 ちいき 圏지역　宿泊先 しゅくはくさき 圏숙박지
すべて 圏모두, 전부　部屋 へや 圏방　桜 さくら 圏벚꽃　名所 めいしょ 圏명소　列車 れっしゃ 圏열차　めぐる 图돌다, 순회하다
鉄道 てつどう 圏철도　午前 ごぜん 圏오전　～まで 国~까지　日程 にってい 圏일정　ホテル 圏호텔　お申し込み おもうしこみ 圏신청
ホームページ 圏홈페이지　または 圏또는　電話 でんわ 圏전화　～までに 国~까지(기한)　願う ねがう 图부탁하다, 바라다
お支払い おしはらい 圏지불　～より 国~보다　後 あと 圏나중, 후　クレジットカード 圏신용 카드　決済 けっさい 圏결제　かかる 图들다, 걸리다
下 した 圏아래　表 ひょう 圏표　参考 さんこう 圏참고　～てください ~해 주세요　取り消し日 とりけしび 圏취소일　開始 かいし 圏개시

連絡 れんらく 圏연락　なし 없음　不参加 ふさんか 圏불참가　返金手数料 へんきんてすうりょう 圏환불 수수료　お客様 おきゃくさま 圏손님

支払う しはらう 圏지불하다　受付 うけつけ 圏접수　時間 じかん 圏시간　年中無休 ねんじゅうむきゅう 圏연중무휴

☞ 문제 1의 디렉션과 예제를 들려줄 때 1번부터 6번까지의 선택지를 미리 읽고 내용을 재빨리 파악해둡니다. 음성에서 では、始めます (그러면, 시작합니다)가 들리면, 곧바로 문제 풀 준비를 합니다.

문제 1의 디렉션과 예제

問題1では、まず質問を聞いてください。それから話を聞いて、問題用紙の1から4の中から、最もよいものを一つえらんでください。

駅前で男の人が女の人に電話しています。男の人はどこへ行きますか。

M：あ、もしもし。今駅前でバスを降りたところなんだけど、道が分からなくて。

F：あ、そうなの？今いるところは、北口？それとも南口？

M：北口だよ。

F：じゃ、道路の反対側にコンビニがあるんだけど、分かる？

M：コンビニ？郵便局だったら、見えるけど。

F：郵便局のとなりなんだけど。

M：あ、あったあった。

F：コンビニの横の通りを、まっすぐ歩いてくると、レストランがあるはずよ。そこに来てくれない？

M：分かった。すぐ行くよ。

男の人はどこへ行きますか。

最もよいものは3番です。回答用紙の問題1の例のところを見てください。最もよいものは3番ですから、答えはこのように書きます。では、始めます。

[문제지]

1 コンビニ
2 駅の北口
3 レストラン
4 ゆうびんきょく

문제1에서는, 먼저 질문을 들어 주세요. 그리고 이야기를 듣고, 문제 용지의 1부터 4 중에서, 가장 알맞은 것을 하나 골라 주세요.

역 앞에서 남자가 여자에게 전화하고 있습니다. 남자는 어디에 갑니까?

M : 아, 여보세요. 지금 역 앞에서 버스를 막 내린 참인데, 길을 몰라서.

F : 아, 그래? 지금 있는 곳은, 북쪽 출구? 아니면 남쪽 출구?

M : 북쪽 출구야.

F : 그럼, 도로 반대쪽에 편의점이 있는데, 알겠어?

M : 편의점? 우체국이라면, 보이는데.

F : 우체국 옆인데.

M : 아, 있다 있다.

F : 편의점 옆 길을, 쭉 걸어오면, 레스토랑이 있을 거야. 거기로 와 주지 않을래?

M : 알겠어. 바로 갈게.

남자는 어디에 갑니까?

가장 알맞은 것은 3번입니다. 정답 용지의 문제 1의 예시 부분을 봐 주세요. 가장 알맞은 것이 3번이기 때문에, 정답은 이와 같이 표시합니다. 그러면 시작합니다.

[문제지]

1 편의점
2 역 북쪽 출구
3 레스토랑
4 우체국

[음성]

会社で女の人と部長が話しています。女の人は資料にどんな情報を加えますか。

F：部長、新入社員に配る研修資料を修正したので、確認をお願いします。

M：うん。…えっと、仕事の流れに関する説明はこれで十分だね。具体的なことは仕事をしながら教えるから。

F：はい、そこは少し簡単に書きました。

M：次の、メールの書き方は分かりやすくていいね。絵は追加したの？

F：はい。私が新人のとき、資料を見ても分からないことがいくつかあったので、詳しくしてみました。

M：そうか。前より良くなったよ。そういえば、仕事で使う専門用語の説明はどこに入れてくれた？

F：一番最後のページに載せました。これは何度も見ることになると思うので、探しやすいほうがいいかと。

M：そうだね。あ、こないだ言うのを忘れていたんだけど、服装についてもルールを書いておいたほうがいいと思うんだ。外部の人に会う時はジャケットを着なきゃいけないとか。

F：分かりました。追加しておきます。

女の人は資料にどんな情報を加えますか。

[문제지]

1 仕事のながれ
2 メールの書き方
3 せんもん用語の説明
4 ふくそうの決まり

[음성]

회사에서 여자와 부장이 이야기하고 있습니다. 여자는 자료에 어떤 정보를 더합니까?

F：부장님, 신입 사원에게 나눠 줄 연수 자료를 수정했으니, 확인을 부탁드립니다.

M：응. …음, 일의 흐름에 관한 설명은 이걸로 충분하네. 구체적인 것은 일을 하면서 가르칠 테니까.

F：네, 거기는 조금 간단하게 썼습니다.

M：다음의, 이메일 작성 방법은 알기 쉬워서 좋네. 그림은 추가 한 거야?

F：네. 제가 신입일 때, 자료를 봐도 모르는 것이 몇 가지인가 있어서, 상세하게 해 보았습니다.

M：그렇구나. 전보다 좋아졌어. 그러고 보니, 일에서 사용하는 전문 용어의 설명은 어디에 넣어 주었어?

F：가장 마지막 페이지에 실었습니다. 이것은 몇 번이고 보게 될 것이라 생각해서, 찾기 쉬운 편이 좋을까 하고.

M：그렇네. 아, 요전번 말하는 것을 잊었었는데, 복장에 대해서도 규칙을 써 두는 편이 좋다고 생각해. 외부 사람을 만날 때는 재킷을 입어야 한다라든지.

F：알겠습니다. 추가해 두겠습니다.

여자는 자료에 어떤 정보를 더합니까?

[문제지]

1 일의 흐름
2 이메일 작성 방법
3 전문 용어의 설명
4 복장의 규칙

해설 여자가 자료에 더할 정보를 고르는 문제이다. 부장이 服装についてもルールを書いておいたほうがいいと思うんだ(복장에 대해서도 규칙을 써 두는 편이 좋다고 생각해)라고 하자, 여자가 分かりました。追加しておきます(알겠습니다. 추가해 두겠습니다)라고 했으므로, 4 ふくそうの決まり(복장의 규칙)가 정답이다. 선택지 1, 2, 3은 이미 자료에 들어가 있으므로 오답이다.

어휘 会社 かいしゃ 몡 회사　部長 ぶちょう 부장(님)　資料 しりょう 몡 자료　情報 じょうほう 몡 정보　加える くわえる 됭 더하다
新入社員 しんにゅうしゃいん 몡 신입 사원　配る くばる 됭 나눠 주다　研修 けんしゅう 몡 연수　修正 しゅうせい 몡 수정　～ので 죄 ~으니
確認 かくにん 몡 확인　願う ねがう 부탁하다, 바라다　仕事 しごと 몡 일　流れ ながれ 몡 흐름　～に関する ～にかんする ~에 관한
説明 せつめい 몡 설명　十分だ じゅうぶんだ 둉 충분하다　具体的だ ぐたいてきだ 둉 구체적이다　～ながら 죄 ~(하)면서
教える おしえる 됭 가르치다　少し すこし 囝 조금　簡単だ かんたんだ 둉 간단하다　書く かく 됭 쓰다　次 つぎ 몡 다음　メール 몡 이메일
書き方 かきかた 몡 작성 방법　分かる わかる 됭 알다　～やすい ~(하)기 쉽다　いい い형 좋다　絵 え 몡 그림　追加 ついか 몡 추가
新人 しんじん 몡 신입, 신인　とき 몡 때　見る みる 됭 보다　いくつ 몇 가지　詳しい くわしい い형 상세하다　前 まえ 몡 전　～より 죄 ~보다
そういえば 그러고 보니　使う つかう 됭 사용하다　専門用語 せんもんようご 몡 전문 용어　入れる いれる 됭 넣다　一番 いちばん 가장
最後 さいご 몡 마지막　ページ 몡 페이지　載せる のせる 됭 싣다　何度も なんども 몇 번이고　～ことになる ~(하)게 되다　思う おもう 생각하다
探す さがす 됭 찾다　こないだ 요전번　言う いう 됭 말하다　忘れる わすれる 됭 잊다　服装 ふくそう 몡 복장　～について ~에 대해서
ルール 몡 규칙, 룰　～ておく ~(해) 두다　外部 がいぶ 몡 외부　人 ひと 몡 사람　会う あう 됭 만나다　ジャケット 몡 재킷　着る きる 됭 입다
～なきゃいけない ~해야 한다　～とか 죄 ~든지　決まり きまり 몡 규칙

[음성]

弁当屋で、女の店長とアルバイトの男の人が話しています。男の人はこのあとまず、何をしなければなりませんか。

F：石田君、今日は団体の注文が入っていてすることが多いの。からあげ弁当50個なんだけど。まずは箱を組み立ててくれる？

M：はい。お箸は箱に入れなくていいんですか。入れるなら、箱を組み立てながらしたほうが速いと思います。

F：うーん、別々のほうが早く終わると思うよ。石田君が組み立ててくれた箱から順番に私が箸を入れていくから。分けてやろう。

M：分かりました。

F：それが終わったら、いつも通り弁当箱にご飯を詰めて、その後おかずを詰めていってね。

M：はい。

F：お客さんが11時に取りに来られる予定だから、10時45分頃までに終わらせよう。

M：はい、すぐに始めます。

男の人はこのあとまず、何をしなければなりませんか。

[문제지]

1 箱を組み立てる
2 箱にはしを入れる
3 ごはんを弁当箱につめる
4 おかずを弁当箱につめる

[음성]

도시락 가게에서, 여자 점장과 아르바이트인 남자가 이야기하고 있습니다. 남자는 이 다음에 우선, 무엇을 하지 않으면 안 됩니까?

F : 이시다 군, 오늘은 단체 주문이 들어와 있어서 할 것이 많아. 닭튀김 도시락 50개인데. 우선은 상자를 조립해 줄래?

M : 네. 젓가락은 상자에 넣지 않아도 되나요? 넣는다면, 상자를 조립하면서 하는 편이 빠르다고 생각합니다.

F : 음, 따로따로인 편이 빨리 끝날 거라고 생각해. 이시다 군이 조립해 준 상자부터 차례대로 내가 젓가락을 넣어 나갈 테니까. 나눠서 하자.

M : 알겠습니다.

F : 그게 끝나면, 평소처럼 도시락 통에 밥을 담고, 그다음에 반찬을 담아 나가 줘.

M : 네.

F : 손님이 11시에 가지러 오실 예정이니까, 10시 45분쯤까지 끝내자.

M : 네, 바로 시작하겠습니다.

남자는 이 다음에 우선, 무엇을 하지 않으면 안 됩니까?

[문제지]

1 상자를 조립한다
2 상자에 젓가락을 넣는다
3 밥을 도시락 통에 담는다
4 반찬을 도시락 통에 담는다

해설 남자가 우선 해야 할 일을 고르는 문제이다. 점장이 まずは箱を組み立ててくれる？(우선은 상자를 조립해 줄래?)라고 하자, 남자가 はい(네)라고 했으므로, 1 箱を組み立てる(상자를 조립한다)가 정답이다. 선택지 2는 점장이 할 일이고, 3은 젓가락을 넣은 후에 할 일이며, 4는 밥을 담은 후에 할 일이므로 오답이다.

어휘 弁当屋 べんとうや 図 도시락 가게 店長 てんちょう 図 점장 アルバイト 図 아르바이트 まず 图 우선 ～なければならない ~(하)지 않으면 안 된다
今日 きょう 図 오늘 団体 だんたい 図 단체 注文 ちゅうもん 図 주문 入る はいる 图 들어오다 多い おおい い형 많다
からあげ 図 닭튀김, 가라아게 弁当 べんとう 図 도시락 ～個 ～こ ~개 箱 はこ 図 상자 組み立てる くみたてる 图 조립하다
お箸 おはし 図 젓가락 入れる いれる 图 넣다 ～ながら ~(하)면서 速い はやい い형 빠르다 思う おもう 图 생각하다
別々 べつべつ 図 따로따로 早く はやく 图 빨리 終わる おわる 图 끝나다 ～から 조 ~부터, 니까 順番に じゅんばんに 차례대로
分ける わける 图 나누다 やる 图 하다 分かる わかる 图 알다 ～たら ~(하)면 いつも 図 평소 ～通り ～どおり ~처럼, ~대로
弁当箱 べんとうばこ 図 도시락 통 ご飯 ごはん 図 밥 詰める つめる 图 담다 後 あと 図 다음, 나중 おかず 図 반찬
お客さん おきゃくさん 図 손님 ～時 ～じ ~시 取る とる 图 가지다 来る くる 图 오다 予定 よてい 図 예정 ～だから 조 ~이니까 ～頃 ～ごろ ~쯤
～までに 조 ~까지 すぐに 图 바로 始める はじめる 图 시작하다

꼭! 알아두기 우선 해야 할 일을 묻는 문제는 まずは (우선은), 最初は (처음에는)와 함께 언급되는 행동을 주의 깊게 듣는다.

[음성]

こうえん おとこ ひと さんかしゃ はな   さんかしゃ
公園で、男の人が参加者に話しています。参加者はこれ
            なに
からまず何をしますか。

M：今日は、公園の掃除にお集まりいただきありがとうご
  ざいます。今、班に分かれて並んでいただいていま
  すね。この班ごとに区域に分かれて掃除を行います。
  指定の場所に着いたら、最初はごみを拾ってください。
  その後、草を抜きます。ごみ袋は先ほど配ったもの
  を使ってください。予備の袋はトイレの前に置いてあ
  りますので、足りなくなったらそちらを使ってください。
  では、よろしくお願いします。

さんかしゃ   なに
参加者はこれからまず何をしますか。

[문제지]

1 はんに分かれてならぶ
2 ごみを拾う
3 くさをぬく
4 ごみぶくろをもらう

[음성]

공원에서, 남자가 참가자에게 이야기하고 있습니다. 참가자는 이제부터
우선 무엇을 합니까?

M : 오늘은, 공원 청소에 모여 주셔서 감사합니다. 지금, 조로 나뉘
  어 줄을 서 주고 계시죠. 이 조마다 구역으로 나뉘어 청소를 진
  행합니다. 지정된 장소에 도착하면, 처음에는 쓰레기를 주워
  주세요. 그런 다음, 풀을 뽑습니다. 쓰레기봉투는 아까 나눠
  드린 것을 사용해 주세요. 예비 봉투는 화장실 앞에 놓여 있으
  니, 부족해지면 그쪽을 사용해 주세요. 그럼, 잘 부탁드립니다.

참가자는 이제부터 우선 무엇을 합니까?

[문제지]

1 조로 나뉘어서 줄을 선다
2 쓰레기를 줍는다
3 풀을 뽑는다
4 쓰레기봉투를 받는다

해설 참가자가 우선 해야 할 일을 고르는 문제이다. 남자가 最初はごみを拾ってください(처음에는 쓰레기를 주워 주세요)라고 했으므로, 2 ごみを
拾う(쓰레기를 줍는다)가 정답이다. 선택지 1은 이미 조로 나뉘어 줄을 서 있었고, 3은 쓰레기를 주운 다음에 할 일이며, 4는 이미 받았으므로
오답이다.

어휘 公園 こうえん 圏공원 参加者 さんかしゃ 圏참가자 これから 이제부터 まず 图우선 今日 きょう 圏오늘 掃除 そうじ 圏청소
   集まる あつまる 图모이다 いただく 图(상대가) 주다, 받다(もらう의 겸양어) 今 いま 圏지금 班 はん 圏조, 반
   分かれる わかれる 图나뉘다, 갈라지다 並ぶ ならぶ 图줄을 서다 ~ごとに ~마다 区域 くいき 圏구역 行う おこなう 图진행하다
   指定 してい 圏지정 場所 ばしょ 圏장소 着く つく 图도착하다 最初 さいしょ 圏처음 ごみ 圏쓰레기 拾う ひろう 图줍다 後 あと 圏다음, 후
   草 くさ 圏풀 抜く ぬく 图뽑다 ごみ袋 ごみぶくろ 쓰레기봉투 先ほど さきほど 圏아까, 조금 전 配る くばる 图나눠 주다 もの 圏것
   使う つかう 图사용하다 予備 よび 圏예비 袋 ふくろ 圏봉투 トイレ 圏화장실 前 まえ 圏앞 置く おく 图놓다 足りない たりない 부족하다
   ~たら ~(하)면 願う ねがう 图부탁하다

[음성]

うち ちち むすめ はな   むすめ   なに
家で父と娘が話しています。娘はこれから何をしますか。

M：さくら、宿題は終わった？
F：うん、終わったよ。
M：そうか。午後から、家におじいちゃんとおばあちゃん
  が来ることになったんだ。時間がないから、準備を
  手伝ってくれないか。
F：いいよ。何からすればいい？
M：とりあえず、掃除機をかけて。お父さんは外に干して
  ある洗濯物を畳んで棚に入れるから。
F：はーい。お母さんはどこに行ったの？
M：スーパーに買い物に行ったよ。お母さんが帰ってきた
  ら料理を始めるから、さくらも手伝って。

[음성]

집에서 아버지와 딸이 이야기하고 있습니다. 딸은 이제부터 무엇을 합니
까?

M : 사쿠라, 숙제는 끝났어?
F : 응, 끝났어.
M : 그렇구나. 오후부터, 우리 집에 할아버지랑 할머니가 오게 되
  었어. 시간이 없으니까, 준비를 도와주지 않겠니?
F : 좋아. 뭐부터 하면 돼?
M : 우선, 청소기를 돌려 줘. 아빠는 밖에 널려 있는 세탁물을 개
  서 선반에 넣을 테니까.
F : 네. 엄마는 어디에 갔어?
M : 슈퍼에 장 보러 갔어. 엄마가 돌아오면 요리를 시작할 테니
  까, 사쿠라도 도와줘.

F：うん、分かった。

娘はこれから何をしますか。

[문제지]

1 ア　イ
2 イ　ウ
3 ウ　エ
4 ア　エ

해설 선택지 그림을 보고 딸이 앞으로 해야 할 일을 고르는 문제이다. 아버지가 とりあえず、掃除機をかけて(우선, 청소기를 돌려 줘)라고 하자, 딸이 はーい(네)라고 했고, 그 뒤에 아버지가 お母さんが帰ってきたら料理を始めるから、さくらも手伝って(엄마가 돌아오면 요리를 시작할 테니까, 사쿠라도 도와줘)라고 하자, 딸이 うん、分かった(응, 알았어)라고 했으므로, 그림 ア와 그림 エ로 구성된 4가 정답이다. 그림 イ는 아버지가 해야 할 일이고, 그림 ウ는 어머니가 해야 할 일이므로 오답이다.

어휘 家 うち 圀 (우리) 집　父 ちち 圀 아버지　娘 むすめ 圀 딸　宿題 しゅくだい 圀 숙제　終わる おわる 图 끝나다
午後 ごご 圀 오후　おじいちゃん 圀 할아버지　おばあちゃん 圀 할머니　来る くる 图 오다　〜ことになる ~(하)게 되다　時間 じかん 圀 시간
〜から 죄 ~니까　準備 じゅんび 圀 준비　手伝う てつだう 图 돕다　いい い割 좋다　とりあえず 우선　掃除機 そうじき 圀 청소기
かける 图 돌리다　お父さん おとうさん 圀 아빠, 아버지　外 そと 圀 밖　干す ほす 图 널다, 말리다　洗濯物 せんたくもの 圀 세탁물
畳む たたむ 图 개다　棚 たな 圀 선반　入れる いれる 图 넣다　お母さん おかあさん 圀 엄마, 어머니　行く いく 图 가다　スーパー 圀 슈퍼
買い物に行く かいものにいく 장 보러 가다　帰る かえる 图 돌아오다　〜てくる ~(하)고 오다　料理 りょうり 圀 요리　始める はじめる 图 시작하다
分かる わかる 图 알다

5　상

[음성]
男の学生と女の学生が話しています。女の学生は、これから何をしますか。

M：もうすぐ夏休みだね。何か予定ある？

F：私は一か月の短期留学に行くことにしたんだ。ホームステイだからちょっと不安だけど楽しみだなあ。

M：ホームステイかあ。僕も高校のときにしたことがあるんだけど、お土産は持っていったほうがいいよ。できたら日本らしいもので。あとは、日本の料理を作ってあげたら喜んでくれたからおすすめ。

F：お土産ならもう買ったの。料理は自信ないなあ。練習しても、場所が違うとうまくできるか分からないし…。他には何かしたほうがいいことある？

M：体調を崩すかもしれないから、薬は絶対に持っていかなきゃいけないよ。それから、僕は家族や住んでいる町の写真をまとめたアルバムなんかも持って行ったな。

[음성]
남학생과 여학생이 이야기하고 있습니다. 여학생은, 이제부터 무엇을 합니까?

M：이제 곧 여름 방학이네. 뭔가 예정 있어?

F：나는 한 달 단기 유학을 가기로 했어. 홈스테이라서 조금 불안하지만 기대된다.

M：홈스테이 말이지. 나도 고등학교 때 한 적이 있는데, 기념품은 가져가는 편이 좋아. 가능하다면 일본스러운 것으로. 다음은, 일본 요리를 만들어 주면 기뻐해 줬으니까 추천해.

F：기념품이라면 이미 샀어. 요리는 자신이 없네. 연습해도, 장소가 다르면 잘 할 수 있을지 모르겠고…. 그 밖에 뭔가 하는 편이 좋은 것 있어?

M：몸 상태가 나빠질지도 모르니까, 약은 꼭 가져가야만 해. 그리고, 나는 가족이나 살고 있는 동네의 사진을 정리한 앨범 같은 것도 가져갔어.

最初はそれのおかげで話がはずんで良かったよ。

F：なるほどね。アルバムは作らなくても、スマホに色んな写真があるからそれを見せようっと。

M：そうだね。うらやましいなぁ。準備をしっかりして、ぜひ楽しんできてね。

F：ありがとう。薬は忘れずに持っていくよ。

女の学生は、これから何をしますか。

[문제지]

1 おみやげを買う
2 料理をれんしゅうする
3 薬をじゅんびする
4 アルバムを作る

처음에는 그것 덕분에 이야기가 활기를 띠어서 좋았어.

F : 그렇구나. 앨범은 만들지 않아도, 스마트폰에 여러 가지 사진이 있으니까 그걸 보여 줘야지.

M : 그렇네. 부럽다. 준비를 제대로 해서, 꼭 즐기고 와.

F : 고마워. 약은 잊지 않고 가져갈게.

여학생은, 이제부터 무엇을 합니까?

[문제지]

1 기념품을 산다
2 요리를 연습한다
3 약을 준비한다
4 앨범을 만든다

해설　여학생이 이제부터 해야 할 일을 고르는 문제이다. 남학생이 体調を崩すかもしれないから、薬は絶対に持っていかなきゃいけないよ(몸 상태가 나빠질지도 모르니까, 약은 꼭 가져가야만 해)라고 하자, 여학생이 ありがとう。薬は忘れずに持っていくよ(고마워. 약은 잊지 않고 가져갈게)라고 했으므로, 3 薬をじゅんびする(약을 준비한다)가 정답이다. 선택지 1은 이미 샀고, 2는 요리는 하지 않기로 했으며, 4는 앨범은 따로 만들지 않기로 했으므로 오답이다.

어휘　もうすぐ 이제 곧　夏休み なつやすみ 圏 여름 방학　予定 よてい 圏 예정　一か月 いっかげつ 한 달, 1개월　短期 たんき 圏 단기
留学 りゅうがく 圏 유학　行く いく 圏 가다　～ことにする ~(하)기로 하다　ホームステイ 圏 홈스테이　～だから ~라서　ちょっと 图 조금
不安だ ふあんだ な형 불안하다　楽しみ たのしみ 圏 기대　高校 こうこう 圏 고등학교　とき 圏 때　～たことがある ~(한) 적이 있다
お土産 おみやげ 圏 기념품　持つ もつ 圏 가지다　できる 圏 가능하다　～たら ~(하)면　日本 にほん 圏 일본　～らしい ~스럽다　もの 圏 것
あと 圏 다음, 나중　料理 りょうり 圏 요리　作る つくる 圏 만들다　喜ぶ よろこぶ 圏 기뻐하다　おすすめ 추천　もう 图 이미　買う かう 圏 사다
自身 じしん 圏 자신　練習 れんしゅう 圏 연습　場所 ばしょ 圏 장소　違う ちがう 圏 다르다　うまく 잘　分かる わかる 圏 알다　他 ほか 圏 (그) 밖
体調 たいちょう 圏 몸 상태　崩す くずす 圏 나빠지다, 무너뜨리다　～かもしれない ~(할)지도 모른다　～から 图 ~니까　薬 くすり 圏 약
絶対に ぜったいに 꼭, 절대로　～なきゃいけない ~해야만 한다　それから 쩝 그리고　家族 かぞく 圏 가족　住む すむ 圏 살다　町 まち 圏 동네
写真 しゃしん 圏 사진　まとめる 圏 정리하다　アルバム 圏 앨범　なんか 같은 것　最初 さいしょ 圏 처음, 최초　～おかげだ ~덕분이다
話がはずむ はなしがはずむ 이야기가 활기를 띠다　良い よい い형 좋다　スマホ 圏 스마트폰　色んな いろんな 여러 가지　見せる みせる 圏 보여주다
うらやましい い형 부럽다　準備 じゅんび 圏 준비　しっかり 图 제대로　ぜひ 图 꼭, 부디　楽しむ たのしむ 즐기다　忘れる わすれる 圏 잊다
～ずに ~(하)지 않고　じゅんび 圏 준비

6　상

[음성]

大学で女の学生と係りの人が話しています。女の学生は、まず何をしなければなりませんか。

F：すみません、学生寮の募集について教えていただきたいんですが。

M：はい。寮は国際学生寮と山上寮の2つがありますが、どちらにするか決めましたか。

F：まだです。何が違いますか。

M：大きく違うのは部屋の広さと家賃です。学生課のホームページに詳しく載っていますので、どちらか決めてから申請してください。

F：分かりました。

M：申請は学生課に提出書類を郵送するか、直接提出するかのどちらかです。提出書類の中にはご両親に準

[음성]

대학에서 여학생과 담당자가 이야기하고 있습니다. 여학생은, 우선 무엇을 하지 않으면 안 됩니까?

F : 실례합니다, 학생 기숙사 모집에 대해서 가르쳐 주셨으면 하는데요.

M : 네. 기숙사는 국제 학생 기숙사와 야마가미 기숙사 2개가 있습니다만, 어느 쪽으로 할지 정했나요?

F : 아직입니다. 무엇이 다른가요?

M : 크게 다른 것은 방의 넓이와 방세입니다. 학생과 홈페이지에 상세하게 실려 있으니, 어느 쪽이든 결정하고 나서 신청해 주세요.

F : 알겠습니다.

M : 신청은 학생과에 제출 서류를 우편으로 보내거나, 직접 제출하거나 중 하나입니다. 제출 서류 중에는 부모님에게 준비를

備をお願いしなくてはいけないものもあるので、先に
確認しておいたほうがいいですよ。必要な書類について
いてはこちらの案内を参考にしてください。

F：じゃあ、まずそれを確認しないといけませんね。あ、
申請する前に部屋を見学することってできますか。

M：この時期はまだ学生が住んでいるので難しいです。
学生が出てからであれば可能ですが、3月の中旬ご
ろになります。申請がすべて終わった後ですね。

F：そうですか。ありがとうございました。

女の学生は、まず何をしなければなりませんか。

[問題紙]

1 きぼうするりょうを　えらぶ
2 **あんないを　かくにんする**
3 学生課にしょるいを送る
4 りょうのへやを見学する

부탁해야 하는 것도 있으니, 먼저 확인해 두는 편이 좋아요.
필요한 서류에 대해서는 이쪽의 안내를 참고해 주세요.

F：그럼, 우선은 그것을 확인하지 않으면 안 되겠네요. 아, 신청
하기 전에 방을 견학하는 것은 가능한가요?

M：이 시기는 아직 학생이 살고 있어서 어렵습니다. 학생이 나가
고 나서라면 가능합니다만, 3월 중순쯤이 됩니다. 신청이 모두
끝난 후네요.

F：그렇습니까? 감사합니다.

여학생은, 우선 무엇을 하지 않으면 안 됩니까?

[문제지]

1 희망하는 기숙사를 고른다
2 **안내를 확인한다**
3 학생과에 서류를 보낸다
4 기숙사 방을 견학한다

해설 여학생이 우선 해야 할 일을 고르는 문제이다. 담당자가 必要な書類についてはこちらの案内を参考にしてください(필요한 서류에 대해서
는 이쪽의 안내를 참고해 주세요)라고 하자, 여학생이 じゃあ、まずはそれを確認しないといけませんね(그럼, 우선은 그것을 확인하지 않으
면 안 되겠네요)라고 했으므로, 2 あんないをかくにんする(안내를 확인한다)가 정답이다. 선택지 1은 안내를 확인한 후에 할 일이고, 3은 제
출할 서류를 작성한 후에 할 일이며, 4는 어렵다고 했으므로 오답이다.

어휘 大学 だいがく 圀 대학　係り かかり 圀 담당　まず 凰 우선　~なければならない ~(하)지 않으면 안 된다　学生 がくせい 圀 학생　寮 りょう 圀 기숙사
募集 ぼしゅう 圀 모집　~について ~에 대해서　教える おしえる 图 가르치다　~ていただく ~(해) 주시다　~たい ~(하)고 싶다
国際 こくさい 圀 국제　2つ ふたつ 2개　決める きめる 图 정하다　まだ 凰 아직　違う ちがう 图 다르다　大きい おおきい い慰 크다
部屋 へや 圀 방　広さ ひろさ 圀 넓이, 크기　家賃 やちん 圀 방세, 집세　学生課 がくせいか 圀 학생과　ホームページ 圀 홈페이지
詳しい くわしい い慰 상세하다　載る のる 图 싣다　~ので ~(으)니　~てから ~(하)고 나서　申請 しんせい 圀 신청　分かる わかる 图 알다
提出 ていしゅつ 圀 제출　書類 しょるい 圀 서류　郵送 ゆうそう 圀 우편으로 보냄, 우송　直接 ちょくせつ 圀 직접　中 なか 圀 중
両親 りょうしん 圀 부모님　準備 じゅんび 圀 준비　願う ねがう 图 부탁하다, 바라다　~なくてはいけない ~(해)야 한다　もの 圀 것
先に さきに 凰 먼저　確認 かくにん 圀 확인　~ておく ~(해) 두다　必要だ ひつようだ 圀慰 필요하다　案内 あんない 圀 안내　参考 さんこう 圀 참고
~てください ~(해) 주세요　~ないといけない ~(하)지 않으면 안 된다　前 まえ 圀 전　見学 けんがく 圀 견학　できる 图 가능하다
時期 じき 圀 시기　住む すむ 图 살다　難しい むずかしい い慰 어렵다　出る でる 图 나가다　可能だ かのうだ 圀慰 가능하다
中旬 ちゅうじゅん 圀 중순　~ごろ ~쯤　すべて 圀 모두, 전부　終わる おわる 图 끝나다　後 あと 圀 후, 다음

☞ 문제 2의 디렉션과 예제를 들려줄 때 1번부터 6번까지의 선택지를 미리 읽고 내용을 재빨리 파악해둡니다. 음성에서 では、始めます
(그러면, 시작합니다)가 들리면, 곧바로 문제 풀 준비를 합니다.

문제 2의 디렉션과 예제

問題2では、まず質問を聞いてください。そのあと、問
題用紙を見てください。読む時間があります。それから
話を聞いて、問題用紙の1から4の中から、最もよいも
のを一つえらんでください。

妻と夫が話しています。夫が、祭りに行くことにしたのは、
どうしてですか。

문제2에서는, 먼저 질문을 들어 주세요. 그 후, 문제 용지를 봐 주
세요. 읽는 시간이 있습니다. 그리고 이야기를 듣고, 문제 용지의 1
부터 4 중에서, 가장 알맞은 것을 하나 골라 주세요.

아내와 남편이 이야기하고 있습니다. 남편이, **축제에 가기로 한
것은, 어째서입니까?**

F：あなた。今夜、家の近くの神社で祭りがあるらしいの
　よ。一緒に行かない?

M：祭り?人が多いから行かない。

F：ねえねえ、行きましょうよ。去年は、雨で中止だったし、
　その前は、あなたが出張で行けなかったから、今年
　こそはと楽しみにしていたのよ。それに、今年はいろ
　んな屋台が出て、楽しいらしいわよ。

M：うーん。でも、あまり気が進まないな。

F：そっか。せっかく、イベント会場で焼き肉が食べ放
　題だって言うのに。

M：え?本当?じゃ、行く。なんで、それを先に言わないの?

F：じゃ、準備して行こうか。

夫が、祭りに行くことにしたのは、どうしてですか。

最もよいものは4番です。回答用紙の問題2の例のとこ
ろを見てください。最もよいものは4番ですから、答えは
このように書きます。では、始めます。

[문제지]

1 祭りに人がたくさん来ないから

2 祭りを楽しみにしていたから

3 いろいろなやたいが出ているから

4 やきにくが食べほうだいだから

F : 여보. 오늘 밤, 집 근처의 신사에서 축제가 있다는 것 같아. 같이 가지 않을래?

M : 축제? 사람이 많으니까 안 갈래.

F : 그러지 말고 같이 가자. 작년은, 비 때문에 중지되었었고, 그전에는, 당신이 출장이라서 못 갔었으니까, 올해야말로 하고 기대하고 있었단 말이야. 게다가, 올해는 여러 가지 포장마차가 나와서, 재미있을 것 같아.

M : 음. 그래도, 그다지 마음이 내키지 않네.

F : 그런가. 모처럼, 이벤트 회장에서 불고기가 무제한으로 먹을 수 있다고 하는데.

M : 뭐? 진짜? 그럼, 갈래. 왜, 그걸 먼저 이야기하지 않은 거야?

F : 그럼, 준비하고 갈까.

남편이, 축제에 가기로 한 것은, 어째서입니까?

가장 알맞은 것은 4번입니다. 정답 용지의 문제 2의 예시 부분을 봐 주세요. 가장 알맞은 것이 4번이기 때문에, 정답은 이와 같이 표시합니다. 그러면 시작합니다.

[문제지]

1 축제에 사람이 많이 오지 않아서

2 축제를 기대했어서

3 여러 가지 포장마차가 나와 있어서

4 불고기가 무제한이라서

---

1 중상

[음성]

テレビで女の人が自分の仕事について話しています。女
の人は今の仕事の何が大変だと言っていますか。

F：私は35歳で看護師になりました。以前はIT企業で
研究職をしていましたが、毎日残業でしたし、何より
一人でじっとパソコンに向かって作業をするのが自分
には向いていないと思っていました。そんなとき、母
が病気になりました。私に医療の知識があったら役
に立つかもしれないと思い、看護師になることを決め
ました。看護師は人の命に関わる仕事です。責任が
重く失敗が許されないため大変な面もありますが、や
りがいがあって満足しています。

女の人は今の仕事の何が大変だと言っていますか。

[문제지]

1 ざんぎょうが多いこと

2 一人で作業すること

3 多くの知識が必要なこと

[음성]

텔레비전에서 여자가 자신의 일에 대해 이야기하고 있습니다. 여자는 지금 일의 무엇이 힘들다고 말하고 있습니까?

F : 저는 35세에 간호사가 되었습니다. 이전에는 IT기업에서 연구직을 하고 있었습니다만, 매일 야근이었고, 무엇보다 혼자서 가만히 컴퓨터를 향해 작업을 하는 것이 자신에게는 맞지 않는다고 생각하고 있었습니다. 그런 때, 어머니가 병에 걸리셨습니다. 저에게 의료 지식이 있으면 도움이 될지도 모른다고 생각해, 간호사가 되는 것을 정했습니다. 간호사는 사람의 목숨에 관여하는 일입니다. 책임이 무겁고 실패가 허용되지 않기 때문에 힘든 면도 있습니다만, 하는 보람이 있어서 만족하고 있습니다.

여자는 지금 일의 무엇이 힘들다고 말하고 있습니까?

[문제지]

1 야근이 많은 것

2 혼자서 작업하는 것

3 많은 지식이 필요한 것

해설 여자가 지금 하는 일에서 무엇이 힘든지 묻는 문제이다. 여자가 責任が重く失敗が許されないため大変な面もありますが(책임이 무겁고 실패가 허용되지 않기 때문에 힘든 면도 있습니다만)라고 언급했으므로, 4 失敗してはいけないこと(실수해서는 안 되는 것)가 정답이다.

어휘 テレビ图텔레비전, TV　自分 じぶん图자신　仕事 しごと图일　～について ~에 대해　今 いま图지금　大変だ たいへんだ[な형]힘들다
～歳 ～さい ~세, 살　看護師 かんごし图간호사　以前 いぜん图이전　企業 きぎょう图기업　研究職 けんきゅうしょく图연구직
毎日 まいにち图매일　残業 ざんぎょう图야근, 잔업　何より なにより 무엇보다　一人 ひとり图혼자　じっと图가만히　パソコン图컴퓨터
向かう むかう 향하다　作業 さぎょう图작업　向く むく图맞다, 적합하다　思う おもう图생각하다　母 はは图어머니　病気 びょうき图병
医療 いりょう图의료　知識 ちしき图지식　～たら图~라면　役に立つ やくにたつ도움이 되다　～かもしれない ~(할)지도 모른다
決める きめる图정하다　人 ひと图사람　命 いのち图목숨　～に関わる ～にかかわる ~에 관여하는　責任 せきにん图책임
重い おもい[い형]무겁다　失敗 しっぱい图실수, 실패　許す ゆるす图허용하다　～ため ~때문에　面 めん图면　やりがい图하는 보람
満足 まんぞく图만족　多い おおい[い형]많다　多く おおく图많음　必要だ ひつようだ[な형]필요하다　～てはいけない ~(해)서는 안 된다

2　상

[음성]	[음성]
会社^{かいしゃ}で男^{おとこ}の人^{ひと}と女^{おんな}の人^{ひと}が話^{はな}しています。二人^{ふたり}はこの商品^{しょうひん}をどう変^かえると言^いっていますか。	회사에서 남자가 여자와 이야기하고 있습니다. 두 사람은 이 상품을 어떻게 바꾼다고 말하고 있습니까?

M：新作^{しんさく}のエプロンのサンプルが完成^{かんせい}しました。色^{いろ}は前^{ぜん}回^{かい}の会議^{かいぎ}で話^{はな}した通^{とお}り、赤^{あか}、青^{あお}、緑^{みどり}の3色^{しょく}です。

F：3色^{いろ}とも色^{いろ}が濃^こいですね。それぞれもうちょっと薄^{うす}したほうが人気^{にんき}が出^でそうです。

M：アンケート調査^{ちょうさ}で、濃^こいほうが汚^{よご}れが目立^{めだ}たなくていいという意見^{いけん}が多^{おお}かったんです。なので、これはこのままでいいと思^{おも}います。

F：ああ、そうでしたね。ポケットの大^{おお}きさはどうですか。小^{ちい}さくて使^{つか}いにくいかと思^{おも}いましたが。

M：これ以上大^{いじょうおお}きくするとリボンと被^{かぶ}ってしまいます。リボンの位置^{いち}を上^あげればできないこともないですが。

F：少^{すこ}しなら高^{たか}くしても問題^{もんだい}ないと思^{おも}いますよ。その方向^{ほうこう}で進^{すす}めましょう。生地^{きじ}は、発売中^{はつばいちゅう}のエプロンと同^{おな}じものですか？

M：そうです。乾^{かわ}きやすくていいと評判^{ひょうばん}なので、これにしました。

F：いいと思^{おも}います。じゃあ、修正^{しゅうせい}が終^おわったら、出来^{でき}上^あがったサンプルを見^みながらまた話^{はな}し合^あいましょう。

M：はい。

M : 신작 앞치마 샘플이 완성되었습니다. 색은 저번 회의에서 이야기한 대로, 빨강, 파랑, 초록 3색입니다.

F : 3색 모두 색이 진하네요. 각각 조금 더 옅게 하는 편이 인기가 있을 것 같아요.

M : 설문 조사에서, 진한 편이 때가 눈에 띄지 않아서 좋다고 하는 의견이 많았습니다. 그래서, 이것은 이대로 괜찮다고 생각합니다.

F : 아아, 그랬지요. 주머니의 크기는 어떻습니까? 작아서 사용하기 어려울까 생각했습니다만.

M : 이 이상 크게 하면 리본과 겹쳐 버립니다. 리본의 위치를 올리면 할 수 없지는 않습니다만.

F : 조금이라면 높게 해도 문제없다고 생각해요. 그 방향으로 진행합시다. 천은, 발매 중인 앞치마와 같은 것이에요?

M : 그렇습니다. 마르기 쉬워서 좋다는 평판이기 때문에, 이것으로 했습니다.

F : 좋다고 생각합니다. 그럼, 수정이 끝나면, 완성된 샘플을 보면서 다시 함께 이야기합시다.

M : 네.

二人^{ふたり}はこの商品^{しょうひん}をどう変^かえると言^いっていますか。

두 사람은 이 상품을 어떻게 바꾼다고 말하고 있습니까?

[문제지]
1 色^{いろ}をうすくする
2 ポケットを大^{おお}きくする
3 リボンのいちを下^さげる
4 生地^{きじ}を変^かえる

[문제지]
1 색을 옅게 한다
2 주머니를 크게 한다
3 리본의 위치를 내린다
4 천을 바꾼다

해설 두 사람이 상품을 어떻게 바꾸기로 결정했는지 묻는 문제이다. 여자가 ポケットの大きさはどうですか。小さくて使いにくいかと思いましたが(주머니의 크기는 어떻습니까? 작아서 사용하기 어려울까 생각했습니다만)라고 언급한 것에 대해 남자가 これ以上大きくするとリボンと

被ってしまいます。リボンの位置を上げればできないこともないですが(이 이상 크게 하면 리본과 겹쳐 버립니다. 리본의 위치를 올리면 할 수 없지는 않습니다만)라고 하자, 여자가 少しなら高くしても問題ないと思いますよ。その方向で進めましょう(조금이라면 높게 해도 문제없다고 생각해요. 그 방향으로 진행합시다)라고 언급했으므로, 2 ポケットを大きくする(주머니를 크게 한다)가 정답이다.

어휘 会社 かいしゃ 📛 회사　二人 ふたり 📛 두 사람　商品 しょうひん 📛 상품　変える かえる 🔼 바꾸다　新作 しんさく 📛 신작　エプロン 📛 앞치마　サンプル 📛 샘플　完成 かんせい 📛 완성　色 いろ 📛 색　前回 ぜんかい 📛 저번　会議 かいぎ 📛 회의　話す はなす 🔼 이야기하다　~通り ~とおり ~대로　赤 あか 📛 빨강　青 あお 📛 파랑　緑 みどり 📛 초록　3色 3しょく 3색　濃い こい 🔷 진하다　それぞれ 📶 각각　ちょっと 📶 조금　薄い うすい 🔷 얇다　人気が出る にんきがでる 인기 있다　アンケート 📛 설문　調査 ちょうさ 📛 조사　汚れ よごれ 📛 때, 오염　目立つ めだつ 🔼 눈에 띄다　意見 いけん 📛 의견　多い おおい 🔷 많다　なので 그래서　このまま 이대로　いい 🔷 괜찮다　思う おもう 🔼 생각하다　ポケット 📛 주머니　大きさ おおきさ 📛 크기　小さい ちいさい 🔷 작다　使う つかう 🔼 사용하다　~にくい ~(하)기 어렵다　以上 いじょう 📛 이상　大きい おおきい 🔷 크다　リボン 📛 리본　被る かぶる 🔼 겹치다　~てしまう ~(해) 버리다　位置 いち 📛 위치　上げる あげる 🔼 올리다　できる 🔼 할 수 있다　少し すこし 📶 조금　~なら 🔶 ~라면　高い たかい 🔷 높다　問題 もんだい 📛 문제　方向 ほうこう 📛 방향　進める すすめる 🔼 진행하다　生地 きじ 📛 천, 옷감　発売 はつばい 📛 발매　~中 ~ちゅう ~중　同じ おなじ 같음　もの 📛 것　乾く かわく 🔼 마르다　~やすい ~(하)기 쉽다　評判 ひょうばん 📛 평판　修正 しゅうせい 📛 수정　終わる おわる 🔼 끝나다　~たら 🔶 ~(하)면　出来上がる できあがる 🔼 완성되다　見る みる 🔼 보다　また 📶 다시　話し合う はなしあう 🔼 함께 이야기하다　下げる さげる 🔼 내리다

3　중

[음성] 会社で男の人と女の人が話しています。男の人はどうして貯金を始めようと思っていますか。男の人です。 M：今月から給料も上がったし、貯金を始めようかと思ってます。先輩はどうやって貯金していますか。 F：私は口座から自動で引かれるようにしているよ。余った分貯金しようと思っても、結局使っちゃうからね。 M：そうですよね。今度兄が結婚するんですが、結婚式を挙げたり家を買ったりするのにお金がかなりかかるって言ってて。今から貯めておいたほうがいいって言われました。 F：そっか。目標があると頑張れると思うよ。私は車が欲しかったから、入社してからずっと貯金してたんだ。車が買えると思ったら、そこまで大変じゃなかったよ。 M：えーすごいですね。僕は近いうちに結婚したいので結婚式を目標にします。 F：いいね、頑張って。私の次の目標は犬。犬を飼うためにまた貯金始めたんだ。 M：病気になったりしたらお金がかかるっていいますもんね。お互い頑張りましょう。 男の人はどうして貯金を始めようと思っていますか。 [문제지] **1 けっこんしきをするため** 2 家を買うため 3 車を買うため 4 ペットのため	[음성] 회사에서 남자와 여자가 이야기하고 있습니다. 남자는 어째서 저금을 시작하려고 생각하고 있습니까? 남자입니다. M : 이번 달부터 급료도 올랐고, 저금을 시작할까 생각하고 있습니다. 선배는 어떻게 저금하고 있습니까? F : 나는 계좌에서 자동으로 빠지도록 하고 있어. 남은 만큼 저금하려고 생각해도, 결국 사용해 버리니까. M : 그렇죠. 이번에 형이 결혼하는데, 결혼식을 올리거나 집을 사거나 하는 데에 돈이 꽤 든다고 말해서. 지금부터 모아 두는 편이 좋다고 들었습니다. F : 그렇구나. 목표가 있으면 힘낼 수 있다고 생각해. 나는 차가 갖고 싶어서, 입사하고 나서 계속 저금했었어. 차를 살 수 있다고 생각하면, 그렇게까지 힘들지 않았어. M : 와- 굉장하네요. 저는 가까운 시일 내에 결혼하고 싶으니 결혼식을 목표로 하겠습니다. F : 좋네, 힘내. 나의 다음 목표는 개. 개를 키우기 위해서 또 저금 시작했어. M : 병에 걸리거나 하면 돈이 든다고 하니깐요. 서로 힘내요. 남자는 어째서 저금을 시작하려고 생각하고 있습니까? [문제지] 1 결혼식을 하기 위해 2 집을 사기 위해 3 차를 사기 위해 4 반려동물을 위해

해설 남자가 저금을 시작하려는 이유가 무엇인지 묻는 문제이다. 남자가 今度兄が結婚するんですが、結婚式を挙げたり家を買ったりするのにお金がかなりかかるって言ってて。今から貯めておいたほうがいいって言われました(이번에 형이 결혼하는데, 결혼식을 올리거나 집을

사거나 하는 데에 돈이 꽤 든다고 말해서. 지금부터 모아 두는 편이 좋다고 들었습니다)라고 하고, 僕は近いうちに結婚したいので結婚式を 目標にします(저는 가까운 시일 내에 결혼하고 싶으니 결혼식을 목표로 하겠습니다)라고 언급했으므로, 1 けっこんしきをするため(결혼식을 하기 위해)가 정답이다.

4 중

[음성]
女の人と男の人が話しています。女の人はこれから何を
しますか。

F：息子が３歳になるんだけど、夜ぜんぜん寝てくれなく
　て困ってるの。私も夫も睡眠不足で。何かいい方法
　知らない？

M：うちの娘もそんな時期があったなあ。寝る時間が長
　すぎたら眠くならないから、朝早く起こしてみたり、
　昼寝を減らしてみるのもいいって聞くよ。

F：朝は７時前に起こしてるし、昼寝をしない日だってあ
　るの。それなのに寝なくて…。

M：うーん、外でしっかり遊ばせてる？疲れていたら自然
　と寝ると思うけど。

F：もちろん。平日は保育園で十分遊んでるし、土日も
　できるだけ外で活動するようにしてるよ。時間をこれ
　以上増やすのは、正直難しそう。

M：そっか。うちの娘は寝る前に絵本を読んであげたら、
　すっと寝てたよ。親の声を聞くと安心して眠りやすく
　なるんだって。

F：そうなんだ。息子は絵本が好きだから見せたら目が
　覚めちゃうと思って夜は見せないようにしてたんだけ
　ど、一度やってみてもいいかもね。ありがとう。

M：うん、やってみて。

女の人はこれから何をしますか。

[문제지]
1 むすこを朝早い時間に起こす
2 むすこのひるねの時間をへらす
3 むすこが外で遊ぶ時間をふやす
4 むすこがねる前に絵本を読んであげる

[음성]
여자와 남자가 이야기하고 있습니다. 여자는 이제부터 무엇을 합니까?

F : 아들이 3살이 되는데, 밤에 전혀 자 주지 않아서 곤란해하고
　　있어. 나도 남편도 수면 부족으로. 뭔가 좋은 방법 몰라?

M : 우리 딸도 그런 시기가 있었지. 자는 시간이 너무 길면 졸리지
　　않게 되니까, 아침 일찍 깨워 보거나, 낮잠을 줄여 보는 것도
　　좋다고 들었어.

F : 아침은 7시 전에 깨우고 있고, 낮잠을 자지 않는 날도 있어. 그
　　런데도 자지 않아서….

M : 음, 밖에서 제대로 놀게 하고 있어? 피곤하면 자연스럽게 잘
　　거라고 생각하는데.

F : 물론이지. 평일은 보육원에서 충분히 놀고 있고, 토요일 일요
　　일도 가능한 한 밖에서 활동하도록 하고 있어. 시간을 이 이상
　　늘리는 것은, 솔직히 어려울 것 같아.

M : 그렇구나. 우리 딸은 자기 전에 그림책을 읽어 주면, 쓱 잤었
　　어. 부모의 목소리를 들으면 안심하고 자기 쉬워진다고 해.

F : 그렇구나. 아들은 그림책을 좋아하니까 보여 주면 잠이 깨 버
　　릴 거라 생각해서 밤에는 보여 주지 않도록 했었는데, 한번 해
　　봐도 좋을지도. 고마워.

M : 응, 해 봐.

여자는 이제부터 무엇을 합니까?

[문제지]
1 아들을 아침 이른 시간에 깨운다
2 아들의 낮잠 시간을 줄인다
3 아들이 밖에서 노는 시간을 늘린다
4 아들이 자기 전에 그림책을 읽어 준다

해설 여자가 이제부터 하는 것이 무엇인지 묻는 문제이다. 남자가 うちの娘は寝る前に絵本を読んであげたら、すっと寝てたよ(우리 딸은 자기 전에 그림책을 읽어 주면, 쓱 잤어요)라고 하자, 여자가 一度やってみてもいいかもね(한번 해 봐도 좋을지도)라고 언급했으므로, 4 むすこがねる前に絵本を読んであげる(아들이 자기 전에 그림책을 읽어 준다)가 정답이다.

어휘 息子 むすこ 圏아들 ～歳 ～さい ~살, 세 夜 よる 圏밤 ぜんぜん 園전혀 寝る ねる 圏자다 困る こまる 圏곤란하다 夫 おっと 圏남편
睡眠不足 すいみんぶそく 圏수면 부족 いい い圏좋다 方法 ほうほう 圏방법 知る しる 圏알다 うち 圏우리 娘 むすめ 圏딸
時期 じき 圏시기 時間 じかん 圏시간 長い ながい い圏길다 ～すぎる 너무 ~하다 ～たら 图~(하)면 眠い ねむい い圏졸리다
～から 图~니까 朝 あさ 圏아침 早く はやく 園빨리 起こす おこす 圏깨우다 昼寝 ひるね 圏낮잠 減らす へらす 圏줄이다
聞く きく 圏듣다 時 じ 圏시 前 まえ 圏전 日 ひ 圏날 それなのに 圙그런데도 外 そと 圏밖 しっかり 園제대로, 확실히
遊ばせる あそばせる 圏놀게 하다 疲れる つかれる 圏피곤하다 自然に しぜんに 자연스럽게 思う おもう 圏생각하다 もちろん 園물론
平日 へいじつ 圏평일 保育園 ほいくえん 圏보육원 十分だ じゅうぶんだ な圏충분하다 遊ぶ あそぶ 圏놀다 土日 どにち 圏토요일 일요일
できるだけ 가능한 한 活動 かつどう 圏활동 ～ようにする ~(하)도록 하다 増やす ふやす 圏늘리다 正直 しょうじき 圏솔직히
難しい むずかしい い圏어렵다 絵本 えほん 圏그림책 読む よむ 圏읽다 すっと 쓱 親 おや 圏부모(님) 声 こえ 圏목소리
安心 あんしん 圏안심 ～やすい ~(하)기 쉽다 好きだ すきだ な圏좋아하다 見せる みせる 圏보여 주다 目が覚める めがさめる 잠이 깨다
～ちゃう ~(해) 버리다 一度 いちど 한번 やる 圏하다

5 상

[음성]
大学で女の学生と教授が話しています。女の学生はいつ教授の研究室に行きますか。

F：先生、論文について相談したいことがあるんですが、いつかお時間頂けませんか。

M：いいですよ。今日はこの後講義が入っていて難しいですね。来週の月曜日はどうですか。午後5時以降で。

F：すみません。来週は木曜日まで試験なので、金曜日でもいいですか。

M：金曜日はちょっと忙しいんです。試験の最終日、試験が終わった後の時間に来られませんか。

F：あ、3時に終わる予定なので、その後なら大丈夫です。

M：じゃあ、終わってから研究室に来てください。

F：分かりました。ありがとうございます。

女の学生はいつ教授の研究室に行きますか。

[문제지]
1 来週の月曜日の午後3時
2 来週の月曜日の午後5時
3 来週の木曜日の午後3時
4 来週の木曜日の午後5時

[음성]
대학에서 여학생과 교수가 이야기하고 있습니다. 여학생은 언제 교수의 연구실에 갑니까?

F : 선생님, 논문에 대해서 상담하고 싶은 것이 있습니다만, 언젠가 시간을 내주실 수 없겠습니까?

M : 좋아요. 오늘은 이 다음에 강의가 들어 있어서 어렵네요. 다음 주 월요일은 어때요? 오후 5시 이후로.

F : 죄송합니다. 다음 주는 목요일까지 시험이라서, 금요일이라도 괜찮을까요?

M : 금요일은 조금 바쁩니다. 시험 마지막 날, 시험이 끝난 후의 시간에 올 수 없나요?

F : 아, 3시에 끝날 예정이라서, 그 후라면 괜찮습니다.

M : 그럼, 끝나고 나서 연구실로 와 주세요.

F : 알겠습니다. 감사합니다.

여학생은 언제 교수의 연구실에 갑니까?

[문제지]
1 다음 주 월요일 오후 3시
2 다음 주 월요일 오후 5시
3 다음 주 목요일 오후 3시
4 다음 주 목요일 오후 5시

해설 여학생이 교수의 연구실에 가는 것이 언제인지 묻는 문제이다. 여학생이 来週は木曜日まで試験(다음 주는 목요일까지 시험)이라고 했고, 교수가 試験の最終日、試験が終わった後の時間に来られませんか(시험 마지막 날, 시험이 끝난 후의 시간에 올 수 없나요)라고 하자, 여학생이 3時に終わる予定なので、その後なら大丈夫です(3시에 끝날 예정이라서, 그 후라면 괜찮습니다)라고 언급했으므로, 3 来週の木曜日の午後3時(다음 주 목요일 오후 3시)가 정답이다.

어휘 大学 だいがく 圏대학 教授 きょうじゅ 圏교수(님) 研究室 けんきゅうしつ 圏연구실 行く いく 圏가다 先生 せんせい 圏선생(님)
論文 ろんぶん 圏논문 ～について ~에 대해서 相談 そうだん 圏상담 ～たい ~(하)고 싶다 いつか 園언젠가 時間 じかん 圏시간
頂く いただく 圏(상대가) 주다, 받다(もらう의 겸양어) 今日 きょう 圏오늘 後 あと 圏다음, 후 講義 こうぎ 圏강의 入る はいる 圏들다, 들어가다

難しい むずかしい [い형]어렵다　来週 らいしゅう [명]다음 주　月曜日 げつようび [명]월요일　午後 ごご [명]오후　時 じ [명]시　以降 いこう [명]이후

木曜日 もくようび [명]목요일　試験 しけん [명]시험　〜なので ~라서　金曜日 きんようび [명]금요일　いい [い형]괜찮다　ちょっと [부]조금

忙しい いそがしい [い형]바쁘다　最終日 さいしゅうび [명]마지막 날　終わる おわる [동]끝나다　来る くる [동]오다　予定 よてい [명]예정

〜なら [조]~라면　大丈夫だ だいじょうぶだ [な형]괜찮다　〜てから ~(하)고 나서　分かる わかる [동]알다

6 중

[음성]

市民センターで、男の人と係りの人が話しています。男の人はどうしてホールを借りることができませんか。

M：すみません、4月5日の10時からホールを借りたいんですが。

F：はい。他の予約が入っていないか確認します……。あ、空いていますね。では、こちらの申し込み用紙を書いてください。

M：はい。えっと、利用する人の名前ってあるんですが、これ全員書かなきゃいけませんか。

F：はい、全員分書いていただくことになっています。

M：そうですか。まだ誰が来るかはっきりしていなくて。

F：でしたら、申し訳ございませんが、ご利用になる方が分かってからもう一度申請してください。

M：あー分かりました。いつまでに予約しないといけないですか。

F：申し込みの締め切りは利用日の3日前までです。受付時間は平日午前10時から午後6時までですので、時間内にいらしてください。

M：はい、また来ます。

男の人はどうしてホールを借りることができませんか。

[문제지]

1 さきによやくが入っていたから

2 りようする人が決まっていないから

3 もうしこみの しめきりが すぎたから

4 うけつけ時間ではないから

[음성]

시민 센터에서, 남자와 담당자가 이야기하고 있습니다. 남자는 어째서 홀을 빌릴 수 없습니까?

M : 실례합니다, 4월 5일 10시부터 홀을 빌리고 싶은데요.

F : 네. 다른 예약이 들어 있지 않은지 확인하겠습니다 ……. 아, 비어 있네요. 그럼, 이쪽의 신청 용지를 써 주세요.

M : 네. 음, 이용하는 사람의 이름이라고 있는데, 이거 전원 써야만 하나요?

F : 네, 전원분 써 주시게 되어 있습니다.

M : 그렇습니까. 아직 누가 올지 분명하지 않아서.

F : 그렇다면, 죄송합니다만, 이용하실 분들을 알고 나서 다시 한번 더 신청해 주세요.

M : 아- 알겠습니다. 언제까지 예약해야 합니까?

F : 신청 마감은 이용일 3일 전까지입니다. 접수 시간은 평일 오전 10시부터 오후 6시까지라서, 시간 내에 와 주세요.

M : 네, 다시 오겠습니다.

남자는 어째서 홀을 빌릴 수 없습니까?

[문제지]

1 먼저 예약이 들어 있었기 때문에

2 이용하는 사람이 정해져 있지 않기 때문에

3 신청 마감이 지났기 때문에

4 접수 시간이 아니기 때문에

해설 남자가 홀을 빌릴 수 없는 이유가 무엇인지 묻는 문제이다. 남자가 利用する人の名前ってあるんですが、これ全員書かなきゃいけませんか(이용하는 사람의 이름이라고 있는데, 이거 전원 써야만 하나요)라고 하자, 담당자가 はい、全員分書いていただくことになっています(네, 전원분 써 주시게 되어 있습니다)라고 했고, 이에 대해 남자가 まだ誰が来るかはっきりしていなくて(아직 누가 올지 분명하지 않아서)라고 하자, 담당자가 でしたら、申し訳ございませんが、ご利用になる方が分かってからもう一度申請してください(그렇다면, 죄송합니다만, 이용하실 분들을 알고 나서 다시 한번 더 신청해 주세요)라고 언급했으므로, 2 りようする人が決まっていないから(이용하는 사람이 정해져 있지 않기 때문에)가 정답이다.

어휘 市民 しみん [명]시민　センター [명]센터　ホール [명]홀　借りる かりる [동]빌리다　時 じ [명]시　〜から [조]~부터　〜たい ~(하)고 싶다

他 ほか [명]다름　予約 よやく [명]예약　入る はいる [동]들다, 들어가다　確認 かくにん [명]확인　空く あく [동]비다　申し込み もうしこみ [명]신청

用紙 ようし [명]용지　書く かく [동]쓰다　利用 りよう [명]이용　人 ひと [명]사람　名前 なまえ [명]이름　全員 ぜんいん [명]전원

〜なきゃいけない ~해야만 한다　〜分 ~ぶん ~분　〜ていただく (해) 주시다　〜ことになる (하)게 되다　まだ [부]아직　誰 だれ [명]누구

来る くる [동]오다　はっきり [부]분명히, 확실히　申し訳ない もうしわけない [い형]죄송하다, 미안하다　方 かた [명]분(들)　分かる わかる [동]알다

〜てから ~(하)고 나서　もう一度 もういちど 다시 한번 더　申請 しんせい [명]신청　いつまで 언제까지　〜ないといけない ~해야 한다

締め切り しめきり 圏마감　利用日 りようび 圏이용일　前 まえ 圏전　～まで 国~까지　受付 うけつけ 圏접수　時間 じかん 圏시간
平日 へいじつ 圏평일　午前 ごぜん 圏오전　午後 ごご 圏오후　～ので 国~라서　～内 ～ない ~내　また 昌다시

☞ 문제 3은 문제지에 아무것도 인쇄되어 있지 않습니다. 따라서, 예제를 들려줄 때, 그 내용을 들으면서 개요 이해의 문제 풀이 전략을 떠올려 봅니다. 음성에서 では、始めます(그러면, 시작합니다)가 들리면, 곧바로 문제 풀 준비를 합니다.

문제 3의 디렉션과 예제

問題3では、問題用紙に何もいんさつされていません。この問題は、ぜんたいとしてどんなないようかを聞く問題です。話の前に質問はありません。まず話を聞いてください。それから、質問とせんたくしを聞いて、1から4の中から、最もよいものを一つえらんでください。

女の人と男の人が電話で話しています。

F：もしもし。田中くん？今忙しい？
M：いや、大丈夫だよ。どうしたの？
F：実は、北海道の友達からじゃがいもが送られてきたんだけど、一人では食べきれなくて。田中くん、食べないかなと思って。
M：北海道のじゃがいも？くれるの？
F：うん、今から持っていくけど大丈夫？
M：いやいや、重いから僕が取りに行くよ。
F：そんなに重くないから、大丈夫だよ。それにコンビニにも行く用事があるから。
M：じゃ、家で待ってるよ。
F：分かった。すぐに行くね。

女の人は男の人に何を話すために電話しましたか。

1 じゃがいもを分けてあげるということ
2 北海道の友達を紹介するということ
3 お願いしたいことがあるということ
4 コンビニに一緒に行くということ

最もよいものは1番です。回答用紙の問題3の例のところを見てください。最もよいものは1番ですから、答えはこのように書きます。では、始めます。

문제 3에서는, 문제 용지에 아무것도 인쇄되어 있지 않습니다. 이 문제는, 전체로서 어떤 내용인가를 묻는 문제입니다. 이야기의 앞에 질문은 없습니다. 먼저 이야기를 들어 주세요. 그리고, 질문과 선택지를 듣고, 1부터 4 중에서, 가장 알맞은 것을 하나 골라 주세요.

여자와 남자가 전화로 이야기하고 있습니다.

F : 여보세요. 다나카 군? 지금 바빠?
M : 아니, 괜찮아. 무슨 일이야?
F : 실은, 홋카이도의 친구가 감자를 보내왔는데, 혼자서는 다 먹을 수 없어서. 다나카 군, 먹지 않을까 하고 생각해서.
M : 홋카이도 감자? 주는 거야?
F : 응, 지금부터 가지고 갈 건데 괜찮아?
M : 아니 아니, 무거우니까 내가 가지러 갈게.
F : 그렇게 무겁지 않으니까, 괜찮아. 게다가 편의점에도 갈 볼일이 있으니까.
M : 그럼, 집에서 기다리고 있을게.
F : 알았어. 바로 갈게.

여자는 남자에게 무엇을 이야기하기 위해 전화했습니까?

1 감자를 나눠준다는 것
2 홋카이도의 친구를 소개한다는 것
3 부탁하고 싶은 것이 있다는 것
4 편의점에 같이 간다는 것

가장 알맞은 것은 1번입니다. 정답 용지의 문제 3의 예시 부분을 봐 주세요. 가장 알맞은 것이 1번이기 때문에, 정답은 이와 같이 표시합니다. 그러면 시작합니다.

---

1 중

[음성]

男の人が女の人に映画の感想を聞いています。

M：小島さん、今やってる「つばき」っていう映画、とっても人気らしいよ。
F：うん、私も週末見に行ってきた。
M：えっ、どうだった？

[음성]

남자가 여자에게 영화의 감상을 물어보고 있습니다.

M : 고지마 씨, 지금 하고 있는 '츠바키'라는 영화, 매우 인기라고 해.
F : 응, 나도 주말에 보러 갔다 왔어.
M : 앗, 어땠어?

F：武士の時代の話だからちょっと難しかったけど、内容は面白かったよ。

M：やっぱり面白いんだ。歴史の授業で習う事件が出てきたりするんだよね？

F：うん。

M：へー、僕も見たいなあ。あ、小島さんは好きな俳優が出てるから見に行ったんでしょ？

F：えー違うよ。最近あんまり俳優に興味ないんだ。一緒に見に行った友達は映像がきれいでよかったって言ってたけど、私にはあんまり分からなかったな。

M：まあでも内容がいいなら、見る価値はあるね。

F：うん。ぜひ見てみて。

女の人は映画についてどう思っていますか。

1 歴史が知れて、よかった
2 ストーリーが面白くて、よかった
3 好きな俳優が出ていて、よかった
4 映像がきれいで、よかった

F : 무사 시대의 이야기라서 조금 어려웠는데, 내용은 재미있었어.

M : 역시 재미있구나. 역사 수업에서 배운 사건이 나오거나 하는 거지?

F : 응.

M : 흠, 나도 보고 싶다. 아, 고지마 씨는 좋아하는 배우가 나오니까 보러 간 거지?

F : 아- 아니야. 최근 그다지 배우에 흥미 없어. 같이 보러 간 친구는 영상이 예뻐서 좋았다고 말했었는데, 나는 그다지 모르겠더라.

M : 뭐 그래도 내용이 좋으면, 볼 가치는 있지.

F : 응. 꼭 봐 봐.

여자는 영화에 대해 어떻게 생각하고 있습니까?

1 역사를 알 수 있어서, 좋았다
2 스토리가 재미있어서, 좋았다
3 좋아하는 배우가 나와서, 좋았다
4 영상이 예뻐서, 좋았다

해설 여자가 영화에 대해 어떻게 생각하고 있는지 전체적인 흐름을 파악하며 주의 깊게 듣는다. 여자가 武士の時代の話だからちょっと難しかったけど、内容は面白かったよ(무사 시대의 이야기라서 조금 어려웠는데, 내용은 재미있었어)라고 했다. 질문에서 여자가 영화에 대해 어떻게 생각하고 있는지를 묻고 있으므로, 2 ストーリーが面白くて、よかった(스토리가 재미있어서, 좋았다)가 정답이다.

어휘 映画 えいが 圏 영화 感想 かんそう 圏 감상 聞く きく 圏 물어보다 今 いま 圏 지금 やる 圏 하다 とっても 凰 매우 人気 にんき 圏 인기
～らしい ～라고 한다 週末 しゅうまつ 圏 주말 見る みる 圏 보다 行く いく 圏 가다 武士 ぶし 圏 무사 時代 じだい 圏 시대 話 はなし 圏 이야기
～だから ～라서 ちょっと 凰 조금 難しい むずかしい い형 어렵다 内容 ないよう 圏 내용 面白い おもしろい い형 재미있다 やっぱり 凰 역시
授業 じゅぎょう 圏 수업 習う ならう 圏 배우다 事件 じけん 圏 사건 出る でる 圏 나오다 ～たり 조 ～하거나 ～たい ～(하)고 싶다
好きだ すきだ な형 좋아하다 俳優 はいゆう 圏 배우 違う ちがう 圏 아니다, 다르다 最近 さいきん 圏 최근 あんまり 凰 그다지
興味 きょうみ 圏 흥미 一緒に いっしょに 凰 같이 友達 ともだち 圏 친구 映像 えいぞう 圏 영상 きれいだ な형 예쁘다, 깨끗하다 よい い형 좋다
言う いう 圏 말하다 分かる わかる 圏 알다 ～なら 조 ～(하)면 価値 かち 圏 가치 ぜひ 凰 꼭 ～について ～에 대해 思う おもう 圏 생각하다
歴史 れきし 圏 역사 知る しる 圏 알다 ストーリー 圏 스토리, 이야기

2 중상

[음성]
留守番電話のメッセージを聞いています。

F：もしもし、みずうみ建設の早川です。昨日の夜から体調が悪くて、今日は会社を休む予定です。急なご連絡になってしまって申し訳ありません。今日のミーティングの日程を明日以降に変更していただけませんか。明日出勤したらすぐお電話しますので、日程はそのときに調整できればと思います。よろしくお願いいたします。

[음성]
부재중 전화의 메시지를 듣고 있습니다.

F : 여보세요, 미즈우미 건설의 하야카와입니다. 어젯밤부터 몸 상태가 좋지 않아, 오늘은 회사를 쉴 예정입니다. 갑작스러운 연락이 돼 버려서 죄송합니다. 오늘 미팅 일정을 내일 이후로 변경해 주실 수 없겠습니까? 내일 출근하면 바로 전화드리겠으니, 일정은 그때 조정할 수 있다면 좋겠습니다. 잘 부탁드립니다.

早川さんが一番言いたいことは何ですか。 | 하야카와 씨가 가장 말하고 싶은 것은 무엇입니까?

1 昨日の夜から体調が悪いこと | 1 어젯밤부터 몸 상태가 안 좋은 것

2 今日は会社を休むこと | 2 오늘은 회사를 쉬는 것

3 ミーティングの日を変えてほしいこと | **3 미팅 날을 바꿔 줬으면 하는 것**

4 明日ミーティングの日程を決めたいこと | 4 내일 미팅 일정을 정하고 싶은 것

해설 부재중 전화 메시지의 내용을 전체적인 흐름을 파악하며 주의 깊게 듣는다. 메시지에서 ミーティングの日程を明日以降に変更していただけ ませんか(오늘 미팅 일정을 내일 이후로 변경해 주실 수 없겠습니까)라고 했다. 질문에서 하야카와 씨가 가장 말하고 싶은 것이 무엇인지를 묻고 있으므로, 3 ミーティングの日を変えてほしいこと(미팅 날을 바꿔 줬으면 하는 것)가 정답이다.

어휘 留守番電話 るすばんでんわ 圏 부재중 전화 メッセージ 圏 메시지 聞く きく 圏 듣다 もしもし 여보세요 建設 けんせつ 圏 건설
昨日 きのう 圏 어제 夜 よる 圏 밤 ～から 图 ~부터 体調 たいちょう 圏 몸 상태 悪い わるい い혱 좋지 않다, 나쁘다 今日 きょう 圏 오늘
会社 かいしゃ 圏 회사 休む やすむ 圏 쉬다 予定 よてい 圏 예정 急だ きゅうだ な혱 갑작스럽다 連絡 れんらく 圏 연락 ～てしまう ~(해) 버리다
申し訳ない もうしわけない い혱 죄송하다, 미안하다 ミーティング 圏 미팅, 회의 日程 にってい 圏 일정 明日 あした 圏 내일 以降 いこう 圏 이후
変更 へんこう 圏 변경 ～ていただく ~(해) 주시다 出勤 しゅっきん 圏 출근 すぐ 囝 바로 ～ので 图 ~으니 とき 圏 때 調整 ちょうせい 圏 조정
できればと思います できればとおもいます ~(할) 수 있다면 좋겠습니다 願う ねがう 圏 부탁하다 一番 いちばん 圏 가장 言う いう 圏 말하다
～たい ~(하)고 싶다 変える かえる 圏 바꾸다 ～てほしい ~(해) 줬으면 하다 決める きめる 圏 정하다

꼭 알아두기 부재중 전화 메시지에서는, ～ていただけませんか(~해 주실 수 없겠습니까?), ～てくれる？(~해 줄래?)와 같은 표현과 함께 화자가 전하고자 하는 내용이 자주 언급된다.

3 중

[음성] | [음성]

男の人と女の人が話しています。 | 남자와 여자가 이야기하고 있습니다.

M : 最近、寝る前に日記を書くようになったんだ。 | M : 최근, 자기 전에 일기를 쓰게 되었어.

F : 日記ですか。 | F : 일기요?

M : そう、社会人になってから一日があっという間に過ぎ ていく気がして、一日を振り返る時間が必要だと思っ てね。もう一か月くらい続いてるよ。 | M : 응, 사회인이 되고 나서 하루가 눈 깜짝할 새 지나가는 느낌이 들어서, 하루를 돌아보는 시간이 필요하다고 생각해서 말이 야. 벌써 한 달 정도 계속하고 있어.

F : すごいですね。でも、毎日書くの大変じゃないですか。 | F : 대단하네요. 그래도, 매일 쓰는 거 힘들지 않나요?

M : 習慣にしてしまえばそこまで大変じゃないよ。日記の おかげで、ただの平日でもいろんな人と関わっていて、 いろんなことを感じていることに気付けたんだ。 | M : 습관으로 삼아 버리면 그렇게까지 힘들지 않아. 일기 덕분에, 그냥 평일이라도 다양한 사람과 관계를 맺고 있고, 다양한 것을 느끼고 있는 것을 깨달을 수 있었어.

F : 素敵です。私もやってみたくなってきました。 | F : 멋지네요. 저도 해 보고 싶어졌어요.

男の人は何について話していますか。 | 남자는 무엇에 대해서 이야기하고 있습니까?

1 日記を続けている期間 | 1 일기를 계속하고 있는 기간

2 日記を書いて感じたこと | **2 일기를 쓰고 느낀 것**

3 日記を続けるための工夫 | 3 일기를 계속하기 위한 궁리

4 日記に書いている内容 | 4 일기에 쓰고 있는 내용

해설 남자와 여자가 무엇에 대해서 이야기하고 있는지 전체적인 흐름을 파악하며 주의 깊게 듣는다. 남자가 日記のおかげで、ただの平日でもい ろんな人と関わっていて、いろんなことを感じていることに気付けたんだ(일기 덕분에, 그냥 평일이라도 다양한 사람과 관계를 맺고 있 고, 다양한 것을 느끼고 있는 것을 깨달을 수 있었어)라고 했다. 남자가 무엇에 대해서 이야기하고 있는지를 묻고 있으므로, 2 日記を書いて感 じたこと(일기를 쓰고 느낀 것)가 정답이다.

어휘 最近 さいきん 圏 최근 寝る ねる 圏 자다 前 まえ 圏 전 日記 にっき 圏 일기 書く かく 圏 쓰다 ～ようになる ~(하)게 되다
社会人 しゃかいじん 圏 사회인 ～てから ~(하)고 나서 一日 いちにち 圏 하루 あっという間 あっというま 눈 깜짝할 새 過ぎる すぎる 圏 지나다
気がする きがする 느낌이 들다 振り返る ふりかえる 圏 돌아보다 時間 じかん 圏 시간 必要だ ひつようだ な혱 필요하다 思う おもう 圏 생각하다
もう 囝 벌써 一か月 いっかげつ 圏 한 달, 1개월 ～くらい 图 ~정도 続く つづく 圏 계속되다 すごい い혱 대단하다 でも 쥅 그래도

毎日 まいにち 圏 매일　大変だ たいへんだ な형 힘들다　習慣 しゅうかん 圏 습관　～てしまう ~(해) 버리다　～おかげだ ~덕분이다　ただ 閉 그냥
平日 へいじつ 평일　いろんな 다양한　人 ひと 圏 사람　関わる かかわる 圏 관계를 맺다　感じる かんじる 圏 느끼다　気付く きづく 圏 깨닫다
素敵だ すてきだ な형 멋지다　やる 圏 하다　～たい ~(하)고 싶다　～について ~에 대해서　続ける つづける 圏 계속하다　期間 きかん 圏 기간
～ための ~위한　工夫 くふう 圏 궁리　内容 ないよう 圏 내용

☞ 문제 4는 예제를 들려줄 때 1번부터 4번까지의 그림을 보고 상황을 미리 떠올려봅니다. 음성에서 では、始めます(그러면, 시작합니다)가 들리면, 곧바로 문제 풀 준비를 합니다.

문제 4의 디렉션과 예제

[문제지]

[음성]
問題４では、えを見ながら質問を聞いてください。やじるし（➡）の人は何と言いますか。１から３の中から、最もよいものを一つえらんでください。

友達の家に遊びに行きました。部屋に友達のお父さんが来ました。何と言いますか。

M：１ 失礼ですね。
　　２ お疲れ様です。
　　３ お邪魔しています。

最もよいものは３番です。回答用紙の問題４の例のところを見てください。最もよいものは３番ですから、答えはこのように書きます。では、始めます。

[음성]
문제 4에서는, 그림을 보면서 질문을 들어 주세요. 화살표(➡)의 사람은 뭐라고 말합니까? 1부터 3 중에서, 가장 알맞은 것을 하나 골라 주세요.

친구 집에 놀러 갔습니다. 방에 친구의 아버지가 오셨습니다. 뭐라고 말합니까?

M: 1 실례네요.
　　2 수고하셨습니다.
　　3 실례하고 있습니다.

가장 알맞은 것은 3번입니다. 정답 용지의 문제 4의 예시 부분을 봐 주세요. 가장 알맞은 것이 3번이기 때문에, 정답은 이와 같이 표시합니다. 그러면 시작합니다.

---

1 중

[문제지]

[음성]
子どもが学校に行きます。子どもに何と言いますか。

[음성]
아이가 학교에 갑니다. 아이에게 뭐라고 말합니까?

M：1 それじゃ、いってきます。

2 ただいま帰りました。

3 気を付けていってらっしゃい。

M：1 그럼, 다녀오겠습니다.

2 지금 막 돌아왔습니다.

3 조심해서 잘 다녀와.

해설 학교에 가는 아이를 배웅하는 아빠가 할 수 있는 말을 고르는 문제이다.

1 (X) 아이가 할 수 있는 말이므로 오답이다.

2 (X) 배웅하는 상황에 맞지 않는 말이므로 오답이다.

3 (O) いってらっしゃい가 배웅할 때 쓰는 '잘 다녀와'라는 말이므로 정답이다.

어휘 子ども こども 圐아이　学校 がっこう 圐학교　行く いく 图가다　帰る かえる 图돌아오다　気を付ける きをつける 图조심하다

2 중상

[문제지]

[음성]

友達に本を返さなければいけないのに、家に置いてきました。友達に何と言いますか。

M：1 ごめん、本持ってくるの忘れちゃった。

2 ごめん、本は明日貸してあげるよ。

3 ごめん、本を机の上に置いてくれない？

[음성]

친구에게 책을 돌려줘야 하는데, 집에 두고 왔습니다. 친구에게 뭐라고 말합니까?

M：1 미안, 책 가지고 오는 거 잊어버렸어.

2 미안, 책은 내일 빌려줄게.

3 미안, 책을 책상 위에 둬 주지 않을래?

해설 친구에게 돌려줘야 하는 책을 집에 두고 왔을 때 할 수 있는 말을 고르는 문제이다.

1 (O) 持ってくるの忘れちゃった가 '가지고 오는 거 잊어버렸어'라는 말이므로 정답이다.

2 (X) 貸してあげるよ는 '빌려줄게'라는 말이므로 오답이다.

3 (X) 机の上に置いてくれない는 '책상 위에 둬 주지 않을래?'라는 말이므로 오답이다.

어휘 友達 ともだち 圐친구　本 ほん 圐책　返す かえす 图돌려주다　～なければならない ~(해)야 한다　～のに 国~는데　家 いえ 圐집
置く おく 图두다　ごめん 미안　持つ もつ 图가지다　忘れる わすれる 图잊다　～ちゃう ~(해) 버리다　明日 あした 圐내일　貸す かす 图빌려주다
机 つくえ 圐책상　上 うえ 圐위　置く おく 图두다

꼭! 알아두기　～なければいけないのに～ました(~하지 않으면 안 되는데 ~했습니다)는 해야 할 일을 하지 않은 상황이므로, 사과하거나 양해를 구하는 내용을 정답으로 고른다.

3 중

[문제지]

[음성]

レストランで食事をしています。箸を床に落としました。店の人に何と言いますか。

M：1 あのう、床に落ちている箸拾いましょうか。

2 あのう、箸を落としたので新しいのをください。

3 あのう、そこの箸を渡してくれませんか。

[음성]

레스토랑에서 식사를 하고 있습니다. 젓가락을 바닥에 떨어뜨렸습니다. 가게 사람에게 뭐라고 말합니까?

M：1 저기, 바닥에 떨어져 있는 젓가락 주울까요?.

2 저기, 젓가락을 떨어뜨렸으니 새로운 것을 주세요.

3 저기, 거기의 젓가락을 건네주시겠어요?

해설 젓가락을 떨어트린 손님이 점원에게 할 수 있는 말을 고르는 문제이다.

1 (X) 箸拾いましょうか는 '젓가락 주울까요?'라는 말이므로 오답이다.

2 (O) 新しいのをください가 '새로운 것을 주세요'라는 말이므로 정답이다.

3 (X) そこの箸を渡してくれませんか는 '거기의 젓가락을 건네주시겠어요?'라는 말이므로 오답이다.

어휘 レストラン 圏 레스토랑 食事 しょくじ 圏 식사 箸 はし 圏 젓가락 床 ゆか 圏 바닥 落とす おとす 圏 떨어뜨리다 店 みせ 圏 가게
人 ひと 圏 사람 落ちる おちる 圏 떨어지다 拾う ひろう 圏 줍다 ～ので 图 ~으니 新しい あたらしい い형 새롭다 渡す わたす 圏 건네다

4 　중

[문제지]

[음성]

課長と会議室で話しています。部屋の中が暑いです。課長に何と言いますか。

F：1 そんなに暑いですか。

2 クーラーをつけてもいいですか。

3 会議を始めてもかまいません。

[음성]

과장님과 회의실에서 이야기하고 있습니다. 방 안이 덥습니다. 과장님에게 뭐라고 말합니까?

F：1 그렇게 덥나요?

2 에어컨을 틀어도 될까요?

3 회의를 시작해도 괜찮습니다.

해설 방 안이 더울 때 과장님에게 할 수 있는 말을 고르는 문제이다.

1 (X) 방 안이 덥다고 느끼는 사람이 할 수 있는 말이 아니므로 오답이다.

2 (O) クーラーをつけてもいいですか가 '에어컨을 틀어도 될까요?'라는 말이므로 정답이다.

3 (X) 방 안이 덥다고 느끼는 상황에 맞지 않는 말이므로 오답이다.

어휘 課長 かちょう 圏 과장(님) 会議室 かいぎしつ 圏 회의실 話す はなす 圏 이야기하다 部屋 へや 圏 방 ～中 ～なか ~안 暑い あつい い형 덥다
クーラー 圏 에어컨 つける 圏 틀다 会議 かいぎ 圏 회의 始める はじめる 圏 시작하다 ～てもかまわない ~(해)도 괜찮다

☞ 문제 5는 문제지에 아무것도 인쇄되어 있지 않습니다. 따라서, 예제를 들려줄 때, 그 내용을 들으면서 즉시 응답의 문제 풀이 전략을 떠올려 봅니다. 음성에서 では 始めます(그러면, 시작합니다)가 들리면, 실제 문제 풀 준비를 합니다.

問題5では、問題用紙に何もいんさつされていません。まず文を聞いてください。それから、そのへんじを聞いて、1から3の中から、最もよいものを一つえらんでください。

M：重そうですね。手伝いましょうか。
F：1 ええ、失礼しました。
　　2 ええ、軽そうですね。
　　3 どうも。助かります。

最もよいものは3番です。回答用紙の問題5の例のところを見てください。最もよいものは3番ですから、答えはこのように書きます。では、始めます。

문제 5에서는, 문제 용지에 아무것도 인쇄되어 있지 않습니다. 먼저 문장을 들어 주세요. 그리고, 그 대답을 듣고, 1부터 3 중에서, 가장 알맞은 것을 하나 골라 주세요.

M：무거울 것 같네요. **도와드릴까요?**
F：1 네, 실례했습니다.
　　2 네, 가벼울 것 같네요.
　　3 감사합니다. 도움이 됩니다.

가장 알맞은 것은 3번입니다. 정답 용지의 문제 5의 예시 부분을 봐 주세요. 가장 알맞은 것이 3번이기 때문에, 정답은 이와 같이 표시합니다. 그러면 시작합니다.

1 중

[음성]
M：林さん、今度の連休何するの？
F：1 祖母の家に行ってきたよ。
　　2 電車で行くつもりだけど。
　　3 まだ決めてないんだ。

[음성]
M：하야시 씨, 이번 연휴에 뭐 해?
F：1 할머니 집에 갔다 왔어.
　　2 전철로 갈 생각인데.
　　3 아직 정하지 않았어.

해설 남자가 하야시 씨, 즉 여자에게 연휴 계획을 물어보는 상황이다.
　　1 (X) 이미 한 일을 언급했으므로 질문의 상황과 맞지 않다.
　　2 (X) 연휴 계획을 묻는 상황에 맞지 않는 응답이다.
　　3 (O) 연휴 계획을 정하지 않았다는 적절한 응답이다.

어휘 今度 こんど 圏이번　連休 れんきゅう 圏연휴　祖母 そぼ 圏할머니　家 いえ 圏집　行く いく 圏가다　～てくる ~(하)고 오다　電車 でんしゃ 圏전철
　　～つもりだ ~(할) 생각이다　まだ 囝아직　決める きめる 圏정하다

2 중

[음성]
M：木村さん、クッキー作ったんですが、お一ついかがですか。
F：1 ありがとうございます。いただきます。
　　2 やっぱりおいしいと思いました。
　　3 これ、どこで買えるんですか。

[음성]
M：기무라 씨, 쿠키 만들었는데, 하나 어떠세요?
F：1 고마워요. 잘 먹겠습니다.
　　2 역시 맛있다고 생각했어요.
　　3 이거, 어디서 살 수 있나요?

해설 남자가 기무라 씨, 즉 여자에게 직접 만든 쿠키를 먹어보라고 제안하는 상황이다.
　　1 (O) 남자의 제안을 수락하는 적절한 응답이다.
　　2 (X) 쿠키를 먹은 후 할 수 있는 말이므로 상황이 맞지 않다.
　　3 (X) 남자가 직접 쿠키를 만들었다고 한 상황과 맞지 않다.

어휘 クッキー 圏쿠키　作る つくる 圏만들다　一つ ひとつ 圏하나, 한 개　いかが 囝어떠한　やっぱり 囝역시　おいしい い휑맛있다
　　思う おもう 圏생각하다　買う かう 圏사다

꼭 알아두기 いかがですか(어떠세요?), よかったら~ませんか(괜찮으면 ~하지 않겠습니까?)는 정중히 권유하는 표현이므로 감사하며 수락하거나 정중히 거절하는 내용을 정답으로 고른다.

3 상

[음성]	[음성]
F：あの女優さん、60代にしては若く見えるよね。 M：1 じゃあ、50代ってこと？ 　　2 えっ、40代だと思ってたよ。 　　3 来年60歳になるって。	F：저 여배우, 60대 치고는 젊게 보이지? M：1 그럼, 50대라는 거야? 　　2 엇, 40대라고 생각했었어. 　　3 내년에 60살이 된대.

해설 여사가 남사에게 어떤 여배우가 60대 치고는 젊어 보인다고 이야기하는 상황이다.

　　1 (X) 여배우가 60대라고 한 상황과 맞지 않다.

　　2 (O) 60대 치고는 젊어 보인다는 말에 공감하는 적절한 응답이다.

　　3 (X) 60代(60대)를 60歳(60살)로 반복 사용하여 혼동을 준 오답이다.

어휘 女優 じょゆう 閔 여배우　〜代 〜だい 〜대　〜にしては 〜치고는　若い わかい い형 젊다　見える みえる 동 보이다　思う おもう 동 생각하다
　　来年 らいねん 閔 내년　〜歳 〜さい 〜살, 세

4 중

[음성]	[음성]
F：遅れてすみません。今、電車を降りるところです。 M：1 大丈夫ですよ。ゆっくり来てください。 　　2 電車に乗ったら連絡してください。 　　3 すぐに降りたほうがいいです。	F：늦어서 죄송합니다. 지금, 전철을 내리는 참입니다. M：1 괜찮아요. 천천히 와 주세요. 　　2 전철을 타면 연락해 주세요. 　　3 바로 내리는 편이 좋습니다.

해설 여자가 남자에게 지금 전철을 내리는 참이라며 늦어서 죄송하다고 사과하는 상황이다.

　　1 (O) 여자의 사과를 받아주는 적절한 응답이다.

　　2 (X) 지금 전철을 내리는 참이라고 한 상황과 맞지 않다.

　　3 (X) 降りる(おりる)를 降りた(おりた)로 반복 사용하여 혼동을 준 오답이다.

어휘 遅れる おくれる 동 늦다　今 いま 閔 지금　電車 でんしゃ 閔 전철　降りる おりる 동 내리다　〜ところだ 〜(하)는 참이다
　　大丈夫だ だいじょうぶだ な형 괜찮다　ゆっくり 囝 천천히　来る くる 동 오다　〜てください 〜(해) 주세요　乗る のる 동 타다　〜たら 区 〜(하)면
　　連絡 れんらく 閔 연락　すぐに 囝 바로

5 중

[음성]	[음성]
M：先輩、さっきからコピー機がおかしいんです。 F：1 え？どこがおかしいの？ 　　2 ちょっと見てくれる？ 　　3 ええ、見てあげないの？	M：선배, 아까부터 복사기가 이상해요. F：1 어? 어디가 이상해? 　　2 조금 봐 줄래? 　　3 앗, 봐 주지 않는 거야?

해설 남자가 선배, 즉 여자에게 복사기가 이상하다며 도움을 요청하는 상황이다.

　　1 (O) 도움을 요청받은 사람이 할 수 있는 적절한 응답이다.

　　2 (X) 도움을 요청받은 사람이 할 수 있는 말이 아니다.

　　3 (X) 상대가 도움을 주지 않았을 때 하는 말이므로 상황에 맞지 않다.

어휘 先輩 せんぱい 閔 선배　さっき 閔 아까　〜から 区 〜부터　コピー機 コピーき 閔 복사기　おかしい い형 이상하다　ちょっと 囝 조금
　　見る みる 동 보다

6 중

[음성]

F：明日は雪が降るって。キャンプは次にしたほうがいい
よね？

M：1 雪が降って大変だったよ。

2 あんまり降らなくてよかったね。

3 仕方ないね、そうしよう。

[음성]

F：내일은 눈이 내린대. 캠프는 다음에 하는 편이 좋겠지？

M：1 눈이 내려서 힘들었어.

2 그다지 내리지 않아서 다행이네.

3 어쩔 수 없지, 그렇게 하자.

해설 여자가 남자에게 내일 눈이 내리므로 캠프는 다음에 하는 편이 좋겠다고 의견을 말하는 상황이다.

1 (X) 雪が降る(ゆきがふる)를 雪が降って(ゆきがふって)로 반복 사용하여 혼동을 준 오답이다.

2 (X) 降る(ふる)를 降らなくて(ふらなくて)로 반복 사용하여 혼동을 준 오답이다.

3 (O) 캠프는 다음에 하는 편이 좋겠다는 의견에 동의하는 적절한 응답이다.

어휘 明日 あした 圀 내일 雪 ゆき 圀 눈 降る ふる 동 내리다 キャンプ 圀 캠프 次 つぎ 圀 다음 いい い형 좋다 大変だ たいへんだ な형 힘들다
あんまり 囝 그다지 仕方ない しかたない い형 어쩔 수 없다

꼭! 알아두기 ～よね(～지?), ～と思いません?(~고 생각하지 않아요?)는 자신의 의견에 동의해 주기를 바라거나 확인을 요구하는 표현이므로, 동의하거나 사실을 확인해 주는 내용을
정답으로 고른다.

7 중상

[음성]

F：試合に勝つには、もっと練習しなければいけません。

M：1 はい、このままだと勝てそうですね。

2 では、練習の時間を増やしましょう。

3 へえ、ついに試合に出られるんですね。

[음성]

F：시합에서 이기려면, 더욱 연습하지 않으면 안 됩니다.

M：1 네, 이대로라면 이길 수 있을 것 같아요.

2 그럼, 연습 시간을 늘립시다.

3 와, 드디어 시합에 나갈 수 있군요.

해설 여자가 남자에게 시합에서 이기려면 더욱 연습해야 한다고 주장하는 상황이다.

1 (X) 이기려면 더욱 연습을 해야 한다고 한 상황과 맞지 않다.

2 (O) 더욱 연습해야 한다는 주장에 동의하는 적절한 응답이다.

3 (X) 試合(しあい)를 반복 사용하여 혼동을 준 오답이다.

어휘 試合 しあい 圀 시합 勝つ かつ 동 이기다 もっと 囝 더욱, 더 練習 れんしゅう 圀 연습 ～なければならない ~(하)지 않으면 안 된다
このまま 이대로 ～そうだ ~(할) 것 같다 時間 じかん 圀 시간 増やす ふやす 동 늘리다 ついに 囝 드디어 出る でる 동 나가다

8 중상

[음성]

M：あのう、明後日の飲み会なんですが、急な用事で行
けなくなりました。

F：1 時間があればぜひ来てください。

2 明後日の何時からですか。

3 えー、それは残念です。

[음성]

M：저, 모레 회식 말입니다만, 급한 볼일로 갈 수 없게 되었습니다.

F：1 시간이 있으면 꼭 와 주세요.

2 모레 몇 시부터입니까?

3 아, 그것은 유감입니다.

해설 남자가 여자에게 급한 볼일이 있어 모레 회식에 갈 수 없다고 말하는 상황이다.

1 (X) 갈 수 없다고 한 상황과 맞지 않다.

2 (X) 明後日(あさって)를 반복 사용하여 혼동을 준 오답이다.

3 (O) 회식에 갈 수 없다는 말에 아쉬워하는 적절한 응답이다.

어휘 明後日 あさって 圀 모레 飲み会 のみかい 圀 회식 急だ きゅうだ な형 급하다 用事 ようじ 圀 볼일 行く いく 동 가다 時間 じかん 圀 시간
ぜひ 囝 꼭, 부디 来る くる 동 오다 ～から 조 ~부터 残念だ ざんねんだ な형 유감이다

9 중

[음성]	[음성]
F：このカメラは他のより高いですが、壊れにくくておすすめです。	F：이 카메라는 다른 것보다 비쌉니다만, 잘 망가지지 않아서 추천입니다.
M：1 修理しなきゃいけないんです。	M：1 수리하지 않으면 안 됩니다.
2 でも、もう少し安いのがいいんです。	**2 그래도, 조금 더 싼 것이 좋습니다.**
3 そんなに憎かったんですか。	3 그렇게 미웠습니까?

해설 여자가 남자에게 비싸지만 잘 망가지지 않는 카메라를 추천하는 상황이다.

1 (X) 壊れる(망가지다)와 관련된 修理(수리)를 사용하여 혼동을 준 오답이다.

2 (O) 여자의 추천을 거절하는 적절한 응답이다.

3 (X) にくく의 사전형 にくい(~하기 어렵다)와 발음이 같은 憎い(にくい)를 사용하여 혼동을 준 오답이다.

어휘 カメラ 명 카메라 他 ほか 명 다름 ～より 조 ~보다 高い たかい い형 비싸다, 높다 壊れる こわれる 동 망가지다 ～にくい ~(하)기 어렵다 おすすめ 명 추천 修理 しゅうり 명 수리 ～なきゃいけない ~(하)지 않으면 안 된다 でも 접 그래도 もう少し もうすこし 부 조금 더 安い やすい い형 싸다 いい い형 좋다 憎い にくい い형 밉다

일본어도 역시,
1위 해커스

japan.Hackers.com

실전모의고사 제2회

언어지식(문자·어휘)

문제 1
1	2
2	1
3	4
4	3
5	1
6	3
7	4
8	2

문제 2
9	2
10	4
11	3
12	1
13	4
14	2

문제 3
15	2
16	4
17	1
18	3
19	4
20	3
21	1
22	2
23	4
24	2
25	3

문제 4
26	1
27	2
28	4
29	3
30	2

문제 5
31	1
32	4
33	2
34	3
35	1

언어지식(문법)

문제 1
1	4
2	3
3	2
4	1
5	2
6	1
7	3
8	4
9	3
10	1
11	2
12	3
13	4

문제 2
14	1
15	3
16	4
17	3
18	2

문제 3
19	2
20	3
21	1
22	4

독해

문제 4
23	3
24	2
25	4
26	4

문제 5
27	2
28	2
29	4
30	1
31	2
32	3

문제 6
33	1
34	4
35	2
36	3

문제 7
37	3
38	1

청해

문제 1
1	3
2	2
3	4
4	1
5	2
6	1

문제 2
1	3
2	1
3	1
4	4
5	4
6	1

문제 3
1	1
2	3
3	4

문제 4
1	3
2	1
3	2
4	2

문제 5
1	3
2	1
3	1
4	2
5	3
6	2
7	1
8	2
9	3

문제 1의 디렉션

問題1 ＿＿＿＿のことばの読み方として最もよいものを、1・2・3・4から一つえらびなさい。

문제1 ＿＿＿＿의 말의 읽는 법으로 가장 알맞은 것을, 1·2·3·4에서 하나 고르세요.

---

1 상

研修の件について担当者に聞いた。

연수 건에 대해 담당자에게 물었다.

| 1 けい | 2 けん | 1 X | 2 건 |
| 3 げい | 4 げん | 3 X | 4 X |

해설 件은 2 けん으로 발음한다. けん이 탁음이 아닌 것에 주의한다.

어휘 件 けん 圏건　研修 けんしゅう 圏연수　担当者 たんとうしゃ 圏담당자　聞く きく 圐묻다

2 중상

このボタンを押すと機械が停止します。

이 버튼을 누르면 기계가 정지합니다.

| 1 ていし | 2 せいし | 1 정지 | 2 정지 |
| 3 ちゅうし | 4 きんし | 3 중지 | 4 금지 |

해설 停止는 1 ていし로 발음한다. 2 せいし, 3 ちゅうし, 4 きんし는 1 ていし와 같은 한자를 포함하고 의미가 비슷한 静止, 中止, 禁止의 발음을 써서 혼동을 준 오답이다.

어휘 停止 ていし 圏정지, 움직이던 것이 멈춤　静止 せいし 圏정지, 움직이지 않는 상태　中止 ちゅうし 圏중지　禁止 きんし 圏금지　ボタン 圏버튼　押す おす 圐누르다　機械 きかい 圏기계

3 중상

レモンの皮はきれいに洗ってください。

레몬 껍질은 깨끗이 씻어 주세요.

| 1 なか | 2 そと | 1 안 | 2 밖 |
| 3 み | 4 かわ | 3 열매 | 4 껍질 |

해설 皮는 4 かわ로 발음한다.

어휘 皮 かわ 圏껍질　中 なか 圏안　外 そと 圏밖　実 み 圏열매　レモン 圏레몬　きれいだ 圐깨끗하다　洗う あらう 圐씻다

4 중상

この道は横断してはいけません。

이 길은 횡단해서는 안 됩니다.

| 1 おだん | 2 おたつ | 1 X | 2 X |
| 3 おうだん | 4 おうたつ | 3 횡단 | 4 X |

해설 横断은 3 おうだん으로 발음한다. おう가 장음인 것에 주의한다.

어휘 横断 おうだん 圏횡단　道 みち 圏길

꼭 알아두기 横断(おうだん, 횡단)은 빈출 어휘이므로 한자와 발음을 정확하게 알아 둔다.

5 중

手術をしても命が助かるかわからない。		수술을 해도 목숨을 건질지 모른다.	
1 たすかる	2 かかる	**1 건질**	2 걸릴
3 うかる	4 あずかる	3 합격할	4 맡을

해설 助かる는 1 たすかる로 발음한다.

어휘 命が助かる いのちがたすかる 목숨을 건지다　掛かる かかる 图걸리다　受かる うかる 图합격하다　預かる あずかる 图맡다　手術 しゅじゅつ 圏수술
　　 わかる 图알다

> 꼭 알아두기 助かる(たすかる, 살아나다)는 命が助かる(いのちがたすかる, 목숨을 건지다)에서는 '건지다'라는 뜻이고, 手伝ってくれて助かった(てつだってくれてたすかった, 도와주어서 도움이 되었다)에서는 '도움이 되다'라는 뜻으로 쓰인다.

6 상

今日は湿気が多く、蒸し暑い。		오늘은 습기가 많아, 찌는 듯이 덥다.	
1 しっげ	2 しつげ	1 X	2 X
3 しっけ	4 しつけ	**3 습기**	4 X

해설 湿気는 3 しっけ로 발음한다. け가 탁음이 아닌 것에 주의한다.

어휘 湿気 しっけ 圏습기　今日 きょう 圏오늘　多い おおい い형많다　蒸し暑い むしあつい い형찌는 듯이 덥다

7 중

父にかわいい人形を買ってもらいました。		아버지가 귀여운 인형을 사 주셨습니다.	
1 じんきょう	2 じんぎょう	1 X	2 X
3 にんきょう	**4 にんぎょう**	3 X	**4 인형**

해설 人形는 4 にんぎょう로 발음한다. 人形의 人은 두 가지 음독 にん과 じん 중 にん으로 발음하는 것에 주의한다.

어휘 人形 にんぎょう 圏인형　父 ちち 圏아버지　かわいい い형귀엽다　買う かう 图사다

> 꼭 알아두기 人가 포함된 명사로 他人(たにん, 타인), 個人(こじん, 개인)을 발음에 유의하여 구별해서 알아 둔다.

8 중상

田中さんはその理由を述べた。		다나카 씨는 그 이유를 말했다.	
1 まなべた	**2 のべた**	1 배울 수 있었다	**2 말했다**
3 ならべた	4 うかべた	3 늘어놓았다	4 띄웠다

해설 述べた는 2 のべた로 발음한다.

어휘 述べる のべる 图말하다　学ぶ まなぶ 图배우다　並べる ならべる 图늘어놓다　浮かべる うかべる 图띄우다　理由 りゆう 圏이유

문제 2의 디렉션

問題2＿＿＿＿のことばを漢字で書くとき、最もよいものを、1・2・3・4から一つえらびなさい。	문제2 ＿＿＿의 말을 한자로 쓸 때, 가장 알맞은 것을, 1·2·3·4에서 하나 고르세요.

9 중

公園の池にこおりがはっています。	공원의 연못에 얼음이 덮여 있습니다.

1 水	2 氷	1 물	2 얼음
3 泳	4 永	3 X	4 X

해설 こおり는 2 氷로 표기한다.

어휘 氷がはる こおりがはる 얼음이 덮이다 水 みず 團물 公園 こうえん 團공원 池 いけ 團연못

10 상

だんだん天気がかいふくしてきた。		점점 날씨가 회복되기 시작했다.	
1 解腹	2 解復	1 X	2 X
3 回腹	**4 回復**	3 X	**4 회복**

해설 かいふく는 4 回復로 표기한다. 復(ふく, 돌아가다)를 선택지 1과 3의 腹(ふく, 배)와 구별해서 알아 둔다.

어휘 回復 かいふく團회복 だんだん 團점점 天気 てんき團날씨

11 중상

彼女とこうさいをはじめて 2 年が経ちました。		그녀와 교제를 시작하고 2년이 지났습니다.	
1 交祭	2 好祭	1 X	2 X
3 交際	4 好際	3 교제	4 X

해설 こうさい는 3 交際로 표기한다. 際(さい, 어울리다)를 선택지 1과 2의 祭(さい, 제사)와 구별해서 알아 둔다.

어휘 交際 こうさい 團교제 彼女 かのじょ團그녀 はじめる 團시작하다 経つ たつ團지나다

꼭! 알아두기 交가 포함된 명사로 交流(こうりゅう, 교류), 交換(こうかん, 교환), 交通(こうつう, 교통)를 함께 알아 둔다.

12 중

兄は大学にすすむことにしたようだ。		형은 대학에 진학하기로 한 것 같다.	
1 進む	2 過む	**1 진학하**	2 X
3 移む	4 転む	3 X	4 X

해설 すすむ는 1 進む로 표기한다.

어휘 進む すすむ團진학하다 兄 あに團형 大学 だいがく團대학

13 상

このお茶はどくとくのにおいがする。		이 차는 독특한 냄새가 난다.	
1 虫得	2 独得	1 X	2 X
3 虫特	**4 独特**	3 X	**4 독특**

해설 どくとく는 4 独特로 표기한다. 独(どく, 남과 다르다)를 선택지 1과 3의 虫(ちゅう, 벌레)와 구별해서 알아 둔다.

어휘 独特 どくとく團독특 お茶 おちゃ團차 においがする 냄새가 나다

꼭! 알아두기 独가 포함된 명사로 独立(どくりつ, 독립), 独身(どくしん, 독신)을 함께 알아 둔다.

14 상

そのやり方はいっぱんてきではないと思う。	그 방법은 일반적이지 않다고 생각한다.

1 一設的	2 一般的	1 X	2 일반적
3 一訪的	4 一舫的	3 X	4 X

해설 いっぱんてきは 2 一般的로 표기한다. 般(はん, 사물의 종류)을 선택지 1의 設(せつ, 설치하다), 4의 舫(ほう, 배를 서로 묶음)와 구별해서 알아 둔다.

어휘 一般的だ いっぱんてきだ [な형] 일반적이다 やり方 やりかた [명] (하는) 방법 思う おもう [동] 생각하다

문제 3의 디렉션

問題3 （　　　）に入れるのに最もよいものを、1・2・3・4から一つえらびなさい。	문제3 （　　　）에 넣을 것으로 가장 알맞은 것을, 1·2·3·4에서 하나 고르세요.

15 중

社長は今日（　　　）とお子さんを連れて家族でお出かけするらしい。		사장님은 오늘 （　　　）과 자녀를 데리고 가족끼리 외출하는 것 같다.	
1 主婦 しゅふ	2 夫人 ふじん	1 주부	2 부인
3 相手 あいて	4 女優 じょゆう	3 상대	4 여배우

해설 선택지가 모두 명사이다. 괄호 뒤의 내용과 함께 쓸 때 夫人とお子さんを連れて家族で(부인과 자녀를 데리고 가족끼리)라는 문맥이 가장 자연스러우므로 2 夫人(부인)이 정답이다. 1은 主婦をする(주부를 하다), 3은 相手を選ぶ(상대를 고르다), 4는 女優を目指す(여배우를 목표로 하다)로 자주 쓰인다.

어휘 社長 しゃちょう [명] 사장(님) 今日 きょう [명] 오늘 お子さん おこさん [명] 자녀 連れる つれる [동] 데리고 (가다), 데리고 (오다) 家族 かぞく [명] 가족 お出かけ おでかけ [명] 외출 主婦 しゅふ [명] 주부 夫人 ふじん [명] 부인 相手 あいて [명] 상대 女優 じょゆう [명] 여배우

16 중

作成したファイルを間違って（　　　）して、作り直すことになった。 さくせい　　　　まちが		작성한 파일을 잘못하여 （　　　） 해서, 다시 만들게 되었다.	
1 故障 こしょう	2 破壊 はかい	1 고장	2 파괴
3 消化 しょうか	4 削除 さくじょ	3 소화	4 삭제

해설 선택지가 모두 명사이다. 괄호 앞의 내용과 함께 쓸 때 ファイルを間違って削除(파일을 잘못하여 삭제)라는 문맥이 가장 자연스러우므로 4 削除(삭제)가 정답이다. 1은 パソコンが故障する(컴퓨터가 고장 나다), 2는 環境を破壊する(환경을 파괴하다), 3은 食べ物を消化する(음식을 소화하다)로 자주 쓰인다.

어휘 作成 さくせい [명] 작성 ファイル [명] 파일 間違う まちがう [동] 잘못하다, 잘못되다 作り直す つくりなおす [동] 다시 만들다 故障 こしょう [명] 고장 破壊 はかい [명] 파괴 消化 しょうか [명] 소화 削除 さくじょ [명] 삭제

꼭! 알아두기 削除(삭제)는 文章を削除する(ぶんしょうをさくじょする, 문장을 삭제하다)에서의 文章(문장), データを削除する(データをさくじょする, 데이터를 삭제하다)에서의 データ(데이터)와 같이 문서 관련 단어나 컴퓨터 관련 단어와 함께 쓰인다.

17 중상

そんなに（　　　）をして働いていたら、倒れてしまいますよ。 たお		그렇게 （　　　）를 하며 일하고 있으면, 쓰러지고 말 거예요.	
1 無理 むり	2 努力 どりょく	1 무리	2 노력
3 無視 むし	4 協力 きょうりょく	3 무시	4 협력

해설 선택지가 모두 명사이다. 괄호 뒤의 내용과 함께 쓸 때 無理をして働いていたら、倒れて(무리를 하며 일하고 있으면, 쓰러지고)라는 문맥이 가장 자연스러우므로 1 無理(무리)가 정답이다. 2는 努力して結果を出す(노력해서 결과를 내다), 3은 無視して話し続ける(무시하고 계속

이야기하다), 4는 協力して仕事する(협력해서 일하다)로 자주 쓰인다.

어휘 働く はたらく 图일하다　倒れる たおれる 图쓰러지다　無理 むり 図무리　努力 どりょく 図노력　無視 むし 図무시　協力 きょうりょく 図협력

18 중상

約束の時間に遅れたというのに、彼は待ち合わせ場所に（　　　）歩いてやってきた。

1 からから	2 くらくら
3 のろのろ	4 どろどろ

약속 시간에 늦었다고 하는데도, 그는 약속 장소로 (　　　) 걸어서 왔다.

1 달그락달그락	2 어질어질
3 느릿느릿	4 흐물흐물

해설 선택지가 모두 부사이다. 괄호 앞뒤의 내용과 함께 쓸 때 約束の時間に遅れたというのに、彼は待ち合わせ場所にのろのろ歩いてやってきた(약속 시간에 늦었다고 하는데도, 그는 약속 장소로 느릿느릿 걸어서 왔다)라는 문맥이 가장 자연스러우므로 3 のろのろ(느릿느릿)가 정답이다. 1은 からから音がする(달그락달그락 소리가 나다), 2는 頭がくらくらする(머리가 어질어질하다), 4는 ろうそくがどろどろ溶ける(양초가 흐물흐물 녹다)로 자주 쓰인다.

어휘 約束 やくそく 図약속　時間 じかん 図시간　遅れる おくれる 图늦다　待ち合わせ まちあわせ 図(만나기로 한) 약속　場所 ばしょ 図장소　歩く あるく 图걷다　やってくる (찾아) 오다　からから 팀달그락달그락　くらくら 팀어질어질　のろのろ 팀느릿느릿　どろどろ 팀흐물흐물

19 중상

目的地に向かっている途中で（　　　）しまい、コンビニの店員に道を聞いた。

1 変わって	2 探して
3 悩んで	**4 迷って**

목적지로 향하고 있는 도중에 (　　　) 버려서, 편의점 점원에게 길을 물었다.

1 바뀌어	2 찾아
3 고민해	**4 헤매**

해설 선택지가 모두 동사이다. 괄호 뒤의 내용과 함께 쓸 때 迷ってしまい、コンビニの店員に道を聞いた(헤매 버려서, 편의점 점원에게 길을 물었다)라는 문맥이 가장 자연스러우므로 4 迷って(헤매)가 정답이다. 1은 日程が変わってしまう(일정이 바뀌어 버리다), 2는 すべてに理由を探してしまう(모든 것에 이유를 찾아 버리다), 3은 メニューが多くて悩んでしまう(메뉴가 많아서 고민해 버리다)로 자주 쓰인다.

어휘 目的地 もくてきち 図목적지　向かう むかう 图향하다　途中 とちゅう 図도중　コンビニ 図편의점　店員 てんいん 図점원　道 みち 図길　聞く きく 图묻다　変わる かわる 图바뀌다, 변하다　探す さがす 图찾다　悩む なやむ 图고민하다　迷う まよう 图헤매다

20 중

この（　　　）を使えば、私の長い髪もすぐに乾かすことができる。

1 エアコン	2 リモコン
3 ドライヤー	4 アイロン

이 (　　　) 를 사용하면, 나의 긴 머리도 금방 말릴 수 있다.

1 에어컨	2 리모콘
3 드라이어	4 다리미

해설 선택지가 모두 명사이다. 괄호 뒤의 내용과 함께 쓸 때 ドライヤーを使えば、私の長い髪もすぐに乾かす(드라이어를 사용하면, 나의 긴 머리도 금방 말릴)라는 문맥이 가장 자연스러우므로 3 ドライヤー(드라이어)가 정답이다. 1은 エアコンで冷える(에어컨으로 식히다), 2는 リモコンで切る(리모콘으로 끄다), 4는 アイロンをかける(다림질을 하다)로 자주 쓰인다.

어휘 使う つかう 图사용하다　長い ながい い형길다　髪 かみ 図머리, 머리카락　すぐに 閅금방　乾かす かわかす 图말리다　エアコン 図에어컨　リモコン 図리모콘　ドライヤー 図드라이어　アイロン 図다리미

21 중

新しく買った小説は内容が（　　　）、理解するのが難しい。

1 複雑で	2 派手で
3 面倒で	4 夢中で

새로 산 소설은 내용이 (　　　), 이해하는 것이 어렵다.

1 복잡해서	2 화려해서
3 번거로워서	4 열중해서

해설 선택지가 모두 な형용사이다. 괄호 앞뒤의 내용과 함께 쓸 때 内容が複雑で、理解するのが難しい(내용이 복잡해서, 이해하는 것이 어렵다)

라는 문맥이 가장 자연스러우므로 1 複雑で(복잡해서)가 정답이다. 2는 服が派手だ(옷이 화려하다), 3은 手続きが面倒だ(절차가 번거롭다), 4는 テレビに夢中だ(텔레비전에 열중하다)로 자주 쓰인다.

어휘 新しい あたらしい い형 새롭다　買う かう 동 사다　小説 しょうせつ 명 소설　内容 ないよう 명 내용　理解 りかい 명 이해

　　　難しい むずかしい い형 어렵다　複雑だ ふくざつだ な형 복잡하다　派手だ はでだ な형 화려하다　面倒だ めんどうだ な형 번거롭다

　　　夢中だ むちゅうだ な형 열중하다

22 중

ぶた肉とキャベツを食べやすいサイズに（　　　　）、フライパンで炒めました。	돼지고기와 양배추를 먹기 좋은 사이즈로（　　　　）, 프라이팬에 볶았습니다.
1 混ぜて　　　　　2 切って	1 섞어서　　　　2 잘라서
3 むいて　　　　　4 つかんで	3 벗겨서　　　　4 붙잡아서

해설 선택지가 모두 동사이다. 괄호 앞의 내용과 함께 쓸 때 食べやすいサイズに切って(먹기 좋은 사이즈로 잘라서)라는 문맥이 가장 자연스러우므로 2 切って(잘라서)가 정답이다. 1은 材料を混ぜる(재료를 섞다), 3은 皮をむく(껍질을 벗기다), 4는 腕をつかむ(팔을 붙잡다)로 자주 쓰인다.

어휘 ぶた肉 ぶたにく 명 돼지고기　キャベツ 명 양배추　食べる たべる 동 먹다　サイズ 명 사이즈　フライパン 명 프라이팬　炒める いためる 동 볶다

　　　混ぜる まぜる 동 섞다　切る きる 동 자르다　むく 동 벗기다　つかむ 동 붙잡다

23 중상

川北さんは試合に負けてとても（　　　　）のか、さっきから一言も話さない。	가와키타 씨는 시합에 져서 매우（　　　　）것인지, 아까부터 한마디도 말하지 않는다.
1 にくい　　　　　2 はげしい	1 미운　　　　2 심한
3 さびしい　　　　4 くやしい	3 외로운　　　　4 분한

해설 선택지가 모두 い형용사이다. 괄호 앞의 내용과 함께 쓸 때 試合に負けてとてもくやしい(시합에 져서 매우 분한)라는 문맥이 가장 자연스러우므로 4 くやしい(분한)가 정답이다. 1은 事件の犯人がにくい(사건의 범인이 밉다), 2는 船のゆれがはげしい(배의 흔들림이 심하다), 3은 誰もいなくてさびしい(아무도 없어서 외롭다)로 자주 쓰인다.

어휘 試合 しあい 명 시합　負ける まける 동 지다　とても 부 매우　さっき 명 아까　一言 ひとこと 명 한마디　話す はなす 동 말하다　にくい い형 밉다

　　　はげしい い형 심하다　さびしい い형 외롭다　くやしい い형 분하다

24 상

先生に問題の答えを聞かれ困っていたら、林くんが（　　　　）答えを教えてくれた。	선생님이 문제의 답을 물어서 곤란해하고 있었더니, 하야시 군이（　　　　）답을 가르쳐 주었다.
1 さっぱり　　　　2 こっそり	1 전혀　　　　2 몰래
3 ぐっすり　　　　4 わざと	3 푹　　　　4 일부러

해설 선택지가 모두 부사이다. 괄호 앞뒤의 내용과 함께 쓸 때 先生に問題の答えを聞かれ困っていたら、林くんがこっそり答えを教えてくれた(선생님이 문제의 답을 물어서 곤란해하고 있었더니, 하야시 군이 몰래 답을 가르쳐 주었다)라는 문맥이 가장 자연스러우므로 2 こっそり(몰래)가 정답이다. 1은 さっぱり分からない(전혀 모른다), 3은 ぐっすり眠る(푹 자다), 4는 わざと負ける(일부러 지다)로 자주 쓰인다.

어휘 先生 せんせい 명 선생님　問題 もんだい 명 문제　答え こたえ 명 답　聞く きく 동 묻다　困る こまる 동 곤란하다　教える おしえる 동 가르치다

　　　さっぱり 부 전혀　こっそり 부 몰래　ぐっすり 부 푹　わざと 부 일부러

25 중상

上司が私の提案を（　　　　）くれたのは、初めてのことでした。	상사가 나의 제안을（　　　　）준 것은, 처음 있는 일이었습니다.
	1 신청해　　　　2 알아들어
1 申し込んで　　　2 聞き取って	3 받아들여　　　4 말하기 시작해
3 受け入れて　　　4 言い出して	

해설 선택지가 모두 동사이다. 괄호 앞의 내용과 함께 쓸 때 上司が私の提案を受け入れて(상사가 나의 제안을 받아들여)라는 문맥이 가장 자연스러우므로 3 受け入れて(받아들여)가 정답이다. 1은 カードを申し込む(카드를 신청하다), 2는 言葉を聞き取る(말을 알아듣다), 4는 不満を言い出す(불만을 말하기 시작하다)로 자주 쓰인다.

어휘 上司 じょうし 몡상사 私 わたし 몡나 提案 ていあん 몡제안 初めてのこと はじめてのこと 처음 있는 일 申し込む もうしこむ 동신청하다
聞き取る ききとる 동알아듣다 受け入れる うけいれる 동받아들이다 言い出す いいだす 동말하기 시작하다

꼭! 알아두기 受け入れる(받아들이다)와 같이 受ける를 사용한 복합동사인 受け取る(うけとる, 수취하다), 受け付ける(うけつける, 접수하다)도 함께 알아 둔다.

문제 4의 디렉션

問題4 ＿＿＿＿に意味が最も近いものを、1・2・3・4から一つえらびなさい。	문제4 ＿＿＿＿에 의미가 가장 가까운 것을, 1·2·3·4에서 하나 고르세요.

26 상

ここ最近、客からの苦情が増えている。	최근, 손님으로부터의 불평이 늘고 있다.
1 不満 2 質問	1 불만 2 질문
3 要求 4 意見	3 요구 4 의견

해설 苦情가 '불평'이라는 의미이므로, 의미가 같은 1 不満(불만)이 정답이다.

어휘 ここ最近 ここさいきん 최근 客 きゃく 몡손님 苦情 くじょう 몡불평 増える ふえる 동늘다 不満 ふまん 몡불만 質問 しつもん 몡질문
要求 ようきゅう 몡요구 意見 いけん 몡의견

꼭! 알아두기 苦情(불평)의 유의어로 クレーム(클레임), 文句(もんく, 불평, 할 말)를 함께 알아 둔다.

27 중상

彼の演奏はすばらしかった。	그의 연주는 훌륭했다.
1 意外だった 2 見事だった	1 의외였다 2 멋졌다
3 退屈だった 4 残念だった	3 지루했다 4 유감스러웠다

해설 すばらしかった가 '훌륭했다'라는 의미이므로, 의미가 가장 비슷한 2 見事だった(멋졌다)가 정답이다.

어휘 演奏 えんそう 몡연주 すばらしい い형훌륭하다 意外だ いがいだ な형의외이다 見事だ みごとだ な형멋지다 退屈だ たいくつだ な형지루하다
残念だ ざんねんだ な형유감스럽다

28 중

会議は案外早く終わりそうだ。	회의는 의외로 빨리 끝날 것 같다.
1 たぶん 2 多少	1 아마 2 다소
3 いつもより 4 思ったより	3 평소보다 4 생각보다

해설 案外가 '의외로'라는 의미이므로, 의미가 가장 비슷한 4 思ったより(생각보다)가 정답이다.

어휘 会議 かいぎ 몡회의 案外 あんがい 몜의외로 早く はやく 몜빨리 終わる おわる 동끝나다 たぶん 몜아마 多少 たしょう 몜다소
いつもより 평소보다 思ったより おもったより 생각보다

꼭! 알아두기 案外(의외로)의 유의어로 意外(いがい, 의외), 思いがけない(おもいがけない, 의외이다)를 함께 알아 둔다.

29 중상

借りた本は指定の場所に返してください。	빌린 책은 지정된 장소에 돌려 놓아 주세요.
1 元の 2 別の	1 원래의 2 다른

| 3 決められた | 4 空いている | 3 정해진 | 4 비어 있는 |

해설 指定の가 '지정된'이라는 의미이므로, 이와 교체하여도 문장의 의미가 바뀌지 않는 3 決められた (정해진)가 정답이다.

어휘 借りる かりる 图빌리다　本 ほん 圀책　指定 してい 圀지정　場所 ばしょ 圀장소　返す かえす 图돌려 놓다　元 もと 圀원래　別 べつ 圀다름
決める きめる 图정하다　空く あく 图비다

30 상

用心することを忘れてはいけない。	조심하는 것을 잊어서는 안 된다.
1 言葉にする　　2 気を付ける	1 말로 하는　　2 주의하는
3 感謝する　　4 謝罪する	3 감사하는　　4 사죄하는

해설 用心する가 '조심하는'이라는 의미이므로, 의미가 가장 비슷한 2 気を付ける (주의하는)가 정답이다.

어휘 用心 ようじん 圀조심　忘れる わすれる 图잊다　言葉にする ことばにする 말로 하다　気を付ける きをつける 주의하다　感謝 かんしゃ 圀감사
謝罪 しゃざい 圀사죄

문제 5의 디렉션

問題 5　つぎのことばの使い方として最もよいものを、 1・2・3・4から一つえらびなさい。	문제 5　다음의 말의 사용법으로 가장 알맞은 것을, 1·2·3·4 에서 하나 고르세요.

31 중상

番組	프로그램
1 この時間帯はテレビでおもしろい番組があまり放送されていません。	1 이 시간대는 텔레비전에서 재미있는 <u>프로그램</u>이 별로 방송되지 않습니다.
2 初めて手品の番組を目の前で見て、ドキドキが止まらなかった。	2 처음으로 마술 <u>프로그램</u>을 눈앞에서 보고, 두근거림이 멈추지 않았다.
3 娘が出場するピアノコンクールは年齢で番組が分かれている。	3 딸이 출전하는 피아노 콩쿠르는 연령으로 <u>프로그램</u>이 나뉘어 있다.
4 結婚式当日はとても幸せで、まるで番組の主人公になった気分だった。	4 결혼식 당일은 매우 행복해서, 마치 <u>프로그램</u>의 주인공이 된 기분이었다.

해설 番組 (프로그램)는 주로 TV, 라디오 방송의 편성 단위를 이르는 경우에 사용한다. 1의 テレビでおもしろい番組が(텔레비전에서 재미있는 프로그램이)에서 올바르게 사용되었으므로 1이 정답이다. 참고로, 2는 ショー(쇼), 3은 部門(부문), 4는 ドラマ(드라마)를 사용하는 것이 올바른 문장이다.

어휘 番組 ばんぐみ 圀프로그램　時間帯 じかんたい 圀시간대　テレビ 圀텔레비전　おもしろい い割재미있다　あまり 囝별로　放送 ほうそう 圀방송
初めて はじめて 囝처음으로　手品 てじな 圀마술　目 め 圀눈　前 まえ 圀앞　見る みる 图보다　ドキドキ 囝두근거림, 두근두근
止まる とまる 图멈추다　娘 むすめ 圀딸　出場 しゅつじょう 圀출전　ピアノコンクール 圀피아노 콩쿠르　年齢 ねんれい 圀연령
分かれる わかれる 图나뉘다　結婚式 けっこんしき 圀결혼식　当日 とうじつ 圀당일　とても 囝매우　幸せだ しあわせだ な割행복하다
まるで 囝마치　主人公 しゅじんこう 圀주인공　気分 きぶん 圀기분

꼭! 알아두기　番組 (프로그램)는 '스포츠·연예·방송 등의 편성'이라는 의미로 手品(てじな, 마술)나 コンクール(경연 대회)와 같은 단어와는 함께 사용할 수 없다. 手品과 コンクール 는 '연극이나 공연 따위의 진행 차례나 진행 목록'이라는 의미를 지닌 プログラム (프로그램)와 함께 사용됨을 알아 둔다.

32 중

重なる	겹치다
1 昨日の夜から降り続いた雪は、朝にはひざの高さまで重なっていた。	1 어젯밤부터 계속 내린 눈은, 아침에는 무릎 높이까지 <u>겹쳐</u> 있었다.

2 ゲームの発売日には、いつも店の前にたくさんの人が重（かさ）なる。

3 今週からうちのチームに重（かさ）なる新入社員のみなさんを紹介（しょうかい）します。

4 妻（つま）の誕生日（たんじょうび）と出張（しゅっちょう）が重（かさ）なり、当日（とうじつ）は祝（いわ）ってあげられなくなった。

2 게임 발매일에는, 언제나 가게 앞에 많은 사람이 겹친다.

3 이번 주부터 우리 팀에 겹치는 신입 사원 여러분을 소개하겠습니다.

4 아내의 생일과 출장이 겹쳐, 당일은 축하해 줄 수 없게 되었다.

해설 重なる(겹치다)는 여러 가지 일이나 현상이 한꺼번에 일어나는 경우에 사용한다. 4의 妻の誕生日と出張が重なり(아내의 생일과 출장이 겹쳐)에서 올바르게 사용되었으므로 4가 정답이다. 참고로, 1은 積もる(쌓이다), 2는 並ぶ(늘어서다), 3은 加わる(참여하다, 일원이 되다)를 사용하는 것이 올바른 문장이다.

어휘 重なる かさなる 통 겹치다 昨日 きのう 어제 夜 よる 명 밤 降り続く ふりつづく 통 계속 내리다 雪 ゆき 명 눈 朝 あさ 명 아침 ひざ 명 무릎 高さ たかさ 명 높이 ゲーム 게임 発売日 はつばいび 명 발매일 いつも 부 언제나 店 みせ 명 가게 前 まえ 명 앞 たくさん 많음 今週 こんしゅう 명 이번 주 うち 명 우리 チーム 명 팀 新入 しんにゅう 명 신입 社員 しゃいん 명 사원 みなさん 여러분 紹介 しょうかい 명 소개 妻 つま 명 아내 誕生日 たんじょうび 명 생일 出張 しゅっちょう 명 출장 当日 とうじつ 명 당일 祝う いわう 통 축하하다

꼭! 알아두기 重なる(겹치다)는 手が重なる(てがかさなる, 손이 포개지다)에서와 같이 '(신체나 물건이) 포개지다'라는 의미와 不幸が重なる(ふこうがかさなる, 불행이 거듭되다)에서와 같이 '(같은 일이) 거듭되다'라는 의미로도 자주 쓰이므로 함께 알아 둔다.

33 중상

感心

1 今（いま）の会社（かいしゃ）を辞（や）め、夢（ゆめ）だった料理人（りょうりにん）になることを感心した。

2 子（こ）どもの成長（せいちょう）するスピードには毎度（まいど）感心してしまう。

3 留学（りゅうがく）したいという頼（たの）みを聞（き）いてくれた両親（りょうしん）には感心している。

4 試験（しけん）に合格（ごうかく）したという通知（つうち）を見（み）て、ほっと感心しました。

감탄

1 지금의 회사를 그만두고, 꿈이었던 요리사가 되는 것을 감탄했다.

2 아이가 성장하는 속도에는 매번 감탄해 버린다.

3 유학하고 싶다는 부탁을 들어 준 부모님에게는 감탄하고 있다.

4 시험에 합격했다는 통지를 보고, 후유하고 감탄했습니다.

해설 感心(감탄)은 마음속 깊이 느끼어 탄복하는 경우에 사용한다. 2의 子どもの成長するスピードには毎度感心(아이가 성장하는 속도에는 매번 감탄)에서 올바르게 사용되었으므로 2가 정답이다. 참고로, 1은 決心(결심), 3은 感謝(감사), 4는 安心(안심)을 사용하는 것이 올바른 문장이다.

어휘 感心 かんしん 명 감탄 今 いま 명 지금 会社 かいしゃ 명 회사 辞める やめる 통 그만두다 夢 ゆめ 명 꿈 料理人 りょうりにん 명 요리사 子ども こども 명 아이 成長 せいちょう 명 성장 スピード 명 속도 毎度 まいど 명 매번 留学 りゅうがく 명 유학 頼み たのみ 명 부탁 聞く きく 통 듣다 両親 りょうしん 명 부모님 試験 しけん 명 시험 合格 ごうかく 명 합격 通知 つうち 명 통지 見る みる 통 보다 ほっと 부 후유, 한숨을 내쉬는 소리

34 중

しつこい

1 睡眠不足（すいみんぶそく）によって、体（からだ）にしつこい問題（もんだい）が引（ひ）き起（お）こされます。

2 隣（となり）の家（いえ）で飼（か）われている犬（いぬ）の鳴（な）き声（ごえ）がしつこくて、勉強（べんきょう）に集中（しゅうちゅう）できない。

3 遊（あそ）べないと断（ことわ）ったのに、木村（きむら）さんがしつこく誘（さそ）ってきて困（こま）る。

4 うちの会社（かいしゃ）は業務（ぎょうむ）はしつこいが、給料（きゅうりょう）は高（たか）いほうです。

끈질기다

1 수면 부족으로 인해, 몸에 끈질긴 문제가 야기됩니다.

2 옆집에서 길러지고 있는 개의 울음 소리가 끈질겨서, 공부에 집중할 수 없다.

3 놀 수 없다고 거절했는데, 기무라 씨가 끈질기게 권유해 와서 곤란하다.

4 우리 회사는 업무는 끈질기지만, 월급은 높은 편입니다.

해설 しつこい(끈질기다)는 성질이나 행동이 몹시 끈덕지고 질긴 경우에 사용한다. 3의 しつこく誘ってきて困る(끈질기게 권유해 와서 곤란하다)에서 올바르게 사용되었으므로 3이 정답이다. 참고로, 1은 様々な(다양한), 2는 うるさい(시끄럽다), 4는 きつい(고되다)를 사용하는 것이 올바른 문장이다.

어휘 しつこい い형 끈질기다 睡眠不足 すいみんぶそく 명 수면 부족 体 からだ 명 몸 問題 もんだい 명 문제 引き起こす ひきおこす 통 야기하다

隣 となり 圏 옆　家 いえ 圏 집　飼う かう 图 기르다　犬 いぬ 圏 개　鳴き声 なきごえ 圏 울음 소리　勉強 べんきょう 圏 공부

集中 しゅうちゅう 圏 집중　遊ぶ あそぶ 图 놀다　断る ことわる 图 거절하다　誘う さそう 图 권유하다　困る こまる 图 곤란하다　うち 圏 우리

会社 かいしゃ 圏 회사　業務 ぎょうむ 圏 업무　給料 きゅうりょう 圏 월급, 급료　高い たかい い형 높다

35　상

思い込む	믿어 버리다
1 彼は人から聞いた話を疑いもせず、事実だと思い込んで いた。	1 그는 다른 사람으로부터 들은 이야기를 의심도 하지 않고, 사실이라고 믿어 버리고 있었다.
2 いいアイディアが思い込まないから、少し休憩でも取ろう。	2 좋은 아이디어가 믿어 버리지 않으니까, 조금 휴식이라도 취하자.
3 事故について思い込んだことがあったら、また連絡をく ださい。	3 사고에 대해 믿어 버린 것이 있으면, 또 연락을 주세요.
4 ひさしぶりの海外旅行なので、思い込んで楽しむつもり です。	4 오랜만의 해외여행이라서, 믿어 버리고 즐길 생각입니다.

해설 思い込む(믿어 버리다)는 어떤 것에 대해 혼자 마음먹고 믿어 버리는 경우에 사용한다. 1의 疑いもせず、事実だと思い込んで(의심도 하지 않고, 사실이라고 믿어 버리고)에서 올바르게 사용되었으므로 1이 정답이다. 참고로, 2는 思い浮かぶ(떠오르다), 3은 思い出す(기억해 내다), 4는 思い切り(마음껏)를 사용하는 것이 올바른 문장이다.

어휘 思い込む おもいこむ 图 믿어 버리다　聞く きく 图 듣다　話 はなし 圏 이야기　疑い うたがい 圏 의심　事実 じじつ 圏 사실　アイディア 圏 아이디어
少し すこし 图 조금　休憩 きゅうけい 圏 휴식, 휴게　取る とる 图 취하다　事故 じこ 圏 사고　また 图 또　連絡 れんらく 图 연락　ひさしぶり 오랜만
海外 かいがい 圏 해외　旅行 りょこう 圏 여행　楽しむ たのしむ 图 즐기다　つもり 圏 생각

언어지식(문법) p.93

문제 1의 디렉션

問題1　つぎの文の（　　）に入れるのに最もよい ものを、1・2・3・4から一つえらびなさい。	문제1　다음 문장의 （　　）에 넣을 것으로 가장 알맞은 것을, 1·2·3·4에서 하나 고르세요.

1　중

今日は仕事が忙しくて、食事をとる時間（　　）なかった。	오늘은 일이 바빠서, 식사를 할 시간 （　　） 없었다.
1 でも　　　　　　2 ほど	1 이라도　　　　　2 정도
3 までに　　　　　**4 さえも**	3 까지　　　　　　**4 조차도**

해설 적절한 조사를 고르는 문제이다. 빈칸 뒤의 なかった(없었다)와 문맥상 어울리는 말은 '식사를 할 시간조차도'이다. 따라서 4 さえも(조차도)가 정답이다.

어휘 今日 きょう 圏 오늘　仕事 しごと 圏 일　忙しい いそがしい い형 바쁘다　食事をとる しょくじをとる 식사를 하다　時間 じかん 圏 시간
～でも 조 ~(이)라도　～ほど 조 ~정도　～までに ~까지　～さえも ~조차도

2　중

A「年末の旅行先、今年もハワイはどう?」	A "연말 여행지, 올해도 하와이는 어때?"
B「うーん、私は今まで（　　）ことがない国がいい なあ。」	B "음, 나는 지금까지 （　　） 적이 없는 나라가 좋아."

1 行き	2 行く	1 갑	2 가는
3 行った	4 行かない	**3 간**	4 가지 않은

해설 문형에 접속하는 알맞은 형태를 고르는 문제이다. 빈칸 뒤의 문형 ~ことがない(~적이 없다)는 동사 た형에 접속하는 문형이므로, 3 行った (간)가 정답이다.

어휘 年末 ねんまつ 圀연말　旅行先 りょこうさき 圀여행지　今年 ことし 圀올해　ハワイ 圀하와이　今 いま 圀지금　~たことがない ~(한) 적이 없다
　　国 くに 圀나라　行く いく 圄가다

꼭! 알아두기 ~たことがない(~(한) 적이 없다)는 今まで~たことがない(지금까지~(한) 적이 없다), これまで~たことがない(지금까지~(한) 적이 없다), まだ~たことがない (아직~(한) 적이 없다)로 자주 사용됨을 알아 둔다.

3 중

(会社で)	(회사에서)
田中「竹内さん（　　　　）本当に誰にでも親切ですよね。」	다나카 "다케우치 씨 (　　　　) 정말로 누구에게나 친절하네요."
木村「いつも笑顔で、私もあんな先輩になりたいです。」	기무라 "언제나 웃는 얼굴이고, 저도 저런 선배가 되고 싶습니다."

1 という	**2 って**	1 라고 하는	**2 는**
3 くらい	4 しか	3 정도	4 밖에

해설 적절한 조사를 고르는 문제이다. 빈칸 뒤의 本当に誰にでも親切ですよね(정말로 누구에게나 친절하네요)와 문맥상 어울리는 말은 '다케우치 씨는'이다. 따라서 2 って(는)가 정답이다.

어휘 会社 かいしゃ 圀회사　本当に ほんとうに 정말로　誰 だれ 圀누구　親切だ しんせつだ ナ형친절하다　いつも 囝언제나　笑顔 えがお 圀웃는 얼굴
　　先輩 せんぱい 圀선배　~という 囨~라고 하는　~って 囨~는　~くらい 囨~정도　~しか 囨~밖에

꼭! 알아두기 Aって(A는)는 A에 대해 평가하거나 설명할 때 쓰이는 표현이다. Aって優しい(A는 다정하다)에서의 優しい(다정하다), Aってすばらしい(A는 훌륭하다)에서의 すばらしい(훌륭하다), Aって難しい(A는 어렵다)에서의 難しい(어렵다)와 같이 감정이나 느낌을 나타내는 형용사와 함께 자주 사용된다.

4 중상

これからテストを始めます。問題を解く前に（　　　　）	이제부터 시험을 시작하겠습니다. 문제를 풀기 전에 (　　　　)
解答用紙に名前を記入してください。	해답 용지에 이름을 기입해 주세요.

1 まず	2 さっき	**1 우선**	2 아까
3 けっして	4 やはり	3 결코	4 역시

해설 적절한 부사를 고르는 문제이다. 빈칸 뒤의 解答用紙に名前を記入してください(해답 용지에 이름을 기입해 주세요)를 보면 '우선 해답 용지에 이름을 기입해 주세요'라는 문맥이 가장 자연스럽다. 따라서 1 まず(우선)가 정답이다.

어휘 これから 이제부터　テスト 圀시험　始める はじめる 圄시작하다　問題 もんだい 圀문제　解く とく 圄풀다　前 まえ 圀전　解答 かいとう 圀해답
　　用紙 ようし 圀용지　名前 なまえ 圀이름　記入 きにゅう 圀기입　~てください ~해 주세요　まず 囝우선　さっき 圀아까　けっして 囝결코
　　やはり 囝역시

5 중

大会の前日に足をけがした（　　　　）、試合に出場でき	대회 전날에 다리를 다쳤기 (　　　　), 시합에 출전할 수 없었다.
なかった。	1 주제에	**2 때문에**

1 くせに	**2 ために**	3 김에	4 대신에
3 ついでに	4 かわりに		

해설 적절한 문형을 고르는 문제이다. 빈칸 뒤의 試合に出場できなかった(시합에 출전할 수 없었다)에 이어지는 문맥을 보면 '대회 전날에 다리를 다쳤기 때문에'가 가장 자연스럽다. 따라서 2 ために(때문에)가 정답이다.

어휘 大会 たいかい 圀대회　前日 ぜんじつ 圀전날　足 あし 圀다리　けがする 다치다　試合 しあい 圀시합　出場 しゅつじょう 圀출전
　　~くせに ~주제에　~ために ~때문에　~ついでに ~김에　~かわりに ~대신에

薬を飲んでもよくならない（　　　　）、こちらで詳しい検査を行います。 | 약을 먹어도 좋아지지 않 （　　　　）, 이쪽에서 자세한 검사를 실시하겠습니다.

1 ようなら	2 そうなら	**1 는 경우에는**	2 것 같으면
3 ようなのに	4 そうなのに	3 는 것 같은데	4 것 같은데

해설 적절한 문형을 고르는 문제이다. 빈칸 뒤의 こちらで詳しい検査を行います(이쪽에서 자세한 검사를 실시하겠습니다)에 이어지는 문맥을 보면 '약을 먹어도 좋아지지 않는 경우에는' 혹은 '약을 먹어도 좋아지지 않는 것 같으면'이 자연스럽다. 2의 そうだ(~것 같다)는 ない, いい와 함께 쓸 때 なさそうだ(않는 것 같다), よさそうだ(좋을 것 같다)가 되므로 よくならないそうなら가 아닌 よくならなさそうなら(좋아지지 않는 것 같으면)가 되어야 하므로 오답이다. 따라서 1 ようなら(는 경우에는)가 정답이다.

어휘 薬を飲む くすりをのむ 약을 먹다　詳しい くわしい [い형]자세하다　検査 けんさ [명]검사　行う おこなう [동]실시하다
　　　〜ようなら ~인 경우에는, ~(할)것 같으면　〜そうだ ~것 같다　〜なら ~라면　〜のに ~인데

（学校で）
A「図書館に勉強しに行ったんだけど、ずっと話している
　人たちがいてうるさくてさ。」
B「えー、図書館では（　　　　）よね。」 | （학교에서）
A "도서관에 공부하러 갔는데, 계속 이야기하고 있는 사람들이 있
　어서 시끄러워서 말이야."
B "음, 도서관에서는 （　　　　） 네요. "

1 静かにしたがる	2 静かにしたい	1 조용히 하고 싶어 하	2 조용히 하고 싶
3 静かにしてほしい	4 静かにできない	**3 조용히 해 주었으면 좋겠**	4 조용히 할 수 없

해설 대화의 문말 표현을 고르는 문제이다. 도서관에서 이야기하는 사람들이 시끄럽다고 하는 문맥이다. 빈칸 앞뒤를 보면 '도서관에서는 조용히 해 주었으면 좋겠네요'가 가장 자연스럽다. 따라서 3 静かにしてほしい(조용히 해 주었으면 좋겠)가 정답이다.

어휘 学校 がっこう [명]학교　図書館 としょかん [명]도서관　勉強 べんきょう [명]공부　行く いく [동]가다　ずっと [부]계속　話す はなす [동]이야기하다
　　　うるさい [い형]시끄럽다　静かだ しずかだ [な형]조용하다　〜たがる ~(하)고 싶어 하다　〜したい ~(하)고 싶다　〜てほしい ~(해) 주었으면 좋겠다
　　　できる [동]할 수 있다

꼭! 알아두기 〜てほしい(~해 주었으면 좋겠다)는 타인이 무언가를 해 주었으면 하는 희망을 나타내는 표현이고, 〜したい(~하고 싶다)는 본인이 무언가를 하고 싶다는 희망을 나타내는 표현이므로 잘 구별하여 알아 둔다.

（リビングで）
母「学校から帰ったら、制服を脱ぐように言ってるでしょ?」
娘「だって、めんどくさいんだもん。」
母「いいから、すぐ（　　　　）。」 | （거실에서）
엄마 "학교에서 돌아오면, 교복을 벗으라고 말했지?"
　딸 "하지만, 귀찮은걸."
엄마 "됐으니까, 바로 （　　　　）."

1 着替えていかないで	2 着替えてこないで	1 갈아입고 가지 마	2 갈아입고 오지 마
3 着替えていきなさい	**4 着替えてきなさい**	3 갈아입고 가렴	**4 갈아입고 오렴**

해설 적절한 문말 표현을 고르는 문제이다. 어머니가 학교에서 돌아온 딸에게 교복을 갈아입으라고 하는 문맥이다. 따라서 4 着替えてきなさい(갈아입고 오렴)가 정답이다.

어휘 リビング [명]거실　母 はは [명]엄마　学校 がっこう [명]학교　帰る かえる [동]돌아오다　制服 せいふく [명]교복　脱ぐ ぬぐ [동]벗다　言う いう [동]말하다
　　　娘 むすめ [명]딸　だって [접]하지만　めんどくさい [い형]귀찮다　〜もん ~걸　すぐ [부]바로　着替える きがえる [동]갈아입다　〜ていく ~(하)고 가다
　　　〜ないで ~(하)지 마　〜てくる ~(하)고 오다　〜なさい ~(하)렴

お客様の気持ちが変わらない（　　　　）なんとか契約を結びたい。 | 고객의 마음이 변하지 않는 （　　　　） 어떻게든 계약을 맺고 싶다.

1 ことで	2 よりは	1 것으로	2 보다는
3 うちに	4 ばかりか	**3 동안에**	4 기는커녕

해설 적절한 문형을 고르는 문제이다. 빈칸 앞뒤를 보면 '고객의 마음이 변하지 않는 동안에 어떻게든 계약을 맺고 싶다'가 가장 자연스럽다. 따라서 3 うちに(동안에)가 정답이다.

어휘 お客様 おきゃくさま 圀고객 気持ち きもち 圀마음 変わる かわる 圄변하다 なんとか 어떻게든 契約 けいやく 圀계약 結ぶ むすぶ 圄맺다
　　 ~ことで ~것으로 ~よりは ~보다는 ~うちに ~(하)는 동안에 ~ばかりか ~(하)기는커녕

10 중상

駅の出口で友達を（　　　）、見知らぬ男性から声をか		역 출구에서 친구를 （　　　）, 낯선 남성이 말을 걸었다.	
けられた。		**1 기다리고 있자**	2 기다려 버리면
1 待っていると	2 待ってしまうと	3 기다려 봐도	4 기다려 줘도
3 待ってみても	4 待ってあげても		

해설 적절한 문형을 고르는 문제이다. 빈칸 앞뒤를 보면 '역 출구에서 친구를 기다리고 있자, 낯선 남성이 말을 걸었다'가 가장 자연스럽다. 따라서 1 待っていると(기다리고 있자)가 정답이다.

어휘 駅 えき 圀역 出口 でぐち 圀출구 友達 ともだち 圀친구 見知らぬ みしらぬ 낯선 男性 だんせい 圀남성 声をかける こえをかける 말을 걸다
　　 待つ まつ 圄기다리다 ~ている ~(하)고 있다 ~てしまう ~(해) 버리다 ~てみる ~(해) 보다 ~てあげる ~(해) 주다

11 중

ニュースによると、今年は桜の開花が遅く、この辺りでは		뉴스에 의하면, 올해는 벚꽃의 개화가 늦어, 이 근처에서는 4월 말에	
4月の末に（　　　）。		（　　　）.	
1 咲くところです	**2 咲くらしいです**	1 피는 참입니다	**2 핀다고 합니다**
3 咲いたかもしれません	4 咲いたことになります	3 피었을지도 모릅니다	4 핀 것이 됩니다

해설 적절한 문형을 고르는 문제이다. 빈칸 앞의 ニュースによると、今年は桜の開花が遅く(뉴스에 의하면, 올해는 벚꽃의 개화가 늦어)에 이어지는 문맥을 보면, 이 근처에서는 4월 말에 핀다고 합니다'가 가장 자연스럽다. 따라서 2 咲くらしいです(핀다고 합니다)가 정답이다.

어휘 ニュース 圀뉴스 ~によると ~에 의하면 今年 ことし 圀올해 桜 さくら 圀벚꽃 開花 かいか 圀개화 遅い おそい い형늦다
　　 辺り あたり 圀근처 末 すえ 圀말 咲く さく 圄피다 ~ところだ ~는 참이다 ~らしい ~라고 한다 ~かもしれない ~지도 모른다

12 상

（会社で）		（회사에서）	
A「課長、昨日お送りしたファイル、（　　　）いただけ		A "과장님, 어제 보내 드린 파일, （　　　）주셨습니까?"	
ましたか。」		B "미안해. 그게 아직이야."	
B「悪いね。それがまだなんだ。」		1 여쭈어	2 삼가 봐
1 伺って	2 拝見して	**3 봐**	4 드셔
3 ご覧になって	4 召し上がって		

해설 적절한 경어를 고르는 문제이다. 부하가 상사에게 파일을 봤는지 묻는 상황이므로, '보다'라는 뜻의 상대를 높이는 존경 표현을 사용해야 한다. 따라서 3 ご覧になって(봐)가 정답이다.

어휘 会社 かいしゃ 圀회사 課長 かちょう 圀과장(님) 昨日 きのう 圀어제 送る おくる 圄보내다 ファイル 圀파일
　　 ~ていただける (상대가) ~해 주시다 悪い わるい い형미안하다 まだ 囝아직 伺う うかがう 圄여쭙다 拝見する はいけんする 삼가 보다
　　 ご覧になる ごらんになる 보다, 보시다 召し上がる めしあがる 圄드시다

꼭! 알아두기 ご覧になる(보다, 보시다) 외에 いらっしゃる(가시다, 오시다, 계시다), ご存じだ(알고 계시다), おっしゃる(말씀하시다)도 자주 출제되는 존경 표현이므로 함께 알아
　　 둔다.

13 상

この新人バンドが（　　　　）のは、有名女優がラジオで紹介したことがきっかけだった。	이 신인 밴드가 （　　　　） 것은, 유명 여배우가 라디오에서 소개한 것이 계기였다.
1 注目させやすい　　　　2 注目させはじめた	1 주목시키기 쉬운　　　　2 주목시키기 시작한
3 注目されやすい　　　　**4 注目されはじめた**	3 주목받기 쉬운　　　　**4 주목받기 시작한**

해설 적절한 문형을 고르는 문제이다. 빈칸 앞뒤를 보면 '이 신인 밴드가 주목받기 시작한 것은 유명 여배우가 라디오에서 소개한 것이 계기였다'가 가장 자연스럽다. 따라서 4 注目されはじめた(주목받기 시작한)가 정답이다.

어휘 新人 しんじん 몡 신인　バンド 몡 밴드　有名 ゆうめい 몡 유명　女優 じょゆう 몡 여배우　ラジオ 몡 라디오　紹介 しょうかい 몡 소개
きっかけ 몡 계기　注目 ちゅうもく 몡 주목　〜やすい 〜(하)기 쉽다　〜はじめる 〜(하)기 시작하다

문제 2의 디렉션

問題 2　つぎの文の　★　に入る最もよいものを、1・2・3・4から一つえらびなさい。	문제 2　다음 문장의　★　에 들어갈 가장 알맞은 것을, 1·2·3·4에서 하나 고르세요.

---

14 중

都市計画による　＿＿＿＿＿　＿＿＿＿＿　★　＿＿＿＿＿ が起きているそうだ。	도시 계획에 따른 도로의 건설 을 둘러싸고 ★시와 주민 사이에서 격렬한 대립이 일어나고 있다고 한다.
1 市と住民の間で　　　　2 をめぐって 3 道路の建設　　　　4 激しい対立	1 시와 주민 사이에서　　　　2 을 둘러싸고 3 도로의 건설　　　　4 격렬한 대립

해설 문형 をめぐって는 명사와 접속할 수 있으므로 3 道路の建設 2 をめぐって(도로의 건설을 둘러싸고) 혹은 4 激しい対立 2 をめぐって(격렬한 대립을 둘러싸고)로 연결할 수 있다. 빈칸 뒤의 '이 일어나고 있다고 한다'와 문맥상 어울리는 말은 3 道路の建設 2 をめぐって 1 市と住民の間で 4 激しい対立(도로의 건설을 둘러싸고 시와 주민 사이에서 격렬한 대립)이므로, 1 市と住民の間で(시와 주민 사이에서)가 정답이다.

어휘 都市 とし 몡 도시　計画 けいかく 몡 계획　〜による 〜에 따른　起きる おきる 동 일어나다　〜ている 〜(하)고 있다　〜そうだ 〜라고 한다
市 し 몡 시　住民 じゅうみん 몡 주민　間 あいだ 몡 사이　〜をめぐって 〜을 둘러싸고　道路 どうろ 몡 도로　建設 けんせつ 몡 건설
激しい はげしい い형 격렬하다　対立 たいりつ 몡 대립

꼭! 알아두기　〜をめぐって(〜를 둘러싸고)의 앞에는 여러 사람이 의견을 나눌 수 있는 화제가 언급되므로, 道路の建設(도로의 건설), 日本の経済(일본의 경제), 憲法の改正(헌법의 개정)과 같은 화제가 있으면 〜をめぐって의 앞으로 배치한다.

---

15 상

（駅で） もうすぐ電車が参ります。　＿＿＿＿＿　＿＿＿＿＿　★ ＿＿＿＿＿ お待ちください。	（역에서） 이제 곧 전철이 옵니다. <u>위험하</u> <u>므로</u> ★<u>발밑에 있는</u> <u>선 안쪽에서</u> 기다려 주십시오.
1 線の内側で　　　　2 から **3 足元にあります**　　　　4 危険です	1 선 안쪽에서　　　　2 므로 3 발밑에 있는　　　　4 위험하

해설 2 からた는 동사, 형용사의 정중체와 접속할 수 있으므로 3 足元にあります 2 から(발밑에 있으므로) 혹은 4 危険です 2 から(위험하므로)로 연결할 수 있다. 빈칸 뒤의 '기다려 주십시오'와 문맥상 어울리는 말은 4 危険です 2 から 3 足元にあります 1 線の内側で(위험하므로 발밑에 있는 선 안쪽에서)이므로, 3 足元にあります(발밑에 있는)가 정답이다.

어휘 駅 えき 몡 역　もうすぐ 이제 곧　電車 でんしゃ 몡 전철　参る まいる 동 오다　待つ まつ 동 기다리다　線 せん 몡 선　内側 うちがわ 몡 안쪽
足元 あしもと 몡 발밑　危険だ きけんだ な형 위험하다

---

16 상

A 「最近、痩せたんじゃない?運動しているの?」
B 「うん。でも、＿＿＿ ＿＿＿ ★ ＿＿＿ のが大きいと思う。」

1 食事に変えた   2 のは
3 効果が現れた   **4 野菜を中心にした**

A "최근, 살 빠진 거 아니야? 운동하고 있어?"
B "응. 하지만, 효과가 나타난 것은 ★야채를 중심으로 한 식사로 바꾼 것이 크다고 생각해."

1 식사로 바꾼   2 것은
3 효과가 나타난   **4 야채를 중심으로 한**

해설 연결되는 문형이 없으므로 전체 선택지를 의미적으로 배열하면 3 効果が現れた 2 のは 4 野菜を中心にした 1 食事に変えた(효과가 나타난 것은 야채를 중심으로 한 식사로 바꾼)가 된다. 전체 문맥과도 어울리므로 4 野菜を中心にした(야채를 중심으로 한)가 정답이다.

어휘 最近 さいきん 圀 최근 痩せる やせる 圄 살 빠지다 運動 うんどう 圀 운동 でも 쩹 하지만 大きい おおきい 이헝 크다 思う おもう 圄 생각하다 食事 しょくじ 圀 식사 変える かえる 圄 바꾸다 効果 こうか 圀 효과 現れる あらわれる 圄 나타나다 野菜 やさい 圀 야채 中心 ちゅうしん 圀 중심

17 중상

彼の英語は 10 年以上 ＿＿＿ ＿＿＿ ★ ＿＿＿ 上手だとは言えないレベルだ。

1 に   2 勉強している
3 しては   4 あまり

그의 영어는 10년 이상 공부하고 있는 것 ★치고는 그다지 잘한다고는 말할 수 없는 레벨이다.

1 것   2 공부하고 있는
3 치고는   4 그다지

해설 1 には 3 しては와 접속하여 にしては(~것치고는)라는 문형이 되므로 먼저 1 に 3 しては(것치고는)로 연결할 수 있다. 나머지 선택지와 함께 의미적으로 배열하면 2 勉強している 1 に 3 しては 4 あまり(공부하고 있는 것치고는 그다지)가 되면서, 전체 문맥과도 어울린다. 따라서 3 しては(치고는)가 정답이다.

어휘 英語 えいご 圀 영어 以上 いじょう 圀 이상 上手だ じょうずだ な헝 잘하다 ～とは ~라고는 言う いう 圄 말하다 レベル 圀 레벨 ～にしては ~것치고는 勉強 べんきょう 圀 공부 あまり 튀 그다지

꼭 알아두기 ～にしては(~치고는)는 ～にしてはあまり(~치고는 그다지), ～にしてはそれほど(~치고는 그렇게), ～にしてはたいして(~치고는 별로)로 자주 사용됨을 알아 둔다.

18 상

髪は大人になった今も、小さい頃から切って ＿＿＿ ★ ＿＿＿ いる。

1 いる   **2 地元の美容院に**
3 お世話になって   4 もらって

머리는 어른이 된 지금도, 어렸을 때부터 잘라 받고 있는 ★고향의 미용실에 신세를 지고 있다.

1 있는   **2 고향의 미용실에**
3 신세를 지고   4 받고

해설 연결되는 문형이 없으므로 전체 선택지를 의미적으로 배열하면 4 もらって 1 いる 2 地元の美容院に 3 お世話になって(받고 있는 고향의 미용실에 신세를 지고)가 된다. 전체 문맥과도 어울리므로 2 地元の美容院に(고향의 미용실에)가 정답이다.

어휘 髪 かみ 圀 머리 大人 おとな 圀 어른 今 いま 圀 지금 小さい ちいさい 이헝 어리다, 작다 頃 ころ 圀 때 切る きる 圄 자르다 地元 じもと 圀 고향, 고장, 연고지 美容院 びよういん 圀 미용실, 미용원 お世話になる おせわになる 신세를 지다 ～てもらう ~(해) 받다

문제 3의 디렉션

問題 3 つぎの文章を読んで、文章全体の内容を考えて、 19 から 22 の中に入る最もよいものを、1・2・3・4から一つえらびなさい。

문제3 다음 글을 읽고, 글 전체의 내용을 생각하여, 19 부터 22 의 안에 들어갈 가장 알맞은 것을, 1·2·3·4에서 하나 고르세요.

下の文章は、留学生が書いた作文です。

> 先生の日
>
> キム　ミンジ
>
> [19]私の国には「先生の日」があります。　19　は手紙を渡したり、歌を歌ったりして先生にありがとうの気持ちを表現します。私も国にいたとき、クラスでけんかが起きたふりをして先生を呼び出し、クラスメイトと集めたお金で買ったケーキをプレゼントするサプライズパーティーをしたことがありました。[20]私の国ではこのような先生を驚かせるイベントを行うことが多いです。
>
> 　20　、[20]日本には母の日や父の日などはあるのに、先生の日はありません。[21]日本の友だちによると、学年が終わる終業式や卒業式の日に別れのあいさつとともに先生に感謝の気持ちを述べるそうですが、あいさつすらきちんとしない人もいる　21　。
>
> 　その話を聞いて、少しさびしくなりました。[22]やはり、こういう特別な日がなかったら、なかなか感謝を口に　22　。先生たちは私たちをいつもサポートしてくれています。そんな先生たちにありがとうを伝える特別な日が、いつか日本にもできることを願っています。

아래 글은, 유학생이 쓴 작문입니다.

> 스승의 날
>
> 김민지
>
> [19]우리나라에는 '스승의 날'이 있습니다. 19 은 편지를 건네거나, 노래를 부르거나 하여 선생님께 감사의 마음을 표현합니다. 저도 모국에 있을 때, 반에서 싸움이 일어난 척을 해서 선생님을 불러내어, 반 친구들과 모은 돈으로 산 케이크를 선물하는 깜짝파티를 한 적이 있었습니다. [20]우리나라에서는 이런 선생님을 놀라게 하는 이벤트를 하는 경우가 많습니다.
>
> 20 , [20]일본에는 어머니의 날이나 아버지의 날 등은 있는데, 스승의 날은 없습니다. [21]일본 친구에 의하면, 학년이 끝나는 종업식이나 졸업식 날에 작별 인사와 함께 선생님께 감사의 마음을 표현한다고 합니다만, 인사조차 제대로 하지 않는 사람도 있다 21 .
>
> 그 이야기를 듣고, 조금 쓸쓸해졌습니다. [22]역시, 이런 특별한 날이 없으면, 좀처럼 감사를 입 밖에 22 . 선생님들은 우리를 항상 지원해 주고 있습니다. 그런 선생님들께 감사를 전하는 특별한 날이, 언젠가 일본에도 생기기를 바라고 있습니다.

어휘 下 した 園아래　文章 ぶんしょう 園글　留学生 りゅうがくせい 園유학생　書く かく園쓰다　作文 さくぶん 園작문　先生 せんせい 園스승, 선생님
　日 ひ園날　国 くに園나라　手紙 てがみ園편지　渡す わたす園건네다　～たり ~거나　歌 うた園노래　歌う うたう園부르다
　ありがとう 감사　気持ち きもち園마음　表現 ひょうげん園표현　とき 園때　クラス園반, 학급　けんか 園싸움　起きる おきる園일어나다
　ふり 척　呼び出す よびだす園불러내다　クラスメイト園반 친구, 학급 친구　集める あつめる園모으다　お金 おかね園돈　買う かう園사다
　ケーキ園케이크　プレゼント園선물　サプライズパーティー園깜짝파티　驚く おどろく園놀라다　イベント園이벤트　行う おこなう園하다
　多い おおい이園많다　日本 にほん園일본　母の日 ははのひ園어머니의 날　父の日 ちちのひ園아버지의 날　～など ~등
　友だち ともだち園친구　～によると ~에 의하면　学年 がくねん園학년　終業式 しゅうぎょうしき園종업식　卒業式 そつぎょうしき園졸업식
　別れ わかれ園작별　あいさつ園인사　～とともに ~와 함께　述べる のべる園표현하다, 말하다　～そうだ ~라고 한다　～すら ~조차
　きちんと 제대로　話 はなし園이야기　聞く きく園듣다　少し すこし園조금　さびしい이園쓸쓸하다　やはり 團역시
　特別だ とくべつだ하園특별하다　なかなか 團좀처럼　口に出す くちにだす 입 밖에 내다　いつも 團항상　サポート園지원
　～てくれる ~(해) 주다　いつか 團언젠가　できる園생기다　願う ねがう園바라다

19　상

1 ある日	2 その日	1 어느 날	2 그날
3 こんな日	4 あのような日	3 이런 날	4 저런 날

해설 적절한 지시어를 고르는 문제이다. 빈칸 앞 문장인 私の国には「先生の日」があります(우리나라에는 '스승의 날'이 있습니다)를 보면, 빈칸을 포함한 문장은 '그날은 편지를 건네거나, 노래를 부르거나 하여 선생님께 감사의 마음을 표현합니다'인 것이 가장 자연스러우므로 2 その日(그날)가 정답이다.

어휘 ある 어느　その 그　こんな 이런　あのような 저런

20 중상

1 さらに	2 それで	1 더욱	2 그래서
3 しかし	4 もっとも	**3 그러나**	4 다만

해설 적절한 접속사를 고르는 문제이다. 빈칸 앞에서 私の国ではこのような先生を驚かせるイベントを行うことが多いです(우리나라에서는 이런 선생님을 놀라게 하는 이벤트를 하는 경우가 많습니다)라고 하고, 빈칸 뒤에서 日本には母の日や父の日などはあるのに、先生の日はありません(일본에는 어머니의 날이나 아버지의 날 등은 있는데, 스승의 날은 없습니다)이라고 반대되는 상황을 언급하였다. 따라서 3 しかし(그러나)가 정답이다.

어휘 さらに 閉더욱　それで 쥅그래서　しかし 쥅그러나　もっとも 閉다만

21 중상

1 ということです	2 というつもりです	**1 고 합니다**	2 고 할 생각입니다
3 というだけです	4 というからです	3 고 할 뿐입니다	4 고 하기 때문입니다.

해설 적절한 문형을 고르는 문제이다. 빈칸 앞에서 日本の友だちによると、学年が終わる終業式や卒業式の日に別れのあいさつとともに先生に感謝の気持ちを述べるそうですが、あいさつすらきちんとしない人もいる(일본 친구에 의하면, 학년이 끝나는 종업식이나 졸업식 날에 작별 인사와 함께 선생님께 감사의 마음을 표현한다고 합니다만, 인사조차 제대로 하지 않는 사람도 있다)라고 언급하였으므로, '인사조차 제대로 하지 않는 사람도 있다고 합니다'가 가장 자연스럽다. 따라서 1 ということです(고 합니다)가 정답이다.

어휘 ～ということだ ~(라)고 한다　～つもり ~(할) 생각　～だけ ~뿐　～から ~때문

> **꼭! 알아두기** 빈칸 앞에 ~によると(~에 의하면), ~によれば(~에 의하면)와 같은 표현이 있으면 ~という(~라고 한다), ~そうだ(~고 한다)와 같은 표현을 사용한 선택지가 정답일 가능성이 높다.

22 중상

1 出すのかもしれません	1 내는 것일지도 모릅니다
2 出したはずがありません	2 냈을 리가 없습니다
3 出すと思いませんでした	3 낸다고 생각하지 않았습니다
4 出しにくいのでしょう	**4 내기 어려운 것이겠지요**

해설 적절한 문말 표현을 고르는 문제이다. 빈칸 앞에서 やはり、こういう特別な日がなかったら、なかなか感謝を口に(역시, 이런 특별한 날이 없으면, 좀처럼 감사를 입 밖에)라고 언급하였으므로, '역시, 이런 특별한 날이 없으면, 좀처럼 감사를 입 밖에 내기 어려운 것이겠지요'가 가장 자연스럽다. 따라서 4 出しにくいのでしょう(내기 어려운 것이겠지요)가 정답이다.

어휘 出す だす 图내다　～かもしれない ~일지도 모른다　～はずがない ~일 리가 없다　～にくい ~(하)기 어렵다

독해 p.100

문제 4의 디렉션

問題4 つぎの(1)から(4)の文章を読んで、質問に答えなさい。答えは、1・2・3・4から最もよいものを一つえらびなさい。	문제4 다음 (1)부터 (4)의 글을 읽고, 질문에 답하세요. 답은, 1·2·3·4에서 가장 알맞은 것을 하나 고르세요.

23 중상

(1)	(1)
騒音が原因で近所の人たちとトラブルになる事件が増	소음이 원인으로 이웃들과 트러블이 생기는 사건이 늘고 있다.

えている。いくら言い方に気を付けても、相手によっては怒り出してしまう人もいるから直接注意するのは避けたいところだ。ひどい時は警察を呼ぶ騒ぎになるという。できることなら管理人を通して解決することだ。大迷惑な騒音による睡眠不足やストレスなどで悩んでいるのなら、がまんしたりせず早めに相談するべきである。

아무리 말투를 조심해도, 상대방에 따라서는 화를 내 버리는 사람도 있으니 직접 주의를 주는 것은 피하고 싶은 부분이다. 심할 때는 경찰을 부르는 소동이 된다고 한다. 할 수 있다면 관리인을 통해 해결하는 것이 최고다. 대단히 민폐인 소음으로 인한 수면 부족과 스트레스 등으로 고민하고 있는 거라면, 참거나 하지 말고 일찌감치 상담해야 한다.

騒音トラブルについて、この文章を書いた人はどのように考えているか。

1 近所の人が怒らないように、注意の仕方には気を付けたほうがいい。
2 騒音の問題を相談したいなら、警察に行ったほうがいい。
3 騒音に悩んでいるのなら、まずは管理人に相談したほうがいい。
4 近所の人に迷惑をかけないように、騒音には注意したほうがいい。

소음 트러블에 대해, 이 글을 쓴 사람은 어떻게 생각하고 있는가?

1 이웃이 화를 내지 않도록, 주의 방법에는 신경을 쓰는 편이 좋다.
2 소음 문제를 상담하고 싶다면, 경찰에게 가는 편이 좋다.
3 소음으로 고민하고 있는 거라면, 우선은 관리인에게 상담하는 편이 좋다.
4 이웃에게 폐를 끼치지 않도록, 소음에는 주의하는 편이 좋다.

해설 에세이로 필자의 생각을 묻고 있다. 선택지에서 반복되는 騒音(소음), 相談(상담)을 지문의 후반부에서 찾아 '소음 트러블'에 대한 필자의 생각을 파악한다. 후반부에서 管理人を通して解決することだ。大迷惑な騒音による睡眠不足やストレスなどで悩んでいるのなら、がまんしたりせず早めに相談するべきである(관리인을 통해 해결하는 것이 최고다. 대단히 민폐인 소음으로 인한 수면 부족과 스트레스 등으로 고민하고 있는 거라면, 참거나 하지 말고 일찌감치 상담해야 한다)라고 서술하고 있으므로 3 騒音に悩んでいるのなら、まずは管理人に相談したほうがいい(소음으로 고민하고 있는 거라면, 우선은 관리인에게 상담하는 편이 좋다)가 정답이다.

어휘 騒音 そうおん 몡소음 原因 げんいん 몡원인 近所の人 きんじょのひと 이웃 トラブルになる 트러블이 생기다, 트러블이 되다 事件 じけん 몡사건
増える ふえる 동늘다 いくら 昗아무리 言い方 いいかた 몡말투 気を付ける きをつける 조심하다 相手 あいて 몡상대방
~によって ~에 따라서 怒り出す おこりだす 화를 내다 直接 ちょくせつ 몡직접 注意する ちゅういする 주의를 주다, 주의하다
避ける さける 동피하다 ところ 몡부분 ひどい い형심하다 警察 けいさつ 몡경찰 呼ぶ よぶ 동부르다 騒ぎ さわぎ 몡소동
~という ~(라)고 한다 できる 동할 수 있다 管理人 かんりにん 몡관리인 ~を通して ~をとおして ~을 통해 解決 かいけつ 몡해결
~ことだ ~(하)는 것이 최고다, ~(해)야 한다 大迷惑だ だいめいわくだ な형대단히 민폐이다 ~による ~으로 인한
睡眠不足 すいみんぶそく 수면 부족 ストレス 몡스트레스 ~など 죄등 悩む なやむ 동고민하다 がまん 몡참음 ~せず ~(하)지 말고
早めに はやめに 일찌감치 相談 そうだん 몡상담 ~べきだ ~해야 한다 トラブル 몡트러블, 문제 ~について ~에 대해 文章 ぶんしょう 몡글
考える かんがえる 동생각하다 怒る おこる 화를 내다 注意 ちゅうい 몡주의 仕方 しかた 몡방법 ~ほうがいい ~편이 좋다
まず 昗우선 迷惑をかける めいわくをかける 폐를 끼치다

꼭 알아두기 필자의 생각을 묻는 문제의 정답은 주로 지문의 후반부에서 단서를 찾을 수 있다.

24 중

(1)
これはある会社からのお知らせである。

2023年4月
山本医療機器
価格変更のお知らせ

　当社の製品をご利用いただき、誠にありがとうございます。

(2)
이것은 어느 회사로부터의 공지이다.

2023년 4월
야마모토 의료 기기
가격 변경 공지

저희 회사의 제품을 이용해 주셔서, 참으로 감사합니다.

本社は皆さまに質が高い製品を低価格でお届けできるよう、これまで努力を重ねてまいりました。しかし、製品の生産に必要な材料や部品の価格が上がり、現在のまま維持することは難しい状況です。

つきましては大変申し訳ありませんが、来月5月1日の注文分より価格を変更させていただきます。変更後の価格表は別紙をご覧ください。ご迷惑をおかけすることになりますが、どうかご理解のほどお願い申し上げます。

본사는 여러분에게 질이 높은 제품을 낮은 가격으로 전달할 수 있도록, 지금까지 노력을 거듭해 왔습니다. 하지만, 제품 생산에 필요한 재료나 부품의 가격이 올라, 현재 그대로 유지하는 것은 어려운 상황입니다.

그래서 대단히 죄송합니다만, 다음 달 5월 1일 주문분부터 가격을 변경하겠습니다. 변경 후의 가격표는 별지를 봐 주십시오. 불편을 드리게 되겠습니다만, 부디 이해 부탁 말씀드립니다.

このお知らせからわかることは何か。

1 今月までに注文を受けた製品を届けられない。
2 今月までは今の価格で製品の注文を受けている。
3 5月1日から材料の価格が上がり、製品が生産できない。
4 5月1日からは製品をこれまでの価格で販売する。

이 공지에서 알 수 있는 것은 무엇인가?

1 이번 달까지 주문을 받은 제품을 전달할 수 없다.
2 이번 달까지는 지금 가격으로 제품 주문을 받고 있다.
3 5월 1일부터 재료의 가격이 올라, 제품을 생산할 수 없다.
4 5월 1일부터는 제품을 지금까지의 가격으로 판매한다.

해설 공지 형식의 실용문으로 글에서 알 수 있는 것을 묻고 있다. 선택지에서 반복되는 注文(주문), 製品(제품), 価格(가격)를 지문에서 찾아 주변의 내용과 각 선택지를 대조하며 정답을 고른다. 지문의 후반부에서 来月5月1日の注文分より価格を変更させていただきます(다음 달 5월 1일 주문분부터 가격을 변경하겠습니다)라고 언급하고 있으므로 2 今月までは今の価格で製品の注文を受けている(이번 달까지는 지금 가격으로 제품 주문을 받고 있다)가 정답이다.

어휘 ある 어느 会社 かいしゃ 圏회사 お知らせ おしらせ 圏공지 医療 いりょう 圏의료 機器 きき 圏기기 価格 かかく 圏가격 変更 へんこう 圏변경
当社 とうしゃ 圏저희 회사, 당사 製品 せいひん 圏제품 利用 りよう 圏이용 誠に まことに 囝참으로 本社 ほんしゃ 圏본사, 이 회사
皆さま みなさま 여러분 質 しつ 圏질 高い たかい い형높다 低価格 ていかかく 圏낮은 가격 届ける とどける 圏전달하다 これまで 지금까지
努力 どりょく 圏노력 重ねる かさねる 圏거듭하다 まいる 圏오다 しかし 囵하지만 生産 せいさん 圏생산 必要だ ひつようだ 極형필요하다
材料 ざいりょう 圏재료 部品 ぶひん 圏부품 上がる あがる 圏오르다 現在 げんざい 圏현재 ~まま ~그대로 維持 いじ 圏유지
難しい むずかしい い형어렵다 状況 じょうきょう 圏상황 つきましては 그래서 大変 たいへん 囝대단히 申し訳ない もうしわけない い형죄송하다
来月 らいげつ 圏다음 달 注文 ちゅうもん 圏주문 ~分 ~ぶん ~분 ~より ~부터 ~させていただく ~하다(する의 겸양 표현) ~後 ~ご ~후
価格表 かかくひょう 圏가격표 別紙 べっし 圏별지, 따로 첨부한 종이 ご覧 ごらん 圏보심 迷惑をかける めいわくをかける 불편을 드리다, 폐를 끼치다
~ことになる ~(하)게 되다 どうか 囝부디 理解 りかい 圏이해 お願い おねがい 圏부탁 申し上げる もうしあげる 圏말씀드리다
わかる 圏알 수 있다, 알다 今月 こんげつ 圏이번 달 受ける うける 圏받다 販売 はんばい 圏판매

25 중상

(3)

その日あった出来事を忘れないために、日記をつけているという人は多いだろう。出来事を思い出しながら書いていると、いつの間にかまたうれしくなったり悲しくなったり、その時の感情が戻ってくる。だが、少し日を空けて昔のページを読み返すと、悲しい出来事として記録したはずの文章でも、くすっと笑ってしまう。ときどき自分の成長に気付かされるのが面白いところである。

(3)

그날 있었던 일을 잊지 않기 위해서, 일기를 쓰고 있다는 사람은 많을 것이다. 일어난 일을 생각해 내면서 쓰고 있으면, 어느새 다시 기뻐지기도 하고 슬퍼지기도 하고, 그때의 감정이 돌아온다. 하지만, 조금 날이 지나고 옛 페이지를 다시 읽으면, 슬픈 일로 기록했을 터인 글에서도, 킥킥하고 웃어 버린다. 때때로 자신의 성장을 깨닫게 되는 것이 재미있는 부분이다.

面白いところとあるが、何が面白いのか。

1 1日にあった出来事を忘れないように日記に書くこと
2 日記をつけていると、その時の感情を思い出すこと

재미있는 부분이라고 하는데, 무엇이 재미있는 것인가?

1 하루에 있었던 일을 잊지 않도록 일기에 쓰는 것
2 일기를 쓰고 있으면, 그때의 감정을 떠올리는 것

3 悲しくないことを悲しい出来事のように記録すること   3 슬프지 않은 것을 슬픈 일처럼 기록하는 것

4 昔書いた出来事を読み返すと、自分の成長を感じること   4 옛날에 쓴 일을 다시 읽으면, 자신의 성장을 느끼는 것

해설 밑줄 문제이므로 선택지에서 반복되는 出来事(일), 日記(일기)를 밑줄 주변에서 찾는다. 밑줄 앞부분과 밑줄을 포함한 문장에서 昔のページを読み返すと、悲しい出来事として記録したはずの文章でも、くすっと笑ってしまう。ときどき自分の成長に気付かされるのが面白いところである(옛 페이지를 다시 읽으면, 슬픈 일로 기록했을 터인 글에서도, 킥킥하고 웃어 버린다. 때때로 자신의 성장을 깨닫게 되는 것이 재미있는 부분이다)라고 서술하고 있으므로 4 昔書いた出来事を読み返すと、自分の成長を感じること(옛날에 쓴 일을 다시 읽으면, 자신이 성장을 느끼는 것)가 정답이다.

어휘 日 ひ 圏날 出来事 できごと 圏(일어난) 일 忘れる わすれる 동잊다 ~ために ~위해서 日記をつける にっきをつける 일기를 쓰다
~という ~(하)다는, ~(라)는 多い おおい い형많다 ~だろう ~일 것이다 思い出す おもいだす 동생각해 내다 ~ながら ~(하)면서
いつの間にか いつのまにか 어느새 また 팀다시 うれしい い형기쁘다 悲しい かなしい い형슬프다 感情 かんじょう 圏감정
戻る もどる 동돌아오다 だが 젭하지만 少し すこし 팀조금 日を空ける ひをあける 날이 지나다, 며칠을 띄다 昔 むかし 圏옛, 옛날
ページ 圏페이지 読み返す よみかえす 동다시 읽다 ~として ~로(서) 記録 きろく 圏기록 ~はず ~일 터 文章 ぶんしょう 圏글
くすっと 킥킥하고 笑う わらう 동웃다 ときどき 팀때때로 自分 じぶん 圏자신 成長 せいちょう 圏성장 気付かされる きづかされる 깨닫게 되다
面白い おもしろい い형재미있다 ところ 圏부분 感じる かんじる 동느끼다

26 중상

(4)

小林さんの机の上に山田先生からのメモがある。

> 小林さん
>
>   部活のみんなに、美術館ツアーに参加するかどうか聞いてくれて、ありがとうございます。美術館には電話で人数を伝えました。美術館の近くの公園に桜がきれいに咲いているので、そこでお弁当を食べましょう。人数分、予約しておきますね。それから、10時に山村駅で集合することになっていましたが、美術館まであまり遠くないので、直接向かうようにしましょう。参加するみんなにも伝えておいてください。
>
>   山田

(4)

고바야시 씨의 책상 위에 야마다 선생님으로부터의 메모가 있다.

> 고바야시 씨
>
>   동아리 모두에게, 미술관 투어에 참가할지 어떨지 물어봐 주어서, 고맙습니다. 미술관에는 전화로 인원수를 전달했습니다. 미술관 근처 공원에 벚꽃이 예쁘게 피어 있으니, 거기서 도시락을 먹읍시다. 인원수만큼, 예약해 놓을게요. 그리고, 10시에 야마무라 역에서 집합하기로 되어 있었습니다만, 미술관까지 그다지 멀지 않으니까, 직접 향하도록 합시다. 참가하는 모두에게도 전달해 둬 주세요.
>
>   야마다

小林さんはこのメモを読んで、どうしなければならないか。

1 美術館ツアーに参加する人数を聞いて、先生に伝えに行く。

2 美術館ツアーを予約するために、美術館に電話をかける。

3 美術館ツアーに参加する人数の数だけ、弁当を予約する。

4 美術館ツアーに参加する人に、集合場所が変わったことを伝える。

고바야시 씨는 이 메모를 읽고, 어떻게 해야 하는가?

1 미술관 투어에 참가하는 인원수를 물어보고, 선생님께 전하러 간다.

2 미술관 투어를 예약하기 위해, 미술관에 전화를 건다.

3 미술관 투어에 참가하는 인원수의 수만큼, 도시락을 예약한다.

4 미술관 투어에 참가하는 사람에게, 집합 장소가 바뀐 것을 전한다.

해설 메모 형식의 실용문으로 고바야시 씨가 해야 할 일을 묻고 있다. 선택지에서 반복되는 美術館(미술관), 参加(참가), 人数(인원수), 伝える(전하다)를 지문에서 찾는다. 지문의 후반부에서 駅で集合することになっていましたが、美術館まであまり遠くないので、直接向かうようにしましょう。参加するみんなにも伝えておいてください(역에서 집합하기로 되어 있었습니다만, 미술관까지 그다지 멀지 않으니까, 직접 향하도록 합시다. 참가하는 모두에게도 전달해 둬 주세요)라고 언급하고 있으므로 4 美術館ツアーに参加する人に、集合場所が変わったことを伝える(미술관 투어에 참가하는 사람에게, 집합 장소가 바뀐 것을 전한다)가 정답이다.

어휘 机 つくえ 圏책상 上 うえ 圏위 先生 せんせい 圏선생님 メモ 圏메모 部活 ぶかつ 圏동아리, 부활동 みんな 圏모두, 전원

美術館 びじゅつかん 圏미술관　ツアー 圏투어　参加 さんか 圏참가　〜かどうか ~지 어떨지　聞く きく 圏물어보다　〜てくれる ~(해) 주다

電話 でんわ 圏전화　人数 にんずう 圏인원수　伝える つたえる 圏전달하다　近く ちかく 圏근처　公園 こうえん 圏공원　桜 さくら 圏벚꽃

きれいだ 圏예쁘다　咲く さく 圏피다　お弁当 おべんとう 圏도시락　食べる たべる 圏먹다　〜分 〜ぶん ~만큼, ~분, ~몫　予約 よやく 圏예약

〜ておく ~(해) 놓다　それから 圏그리고　駅 えき 圏역　集合 しゅうごう 圏집합　あまり 圏그다지　遠い とおい い圏멀다　直接 ちょくせつ 圏직접

向かう むかう 圏향하다　〜ようにする ~(하)도록 하다　電話をかける でんわをかける 전화를 걸다　数 かず 圏수　〜だけ 图~만큼, ~만

場所 ばしょ 圏장소　変わる かわる 圏바뀌다

문제 5의 디렉션

| 問題 5　つぎの(1)と(2)の文章を読んで、質問に答えなさい。答えは、1・2・3・4から最もよいものを一つえらびなさい。 | 문제 5　다음 (1)과 (2)의 글을 읽고, 질문에 답하세요. 답은, 1·2·3·4에서 가장 알맞은 것을 하나 고르세요. |

27-29

(1)

「科学の進歩により経済は大きく発展する。そして、働く時間も今とは比べられないくらい短くなる。」こう述べた経済学者ケインズの予測は残念ながら①一部を除いて正解とは遠いものだった。

[27]確かに経済の発展により私たちの生活は豊かになったが、労働のほうには 70 年代以来今も大きな変化はない。残った時間の過ごし方が人間の課題になると言った彼だが、それどころか現代人は毎日時間に追われている。

世の中が便利になり、寿命が延びた現在どうしてこうも忙しいのか。それには②人間の内側が関係している。[28]人は休んでいると落ち着かないから自らしなくてもいい仕事を探して行うし、やりたいことが見つかっても失敗を怖がって準備に時間をかける。それなのに、目標を早く実現しようと近道を探すものだから、急ぎすぎていい判断ができず、かえって回り道を選んでしまいがちだ。

不必要な仕事、長すぎる準備期間、目標までの遠回り。これでは時間に追われるのも仕方がない。[29]外の世界が発展していくら便利になっても、人間の内の部分が変わらなければ、時間に余裕は生まれないだろう。

(1)

'과학의 진보로 인해 경제는 크게 발전한다. 그리고, 일하는 시간도 지금과는 비교할 수 없을 정도로 짧아진다.' 이렇게 말한 경제학자 케인스의 예측은 유감스럽게도 ①일부를 제외하고 정답과는 먼 것이었다.

[27]확실히 경제 발전으로 인해 우리의 생활은 풍요로워졌지만, 노동 쪽에는 70년대 이래 지금도 큰 변화는 없다. 남은 시간을 보내는 방법이 인간의 과제가 될 거라고 말한 그지만, 그렇기는커녕 현대인은 매일 시간에 쫓기고 있다.

세상이 편리해지고, 수명이 늘어난 현재 어째서 이렇게도 바쁜 것일까. 거기에는 ②인간의 내면이 관계되어 있다. [28]사람은 쉬고 있으면 안절부절못하니까 스스로 하지 않아도 될 일을 찾아서 하고, 하고 싶은 것을 찾게 돼도 실패를 두려워해서 준비에 시간을 들인다. 그러면서, 목표를 빨리 실현하려고 지름길을 찾으니까, 지나치게 서둘러서 좋은 판단을 하지 못하고, 오히려 돌아가는 길을 택해 버리기 쉽다.

불필요한 일, 너무 긴 준비 기간, 목표까지 멀리 돌아가기. 이래서는 시간에 쫓기는 것도 어쩔 수 없다. [29]바깥 세계가 발전해서 아무리 편리해져도, 인간의 내적인 부분이 변하지 않으면, 시간에 여유는 생기지 않을 것이다.

어휘 科学 かがく 圏과학　進歩 しんぽ 圏진보　〜により ~로 인해　経済 けいざい 圏경제　大きい おおきい い圏크다　発展 はってん 圏발전

そして 圏그리고　働く はたらく 圏일하다　時間 じかん 圏시간　比べる くらべる 圏비교하다　〜くらい 图~정도로　短い みじかい い圏짧다

述べる のべる 圏말하다, 서술하다　経済学者 けいざいがくしゃ 圏경제학자　予測 よそく 圏예측　残念ながら ざんねんながら 유감스럽게도

一部 いちぶ 圏일부　〜を除いて 〜をのぞいて ~를 제외하고　正解 せいかい 圏정답　遠い とおい い圏멀다　確かに たしかに 확실히

私たち わたしたち 우리　生活 せいかつ 圏생활　豊かだ ゆたかだ な圏풍요롭다　労働 ろうどう 圏노동　〜年代 〜ねんだい ~년대

以来 いらい 圏이래　大きな おおきな 큰　変化 へんか 圏변화　残る のこる 圏남다　過ごし方 すごしかた 圏보내는 방법　人間 にんげん 圏인간

課題 かだい 圏과제　言う いう 圏말하다　それどころか 그렇기는커녕　現代人 げんだいじん 圏현대인　毎日 まいにち 圏매일

追われる おわれる 圏쫓기다　世の中 よのなか 圏세상　便利だ べんりだ な圏편리하다　寿命 じゅみょう 圏수명　延びる のびる 圏늘어나다

現在 げんざい 圏현재　どうして 圏어째서　忙しい いそがしい い圏바쁘다　内側 うちがわ 圏내면, 내측　関係 かんけい 圏관계

休む やすむ 圏쉬다　落ち着かない おちつかない 안절부절못하다　自ら みずから 圏스스로　仕事 しごと 圏일　探す さがす 圏찾다

行う おこなう 圏하다　見つかる みつかる 圏찾게 되다　失敗 しっぱい 圏실패　怖がる こわがる 圏두려워하다　準備 じゅんび 圏준비

時間をかける じかんをかける 시간을 들이다　目標 もくひょう 圏목표　早く はやく 圏빨리　実現 じつげん 圏실현　近道 ちかみち 圏지름길

〜ものだから ~니까　急ぐ いそぐ 圏서두르다　〜すぎる 지나치게 ~하다　判断 はんだん 圏판단　かえって 圏오히려

回り道 まわりみち 圏 돌아가는 길　選ぶ えらぶ 圏 택하다　〜がちだ 〜(하)기 쉽다　不必要だ ふひつようだ [な형] 불필요하다　長い ながい [い형] 길다
期間 きかん 圏 기간　遠回り とおまわり 圏 멀리 돌아가기, 우회　これでは 이래서는　仕方がない しかたがない 어쩔 수 없다　外 そと 圏 바깥
世界 せかい 圏 세계　いくら 凰 아무리　内の部分 うちのぶぶん 내적인 부분, 안쪽 부분　変わる かわる 圏 변하다　余裕 よゆう 圏 여유
生まれる うまれる 圏 생기다

27　중

①一部とあるが、どのようなことか。	①일부라고 하는데, 어떤 것인가?
1 科学が進歩して時間に追われるようになること	1 과학이 진보해서 시간에 쫓기게 되는 것
2 経済が発展して暮らしが豊かになること	**2 경제가 발전해서 삶이 풍요로워지는 것**
3 科学が発展して人が働く時間が短くなること	3 과학이 발전해서 사람이 일하는 시간이 짧아지는 것
4 人の寿命が延びて人生に余裕ができること	4 사람의 수명이 늘어나서 인생에 여유가 생기는 것

해설 지문의 一部(일부)의 내용이 무엇인지 밑줄 주변에서 찾는다. 밑줄의 뒷부분에서 確かに経済の発展により私たちの生活は豊かになったが (확실히 경제 발전으로 인해 우리의 생활은 풍요로워졌지만)라고 서술하고 있으므로 2 経済が発展して暮らしが豊かになること(경제가 발전해서 삶이 풍요로워지는 것)가 정답이다.

어휘 暮らし くらし 圏 삶　人生 じんせい 圏 인생

28　중

②人間の内側についての説明で、合っているのはどれか。	②인간의 내면에 대한 설명으로, 맞는 것은 어느 것인가?
1 時間をどのように過ごすかを課題にしている。	1 시간을 어떻게 보낼 것인가를 과제로 하고 있다.
2 何もしていない時間があると落ち着かない。	**2 아무것도 하고 있지 않는 시간이 있으면 안절부절못한다.**
3 失敗をすることが怖いから行動をとらない。	3 실패를 하는 것이 두렵기 때문에 행동을 취하지 않는다.
4 目標を実現させるためには手段を選ばない。	4 목표를 실현시키기 위해서는 수단을 가리지 않는다.

해설 지문의 人間の内側(인간의 내면)의 내용이 무엇인지 밑줄 주변에서 찾는다. 밑줄의 뒷부분에서 人は休んでいると落ち着かないから自らしなくてもいい仕事を探して行うし(사람은 쉬고 있으면 안절부절못하니까 스스로 하지 않아도 될 일을 찾아서 하고)라고 서술하고 있으므로 2 何もしていない時間があると落ち着かない(아무것도 하고 있지 않는 시간이 있으면 안절부절못한다)가 정답이다.

어휘 〜について 〜에 대해　説明 せつめい 圏 설명　合う あう 圏 맞다　過ごす すごす 圏 보내다　怖い こわい [い형] 두렵다　行動 こうどう 圏 행동
とる 圏 취하다　手段 しゅだん 圏 수단

> 꼭 알아두기 지문의 人は休んでいると(사람은 쉬고 있으면)가 선택지에서 何もしていない時間があると(아무것도 하고 있지 않는 시간이 있으면)로 바뀌어 표현된 것처럼, 지문의
> 표현이 선택지에서 유사한 의미의 표현으로 자주 바뀌어 제시되는 것에 유의한다.

29　중상

この文章のテーマは何か。	이 글의 테마는 무엇인가?
1 科学が人間に与えた影響	1 과학이 인간에게 준 영향
2 時間をうまく作る方法	2 시간을 잘 만드는 방법
3 人間が繰り返してきた失敗	3 인간이 반복해 온 실패
4 現代人が余裕なく過ごす理由	**4 현대인이 여유 없이 지내는 이유**

해설 지문의 주제를 묻고 있다. 마지막 단락에서 外の世界が発展していくら便利になっても、人間の内の部分が変わらなければ、時間に余裕は生まれないだろう(바깥 세계가 발전해서 아무리 편리해져도, 인간의 내적인 부분이 변하지 않으면, 시간에 여유는 생기지 않을 것이다)라고 서술하고, 지문 전체적으로 현대인이 시간에 쫓기는 이유에 대해 서술하고 있으므로 4 現代人が余裕なく過ごす理由(현대인이 여유 없이 지내는 이유)가 정답이다.

어휘 文章 ぶんしょう 圏 글　テーマ 圏 테마　与える あたえる 圏 주다　影響 えいきょう 圏 영향　うまく 잘　作る つくる 圏 만들다　方法 ほうほう 圏 방법
繰り返す くりかえす 圏 반복하다　理由 りゆう 圏 이유

(2)

　今でこそ読書好きの私だが、子供の頃はマンガしか読んでいなかった。そんな [30]私が絵のない本を手に取ったのは大学生の時だ。卒業論文に必要な日本語のデータを集めなければならなくなった。幼い頃から親に勧められてはいたが、本を読むと眠くなってしまっていた。そこで友人のアドバイスを聞き、大好きな映画の原作から読むことにした。意外とおもしろかった。

　小説から始まった読書だが、様々な本に出会ううちに私にはある能力が不足していることに気付いた。[31]内容が分からないのだ。難しい漢字や単語があったら、辞書を引けばいいのだが、全体的な内容は誰も説明してくれない。これは専門的知識がどうこうという問題ではない。[31]作者の主張が理解できないから、それに共感もできない。

　マンガに慣れていたのがその理由だろう。マンガは絵と文字で情報を与えてくれる。しかし、本には内容を理解して頭の中にその世界を描く想像力が要る。[32]マンガにも絵だけを見て想像力を働かせることはあるが、目から入ってくるイメージがそのまま頭に描かれるため、本ほどの想像力を必要としない。マンガばかり読んでいた私はこの力が弱かったのだ。

（注）原作：もとの作品

(2)

　지금이야 독서를 좋아하는 나지만, 어렸을 때는 만화밖에 읽지 않았었다. 그런 [30]내가 그림이 없는 책을 손에 든 것은 대학생 때다. 졸업 논문에 필요한 일본어 데이터를 모으지 않으면 안 되었다. 어릴 때부터 부모님에게 권유받고는 있었지만, 책을 읽으면 졸려 버렸었다. 그래서 친구의 조언을 듣고, 매우 좋아하는 영화의 원작부터 읽기로 했다. 의외로 재미있었다.

　소설에서 시작된 독서지만, 다양한 책을 만나는 사이에 나에게는 어떤 능력이 부족하다는 것을 깨달았다. [31]내용을 알 수 없는 것이다. 어려운 한자나 단어가 있으면, 사전을 찾으면 되는 거지만, 전체적인 내용은 아무도 설명해 주지 않는다. 이것은 전문적 지식이 이러쿵저러쿵 하는 문제가 아니다. [31]작가의 주장을 이해할 수 없기 때문에, 그것에 공감도 할 수 없다.

　만화에 익숙해져 있던 것이 그 이유일 것이다. 만화는 그림과 문자로 정보를 준다. 그러나, 책에는 내용을 이해하고 머릿속에 그 세계를 그리는 상상력이 필요하다. [32]만화에도 그림만을 보고 상상력을 발휘시키는 경우는 있지만, 눈으로 들어오는 이미지가 그대로 머리에 그려지기 때문에, 책만큼의 상상력을 필요로 하지 않는다. 만화만 읽던 나는 이 힘이 약했던 것이다.

(주) 원작: 원래의 작품

어휘 ~こそ ~야, ~야말로　読書好き どくしょずき 圏 독서를 좋아함　子供の頃 こどものころ 어렸을 때　マンガ 圏 만화　読む よむ 圏 읽다　絵 え 圏 그림
本 ほん 圏 책　手に取る てにとる 손에 들다　大学生 だいがくせい 圏 대학생　卒業 そつぎょう 圏 졸업　論文 ろんぶん 圏 논문
必要だ ひつようだ 图형 필요하다　日本語 にほんご 圏 일본어　データ 圏 데이터　集める あつめる 圏 모으다
~なければならない ~(하)지 않으면 안 되다　幼い おさない い형 어리다　頃 ころ 圏 때　親 おや 圏 부모님　勧める すすめる 圏 권유하다
眠い ねむい い형 졸리다　~てしまう ~(해) 버리다　そこで 囼 그래서　友人 ゆうじん 圏 친구　アドバイス 圏 조언　聞く きく 圏 듣다
大好きだ だいすきだ 图형 매우 좋아하다　映画 えいが 圏 영화　原作 げんさく 圏 원작　~ことにする ~(하)기로 하다　意外と いがいと 图 의외로
おもしろい い형 재미있다　小説 しょうせつ 圏 소설　始まる はじまる 圏 시작되다　読書 どくしょ 圏 독서　様々だ さまざまだ 图형 다양하다
出会う であう 圏 만나다　~うちに ~(하)는 사이에　ある 어떤, 어느　能力 のうりょく 圏 능력　不足 ふそく 圏 부족　気付く きづく 圏 깨닫다
内容 ないよう 圏 내용　分かる わかる 圏 알 수 있다, 알다　難しい むずかしい い형 어렵다　漢字 かんじ 圏 한자　単語 たんご 圏 단어
辞書を引く じしょをひく 사전을 찾다　全体的だ ぜんたいてきだ 图형 전체적이다　説明 せつめい 圏 설명　~てくれる ~(해) 주다
専門的 せんもんてき 圏 전문적　知識 ちしき 圏 지식　どうこう 이러쿵저러쿵　~という ~(라고) 하는　問題 もんだい 圏 문제　作者 さくしゃ 圏 작가, 작자
主張 しゅちょう 圏 주장　理解 りかい 圏 이해　共感 きょうかん 圏 공감　慣れる なれる 圏 익숙해지다　理由 りゆう 圏 이유　文字 もじ 圏 문자
情報 じょうほう 圏 정보　与える あたえる 圏 주다　しかし 囼 그러나　頭 あたま 圏 머리　世界 せかい 圏 세계　描く えがく 圏 그리다
想像力 そうぞうりょく 圏 상상력　要る いる 圏 필요하다　働かせる はたらかせる 발휘시키다　入る はいる 圏 들어가다　イメージ 圏 이미지
必要 ひつよう 圏 필요　~ばかり ~만　力 ちから 圏 힘　弱い よわい い형 약하다　もと 圏 원래　作品 さくひん 圏 작품

30 中

「私」が本を手に取るようになったのは、どうしてか。	'나'가 책을 손에 들게 된 것은, 어째서인가?
1 論文を書くため本からデータを集めたかったから	1 논문을 쓰기 위해 책에서 데이터를 모으고 싶었기 때문에
2 親に幼い頃から読書をするように言われてきたから	2 부모님에게 어릴 때부터 독서를 하도록 들어 왔기 때문에
3 友人がおもしろい本をプレゼントしてくれたから	3 친구가 재미있는 책을 선물해 주었기 때문에
4 好きな映画の原作が小説だということを知ったから	4 좋아하는 영화의 원작이 소설이라는 것을 알았기 때문에

해설 실문의 本を手に取るようになったの(책을 손에 들게 된 것)를 지문에서 찾아 그 주변을 주의 깊게 읽는다. 첫 번째 단락에서 私が絵のない本を手に取ったのは大学生の時だ。卒業論文に必要な日本語のデータを集めなければならなくなった(내가 그림이 없는 책을 손에 든 것은 대학생 때다. 졸업 논문에 필요한 일본어 데이터를 모으지 않으면 안 되었다)라고 서술하고 있으므로 1 論文を書くため本からデータを集めたかったから(논문을 쓰기 위해 책에서 데이터를 모으고 싶었기 때문에)가 정답이다.

어휘 プレゼント 圏선물 好きだ すきだ な형좋아하다 知る しる 图알다

31 上

ある能力が不足しているとあるが、何が不足しているのか。	어떤 능력이 부족하다고 하는데, 무엇이 부족한 것인가?
1 本を読むために必要な単語の知識	1 책을 읽기 위해서 필요한 단어의 지식
2 本に書かれていることを理解する力	2 책에 쓰여 있는 것을 이해하는 힘
3 本を読むために必要な専門知識	3 책을 읽기 위해서 필요한 전문 지식
4 本に書かれていることに共感する力	4 책에 쓰여 있는 것에 공감하는 힘

해설 지문의 ある能力が不足している(어떤 능력이 부족하다)의 내용이 무엇인지 밑줄 주변에서 찾는다. 밑줄의 뒷부분에서 内容が分からないのだ。難しい漢字や単語があったら、辞書を引けばいいのだが、全体的な内容は誰も説明してくれない(내용을 알 수 없는 것이다. 어려운 한자나 단어가 있으면, 사전을 찾으면 되는 거지만, 전체적인 내용은 아무도 설명해 주지 않는다), 作者の主張が理解できないから、それに共感もできない(작가의 주장을 이해할 수 없기 때문에, 그것에 공감도 할 수 없다)라고 서술하고 있으므로 2 本に書かれていることを理解する力(책에 쓰여 있는 것을 이해하는 힘)가 정답이다.

어휘 専門 せんもん 圏전문

32 中上

「私」は本とマンガについて、どのように考えているか。	'나'는 책과 만화에 대해, 어떻게 생각하고 있는가?
1 マンガは絵が多くて想像力がつかないから、本を読むようにするべきだ。	1 만화는 그림이 많아서 상상력이 늘지 않으니까, 책을 읽도록 해야 한다.
2 本が読めない人は代わりに、マンガを読んで想像力を働かせるといい。	2 책을 읽을 수 없는 사람은 대신에, 만화를 읽고 상상력을 발휘시키면 좋다.
3 本は文字だけで情報を得るから、マンガよりも想像力を必要とする。	3 책은 글자만으로 정보를 얻기 때문에, 만화보다도 상상력을 필요로 한다.
4 本とマンガには違った世界観が描かれていて、どちらにも良さがある。	4 책과 만화에는 다른 세계관이 그려져 있어, 어느 쪽에도 좋은 점이 있다.

해설 책과 만화에 대한 필자의 생각을 묻고 있다. 마지막 단락에서 マンガにも絵だけを見て想像力を働かせることはあるが、目から入ってくるイメージがそのまま頭に描かれるため、本ほどの想像力を必要としない(만화에도 그림만을 보고 상상력을 발휘시키는 경우는 있지만, 눈으로 들어오는 이미지가 그대로 머리에 그려지기 때문에, 책만큼의 상상력을 필요로 하지 않는다)라고 서술하고 있으므로 3 本は文字だけで情報を得るから、マンガよりも想像力を必要とする(책은 글자만으로 정보를 얻기 때문에, 만화보다도 상상력을 필요로 한다)가 정답이다.

어휘 多い おおい い형많다 想像力がつく そうぞうりょくがつく 상상력이 늘다 〜べきだ ~(해)야 한다 代わりに かわりに 图대신에 得る える 图얻다 違う ちがう 图다르다 世界観 せかいかん 圏세계관 良さ よさ 圏좋은 점

問題6　つぎの文章を読んで、質問に答えなさい。答えは、1・2・3・4から最もよいものを一つえらびなさい。

문제6　다음의 글을 읽고, 질문에 답하세요. 답은, 1·2·3·4에서 가장 알맞은 것을 하나 고르세요.

33-36

[33]子どもの頃、姉と一緒にピアノを習い始めたのだが、どんどん上手になる姉に比べて私には才能があると言えなかった。その代わり運動はわりとよくできた。そして姉が好きな国語や英語よりも算数や理科を好んだ。

姉妹でさえこんなに違うのだから、人によって得意なことや好きなことが違うのは当たり前だ。もちろん、そんなことは分かっている。でも、息子の好き嫌いのこととなると厳しくなってしまうのはなぜだろう。

私たちの体は私たちが口にするものでできている。様々な栄養をバランスよくとることで健康な体を維持できる。それに自然が与えてくれる命を無駄にしてはいけない。①「嫌いなものも残さず食べなさい」という親の言葉にはそんな思いがあったのだろうが、[34]小学生の息子の母親になった今、それだけではなかったのも分かる。子どもを思って作った料理を残されると悲しいものだ。

だから、ついしつこく言って②後悔してしまう。[35]自分だって小さい頃、好き嫌いが激しくて母に同じことを注意されて泣いていたのに。注意しても食べられるようになるとは限らないし、これでは食事の時間自体が嫌になってしまう。

食事の度、そのような言葉を聞かされては息子もうんざりしているだろう。[36]好き嫌いが多く栄養のバランスがよくないなら、不足している栄養を違う食材やサプリメントでとればいい。家族でテーブルを囲む時間は楽しい時間でなくてはならない。私のほうにも努力が必要なようだ。

（注）無駄：ここでは、食べずに捨てること

[33]어렸을 때, 언니와 함께 피아노를 배우기 시작했는데, 점점 능숙해지는 언니에 비해 나에게는 재능이 있다고 말할 수 없었다. 그 대신 운동은 비교적 잘했다. 그리고 언니가 좋아하는 국어나 영어보다도 산수나 이과를 좋아했다.

자매조차 이렇게 다른 거니까, 사람에 따라 잘하는 것과 좋아하는 것이 다른 것은 당연하다. 물론, 그런 것은 알고 있다. 하지만, 아들이 음식을 가리는 이야기만 나오면 엄격해져 버리는 것은 왜일까.

우리의 몸은 우리가 먹는 것으로 이루어져 있다. 다양한 영양을 균형 있게 섭취함으로써 건강한 몸을 유지할 수 있다. 게다가 자연이 주는 생명을 낭비해서는 안 된다. ①'싫어하는 것도 남기지 말고 먹으렴'이라는 부모님의 말에는 그런 생각이 있었겠지만, [34]초등학생 아들의 엄마가 된 지금, 그것만이 아니었다는 것도 알 수 있다. 아이를 생각해서 만든 요리를 남기면 슬픈 법이다.

그래서, 그만 집요하게 말해서 ②후회해 버린다. [35]나도 또한 어릴 때, 음식을 가리는 것이 심해서 엄마에게 같은 것을 주의받고 울었었는데. 주의를 줘도 먹을 수 있게 된다고는 할 수 없고, 이래서는 식사 시간 자체가 싫어져 버린다.

식사 때마다, 그런 말을 들어서는 아들도 넌더리가 나 있을 것이다. [36]음식을 가리는 것이 많아 영양의 균형이 좋지 않다면, 부족한 영양을 다른 식재료나 영양 보충 제품으로 섭취하면 된다. 가족끼리 테이블을 둘러싸는 시간은 즐거운 시간이 아니면 안 된다. 내 쪽에서도 노력이 필요한 것 같다.

(주) 낭비: 여기서는, 먹지 않고 버리는 것

어휘　子どもの頃 こどものころ 어렸을 때　姉 あね 圏 언니　一緒に いっしょに 甼 함께　ピアノ 圏 피아노　習い始める ならいはじめる 圏 배우기 시작하다
どんどん 甼 점점　上手だ じょうずだ 恁形 능숙하다　~に比べて ~にくらべて ~에 비해　才能 さいのう 圏 재능　代わり かわり 圏 대신
運動 うんどう 圏 운동　わりと 甼 비교적　よくできる 잘하다　そして 쥅 그리고　好きだ すきだ 恁形 좋아하다　国語 こくご 圏 국어
英語 えいご 圏 영어　~より 國 ~보다　算数 さんすう 圏 산수　理科 りか 圏 이과　好む このむ 圏 좋아하다　姉妹 しまい 圏 자매　~さえ 國 ~조차
違う ちがう 圏 다르다　~によって ~에 따라　得意だ とくいだ 恁形 잘하다　当たり前だ あたりまえだ 恁形 당연하다　もちろん 甼 물론
分かる わかる 圏 알다　でも 쥅 하지만　息子 むすこ 圏 아들　好き嫌い すききらい 圏 (음식을) 가림, 호불호
~となると ~이야기만 나오면, ~라고만 하면　厳しい きびしい い形 엄격하다　~てしまう ~(해) 버리다　体 からだ 圏 몸
口にする くちにする 먹다, 입에 담다　できる 圏 이루어지다　様々だ さまざまだ 恁形 다양하다　栄養 えいよう 圏 영양　バランスよい 균형 있다
とる 圏 섭취하다　健康だ けんこうだ 恁形 건강하다　維持 いじ 圏 유지　自然 しぜん 圏 자연　与える あたえる 圏 주다　~てくれる ~(해) 주다
命 いのち 圏 생명　無駄だ むだだ 恁形 낭비이다　~てはいけない ~(해)서는 안 된다　嫌いだ きらいだ 恁形 싫어하다　残す のこす 圏 남기다
食べる たべる 圏 먹다　~なさい ~(하)렴　~という ~라는　親 おや 圏 부모(님)　言葉 ことば 圏 말　思い おもい 圏 생각
小学生 しょうがくせい 圏 초등학생　母親 ははおや 圏 엄마, 어머니　今 いま 圏 지금　子ども こども 圏 아이　思う おもう 圏 생각하다

作る つくる [動] 만들다　料理 りょうり [名] 요리　悲しい かなしい [い형] 슬프다　〜ものだ (한) 법이다　だから [접] 그래서　つい [부] 그만

しつこい [い형] 집요하다　後悔 こうかい [名] 후회　自分 じぶん [名] 나, 자신　〜だって ~도 또한　小さい ちいさい [い형] 어리다, 작다　頃 ころ [名] 때

激しい はげしい [い형] 심하다　母 はは [名] 엄마　同じ おなじ 같은　注意する ちゅういする 주의를 주다　泣く なく [動] 울다　〜ようになる ~(하)게 되다

〜とは限らない 〜とはかぎらない ~라고 할 수 없다　食事 しょくじ [名] 식사　時間 じかん [名] 시간　自体 じたい [名] 자체　度 たび [名] 때마다

聞く きく [動] 듣다　うんざりする 넌더리가 나다　多い おおい [い형] 많다　バランス [名] 균형　不足 ふそく [名] 부족　食材 しょくざい [名] 식재료

サプリメント [名] 영양 보충 제품　家族 かぞく [名] 가족　テーブル [名] 테이블　囲む かこむ 둘러싸다　楽しい たのしい [い형] 즐겁다

努力 どりょく [名] 노력　必要だ ひつようだ [な형] 필요하다　〜ようだ ~것 같다　捨てる すてる [動] 버리다

33 중상

「私」は 子どものとき、どのような 子どもだったか。	'나'는 어렸을 때, 어떤 아이였는가?
1 楽器は 苦手だが、スポーツは 得意な 子ども	1 악기는 잘 못하지만, 스포츠는 잘하는 아이
2 スポーツは 苦手だが、楽器は 得意な 子ども	2 스포츠는 잘 못하지만, 악기는 잘하는 아이
3 国語は 苦手だが、算数は 得意な 子ども	3 국어는 잘 못하지만, 산수는 잘하는 아이
4 算数は 苦手だが、国語は 得意な 子ども	4 산수는 잘 못하지만, 국어는 잘하는 아이

해설 질문의 子どものとき(어렸을 때)를 지문에서 찾아 그 주변을 주의 깊게 읽는다. 첫 번째 단락에서 子供の頃、姉と一緒にピアノを習い始めたのだが、どんどん上手になる姉に比べて私には才能があると言えなかった。その代わり運動はわりとよくできた(어렸을 때, 언니와 함께 피아노를 배우기 시작했는데, 점점 능숙해지는 언니에 비해 나에게는 재능이 있다고 말할 수 없었다. 그 대신 운동은 비교적 잘했다)라고 서술하고 있으므로 1 楽器は 苦手だが、スポーツは 得意な 子ども(악기는 잘 못하지만, 스포츠는 잘하는 아이)가 정답이다.

어휘 子ども こども [名] 아이　楽器 がっき [名] 악기　苦手だ にがてだ [な형] 잘 못하다　スポーツ [名] 스포츠

34 상

①「嫌いなものも 残さず 食べなさい」という 親の 気持ちを 今の「私」は どう 考えているか。	①'싫어하는 것도 남기지 말고 먹으렴'이라는 부모의 마음을 지금의 '나'는 어떻게 생각하고 있는가?
1 好きなものではなく 栄養があるものを 食べてほしい。	1 좋아하는 것이 아니라 영양이 있는 것을 먹으면 좋겠다.
2 たくさん 食べて 健康な 体を 作ってほしい。	2 많이 먹고 건강한 몸을 만들면 좋겠다.
3 自らの 命を 与えてくれる 食べ物に 感謝してほしい。	3 자기 자신의 생명을 주는 음식에게 감사하면 좋겠다.
4 子どものために 料理したから 全部 食べてほしい。	4 아이를 위해 요리했으니 전부 먹으면 좋겠다.

해설 지문의 「嫌いなものも 残さず 食べなさい」('싫어하는 것도 남기지 말고 먹으렴')에 관한 내용을 밑줄 주변에서 찾는다. 밑줄의 뒷부분에서 小学生の息子の母親になった今、それだけではなかったのも分かる。子どもを思って作った料理を残されると悲しいものだ(초등학생 아들의 엄마가 된 지금, 그것만이 아니었다는 것도 알 수 있다. 아이를 생각해서 만든 요리를 남기면 슬픈 법이다)라고 서술하고 있으므로 4 子どものために 料理したから 全部 食べてほしい(아이를 위해 요리했으니 전부 먹으면 좋겠다)가 정답이다.

어휘 気持ち きもち [名] 마음　考える かんがえる [動] 생각하다　〜てほしい ~(하)면 좋겠다　たくさん [부] 많이　自ら みずから [名] 자기 자신, 스스로
食べ物 たべもの [名] 음식　感謝 かんしゃ [名] 감사　全部 ぜんぶ [名] 전부

35 중상

②後悔してしまうとあるが、どうしてか。	②후회해 버린다고 하는데, 어째서인가?
1 みんなが 当たり前だと 考えることを、分かっていなかったから	1 모두가 당연하다고 생각하는 것을, 모르고 있었기 때문에
2 自分が されて 嫌だったことを、息子に 同じようにしているから	2 자신이 당해서 싫었던 일을, 아들에게 똑같이 하고 있기 때문에
3 好き嫌いについて 厳しく 注意して、息子を 泣かせてしまうから	3 음식을 가리는 것에 대해 엄격하게 주의를 줘서, 아들을 울려 버리기 때문에
4 好き嫌いが 激しい 息子を、小さい 頃から 注意してこなかったから	4 음식을 가리는 것이 심한 아들을, 어릴 때부터 주의를 줘 오지 않았기 때문에

해설 지문의 後悔してしまう(후회해 버린다)의 이유가 무엇인지 밑줄 주변에서 찾는다. 밑줄의 뒷부분에서 自分だって小さい頃、好き嫌いが激しくて母に同じことを注意されて泣いていたのに(나도 또한 어릴 때, 음식을 가리는 것이 심해서 엄마에게 같은 것을 주의받고 울었었는데)라고 서술하고 있으므로 2 自分がされて嫌だったことを、息子に同じようにしているから(자신이 당해서 싫었던 일을, 아들에게 똑같이 하고 있기 때문에)가 정답이다.

어휘 みんな 모두 嫌だ いやだ [な형] 싫다 同じように おなじように 똑같이 ~について ~에 대해 泣かせる なかせる 울리다

36 중상

「私」がこの文章で言いたいことは何か。

1 好き嫌いは注意しても直らないから、厳しく言わないほうがいい。

2 体に足りない栄養はサプリメントなどで、とらなければならない。

3 好き嫌いを注意するよりも、食事の時間を楽しいものにすべきだ。

4 子どもが好き嫌いをしないように、料理に力を入れていきたい。

'나'가 이 글에서 말하고 싶은 것은 무엇인가?

1 음식을 가리는 것은 주의를 줘도 고쳐지지 않으니, 엄격하게 말하지 않는 편이 좋다.

2 몸에 부족한 영양은 영양 보충 제품 등으로, 섭취하지 않으면 안 된다.

3 음식을 가리는 것에 주의를 주기보다도, 식사 시간을 즐거운 것으로 해야 한다.

4 아이가 음식을 가리지 않도록, 요리에 힘을 쏟아 가고 싶다.

해설 필자가 말하고자 하는 바를 묻고 있다. 마지막 단락에서 好き嫌いが多く栄養のバランスがよくないなら、不足している栄養を違う食材やサプリメントでとればいい。家族でテーブルを囲む時間は楽しい時間でなくてはならない(음식을 가리는 것이 많아 영양의 균형이 좋지 않다면, 부족한 영양을 다른 식재료나 영양 보충 제품으로 섭취하면 된다. 가족끼리 테이블을 둘러싸는 시간은 즐거운 시간이 아니면 안 된다)라고 서술하고 있으므로 3 好き嫌いを注意するよりも、食事の時間を楽しいものにすべきだ(음식을 가리는 것에 주의를 주기보다도, 식사 시간을 즐거운 것으로 해야 한다)가 정답이다.

어휘 文章 ぶんしょう [명] 글 直る なおる [동] 고쳐지다 ~ほうがいい ~(하)는 편이 좋다 足りない たりない 부족하다 ~べきだ ~(해)야 한다
力を入れる ちからをいれる 힘을 쏟다 ~ていく ~(해) 가다

문제 7의 디렉션

問題7 右のページは料理教室の案内である。これを読んで、下の質問に答えなさい。答えは、1・2・3・4から最もよいものを一つえらびなさい。

문제7 오른쪽 페이지는 요리 교실의 안내이다. 이것을 읽고, 아래 질문에 답하시오. 답은, 1·2·3·4에서 가장 알맞은 것을 하나 고르시오.

37 중

遠藤さんは、土曜日に外国の料理を作ってみたいと思っている。午後5時までに終わるもので、肉が使われていない料理がいい。遠藤さんの希望に合うものはどれか。

1 A
2 B
3 C
4 D

엔도 씨는, 토요일에 외국 요리를 만들어 보고 싶다고 생각하고 있다. 오후 5시까지 끝나는 것으로, 고기가 사용되지 않은 요리가 좋다. 엔도 씨의 희망에 맞는 것은 어느 것인가?

1 A
2 B
3 C
4 D

해설 엔도 씨의 희망에 맞는 클래스를 묻는 문제이다. 질문에서 제시된 조건 (1) 土曜日(토요일) (2) 午後5時までに終わるもの(오후 5시까지 끝나는 것), (3) 肉が使われていない料理(고기가 사용되지 않은 요리)에 따라,

(1) 토요일 : 特別クラス(특별 클래스) 아래의 A, B, C, D 클래스에 관한 설명을 살펴보면 토요일에 진행되는 클래스는 A, C, D이다.

(2) 오후 5시까지 끝나는 것: 特別クラス(특별 클래스) A, B, C, D 아래의 설명을 살펴보면, A、C：2時間(A, C: 2시간), B、D：3時間(B, D: 3시간)이라고 하므로, 토요일에 진행되는 A, C, D 클래스 중에서 오후 5시까지 끝나는 것은 A, C이다.

(3) 고기가 사용되지 않는 요리: 特別クラス(특별 클래스) 아래의 A, C 클래스에 관한 설명을 살펴보면 C 클래스의 설명에서 お肉が食べられない方も参加できます(고기를 못 먹는 분도 참가 가능합니다)라고 하므로, 3 C가 정답이다.

어휘 土曜日 どようび 图토요일　外国 がいこく 图외국　料理 りょうり 图요리　作る つくる 图만들다　～てみる ~(해) 보다　思う おもう 图생각하다
午後 ごご 图오후　～までに ~까지　終わる おわる 图끝나다　肉 にく 图고기　使う つかう 图사용하다　希望 きぼう 图희망　合う あう 图맞다

38 중상

「一般クラス」に通っている田中さんは、ハワイ料理のクラスに参加したい。クラスに参加するために田中さんがしなければならないことはどれか。	'일반 클래스'에 다니고 있는 다나카 씨는, 하와이 요리 클래스에 참가하고 싶다. 클래스에 참가하기 위해 다나카 씨가 해야 할 일은 어느 것인가?
1 電話で申し込んで、4月2日に4,000円払う。	1 전화로 신청하고, 4월 2일에 4,000엔 지불한다.
2 電話で申し込んで、4月2日に5,000円払う。	2 전화로 신청하고, 4월 2일에 5,000엔 지불한다.
3 ホームページで申し込んで、4月2日に4,000円払う。	3 홈페이지에서 신청하고, 4월 2일에 4,000엔 지불한다.
4 ホームページで申し込んで、4月2日に5,000円払う。	4 홈페이지에서 신청하고, 4월 2일에 5,000엔 지불한다.

해설 제시된 상황 「一般クラス」に通っている('일반 클래스'에 다니고 있는), ハワイ料理のクラスに参加したい(하와이 요리 클래스에 참가하고 싶다)에 따라 다나카 씨가 해야 할 행동을 파악한다. 지문의 一般クラス(일반 클래스)에서 一般クラスに入会なさると、1,000円割引価格で特別クラスを受講することができます(일반 클래스에 입회하시면, 1,000엔 할인 가격으로 특별 클래스를 수강할 수 있습니다)라고 하므로 하와이 요리 특별 클래스 요금 5,000엔에서 1,000엔 할인 가격인 4,000엔으로 클래스를 수강할 수 있고, 申し込み方法(신청 방법)에서 特別クラス、一般クラスともにお申し込みはお電話から承っております(특별 클래스, 일반 클래스 모두 신청은 전화로 받고 있습니다)라고 하므로, 1 電話で申し込んで、4月2日に4,000円払う(전화로 신청하고, 4월 2일에 4,000엔 지불한다)가 정답이다.

어휘 一般 いっぱん 图일반　クラス 图클래스, 수업　通う かよう 图다니다　ハワイ 图하와이　参加 さんか 图참가　電話 でんわ 图전화
申し込む もうしこむ 图신청하다　払う はらう 图지불하다　ホームページ 图홈페이지

꼭! 알아두기 ※, *와 같은 기호가 있는 주의 사항이나 부연 설명 등을 기재한 부분에 정답의 단서가 포함되어 있을 가능성이 크므로 특히 꼼꼼히 읽고 해석한다.

37-38 요리 교실의 안내

❋さくら料理教室❋ 春の特別イベントのご案内	❋사쿠라 요리 교실❋ 봄 특별 이벤트 안내
特別クラス 飛行機に乗らずに、世界の味を楽しみましょう！	**특별 클래스** 비행기를 타지 않고, 세계의 맛을 즐깁시다!

A 韓国料理	B ハワイ料理	A 한국 요리	B 하와이 요리
キムチチゲ ぶた肉炒め	ハンバーグ丼 ガーリックシュリンプ	김치찌개 돼지고기 볶음	햄버그 덮밥 갈릭 슈림프
簡単でおいしいです。 からい物が好きな方はぜひ！ ①4月1日(^[37]土) ^[37]11時～ ②4月15日(土) 16時～	お子さんにも大人気のハンバーグ丼は優しい味です。 4月2日(日) 10時～	간단하고 맛있습니다. 매운 것을 좋아하는 분은 꼭! ① 4월 1일(^[37]토) ^[37]11시～ ② 4월 15일(토) 16시～	자녀분에게도 인기가 많은 햄버그 덮밥은 부드러운 맛입니다. 4월 2일(일) 10시～

C　イタリア料理	D　タイ料理
トマトパスタ チーズのサラダ	タイ風焼きそば シーフードスープ
短い時間で作れます。 [37]お肉が食べられない 方も参加できます。 ①４月８日([37]土) [37]11時〜 ②４月９日(日) 16時〜	スープは少しからいで す。ハーブの香りが好き な方におすすめです。 ①４月15日([37]土) 16時〜 ②４月16日(日) 10時〜

[37]時間　A、C：２時間　　　　B、D：３時間

料金　A：4,000円

[38]B、C、D：5,000円

食事　すべて会場で食事可能（B、Cはお持ち帰りも
　　　できます）

一般クラス

平日に行われる一般クラスの生徒さんも募集しています！
お好きな日にちに参加することが可能です。
（ホームページから事前予約が必要）

≫　日　時：月〜金曜日　18時〜20時
≫　入会金：5,000円
≫　料　金：33,000円（6回分）

* なお、[38]一般クラスに入会なさると、1,000円割引価格
で特別クラスを受講することができます！

[申し込み方法]

● [38]特別クラス、一般クラスともにお申し込みはお電話
から承っております。

● 特別クラスの場合、料金は当日現金でお支払いいただ
きます。一般クラスの場合は、入会された日に入会金
とともに料金をお支払いください。

● 特別クラスのお申し込みは３月26日（金）までですが、
一般クラスのほうは常に募集しております。

❋さくら料理教室❋

☎：0028-56-xxxx　　🔔：www.sakura.cooking.com

C　이탈리아 요리	D　태국 요리
토마토 파스타 치즈 샐러드	태국식 볶음 국수 해산물 수프
짧은 시간에 만들 수 있 습니다. [37]고기를 못 먹 는 분도 참가 가능합니 다. ① 4월 8일([37]토) [37]11시〜 ② 4월 9일(일) 16시〜	수프는 조금 맵습니다. 허브 향을 좋아하는 분에 게 추천입니다. ① 4월 15일([37]토) 16시〜 ② 4월 16일(일) 10시

[37]시간　A, C: 2시간　　　B, D: 3시간

요금　A: 4,000엔

[38]B, C, D: 5,000엔

식사　모두 회장에서 식사 가능 (B, C는 테이크 아웃도
　　　가능합니다)

일반 클래스

평일에 진행되는 일반 클래스 학생도 모집하고 있습니다!
원하시는 날짜에 참가하는 것이 가능합니다.
（홈페이지에서 사전 예약이 필요）

≫일　시：월〜금요일 18시〜20시
≫입회금：5,000엔
≫요　금：33,000엔（6회분）

*또한, [38]일반 클래스에 입회하시면, 1,000엔 할인 가격으
로 특별 클래스를 수강할 수 있습니다!

[신청 방법]

● [38]특별 클래스, 일반·클래스 모두 신청은 전화로 받고 있습
니다.

● 특별 클래스의 경우, 요금은 당일 현금으로 지불해 주세요. 일반
클래스의 경우는, 입회하신 날에 입회금과 함께 요금을 지불해
주세요.

● 특별 클래스의 신청은 3월 26일(금)까지입니다만, 일반 클래스
쪽은 항상 모집하고 있습니다.

❋사쿠라 요리 교실❋

☎：0028-56-xxxx　　🔔：www.sakura.cooking.com

어휘　教室 きょうしつ 몡교실　春 はる 몡봄　特別 とくべつ 몡특별　イベント 몡이벤트　案内 あんない 몡안내　飛行機 ひこうき 몡비행기
乗る のる 동타다　〜ずに 〜(하)지 않고　世界 せかい 몡세계　味 あじ 몡맛　楽しむ たのしむ 동즐기다　韓国 かんこく 몡한국　キムチ 몡김치
チゲ 몡찌개　ぶた肉 ぶたにく 몡돼지고기　炒め いため 몡볶음　簡単だ かんたんだ 나형간단하다　おいしい い형맛있다　からい い형맵다
好きだ すきだ 나형좋아하다　方 かた 몡분　ぜひ 몬꼭　ハンバーグ 몡햄버그　丼 どん 몡덮밥　ガーリック 몡갈릭, 마늘
シュリンプ 몡슈림프, 새우　お子さん おこさん 몡자녀분　大人気 だいにんき 몡인기가 많음, 큰 인기　優しい やさしい い형부드럽다
イタリア 몡이탈리아　トマト 몡토마토　パスタ 몡파스타　チーズ 몡치즈　サラダ 몡샐러드　短い みじかい い형짧다　時間 じかん 몡시간
お肉 おにく 몡고기　食べる たべる 동먹다　タイ 몡태국　〜風 〜ふう 〜식, 〜풍　焼きそば やきそば 몡볶음 국수　シーフード 몡해산물

スープ 图수프　少し すこし 图조금　ハーブ 图허브　香り かおり 图향　おすすめ 图추천　料金 りょうきん 图요금　食事 しょくじ 图식사

すべて 图모두　会場 かいじょう 图회장　可能 かのう 图가능　お持ち帰り おもちかえり 图테이크 아웃　平日 へいじつ 图평일

行う おこなう 图진행하다　生徒 せいと 图학생　募集 ぼしゅう 图모집　日にち ひにち 图날짜　可能だ かのうだ な형가능하다　事前 じぜん 图사전

予約 よやく 图예약　必要 ひつよう 图필요　日時 にちじ 图일시　月 げつ 图월(요일)　金曜日 きんようび 图금요일

入会金 にゅうかいきん 图입회금, 가입비　~回分 ~かいぶん ~회분　なお 图또한　入会 にゅうかい 图입회, 가입　なさる 图하시다

割引 わりびき 图할인　価格 かかく 图가격　受講 じゅこう 图수강　申し込み もうしこみ 图신청　方法 ほうほう 图방법　ともに 모두

承る うけたまわる 图받다　~ておる ~(하)고 있다　場合 ばあい 图경우　当日 とうじつ 图당일　現金 げんきん 图현금

お支払い おしはらい 图지불　~いただく (상대방이) ~(해) 주다　日 ひ 图날　~とともに ~과 함께　常に つねに 图항상

☞ 문제 1의 디렉션과 예제를 들려줄 때 1번부터 6번까지의 선택지를 미리 읽고 내용을 재빨리 파악해둡니다. 음성에서 では、始めます (그러면, 시작합니다)가 들리면, 곧바로 문제 풀 준비를 합니다. 디렉션과 예제는 실전모의고사 제1회의 해설(p.34)에서 확인할 수 있습니다.

1 중상

[음성]

家で女の人と男の人が話しています。女の人はこのあとまず何をしますか。

F：風船もうちょっと、飾ったほうがいいかな？

M：うーん、十分だと思うけど。これ以上飾ったら壁のハッピーバースデーの文字も見えにくくなっちゃうよ。

F：うん。あ、それから料理はどうする？

M：準備した料理は今盛ると冷めちゃうから、斎藤くんが到着してからにしようか。

F：そうだね。温かいほうがいいだろうし。

M：うん。あ、斎藤くんもうそろそろ駅に着く頃だね。木村さんが迎えに行ってくれる？

F：分かった。

M：じゃあ、僕はこの飾り付けで散らかった部屋を片付けておくよ。床の紙くずとかも拾って捨てないと。

F：うん。お願いね。

女の人はこのあとまず何をしますか。

[문제지]

[음성]

집에서 여자와 남자가 이야기하고 있습니다. 여자는 이후 우선 무엇을 합니까?

F : 풍선 좀 더, 장식하는 편이 좋을까?

M : 음, 충분하다고 생각하는데. 이 이상 장식하면 벽의 해피 버스데이 글자도 잘 보이지 않게 되어 버려.

F : 응. 아, 그리고 요리는 어떻게 할까?

M : 준비한 요리는 지금 담으면 식어 버리니까, 사이토 군이 도착하고 나서 할까?

F : 그렇네. 따뜻한 편이 좋을 테고.

M : 응. 아, 사이토 군 이제 슬슬 역에 도착할 때네. 기무라 씨가 마중하러 가 줄래?

F : 알았어.

M : 그럼, 나는 이 장식하느라 어질러진 방을 치워 둘게. 바닥의 종이 조각 같은 것도 주워서 버리지 않으면 안 돼.

F : 응. 부탁해.

여자는 이후 우선 무엇을 합니까?

해설 선택지 그림을 보고 여자가 우선 해야 할 일을 고르는 문제이다. 남자가 斎藤くんもうそろそろ駅に着く頃だね。木村さんが迎えに行ってくれる？(사이토 군 이제 슬슬 역에 도착할 때네. 기무라 씨가 마중하러 가 줄래?)라고 하자, 여자가 分かった(알았어)라고 했으므로, 선택지 3이

정답이다. 1은 풍선이 충분하므로 할 필요 없고, 2는 사이토 군이 도착한 후에 할 일이며, 4는 남자가 할 일이므로 오답이다.

어휘 家 いえ 📵 집　風船 ふうせん 📵 풍선　もうちょっと 좀 더　飾る かざる 📵 장식하다　～ほうがいい ~(하)는 편이 좋다
十分だ じゅうぶんだ 🟰형 충분하다　思う おもう 📵 생각하다　以上 いじょう 📵 이상　壁 かべ 📵 벽
ハッピーバースデー 📵 해피 버스데이, 생일 축하합니다　文字 もじ 📵 글자　見える みえる 📵 보이다　それから 📗 그리고　料理 りょうり 📵 요리
準備 じゅんび 📵 준비　盛る もる 📵 담다　冷める さめる 📵 식다　到着 とうちゃく 📵 도착　～てから ~(하)고 나서　温かい あたたかい 🟰형 따뜻하다
もう 📵 이제　そろそろ 📵 슬슬　駅 えき 📵 역　着く つく 📵 도착하다　頃 ころ 📵 때　迎える むかえる 📵 마중하다　～に行く ~에 가다, ~(하)러 가다
～てくれる ~(해) 주다　分かる わかる 📵 알다　僕 ぼく 📵 나　飾り付け かざりつけ 📵 장식함　散らかる ちらかる 📵 어지러지다　部屋 へや 📵 방
片付ける かたづける 📵 치우다　～ておく ~(해) 두다　床 ゆか 📵 바닥　紙くず かみくず 📵 종이 조각　拾う ひろう 📵 줍다　捨てる すてる 📵 버리다

꼭 알아두기 앞으로 혹은 가장 먼저 해야 할 일을 묻는 문제는 대화를 나누고 있는 남자, 여자의 이름이나 私, 僕와 함께 언급되는 행동을 주의 깊게 듣는다.

2　중상

[음성]

会社で女の社員と課長が話しています。女の社員はこれからまず何をしなければなりませんか。

F：課長、おはようございます。

M：高橋さん、おはよう。実はオンライン説明会のことでお願いがあって。

F：それなら、2時から私と小森さんで配信することになっていますが。

M：ああ、ライブ配信の説明会のことじゃなくてね。それとは別に録画したものをいつでも好きな時間に見られるようにうちのホームページに載せようということになったんだ。

F：あ、そうなんですね。2時から行う説明会を録画して、ホームページに上げるんですか。

M：いや、ホームページに載せるとなると、こっちが一方的に話す形式になるから、見る人が集中できるように30分くらいの短い動画にしなくちゃいけないんだ。高橋さんには録画用に今日やる説明会の内容を短く整理してほしくてね。

F：はい。分かりました。

M：話す内容が大体決まったら、内容を確認したいから私にメールで送ってくれる？撮影の日程は私が調整しておくよ。

女の社員はこれからまず何をしなければなりませんか。

[문제지]

1 説明会にさんかする
2 説明会のないようをまとめる
3 説明会をろくがする
4 さつえいの日程を決める

[음성]

회사에서 여자 사원과 과장이 이야기하고 있습니다. 여자 사원은 이제부터 우선 무엇을 하지 않으면 안 됩니까?

F : 과장님, 좋은 아침입니다.

M : 다카하시 씨, 좋은 아침. 실은 온라인 설명회 일로 부탁이 있어서.

F : 그거라면, 2시부터 저와 고모리 씨가 방송하기로 되어 있습니다만.

M : 아, 라이브 방송 설명회 일이 아니라. 그거와는 별개로 녹화한 것을 언제든지 원하는 시간에 볼 수 있도록 우리 홈페이지에 올리자는 결론을 내리게 되었어.

F : 아, 그렇군요. 2시부터 진행하는 설명회를 녹화해서, 홈페이지에 올리는 건가요?

M : 아니, 홈페이지에 올리게 되면, 이쪽이 일방적으로 말하는 형식이 되니까, 보는 사람이 집중할 수 있도록 30분 정도의 짧은 동영상으로 하지 않으면 안 돼. 다카하시 씨에게는 녹화용으로 오늘 하는 설명회 내용을 짧게 정리해 주었으면 해서.

F : 네, 알겠습니다.

M : 말할 내용이 대강 정해지면, 내용을 확인하고 싶으니까 나에게 이메일로 보내 줄래? 촬영 일정은 내가 조정해 둘게.

여자 사원은 이제부터 우선 무엇을 하지 않으면 안 됩니까?

[문제지]

1 설명회에 참가한다
2 설명회의 내용을 정리한다
3 설명회를 녹화한다
4 촬영 일정을 정한다

해설 여자 사원이 우선 해야 할 일을 고르는 문제이다. 남자가 高橋さんには録画用に今日やる説明会の内容を短く整理してほしくてね(다카하시 씨에게는 녹화용으로 오늘 하는 설명회 내용을 짧게 정리해 주었으면 해서)라고 하자, 여자 사원이 はい。分かりました(네, 알겠습니다)라고 했으므로, 2 説明会のないようをまとめる(설명회의 내용을 정리한다)가 정답이다. 1은 설명회에 참가하는 것이 아니라 방송한다고 했고,

정답 및 해설 | 실전모의고사 제2회　89

3은 설명회를 녹화해서 올리는 것이 아니라고 했으며, 4는 남자가 할 일이므로 오답이다.

어휘 会社 かいしゃ 몡회사　社員 しゃいん 몡사원　課長 かちょう 몡과장(님)　実は じつは 凰실은　オンライン 몡온라인
説明会 せつめいかい 몡설명회　お願い おねがい 몡부탁　配信 はいしん 몡방송, 전송, 배포　ライブ 몡라이브　別 べつ 몡별개
録画 ろくが 몡녹화　いつでも 언제든지　好きだ すきだ 쥔형원하다, 좋아하다　時間 じかん 몡시간　ホームページ 몡홈페이지
載せる のせる 동올리다, 싣다　～ことになる ~결론을 내리게 되다, (하)게 되다　行う おこなう 동진행하다　上げる あげる 동올리다
～となると ~하게 되면　一方的だ いっぽうてきだ 쥔형일방적이다　話す はなす 동말하다　形式 けいしき 몡형식　集中 しゅうちゅう 몡집중
～くらい ~정도　短い みじかい い형짧다　動画 どうが 몡동영상　～なくちゃいけない ~(하)지 않으면 안 된다　～用 ～よう ~용　今日 きょう 몡오늘
やる 동하다　内容 ないよう 몡내용　整理 せいり 몡정리　～てほしい ~(해) 주었으면 하다　分かる わかる 동알다　大体 だいたい 凰대강
決まる きまる 동정해지다　確認 かくにん 몡확인　メール 몡이메일　送る おくる 동보내다　～てくれる ~(해) 주다　撮影 さつえい 몡촬영
日程 にってい 몡일정　調整 ちょうせい 몡조정　～ておく ~(해) 두다　さんか 몡참가　まとめる 동정리하다　決める きめる 동정하다

3 중

[음성]	[음성]
携帯ショップで男の人と店員が話しています。男の人はこのあと何をすることにしましたか。	휴대 전화 가게에서 남자와 점원이 이야기하고 있습니다. 남자는 이후 무엇을 하기로 했습니까?
M：すみません。携帯代がちょっと高くて、少しでも下げられたらなと思いまして。	M : 실례합니다. 휴대 전화 요금이 좀 비싸서, 조금이라도 낮출 수 있었으면 하고 생각해서요.
F：確認してみますね。お電話番号をお願いいたします。	F : 확인해 보겠습니다. 전화번호 부탁드립니다.
M：080-1111-2222です。	M : 080-1111-2222 입니다.
F：…えっと、現在は1か月約9,000円となっています。機械自体の価格が2,000円、通信費が4,500円、それから追加オプションに500円、複数のコンテンツサービスに毎月1,500円ほどかかっていますね。通信費を安いプランに変えられればいいんですが、お客様のデータ使用量ではこちらより安いものにするとデータ量が足りなくなってしまいます。	F : …음, 현재는 한 달 약 9,000엔입니다. 기계 자체의 가격이 2,000엔, 통신비가 4,500엔, 그리고 추가 옵션에 500엔, 복수의 콘텐츠 서비스에 매달 1,500엔 정도 들고 있어요. 통신비를 저렴한 요금제로 바꿀 수 있으면 좋겠습니다만, 고객님의 데이터 사용량으로는 이쪽보다 싼 것으로 하면 데이터양이 부족해져 버립니다.
M：そうですか。でも、コンテンツサービスは最近使ってないんですけど…。あ、昔契約してそのままかもしれないです。	M : 그렇습니까? 하지만, 콘텐츠 서비스는 최근 쓰고 있지 않는데요…. 아, 옛날에 계약하고 그대로일지도 모릅니다.
F：1年前から契約なさっています。ご使用にならないのであれば、すぐにでも契約を取り消すことをおすすめします。	F : 1년 전부터 계약하시고 계십니다. 사용하지 않으시는 거라면, 당장이라도 계약을 취소하는 것을 추천합니다.
M：はい、そうします。それから、この追加オプションって…？	M : 네, 그렇게 하겠습니다. 그리고, 이 추가 옵션이란…?
F：こちらは保険料です。	F : 이쪽은 보험료입니다.
M：ああ。故障した時に大変だから、これはこのままにします。	M : 아. 고장 났을 때 큰일이니까, 이건 이대로 하겠습니다.
男の人はこのあと何をすることにしましたか。	남자는 이후 무엇을 하기로 했습니까?
[문제지]	[문제지]
1 安いけいたいに変える	1 싼 휴대 전화로 바꾼다
2 安いつうしんプランに変える	2 싼 통신 요금제로 바꾼다
3 オプションのけいやくをやめる	3 옵션의 계약을 그만둔다
4 コンテンツのけいやくをやめる	**4 콘텐츠의 계약을 그만둔다**

해설 남자가 앞으로 해야 할 일을 고르는 문제이다. 콘텐츠 서비스는 최근에 쓰고 있지 않다는 남자의 말에 여자가 ご使用にならないのであれば、

すぐにでも契約を取り消すことをおすすめします(사용하지 않으시는 거라면, 당장이라도 계약을 취소하는 것을 추천합니다)라고 하자, 남자가 はい、そうします(네, 그렇게 하겠습니다)라고 했으므로, 4 コンテンツのけいやくをやめる(콘텐츠의 계약을 그만둔다)가 정답이다. 1은 언급되지 않았고, 2는 싼 것으로 하면 데이터양이 부족해진다고 했으며, 3은 옵션을 이대로 하겠다고 했으므로 오답이다.

어휘 携帯 けいたい 圏 휴대 전화　ショップ 圏 가게　店員 てんいん 圏 점원　~代 ~だい ~요금, ~비　ちょっと 图 좀　高い たかい い형 비싸다
少し すこし 图 조금　下げる さげる 图 낮추다　確認 かくにん 圏 확인　お電話番号 おでんわばんごう 圏 전화번호　お願い おねがい 圏 부탁
現在 げんざい 圏 현재　約~ やく~ 약~　機械 きかい 圏 기계　自体 じたい 圏 자체　価格 かかく 圏 가격　通信費 つうしんひ 圏 통신비
それから 圙 그리고　追加 ついか 圏 추가　オプション 圏 옵션　複数 ふくすう 圏 복수, 여럿　コンテンツ 콘텐츠　サービス 圏 서비스
毎月 まいつき 圏 매달　~ほど ~정도　かかる 图 들다　安い やすい い형 저렴하다　プラン 圏 요금제, 플랜　変える かえる 图 바꾸다
お客様 おきゃくさま 고객님　データ 데이터　使用量 しようりょう 圏 사용량　データ量 データりょう 圏 데이터양　足りない たりない 부족하다
でも 圙 하지만　最近 さいきん 圏 최근　使う つかう 图 쓰다, 사용하다　昔 むかし 圏 옛날　契約 けいやく 圏 계약　~かもしれない ~일지도 모른다
なさる 圐 하시다　使用 しよう 圏 사용　すぐにでも 당장이라도　取り消す とりけす 图 취소하다　おすすめ 圏 추천　保険料 ほけんりょう 圏 보험료
故障 こしょう 圏 고장　大変だ たいへんだ な형 큰일이다　通信 つうしん 圏 통신　やめる 图 그만두다

4　중

[음성]	[음성]
男の学生と女の学生が話しています。女の学生は男の学生にいつまでに本を返さなければなりませんか。	남학생과 여학생이 이야기하고 있습니다. 여학생은 남학생에게 언제까지 책을 돌려주지 않으면 안 됩니까?

[음성]

男の学生と女の学生が話しています。女の学生は男の学生にいつまでに本を返さなければなりませんか。

M：どうしたの?なんかあった?

F：さっきレポートに必要な本を借りに図書館に行ってきたんだけど、全部借りられててさぁ。来週の水曜日締め切りで、提出まで時間がないのにどうしよう。

M：それって佐々木教授の「経営学」のレポートだよね?それなら僕ほとんど書き終わったから明日には貸せるよ。

F：え、本当に?助かる。もう今週は借りられないから、来週なんとかするしかないって思ってたよ。

M：でも、先週の火曜日に借りたから、レポート締め切りの前の日までには図書館に返さなくちゃいけないんだ。期限に遅れたら、しばらく本が借りられなくなるから、月曜日までに僕に返してくれる?

F：うん。忘れずに返すよ。

女の学生は男の学生にいつまでに本を返さなければなりませんか。

[문제지]

1 来週の月よう日
2 来週の火よう日
3 来週の水よう日
4 来週の木よう日

[음성]

남학생과 여학생이 이야기하고 있습니다. 여학생은 남학생에게 언제까지 책을 돌려주지 않으면 안 됩니까?

M : 무슨 일이야? 무슨 일 있었어?

F : 아까 리포트에 필요한 책을 빌리러 도서관에 다녀왔는데, 전부 빌려져 있어서 말이야. 다음 주 수요일 마감이라, 제출까지 시간이 없는데 어떡하지?

M : 그건 사사키 교수님의 '경영학' 리포트지? 그거라면 나 거의 다 썼으니까 내일은 빌려줄 수 있어.

F : 앗, 정말로? 도움이 된다. 이제 이번 주는 빌릴 수 없으니까, 다음 주에 어떻게든 할 수밖에 없다고 생각했었어.

M : 하지만, 지난주 화요일에 빌렸으니까, 리포트 마감 전날까지는 도서관에 돌려주지 않으면 안 돼. 기한에 늦으면, 당분간 책을 빌릴 수 없게 되니까, 월요일까지 나에게 돌려줄래?

F : 응. 잊지 않고 돌려줄게.

여학생은 남학생에게 언제까지 책을 돌려주지 않으면 안 됩니까?

[문제지]

1 다음 주 월요일

2 다음 주 화요일

3 다음 주 수요일

4 다음 주 목요일

해설 여학생이 남학생에게 언제까지 책을 돌려줘야 하는지 고르는 문제이다. 남학생이 月曜日までに僕に返してくれる?(월요일까지 나에게 돌려줄래?)라고 하자, 여학생이 うん。忘れずに返すよ(응. 잊지 않고 돌려줄게)라고 했으므로, 1 来週の月よう日(다음 주 월요일)가 정답이다. 2는 도서관에 반납해야 하는 날이고, 3은 리포트 마감일이고, 4는 언급되지 않았으므로 오답이다.

어휘 本 ほん 圏 책　返す かえす 图 돌려주다　さっき 图 아까　レポート 圏 리포트　必要だ ひつようだ な형 필요하다　借りる かりる 图 빌리다
図書館 としょかん 圏 도서관　全部 ぜんぶ 圏 전부　来週 らいしゅう 圏 다음 주　水曜日 すいようび 圏 수요일　締め切り しめきり 圏 마감
提出 ていしゅつ 圏 제출　時間 じかん 圏 시간　教授 きょうじゅ 圏 교수(님)　経営学 けいえいがく 圏 경영학　僕 ぼく 圏 나　ほとんど 图 거의
書き終わる かきおわる 图 다 쓰다　明日 あした 圏 내일　貸す かす 图 빌려주다　本当に ほんとうに 图 정말로　助ける たすける 图 도움이 되다
もう 图 이제　今週 こんしゅう 圏 이번 주　なんとかする 어떻게든 하다　思う おもう 图 생각하다　でも 圙 하지만　先週 せんしゅう 圏 지난주

火曜日 かようび 圏화요일　前 まえ 圏전　日 ひ 圏날　～なくちゃいけない ～(하)지 않으면 안 된다　期限 きげん 圏기한　遅れる おくれる 圄늦다
しばらく 凰당분간　月曜日 げつようび 圏월요일　忘れる わすれる 圄잊다　～ずに ～(하)지 않고　木よう日 もくようび 圏목요일

5　상

[음성]
<ruby>部下<rt>ぶか</rt></ruby>の<ruby>木村<rt>きむら</rt></ruby>さんから<ruby>留守<rt>るす</rt></ruby><ruby>番電話<rt>ばんでんわ</rt></ruby>にメッセージが<ruby>入<rt>はい</rt></ruby>っていました。これを<ruby>聞<rt>き</rt></ruby>いた<ruby>人<rt>ひと</rt></ruby>はまず<ruby>何<rt>なに</rt></ruby>をしますか。

M．もしもし、<ruby>木村<rt>きむら</rt></ruby>です。お<ruby>食事中<rt>しょくじちゅう</rt></ruby>にすみません。<ruby>先<rt>さき</rt></ruby>ほど<ruby>大阪<rt>おおさか</rt></ruby>の<ruby>田村貿易<rt>たむらぼうえき</rt></ruby>の<ruby>高田部長<rt>たかだぶちょう</rt></ruby>がお<ruby>見<rt>み</rt></ruby>えになりました。<ruby>別<rt>べつ</rt></ruby>の<ruby>仕事<rt>しごと</rt></ruby>で<ruby>東京<rt>とうきょう</rt></ruby>に<ruby>用事<rt>ようじ</rt></ruby>があって、<ruby>本社<rt>ほんしゃ</rt></ruby>にも<ruby>足<rt>あし</rt></ruby>をお<ruby>運<rt>はこ</rt></ruby>びになったそうです。それから、<ruby>大阪<rt>おおさか</rt></ruby>のお<ruby>土産<rt>みやげ</rt></ruby>も<ruby>頂<rt>いただ</rt></ruby>きました。<ruby>他<rt>ほか</rt></ruby>にも<ruby>向<rt>むか</rt></ruby>かわれる<ruby>場所<rt>ばしょ</rt></ruby>があるらしく、すぐ<ruby>出<rt>で</rt></ruby>ていかれてしまいましたが、<ruby>夜<rt>よる</rt></ruby>の<ruby>新幹線<rt>しんかんせん</rt></ruby>の<ruby>時間<rt>じ</rt></ruby><ruby>間<rt>かん</rt></ruby>まで<ruby>東京<rt>とうきょう</rt></ruby>にいるので、<ruby>電話<rt>でんわ</rt></ruby>をもらえたらうれしいとおっしゃっていました。

これを<ruby>聞<rt>き</rt></ruby>いた<ruby>人<rt>ひと</rt></ruby>はまず<ruby>何<rt>なに</rt></ruby>をしますか。

[문제지]
1 <ruby>木村<rt>きむら</rt></ruby>さんに<ruby>電話<rt>でんわ</rt></ruby>をかける
2 <ruby>高田部長<rt>たかだぶちょう</rt></ruby>に<ruby>電話<rt>でんわ</rt></ruby>をかける
3 <ruby>本社<rt>ほんしゃ</rt></ruby>にむかう
4 おみやげを<ruby>買<rt>か</rt></ruby>いに<ruby>行<rt>い</rt></ruby>く

[음성]
부하인 기무라 씨로부터 자동 응답기에 메시지가 들어와 있었습니다. 이것을 들은 사람은 우선 무엇을 합니까?

M : 여보세요, 기무라입니다. 식사 중에 죄송합니다. 조금 전 오사카 다무라 무역의 다카다 부장님이 오셨습니다. 다른 일로 도쿄에 볼일이 있어서, 저희 회사에도 방문하셨다고 합니다. 그리고, 오사카의 기념품도 받았습니다. 그 밖에도 향하시는 장소가 있는 것 같아, 바로 나가 버리셨습니다만, 밤의 신칸센 시간까지 도쿄에 있기 때문에, 전화를 받을 수 있으면 기쁘겠다고 말씀하셨습니다.

이것을 들은 사람은 우선 무엇을 합니까?

[문제지]
1 기무라 씨에게 전화를 건다
2 다카다 부장에게 전화를 건다
3 본사로 향한다
4 기념품을 사러 간다

해설　메시지를 들은 사람이 우선 해야 할 일을 고르는 문제이다. 남자가 다카다 부장이 다녀갔다고 전하며 電話をもらえたらうれしいとおっしゃっていました(전화를 받을 수 있으면 기쁘겠다고 말씀하셨습니다)라고 했으므로, 2 高田部長に電話をかける(다카다 부장에게 전화를 건다)가 정답이다. 1은 기무라가 아니라 다카다 부장에게 전화를 걸어야 하는 것이고, 3은 다카다 부장이 한 것이며, 4는 다카다 부장에게 오사카의 기념품을 받았다는 것이므로 오답이다.

어휘　部下 ぶか 圏부하　留守番電話 るすばんでんわ 圏자동 응답기　メッセージ 圏메시지　入る はいる 圄들어오다　食事 しょくじ 圏식사
～中 ～ちゅう ～중　先ほど さきほど 조금 전　大阪 おおさか 圏오사카　貿易 ぼうえき 圏무역　部長 ぶちょう 圏부장(님)
お見えになる おみえになる 오시다　別 べつ 圏다름　仕事 しごと 圏일　東京 とうきょう 圏도쿄　用事 ようじ 圏볼일
本社 ほんしゃ 圏저희 회사, 본사　足をお運びになる あしをおはこびになる 방문하시다　それから 图그리고　お土産 おみやげ 圏기념품
頂く いただく 圄받다　他にも ほかにも 그 밖에도　向かう むかう 圄향하다　場所 ばしょ 圏장소　すぐ 凰바로　出る でる 圄나가다
いく 圄가다　夜 よる 圏밤　新幹線 しんかんせん 圏신칸센　時間 じかん 圏시간　電話 でんわ 圏전화　もらう 圄받다　うれしい い형기쁘다
おっしゃる 圄말씀하시다　電話をかける でんわをかける 전화를 걸다　買う かう 圄사다

6　중

[음성]
<ruby>美容院<rt>びよういん</rt></ruby>で<ruby>店長<rt>てんちょう</rt></ruby>と<ruby>男<rt>おとこ</rt></ruby>の<ruby>美容師<rt>びようし</rt></ruby>が<ruby>話<rt>はな</rt></ruby>しています。<ruby>男<rt>おとこ</rt></ruby>の<ruby>美容師<rt>びようし</rt></ruby>はまず<ruby>最初<rt>さいしょ</rt></ruby>に<ruby>何<rt>なに</rt></ruby>をしますか。

F：おはよう。
M：<ruby>店長<rt>てんちょう</rt></ruby>、おはようございます。
F：<ruby>今日<rt>きょう</rt></ruby>、<ruby>北野<rt>きたの</rt></ruby>さんが<ruby>少<rt>すこ</rt></ruby>し<ruby>遅<rt>おく</rt></ruby>れて<ruby>来<rt>く</rt></ruby>るらしいから、<ruby>佐藤<rt>さとう</rt></ruby>くんと<ruby>一緒<rt>いっしょ</rt></ruby>にタオルから<ruby>畳<rt>たた</rt></ruby>んでくれる？
M：はい。<ruby>分<rt>わ</rt></ruby>かりました。

[음성]
미용실에서 점장과 남자 미용사가 이야기하고 있습니다. 남자 미용사는 우선 처음에 무엇을 합니까?

F : 좋은 아침.
M : 점장님, 좋은 아침입니다.
F : 오늘, 기타노 씨가 조금 늦게 온다고 하니까, 사토 군과 함께 수건부터 개어 줄래?
M : 네, 알겠습니다.

F : それが終わったら、今日の予約を確認しておいて。今日は予約がぱんぱんだから、予約に合わせて先にカラーやパーマに使う道具を整理しておいて、少しでもスムーズに動けるようにしないとね。

M : そうですね。あ、店の入り口前の掃除もやっておきましょうか。

F : ううん、それは他の人に頼んだから大丈夫よ。

男の美容師はまず最初に何をしますか。

[問題紙]

1 タオルをたたむ

2 予約をかくにんする

3 どうぐを　じゅんびする

4 店の前をそうじする

F : 그게 끝나면, 오늘 예약을 확인해 둬. 오늘은 예약이 빵빵하니까, 예약에 맞춰서 먼저 염색이나 파마에 사용할 도구를 정리해 둬서, 조금이라도 원활하게 움직일 수 있도록 하지 않으면 안 되겠어.

M : 그렇네요. 아, 가게 입구 앞의 청소도 해 둘까요?

F : 아니, 그건 다른 사람에게 부탁했으니까 괜찮아.

남자 미용사는 우선 처음에 무엇을 합니까?

[문제지]

1 수건을 갠다

2 예약을 확인한다

3 도구를 준비한다

4 가게 앞을 청소한다

해설 남자 미용사가 우선 해야 할 일을 고르는 문제이다. 여자가 佐藤くんと一緒にタオルから畳んでくれる？(사토 군과 함께 수건부터 개어 줄래?)라고 하자, 남자 미용사가 はい。分かりました(네. 알겠습니다)라고 했으므로, 1 タオルをたたむ(수건을 갠다)가 정답이다. 2, 3은 수건을 갠 다음에 할 일이고, 4는 다른 사람이 할 일이므로 오답이다.

어휘 美容院 びよういん 図 미용실　店長 てんちょう 図 점장(님)　美容師 びようし 図 미용사　今日 きょう 図 오늘　少し すこし 围 조금
遅れる おくれる 图 늦다　一緒に いっしょに 围 함께　タオル 図 수건　畳む たたむ 图 개다　〜てくれる ~(해) 주다　分かる わかる 图 알다
終わる おわる 图 끝나다　予約 よやく 図 예약　確認 かくにん 図 확인　〜ておく ~(해) 두다　ぱんぱんだ 성형 빵빵하다
合わせる あわせる 图 맞추다　先に さきに 围 먼저　カラー 図 염색, 컬러　パーマ 図 파마　使う つかう 图 사용하다　道具 どうぐ 図 도구
整理 せいり 図 정리　スムーズだ 성형 원활하다, 부드럽다　動く うごく 图 움직이다　〜ようにする ~(하)도록 하다　店 みせ 図 가게
入り口 いりぐち 図 입구　前 まえ 図 앞　掃除 そうじ 図 청소　やる 图 하다　他 ほか 図 다름　頼む たのむ 图 부탁하다
大丈夫だ だいじょうぶだ 성형 괜찮다　じゅんび 図 준비

☞ 문제 2의 디렉션과 예제를 들려줄 때 1번부터 6번까지의 선택지를 미리 읽고 내용을 재빨리 파악해둡니다. 음성에서 では、始めます(그러면, 시작합니다)가 들리면, 곧바로 문제 풀 준비를 합니다. 디렉션과 예제는 실전모의고사 제1회의 해설(p.40)에서 확인할 수 있습니다.

1 중

[음성]

カフェで女の人と男の人が話しています。女の人はどうして政治に興味を持ち始めましたか。

F : 次の選挙、誰に入れるか決めた？

M : ううん。僕、全然政治に興味なくてさ。誰に入れても同じじゃないの？

F : え、違うよ。政治家によって重視してることが違うんだから。田中くんも年金は減るのに税金が増えるなんてひどいって文句言ってたじゃない。

M : うん、まあね。

F : そういう自分の近くにある問題をどうにかできないかって考えたら、もっと政治に興味を持たなくちゃって思ったんだよね。私の場合は子育て支援かな。

[음성]

카페에서 여자와 남자가 이야기하고 있습니다. 여자는 어째서 정치에 흥미를 갖기 시작했습니까?

F : 다음 선거, 누구한테 투표할지 정했어?

M : 아니. 나, 전혀 정치에 흥미 없어서 말이야. 누구한테 투표해도 똑같지 않아?

F : 어, 아니야. 정치인에 따라 중시하고 있는 게 다르니까. 다나카 군도 연금은 줄어드는데 세금이 늘다니 너무하다고 불평했었잖아.

M : 응, 뭐 그렇지.

F : 그런 자신의 근처에 있는 문제를 어떻게든 할 수 없을까 생각했더니, 더 정치에 관심을 가지지 않으면 안 되겠다고 생각했어. 내 경우는 육아 지원이려나.

정답 및 해설 | 실전모의고사 제2회　93

실전모의고사 제2회　해커스 JLPT 실전모의고사 [N3]

M：え、子育てはまだまだ先のことじゃない？

F：そうなんだけど、子どもを産んで育ててる姉を見てると経済的にも体力的にも本当に大変そうで。やっぱり国のサポートが全然足りてないんだよね。

M：なるほどね。確かに留学で北ヨーロッパに住んでいたとき、消費税とか日本より高かったんだけど、そういった面はしっかりしてるって友達が言ってたなぁ。国民が納得できる税金の使われ方がされてるのっていいよね。

女の人はどうして政治に興味を持ち始めましたか。

[問題지]

1 もうすぐせんきょが始まるから
2 しょうひぜいが上がったから
3 姉が子育てにくろうしているから
4 ヨーロッパにりゅうがくしたから

M : 어, 육아는 아직 한참 미래의 일 아니야?

F : 그렇지만, 아이를 낳고 키우고 있는 언니를 보고 있으면 경제적으로도 체력적으로도 정말로 힘든 것 같아서. 역시 국가의 지원이 전혀 충분하지 않은 거지.

M : 그렇구나. 확실히 유학으로 북유럽에 살고 있었을 때, 소비세라든가 일본보다 비쌌지만, 그런 면은 탄탄하다고 친구가 말했어. 국민이 납득할 수 있는 세금 사용법이 쓰이고 있다는 건 좋네.

여자는 어째서 정치에 흥미를 갖기 시작했습니까?

[문제지]

1 이제 곧 선거가 시작되니까
2 소비세가 올랐으니까
3 언니가 육아로 고생하고 있으니까
4 유럽에 유학했으니까

해설 여자가 정치에 흥미를 갖기 시작한 이유를 묻는 문제이다. 여자가 子どもを産んで育ててる姉を見てると経済的にも体力的にも本当に大変そうで。やっぱり国のサポートが全然足りてないんだよね(아이를 낳고 키우고 있는 언니를 보고 있으면 경제적으로도 체력적으로도 정말로 힘든 것 같아서. 역시 국가의 지원이 전혀 충분하지 않은 거지)라고 언급했으므로, 3 姉が子育てにくろうしているから(언니가 육아로 고생하고 있으니까)가 정답이다.

어휘 カフェ 圏 카페　どうして 어째서　政治 せいじ 圏 정치　興味 きょうみ 圏 흥미　持ち始める もちはじめる 圏 갖기 시작하다　次 つぎ 圏 다음
選挙 せんきょ 圏 선거　誰 だれ 圏 누구　入れる いれる 圏 투표하다, 넣다　決める きめる 圏 정하다　僕 ぼく 圏 나　全然 ぜんぜん 閉 전혀
同じだ おなじだ な형 똑같다　違う ちがう 圏 아니다, 맞지 않다　政治家 せいじか 圏 정치인　〜によって ~에 따라　重視 じゅうし 圏 중시
年金 ねんきん 圏 연금　減る へる 圏 줄어들다　税金 ぜいきん 圏 세금　増える ふえる 圏 늘리다　ひどい い형 너무하다, 심하다　文句 もんく 圏 불평
自分 じぶん 圏 자신　近く ちかく 圏 근처　問題 もんだい 圏 문제　どうにか 어떻게든　考える かんがえる 圏 생각하다　もっと 閉 더
持つ もつ 圏 가지다　思う おもう 圏 생각하다　場合 ばあい 圏 경우　子育て こそだて 圏 육아　支援 しえん 圏 지원　まだまだ 아직 한참
先 さき 圏 미래, 장래　子ども こども 圏 아이　産む うむ 圏 낳다　育てる そだてる 圏 키우다　姉 あね 圏 언니
経済的だ けいざいてきだ な형 경제적이다　体力的だ たいりょくてきだ な형 체력적이다　本当に ほんとうに 정말로　大変だ たいへんだ な형 힘들다
やっぱり 閉 역시　国 くに 圏 국가　サポート 圏 지원　足りる たりる 圏 충분하다　なるほど 그렇군, 과연　確かに たしかに 확실히
留学 りゅうがく 圏 유학　北ヨーロッパ きたヨーロッパ 圏 북유럽　住む すむ 圏 살다　消費税 しょうひぜい 圏 소비세　日本 にほん 圏 일본
高い たかい い형 비싸다　面 めん 圏 면　しっかり 탄탄하게　友達 ともだち 圏 친구　国民 こくみん 圏 국민　納得 なっとく 圏 납득
使われ方 つかわれかた 圏 사용법, 사용 방식　もうすぐ 이제 곧　始まる はじまる 圏 시작되다　上がる あがる 圏 오르다　くろう 圏 고생
ヨーロッパ 圏 유럽

2 　중

[음성]

ラジオで小説家が話しています。小説家は会食の何が一番好きだったと言っていますか。

F：小説家になる前は一般企業で働いていました。私、実は好きだったのが会社の会食でして。そういった場が苦手だという人も多いですが、おしゃべり好きの私としては楽しかったです。普段行かないようなお店にも行けましたし、自分では頼まないようなおいしい料理も楽しむことができました。もちろん、無料ではなく会費から引かれるわけですが。でも、何より職場

[음성]

라디오에서 소설가가 이야기하고 있습니다. 소설가는 회식의 무엇을 가장 좋아했다고 말하고 있습니까?

F : 소설가가 되기 전에는 일반 기업에서 일하고 있었습니다. 저, 실은 좋아했던 게 회사 회식이라서요. 그런 자리가 껄끄럽다는 사람도 많습니다만, 수다를 좋아하는 사람인 저로서는 즐거웠습니다. 평소 가지 않을 법한 가게에도 갈 수 있었고, 스스로는 주문하지 않을 법한 맛있는 요리도 즐길 수 있었습니다. 물론, 무료가 아니라 회비에서 차감되는 겁니다만. 하지만, 무엇보다 직장 사람과 업무 이외의 이야기를 할 기회란 좀처럼

の人と業務以外の話をする機会ってなかなかないものですから、そういった様々なプライベートの話が聞けて良かったと思います。

없기 때문에, 그러한 다양한 사적인 이야기를 들을 수 있어서 좋았다고 생각합니다.

小説家は会食の何が一番好きだったと言っていますか。

소설가는 회식의 무엇을 가장 좋아했다고 말하고 있습니까?

[問題紙]

1 会社の人といろんな話ができたこと
2 いつもは行けない店に行けたこと
3 おいしい料理が食べられたこと
4 むりょうで食事ができたこと

[문제지]

1 회사 사람과 여러 가지 이야기를 할 수 있었던 것
2 여느 때는 갈 수 없는 가게에 갈 수 있었던 것
3 맛있는 요리를 먹을 수 있었던 것
4 무료로 식사를 할 수 있었던 것

해설 소설가가 회식의 무엇을 가장 좋아했는지 묻는 문제이다. 소설가가 何より職場の人と業務以外の話をする機会ってなかなかないものですから、そういった様々なプライベートの話が聞けて良かったと思います(무엇보다 직장 사람과 업무 이외의 이야기를 할 기회란 좀처럼 없기 때문에, 그러한 다양한 사적인 이야기를 들을 수 있어서 좋았다고 생각합니다)라고 언급했으므로, 1 会社の人といろんな話ができたこと(회사 사람과 여러 가지 이야기를 할 수 있었던 것)가 정답이다.

어휘 ラジオ 圏라디오　小説家 しょうせつか 圏소설가　会食 かいしょく 圏회식　一番 いちばん 囲가장　好きだ すきだ な형좋아하다　前 まえ 圏전　一般 いっぱん 圏일반　企業 きぎょう 圏기업　働く はたらく 圏일하다　実は じつは 囲실은　会社 かいしゃ 圏회사　場 ば 圏자리　苦手だ にがてだ な형끌끄럽다　多い おおい い형많다　おしゃべり好き おしゃべりずき 수다를 좋아하는 사람　〜として ~로서　楽しい たのしい い형즐겁다　普段 ふだん 囲평소　行く いく 圏가다　〜ような ~법한　お店 おみせ 圏가게　自分 じぶん 圏스스로, 자신　頼む たのむ 圏주문하다　おいしい い형맛있다　料理 りょうり 圏요리　楽しむ たのしむ 圏즐기다　もちろん 囲물론　無料 むりょう 圏무료　会費 かいひ 圏회비　引く ひく 圏차감하다, 빼다　でも 圙하지만　職場 しょくば 圏직장　業務 ぎょうむ 圏업무　以外 いがい 圏이외　機会 きかい 圏기회　〜って ~란　なかなか 囲좀처럼　様々だ さまざまだ な형다양하다　プライベート 사적임　話 はなし 圏이야기　聞く きく 圏듣다　思う おもう 圏생각하다　いろんな 여러 가지　いつも 圏여느 때　食べる たべる 圏먹다　食事 しょくじ 圏식사

3 　중

[음성]

会社で女の人と男の人が話しています。男の人はどうして病院に行きますか。

회사에서 여자와 남자가 이야기하고 있습니다. 남자는 어째서 병원에 갑니까?

F：さっきからずっとくしゃみしてるけど、風邪？それとも花粉症？

F：아까부터 계속 재채기하고 있는데, 감기? 아니면 꽃가루 알레르기?

M：ちょっと具合が悪くて。すみませんが、午後から病院に行きたいので早退させてもらってもいいですか。

M：좀 몸 상태가 좋지 않아서요. 죄송하지만, 오후부터 병원에 가고 싶기 때문에 조퇴해도 될까요?

F：うん、それなら大丈夫だけど。

F：응, 그거라면 괜찮은데.

M：ありがとうございます。昨日子どもがひどい熱を出して面倒を見ていたので、風邪がうつったんだと思います。

M：감사합니다. 어제 아이가 심한 열이 나서 돌봐 주고 있었기 때문에, 감기가 옮은 거라고 생각합니다.

F：あら、それは大変。今、インフルエンザも流行しているみたいだから、一応検査してもらったほうがいいわよ。

F：어머, 그건 큰일이네. 지금, 독감도 유행하고 있는 것 같으니까, 일단 검사를 받는 편이 좋아.

M：はい。そうします。実家の母も少し前にかかったと言っていました。それに、取引先でも何人か出てるみたいですね。

M：네. 그렇게 하겠습니다. 본가의 어머니도 조금 전에 걸렸다고 말씀하셨어요. 게다가, 거래처에서도 몇 명인가 나오고 있는 것 같네요.

F：そうなの。それから、病院でうつる人もいるらしいから、きちんとマスクをして行ってきてね。

F：맞아. 그리고, 병원에서 옮는 사람도 있다고 하니까, 확실히 마스크를 하고 다녀와.

M：はい。そうします。

M：네. 그렇게 하겠습니다.

男の人はどうして病院に行きますか。

남자는 어째서 병원에 갑니까?

[문제지]

1 かぜをひいたから

2 かふんしょうが　ひどいから

3 子どものぐあいが　わるいから

4 母親をむかえに行くから

[문제지]

1 감기에 걸렸기 때문에

2 꽃가루 알레르기가 심하기 때문에

3 아이의 몸 상태가 좋지 않기 때문에

4 어머니를 마중하러 가기 때문에

해설 남자가 병원에 가는 이유를 묻는 문제이다. 남자가 여자에게 병원에 가고 싶은데 조퇴해도 되냐고 물은 후, 昨日子どもがひどい熱を出して面倒を見ていたので、風邪がうつったんだと思います(어제 아이가 심한 열이 나서 돌봐 주고 있었기 때문에, 감기가 옮은 거라고 생각합니다)라고 언급했으므로, 1 かぜをひいたから(감기에 걸렸기 때문에)가 정답이다.

어휘 会社 かいしゃ 圏회사　どうして 囲어째서　病院 びょういん 圏병원　行く いく 圏가다　さっき 圏아까　ずっと 囲계속　くしゃみ 圏재채기　風邪 かぜ 圏감기　それとも 圏아니면　花粉症 かふんしょう 圏꽃가루 알레르기　ちょっと 囲좀　具合 ぐあい 圏몸 상태　悪い わるい い형좋지 않다, 나쁘다　午後 ごご 圏오후　早退 そうたい 圏조퇴　~させてもらう ~하다　大丈夫だ だいじょうぶだ な형괜찮다　昨日 きのう 圏어제　子ども こども 圏아이　ひどい い형심하다　熱を出す ねつをだす 열이 나다　面倒を見る めんどうをみる 돌봐 주다　うつる 圏옮다　思う おもう 圏생각하다　大変だ たいへんだ な형큰일이다　今 いま 圏지금　インフルエンザ 圏독감　流行 りゅうこう 圏유행　一応 いちおう 囲일단　検査 けんさ 圏검사　~ほうがいい ~(하)는 편이 좋다　実家 じっか 圏본가　母 はは 圏어머니　少し すこし 囲조금　前 まえ 圏전　かかる 圏걸리다　それに 圏게다가　取引先 とりひきさき 圏거래처　出る でる 圏나오다　それから 圏그리고　きちんと 囲확실히　マスク 圏마스크　ひく 圏(감기에) 걸리다　母親 ははおや 圏어머니　むかえる 圏마중하다

4　중상

[음성]

学校で男の学生と女の学生が話しています。男の学生のクラスは文化祭で何をしますか。男の学生のクラスです。

M：早川さん、一緒に帰らない？

F：ごめん、今日はちょっと放課後残らなくちゃいけなくて。文化祭のことね。

M：あ、そうなんだ。早川さんのクラスは文化祭で何をするの？カレー屋やりたいってクラスに提案するって言ってたよね。

F：うん、みんなに言ってみたんだけど、文化祭当日に忙しくなりそうだからって断られちゃった。結局、一番やりたい人が多かったステージ発表のダンスに決まったの。

M：なるほどね。じゃあ、今から練習ってわけか。

F：そうだよ。私運動神経悪いからちょっと緊張しちゃう。佐藤くんのところは？演劇したかったんだよね？

M：実は僕もクラスから反対されちゃった。全校生徒の前で演技するなんて恥ずかしいって。それでうちのクラスはカラオケ大会をやることになったんだ。

F：へぇ。おもしろそうじゃない。

M：準備するものも少ないし楽でいいよ。じゃあ、練習頑張ってね。

[음성]

학교에서 남학생과 여학생이 이야기하고 있습니다. 남학생의 반은 문화제에서 무엇을 합니까? 남학생의 반입니다.

M : 하야카와 씨, 같이 돌아가지 않을래?

F : 미안, 오늘은 잠깐 방과 후에 남지 않으면 안 돼서. 문화제 일로.

M : 아, 그렇구나. 하야카와 씨의 반은 문화제에서 무엇을 해? 카레집 하고 싶다고 반에 제안하겠다고 말했었지?

F : 응, 모두에게 말해 봤는데, 문화제 당일에 바빠질 것 같다며 거절당해 버렸어. 결국, 가장 하고 싶은 사람이 많았던 무대 발표 춤으로 정해졌어.

M : 그렇구나. 그럼, 지금부터 연습이라는 건가?

F : 맞아. 나 운동 신경 나쁘니까 조금 긴장돼. 사토 군 쪽은? 연극하고 싶은 거였지?

M : 실은 나도 반에서 반대당해 버렸어. 전교생 앞에서 연기하다니 부끄럽대. 그래서 우리 반은 노래방 대회를 하게 되었어.

F : 우와. 재미있을 것 같잖아.

M : 준비할 것도 적고 편해서 좋아. 그럼, 연습 열심히 해.

男の学生のクラスは文化祭で何をしますか。

남학생의 반은 문화제에서 무엇을 합니까?

[問題紙]

1 カレーを売る

2 ダンスのはっぴょうをする

3 えんげきをする

4 カラオケ大会をひらく

[문제지]

1 카레를 판다

2 댄스 발표를 한다

3 연극을 한다

4 노래방 대회를 연다

해설 남학생의 반이 문화제에서 무엇을 하는지 묻는 문제이다. 남학생이 うちのクラスはカラオケ大会をやることになったんだ(우리 반은 노래방 대회를 하게 되었어)라고 언급했으므로, 4 カラオケ大会をひらく(노래방 대회를 연다)가 정답이다.

어휘 学校 がっこう 몡학교　クラス 몡반, 클래스, 학급　文化祭 ぶんかさい 몡문화제　一緒に いっしょに 児같이　帰る かえる 동돌아가다
今日 きょう 몡오늘　ちょっと 児잠깐　放課後 ほうかご 몡방과 후　残る のこる 동남다　〜なくちゃいけない ~(하)지 않으면 안 된다
カレー屋 カレーや 몡카레집　やる 동하다　提案 ていあん 몡제안　みんな 모두　当日 とうじつ 몡당일　忙しい いそがしい い형바쁘다
断る ことわる 동거절하다　結局 けっきょく 児결국　一番 いちばん 児가장　多い おおい い형많다　ステージ 몡무대, 스테이지
発表 はっぴょう 몡발표　ダンス 몡춤, 댄스　決まる きまる 동정해지다　なるほど 児그렇군, 과연　練習 れんしゅう 몡연습　運動 うんどう 몡운동
神経 しんけい 몡신경　悪い わるい い형나쁘다　緊張 きんちょう 몡긴장　演劇 えんげき 몡연극　実は じつは 児실은　僕 ぼく 몡나
反対 はんたい 몡반대　全校生徒 ぜんこうせいと 몡전교생　前 まえ 몡앞　演技 えんぎ 몡연기　〜なんて ~(하)다니
恥ずかしい はずかしい い형부끄럽다　それで 쩹그래서　カラオケ 몡노래방　大会 たいかい 몡대회　おもしろい い형재미있다
準備 じゅんび 몡준비　少ない すくない い형적다　楽だ らくだ な형편하다　頑張る がんばる 동열심히 하다　カレー 몡카레　売る うる 동팔다
ひらく 동열다

꼭! 알아두기 화자가 무엇을 하는지 묻는 문제는 〜をやることになる(~을 하게 되다), 〜に決まる(~으로 정해지다) 앞에 정답의 단서가 자주 언급된다는 것을 알아 둔다.

5　상

[음성]

駅の窓口で係りの人と女の人が話しています。女の人は
いつ東京行きの新幹線に乗りますか。

F：東京駅から新大阪駅まで大人1枚往復でお願いしま
す。あ、指定席で。

M：かしこまりました。出発のお時間はどうなさいますか。
一番早いものですと、今午後1時ですから、15分
後の1時15分発になります。

F：じゃあ、それで。

M：お席は窓側と通路側、ご希望ございますか。

F：窓側でお願いします。

M：かしこまりました。お戻りの日はお決まりですか。こ
ちらは後からご変更も可能です。

F：あ、明日です。午後7時くらいに出発する列車でお
願いします。

M：明日4日ですね。えっと7時発の列車は自由席しか
空きがないので、7時15分発の列車になりますが、
よろしいでしょうか。

F：はい。それでお願いします。

[음성]

역 창구에서 담당자와 여자가 이야기하고 있습니다. 여자는 언제 도쿄행
신칸센을 탑니까?

F : 도쿄역에서 신오사카역까지 성인 1장 왕복으로 부탁드립니
다. 아, 지정석으로.

M : 알겠습니다. 출발 시간은 어떻게 하시겠습니까? 가장 빠른 것
이라면, 지금 오후 1시이기 때문에, 15분 후인 1시 15분 출발
입니다.

F : 그럼, 그걸로.

M : 좌석은 창가와 통로 쪽, 희망이 있으십니까?

F : 창가로 부탁드립니다.

M : 알겠습니다. 돌아오시는 날은 정해지셨습니까? 이쪽은 나중에
변경도 가능합니다.

F : 아, 내일입니다. 오후 7시 정도에 출발하는 열차로 부탁드립니다.

M : 내일 4일이요. 음 7시 출발 열차는 자유석밖에 빈자리가 없
기 때문에, 7시 15분 출발 열차가 됩니다만, 괜찮으시겠습니
까?

F : 네. 그걸로 부탁드립니다.

女の人はいつ東京行きの新幹線に乗りますか。

여자는 언제 도쿄행 신칸센을 탑니까?

[문제지]

1 ３日の午後１時
2 ３日の午後１時15分
3 ４日の午後７時
4 ４日の午後７時15分

[문제지]

1 3일 오후 1시
2 3일 오후 1시 15분
3 4일 오후 7시
4 4일 오후 7시 15분

해설 여자가 언제 도쿄행 신칸센을 타는지 묻는 문제이다. 여자가 신오사카역에서 도쿄역으로 내일 오후 7시 정도에 돌아온다는 말에 남자가 明日4日ですね。えっと７時発の列車は自由席しか空きがないので、７時15分発の列車になりますが、よろしいでしょうか(내일 4일이요. 음 7시 출발 열차는 자유석밖에 빈자리가 없기 때문에, 7시 15분 출발 열차가 됩니다만, 괜찮으시겠습니까)라고 하자, 여자가 はい。それでお願いします(네. 그걸로 부탁드립니다)라고 언급했으므로, ４４日の午後７時15分(4일 오후 7시 15분)이 정답이다.

어휘 駅 えき 圏 역　窓口 まどぐち 圏 창구　係り かかり 圏 담당자　いつ 圏 언제　東京 とうきょう 圏 도쿄　〜行き 〜ゆき 〜행
新幹線 しんかんせん 圏 신칸센　乗る のる 圏 타다　新大阪 しんおおさか 신오사카　大人 おとな 圏 성인　〜枚 〜まい ~장　往復 おうふく 圏 왕복
お願い おねがい 圏 부탁　指定席 していせき 圏 지정석　かしこまる 圏 알다　出発 しゅっぱつ 圏 출발　時間 じかん 圏 시간　一番 いちばん 圏 가장
早い はやい い형 빠르다, 이르다　今 いま 圏 지금　午後 ごご 圏 오후　〜後 〜ご ~후　〜発 〜はつ ~출발, 발　お席 おせき 圏 좌석
窓側 まどがわ 圏 창가　通路側 つうろがわ 圏 통로 쪽　希望 きぼう 圏 희망　お戻り おもどり 圏 돌아오심　日 ひ 圏 날　お決まり おきまり 圏 정해지심
後から あとから 나중에　変更 へんこう 圏 변경　可能だ かのうだ な형 가능하다　明日 あした 圏 내일　〜くらい ~정도　列車 れっしゃ 圏 열차
自由席 じゆうせき 圏 자유석　空き あき 圏 빈자리　よろしい い형 괜찮다

6 중

[음성]
男の留学生と女の学生が話しています。男の留学生はどこで誰にアンケートしますか。

M：論文のほうは順調？

F：うん。データはだいたい揃ったから、次は分析に進むところだよ。キムくんは？

M：実はデータを集めるのに苦労してて。うちの大学の学生を対象にアンケートを取ったんだけども、留学生の回答が足りなくて。日本人学生の回答の数と合わせたいから。

F：そうなんだ。ここ、留学生の数が少ないからなぁ。別のキャンパスに行ってみたら？

M：ううん、隣の駅にある大学に留学生が多いらしいから、そっちに行こうと思ってる。

F：そっか。別のキャンパスまで電車で１時間はかかるから、そっちのほうが早いね。

M：うん。なるべく早くデータ集めたいから、明日にでもアンケートを取りに行ってみるよ。

男の留学生はどこで誰にアンケートしますか。

[문제지]

1 ちかくの大学で留学生にアンケートする
2 ちかくの大学で日本人学生にアンケートする
3 別のキャンパスで留学生にアンケートする
4 別のキャンパスで日本人学生にアンケートする

[음성]
남자 유학생과 여자 학생이 이야기하고 있습니다. 남자 유학생은 어디에서 누구에게 설문 조사합니까?

M：논문 쪽은 순조로워?

F：응. 데이터는 대강 갖추어졌기 때문에, 다음은 분석으로 나아갈 참이야. 김 군은?

M：실은 데이터를 모으는 데에 고생하고 있어. 우리 대학 학생을 대상으로 설문 조사를 했는데, 유학생들의 답변이 부족해서. 일본인 학생의 답변 수와 맞추고 싶으니까.

F：그렇구나. 여기, 유학생 수가 적으니까. 다른 캠퍼스로 가 보면 어때?

M：아니, 옆 역에 있는 대학에 유학생이 많다고 하니까, 그쪽으로 가려고 생각하고 있어.

F：그렇구나. 다른 캠퍼스까지 전철로 1시간은 걸리니까, 그쪽이 빠르겠네.

M：응. 가능한 한 빨리 데이터를 모으고 싶으니까, 내일이라도 설문 조사를 하러 가 볼게.

남자 유학생은 어디에서 누구에게 설문 조사합니까?

[문제지]

1 근처 대학에서 유학생에게 설문 조사한다
2 근처 대학에서 일본인 학생에게 설문 조사한다
3 다른 캠퍼스에서 유학생에게 설문 조사한다
4 다른 캠퍼스에서 일본인 학생에게 설문 조사한다

해설 남자가 어디에서 누구에게 설문 조사 하는지 묻는 문제이다. 남자가 다니고 있는 대학에서 설문 조사를 한 결과 유학생들의 답변이 부족하다고 한 후, 隣の駅にある大学に留学生が多いらしいから、そっちに行こうと思ってる(옆 역에 있는 대학에 유학생이 많다고 하니까, 그쪽으로 가려고 생각하고 있어)라고 언급했으므로, 1 ちかくの大学で留学生にアンケートする(근처 대학에서 유학생에게 설문 조사한다)가 정답이다.

어휘 留学生 りゅうがくせい 명 유학생 アンケート 명 설문 조사 論文 ろんぶん 명 논문 順調だ じゅんちょうだ な형 순조롭다 データ 명 데이터
だいたい 명 대강 揃う そろう 통 갖추어지다 次 つぎ 명 다음 分析 ぶんせき 명 분석 進む すすむ 통 나아가다 ~ところだ ~(할) 참이다
実は じつは 실은 集める あつめる 통 모으다 苦労 くろう 명 고생 大学 だいがく 명 대학 学生 がくせい 명 학생 対象 たいしょう 명 대상
アンケートを取る アンケートをとる 설문 조사를 하다 回答 かいとう 명 답변, 회답 足りない たりない 부족하다 日本人 にほんじん 명 일본인
数 かず 명 수 合わせる あわせる 통 맞추다 少ない すくない い형 적다 別 べつ 명 다름 キャンパス 명 캠퍼스 行く いく 통 가다
隣 となり 명 옆 駅 えき 명 역 多い おおい い형 많다 思う おもう 통 생각하다 電車 でんしゃ 명 전철 時間 じかん 명 시간 かかる 통 걸리다
早い はやい い형 빠르다, 이르다 なるべく 부 가능한 한 早く はやく 부 빨리 明日 あした 명 내일 ちかく 명 근처

☞ 문제 3은 문제지에 아무것도 인쇄되어 있지 않습니다. 따라서, 예제를 들려줄 때, 그 내용을 들으면서 개요 이해의 문제 풀이 전략을 떠올려 봅니다. 음성에서 では、始めます(그러면, 시작합니다)가 들리면, 곧바로 문제 풀 준비를 합니다. 디렉션과 예제는 실전모의고사 제1회의 해설(p.47)에서 확인할 수 있습니다.

---

1 중

[음성]
テレビで教育の専門家が話しています。

M：教育のためだと思い、子どもの行動にあれもだめ、これもだめとつい、いちいち注意しがちですが、それは逆効果になるだけでなく子どもから自信をなくしてしまいます。自ら考え出したアイディアを否定されるので、子どもの心理では自分自身を否定されたと勘違いします。親は子どもにとって一番の理解者ですから、礼儀に外れたり、他人に迷惑をかけたりする行動でなければ、できるだけ口を出すのはやめましょう。どうしてもやめてほしいときは、「こうやったらどう？」「こんな方法もあるよ」と提案する側に回ることをおすすめします。

専門家は主に何について話していますか。
1 子どもを否定しない注意の仕方
2 子どもの行動を注意すべき理由
3 礼儀正しい子どもに育てる方法
4 他人に迷惑をかける子どもの心理

[음성]
텔레비전에서 교육 전문가가 이야기하고 있습니다.

M：교육을 위해서라고 생각하고, 아이의 행동에 저것도 안 돼, 이것도 안 된다고 무심코, 일일이 주의를 주기 쉽지만, 그것은 역효과가 날 뿐만 아니라 아이에게서 자신감을 없애 버립니다. 스스로 생각해 낸 아이디어를 부정당하기 때문에, 아이의 심리로는 자기 자신을 부정당했다고 착각합니다. 부모는 아이에게 있어서 가장 중요한 이해자이기 때문에, 예의에 어긋나거나, 타인에게 폐를 끼치거나 하는 행동이 아니라면, 가능한 한 말참견을 하는 것은 그만둡시다. 어떻게 해서라도 그만둬 줬으면 할 때는, "이렇게 하면 어때?" "이런 방법도 있어"라고 제안하는 쪽으로 돌아가는 것을 추천합니다.

전문가는 주로 무엇에 대해 이야기하고 있습니까?
1 아이를 부정하지 않는 주의 방법
2 아이의 행동을 주의해야 하는 이유
3 예의 바른 아이로 키우는 방법
4 타인에게 폐를 끼치는 아이의 심리

해설 교육 전문가가 텔레비전에서 어떤 이야기를 하는지 전체적인 흐름을 파악하며 주의 깊게 듣는다. 전문가가 子どもの行動にあれもだめ、これもだめとつい、いちいち注意しがちですが(아이의 행동에 저것도 안 돼, 이것도 안 된다고 무심코, 일일이 주의를 주기 쉽지만), 子どもの心理では自分自身を否定されたと勘違いします(아이의 심리로는 자기 자신을 부정당했다고 착각합니다), やめてほしいときは、「こうやったらどう？」「こんな方法もあるよ」と提案する側に回ることをおすすめ(그만둬 줬으면 할 때는, "이렇게 하면 어때?" "이런 방법도 있어"라고 제안하는 쪽으로 돌아가는 것을 추천)라고 했다. 질문에서 전문가가 하는 말의 중심 내용을 묻고 있으므로, 1 子どもを否定しない注意の仕方(아이를 부정하지 않는 주의 방법)가 정답이다.

어휘 テレビ 명 텔레비전 教育 きょういく 명 교육 専門家 せんもんか 명 전문가 思う おもう 통 생각하다 子ども こども 명 아이 行動 こうどう 명 행동
だめ 명 안 됨 つい 부 무심코 いちいち 부 일일이 注意する ちゅういする 주의를 주다, 주의하다 ~がちだ ~(하)기 쉽다
逆効果になる ぎゃくこうかになる 역효과가 나다 ~だけでなく ~뿐만 아니라 自信 じしん 명 자신감, 자신 なくす 통 없애다

自ら みずから 图 스스로　考え出す かんがえだす 图 생각해 내다　アイディア 图 아이디어　否定 ひてい 图 부정　心理 しんり 图 심리
自分自身 じぶんじしん 图 자기 자신　勘違い かんちがい 图 착각　親 おや 图 부모　〜にとって ~에게 있어서　一番 いちばん 图 가장 중요함
理解者 りかいしゃ 图 이해자　礼儀 れいぎ 图 예의　外れる はずれる 图 (예의 등에) 어긋나다　他人 たにん 图 타인
迷惑をかける めいわくをかける 폐를 끼치다　できるだけ 가능한 한　口を出す くちをだす 말참견을 하다　やめる 图 그만두다
どうしても 어떻게 해서라도　〜てほしい ~(해) 줬으면 하다　方法 ほうほう 图 방법　提案 ていあん 图 제안　側 がわ 图 쪽　回る まわる 图 돌아가다
おすすめ 추천　注意 ちゅうい 图 주의　仕方 しかた 图 방법　〜べき ~(해)야 하는　理由 りゆう 图 이유　正しい ただしい い형 바르다
育てる そだてる 图 키우다

꼭 알아두기 전문가, 의사, 교수와 같은 직업의 화자가 이야기하는 문제는 ~をおすすめします(~을 추천합니다), ~必要がないです(~(할) 필요 없습니다) 앞에 언급된 내용이 중심 내용일 가능성이 높다.

2 중

[음성]

ラジオでスポーツ選手が話しています。

F：何をしてもうまくいかない時ってありますよね。スポーツの場合は技術面のせいだと思い込み、道具を変えたり、練習量を増やしたりと焦ってしまう人も多いです。ただ、そんな時こそいつも通り過ごすことが大事だと思います。早くその状況から離れたいからと、無理をすると怪我をしてしまうこともあります。これは人生と同じだと思うんです。いつも順調だというわけではないですよね。悪いこともあればいいこともあります。今はそんな時期なんだと受け入れれば、気持ちも楽になりますし、気付いた時には調子が戻っているものです。

スポーツ選手は何について話していますか。
1 一日に行うべき練習量
2 怪我が多い選手の苦労
3 スポーツと人生の共通点
4 気持ちが技術面に与える影響

[음성]

라디오에서 스포츠 선수가 이야기하고 있습니다.

F : 무엇을 해도 잘 되지 않을 때가 있죠? 스포츠의 경우는 기술면 때문이라고 믿어 버리고, 도구를 바꾸거나, 연습량을 늘리거나 하며 조급하게 굴어 버리는 사람도 많습니다. 다만, 그런 때야말로 평소대로 지내는 것이 중요하다고 생각합니다. 빨리 그 상황에서 벗어나고 싶다고, 무리를 하면 부상을 입어 버리는 경우도 있습니다. 이것은 인생과 똑같다고 생각합니다. 항상 순조롭다는 건 아니잖아요. 나쁜 일도 있고 좋은 일도 있습니다. 지금은 그런 시기인 거라고 받아들이면, 마음도 편안해지고, 깨달았을 때는 상태가 회복되어 있는 법입니다.

스포츠 선수는 무엇에 대해 이야기하고 있습니까?

1 1일에 해야 하는 연습량
2 부상이 많은 선수의 고생
3 스포츠와 인생의 공통점
4 기분이 기술면에 미치는 영향

해설 스포츠 선수가 라디오에서 어떤 이야기를 하는지 전체적인 흐름을 파악하며 주의 깊게 듣는다. 스포츠 선수가 何をしてもうまくいかない時ってありますよね。スポーツの場合は技術面のせいだと思い込み、道具を変えたり、練習量を増やしたりと焦ってしまう人も多いです(무엇을 해도 잘 되지 않을 때가 있죠? 스포츠의 경우는 기술면 때문이라고 믿어 버리고, 도구를 바꾸거나, 연습량을 늘리거나 하며 조급하게 굴어 버리는 사람도 많습니다), 早くその状況から離れたいからと、無理をすると怪我をしてしまうこともあります。これは人生と同じだと思うんです(빨리 그 상황에서 벗어나고 싶다고, 무리를 하면 부상을 입어 버리는 경우도 있습니다. 이것은 인생과 똑같다고 생각합니다)라고 했다. 질문에서 스포츠 선수가 하는 말의 내용을 묻고 있으므로, 3 スポーツと人生の共通点(스포츠와 인생의 공통점)이 정답이다.

어휘 ラジオ 图 라디오　スポーツ 图 스포츠　選手 せんしゅ 图 선수　うまくいく 잘 되다　場合 ばあい 图 경우　技術面 ぎじゅつめん 기술면
せい 图 때문, 탓　思い込む おもいこむ 图 믿어 버리다　道具 どうぐ 图 도구　変える かえる 图 바꾸다　練習量 れんしゅうりょう 연습량
増やす ふやす 图 늘리다　焦る あせる 图 조급하게 굴다　多い おおい い형 많다　ただ 图 다만　いつも 图 평소　〜通り 〜どおり ~대로
過ごす すごす 图 지내다　大事だ だいじだ な형 중요하다　思う おもう 图 생각하다　早く はやく 图 빨리　状況 じょうきょう 图 상황
離れる はなれる 图 벗어나다　無理をする むりをする 무리를 하다　怪我をする けがをする 부상을 입다　人生 じんせい 图 인생
同じだ おなじだ な형 똑같다　いつも 图 항상　順調だ じゅんちょうだ な형 순조롭다　〜わけではない ~인 건 아니다　悪い わるい い형 나쁘다
時期 じき 图 시기　受け入れる うけいれる 图 받아들이다　気持ち きもち 图 마음　楽だ らくだ な형 편안하다　気付く きづく 图 깨닫다
調子 ちょうし 图 상태　戻る もどる 图 회복되다, 되돌아가다　〜ものだ ~법이다　行う おこなう 图 하다　〜べき ~해야 하는　怪我 けが 图 부상
苦労 くろう 图 고생　共通点 きょうつうてん 图 공통점　与える あたえる 图 미치다　影響 えいきょう 图 영향

100 무료 학습자료 제공 japan.Hackers.com

[음성]

テレビでアナウンサーと男の人が話しています。

F：英語を勉強したいけど、英会話教室は高いし、そもそも通う時間がないという方も多いですよね。

M：そうですね。この学習アプリはそんな皆さんの強い味方なんです。

F：今までも多くの学習アプリが出ていたと思うんですが、他のアプリと何か違いがあるのでしょうか。

M：はい。英語の難しさってやっぱり発音ですよね。これはなんと英会話教室同様、発音の指導までしてくれるアプリなんです。

F：それはすごいですね。

M：はい。それに、単語や文法だけでなく場面ごとに会話の練習ができるので生きた英語を学ぶことができます。お試しで7日間無料でお使いになれるそうなので、興味のある方はぜひ！

男の人は主に何について話していますか。

1 英会話教室と学習アプリの違い
2 英語の発音の難しさ
3 学習アプリが増えた理由
4 この学習アプリが持つ特徴

[음성]

텔레비전에서 아나운서와 남자가 이야기하고 있습니다.

F : 영어를 공부하고 싶지만, 영어 회화 교실은 비싸고, 애당초 다닐 시간이 없다는 분도 많죠?

M : 그렇죠. 이 학습 앱은 그런 여러분의 든든한 아군입니다.

F : 지금까지도 많은 학습 앱이 나와 있었다고 생각합니다만, 다른 앱과 뭔가 차이가 있는 걸까요?

M : 네. 영어의 어려움이란 역시 발음이죠. 이것은 무려 영어 회화 교실과 마찬가지로, 발음 지도까지 해 주는 앱입니다.

F : 그건 굉장하네요.

M : 네. 게다가, 단어나 문법뿐만 아니라 상황마다 회화 연습을 할 수 있기 때문에 살아 있는 영어를 배울 수 있습니다. 시험 삼아 7일간 무료로 사용하실 수 있다고 하니, 흥미가 있는 분은 꼭!

남자는 주로 무엇에 대해 이야기하고 있습니까?

1 영어 회화 교실과 학습 앱의 차이
2 영어 발음의 어려움
3 학습 앱이 늘어난 이유
4 이 학습 앱이 갖는 특징

해설 아나운서와 남자가 텔레비전에서 어떤 이야기를 하는지 전체적인 흐름을 파악하며 주의 깊게 듣는다. 남자가 これはなんと英会話教室同様、発音の指導までしてくれるアプリなんです(이것은 무려 영어 회화 교실과 마찬가지로, 발음 지도까지 해 주는 앱입니다), 場面ごとに会話の練習ができるので生きた英語を学ぶことができます(상황마다 회화 연습을 할 수 있기 때문에 살아 있는 영어를 배울 수 있습니다)라고 했다. 질문에서 남자가 하는 말의 중심 내용을 묻고 있으므로, 4 この学習アプリが持つ特徴(이 학습 앱이 갖는 특징)가 정답이다.

어휘 テレビ 圏텔레비전　アナウンサー 圏아나운서　英語 えいご 圏영어　勉強 べんきょう 圏공부　英会話 えいかいわ 圏영어 회화
　　교室 きょうしつ 圏교실　高い たかい い형비싸다　そもそも 里애당초　通う かよう 图다니다　時間 じかん 圏시간　方 かた 圏분
　　多い おおい い형많다　学習 がくしゅう 圏학습　アプリ 圏앱　皆さん みなさん 圏여러분　強い つよい い형든든하다　味方 みかた 圏아군
　　多く おおく 圏많음　出る でる 图나오다　思う おもう 图생각하다　他 ほか 圏다른 (것)　違い ちがい い형차이　難しさ むずかしさ 圏어려움
　　やっぱり 里역시　発音 はつおん 圏발음　同様 どうよう 圏마찬가지임　指導 しどう 圏지도　すごい い형굉장하다　それに 젭게다가
　　単語 たんご 圏단어　文法 ぶんぽう 圏문법　～だけでなく ~뿐만 아니라　場面 ばめん 圏상황, 장면　～ごとに ~마다　会話 かいわ 圏회화
　　練習 れんしゅう 圏연습　生きる いきる 图살아 있다　学ぶ まなぶ 图배우다　試し ためし 圏시험 삼음　～日間 ～にちかん ~일간
　　無料 むりょう 圏무료　使う つかう 图사용하다　興味 きょうみ 圏흥미　ぜひ 里꼭　増える ふえる 图늘어나다　理由 りゆう 圏이유
　　持つ もつ 图가지다　特徴 とくちょう 圏특징

☞ 문제 4는 예제를 들려줄 때 1번부터 4번까지의 그림을 보고 상황을 미리 떠올려봅니다. 음성에서 では、始めます(그러면, 시작합니다)가 들리면, 곧바로 문제 풀 준비를 합니다. 디렉션과 예제는 실전모의고사 제1회의 해설(p.50)에서 확인할 수 있습니다.

---

1 중상

[문제지]

[음성]

会社の人がチョコレートをくれます。会社の人に何と言いますか。

M：1 おいしいですね。

2 これ、どうぞ。

3 あ、いただきます。

[음성]

회사 사람이 초콜릿을 줍니다. 회사 사람에게 뭐라고 말합니까?

M：1 맛있네요.

2 이거, 드세요.

3 아, 잘 먹겠습니다.

해설 회사 사람에게 초콜릿을 받은 남자가 할 수 있는 말을 고르는 문제이다.

1 (X) 초콜릿을 막 주고받는 상황에 맞지 않는 말이므로 오답이다.

2 (X) 초콜릿을 주는 회사 사람이 할 수 있는 말이므로 오답이다.

3 (O) いただきます가 '잘 먹겠습니다'라는 말이므로 정답이다.

어휘 会社 かいしゃ 圏 회사 チョコレート 圏 초콜릿 くれる 圉 주다 おいしい い형 맛있다 どうぞ 凰 드세요

꼭! 알아두기 Aが~をくれます(A가 ~을 줍니다)는 A가 내게 무언가를 주는 상황이므로 감사 인사를 하거나 사양하는 내용을 정답으로 고른다.

---

2 중상

[문제지]

[음성]

友達が一緒に実験室に行こうと言いました。でも、その前に職員室に寄らなければなりません。友達に何と言いますか。

F：1 先に行ってて。

2 実験室に来てほしいの。

3 一緒に行ってあげる。

[음성]

친구가 함께 실험실에 가자고 말했습니다. 하지만, 그 전에 교무실에 들르지 않으면 안 됩니다. 친구에게 뭐라고 말합니까?

F：1 먼저 가 있어.

2 실험실로 와 주었으면 해.

3 같이 가 줄게.

해설 교무실에 들러야 하는 학생이 실험실에 같이 가자고 하는 친구에게 할 수 있는 말을 고르는 문제이다.

1 (O) 先に行ってて가 '먼저 가 있어'라는 말이므로 정답이다.

2 (X) 상황에 맞지 않는 말이므로 오답이다.

3 (X) 친구가 할 수 있는 말이므로 오답이다.

어휘 友達 ともだち 圀 친구 一緒に いっしょに 囲 함께 実験室 じっけんしつ 圀 실험실 行く いく 圄 가다 言う いう 圄 말하다 前 まえ 圀 전

職員室 しょくいんしつ 圀 교무실 寄る よる 圄 들르다 ～なければならない ~(하)지 않으면 안 된다 先に さきに 囲 먼저 来る くる 圄 오다

～てほしい ~(해) 주었으면 하다 ～てあげる ~(해) 주다

3 중

[문제지]

[음성]

水族館に行くバスに乗りたいです。バスの運転手に何と
言いますか。

M：1 あのう、水族館まではバスがいいですか。

　　 2 あのう、水族館行きのバスですか。

　　 3 あのう、水族館に行くバスを待っていますか。

[음성]

수족관으로 가는 버스를 타고 싶습니다. 버스 운전사에게 뭐라고 말합
니까?

M：1 저, 수족관까지는 버스가 좋습니까?

　　 2 저, 수족관행 버스입니까?

　　 3 저, 수족관으로 가는 버스를 기다리고 있습니까?

해설 수족관에 가는 버스를 타고 싶은 승객이 버스 운전사에게 할 수 있는 말을 고르는 문제이다.

1 (X) バスがいいですか는 '버스가 좋습니까?'라는 말이므로 오답이다.

2 (O) 水族館行きのバスですか가 '수족관행 버스입니까?'라는 말이므로 정답이다.

3 (X) バスを待っていますか는 '버스를 기다리고 있습니까?'라는 말이므로 오답이다.

어휘 水族館 すいぞくかん 圀 수족관 行く いく 圄 가다 バス 圀 버스 乗る のる 圄 타다 運転手 うんてんしゅ 圀 운전사 ～行き ～ゆき ~행

待つ まつ 圄 기다리다

4 중상

[문제지]

[음성]

病院の受付に患者さんが来ました。受付表に名前と電話
番号を書いてほしいです。患者さんに何と言いますか。

F：1 こちらに名前と電話番号を記入すればよろしいん
　　　でしょうか。

　　 2 こちらに名前と電話番号をお願いいたします。

　　 3 こちらに名前と電話番号を書いていただきました。

[음성]

병원 접수처에 환자분이 있습니다. 접수표에 이름과 전화번호를 적어 주
었으면 합니다. 환자분에게 뭐라고 말합니까?

F：1 여기에 이름과 전화번호를 기입하면 될까요?

　　 2 여기에 이름과 전화번호를 부탁드립니다.

　　 3 여기에 이름과 전화번호를 적어 주셨습니다.

해설 환자에게 이름과 전화번호를 적어 달라고 요청하려는 간호사가 할 수 있는 말을 고르는 문제이다.

1 (X) 記入すればよろしいんでしょうかは '기입하면 될까요?'는 환자가 할 수 있는 말이므로 오답이다.

2 (O) お願いいたしますが '부탁드립니다'라는 말이므로 정답이다.

3 (X) 書いていただきましたは '적어 주셨습니다'라는 말이므로 오답이다.

어휘 病院 びょういん 圏병원 受付 うけつけ 圏접수처 患者 かんじゃ 圏환자 来る くる 圄오다 受付表 うけつけひょう 圏접수표 名前 なまえ 圏이름
電話番号 でんわばんごう 圏전화번호 書く かく 圄적다 〜てほしい ~(해) 주었으면 하다 記入 きにゅう 圏기입 よろしい い형되다, 괜찮다
お願い おねがい 圏부탁 〜ていただく ~(해) 주시다

꼭! 알아두기 〜てほしいです(~(해) 주었으면 합니다)는 상대방이 무언가를 해 주기를 바라는 상황이므로 부탁하거나 요청하는 내용을 정답으로 고른다.

☞ 문제 5는 문제지에 아무것도 인쇄되어 있지 않습니다. 따라서, 예제를 들려줄 때, 그 내용을 들으면서 즉시 응답의 문제 풀이 전략을 떠올려 봅니다. 음성에서 では、始めます(그러면, 시작합니다)가 들리면, 실제 문제 풀 준비를 합니다. 디렉션과 예제는 실전모의고사 제1회의 해설(p.53)에서 확인할 수 있습니다.

---

1 중상

[음성]	[음성]
M：夢の高級車にあと少しで手が届きそうなんです。 F：1 早く届いて良かったです。 　2 じゃあ、諦めてしまうんですか。 　**3 えー、すごいじゃないですか。**	M：꿈의 고급 자동차를 앞으로 조금이면 살 수 있을 것 같습니다. F：1 빨리 도착해서 다행입니다. 　2 그럼, 포기해 버리는 건가요? 　**3 와, 대단하잖아요.**

해설 남자가 앞으로 조금이면 꿈의 고급 자동차를 살 수 있다고 기뻐하는 상황이다.

1 (X) '살 수 있다'는 뜻으로 쓰인 手が届く(てがとどく)의 届く(とどく)를 '도착하다'라는 뜻으로 사용하여 혼동을 준 오답이다.

2 (X) 앞으로 조금이면 살 수 있다고 한 상황과 맞지 않다.

3 (O) 꿈의 고급 자동차를 살 수 있다는 말에 적절한 응답이다.

어휘 夢 ゆめ 圏꿈 高級車 こうきゅうしゃ 圏고급 자동차 あと少し あとすこし 앞으로 조금 手が届く てがとどく 살 수 있다 〜そうだ ~것 같다
早く はやく 圉빨리 届く とどく 圄도착하다 諦める あきらめる 圄포기하다 すごい い형대단하다

2 상

[음성]	[음성]
F：試験前日に苦労するくらいなら、毎日少しずつ勉強し 　ておけば良かったのに。 **M：1 それが難しいんだよ。** 　2 え、苦労してたの？ 　3 明日から勉強するつもり。	F：시험 전날에 고생하느니, 매일 조금씩 공부해 두면 좋았을 텐데. M：**1 그게 어려운 거야.** 　2 아, 고생하고 있었어? 　3 내일부터 공부할 생각이야.

해설 여자가 남자에게 미리 공부해 두면 좋았을 거라고 조언하는 상황이다.

1 (O) 여자의 조언에 조금 짜증을 내는 적절한 응답이다.

2 (X) 苦労(くろう)를 반복 사용하여 혼동을 준 오답이다.

3 (X) 시험 전날, 즉 내일이 시험인 상황과 맞지 않다.

어휘 試験 しけん 圏시험 前日 ぜんじつ 圏전날 苦労 くろう 圏고생 〜くらいなら ~(하)느니 毎日 まいにち 圏매일 少し すこし 圉조금 〜ずつ ~씩
勉強 べんきょう 圏공부 〜ておく ~(해) 두다 難しい むずかしい い형어렵다 明日 あした 圏내일 つもり 圏생각

3 중

[음성]

M：田中くん、よく気が利くと思いません？

F：**1 それ、私も思ってました。**

　　2 よく聞いていたんですね。

　　3 気にしなくてもいいですよ。

[음성]

M：다나카 군, 참 눈치가 있다고 생각하지 않아요?

F：**1 그거, 저도 생각하고 있었어요.**

　　2 잘 듣고 있었군요.

　　3 신경 쓰지 않아도 돼요.

해설 남자가 여자에게 다나카 군이 눈치가 있다고 칭찬하는 상황이다.
　　1 (○) 남자의 칭찬에 동의하는 적절한 응답이다.
　　2 (✕) 利く(きく)와 발음이 같은 聞く(きく)를 사용하여 혼동을 준 오답이다.
　　3 (✕) 気(き)를 반복 사용하여 혼동을 준 오답이다.

어휘 よく 图참, 아주　気が利く きがきく 눈치가 있다　思う おもう 图생각하다　聞く きく 图 듣다　気にする きにする 신경 쓰다
　　～なくてもいい ～(하)지 않아도 된다

4 중상

[음성]

F：やっぱりモデルはどんな服を着ても絵になりますね。

M：1 その絵、佐藤さんが描いたんですか。

　　2 服をきれいに見せるのが仕事ですしね。

　　3 とても似合っていますよ。

[음성]

F：역시 모델은 어떤 옷을 입어도 그림이 되네요.

M：1 그 그림, 사토 씨가 그린 건가요?

　　2 옷을 예쁘게 보이는 것이 일이고요.

　　3 매우 어울려요.

해설 여자가 남자에게 모델은 어떤 옷을 입어도 그림이 된다며 감탄하는 상황이다.
　　1 (✕) 絵(え)를 반복 사용하여 혼동을 준 오답이다.
　　2 (○) 여자의 감탄에 공감하는 적절한 응답이다.
　　3 (✕) 服(옷)와 관련된 似合う(어울리다)를 사용하여 혼동을 준 오답이다.

어휘 やっぱり 图역시　モデル 图모델　服 ふく 图옷　着る きる 图입다　絵 え 图그림　描く かく 图그리다　きれいだ な형예쁘다
　　見せる みせる 图보이다　仕事 しごと 图일　とても 图매우　似合う にあう 图어울리다

5 중

[음성]

M：仕事中にお客さんの前で携帯を触らないようにと言いましたよね。

F：1 すみません、携帯が見つからないんです。

　　2 すみません、言っておきますね。

　　3 すみません、うっかりしてました。

[음성]

M：업무 중에 손님 앞에서 휴대 전화를 만지지 말라고 말했죠?

F：1 죄송합니다, 휴대 전화를 찾지 못했어요.

　　2 죄송합니다, 말해 둘게요.

　　3 죄송합니다, 깜빡했습니다.

해설 남자가 여자에게 업무 중에 손님 앞에서 휴대 전화를 만지지 말라고 재차 주의를 주는 상황이다.
　　1 (✕) 携帯(けいたい)를 반복 사용하여 혼동을 준 오답이다.
　　2 (✕) 질문의 言いました(いいました)를 言っておきます(いっておきます)로 반복 사용하여 혼동을 준 오답이다.
　　3 (○) 재차 주의를 받았을 때 할 수 있는 적절한 응답이다.

어휘 仕事中 しごとちゅう 업무 중　お客さん おきゃくさん 손님　前 まえ 图앞　携帯 けいたい 图휴대 전화　触る さわる 图만지다　言う いう 图말하다
　　見つかる みつかる 图찾다, 찾게 되다　～ておく ～(해) 두다　うっかり 图깜빡

6 중상

[음성]

F：このままのペースで行ったら、売上目標を達成することは可能でしょうか。

M：1 はい、ペースがまだまだ遅いようです。
　　2 うーん、それはちょっと厳しいでしょう。
　　3 いや、目標はまだ決めていません。

[음성]

F : 이대로의 속도로 간다면, 매상 목표를 달성하는 것이 가능할까요?

M : 1 네, 속도가 아직 한참 느린 것 같습니다.
　　2 음, 그건 좀 힘들겠지요.
　　3 아니요, 목표는 아직 정하지 않았습니다.

해설 여자가 남자에게 매상 목표 달성이 가능한지 물어보는 상황이다.

1 (X) 페이스를 반복 사용하여 혼동을 준 오답이다.
2 (O) 목표 달성이 불가능하다는 의견을 제시하는 적절한 응답이다.
3 (X) 目標(もくひょう)를 반복 사용하여 혼동을 준 오답이다.

어휘 このまま 이대로 ペース 団 속도 行く いく 图 가다 売上 うりあげ 団 매상, 매출 目標 もくひょう 団 목표 達成 たっせい 団 달성 可能だ かのうだ 영형 가능하다 まだまだ 图 아직 한참 遅い おそい い형 느리다 ～ようだ ~것 같다 ちょっと 图 좀 厳しい きびしい い형 힘들다, 험하다 まだ 图 아직 決める きめる 图 정하다

7 상

[음성]

F：あの選手相手に小林選手が負けるわけがないよ。

M：1 小林選手に勝てる人はそういないよね。
　　2 相手ってそんなに強い選手なの？
　　3 へえ。それは本当に残念だったね。

[음성]

F : 저 선수 상대로 고바야시 선수가 질 리가 없어.

M : 1 고바야시 선수를 이길 수 있는 사람은 그리 없지.
　　2 상대가 그렇게 강한 선수인 거야?
　　3 와. 그건 정말로 아쉬웠네.

해설 여자가 남자에게 고바야시 선수가 질 리가 없다는 확신을 말하는 상황이다.

1 (O) 여자의 확신에 동의하는 적절한 응답이다.
2 (X) 고바야시 선수가 질 리가 없다고 한 상황과 맞지 않다.
3 (X) 負ける(지다)와 관련된 残念だ(유감이다)를 사용하여 혼동을 준 오답이다.

어휘 選手 せんしゅ 団 선수 相手 あいて 団 상대 負ける まける 图 지다 ～わけがない ~(할) 리가 없다 勝つ かつ 图 이기다 強い つよい い형 강하다 本当に ほんとうに 정말로 残念だ ざんねんだ 영형 아쉽다

꼭! 알아두기 ～わけがない(~(할) 리가 없다)는 강한 주장을 나타내는 표현이므로, 이에 동의하거나 반대하는 의견을 정답으로 고른다.

8 중상

[음성]

M：この後みんなで一杯飲みに行くんですが、水野さんも良かったらいらっしゃいませんか。

F：1 そんなにたくさんあるんですね。
　　2 ご一緒してもいいんですか。
　　3 みんな、いらっしゃいますよ。

[음성]

M : 이 뒤에 다 같이 한잔하러 갑니다만, 미즈노 씨도 괜찮으면 오시지 않겠습니까?

F : 1 그렇게 많이 있는 거군요.
　　2 같이 가도 되는 거예요?
　　3 모두 오세요.

해설 남자가 미즈노 씨, 즉 여자에게 괜찮으면 한잔하러 오지 않겠냐고 초대하는 상황이다.

1 (X) '한잔'이라는 뜻으로 쓰인 一杯(いっぱい)의 다른 뜻인 '가득'과 관련된 たくさん(많이)을 사용하여 혼동을 준 오답이다.
2 (O) 초대에 응하는 적절한 응답이다.
3 (X) いらっしゃいませんか를 いらっしゃいますよ로 반복 사용하여 혼동을 준 오답이다.

어휘 後 あと 団 뒤 みんなで 다 같이 一杯飲みに行く いっぱいのみにいく 한잔하러 가다 いらっしゃる 图 오시다, 가시다 たくさん 图 많이 ご一緒する ごいっしょする 같이 가다 みんな 団 모두

[음성]	[음성]
F：すみませんが、ここから<ruby>先<rt>さき</rt></ruby>、<ruby>関係者以外<rt>かんけいしゃいがい</rt></ruby>の<ruby>方<rt>かた</rt></ruby>の<ruby>立<rt>た</rt></ruby>ち<ruby>入<rt>い</rt></ruby>りはご<ruby>遠慮<rt>えんりょ</rt></ruby>ください。	F：죄송합니다만, 여기부터 앞쪽은, 관계자 이외의 분의 출입은 삼가 주세요.
M：1　<ruby>遠慮<rt>えんりょ</rt></ruby>はいりません。	M：1　사양할 필요 없습니다.
2　<ruby>私<rt>わたし</rt></ruby>とは<ruby>関係<rt>かんけい</rt></ruby>ありませんが。	2　저와는 관계없습니다만.
3　それは<ruby>知<rt>し</rt></ruby>りませんでした。	3　그건 몰랐습니다.

해설　여자가 남자에게 관계자 이외에 출입을 삼가 달라고 요청하는 상황이다.
　　1 (X) 遠慮(えんりょ)를 반복 사용하여 혼동을 준 오답이다.
　　2 (X) 関係(かんけい)를 반복 사용하여 혼동을 준 오답이다.
　　3 (O) 관계자 이외에 출입을 삼가 달라는 요청에 대한 적절한 응답이다.

어휘　先 さき 圏앞쪽　関係者 かんけいしゃ 圏관계자　以外 いがい 圏이외　方 かた 圏분　立ち入り たちいり 圏출입　遠慮 えんりょ 圏사양, 삼감
　　いる 图필요하다　関係 かんけい 圏관계　知る しる 图알다

실전모의고사 제3회

언어지식(문자 · 어휘)

문제 1

1	2		
2	3		
3	4		
4	1		
5	3		
6	4		
7	2		
8	4		

문제 2

9	2
10	4
11	3
12	1
13	1
14	4

문제 3

15	2
16	1
17	3
18	1
19	4
20	2
21	4
22	1
23	3
24	2
25	2

문제 4

26	4
27	1
28	2
29	2
30	1

문제 5

31	3
32	1
33	2
34	3
35	4

언어지식(문법)

문제 1

1	1
2	4
3	2
4	1
5	3
6	4
7	2
8	3
9	1
10	2
11	4
12	4
13	3

문제 2

14	1
15	2
16	4
17	4
18	3

문제 3

19	1
20	2
21	4
22	3

독해

문제 4

23	1
24	2
25	3
26	4

문제 5

27	3
28	2
29	4
30	2
31	1
32	4

문제 6

33	1
34	3
35	4
36	3

문제 7

37	2
38	2

청해

문제 1

1	2
2	4
3	1
4	1
5	3
6	4

문제 2

1	3
2	2
3	1
4	3
5	4
6	4

문제 3

1	2
2	1
3	2

문제 4

1	2
2	2
3	3
4	1

문제 5

1	2
2	3
3	1
4	3
5	2
6	1
7	3
8	2
9	3

언어지식(문자·어휘)

문제 1의 디렉션

問題1 _____ のことばの読み方として最もよいものを、 1・2・3・4から一つえらびなさい。	문제1 _____ 의 말의 읽는 법으로 가장 알맞은 것을, 1·2·3·4 에서 하나 고르세요.

1 상

本校は長い歴史と伝統がある学校です。
(れきし)

1 てんとう　　　　2 でんとう
3 てんこう　　　　4 でんこう

본교는 오랜 역사와 전통이 있는 학교입니다.

1 X　　　　2 전통
3 X　　　　4 X

해설 伝統는 2 でんとう로 발음한다. でん이 탁음인 것에 주의한다.

어휘 伝統 でんとう 몡 전통　本校 ほんこう 몡 본교　長い ながい い형 오래다, 길다　歴史 れきし 몡 역사　学校 がっこう 몡 학교

2 중

科学技術の発達は暮らしを豊かにした。
(かがくぎじゅつ)　　(く)　　(ゆた)

1 はっだち　　　　2 はくだち
3 はったつ　　　　4 はくたつ

과학 기술의 발달은 생활을 풍요롭게 했다.

1 X　　　　2 X
3 발달　　　　4 X

해설 発達는 3 はったつ로 발음한다. はっ이 촉음인 것에 주의하고, 発達의 達는 두 가지 음독 たつ와 だち중 たつ로 발음하는 것에 주의한다.

어휘 発達 はったつ 몡 발달　科学 かがく 몡 과학　技術 ぎじゅつ 몡 기술　暮らし くらし 몡 생활, 삶　豊かだ ゆたかだ 나형 풍요롭다

꼭 알아두기 発가 포함된 명사로 発見(はっけん, 발견), 発生(はっせい, 발생), 発展(はってん, 발전)을 함께 알아 둔다.

3 중상

今日の煮物はいつもより味が薄い。
(にもの)

1 こい　　　　2 からい
3 あまい　　　　4 うすい

오늘의 조림은 평소보다 맛이 싱겁다.

1 진하다　　　　2 맵다
3 달다　　　　4 싱겁다

해설 薄い는 4 うすい로 발음한다.

어휘 薄い うすい 이형 (맛이) 싱겁다, 옅다　濃い こい 이형 (맛이) 진하다, 짙다　辛い からい 이형 맵다　甘い あまい 이형 달다　今日 きょう 몡 오늘　煮物 にもの 몡 조림　いつも 몡 평소　味 あじ 몡 맛

4 상

プレゼントで高価なグラスをもらった。

1 こうか　　　　2 ごうか
3 こうきゅう　　　　4 ごうきゅう

선물로 값비싼 잔을 받았다.

1 값비　　　　2 X
3 고급　　　　4 X

해설 高価는 1 こうか로 발음한다. こう가 탁음이 아닌 것에 주의한다. 3 こうきゅう는 1 こうか와 같은 한자를 포함하고 의미가 비슷한 高級(고급)의 발음을 써서 혼동을 준 오답이다.

어휘 高価だ こうかだ 나형 값비싸다　高級だ こうきゅうだ 나형 고급이다　プレゼント 몡 선물　グラス 몡 잔　もらう 동 받다

꼭 알아두기 価가 포함된 명사로 価格(かかく, 가격), 物価(ぶっか, 물가)를 함께 알아 둔다.

5 중

彼女は黒のドレスがよく似合っている。		그녀는 검정 드레스가 잘 어울린다.	
1 みどり	2 あお	1 초록	2 파랑
3 くろ	4 あか	**3 검정**	4 빨강

해설 黒는 3 くろ로 발음한다.

어휘 黒 くろ 閔검정 緑 みどり 閔초록 青 あお 閔파랑 赤 あか 閔빨강 彼女 かのじょ 閔그녀 ドレス 閔드레스 よく 凰잘 似合う にあう 動어울리다

6 중

友人と旅行の計画を立てました。		친구와 여행 계획을 세웠습니다.	
1 かいが	2 かいかく	1 X	2 X
3 けいが	**4 けいかく**	3 X	**4 계획**

해설 計画는 4 けいかく로 발음한다. 計画의 画는 두 가지 음독 かく와 が중 かく로 발음하는 것에 주의한다.

어휘 計画 けいかく 閔계획 友人 ゆうじん 閔친구 旅行 りょこう 閔여행 立てる たてる 動세우다

7 중

最初の試合の相手がもうすぐ決まります。		첫 시합의 상대가 이제 곧 정해집니다.	
1 とまります	**2 きまります**	1 멎습니다	**2 정해집니다**
3 あつまります	4 はじまります	3 모입니다	4 시작됩니다

해설 決まります는 2 きまります로 발음한다.

어휘 決まる きまる 動정해지다 止まる とまる 動멎다, 그치다 集まる あつまる 動모이다 始まる はじまる 動시작되다 最初 さいしょ 閔첫, 최초 試合 しあい 閔시합 相手 あいて 閔상대 もうすぐ 이제 곧

8 중

仕事が多くて、残業しました。		일이 많아서, 잔업했습니다.	
1 ざんご	2 ざんごう	1 X	2 X
3 ざんぎょ	**4 ざんぎょう**	3 X	**4 잔업**

해설 残業는 4 ざんぎょう로 발음한다. ざん이 탁음인 것과 ぎょう가 장음인 것에 주의한다.

어휘 残業 ざんぎょう 閔잔업, 야근 仕事 しごと 閔일 多い おおい い형많다

문제 2의 디렉션

問題2 _____のことばを漢字で書くとき、最もよいものを、1・2・3・4から一つえらびなさい。	문제2 _____의 말을 한자로 쓸 때, 가장 알맞은 것을, 1·2·3·4에서 하나 고르세요.

9 중상

彼はせいかくがよくて、みんなに優しい。		그는 성격이 좋고, 모두에게 상냥하다.	
1 性各	**2 性格**	1 X	**2 성격**
3 成各	4 成格	3 X	4 X

해설 せいかく는 2 性格로 표기한다. 性(せい, 성질)를 선택지 3과 4의 成(せい, 이루어지다)와 구별해서 알아 두고, 格(かく, 격식)를 선택지 1과 3의 各(かく, 각각)와 구별해서 알아 둔다.

어휘 性格 せいかく 閔성격 彼 かれ 閔그 よい い형좋다 みんな 閔모두 優しい やさしい い형상냥하다

10 중상

一人で考えても、けつろんは出なかった。		혼자서 생각해도, 결론은 나오지 않았다.	
1 結局	2 結婚	1 결국	2 결혼
3 結果	**4 結論**	3 결과	**4 결론**

해설 けつろん은 4 結論으로 표기한다.

어휘 結論 けつろん 圏 결론   結局 けっきょく 圏 결국   結婚 けっこん 圏 결혼   結果 けっか 圏 결과   考える かんがえる 圏 생각하다   出る でる 圏 나오다

11 상

都市部からはなれたところに住んでいる。		도시 지역에서 떨어진 곳에 살고 있다.	
1 外れた	2 散れた	1 빠진	2 X
3 離れた	4 退れた	**3 떨어진**	4 X

해설 はなれた는 3 離れた로 표기한다.

어휘 離れる はなれる 圏 떨어지다   外れる はずれる 圏 빠지다, 빗나가다   散る ちる 圏 지다, 흩어지다   退く しりぞく 圏 물러나다
    都市部 としぶ 圏 도시 지역   ~から 困 ~에서   ところ 圏 곳   住む すむ 圏 살다

12 중

あきらめるのは、まだはやいです。		포기하는 것은, 아직 이릅니다.	
1 早い	2 易しい	**1 이름**	2 쉽습
3 草い	4 是い	3 X	4 X

해설 はやい는 1 早い로 표기한다.

어휘 早い はやい い형 이르다   易しい やさしい い형 쉽다   草 くさ 圏 풀   あきらめる 圏 포기하다   まだ 囲 아직

13 상

年に1回病院でけんさを受けてください。		1년에 한 번 병원에서 검사를 받아 주세요.	
1 検査	2 検作	**1 검사**	2 X
3 剣査	4 剣作	3 X	4 X

해설 けんさ는 1 検査로 표기한다. 検(けん, 검사하다)을 선택지 3과 4의 剣(けん, 검)과 구별해서 알아 두고, 査(さ, 조사하다)를 선택지 2와 4의
作(さく, 만들다)와 구별해서 알아 둔다.

어휘 検査 けんさ 圏 검사   年 ねん 圏 1년   病院 びょういん 圏 병원   受ける うける 圏 받다

14 중상

しんやのバスに乗って東京に向かった。		심야버스를 타고 도쿄로 향했다.	
1 真夜	2 慎夜	1 X	2 X
3 探夜	**4 深夜**	3 X	**4 심야**

해설 しんや는 4 深夜로 표기한다. 深(しん, 깊다)을 선택지 1의 真(しん, 진짜), 2의 慎(しん, 삼가다), 3의 探(たん, 찾다)과 구별해서 알아 둔다.

어휘 深夜 しんや 圏 심야   バス 圏 버스   乗る のる 圏 타다   東京 とうきょう 圏 도쿄(지명)   向かう むかう 圏 향하다

問題3 （　　　　）に入れるのに最もよいものを、1・2・3・4から一つえらびなさい。	문제3 （　　　）에 넣을 것으로 가장 알맞은 것을, 1·2·3·4에서 하나 고르세요.

---

15 중

この大雨では、川の水が（　　　　）のも時間の問題でしょう。	이런 큰비여서는, 강물이 （　　　）것도 시간 문제겠지요.
1 うまる　　　2 あふれる	1 메워지는　　　**2 넘치는**
3 かさなる　　　4 こぼれる	3 겹치는　　　4 흘러내리는

해설 선택지가 모두 동사이다. 괄호 앞의 내용과 함께 쓸 때 川の水があふれる(강물이 넘치는)라는 문맥이 가장 자연스러우므로 2 あふれる(넘치는)가 정답이다. 1은 空席がうまる(공석이 메워지다), 3은 偶然がかさなる(우연이 겹치다), 4는 涙がこぼれる(눈물이 흘러내리다)로 자주 쓰인다.

어휘 大雨 おおあめ 圏큰비　川 かわ 圏강　水 みず 圏물　時間 じかん 圏시간　問題 もんだい 圏문제　うまる 통메워지다　あふれる 통넘치다
かさなる 통겹치다　こぼれる 통흘러내리다

---

16 중상

うちでは、料理の得意な夫が食事の（　　　　）を担当しています。	우리 집에서는, 요리를 잘하는 남편이 식사 （　　　）를 담당하고 있습니다.
1 支度 したく　　　2 規則 きそく	1 준비　　　2 규칙
3 中身 なかみ　　　4 手間 てま	3 내용물　　　4 수고

해설 선택지가 모두 명사이다. 괄호 앞뒤의 내용과 함께 쓸 때 食事の支度を担当しています(식사 준비를 담당하고 있습니다)라는 문맥이 가장 자연스러우므로 1 支度(준비)가 정답이다. 2는 交通規則を守る(교통 규칙을 지키다), 3은 袋の中身を見る(봉투의 내용물을 보다), 4는 かなり手間がかかる(상당히 수고가 든다)로 자주 쓰인다.

어휘 うち 圏우리 집　料理 りょうり 圏요리　得意だ とくいだ 호형잘하다　夫 おっと 圏남편　食事 しょくじ 圏식사　担当 たんとう 圏담당
支度 したく 圏준비　規則 きそく 圏규칙　中身 なかみ 圏내용물　手間 てま 圏수고, 품

꼭 알아두기 支度(준비)를 대신해서 準備(じゅんび, 준비), 用意(ようい, 준비)를 사용해도 자연스러운 문맥을 만들 수 있다.

---

17 중

幼稚園の前をうろうろしている（　　　　）男がいた。	유치원 앞을 어슬렁어슬렁하고 있는 （　　　）남자가 있었다.
1 めずらしい　　　2 くやしい	1 드문　　　2 분한
3 あやしい　　　4 おとなしい	**3 수상한**　　　4 얌전한

해설 선택지가 모두 い형용사이다. 괄호 앞의 내용과 함께 쓸 때 幼稚園の前をうろうろしているあやしい男(유치원 앞을 어슬렁어슬렁하고 있는 수상한 남자)라는 문맥이 가장 자연스러우므로 3 あやしい(수상한)가 정답이다. 1은 めずらしいこと(드문 일), 2는 くやしい思い(분한 느낌), 4는 おとなしい性格(얌전한 성격)로 자주 쓰인다.

어휘 幼稚園 ようちえん 圏유치원　前 まえ 圏앞　うろうろ 則어슬렁어슬렁　男 おとこ 圏남자　めずらしい い형드물다　くやしい い형분하다
あやしい い형수상하다　おとなしい い형얌전하다

꼭 알아두기 怪しい(수상하다)는 反応が怪しい(はんのうがあやしい, 반응이 의심스럽다)에서와 같이 '의심스럽다'는 의미와 天気が怪しい(てんきがあやしい, 날씨가 이상하다)에서와 같이 '이상하다'는 의미로도 자주 쓰이므로 함께 알아 둔다.

---

18 중상

ボランティアの参加者に1日の活動の（　　　　）を説明します。	자원봉사 참가자에게 하루 활동의 （　　　）을 설명합니다.

1 流れ	2 強み	1 흐름	2 강점
3 支え	4 驚き	3 지지	4 놀람

해설 선택지가 모두 명사이다. 괄호 앞의 내용과 함께 쓸 때 1日の活動の流れ(하루 활동의 흐름)라는 문맥이 가장 자연스러우므로 1 流れ(흐름)가 정답이다. 2는 彼女の強み(그녀의 강점), 3은 家族の支え(가족의 지지), 4는 周囲の驚き(주위의 놀람)로 자주 쓰인다.

어휘 ボランティア 圏자원봉사　参加者 さんかしゃ 圏참가자　活動 かつどう 圏활동　説明 せつめい 圏설명　流れ ながれ 圏흐름　強み つよみ 圏강점
支え ささえ 圏지지, 받침　驚き おどろき 圏놀람

19 중상

ネットで変なうわさが（　　　）、社会に混乱を招くことがある。

인터넷에서 이상한 소문이 (　　　), 사회에 혼란을 초래하는 경우가 있다.

1 含んで	2 移って	1 포함해서	2 옮아서
3 伸びて	4 広まって	3 자라서	4 퍼져서

해설 선택지가 모두 동사이다. 괄호 앞의 내용과 함께 쓸 때 変なうわさが広まって(이상한 소문이 퍼져서)라는 문맥이 가장 자연스러우므로 4 広まって(퍼져서)가 정답이다. 1은 栄養を含む(영양을 포함하다), 2는 風邪が移る(감기가 옮다), 3은 背が伸びる(키가 자라다)로 자주 쓰인다.

어휘 ネット 圏인터넷　変だ へんだ 圏이상하다　うわさ 圏소문　社会 しゃかい 圏사회　混乱 こんらん 圏혼란　招く まねく 圏초래하다
含む ふくむ 圏포함하다　移る うつる 圏옮다　伸びる のびる 圏자라다, 길어지다　広まる ひろまる 圏퍼지다

20 중상

最近はペットを（　　　）利用できるカフェが増えているそうだ。

최근에는 반려동물을 (　　　) 이용할 수 있는 카페가 늘고 있다고 한다.

1 飼って	2 連れて	1 기르고	2 동반하고
3 引いて	4 囲んで	3 이끌고	4 둘러싸고

해설 선택지가 모두 동사이다. 괄호 앞뒤의 내용과 함께 쓸 때 ペットを連れて利用できるカフェ(반려동물을 동반하고 이용할 수 있는 카페)라는 문맥이 가장 자연스러우므로 2 連れて(동반하고)가 정답이다. 1은 2匹の犬を飼う(두 마리의 개를 기르다), 3은 娘の手を引いて歩く(딸의 손을 잡고 이끌며 걷다), 4는 テーブルを囲んで座る(테이블을 둘러싸고 앉다)로 자주 쓰인다.

어휘 最近 さいきん 圏최근　ペット 圏반려동물　利用 りよう 圏이용　カフェ 圏카페　増える ふえる 圏늘다　飼う かう 圏기르다
連れる つれる 圏동반하다　引く ひく 圏(손을 잡고) 이끌다, 당기다　囲む かこむ 圏둘러싸다

21 중상

ついに長年の夢だった（　　　）マイホームができあがりました。

드디어 긴 세월 꿈이었던 (　　　) 내 집이 완성되었습니다.

1 気楽な	2 利口な	1 홀가분한	2 머리가 좋은
3 重大な	4 立派な	3 중대한	4 훌륭한

해설 선택지가 모두 な형용사이다. 괄호 뒤의 내용과 함께 쓸 때 立派なマイホームができあがりました(훌륭한 내 집이 완성되었습니다)라는 문맥이 가장 자연스러우므로 4 立派な(훌륭한)가 정답이다. 1은 気楽な気持ちで参加する(홀가분한 기분으로 참가하다), 2는 利口な人で仕事がよくできる(머리가 좋은 사람이어서 일을 잘하다), 3은 重大な問題が残る(중대한 문제가 남다)로 자주 쓰인다.

어휘 ついに 閉드디어　長年 ながねん 圏긴 세월　夢 ゆめ 圏꿈　マイホーム 圏내 집　できあがる 圏완성되다　気楽だ きらくだ 圏홀가분하다
利口だ りこうだ 圏머리가 좋다　重大だ じゅうだいだ 圏중대하다　立派だ りっぱだ 圏훌륭하다

22 상

今回のテストは前回のものに比べて（　　　）簡単だった。

이번 시험은 지난번 것에 비해 (　　　) 간단했다.

1 けっこう	2 常_{つね}に	1 꽤	2 항상
3 わざと	4 思_{おも}わず	3 일부러	4 저도 모르게

해설 선택지가 모두 부사이다. 괄호 앞뒤의 내용과 함께 쓸 때 今回のテストは前回のものに比べてけっこう簡単だった(이번 시험은 지난번 것에 비해 꽤 간단했다)라는 문맥이 가장 자연스러우므로 1 けっこう(꽤)가 정답이다. 2는 チャンスは常にある(기회는 항상 있다), 3은 相手の言葉をわざと無視する(상대의 말을 일부러 무시하다), 4는 話を聞いて思わず笑う(이야기를 듣고 저도 모르게 웃다)로 자주 쓰인다.

어휘 今回 こんかい 圆 이번 テスト 圆 시험 前回 ぜんかい 圆 지난번 ~に比べて ~にくらべて ~에 비해 簡単だ かんたんだ な형 간단하다
けっこう 🖩 꽤 常に つねに 🖩 항상 わざと 🖩 일부러 思わず おもわず 🖩 저도 모르게

23 중

このホテルは観光地_{かんこうち}への（　　　）がよくて、便利_{べんり}です。		이 호텔은 관광지로의 (　　　) 이 좋아서, 편리합니다.	
1 ノック	2 トンネル	1 노크	2 터널
3 アクセス	4 パスポート	3 접근	4 여권

해설 선택지가 모두 명사이다. 괄호 앞뒤의 내용과 함께 쓸 때 観光地へのアクセスがよくて(관광지로의 접근이 좋아서)라는 문맥이 가장 자연스러우므로 3 アクセス(접근)가 정답이다. 1은 軽くノックをする(가볍게 노크를 하다), 2는 長いトンネルを抜ける(긴 터널을 빠져나가다), 4는 空港にパスポートを持っていく(공항에 여권을 가지고 가다)로 자주 쓰인다.

어휘 ホテル 圆 호텔 観光地 かんこうち 圆 관광지 よい い형 좋다 便利だ べんりだ な형 편리하다 ノック 圆 노크 トンネル 圆 터널 アクセス 圆 접근
パスポート 圆 여권

꼭! 알아두기 アクセス(접근)는 '어떤 장소에 접근하는 방법이나 교통편'이라는 의미 외에, インターネットへのアクセス(인터넷으로의 접속)에서와 같이 '컴퓨터가 데이터에 연결 및 접속하다'라는 의미로도 자주 쓰이므로 함께 알아 둔다.

24 상

報告書_{ほうこくしょ}を提出_{ていしゅつ}する前_{まえ}に、間違_{まちが}いがないか何度_{なんど}も（　　　）。		보고서를 제출하기 전에, 실수가 없는지 몇 번이나 (　　　).	
		1 뛰쳐나왔다	2 다시 봤다
1 飛_とび出_だした	2 見返_{みかえ}した	3 고쳐 썼다	4 수취했다
3 書_かき直_{なお}した	4 受_うけ取_とった		

해설 선택지가 모두 동사이다. 괄호 앞의 내용과 함께 쓸 때 間違いがないか何度も見返した(실수가 없는지 몇 번이나 다시 봤다)라는 문맥이 가장 자연스러우므로 2 見返した(다시 봤다)가 정답이다. 1은 慌てて外に飛び出す(서둘러 밖으로 뛰쳐나오다), 3은 指示通りに書類を書き直す(지시대로 서류를 고쳐 쓰다), 4는 父からの手紙を受け取る(아버지로부터의 편지를 수취하다)로 자주 쓰인다.

어휘 報告書 ほうこくしょ 圆 보고서 提出 ていしゅつ 圆 제출 前 まえ 圆 전 間違い まちがい 圆 실수 何度 なんど 몇 번
飛び出す とびだす 동 뛰쳐나오다 見返す みかえす 동 다시 보다 書き直す かきなおす 동 고쳐 쓰다, 다시 쓰다 受け取る うけとる 동 수취하다

25 중상

足首_{あしくび}が（　　　）痛_{いた}むから、今日_{きょう}は練習_{れんしゅう}を休_{やす}むつもりです。		발목이 (　　　) 아프기 때문에, 오늘은 연습을 쉴 예정입니다.	
1 ぎりぎり	2 ずきずき	1 아슬아슬	2 욱신욱신
3 ぶらぶら	4 ごろごろ	3 어슬렁어슬렁	4 데굴데굴

해설 선택지가 모두 부사이다. 괄호 앞뒤의 내용과 함께 쓸 때 足首がずきずき痛むから(발목이 욱신욱신 아프기 때문에)라는 문맥이 가장 자연스러우므로 2 ずきずき(욱신욱신)가 정답이다. 1은 約束の時間にぎりぎり間に合う(약속 시간에 아슬아슬 맞추다), 3은 ぶらぶら道を歩く(어슬렁어슬렁 길을 걷다), 4는 石がごろごろ転がる(돌이 데굴데굴 굴러가다)로 자주 쓰인다.

어휘 足首 あしくび 圆 발목 痛む いたむ 동 아프다 ~から 조 ~때문에 今日 きょう 圆 오늘 練習 れんしゅう 圆 연습 休む やすむ 동 쉬다
~つもりだ ~(할) 예정이다 ぎりぎり 🖩 아슬아슬 ずきずき 🖩 욱신욱신 ぶらぶら 🖩 어슬렁어슬렁 ごろごろ 🖩 데굴데굴

問題4 _____ に意味が最も近いものを、1・2・3・4から一つえらびなさい。	문제4 _____ 에 의미가 가장 가까운 것을, 1·2·3·4에서 하나 고르세요.

26 상

駅まではここから徒歩でわずか10分だ。	역까지는 여기에서 도보로 불과 10분이다.
1 やはり　　　　2 案外	1 역시　　　　　　　2 뜻밖에
3 およそ　　　　4 たった	3 대강　　　　　　　4 겨우

해설 わずか가 '불과'라는 의미이므로, 의미가 가장 비슷한 4 たった(겨우)가 정답이다.

어휘 駅 えき 圆 역　〜まで 国 〜까지　〜から 国 〜에서　徒歩 とほ 圆 도보　わずか 国 불과　やはり 国 역시　案外 あんがい 国 뜻밖에　およそ 国 대강　たった 国 겨우

꼭! 알아두기 わずか(불과)의 유의어로 たかが(기껏해야), せいぜい(고작)를 함께 알아 둔다.

27 상

田中さんはとても短気な人だ。	다나카 씨는 매우 발끈하는 사람이다.
1 すぐ怒る　　　2 すぐ泣く	1 금방 화를 내는　　2 금방 우는
3 よく笑う　　　4 よく忘れる	3 잘 웃는　　　　　　4 잘 잊는

해설 短気な가 '발끈하는'이라는 의미이므로, 이와 교체하여도 문장의 의미가 바뀌지 않는 1 すぐ怒る(금방 화를 내는)가 정답이다.

어휘 とても 国 매우　短気だ たんきだ な형 발끈하다, 성급하다　すぐ 国 금방　怒る おこる 图 화를 내다　泣く なく 图 울다　よく 国 잘, 자주　笑う わらう 图 웃다　忘れる わすれる 图 잊다

28 중

2時にグラウンドに来てください。	2시에 운동장으로 와 주세요.
1 実験室　　　　2 運動場	1 실험실　　　　　　2 운동장
3 体育館　　　　4 図書室	3 체육관　　　　　　4 도서실

해설 グラウンド가 '운동장'이라는 의미이므로, 의미가 같은 2 運動場(운동장)가 정답이다.

어휘 グラウンド 圆 운동장, 경기장　来る くる 图 오다　実験室 じっけんしつ 圆 실험실　運動場 うんどうじょう 圆 운동장　体育館 たいいくかん 圆 체육관　図書室 としょしつ 圆 도서실

29 상

卒業式の日に先生にお礼を伝えた。	졸업식 날에 선생님에게 감사를 전했다.
1 お詫びの言葉　　2 感謝の言葉	1 사죄의 말　　　　2 감사의 말
3 お祝いの言葉　　4 別れの言葉	3 축하의 말　　　　4 이별의 말

해설 お礼가 '감사'라는 의미이므로, 이와 교체하여도 문장의 의미가 바뀌지 않는 2 感謝の言葉(감사의 말)가 정답이다.

어휘 卒業式 そつぎょうしき 圆 졸업식　日 ひ 圆 날　先生 せんせい 圆 선생님　お礼 おれい 圆 감사　伝える つたえる 图 전하다　お詫び おわび 圆 사죄　言葉 ことば 圆 말　感謝 かんしゃ 圆 감사　お祝い おいわい 圆 축하　別れ わかれ 圆 이별

30 중

今日はいつもよりいそがしいです。	오늘은 여느 때보다 바쁩니다.
1 慌ただしい　　2 しつこい	1 분주합　　　　　　2 집요합
3 恐ろしい　　　4 面倒くさい	3 무섭습　　　　　　4 귀찮습

해설 いそがしい가 '바쁨'이라는 의미이므로, 의미가 가장 비슷한 1 慌ただしい(분주함)가 정답이다.

어휘 今日 きょう 몡 오늘 いつも 뷔 여느 때 ～より 죄 ～보다 いそがしい い형 바쁘다 慌ただしい あわただしい い형 분주하다
しつこい い형 집요하다 恐ろしい おそろしい い형 무섭다 面倒くさい めんどうくさい い형 귀찮다

꼭 알아두기 いそがしい(바쁘다)의 유의어로 せわしい(바쁘다), バタバタする(분주하다)를 함께 알아 둔다.

문제 5의 디렉션

問題 5 つぎのことばの使い方として最もよいものを、 1・2・3・4から一つえらびなさい。	문제5 다음의 말의 사용법으로 가장 알맞은 것을, 1·2·3·4 에서 하나 고르세요.

31 중

そろえる	가지런히 하다
1 流行語について調べて、レポートにそろえます。	1 유행어에 대해 조사하고, 리포트에 가지런히 합니다.
2 どこでぶつけたのか覚えていないが、車に傷がそろえ ていた。	2 어디에서 부딪친 것인지 기억나지 않지만, 차에 상처가 가지런 히 해 있었다.
3 玄関でくつをぬいだら、きちんとそろえて隅に置きま しょう。	3 현관에서 신발을 벗으면, 잘 가지런히 하여 구석에 둡시다.
4 この頃春らしい暖かい日がそろえていて、過ごしやすい。	4 요즘 봄다운 따뜻한 날이 가지런히 해 있어서, 지내기 좋다.

해설 そろえる(가지런히 하다)는 주로 어떤 물건을 정연히 늘어놓는 경우에 사용한다. 3의 玄関でくつをぬいだら、きちんとそろえて(현관에서
신발을 벗으면, 잘 가지런히 하여)에서 올바르게 사용되었으므로 3이 정답이다. 참고로, 1은 まとめる(정리하다), 2는 付く(つく, 나다), 4는 続
く(つづく, 이어지다)를 사용하는 것이 올바른 문장이다.

어휘 そろえる 됭 가지런히 하다 流行語 りゅうこうご 몡 유행어 調べる しらべる 됭 조사하다 レポート 몡 리포트 ぶつける 됭 부딪치다
覚える おぼえる 됭 기억나다 車 くるま 몡 차 傷 きず 몡 상처 玄関 げんかん 몡 현관 くつ 몡 신발 ぬぐ 됭 벗다 きちんと 뷔 잘, 제대로
隅 すみ 몡 구석 置く おく 됭 두다 この頃 このごろ 몡 요즘 春 はる 몡 봄 暖かい あたたかい い형 따뜻하다 日 ひ 몡 날
過ごしやすい すごしやすい 지내기 좋다

32 중상

集合	집합
1 店の場所が分かりにくいから、駅に集合することに なった。	1 가게 장소가 알기 어려워서, 역에 집합하게 되었다.
2 ある作家の人生を描いた映画が人気を集合しています。	2 어느 작가의 인생을 그린 영화가 인기를 집합하고 있습니다.
3 西洋では目が集合すると、にこっと微笑んでくれる人 が多い。	3 서양에서는 눈이 집합하면, 방긋 미소를 지어 주는 사람이 많다.
4 周りの生徒がうるさくて、勉強に集合することができない。	4 주변의 학생이 시끄러워서, 공부에 집합할 수 없다.

해설 集合(집합)는 주로 한 곳에 모이는 경우에 사용한다. 1의 駅に集合することになった(역에 집합하게 되었다)에서 올바르게 사용되었으므로
1이 정답이다. 참고로, 2는 集める(あつめる, 모으다), 3은 合う(あう, 마주치다), 4는 集中(しゅうちゅう, 집중)를 사용하는 것이 올바른 문장
이다.

어휘 集合 しゅうごう 몡 집합 店 みせ 몡 가게 場所 ばしょ 몡 장소, 위치 分かりにくい わかりにくい 알기 어렵다 ～から 죄 ～해서 駅 えき 몡 역
ある 어느 作家 さっか 몡 작가 人生 じんせい 몡 인생 描く えがく 됭 그리다 映画 えいが 몡 영화 人気 にんき 몡 인기 西洋 せいよう 몡 서양
目 め 몡 눈 にこっと 방긋 微笑む ほほえむ 됭 미소를 짓다 多い おおい い형 많다 周り まわり 몡 주변 生徒 せいと 몡 학생
うるさい い형 시끄럽다 勉強 べんきょう 몡 공부

33 중상

盛ん	왕성

1　妹は書道が盛んで、コンクールで賞をもらったこともある。
2　この地域は昔から外国との貿易が盛んだったらしいです。
3　落ち着いた色が好きなので、盛んな服はほとんど着ません。
4　韓国ドラマに盛んな娘は、韓国に留学すると言い出した。

1　여동생은 서예가 왕성해서, 콩쿠르에서 상을 받은 적도 있다.
2　이 지역은 옛날부터 외국과의 무역이 왕성했다고 합니다.
3　차분한 색을 좋아하기 때문에, 왕성한 옷은 거의 입지 않습니다.
4　한국 드라마에 왕성한 딸은, 한국에 유학하겠다고 말을 꺼냈다.

해설　盛ん(왕성)은 주로 어떤 것이 성대하게 진행되는 상황에서 사용한다. 2의 外国との貿易が盛んだった (외국과의 무역이 왕성했다)에서 올바르게 사용되었으므로 2가 정답이다. 참고로, 1은 得意だ(とくいだ, 잘하다), 3은 派手だ(はでだ, 화려하다), 4는 夢中だ(むちゅうだ, 열중하다)를 사용하는 것이 올바른 문장이다.

어휘　盛んだ さかんだ [な형] 왕성하다　妹 いもうと [명] 여동생　書道 しょどう [명] 서예, 서도　コンクール [명] 콩쿠르　賞 しょう [명] 상　もらう [동] 받다
　地域 ちいき [명] 지역　昔 むかし [명] 옛날　～から [조] ~부터　外国 がいこく [명] 외국　貿易 ぼうえき [명] 무역　落ち着く おちつく [동] 차분하다
　色 いろ [명] 색　好きだ すきだ [な형] 좋아하다　～ので [조] ~때문에　服 ふく [명] 옷　ほとんど [부] 거의　着る きる [동] 입다　韓国 かんこく [명] 한국
　ドラマ [명] 드라마　娘 むすめ [명] 딸　留学 りゅうがく [명] 유학　言い出す いいだす [동] 말을 꺼내다

34　중상

成分
1　この経済の本は成分が難しくて、何回読んでも理解できない。
2　面接の前に聞かれそうな成分の答えを先に準備しておいた。
3　レモンに入っている成分が魚の嫌なにおいを消してくれる。
4　日本の家の成分は木で、地震による大きな揺れに強いです。

성분
1　이 경제 책은 성분이 어려워서, 몇 번 읽어도 이해할 수 없다.
2　면접 전에 질문받을 것 같은 성분의 답을 먼저 준비해 두었다.
3　레몬에 들어 있는 성분이 생선의 싫은 냄새를 없애 준다.
4　일본 가옥의 성분은 나무로, 지진에 의한 큰 흔들림에 강합니다.

해설　成分(성분)은 주로 화합물이나 혼합물 등을 구성하고 있는 것을 이를 때 사용한다. 3의 レモンに入っている成分 (레몬에 들어 있는 성분)에서 올바르게 사용되었으므로 3이 정답이다. 참고로, 1은 内容(ないよう, 내용), 2는 質問(しつもん, 질문), 4는 材料(ざいりょう, 재료)를 사용하는 것이 올바른 문장이다.

어휘　成分 せいぶん [명] 성분　経済 けいざい [명] 경제　本 ほん [명] 책　難しい むずかしい [い형] 어렵다　何回 なんかい 몇 번　読む よむ [동] 읽다
　理解 りかい [명] 이해　面接 めんせつ [명] 면접　前 まえ [명] 전　聞く きく [동] 질문하다　答え こたえ [명] 답　先に さきに [부] 먼저　準備 じゅんび [명] 준비
　レモン [명] 레몬　入る はいる [동] 들어가다　魚 さかな [명] 생선　嫌だ いやだ [な형] 싫다, 탐탁하지 않다　におい [명] 냄새　消す けす [동] 없애다
　日本 にほん [명] 일본　家 いえ [명] 가옥, 집　木 き [명] 나무　地震 じしん [명] 지진　大きな おおきな 큰　揺れ ゆれ [명] 흔들림　強い つよい [い형] 강하다

35　상

取り上げる
1　友達の髪にほこりがついていたので、取り上げてあげた。
2　警察は、店の金や宝石を取り上げた犯人を追っている。
3　夏の夜空に取り上げられた花火は、本当に美しかった。
4　最近増えているという学生社長を取り上げた記事を読んだ。

다루다
1　친구의 머리카락에 먼지가 붙어 있기 때문에, 다뤄 주었다.
2　경찰은, 가게의 돈과 보석을 다룬 범인을 쫓고 있다.
3　여름 밤하늘에 다루어진 불꽃놀이는, 정말로 아름다웠다.
4　최근 늘고 있다고 하는 학생 사장을 다룬 기사를 읽었다.

해설　取り上げる(다루다)는 주로 어떤 것을 화제나 소재로 삼는 경우에 사용한다. 4의 学生社長を取り上げた記事(학생 사장을 다룬 기사)에서 올바르게 사용되었으므로 4가 정답이다. 참고로, 1은 取る(とる, 떼다), 2는 盗む(ぬすむ, 훔치다), 3은 打ち上げる(うちあげる, 쏘아 올리다)를 사용하는 것이 올바른 문장이다.

어휘　取り上げる とりあげる [동] 다루다　友達 ともだち [명] 친구　髪 かみ [명] 머리카락　ほこり [명] 먼지　つく [동] 붙다　～ので [조] ~때문에
　警察 けいさつ [명] 경찰　店 みせ [명] 가게　金 かね [명] 돈　宝石 ほうせき [명] 보석　犯人 はんにん [명] 범인　追う おう [동] 쫓다　夏 なつ [명] 여름
　夜空 よぞら [명] 밤하늘　花火 はなび [명] 불꽃놀이　本当に ほんとうに 정말로　美しい うつくしい [い형] 아름답다　最近 さいきん [명] 최근

増える ふえる 图늘다　学生 がくせい 图학생　社長 しゃちょう 图사장　記事 きじ 图기사　読む よむ 图읽다

언어지식(문법) p.145

문제 1의 디렉션

問題1　つぎの文の（　　　）に入れるのに最もよいものを、1・2・3・4から一つえらびなさい。	문제1　다음 문장의 （　　　）에 넣을 것으로 가장 알맞을 것을, 1·2·3·4에서 하나 고르세요.

1 중

来月、家族みんな（　　　）初の海外旅行に行くことになった。	다음 달, 가족 모두 （　　　）첫 해외여행을 가게 되었다.
1 で　　　　　2 に 3 こそ　　　　4 さえ	**1 함께**　　　　2 에게 3 야말로　　　4 조차

해설 적절한 조사를 고르는 문제이다. 빈칸 뒤의 初の海外旅行に行くことになった(첫 해외여행을 가게 되었다)와 문맥상 어울리는 말은 '가족 모두 함께'이다. 따라서 1 で(함께)가 정답이다. みんなで는 여러 사람이 무언가를 할 때 전원을 가리키는 말임을 알아 둔다.

어휘 来月 らいげつ 图다음 달　家族 かぞく 图가족　みんな 图모두　初～ はつ～ 첫～　海外 かいがい 图해외　旅行 りょこう 图여행　行く いく 图가다　～ことになる ~(하)게 되다　～で 图~함께　～に 图~에게　～こそ 图~(이)야말로　～さえ 图~조차

2 중

（店で） 店長「明日のバイトをお願いしてもいい？人が足りないんだ。」 森　「午前中は授業なので、午後2時（　　　）大丈夫です。」	（가게에서） 점장 "내일 아르바이트를 부탁해도 될까? 사람이 부족하거든." 모리 "오전 중에는 수업이기 때문에, 오후 2시 （　　　）괜찮습니다."
1 までしか　　　2 までなら 3 からしか　　　**4 からなら**	1 까지밖에　　　2 까지라면 3 부터밖에　　　**4 부터라면**

해설 적절한 조사를 고르는 문제이다. 오전 중에는 수업이 있다고 했으므로 빈칸 뒤의 大丈夫です(괜찮습니다)와 문맥상 어울리는 말은 '오후 2시부터라면'이다. 따라서 4 からなら(부터라면)가 정답이다.

어휘 店 みせ 图가게　店長 てんちょう 图점장　明日 あした 图내일　バイト 图아르바이트　願う ねがう 图부탁하다　～てもいい ~(해)도 된다　足りない たりない 부족하다　午前中 ごぜんちゅう 图오전 중　授業 じゅぎょう 图수업　～ので 图~때문에　午後 ごご 图오후　大丈夫だ だいじょうぶだ な형괜찮다　～まで 图~까지　～しか 图~밖에　～なら 图~라면　～から 图~부터

3 중상

友人にすすめられた小説を買って読んでみたが、（　　　）おもしろくなかった。	친구에게 추천받은 소설을 사서 읽어 봤는데, （　　　）재미있지 않았다.
1 せっかく　　　**2 ちっとも** 3 そろそろ　　　4 だんだん	1 모처럼　　　　**2 조금도** 3 슬슬　　　　4 점점

해설 적절한 부사를 고르는 문제이다. 빈칸 뒤의 おもしろくなかった(재미있지 않았다)를 보면 '조금도 재미있지 않았다'라는 문맥이 가장 자연스럽다. 따라서 2 ちっとも가 정답이다.

어휘 友人 ゆうじん 圆친구　すすめる 통추천하다　小説 しょうせつ 圆소설　買う かう 통사다　読む よむ 통읽다　おもしろい い형재미있다
　　せっかく 분모처럼　ちっとも 분조금도　そろそろ 분슬슬　だんだん 분점점

꼭! 알아두기　ちっとも~ない(조금도 ~않는다) 외에, 少しも~ない(조금도 ~않는다)도 비슷한 의미로 사용되는 표현이므로 함께 알아 둔다.

4　상

教室の窓から公園で子どもたちが楽しそうに（　　　）見えた。

1　遊んでいるのが　　　　2　遊んでいることが
3　遊んでくるのが　　　　4　遊んでくることが

교실 창문으로 공원에서 아이들이 즐거운 듯이 (　　　) 보였다.

1　놀고 있는 것이　　　　2　놀고 있는 일이
3　놀고 오는 것이　　　　4　놀고 오는 일이

해설 적절한 문형을 고르는 문제이다. 빈칸 앞뒤를 보면, '즐거운 듯이 놀고 있는 것이 보였다'가 가장 자연스럽다. 따라서 1 遊んでいるのが(놀고 있는 것이)가 정답이다. 2, 4의 こと는 '~일, 것'이라는 뜻으로 1, 3의 の와 의미가 같지만 見る・聞く・感じる 등의 지각 동사 앞에는 사용할 수 없는 것을 알아 둔다.

어휘 教室 きょうしつ 圆교실　窓 まど 圆창문　~から 조~으로, ~을 통해서　公園 こうえん 圆공원　子ども こども 圆아이　楽しい たのしい い형즐겁다
　　~そうだ ~(하)는 듯하다, ~것 같다　見える みえる 통보이다　遊ぶ あそぶ 통놀다

5　중

もうすぐ試合が始まる（　　　）、部長はトイレに行って戻ってこない。

1　というので　　　　2　といっても
3　というのに　　　　4　といったら

이제 곧 시합이 시작된다 (　　　), 부장님은 화장실에 가서 돌아오지 않는다.

1　고 하기 때문에　　　　2　고 해도
3　고 하는데　　　　4　고 하면

해설 적절한 문형을 고르는 문제이다. 빈칸 뒤 部長はトイレに行って戻ってこない(부장님은 화장실에 가서 돌아오지 않는다)에 이어지는 문맥을 보면 '이제 곧 시합이 시작된다고 하는데, 부장님은 화장실에 가서 돌아오지 않는다'가 가장 자연스럽다. 따라서 3 というのに(고 하는데)가 정답이다.

어휘 もう 분이제　すぐ 분곧　試合 しあい 圆시합　始まる はじまる 통시작되다　部長 ぶちょう 圆부장(님)　トイレ 圆화장실　行く いく 통가다
　　戻ってくる もどってくる 돌아오다　~というので ~(라)고 하기 때문에　~といっても ~(라)고 해도　~というのに ~(라)고 하는데
　　~といったら ~(라)고 하면

6　중상

この塾に入ってから、先生方の丁寧な指導（　　　）成績がどんどん上がった。

1　のことで　　　　2　のように
3　のくせに　　　　4　のおかげで

이 학원에 들어오고 나서, 선생님들의 정성스러운 지도 (　　　) 성적이 점점 올랐다.

1　에 대해　　　　2　와 같이
3　주제에　　　　4　덕분에

해설 적절한 문형을 고르는 문제이다. 빈칸 뒤 成績がどんどん上がった(성적이 점점 올랐다)에 이어지는 문맥을 보면 '선생님들의 정성스러운 지도 덕분에'가 가장 자연스럽다. 따라서 4 のおかげで(덕분에)가 정답이다.

어휘 塾 じゅく 圆학원　入る はいる 통들어오다　~てから ~고 나서　先生方 せんせいがた 圆선생님들　丁寧だ ていねいだ な형정성스럽다
　　指導 しどう 圆지도　成績 せいせき 圆성적　どんどん 분점점　上がる あがる 통오르다　~のことで ~에 대해, ~에 관해　~ようだ ~와 같다
　　~くせに ~주제에　~おかげ ~덕분

7　상

林さんは数か月前に入社（　　　）、すでに大きな仕事を任せられている。

하야시 씨는 몇 개월 전에 입사 (　　　), 이미 큰 일이 맡겨지고 있다.

1 するばかりだが	**2 したばかりだが**	1 할 뿐이지만	**2 한 지 얼마 되지 않았지만**
3 するところだが	4 したところだが	3 하려던 참이지만	4 한 참이지만

해설 적절한 문형을 고르는 문제이다. 빈칸 뒤 すでに大きな仕事を任せられている(이미 큰 일이 맡겨지고 있다)에 이어지는 문맥을 보면 '몇 개월 전에 입사한 지 얼마 되지 않았지만'가 가장 자연스럽다. 따라서 2 したばかりだが(한 지 얼마 되지 않았지만)가 정답이다.

어휘 前 まえ 圀 전 入社 にゅうしゃ 圀 입사 すでに 囝 이미 大きな おおきな 큰 仕事 しごと 圀 일 任せる まかせる 園 맡기다 ～ばかりだ ~할 뿐이다
～たばかり ~한 지 얼마 되지 않았다, 막 ~했다 ～ところだ ~하려던 참이다 ～たところだ ~한 참이다

꼭! 알아두기 ～たばかり(~(한) 지 얼마 되지 않다) 외에 ～てばかりいる(~(하)기만 하다), ～ばかりか(~뿐만 아니라)도 함께 알아 둔다.

8 중

(会社で)	(회사에서)
木村「山本さん、最近なんか元気がないよね。どうし たんだろう?」	기무라 "야마모토 씨, 최근 뭔가 기운이 없네. 무슨 일 있는 걸까."
田中「ああ、彼女とうまく（　　　）よ。」	다나카 "아, 여자 친구와 잘 （　　　）."

1 いっていないほうだ	2 いっていないわけだ	1 되고 있지 않은 편이야	2 되고 있지 않은 셈이야
3 いっていないみたいだ	4 いっていないものだ	**3 되고 있지 않은 것 같아**	4 되고 있지 않은 것이야

해설 대화의 문말 표현을 고르는 문제이다. 야마모토 씨가 기운이 없는 것 같다고 말하자, 야마모토가 여자 친구와 잘 되고 있지 않은 것 같다는 이야 기를 들려주는 문맥이다. 따라서 3 いっていないみたいだ(되고 있지 않은 것 같아)가 정답이다.

어휘 会社 かいしゃ 圀 회사 最近 さいきん 圀 최근 なんか 뭔가 元気 げんき 圀 기운 彼女 かのじょ 圀 여자 친구 うまくいく 잘 되다
～ほうだ ~편이다 ～わけだ ~셈이다 ～みたいだ ~것 같다 ～ものだ ~것이다

9 중

料理が苦手な人でも、レシピ（　　　）作れば失敗する ことはありません。	요리를 잘 못하는 사람이라도, 레시피（　　　）만들면 실패하는 일은 없습니다.

1 の通りに	2 に対して	**1 대로**	2 에 대해서
3 のせいで	4 に加えて	3 탓에	4 에 더해

해설 적절한 문형을 고르는 문제이다. 빈칸 앞뒤를 보면, '레시피대로 만들면 실패하는 일은 없습니다'가 가장 자연스럽다. 따라서 1 の通りに(대로) 가 정답이다.

어휘 料理 りょうり 圀 요리 苦手だ にがてだ な형 잘 못하다 ～でも 国 ~라도 レシピ 레시피 作る つくる 園 만들다 失敗 しっぱい 圀 실패
～通りに ～とおりに ~대로 ～に対して ～にたいして ~에 대해서 ～せいで ~탓에 ～に加えて ～にくわえて ~에 더해

10 중

(電話で)	(전화로)
中村 「もしもし。松田商事の中村と申します。営業部 の鈴木部長をお願いいたします。」	나카무라 "여보세요. 마쓰다 상사의 나카무라라고 합니다. 영업 부의 스즈키 부장님을 부탁드립니다."
電話係「鈴木は会議で席を外しております。」	전화 담당 "스즈키는 회의로 자리를 비우고 있습니다."
中村 「そうですか。では、また（　　　）。」	나카무라 "그렇습니까. 그럼, 또 （　　　）."

1 かけはじめます	**2 かけなおします**	1 걸기 시작하겠습니다	**2 다시 걸겠습니다**
3 かけておきます	4 かけていきます	3 걸어 두겠습니다	4 걸어 가겠습니다

해설 대화의 문말 표현을 고르는 문제이다. 전화로 영업부의 스즈키 부장을 찾았는데, 스즈키가 회의로 자리를 비우고 있어 전화를 다시 걸겠다는 이 야기를 들려주는 문맥이다. 따라서 2 かけなおします(다시 걸겠습니다)가 정답이다.

어휘 電話 でんわ 圀 전화 商事 しょうじ 圀 상사 営業部 えいぎょうぶ 圀 영업부 部長 ぶちょう 圀 부장(님) 願う ねがう 園 부탁하다

電話係 でんわがかり 圏 전화 담당　会議 かいぎ 圏 회의　席を外す せきをはずす 자리를 비우다　また 團 또　かける 圏 걸다
~はじめる ~(하)기 시작하다　~なおす 다시 ~(하)다　~ておく ~(해) 두다　~ていく ~(해) 가다

11 중

不正なアクセスを防ぐためにパソコンのパスワードは定期的に（　　　）。	부정한 접근을 막기 위해서 컴퓨터의 암호는 정기적으로 （　　　）.
1 変えすぎてしまった　2 変えかねない	1 너무 바꿔 버렸다　2 바뀔지도 모른다
3 変えっぱなしだった　**4 変えなくてはならない**	3 바꾼 채 그대로였다　**4 바꾸지 않으면 안 된다**

해설 적절한 문말 표현을 고르는 문제이다. 빈칸 앞의 パソコンのパスワードは定期的に(컴퓨터의 암호는 정기적으로)를 보면, '컴퓨터의 암호는 정기적으로 바꾸지 않으면 안 된다'가 문맥상 가장 자연스럽다. 따라서 4 変えなくてはならない(바꾸지 않으면 안 된다)가 정답이다.

어휘 不正だ ふせいだ な형 부정하다　アクセス 圏 접근　防ぐ ふせぐ 圏 막다　~ために ~위해서　パソコン 圏 컴퓨터　パスワード 圏 암호
定期的だ ていきてきだ な형 정기적이다　変える かえる 圏 바꾸다　~てしまう ~(해) 버리다　~かねない ~지도 모른다　~っぱなし ~채 그대로
~なくてはならない ~(하)지 않으면 안 된다

12 중

A「どうしましたか。」	A "무슨 일 있습니까?"
B「携帯電話がないんです。さっきバスの中で（　　　）。」	B "휴대 전화가 없습니다. 아까 버스 안에서 （　　　）."
1 落としたことがあります	1 떨어뜨린 적이 있습니다
2 落としたとはかぎりません	2 떨어뜨렸다고는 단정 지을 수 없습니다
3 落としたことにします	3 떨어뜨린 것으로 하겠습니다
4 落としたのかもしれません	**4 떨어뜨린 걸지도 모릅니다**

해설 대화의 문말 표현을 고르는 문제이다. A가 무슨 일이 있냐고 묻자, B가 휴대 전화가 없다며 아까 버스 안에서 떨어뜨린 것일지도 모른다는 이야기를 들려주는 문맥이다. 따라서 4 落としたのかもしれません(떨어뜨린 걸지도 모릅니다)이 정답이다.

어휘 携帯電話 けいたいでんわ 圏 휴대 전화　さっき 圏 아까　バス 圏 버스　中 なか 圏 안, 속　落とす おとす 圏 떨어뜨리다
~ことがある ~(한) 적이 있다　~とはかぎらない ~라고는 단정 지을 수 없다　~ことにする ~로 하다　~かもしれない ~지도 모른다

13 상

（道で）	（길에서）
A「この建物は 100 年前に有名な建築家によって（　　　）。」	A "이 건물은 100년 전에 유명한 건축가에 의해 （　　　）."
B「そうなんだ。よく知っているね。」	B "그렇구나. 잘 알고 있네."
1 建てさせたんだって　2 建てさせたのかな	1 짓게 했대　2 짓게 한 걸까
3 建てられたんだって　4 建てられたのかな	**3 지어졌대**　4 지어진 걸까

해설 적절한 문형을 고르는 문제이다. 빈칸 앞을 보면 '이 건물은 100년 전에 유명한 건축가에 의해 지어졌대'가 가장 자연스럽다. 따라서 建てる(짓다)의 수동형인 建てられる가 쓰인 3 建てられたんだって(지어졌대)가 정답이다.

어휘 道 みち 圏 길　建物 たてもの 圏 건물　前 まえ 圏 전, 앞　有名だ ゆうめいだ な형 유명하다　建築家 けんちくか 圏 건축가　~によって ~에 의해
よく 團 잘　知る しる 圏 알다　建てる たてる 圏 짓다　~んだって ~대, ~래　~かな ~을까

꼭! 알아두기　~んだって(~대, ~래)는 다른 사람에게 들은 말을 전달하는 표현이고, ~って(~라는, ~라는 것은, ~라고)는 어떤 것을 설명하거나 화제로 삼는 표현이므로 잘 구별하여 알아 둔다.

問題2　つぎの文の＿★＿に入る最もよいものを、 　　　　1・2・3・4から一つえらびなさい。	문제2 다음 문장의 ＿★＿ 에 들어갈 가장 알맞은 것을, 1·2·3·4에서 하나 고르세요.

14 중

カレーが好きな人は多いが、林さん ＿＿＿ ＿★＿ ＿＿＿ いないだろう。		카레를 좋아하는 사람은 많지만, 하야시 씨 <u>만큼</u> ★카레를 <u>자주 먹</u>는 사람은 없을 것이다.	
1 カレーを	2 人は	**1 카레를**	2 사람은
3 ほど	4 よく食べる	3 만큼	4 자주 먹는

해설 3 ほど는 명사와 동사 사전형 뒤에 접속할 수 있으므로 먼저 林さん 3 ほど(하야시 씨만큼) 혹은 4 よく食べる 3 ほど(자주 먹는 만큼)로 연결할 수 있다. 빈칸 뒤의 '없을 것이다'와 문맥상 어울리는 말은 3 ほど 1 カレーを 4 よく食べる 2 人は(만큼 카레를 자주 먹는 사람은)이므로, 1 カレーを(카레를)가 정답이다.

어휘 カレー 圕카레　好きだ すきだ 뒤형좋아하다　多い おおい い형많다　~だろう ~일 것이다　~ほど 丕~만큼　よく 曱자주　食べる たべる 통먹다

꼭 알아두기 Aほど~人はいない(A만큼 ~하는 사람은 없다)는 A가 어떤 것에 있어서 견줄 것이 없을 만큼 최고임을 나타내는 표현이다. 林さんほど~人はいない(하야시 씨만큼 ~하는 사람은 없다)에서의 林さん(하야시 씨), あなたほど~人はいない(당신만큼 ~하는 사람은 없다)에서의 あなた(당신), 私ほど~人はいない(나만큼 ~하는 사람은 없다)에서의 私(나)와 같은 사람을 가리키는 표현과 함께 사용된다.

15 중상

出張で家を空けるときは、犬を ＿＿＿ ＿＿＿ ＿★＿ ＿＿＿ います。		출장으로 집을 비울 때는, 개를 <u>애완동물용의</u> <u>호텔에서</u> ★맡기어 받고 있습니다.	
1 ホテルで	**2 預かって**	1 호텔에서	**2 맡기어**
3 ペット用の	4 もらって	3 애완동물용의	4 받고

해설 4 もらって는 동사 て형에 접속하므로 먼저 2 預かって 4 もらって(맡기어 받고)로 연결할 수 있다. 이것을 나머지 선택지와 함께 의미적으로 배열하면 3 ペット用の 1 ホテルで 2 預かって 4 もらって(애완동물용의 호텔에서 맡기어 받고)가 되면서 전체 문맥과도 어울린다. 따라서 2 預かって(맡기어)가 정답이다.

어휘 出張 しゅっちょう 圕출장　家 いえ 圕집　空ける あける 통비우다　とき 圕때　犬 いぬ 圕개　ホテル 圕호텔　預かる あずかる 통맡다
　　ペット 圕애완동물　~用 ~よう ~용　~てもらう ~해 받다

16 중상

この国は石油や ＿＿＿ ＿＿＿ ＿★＿ ＿＿＿ 輸入に頼っている。		이 나라는 석유나 <u>가스 등의</u> 자원이 ★적기 때문에 <u>그 대부분</u>을 수입에 의존하고 있다.	
1 資源が	2 ガスなどの	1 자원이	2 가스 등의
3 そのほとんどを	**4 少ないので**	3 그 대부분을	**4 적기 때문에**

해설 연결되는 문형이 없으므로 전체 선택지를 의미적으로 배열하면 2 ガスなどの 1 資源が 4 少ないので 3 そのほとんどを(가스 등의 자원이 적기 때문에 그 대부분을)가 된다. 전체 문맥과도 어울리므로 4 少ないので(적기 때문에)가 정답이다.

어휘 国 くに 圕나라　石油 せきゆ 圕석유　輸入 ゆにゅう 圕수입　頼る たよる 통의존하다, 기대다　資源 しげん 圕자원　ガス 圕가스　~など 丕~등
　　ほとんど 圕대부분　少ない すくない い형적다　~ので 丕~때문에

17 중상

（店で）	（가게에서）
客　　「ランニングをする時に使う時計がほしいんですが。」	손님 "러닝을 할 때에 사용할 시계를 원하는데요."
店員「走った距離やペースが測定できる ＿＿＿ ＿＿＿ 　　　＿★＿ ＿＿＿ おすすめです。」	점원 "달린 거리나 속도를 측정할 수 있는 <u>시계를 찾고 있는 것</u> 　　　★이라면 이쪽이 추천입니다."

1 探しているの	2 こちらが	1 찾고 있는 것	2 이쪽이
3 時計を	4 でしたら	3 시계를	4 이라면

해설 연결되는 문형이 없으므로 전체 선택지를 의미적으로 배열하면 3 時計を 1 探しているの 4 でしたら 2 こちらが(시계를 찾고 있는 것이라면 이쪽이)가 된다. 전체 문맥과도 어울리므로 4 でしたら(이라면)가 정답이다.

어휘 店 みせ 圏가게　客 きゃく 圏손님　ランニング 圏러닝　使う つかう 图사용하다　時計 とけい 圏시계　ほしい い헝원하다, 갖고 싶다
　　店員 てんいん 圏점원　走る はしる 图달리다　距離 きょり 圏거리　ペース 圏(달리기) 속도, 페이스　測定 そくてい 圏측정　おすすめ 圏추천
　　探す さがす 图찾다

18 중

パーティーに誘ってくれた ＿＿＿ ＿＿＿ ★ ＿＿＿ 行く気にはなれない。	파티에 권유해 준 사토 씨에게는 미안하 ★지만 그다지 갈 마음이 들지 않는다.

1 あまり	2 佐藤さんには	1 그다지	2 사토 씨에게는
3 けど	4 悪い	3 지만	4 미안하

해설 연결되는 문형이 없으므로 전체 선택지를 의미적으로 배열하면 2 佐藤さんには 4 悪い 3 けど 1 あまり(사토 씨에게는 미안하지만 그다지)가 되면서 전체 문맥과도 어울린다. 따라서 3 けど(지만)가 정답이다.

어휘 パーティー 圏파티　誘う さそう 图권유하다　行く いく 图가다　気になれない きになれない (마음이 들면 좋겠지만) 마음이 들지 않다
　　あまり 凰그다지　～けど 图~지만　悪い わるい い헝미안하다, 나쁘다

문제 3의 디렉션

問題3 つぎの文章を読んで、文章全体の内容を考えて、 19 から 22 の中に入る最もよいものを、1・2・3・4から一つえらびなさい。	문제3 다음 글을 읽고, 글 전체의 내용을 생각하여, 19 부터 22 의 안에 들어갈 가장 알맞은 것을, 1·2·3·4에서 하나 고르세요.

19-22

下の文章は、留学生が書いた作文です。	아래 글은, 유학생이 쓴 작문입니다.

日本の祭り

ブカヨ・ドミンコ

[19]昨日、友達と一緒に初めて日本の祭りに行ってきました。私は 19 が楽しみでしかたありませんでした。小さいころから日本のアニメで祭りを見てきた私にとって祭りは憧れだったからです。

[20]祭りは食べ物の屋台がたくさんあって、にぎやかでした。 20 浴衣を着ている人も多かったです。浴衣には夏らしいひまわりや金魚の模様が描かれていてきれいでした。ただ歩いているだけでも楽しかったです。

そのあと、花火を待ちながら食べ物を食べていると、突然「どん」という音とともに花火があがりました。夜空に咲く花火に感動しました。[21]また、その美しさ 21 花火の音やにおいも魅力的でした。

일본의 축제

부카요·도밍코

[19]어제, 친구와 함께 처음으로 일본 축제에 갔다 왔습니다. 저는 19 이 기대되어 견딜 수 없었습니다. 어릴 때부터 일본 애니메이션으로 축제를 봐 온 저에게 있어서 축제는 동경이었기 때문입니다.

[20]축제는 음식 포장마차가 많이 있어서, 떠들썩했습니다. 20 유카타를 입고 있는 사람도 많았습니다. 유카타에는 여름다운 해바라기나 금붕어 무늬가 그려져 있어 예뻤습니다. 그저 걷고 있는 것만으로도 즐거웠습니다.

그 후, 불꽃놀이를 기다리면서 음식을 먹고 있자, 돌연 "팍"이라는 소리와 함께 불꽃이 올라갔습니다. 밤하늘에 피는 불꽃에 감동했습니다. [21]또, 그 아름다움 21 불꽃의 소리나 냄새도 매력적이었습니다.

そして、祭りで驚いたのが道にごみを捨てる人がいないことでした。人や店が多い場所だと、道がごみで　22　。[22]しかし、人々はきちんとごみをごみ箱に捨てたり、自分で持ち帰っていました。そんなところからも日本らしさが感じられました。

그리고, 축제에서 놀란 것이 길에 쓰레기를 버리는 사람이 없는 것이었습니다. 사람이나 가게가 많은 장소라면, 길이 쓰레기로　22　. [22]그러나, 사람들은 깔끔히 쓰레기를 쓰레기통에 버리거나, 스스로 가지고 돌아가고 있었습니다. 그런 부분에서도 일본다움이 느껴졌습니다.

어휘 下した 圏아래　文章 ぶんしょう 圏글　留学生 りゅうがくせい 圏유학생　書くかく 屠쓰다　作文 さくぶん 圏작문　日本 にほん 圏일본
祭りまつり 圏축제　昨日 きのう 圏어제　友達 ともだち 圏친구　一緒に いっしょに 甲함께　初めて はじめて 甲처음으로　行くいく 屠가다
楽しみ たのしみ 圏기대됨　しかたない い圏견딜 수 없다, 어쩔 수 없다　小さい ちいさい い圏어리다　ころ 圏때　～から 国~부터
アニメ 圏애니메이션　見るみる 屠보다　～にとって ~에게 있어서　憧れ あこがれ 圏동경　～から 国~때문에　食べ物 たべもの 圏음식
屋台 やたい 圏포장마차　たくさん 甲많이　にぎやかだ な圏떠들썩하다　浴衣 ゆかた 圏유카타　着るきる 屠입다　多い おおい い圏많다
夏 なつ 圏여름　～らしい ~답다　ひまわり 圏해바라기　金魚 きんぎょ 圏금붕어　模様 もよう 圏무늬　描くえがく 屠그리다
きれいだ な圏예쁘다　ただ 甲그저　歩くあるく 屠걷다　～だけ 国~만　楽しい たのしい い圏즐겁다　そのあと 囼그 후
花火 はなび 圏불꽃놀이, 불꽃　待つまつ 屠기다리다　～ながら ~하면서　食べる たべる 屠먹다　突然 とつぜん 甲돌연　～という ~이라는
音 おと 圏소리　～とともに ~와 함께　あがる 屠올라가다, 오르다　夜空 よぞら 圏밤하늘　咲くさく 屠피다　感動 かんどう 圏감동　また 甲또
美しさ うつくしさ 圏아름다움　におい 圏냄새　魅力的だ みりょくてきだ な圏매력적이다　そして 囼그리고　驚くおどろく 屠놀라다　道 みち 圏길
ごみ 圏쓰레기　捨てる すてる 屠버리다　店 みせ 圏가게　場所 ばしょ 圏장소　しかし 囼그러나　人々 ひとびと 圏사람들　きちんと 깔끔히
ごみ箱 ごみばこ 圏쓰레기통　～たり ~(하)거나　自分で じぶんで 스스로　持ち帰る もちかえる 屠가지고 돌아가다　ところ 圏부분
～らしさ ~다움　感じる かんじる 屠느끼다

19　상

| 1 この日 | 2 あの日 | 1 이날 | 2 그날 |
| 3 そんな日 | 4 こういう日 | 3 그런 날 | 4 이러한 날 |

해설 적절한 지시어를 고르는 문제이다. 빈칸 앞 문장인 昨日、友達と一緒に初めて日本の祭りに行ってきました(어제, 친구와 함께 처음으로 일본 축제에 갔다 왔습니다)를 보면, 빈칸을 포함한 문장은 '저는 이날이 기대되어 견딜 수 없었습니다'인 것이 가장 자연스러우므로 1 この日(이날)가 정답이다.

어휘 この 이　日 ひ 圏날　あの 그　そんな 그런　こういう 이러한

20　중상

| 1 ですから | 2 それに | 1 그러니까 | 2 게다가 |
| 3 ただし | 4 けれども | 3 단 | 4 그렇지만 |

해설 적절한 접속사를 고르는 문제이다. 빈칸 앞에서 祭りは食べ物の屋台がたくさんあって、にぎやかでした(축제는 음식 포장마차가 많이 있어서, 떠들썩했습니다)라고 하고, 빈칸 뒤에서 浴衣を着ている人も多かったです(유카타를 입고 있는 사람도 많았습니다)라고 언급하였다. 따라서 2 それに(게다가)가 정답이다.

어휘 ですから 囼그러니까　それに 囼게다가　ただし 囼단　けれども 囼그렇지만

21　중

| 1 によると | 2 としては | 1 에 의하면 | 2 으로서는 |
| 3 であるうえに | 4 だけでなく | 3 인 데다가 | 4 뿐만 아니라 |

해설 적절한 문형을 고르는 문제이다. 빈칸 앞에서 また、その美しさ(또, 그 아름다움)라고 언급하였으므로, '또, 그 아름다움뿐만 아니라 불꽃의 소리나 냄새도 매력적이었습니다'가 가장 자연스럽다. 따라서 4 だけでなく(뿐만 아니라)가 정답이다.

어휘 ～によると ~에 의하면　～としては ~으로서는　～うえに ~인 데다가　～だけでなく ~뿐만 아니라

꼭 알아두기 ～だけでなく～も(~뿐만 아니라 ~도)에서 だけでなく는 だけではなく, だけじゃなく로 바꿔 쓸 수 있으므로 함께 알아 둔다.

22 중

1 あふれたままです	**2** あふれないものです
3 あふれがちです	**4** あふれそうもないです

1 넘친 채입니다	**2** 넘치지 않는 것입니다
3 넘치기 쉽습니다	**4** 넘칠 것 같지 않습니다

해설 적절한 문말 표현을 고르는 문제이다. 빈칸 뒤에서 しかし、人々はきちんとごみをごみ箱に捨てたり、自分で持ち帰っていました(그러나, 사람들은 깔끔히 쓰레기를 쓰레기통에 버리거나, 스스로 가지고 돌아가고 있습니다)라고 언급하였으므로, '길이 쓰레기로 넘치기 쉽습니다'가 가장 자연스럽다. 따라서 3 あふれがちです(넘치기 쉽습니다)가 정답이다.

어휘 あふれる 동 넘치다 ~たまま ~(한) 채 ~ものだ ~것이다 ~がちだ ~(하)기 쉽다 ~そうもない ~것 같지 않다

독해 p.152

문제 4의 디렉션

問題 4 つぎの(1)から(4)の文章を読んで、質問に答えなさい。答えは、1・2・3・4から最もよいものを一つえらびなさい。	문제4 다음 (1)부터 (4)의 글을 읽고, 질문에 답하세요. 답은, 1·2·3·4에서 가장 알맞은 것을 하나 고르세요.

23 중

(1)

　昔からの夢がようやく叶う。今日家にねこがやってくるのだ。子どものころは一緒に住んでいた祖父が動物が苦手だということもあって反対されていた。そのせいでうちではペットが禁止だった。

　春から地元を出て一人暮らしを始めた。ねこを飼うために、ペットを飼うことが許可されているマンションを選んだ。ねこの世話をするのはお金がかかったり、大変なことがあったりするかもしれないけれど、大切に育てていきたい。

ペットが禁止だったのは、どうしてか。

1 祖父が動物と一緒に住むことに反対していたから
2 一人で動物の世話をすることが大変だから
3 マンションで動物を飼うことが許されていなかったから
4 動物を育てることにお金がかかってしまうから

(1)

　옛날부터의 꿈이 드디어 이루어진다. 오늘 집에 고양이가 오는 것이다. 어릴 때는 함께 살고 있던 할아버지가 동물을 질색하는 것도 있어서 반대당했었다. 그 탓에 우리 집에서는 반려동물이 금지였다.

　봄부터 고향을 나와 혼자 살기를 시작했다. 고양이를 키우기 위해, 반려동물을 키우는 것이 허가되어 있는 맨션을 골랐다. 고양이를 돌보는 것은 돈이 들거나, 힘든 일이 있거나 할지도 모르지만, 소중하게 길러 나가고 싶다.

반려동물이 금지였던 것은, 어째서인가?

1 할아버지가 동물과 함께 사는 것을 반대하고 있었기 때문에
2 혼자서 동물을 돌보는 것이 힘들기 때문에
3 맨션에서 동물을 키우는 것이 허용되고 있지 않기 때문에
4 동물을 키우는 일에 돈이 들어 버리기 때문에

해설 밑줄 문제이므로 선택지에서 반복되는 動物(동물)을 밑줄 주변에서 찾는다. 앞부분에서 一緒に住んでいた祖父が動物が苦手だということもあって反対されていた(함께 살고 있던 할아버지가 동물을 질색하는 것도 있어서 반대당했었다)라고 서술하고 있으므로 1 祖父が動物と一緒に住むことに反対していたから(할아버지가 동물과 함께 사는 것을 반대하고 있었기 때문에)가 정답이다.

어휘 昔 むかし 명 옛날 ~から 조 ~부터 夢 ゆめ 명 꿈 ようやく 부 드디어 叶う かなう 동 이루어지다 今日 きょう 명 오늘 家 いえ 명 집
ねこ 명 고양이 やってくる 오다, 찾아오다 子どものころ こどものころ 어릴 때 一緒に いっしょに 부 함께 住む すむ 동 살다
祖父 そふ 명 할아버지 動物 どうぶつ 명 동물 苦手だ にがてだ な형 질색하다, 거북하다 反対 はんたい 명 반대 ~せいで ~탓에 うち 명 우리 집
ペット 명 반려동물 禁止 きんし 명 금지 春 はる 명 봄 地元 じもと 명 고향 出る でる 동 나오다 一人暮らし ひとりぐらし 명 혼자 삶
始める はじめる 동 시작하다 飼う かう 동 키우다 許可 きょか 명 허가 マンション 명 맨션 選ぶ えらぶ 동 고르다 世話をする せわをする 돌보다
お金 おかね 명 돈 かかる 동 들다 ~たり ~(하)거나 大変だ たいへんだ な형 힘들다 大切だ たいせつだ な형 소중하다
育てる そだてる 동 기르다, 키우다 一人 ひとり 명 혼자 許す ゆるす 동 허용하다

(2)

これはマンションの掲示板に貼ってあるお知らせである。

水道工事についてのご案内

この度、水道の設備工事を行います。作業中は水を使用できませんので、ご理解お願いいたします。

日程：3月20日（木）午前8時～午前11時

○ 作業中に水が出ても飲まないようにしてください。

○ 作業日に雨が降った場合、予定日の翌日に行います。

※ 作業後、水の使用を開始するときに白っぽい水が出ることがありますが、2～3分ほど出しておくときれいな水になります。

このお知らせからわかることは何か。

1 水道の設備工事の日は一日中、水道から水が出てこない。

2 作業が開始してから午前11時までは、水道の水が使えない。

3 3月20日に雨が降っても、作業は予定通りに行われる。

4 作業後の水道から出てくる白っぽい水は、飲んでもいい。

(2)

이것은 맨션 게시판에 붙어 있는 공지이다.

수도 공사에 대한 안내

이번에, 수도 설비 공사를 진행합니다. 작업 중에는 물을 사용할 수 없으므로, 이해 부탁드립니다.

일정: 3월 20일 (목) 오전 8시~오전 11시

○ 작업 중에 물이 나와도 마시지 않도록 해 주세요.

○ 작업일에 비가 내릴 경우, 예정일 다음 날에 진행합니다.

※ 작업 후, 물 사용을 개시할 때 희끄무레한 물이 나오는 경우가 있습니다만, 2~3분 정도 내보내 두면 깨끗한 물이 됩니다.

이 공지에서 알 수 있는 것은 무엇인가?

1 수도 설비 공사 날은 하루 종일, 수도에서 물이 나오지 않는다.

2 작업이 개시되고 나서 오전 11시까지는, 수돗물을 사용할 수 없다.

3 3월 20일에 비가 내려도, 작업은 예정대로 진행된다.

4 작업 후 수도에서 나오는 희끄무레한 물은, 마셔도 된다.

해설 공지 형식의 실용문으로 글에서 알 수 있는 것을 묻고 있다. 선택지에서 반복되는 水(물), 作業(작업)를 지문에서 찾아 주변 내용과 각 선택지를 대조하며 정답을 고른다. 지문의 초반부에서 作業中は水を使用できませんので、ご理解お願いいたします(작업 중에는 물을 사용할 수 없으므로, 이해 부탁드립니다)라고 하고, 중반부에서 日程：3月20日(木)午前8時～午前11時(일정: 3월 20일 (목) 오전 8시~오전 11시)라고 언급하고 있으므로 2 作業が開始してから午前11時までは、水道の水が使えない(작업이 개시되고 나서 오전 11시까지는, 수돗물을 사용할 수 없다)가 정답이다.

어휘 マンション 圏맨션 掲示板 けいじばん 圏게시판 貼る はる 图붙다, 붙이다 お知らせ おしらせ 圏공지 水道 すいどう 圏수도
工事 こうじ 圏공사 案内 あんない 圏안내 この度 このたび 圏이번 設備 せつび 圏설비 行う おこなう 图진행하다 作業中 さぎょうちゅう 작업 중
水 みず 圏물 使用 しよう 圏사용 ～ので 图~(하)므로 理解 りかい 圏이해 願う ねがう 图부탁하다 日程 にってい 圏일정 午前 ごぜん 圏오전
出る でる 图나오다 飲む のむ 图마시다 ～ようにする ~(하)도록 하다 作業日 さぎょうび 圏작업일 雨 あめ 圏비 降る ふる 图내리다, 오다
場合 ばあい 圏경우 予定日 よていび 圏예정일 翌日 よくじつ 圏다음 날 開始 かいし 圏개시 とき 圏때 白っぽい しろっぽい 희끄무레하다
～ほど 图~정도 出す だす 图내보내다 ～ておく ~해 두다 きれいだ な割깨끗하다 わかる 图알 수 있다, 알다
一日中 いちにちじゅう 圏하루 종일 作業 さぎょう 圏작업 ～てから ~고 나서 使う つかう 图사용하다 予定 よてい 圏예정
～通り ～どおり ~대로

(3)

　娯楽の一つである映画が消費するものへと変わってきているようだ。ネットでの配信サービスが人気を集めている今、速めて映画を見たり、結末だけを知ろうとしたりする人が増加しているらしい。仕事や勉強で時間に追わ

(3)

　오락의 하나인 영화가 소비하는 것으로 바뀌기 시작하고 있는 것 같다. 인터넷에서의 스트리밍 서비스가 인기를 모으고 있는 지금, 빠르게 해서 영화를 보거나, 결말만을 알려고 하거나 하는 사람이 증가하고 있다고 한다. 일이나 공부로 시간에 쫓기고 있지

れているけれど、見ておくべき名作はたくさんある。こういう状況が映画の消費を進めているのかもしれないが、それでいいのだろうか。映画を作った人が作品に込めた考えやメッセージを味わわず、次々と情報を頭に入れるだけなんて寂しい気がする。

만, 봐 둬야 할 명작은 많이 있다. 이러한 상황이 영화의 소비를 촉진하고 있는 것일지도 모르지만, 그걸로 괜찮은 것일까. 영화를 만든 사람이 작품에 담은 생각이나 메시지를 맛보지 않고, 차례차례 정보를 머리에 넣기만 하다니 쓸쓸한 느낌이 든다.

消費するものへと変わってきているとあるが、どのようなことか。

1 映画館に行かないで、配信サービスで映画を楽しむ人が増えている。

2 時間に追われているせいで、映画が見られない人が増えている。

3 映画のメッセージを味わわないで、情報だけを得る人が増えている。

4 情報が多いせいで、人気のある作品だけを見る人が増えている。

소비하는 것으로 바뀌기 시작하고 있다고 하는데, 어떤 것인가?

1 영화관에 가지 않고, 스트리밍 서비스로 영화를 즐기는 사람이 늘고 있다.

2 시간에 쫓기고 있는 탓에, 영화를 볼 수 없는 사람이 늘고 있다.

3 영화의 메시지를 맛보지 않고, 정보만을 얻는 사람이 늘고 있다.

4 정보가 많은 탓에, 인기 있는 작품만을 보는 사람이 늘고 있다.

해설 밑줄 문제이므로 선택지에서 반복되는 映画(영화), 情報(정보)를 밑줄 주변에서 찾는다. 뒷부분에서 速めて映画を見たり、結末だけを知ろうとしたりする人が増加しているらしい(빠르게 해서 영화를 보거나, 결말만을 알려고 하거나 하는 사람이 증가하고 있다고 한다)라고 하고, 지문의 후반부에서 作品に込めた考えやメッセージを味わわず、次々と情報を頭に入れるだけなんて寂しい気がする(작품에 담은 생각이나 메시지를 맛보지 않고, 차례차례 정보를 머리에 넣기만 하다니 쓸쓸한 느낌이 든다)라고 서술하고 있으므로 3 映画のメッセージを味わわないで、情報だけを得る人が増えている(영화의 메시지를 맛보지 않고, 정보만을 얻는 사람이 늘고 있다)가 정답이다.

어휘 娯楽 ごらく 圏 오락　映画 えいが 圏 영화　消費 しょうひ 圏 소비　変わる かわる 圏 바뀌다　ネット 圏 인터넷
配信サービス はいしんサービス 圏 스트리밍 서비스　人気 にんき 圏 인기　集める あつめる 圏 모으다　今 いま 圏 지금　速める はやめる 圏 빠르게 하다
見る みる 圏 보다　結末 けつまつ 圏 결말　~だけ 国 ~만　知る しる 圏 알다　~たり ~(하)거나　増加 ぞうか 圏 증가　仕事 しごと 圏 일
勉強 べんきょう 圏 공부　時間 じかん 圏 시간　追う おう 圏 쫓다　~ておく ~(해) 두다　~べき ~(해)야 한다　名作 めいさく 圏 명작
たくさん 囝 많이　状況 じょうきょう 圏 상황　作る つくる 圏 만들다　作品 さくひん 圏 작품　込める こめる 圏 담다　考え かんがえ 圏 생각
メッセージ 圏 메시지　味わう あじわう 圏 맛보다　次々 つぎつぎ 圏 차례차례　情報 じょうほう 圏 정보　頭 あたま 圏 머리　入れる いれる 圏 넣다
~なんて ~(하)다니　寂しい さびしい い형 쓸쓸하다　気がする きがする 느낌이 들다　映画館 えいがかん 圏 영화관　行く いく 圏 가다
楽しむ たのしむ 圏 즐기다　増える ふえる 圏 늘다　~せいで ~탓에　得る える 圏 얻다　多い おおい い형 많다

26 중

(4)
これは山田先生からキムさんに届いたメールである。

あ て 先	:	kimkim2002@kmail.co.jp
件　名	:	論文について
送信日時	:	11月11日　11:00

キムさん

　おはようございます。
　送ってくれた論文を読みました。インタビューに協力してくれる人を探すのに苦労していたようですが、こんなに多くのデータが集まったとはびっくりです。これが加わったことによってさらにおもしろい論文に

(4)
이것은 야마다 선생님으로부터 김 씨에게 도착한 이메일이다.

수 신 인	:	kimkim2002@kmail.co.jp
건　명	:	논문에 대해서
송신 일시	:	11월 11일 11:00

김 씨

　안녕하세요.
　보내 준 논문을 읽었습니다. 인터뷰에 협력해 줄 사람을 찾는 데 고생했던 것 같습니다만, 이렇게 많은 데이터가 모였다니 놀랍습니다. 이것이 더해짐으로써 더욱 재미있는 논문이

なりましたね。

　ただ、日本語の表現で分かりにくい点がありました。キムさんの意見を聞きながら一緒に直すのがいいと思います。来週のゼミでこの論文を発表しますよね。その前までに修正できるように今週中に研究室に来てください。

山田

되었네요.

　다만, 일본어 표현에서 이해하기 어려운 점이 있었습니다. 김 씨의 의견을 들으면서 함께 고치는 것이 좋겠다고 생각합니다. 다음 주 세미나에서 이 논문을 발표하죠? 그 전까지 수정할 수 있도록 이번 주 중에 연구실로 와 주세요.

야마다

このメールを読んで、キムさんは何をしなければならないか。

1　インタビューの内容を論文に加えて、先生にメールで送る。
2　論文のデータが少ないから、たくさんのデータを集める。
3　ゼミで論文を発表し、意見を聞いて内容を修正する。
4　論文の日本語を修正するために、先生の研究室に行く。

이 이메일을 읽고, 김 씨는 무엇을 하지 않으면 안 되는가?

1　인터뷰 내용을 논문에 더해, 선생님에게 이메일로 보낸다.
2　논문의 데이터가 적으니까, 많은 데이터를 모은다.
3　세미나에서 논문을 발표하여, 의견을 듣고 내용을 수정한다.
4　논문의 일본어를 수정하기 위해서, 선생님의 연구실에 간다.

해설　이메일 형식의 실용문으로 김 씨가 하지 않으면 안 되는 것을 묻고 있다. 선택지에서 반복되는 論文(논문)을 지문에서 찾는다. 지문의 초반부에서 送ってくれた論文を読みました(보내 준 논문을 읽었습니다)라고 언급하고, 중반부에서 日本語の表現で分かりにくい点がありました。キムさんの意見を聞きながら一緒に直すのがいいと思います(일본어 표현에서 이해하기 어려운 점이 있었습니다. 김 씨의 의견을 들으면서 함께 고치는 것이 좋겠다고 생각합니다)라고 언급하고, 마지막 문장에서 今週中に研究室に来てください(이번 주 중에 연구실로 와 주세요)라고 언급하고 있으므로 4 論文の日本語を修正するために、先生の研究室に行く(논문의 일본어를 수정하기 위해서, 선생님의 연구실에 간다)가 정답이다.

어휘　先生 せんせい 圏 선생(님)　～から 国 ~로부터　届く とどく 圏 도착하다　メール 圏 이메일　あて先 あてさき 圏 수신인　件名 けんめい 圏 건명
　論文 ろんぶん 圏 논문　送信 そうしん 圏 송신　日時 にちじ 圏 일시　送る おくる 圏 보내다　読む よむ 圏 읽다　インタビュー 圏 인터뷰
　協力 きょうりょく 圏 협력　探す さがす 圏 찾다　苦労 くろう 圏 고생　多く おおく 圏 많음　データ 圏 데이터　集まる あつまる 圏 모이다
　～とは ~(하)다니　びっくり 圏 놀람　加わる くわわる 圏 더해지다　さらに 囯 더욱　おもしろい い형 재미있다　ただ 国 다만
　日本語 にほんご 圏 일본어　表現 ひょうげん 圏 표현　分かりにくい わかりにくい 이해하기 어렵다　点 てん 圏 점　意見 いけん 圏 의견
　聞く きく 圏 듣다　～ながら ~(하)면서　一緒に いっしょに 囯 함께　直す なおす 圏 고치다　～と思う ～とおもう (라)고 생각하다
　来週 らいしゅう 圏 다음 주　ゼミ 圏 세미나　発表 はっぴょう 圏 발표　前 まえ 圏 전　～までに ~까지　修正 しゅうせい 圏 수정　～ように ~(하)도록
　今週 こんしゅう 圏 이번 주　～中 ～ちゅう ~중　研究室 けんきゅうしつ 圏 연구실　来る くる 圏 오다　内容 ないよう 圏 내용　少ない すくない い형 적다
　集める あつめる 圏 모으다

문제 5의 디렉션

問題5　つぎの(1)と(2)の文章を読んで、質問に答えなさい。答えは、1・2・3・4から最もよいものを一つえらびなさい。

문제 5　다음 (1)과 (2)의 글을 읽고, 질문에 답하세요. 답은, 1·2·3·4에서 가장 알맞은 것을 하나 고르세요.

27-29

(1)
　不登校が社会問題になっている。[27]今年度、国が行った①調査によると、不登校の生徒数は24万人近くに上った。これは過去最多だと言われた前年度をこえる数字だ。
　学校に行かなくても居場所を見つけ元気に過ごす子ど

(1)
　등교 거부가 사회 문제가 되고 있다. [27]금년도, 국가가 진행한 ①조사에 따르면, 등교 거부 학생 수는 24만 명 가까이로 올랐다. 이는 역대 최다라는 말을 들었던 전년도를 넘는 숫자이다.
　학교에 가지 않아도 있을 장소를 발견하여 활기차게 지내는 아

もがいる一方で、[28]ほとんどは外に出ず家に引きこもりがちになってしまう。そのせいで、正しいリズムで健康的な生活が送れなくなったり、人との交流のしかたが分からなくなったりする。②このような生活が長く続くと、大人になっても社会に出られないこともあるそうだ。

そんな中、ある大学が不登校の生徒に対して居場所をサポートするプログラムを実施した。[29]最新技術で作り出したコンピューターの世界の中で生徒に人との出会いや交流を提供するというものだ。そこではキャラクターがもう一人の自分として動く。これなら人とのコミュニケーションに不安がある生徒でも③気楽に参加できるというわけだ。

이가 있는 한편으로, [28]대부분은 밖에 나가지 않고 집에 틀어박히기 쉽게 되어 버린다. 그 탓에, 바른 리듬으로 건강한 생활을 보낼 수 없게 되거나, 다른 사람과의 교류 방법을 알 수 없게 되거나 한다. ②이러한 생활이 오래 지속되면, 어른이 되어서도 사회에 나갈 수 없는 경우도 있다고 한다.

그러던 중, 어느 대학이 등교 거부 학생에 대해 있을 장소를 지원하는 프로그램을 실시했다. [29]최신 기술로 만들어 낸 컴퓨터 세계 속에서 학생에게 다른 사람과의 만남이나 교류를 제공한다는 것이다. 거기에서는 캐릭터가 또 한 사람의 나로서 움직인다. 이거라면 사람과의 커뮤니케이션에 불안이 있는 학생이라도 ③마음 편하게 참가할 수 있다는 것이다.

어휘 不登校 ふとうこう 명 등교 거부 社会 しゃかい 명 사회 問題 もんだい 명 문제 今年度 こんねんど 명 금년도 国 くに 명 국가, 나라
行う おこなう 동 진행하다 調査 ちょうさ 명 조사 ~によると ~에 따르면 生徒数 せいとすう 명 학생 수 近く ちかく 명 가까이 上る のぼる 동 오르다
過去最多 かこさいた 명 역대 최다 前年度 ぜんねんど 명 전년도 こえる 동 넘다 数字 すうじ 명 숫자 学校 がっこう 명 학교 行く いく 동 가다
居場所 いばしょ 명 있을 장소, 거처 見つける みつける 동 발견하다, 찾다 元気だ げんきだ な형 활기차다, 건강하다 過ごす すごす 동 지내다
子ども こども 명 아이 ~一方で ~いっぽうで ~한편으로 ほとんど 명 대부분 外 そと 명 밖 出る でる 동 나가다 家 いえ 명 집
引きこもる ひきこもる 동 틀어박히다 ~がち ~(하)기 쉽다 ~てしまう ~(해) 버리다 ~せいで ~탓에 正しい ただしい い형 바르다 リズム 명 리듬
健康的だ けんこうてきだ な형 건강하다 生活 せいかつ 명 생활 送る おくる 동 보내다 交流 こうりゅう 명 교류 しかた 명 방법
分かる わかる 동 알 수 있다, 알다 ~たり ~(하)거나 長い ながい い형 오래다 続く つづく 동 지속되다 大人 おとな 명 어른 ~そうだ ~(라)고 한다
中 なか 명 중 ある 어느 大学 だいがく 명 대학 ~に対して ~にたいして ~에 대해 サポート 명 지원 プログラム 명 프로그램 実施 じっし 명 실시
最新 さいしん 명 최신 技術 ぎじゅつ 명 기술 作り出す つくりだす 동 만들어 내다 コンピューター 명 컴퓨터 世界 せかい 명 세계
出会い であい 명 만남 提供 ていきょう 명 제공 キャラクター 명 캐릭터 もう 부 또 自分 じぶん 명 나, 자신 ~として ~로서
動く うごく 동 움직이다 コミュニケーション 명 커뮤니케이션 不安 ふあん 명 불안 生徒 せいと 명 학생 ~でも 조 ~라도
気楽だ きらくだ な형 마음 편하다 参加 さんか 명 참가 ~わけだ ~것이다

27 상

①調査についての説明で、合っているものはどれか。

1 今年度の不登校の生徒数は24万人をこえる。
2 前年度の不登校の生徒数は24万人をこえる。
3 今年度の不登校の生徒数は今までで一番多い。
4 前年度の不登校の生徒数は今までで一番多い。

①조사에 대한 설명으로, 맞는 것은 어느 것인가?

1 금년도의 등교 거부 학생 수는 24만 명을 넘는다.
2 전년도의 등교 거부 학생 수는 24만 명을 넘는다.
3 금년도의 등교 거부 학생 수는 지금까지 중에서 가장 많다.
4 전년도의 등교 거부 학생 수는 지금까지 중에서 가장 많다.

해설 지문의 調査(조사)의 내용이 무엇인지 밑줄 주변에서 찾는다. 밑줄이 포함된 문장에서 今年度の調査によると、不登校の生徒数は24万人近くに上った。これは過去最多だと言われた前年度をこえる数字だ(금년도 국가가 진행한 조사에 따르면, 등교 거부 학생 수는 24만 명 가까이로 올랐다. 이는 역대 최다라는 말을 들었던 전년도를 넘는 숫자이다)라고 서술하고 있으므로, 3 今年度の不登校の生徒数は今までで一番多い(금년도의 등교 거부 학생 수는 지금까지 중에서 가장 많다)가 정답이다.

어휘 ~について ~에 대해 説明 せつめい 명 설명 合う あう 동 맞다 一番 いちばん 부 가장 多い おおい い형 많다

28 중상

②このような生活とあるが、どのような生活か。

1 学校に行って、元気よく過ごす生活
2 家から出ず、人と交流しない生活
3 健康的で、生活リズムがいい生活
4 大人になっても、社会に出ない生活

②이러한 생활이라고 하는데, 어떤 생활인가?

1 학교에 가서, 활기차게 보내는 생활
2 집에서 나오지 않고, 다른 사람과 교류하지 않는 생활
3 건강하고, 생활 리듬이 좋은 생활
4 어른이 되어서도, 사회에 나오지 않는 생활

해설 지문의 このような生活(이러한 생활)의 내용이 무엇인지 밑줄 주변에서 찾는다. 밑줄의 앞부분에서 ほとんどは外に出ず家に引きこもりがちになってしまう。そのせいで、正しいリズムで健康的な生活が送れなくなったり、人との交流のしかたが分からなくなったりする(대부분은 밖에 나가지 않고 집에 틀어박히기 쉽게 되어 버린다. 그 탓에, 바른 리듬으로 건강한 생활을 보낼 수 없게 되거나, 다른 사람과의 교류 방법을 알 수 없게 되거나 한다)라고 서술하고 있으므로 2 家から出ず、人と交流しない生活(집에서 나오지 않고, 다른 사람과 교류하지 않는 생활)가 정답이다.

29 상

③気楽に参加できるのは、どうしてか。	③마음 편하게 참가할 수 있는 것은, 어째서인가?
1 交流のしかたが分からなくても、大学の人がサポートしてくれるから	1 교류 방법을 알지 못해도, 대학 사람이 지원해 주기 때문에
2 最新技術で作り出された世界が自分の居場所になっているから	2 최신 기술로 만들어진 세계가 자신의 있을 장소가 되고 있기 때문에
3 自分と同じような不登校の生徒だけが参加するプログラムだから	3 자신과 같은 등교 거부 학생만이 참가하는 프로그램이기 때문에
4 コンピューターの世界の中で、キャラクターが自分の代わりに動くから	**4 컴퓨터 세계 속에서, 캐릭터가 자신 대신에 움직이기 때문에**

해설 지문의 気楽に参加できる(마음 편하게 참가할 수 있다)에 관한 이유가 무엇인지 밑줄 주변에서 찾는다. 밑줄의 앞부분에서 最新技術で作り出したコンピューターの世界の中で生徒に人との出会いや交流を提供するというものだ。そこではキャラクターがもう一人の自分として動く。これなら(최신 기술로 만들어 낸 컴퓨터 세계 속에서 학생에게 다른 사람과의 만남이나 교류를 제공한다는 것이다. 거기에서는 캐릭터가 또 한 사람의 나로서 움직인다. 이거라면)라고 서술하고 있으므로 4 コンピューターの世界の中で、キャラクターが自分の代わりに動くから(컴퓨터 세계 속에서, 캐릭터가 자신 대신에 움직이기 때문에)가 정답이다.

어휘 同じ おなじ 같은 ~だけ 죄 ~만 ~代わりに ~かわりに ~대신에

꼭 알아두기 最新技術(최신 기술), 世界(세계), 交流(교류), 生徒(학생)와 같이 정답의 단서가 되는 문장에 포함된 단어 및 어구가 오답 선택지에 그대로 사용되어 혼동을 주기도 한다. 따라서, 각 선택지를 정확하게 읽고 정답의 단서가 되는 내용과 정확히 일치하는 것을 정답으로 고른다.

30-32

(2)

　1年ぶりに帰省した。私は外国人の夫と子供2人と夫の故郷で暮らしている。[30]毎年正月とお盆には1週間ほど帰省するのだが、今年は長男の受験があり塾への送り迎えをしたり、夜食を作ったりサポートが続いた。夫にまとまった休みを取ってもらおうとも考えたが、転職したばかりで忙しくしている夫に無理は言えなかった。

　今回の帰省は父の誕生日に合わせた。笑顔で迎えてくれる父に私までうれしくなった。久しぶりの[31]父は年を取ったように感じた。なんだか体が小さくなった気がしたが、やせたのではなく腰が曲がってきているようだ。これから足が不自由になったり、耳が聞こえにくくなったりしていくのだろうか。そんなことを考えた。

　プレゼントを渡すと、父は「こうやって会いに来てくれるのが一番うれしい」と言った。その言葉に申し訳なくなった。

　離れて暮らしているから[32]連絡はよくしている。それ

(2)

　1년 만에 귀성했다. 나는 외국인인 남편과 아이 둘과 남편의 고향에서 살고 있다. [30]매년 정월과 오봉에는 1주일 정도 귀성하는데, 올해는 장남의 수험이 있어 학원에 배웅과 마중을 하거나, 야식을 만들거나 서포트가 이어졌다. 남편에게 장기 휴가를 받아 달라고 할까도 생각했지만, 막 이직한 참에 바쁘게 보내고 있는 남편에게 무리한 요구를 할 수 없었다.

　이번 귀성은 아버지의 생일에 맞추었다. 웃는 얼굴로 맞이해 주는 아버지에 나까지 기뻐졌다. 오래간만의 [31]아버지는 나이가 든 것처럼 느꼈다. 어쩐지 몸이 작아진 느낌이 들었는데, 마른 것이 아니라 허리가 굽어 오고 있는 것 같다. 앞으로 다리가 불편해지거나, 귀가 들리기 어렵게 되거나 해 가는 것일까. 그런 것을 생각했다.

　선물을 건네자, 아버지는 "이렇게 만나러 와 주는 것이 가장 기쁘다"라고 말했다. 그 말에 미안해졌다.

　떨어져서 살고 있으니까 [32]연락은 자주 하고 있다. 게다가 4월

に４月の誕生日には毎年プレゼントを必ず送る。親孝行（おやこうこう）

していることもった。そういったことも大事かもしれない。

でも、これからはどんな理由があってもできるだけ父と一

緒に過ごす時間を作ろうと思う。

(注) 転職（てんしょく）：仕事を変えること

생일에는 매년 선물을 꼭 보낸다. 효도하고 있다고 생각했다. 그

러한 것도 중요할지도 모른다. 하지만, 앞으로는 어떤 이유가 있

어도 가능한 한 아버지와 함께 보내는 시간을 만들려고 생각한다.

(주) 이직: 일을 바꾸는 것

어휘 ~ぶりに ~만에 帰省 きせい 圏 귀성 外国人 がいこくじん 圏 외국인 夫 おっと 圏 남편 子供 こども 圏 아이 故郷 こきょう 圏 고향
暮らす くらす 圏 살다 毎年 まいとし 圏 매년 正月 しょうがつ 圏 정월 お盆 おぼん 圏 오봉(일본의 명절) 今年 ことし 圏 올해 長男 ちょうなん 圏 장남
受験 じゅけん 圏 수험 塾 じゅく 圏 학원 送り迎え おくりむかえ 圏 배웅과 마중 夜食 やしょく 圏 야식 作る つくる 圏 만들다 サポート 圏 서포트, 지원
続く つづく 圏 이어지다 まとまった休み まとまったやすみ 장기 휴가 取る とる 圏 (휴가를) 받다 考える かんがえる 圏 생각하다
転職 てんしょく 圏 이직 ~ばかり ~(한) 참 忙しい いそがしい い행 바쁘다 無理を言う むりをいう 무리한 요구를 하다 今回 こんかい 圏 이번
誕生日 たんじょうび 圏 생일 合わせる あわせる 圏 맞추다 笑顔 えがお 圏 웃는 얼굴 迎える むかえる 圏 맞이하다 ~まで 国 ~까지
うれしい い행 기쁘다 久しぶり ひさしぶり 오래간만 年を取る としをとる 나이가 들다 感じる かんじる 圏 느끼다 なんだか 어쩐지
体 からだ 圏 몸 小さい ちいさい い행 작다 気がする きがする 느낌이 들다 やせる 圏 마르다, 살이 빠지다 腰 こし 圏 허리 曲がる まがる 圏 굽다
これから 앞으로 足 あし 圏 다리 不自由だ ふじゆうだ 행 불편하다, 부자유스럽다 耳 みみ 圏 귀 聞こえる きこえる 圏 들리다 プレゼント 圏 선물
渡す わたす 圏 건네다 一番 いちばん 国 가장 うれしい い행 기쁘다 言う いう 圏 말하다 言葉 ことば 圏 말
申し訳ない もうしわけない い행 미안하다 離れる はなれる 圏 떨어지다 連絡 れんらく 圏 연락 よく 国 자주 それに 国 게다가
必ず かならず 国 꼭, 반드시 送る おくる 圏 보내다 親孝行 おやこうこう 圏 효도 ~つもりだ ~라고 생각하다 大事だ だいじだ 행 중요하다
できるだけ 가능한 한 一緒に いっしょに 国 함께 過ごす すごす 圏 보내다

30 상

どうして１年ぶりに帰省したか。	어째서 1년 만에 귀성했는가?
1 故郷から遠いところで暮らしているから	1 고향에서 먼 곳에서 살고 있기 때문에
2 子供の受験をサポートしなければいけなかったから	**2 아이의 수험을 서포트하지 않으면 안 됐기 때문에**
3 夫がまとまった休みを取ってくれなかったから	3 남편이 장기 휴가를 받아 주지 않았기 때문에
4 仕事を変えたばかりで、とても忙しかったから	4 일을 막 바꾼 참이어서, 매우 바빴기 때문에

해설 지문의 1年ぶりに帰省した(1년 만에 귀성했다)에 관한 이유가 무엇인지 밑줄 주변에서 찾는다. 밑줄의 뒷부분에서 毎年正月とお盆には1
週間ほど帰省するのだが、今年は長男の受験があり塾への送り迎えをしたり、夜食を作ったりサポートが続いた(매년 정월과 오봉에
는 1주일 정도 귀성하는데, 올해는 장남의 수험이 있어 학원에 배웅과 마중을 하거나, 야식을 만들거나 서포트가 이어졌다)라고 서술하고 있으
므로 2 子供の受験をサポートしなければいけなかったから(아이의 수험을 서포트하지 않으면 안 됐기 때문에)가 정답이다.

어휘 どうして 国 어째서 遠い とおい い행 멀다 ところ 圏 곳 ~なければいけない ~(하)지 않으면 안 된다

31 상

「私」はどんなところから父が年を取ったと感じたか。	'나'는 어떤 부분에서 아버지가 나이 들었다고 느꼈는가?
1 曲がってきている腰	**1 굽어 오고 있는 허리**
2 やせてしまった体	2 말라 버린 몸
3 不自由になってきている足	3 불편하게 되어 오고 있는 다리
4 よく聞こえなくなった耳	4 잘 들리지 않게 된 귀

해설 질문의 父が年を取った(아버지가 나이 들었다)를 지문에서 찾는다. 두 번째 단락에서 父は年を取ったように感じた。なんだか体が小さく
なった気がしたが、やせたのではなく腰が曲がってきているようだ(아버지는 나이가 든 것처럼 느꼈다. 어쩐지 몸이 작아진 느낌이 들었
는데, 마른 것이 아니라 허리가 굽어 오고 있는 것 같다)라고 서술하고 있으므로 1 曲がってきている腰(굽어 오고 있는 허리)가 정답이다.

32 중상

親孝行（おやこうこう）について、「私」はどう考えているか。	효도에 대해, '나'는 어떻게 생각하고 있는가?

1 これからプレゼントをあげるときは、父に直接渡すようにしたい。

2 親と離れて暮らしている人ほど、よく親孝行しなければならない。

3 連絡を取ったり、プレゼントを送ったりすることは親孝行ではない。

4 よく連絡することよりも、父と過ごす時間を作ることが大事だ。

1 앞으로 선물을 줄 때는, 아버지에게 직접 건네도록 하고 싶다.

2 부모와 떨어져 살고 있는 사람일수록, 잘 효도하지 않으면 안 된다.

3 연락을 취하거나, 선물을 보내거나 하는 것은 효도가 아니다.

4 자주 연락하는 것보다도, 아버지와 보내는 시간을 만드는 것이 중요하다.

해설 효도에 대한 필자의 생각을 묻고 있다. 마지막 단락에서 連絡はよくしている。それに 4 月の誕生日には毎年プレゼントを必ず送る。親孝行しているつもりだった。そういったことも大事かもしれない。でも、これからはどんな理由があってもできるだけ父と一緒に過ごす時間を作ろうと思う(연락은 자주 하고 있다. 게다가 4월 생일에는 매년 선물을 꼭 보낸다. 효도하고 있다고 생각했다. 그러한 것도 중요할지도 모른다. 하지만, 앞으로는 어떤 이유가 있어도 가능한 한 아버지와 함께 보내는 시간을 만들려고 생각한다)라고 서술하고 있으므로 4 よく連絡することよりも、父と過ごす時間を作ることが大事だ(자주 연락하는 것보다도, 아버지와 보내는 시간을 만드는 것이 중요하다)가 정답이다.

어휘 考える かんがえる 图 생각하다　あげる 图 주다　直接 ちょくせつ 图 직접　取る とる 图 취하다　～たり ~거나

問題6　つぎの文章を読んで、質問に答えなさい。答えは、1・2・3・4から最もよいものを一つえらびなさい。

문제6　다음의 글을 읽고, 질문에 답하세요. 답은, 1·2·3·4에서 가장 알맞은 것을 하나 고르세요.

33-36

　天気予報が外れたからといって文句を言ったりしてはいないだろうか。そういう人は①正しくない情報の受け取り方をしているか、天気予報に期待しすぎなのだろう。

[33]例えば、今日の天気は晴れ、降水確率は０％と表示されているとしよう。これを見て雨が絶対降らないと理解するのは間違いだ。これは今までのデータ上、この大気の状態で雨が降ることがなかったという結果を述べているだけなのである。つまり、今日がこの条件で雨が降る最初の日になるかもしれないということを頭に置いておかなければならない。

　そもそも「絶対」という状況が存在すると考えるのはどうかと思う。どんなに評判がいい化粧品でも、広告にはその効果とともに「②個人差があります」と追加される。[34]効果が出る人もいれば出ない人もいるという意味だ。また、有名企業の洗剤のパッケージにも「99％の汚れを落とす」などといった書き方がされていたりもする。企業からすると「絶対」という状況を避けたいわけだ。

　しかし、親切な注意書きを見ても③期待通りの結果を求めてしまう。[35]人間は自分に都合がいい情報ばかりを信じたがる生き物なのかもしれない。[36]結局、客観的な情報があってもそれを無視して自分が望むように考えるの

일기 예보가 빗나갔다고 해서 불평을 말하거나 하지는 않은가? 그러한 사람은 ①올바르지 않은 정보 수용 방식을 취하고 있거나, 일기 예보에 너무 기대하는 것일 것이다.

[33]예를 들면, 오늘의 날씨는 맑음, 강수 확률은 0%라고 표시되어 있다고 하자. 이것을 보고 비가 절대 내리지 않는다고 이해하는 것은 오류이다. 이것은 지금까지의 데이터상, 이 대기 상태에서 비가 내리는 경우가 없었다는 결과를 말하고 있을 뿐인 것이다. 즉, 오늘이 이 조건에서 비가 내리는 첫날이 될지도 모른다는 것을 염두에 둬야 한다.

애당초 '절대'라는 상황이 존재한다고 생각하는 것은 좋지 않다고 생각한다. 아무리 평판이 좋은 화장품이라도, 광고에는 그 효과와 함께 '②개인차가 있습니다'라고 추가된다. [34]효과가 나는 사람도 있고 나지 않는 사람도 있다는 의미이다. 또, 유명 기업의 세제 포장 용기에도 '99%의 얼룩을 제거한다'등과 같은 표기 방식이 쓰이고 있기도 하다. 기업의 입장에서 생각하면 '절대'라는 상황을 피하고 싶은 것이다.

그러나, 친절한 주의 사항을 봐도 ③기대대로의 결과를 요구해 버린다. [35]인간은 자신에게 편리한 정보만을 믿고 싶어 하는 생물인 것일지도 모른다. [36]결국, 객관적인 정보가 있어도 그것을 무시하고 자신이 바라는 대로 생각하니까, 기대를 그만두는 것은

だから、期待をやめることは相当難しいに決まっている。期待をしなかったら楽に生きられると言うが、そんなことは不可能だと思う。

(注) 降水確率(こうすいかくりつ)：雨が降る可能性

상당히 어려울 것이다. 기대를 하지 않으면 편하게 살 수 있다고 하는데, 그런 일은 불가능하다고 생각한다.

(주) 강수 확률: 비가 내릴 가능성

어휘 天気予報 てんきよほう 圏 일기 예보　外れる はずれる 圄 빗나가다　～からといって ~(라)고 해서　文句 もんく 圏 불평　言う いう 圄 말하다
～たり ~거나　正しい ただしい い형 올바르다　情報 じょうほう 圏 정보　受け取り方 うけとりかた 圏 수용 방식　期待 きたい 圏 기대
例えば たとえば 囝 예를 들면　今日 きょう 圏 오늘　天気 てんき 圏 날씨　晴れ はれ 圏 맑음　降水 こうすい 圏 강수　確率 かくりつ 圏 확률
表示 ひょうじ 圏 표시　～とする ~(라)고 하다　見る みる 圄 보다　雨 あめ 圏 비　絶対 ぜったい 囝 절대　降る ふる 圄 내리다, 오다
理解 りかい 圏 이해　間違い まちがい 圏 오류, 잘못　今 いま 圏 지금　データ上 データじょう 데이터상　大気 たいき 圏 대기　状態 じょうたい 圏 상태
結果 けっか 圏 결과　述べる のべる 圄 말하다　～だけ 国 ~뿐　つまり 囝 즉　条件 じょうけん 圏 조건　最初 さいしょ 圏 첫, 맨 처음
頭に置く あたまにおく 염두에 두다　～ておく ~(해) 두다　～なければならない ~(해)야 한다　そもそも 囝 애당초　～という ~라는
状況 じょうきょう 圏 상황　存在 そんざい 圏 존재　考える かんがえる 圄 생각하다　どうかと思う どうかとおもう 좋지 않다고 생각하다, 어떨까 싶다
どんなに 囝 아무리　評判 ひょうばん 圏 평판　化粧品 けしょうひん 圏 화장품　～でも 国 ~(이)라도　広告 こうこく 圏 광고　効果 こうか 圏 효과
～とともに ~와 함께　個人差 こじんさ 圏 개인차　追加 ついか 圏 추가　効果が出る こうかがでる 효과가 나다　意味 いみ 圏 의미　また 囝 또
有名 ゆうめい 圏 유명　企業 きぎょう 圏 기업　洗剤 せんざい 圏 세제　パッケージ 圏 포장 용기　汚れ よごれ 圏 얼룩, 더러움
落とす おとす 圄 제거하다　～など 国 ~등　～といった ~과 같은　書き方 かきかた 圏 표기 방식　～からすると ~의 입장에서 생각하면
避ける さける 圄 피하다　しかし 쥅 그러나　親切だ しんせつだ 広형 친절하다　注意書き ちゅういがき 圏 주의 사항　期待 きたい 圏 기대
～通り ～どおり ~대로　結果 けっか 圏 결과　求める もとめる 圄 요구하다　人間 にんげん 圏 인간　自分 じぶん 圏 자신
都合がいい つごうがいい 편리하다　信じる しんじる 圄 믿다　生き物 いきもの 圏 생물　結局 けっきょく 囝 결국
客観的だ きゃっかんてきだ 広형 객관적이다　無視 むし 圏 무시　望む のぞむ 圄 바라다　やめる 圄 그만두다　相当 そうとう 囝 상당히
難しい むずかしい い형 어렵다　～に決まっている ～にきまっている ~일 것이다　楽だ らくだ 広형 편하다　生きる いきる 圄 살다
不可能だ ふかのうだ 広형 불가능하다　思う おもう 圄 생각하다

---

33 중상

①正しくない情報の受け取り方の例はどれか。

1 降水確率(こうすいかくりつ)０％を見て、雨が降る可能性がないと考えること

2 降水確率(こうすいかくりつ)０％を見て、雨が降る可能性があると考えること

3 降水確率(こうすいかくりつ)０％を見て、雨が降りやすい大気の状態(じょうたい)だと考えること

4 降水確率(こうすいかくりつ)０％を見て、雨が降りにくい大気の状態(じょうたい)だと考えること

①올바르지 않은 정보 수용 방식의 예는 어느 것인가?

1 강수 확률 0%를 보고, 비가 내릴 가능성이 없다고 생각하는 것

2 강수 확률 0%를 보고, 비가 내릴 가능성이 있다고 생각하는 것

3 강수 확률 0%를 보고, 비가 내리기 쉬운 대기 상태라고 생각하는 것

4 강수 확률 0%를 보고, 비가 내리기 어려운 대기 상태라고 생각하는 것

해설 지문의 正しくない情報の受け取り方(올바르지 않은 정보 수용 방식)의 내용이 무엇인지 밑줄 주변에서 찾는다. 밑줄의 뒷부분에서 例えば、今日の天気は晴れ、降水確率は0％と表示されているとしよう。これを見て雨が絶対降らないと理解するのは間違いだ(예를 들면, 오늘의 날씨는 맑음, 강수 확률은 0%라고 표시되어 있다고 하자. 이것을 보고 비가 절대 내리지 않는다고 이해하는 것은 오류이다)라고 서술하고 있으므로 1 降水確率０％を見て、雨が降る可能性がないと考えること(강수 확률 0%를 보고, 비가 내릴 가능성이 없다고 생각하는 것)가 정답이다.

어휘 降りやすい ふりやすい 내리기 쉽다　降りにくい ふりにくい 내리기 어렵다

> **꼭 알아두기** 선택지에서 반복적으로 등장하는 공통 어휘나 표현이 있으면 지문의 해당 어휘나 표현 주변에서 정답의 단서를 찾을 수 있다.

---

34 상

②個人差がありますとは、どのようなことを言っているか。

②개인차가 있습니다라는 것은, 어떤 것을 말하고 있는가?

1　化粧品の効果が感じられるまでに時間がかかることがあること	1 화장품의 효과가 느껴지기까지 시간이 걸리는 경우가 있는 것
2　広告にある化粧品の効果とは違う効果が現れる人もいること	2 광고에 있는 화장품의 효과와는 다른 효과가 나타나는 사람도 있는 것
3　人によっては化粧品の効果が感じられないこともあること	**3 사람에 따라서는 화장품의 효과를 느낄 수 없는 경우도 있는 것**
4　人によって化粧品の効果は違うが、効果が感じられない人はいないこと	4 사람에 따라 화장품의 효과는 다르지만, 효과를 느낄 수 없는 사람은 없는 것

해설 지문의 個人差があります(개인차가 있습니다)의 내용이 무엇인지 밑줄 주변에서 찾는다. 밑줄의 뒷부분에서 効果が出る人もいれば出ない人もいるという意味だ(효과가 나는 사람도 있고 나지 않는 사람도 있다는 의미이다)라고 서술하고 있으므로 3 人によっては化粧品の効果が感じられないこともあること(사람에 따라서는 화장품의 효과를 느낄 수 없는 경우도 있는 것)가 정답이다.

어휘 使う つかう 图 사용하다　現れる あらわれる 图 나타나다　～によって ~에 따라서　違う ちがう 图 다르다

35　중

③期待通りの結果を求めてしまうとあるが、それはなぜか。	③기대대로의 결과를 요구해 버린다고 하는데, 그것은 어째서인가?
1　使った人からの評判がいいものだから	1 사용한 사람으로부터의 평판이 좋은 것이기 때문에
2　有名な会社で作られたものだから	2 유명한 회사에서 만들어진 것이기 때문에
3　書かれている注意を読まないから	3 쓰여 있는 주의를 읽지 않기 때문에
4　自分が望む情報だけを信じるから	**4 스스로 바라는 정보만을 믿기 때문에**

해설 지문의 期待通りの結果を求めてしまう(기대대로의 결과를 요구해 버린다)에 관한 이유가 무엇인지 밑줄 주변에서 찾는다. 밑줄의 뒷부분에서 人間は自分に都合がいい情報ばかりを信じたがる生き物なのかもしれない(인간은 자신에게 편리한 정보만을 믿고 싶어 하는 생물인 것일지도 모른다)라고 서술하고 있으므로 4 自分が望む情報だけを信じるから(스스로 바라는 정보만을 믿기 때문에)가 정답이다.

어휘 有名だ ゆうめいだ な형 유명하다　お金 おかね 뎅 돈　はらう 图 지불하다

36　상

この文章を書いた人が言いたいことは何か。	이 글을 쓴 사람이 말하고 싶은 것은 무엇인가?
1　自分が望むことではなく、客観的な情報を信じたほうがいい。	1 자신이 바라는 것이 아니라, 객관적인 정보를 믿는 편이 좋다.
2　自分の気持ちを無視して、期待することをやめる必要はない。	2 자신의 기분을 무시하고, 기대하는 것을 그만둘 필요는 없다.
3　人間は都合よく考える生き物だから、期待せずに生きることは難しい。	**3 인간은 편리하게 생각하는 생물이기 때문에, 기대하지 않고 사는 것은 어렵다.**
4　人間は期待しないようにすれば、もっと楽に生きることができる。	4 인간은 기대하지 않도록 하면, 더 편하게 살 수 있다.

해설 지문의 주제를 묻고 있다. 마지막 단락에서 結局、客観的な情報があってもそれを無視して自分が望むように考えるのだから、期待をやめることは相当難しいに決まっている(결국, 객관적인 정보가 있어도 그것을 무시하고 자신이 바라는 대로 생각하니까, 기대를 그만두는 것은 상당히 어려울 것이다)라고 서술하고, 지문 전체적으로 인간이 편리한대로 기대한다는 이야기를 하고 있으므로 3 人間は都合よく考える生き物だから、期待せずに生きることは難しい(인간은 편리하게 생각하는 생물이기 때문에, 기대하지 않고 사는 것은 어렵다)가 정답이다.

어휘 ～ようにする ~(하)도록 하다

問題7 右のページは雪森市民体育館の利用案内である。これを読んで、下の質問に答えなさい。答えは、1・2・3・4から最もよいものを一つえらびなさい。

문제7 오른쪽 페이지는 유키모리 시민 체육관의 이용 안내이다. 이것을 읽고, 아래 질문에 답하시오. 답은, 1·2·3·4에서 가장 알맞은 것을 하나 고르시오.

37 상

雪森市内の大学に通うグェンさんは大学のサークルのメンバーでバスケをする予定だ。大学の授業が17時に終わるため、18時から利用するつもりだ。グェンさんが払う料金はいくらか。

1 利用料金 4,200 円と電気代 500 円
2 利用料金 2,100 円と電気代 500 円
3 利用料金 4,200 円と電気代 250 円
4 利用料金 2,100 円と電気代 250 円

유키모리 시내의 대학에 다니는 응우옌 씨는 대학의 동아리 멤버와 농구를 할 예정이다. 대학 수업이 17시에 끝나기 때문에, 18시부터 이용할 생각이다. 응우옌 씨가 지불할 요금은 얼마인가?

1 이용 요금 4,200엔과 전기세 500엔
2 이용 요금 2,100엔과 전기세 500엔
3 이용 요금 4,200엔과 전기세 250엔
4 이용 요금 2,100엔과 전기세 250엔

해설 응우옌 씨가 지불할 금액을 묻는 문제이다. 질문에서 제시된 조건 (1) 市内の大学(시내의 대학), 大学のサークルのメンバー(대학의 동아리 멤버) (2) バスケをする予定(농구를 할 예정), (3) 18時から利用(18시부터 이용)에 따라,

(1) 시내의 대학 동아리 멤버 : 利用料金の案内(이용 요금 안내) 아래의 설명을 살펴보면 市内団体の場合は利用料金の半分の価格でご利用できます。電気代の割引はございません(시내 단체의 경우는 이용 요금의 절반 가격으로 이용하실 수 있습니다. 전기세 할인은 없습니다)이라고 했으므로 이용 요금의 절반과, 전기세를 지불해야 한다.

(2) 농구를 할 예정: 利用料金の案内(이용 요금 안내)에서 体育館(체육관) 요금을 살펴보면, 대학생이므로 일반 요금인 4,200엔 혹은 4,400엔이 필요하다.

(3) 18시부터 이용: 体育館(체육관)의 18:00~21:00 요금을 살펴보면, 일반 요금인 4,200엔이 필요하다.
18:00~21:00의 체육관 일반 이용 요금 4,200엔의 절반인 2,100엔과 체육관 전기세 500엔이 필요하므로 2 利用料金2,100円と電気代500円(이용 요금 2,100엔과 전기세 500엔)이 정답이다.

어휘 市内 しない 圏시내　大学 だいがく 圏대학　通う かよう 图다니다　サークル 圏동아리　メンバー 圏멤버, 구성원　バスケ 圏농구
予定 よてい 圏예정　授業 じゅぎょう 圏수업　終わる おわる 图끝나다　~から 图~부터　利用 りよう 圏이용　~つもりだ ~생각이다
払う はらう 图지불하다　料金 りょうきん 圏요금　いくら 얼마　電気代 でんきだい 圏전기세

38 중상

市内に住む田中さんは7月10日に近所の人と一緒に卓球がしたい。初めて雪森市民体育館を利用する田中さんが卓球場を予約するために、しなければならないことはどれか。

1 7月5日までにインターネットで団体登録をし、卓球場を予約する。
2 7月5日までに窓口で団体登録をし、卓球場を予約する。
3 7月10日までにインターネットで卓球場を予約し、料金を払う。
4 7月10日までに窓口で卓球場を予約し、料金を払う。

시내에 사는 다나카 씨는 7월 10일에 이웃과 함께 탁구를 치고 싶다. 처음으로 유키모리 시민 체육관을 이용하는 다나카 씨가 탁구장을 예약하기 위해서, 하지 않으면 안 되는 것은 어느 것인가?

1 7월 5일까지 인터넷으로 단체 등록을 하고, 탁구장을 예약한다.
2 7월 5일까지 창구에서 단체 등록을 하고, 탁구장을 예약한다.
3 7월 10일까지 인터넷으로 탁구장을 예약하고, 요금을 지불한다.
4 7월 10일까지 창구에서 탁구장을 예약하고, 요금을 지불한다.

해설 제시된 상황 7月10日に近所の人と一緒に卓球(7월 10일에 이웃과 함께 탁구), 初めて雪森市民体育館を利用(처음으로 유키모리 시민 체육관을 이용)에 따라 다나카 씨가 해야 할 행동을 파악한다. 지문의 利用方法(이용 방법)에서 予約できる期間は市内団体は利用希望日の2か月前から5日前まで(예약할 수 있는 기간은 시내 단체는 이용 희망일 2개월 전부터 5일 전까지)라고 하고, 予約する前に団体登録が必要になります(예약하기 전에 단체 등록이 필요합니다), 団体登録は窓口でのみ承っております(단체 등록은 창구에서만 진행하고 있습니다)라

고 하므로 ② 7月5日までに窓口で団体登録をし、卓球場を予約する(7월 5일까지 창구에서 단체 등록을 하고, 탁구장을 예약한다)가 정답이다.

어휘 住む すむ 튭 살다　近所の人 きんじょのひと 이웃　一緒に いっしょに 튡 함께　卓球 たっきゅう 튱 탁구　初めて はじめて 튡 처음으로
　　　市民 しみん 튱 시민　体育館 たいいくかん 튱 체육관　卓球場 たっきゅうじょう 튱 탁구장　予約 よやく 튱 예약
　　　～なければならない ～하지 않으면 안 된다　～までに ～까지　インターネット 튱 인터넷　団体 だんたい 튱 단체　登録 とうろく 튱 등록
　　　予約 よやく 튱 예약　窓口 まどぐち 튱 창구　払う はらう 튭 지불하다

37-38 유키모리 시민 체육관의 이용 안내

雪森市民体育館 利用案内

[利用料金の案内]

	利用時間	9:00-12:00	12:00-15:00	15:00-18:00	18:00-21:00
[37]体育館	一般	4,200 円	4,400 円	4,400 円	[37]4,200 円
	高校生以下	2,000 円	2,100 円	2,100 円	2,000 円
	電気代	[37]500 円			
卓球場（たっきゅうじょう）	一般	2,600 円	2,800 円	2,800 円	2,600 円
	高校生以下	1,200 円	1,300 円	1,300 円	1,200 円
	電気代	200 円			

● [37]市内団体の場合は利用料金の半分の価格でご利用できます。電気代の割引はございません。

※ 市内団体…メンバーの半分以上が市内に住んでいる人、または市内の学校や会社に通っている人で構成される団体

[利用方法]

● 施設（しせつ）の利用には予約が必要です。予約はインターネット、窓口で受け付けております。

● [38]予約できる期間は市内団体は利用希望日の2か月前から5日前まで、市外団体は利用希望日の1か月前から5日前までです。

● [38]予約する前に団体登録が必要になります。登録には団体のメンバー全員の身分証、または身分証のコピーが必要です。[38]団体登録は窓口でのみ 承（うけたまわ）っております。（一度利用したことがある団体は再登録の必要がありません）

● 利用料金は利用日当日、窓口にて現金でお支払いください。

유키모리 시민 체육관 이용 안내

[이용 요금 안내]

	이용 시간	9:00-12:00	12:00-15:00	15:00-18:00	18:00-21:00
[37]체육관	일반	4,200엔	4,400엔	4,400엔	[37]4,200엔
	고등학생 이하	2,000엔	2,100엔	2,100엔	2,000엔
	전기세	[37]500엔			
탁구장	일반	2,600엔	2,800엔	2,800엔	2,600엔
	고등학생 이하	1,200엔	1,300엔	1,300엔	1,200엔
	전기세	200엔			

● [37]시내 단체의 경우는 이용 요금의 절반 가격으로 이용하실 수 있습니다. 전기세 할인은 없습니다.

※ 시내 단체…멤버의 절반 이상이 시내에 살고 있는 사람, 혹은 시내의 학교나 회사에 다니고 있는 사람으로 구성된 단체

[이용 방법]

● 시설 이용에는 예약이 필요합니다. 예약은 인터넷, 창구에서 접수하고 있습니다.

● [38]예약할 수 있는 기간은 시내 단체는 이용 희망일 2개월 전부터 5일 전까지, 시외 단체는 이용 희망일 1개월 전부터 5일 전까지입니다.

● [38]예약하기 전에 단체 등록이 필요합니다. 등록에는 단체 구성원 전원의 신분증, 또는 신분증 사본이 필요합니다. [38]단체 등록은 창구에서만 진행하고 있습니다. (한 번 이용한 적이 있는 단체는 재등록할 필요가 없습니다)

● 이용 요금은 이용일 당일, 창구에서 현금으로 지불해 주세요.

어휘 案内 あんない 튱 안내　時間 じかん 튱 시간　一般 いっぱん 튱 일반　高校生 こうこうせい 튱 고등학생　以下 いか 튱 이하　場合 ばあい 튱 경우
　　　半分 はんぶん 튱 절반　価格 かかく 튱 가격　割引 わりびき 튱 할인　以上 いじょう 튱 이상　または 튣 혹은　学校 がっこう 튱 학교
　　　会社 かいしゃ 튱 회사　構成 こうせい 튱 구성　方法 ほうほう 튱 방법　施設 しせつ 튱 시설　必要だ ひつようだ 튷 필요하다
　　　受け付ける うけつける 튭 접수하다　期間 きかん 튱 기간　希望日 きぼうび 튱 희망일　～まで 튦 ～까지　市外 しがい 튱 시외　全員 ぜんいん 튱 전원
　　　身分証 みぶんしょう 튱 신분증　コピー 튱 사본　～のみ 튦 ～만　承る うけたまわる 튭 진행하다, 삼가 받다　一度 いちど 튱 한 번
　　　再登録 さいとうろく 튱 재등록　利用日 りようび 튱 이용일　当日 とうじつ 튱 당일　～にて ～에서　現金 げんきん 튱 현금　支払う しはらう 튭 지불하다

☞ 문제 1의 디렉션과 예제를 들려줄 때 1번부터 6번까지의 선택지를 미리 읽고 내용을 재빨리 파악해둡니다. 음성에서 では、始めます (그러면, 시작합니다)가 들리면, 곧바로 문제 풀 준비를 합니다. 디렉션과 예제는 실전모의고사 제1회의 해설(p.34)에서 확인할 수 있습니다.

1 중상

[음성]

カフェで男の人と店長が話しています。男の人はこれから まず何をしますか。

M：店長、おはようございます。

F：おはよう。私これから入り口の掃き掃除をしてくるか ら、調理場にあるケーキ、ショーケースに並べておい てくれる？

M：ケーキ、切らなくてもいいんですか。

F：私がさっき切っておいたから大丈夫。

M：あ、はい。

F：それが終わったら、テーブルも拭いておいてね。

M：はい。分かりました。

男の人はこれからまず何をしますか。

[음성]

카페에서 남자와 점장이 이야기하고 있습니다. 남자는 이제부터 우선 무엇을 합니까?

M : 점장님, 안녕하세요.

F : 안녕. 나 이제부터 입구를 비로 쓸고 올 테니까, 조리실에 있는 케이크, 진열장에 진열해 놔 줄래?

M : 케이크, 자르지 않아도 되나요?

F : 내가 아까 잘라 놨으니까 괜찮아.

M : 아, 네.

F : 그게 끝나면, 테이블도 닦아 놓고.

M : 네. 알겠습니다.

남자는 이제부터 우선 무엇을 합니까?

[문제지]

해설 선택지 그림을 보고 남자가 우선 해야 할 일을 고르는 문제이다. 調理場にあるケーキ、ショーケースに並べておいてくれる？ (조리실에 있는 케이크, 진열장에 진열해 놔 줄래?)라는 여자의 말에 남자가 케이크를 자르지 않아도 되냐고 묻자 여자가 아까 했다고 하고, 이에 남자가 아、 はい(아, 네)라고 했으므로, 선택지 2가 정답이다. 그림 1은 여자가 할 일이고, 그림 3은 이미 잘라 놨으므로 할 필요가 없으며, 그림 4는 케이크 를 진열한 다음에 할 일이므로 오답이다.

어휘 カフェ 몡 카페　店長 てんちょう 몡 점장　これから 이제부터, 앞으로　入り口 いりぐち 몡 입구　掃き掃除 はきそうじ 몡 비로 쓰는 청소 〜から 囨 〜니까　調理場 ちょうりば 몡 조리실, 음식을 만드는 곳　ケーキ 몡 케이크　ショーケース 몡 진열장　並べる ならべる 图 진열하다 〜ておく 〜(해) 놓다　切る きる 图 자르다　〜なくてもいい 〜(하)지 않아도 된다　さっき 몡 아까　大丈夫だ だいじょうぶだ 됴혱 괜찮다 終わる おわる 图 끝나다　テーブル 몡 테이블　拭く ふく 图 닦다　分かる わかる 图 알다

2 중

[음성]

図書館で女の人と男の人が話しています。女の人は案内 のページに何を追加しますか。

F：読書会の案内のページが完成したんですけど、どう でしょうか。

[음성]

도서관에서 여자와 남자가 이야기하고 있습니다. 여자는 안내 페이지에 무엇을 추가합니까?

F : 독서회 안내 페이지가 완성되었는데요, 어떤가요?

M：あ、このデザイン、もしかして。

F：そうです。読書会で読む本の表紙をイメージして作成しました。

M：素敵です。読書会が開かれる日程、それから申し込み方法もきちんと表記されていますね。あれ?この参加者の定員って20人で合ってますか?

F：はい。それはさっき確認したので合っています。

M：そうですか。あ、申し込みの締め切りの日付が抜けていますよ。申し込み方法の下に追加しておいてください。

F：はい。

女の人は案内のページに何を追加しますか。

[問題紙]

1 読書会で読む本
2 読書会のにってい
3 申し込みのほうほう
4 申し込みのしめきり

M : 아, 이 디자인, 혹시.

F : 맞습니다. 독서회에서 읽을 책의 표지를 연상해서 제작했습니다.

M : 멋집니다. 독서회가 열리는 일정, 그리고 신청 방법도 제대로 표기되어 있네요. 어라? 이 참가자 정원은 20명이 맞나요?

F : 네. 그것은 아까 확인했기 때문에 맞습니다.

M : 그렇습니까. 아, 신청 마감 날짜가 빠져 있어요. 신청 방법 아래에 추가해 둬 주세요.

F : 네.

여자는 안내 페이지에 무엇을 추가합니까?

[문제지]

1 독서회에서 읽을 책
2 독서회의 일정
3 신청 방법
4 신청 마감

해설 여자가 안내 페이지에 무엇을 추가하는지를 고르는 문제이다. 남자가 申し込みの締め切りの日付が抜けていますよ。申し込み方法の下に追加しておいてください(신청 마감 날짜가 빠져 있어요. 신청 방법 아래에 추가해 둬 주세요)라고 하자, 여자가 はい(네)라고 했으므로, 4 申し込みのしめきり(신청 마감)가 정답이다. 1 '독서회에서 읽을 책'은 표지를 제작할 때 연상한 것이고, 2 '독서회의 일정', 3 '신청 방법'은 제대로 표기되어 있다고 했으므로 오답이다.

어휘 図書館 としょかん 圏 도서관　案内 あんない 圏 안내　ページ 圏 페이지　追加 ついか 圏 추가　読書会 どくしょかい 圏 독서회　完成 かんせい 圏 완성
デザイン 圏 디자인　もしかして 凰 혹시　読む よむ 圏 읽다　本 ほん 圏 책　表紙 ひょうし 圏 표지　イメージする (이미지를) 연상하다
作成 さくせい 圏 제작, 작성　素敵だ すてきだ 屇 멋지다　開く ひらく 圏 열다　日程 にってい 圏 일정　それから 圙 그리고
申し込み もうしこみ 圏 신청　方法 ほうほう 圏 방법　きちんと 凰 제대로　表記 ひょうき 圏 표기　参加者 さんかしゃ 圏 참가자
定員 ていいん 圏 정원　合う あう 圏 맞다　さっき 圏 아까　確認 かくにん 圏 확인　締め切り しめきり 圏 마감　日付 ひづけ 圏 날짜
抜ける ぬける 圏 빠지다　下 した 圏 아래

3　중

[음성]

会社で女の人と男の人が話しています。男の人はこの後まず何をしますか。

F：林くん、アメリカに住んでたって言ってたよね。

M：はい。そうですけど…。

F：悪いんだけど、私が作成したメール、ちょっと見てもらえる?取引先にアポイントをとるメールを英語で書いたんだけど、相手の方に失礼があるといけないから確認してほしいの。

M：あ、はい。今ユーザーニーズを調査する質問用紙を作っているんですが、もう少しで終わるので、これが終わってからでもいいですか。

F：うーん、急ぎだから、メールを先にお願い。

M：分かりました。

[음성]

회사에서 여자와 남자가 이야기하고 있습니다. 남자는 이후 우선 무엇을 합니까?

F : 하야시 군, 미국에 살았었다고 말했었지?

M : 네. 그렇습니다만….

F : 미안한데, 내가 작성한 이메일, 좀 봐 줄 수 있어? 거래처에 약속을 잡을 이메일을 영어로 썼는데, 상대방에게 실례가 있으면 안 되니까 확인해 줬으면 해.

M : 아, 네. 지금 사용자 니즈를 조사하는 질문 용지를 만들고 있는데요, 조금 더 있으면 끝나기 때문에, 이것이 끝나고 나서여도 괜찮을까요?

F : 음, 급하니까, 이메일을 먼저 부탁해.

M : 알겠습니다.

男の人はこの後まず何をしますか。

남자는 이후 우선 무엇을 합니까?

[문제지]

1 英語のメールをかくにんする

2 相手にアポイントをとる

3 ユーザーのニーズを調べる

4 質問用紙をさくせいする

[문제지]

1 영어 이메일을 확인한다

2 상대에게 약속을 잡는다

3 사용자의 니즈를 조사한다

4 질문 용지를 작성한다

해설 남자가 우선 해야 할 일을 고르는 문제이다. 여자가 私が作成したメール、ちょっと見てもらえる?(내가 작성한 이메일, 좀 봐 줄 수 있어?)라고 하자, 남자가 지금 하는 일이 끝나고 나서 해도 되냐고 묻자 여자가 急ぎだから、メールを先にお願い(급하니까, 이메일을 먼저 부탁해)라고 했으므로, 1 英語のメールをかくにんする(영어 이메일을 확인한다)가 정답이다. 2 '상대에게 약속을 잡는다'는 메일을 보내야 할 일이고, 3 '사용자 니즈를 조사한다'는 질문 용지를 작성한 다음에 해야할 일이며, 4 '질문 용지를 작성한다'는 영어 이메일을 확인한 다음에 할 일이므로 오답이다.

어휘 会社 かいしゃ 圏 회사 アメリカ 圏 미국 住む すむ 图 살다 言う いう 图 말하다 悪い わるい い형 미안하다 作成 さくせい 圏 작성
メール 圏 이메일 ちょっと 좀 見る みる 图 보다 取引先 とりひきさき 圏 거래처 アポイントをとる 약속을 잡다 英語 えいご 圏 영어
書く かく 图 쓰다 相手の方 あいてのかた 상대방, 상대방 분 失礼 しつれい 圏 실례 ~から 区 ~니까 確認 かくにん 圏 확인 今 いま 圏 지금
ユーザー 圏 사용자 ニーズ 圏 니즈 調査 ちょうさ 圏 조사 質問 しつもん 圏 질문 用紙 ようし 圏 용지 作る つくる 图 만들다
もう少し もうすこし 图 조금 더 終わる おわる 图 끝나다 ~ので 区 ~때문에 急ぎ いそぎ 圏 급함 先に さきに 图 먼저 願う ねがう 图 부탁하다
分かる わかる 图 알다, 이해하다 調べる しらべる 图 조사하다

4   중상

[음성]

大学で男の学生と女の学生が話しています。女の学生は来週いくら払いますか。

M：今、先輩たちの送別会の会費を集めているんだけど、佐藤さん、前に払ってくれた?

F：うん、払ったけど。2000円でしょう?

M：あ、実は先輩たちに一人1000円くらいのプレゼントをあげようって昨日急に決まってね。プレゼント代としてプラス500円になったんだ。

F：そうなんだ。じゃあ、それだけ払えばいいのね。

M：うん。

F：あ、財布、家に置いてきたみたい。

M：まだ送別会まで時間あるから来週でいいよ。

F：うん。分かった。

女の学生は来週いくら払いますか。

[음성]

대학에서 남학생과 여학생이 이야기하고 있습니다. 여학생은 다음 주에 얼마 지불합니까?

M : 지금, 선배들 송별회 회비를 모으고 있는데, 사토 씨, 전에 지불해 줬어?

F : 응, 지불했는데. 2000엔이지?

M : 아, 실은 선배들에게 한 사람당 1000엔 정도의 선물을 주자고 어제 갑자기 정해져서 말이야. 선물비로 플러스 500엔이 되었어.

F : 그렇구나. 그럼, 그것만 지불하면 되는 거네.

M : 응.

F : 아, 지갑, 집에 두고 온 것 같아.

M : 아직 송별회까지 시간 있으니까 다음 주로 괜찮아.

F : 응. 알겠어.

여학생은 다음 주에 얼마 지불합니까?

[문제지]

1 500円

2 1000円

3 2000円

4 2500円

[문제지]

1 500엔

2 1000엔

3 2000엔

4 2500엔

해설 여학생이 지불할 금액을 고르는 문제이다. 송별회 회비를 지불했냐는 남학생의 물음에 여학생이 이미 2000엔을 지불했다고 하자, 남학생이 프레젠트 代としてプラス500円になったんだ(선물비로 플러스 500엔이 되었어)라고 하고, 여학생이 じゃあ、それだけ払えばいいのね(그럼, 그것만 지불하면 되는 거네)라고 했으므로, 1 500円(500엔)이 정답이다.

어휘 大学 だいがく 몡대학 学生 がくせい 몡학생 来週 らいしゅう 몡다음 주 いくら 몡얼마 払う はらう 동지불하다 今 いま 몡지금
先輩 せんぱい 몡선배 送別会 そうべつかい 몡송별회 会費 かいひ 몡회비 集める あつめる 동모으다 前 まえ 몡전, 앞
円 えん 몡엔(일본의 화폐 단위) 実は じつは 분실은 ~くらい 조~정도 プレゼント 몡선물 あげる 동주다 昨日 きのう 어제
急に きゅうに 갑자기 決まる きまる 동정해지다 ~代 ~だい ~비 プラス 플러스 じゃあ 쩝그럼 それ 몡그것 ~だけ 조~만
財布 さいふ 몡지갑 家 いえ 몡집 置く おく 동두다 まだ 분아직 ~まで 조~까지 時間 じかん 몡시간 ~から 조~니까 分かる わかる 동알다

5 중

[음성]

老人ホームで職員がボランティアの学生たちに話しています。学生たちは明日何をしますか。

M：皆さん、今日はお疲れさまでした。皆さんと一緒に将棋や囲碁などのゲームができたと利用者の方たちがとても喜んでいました。今日は主に入浴後ドライヤーで髪を乾かす係りをお願いしましたが、明日はベッドのシーツ交換をお願いします。それから、午後から行う体操もステージに立って、利用者の方たちの前でやってもらえると助かります。では、明日もよろしくお願いします。

学生たちは明日何をしますか。

[음성]

양로원에서 식원이 자원봉사 학생들에게 이야기하고 있습니다. 학생들은 내일 무엇을 합니까?

M : 여러분, 오늘은 수고하셨습니다. 여러분과 함께 장기나 바둑 등의 게임을 할 수 있었다고 이용자 분들이 매우 기뻐했습니다. 오늘은 주로 목욕 후 드라이어로 머리를 말리는 담당을 부탁했습니다만, 내일은 침대 시트 교환을 부탁합니다. 그리고, 오후부터 하는 체조도 무대에 서서, 이용자 분들 앞에서 해 주실 수 있으면 도움이 되겠습니다. 그럼, 내일도 잘 부탁합니다.

학생들은 내일 무엇을 합니까?

[문제지]

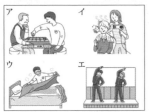

1 ア、イ
2 イ、ウ
3 ウ、エ
4 イ、ウ、エ

해설 선택지 그림을 보고 학생들이 내일 해야 할 일을 고르는 문제이다. 여자가 明日はベッドのシーツ交換をお願いします。それから、午後から行う体操もステージに立って、利用者の方たちの前でやってもらえると助かります(내일은 침대 시트 교환을 부탁합니다. 그리고, 오후부터 하는 체조도 무대에 서서, 이용자 분들 앞에서 해 주실 수 있으면 도움이 되겠습니다)라고 했으므로, 그림 ウ와 그림 エ로 구성된 3이 정답이다. 그림 ア와 イ는 오늘 한 일이므로 오답이다.

어휘 老人ホーム ろうじんホーム 몡양로원 職員 しょくいん 몡직원 ボランティア 몡자원봉사 学生 がくせい 몡학생 皆さん みなさん 몡여러분
今日 きょう 몡오늘 一緒に いっしょに 분함께 将棋 しょうぎ 몡장기 囲碁 いご 몡바둑 ~など 조~등 ゲーム 몡게임 できる 할 수 있다
利用者 りようしゃ 몡이용자 方 かた 몡분 とても 분매우 喜ぶ よろこぶ 동기쁘다 主に おもに 분주로 入浴 にゅうよく 몡목욕, 입욕 後 ご 몡후, 뒤
ドライヤー 몡드라이어 髪 かみ 몡머리, 머리카락 乾かす かわかす 동말리다 係り かかり 몡담당 願う ねがう 동부탁하다 明日 あした 몡내일
ベッド 몡침대 シーツ 몡시트 交換 こうかん 몡교환 それから 쩝그리고 午後 ごご 몡오후 ~から 조~부터 行う おこなう 동하다
体操 たいそう 몡체조 ステージ 몡무대, 스테이지 立つ たつ 동서다 前 まえ 몡앞 やる 동하다 助かる たすかる 동도움이 되다 では 쩝그럼

[음성]

男の学生と女の学生が話しています。女の学生は何の講義を受けますか。

M：ホームページに夏休みの特別講義の科目と日程が出てるよ。

F：本当だ。岡田くん、何か受講したいのある？

M：専攻の経営学に関係するものなら、この「アジア経済」がいいかなって思うけど。うーん、科学にも興味があるから、こっちの「生活の中の科学」にしようかな。

F：私たちの近くに隠れてる科学を知れるのかな。

M：そうだと思う。高橋さんは教育学だよね。だったらこの講義がいいんじゃない？「外国人生徒への支援」。

F：うーん、私は専攻と全く関係ないけど、この「メディアの影響力」っていう講義を受けてみたいな。メディアって生活の一部だしおもしろそう。

M：確かにそれもおもしろそうだね。

女の学生は何の講義を受けますか。

[問題지]

1 アジアけいざい
2 生活の中のかがく
3 外国人生徒へのしえん
4 メディアのえいきょうりょく

[음성]

남학생과 여학생이 이야기하고 있습니다. 여학생은 무슨 강의를 듣습니까?

M : 홈페이지에 여름 방학 특별 강의의 과목과 일정이 나와 있어.

F : 정말이네. 오카다 군, 뭔가 수강하고 싶은 거 있어?

M : 전공인 경영학에 관계되는 것이라면, 이 '아시아 경제'가 좋을까 생각하는데. 음, 과학에도 흥미가 있으니까, 이쪽의 '생활 속의 과학'으로 할까.

F : 우리들 근처에 숨어 있는 과학을 알 수 있는 걸까?

M : 그렇다고 생각해. 다카하시 씨는 교육학이지? 그러면 이 강의가 좋지 않아? '외국인 학생에 대한 지원'.

F : 음, 나는 전공과 전혀 관계없지만, 이 '미디어의 영향력'이라는 강의를 들어 보고 싶어. 미디어는 생활의 일부이고 재미있을 것 같아.

M : 확실히 그것도 재미있을 것 같네.

여학생은 무슨 강의를 듣습니까?

[문제지]

1 아시아 경제
2 생활 속의 과학
3 외국인 학생에 대한 지원
4 미디어의 영향력

해설 여학생이 들을 강의가 무엇인지 고르는 문제이다. 여학생이 이「メディアの影響力」っていう講義を受けてみたいな(이 '미디어의 영향력'이라는 강의를 들어 보고 싶어)라고 했으므로, 4 メディアのえいきょうりょく(미디어의 영향력)가 정답이다. 1 '아시아 경제', 2 '생활 속의 과학'은 남자가 듣고 싶어 하는 강의이고, 3 '외국인 학생에 대한 지원'은 여자의 전공과 가깝다며 남자가 추천한 강의이므로 오답이다.

어휘 学生 がくせい 閏학생　講義 こうぎ 閏강의　受ける うける 동(강의를) 듣다, 받다　ホームページ 閏홈페이지　夏休み なつやすみ 閏여름 방학
特別 とくべつ 閏특별　科目 かもく 閏과목　日程 にってい 閏일정　出る でる 동나오다　本当 ほんとう 閏정말　受講 じゅこう 閏수강
専攻 せんこう 閏전공　経営学 けいえいがく 閏경영학　関係 かんけい 閏관계　アジア 閏아시아　経済 けいざい 閏경제　思う おもう 동생각하다
科学 かがく 閏과학　興味 きょうみ 閏흥미　〜から 조〜니까　生活 せいかつ 閏생활　隠れる かくれる 동숨다　知る しる 동알다
教育学 きょういくがく 閏교육학　外国人 がいこくじん 閏외국인　生徒 せいと 閏학생　支援 しえん 閏지원　全く まったく 閉전혀
メディア 閏미디어　影響力 えいきょうりょく 閏영향력　一部 いちぶ 閏일부　おもしろい い형재미있다　確かに たしかに 확실히

꼭 알아두기 화자가 고르는 것을 묻는 문제는 ~てみたい(~해 보고 싶다)와 함께 언급되는 행동을 주의 깊게 듣는다.

☞ 문제 2의 디렉션과 예제를 들려줄 때 1번부터 6번까지의 선택지를 미리 읽고 내용을 재빨리 파악해둡니다. 음성에서 では、始めます(그러면, 시작합니다)가 들리면, 곧바로 문제 풀 준비를 합니다. 디렉션과 예제는 실전모의고사 제1회의 해설(p.40)에서 확인할 수 있습니다.

[음성]

学校で女の学生と男の学生が話しています。男の学生はレポートを書くためにこれから何をしますか。

F：最近、忙しそうだね。

M：うん。来週の金曜日までにレポートを提出しなくちゃいけなくて。

F：テーマはもう決まってるの？

M：うん。結婚についての価値観だよ。インターネットや本で今と30年前の平均的な結婚年齢の差や社会の変化とかは調べてまとめたところ。

F：そうなんだ。

M：でも、それだけだと内容が薄いから20代後半から30代の人に結婚観についてインタビューするつもり。友達のお兄さんにもうお願いしてあるんだ。まぁ、一人じゃ足りないから協力してくれる人をもっと探さなくちゃ。

F：インタビューよりアンケートのほうが楽じゃない？

M：アンケートだと長い回答を書かなくちゃいけないから、回答者が大変だし、インタビューのほうが正直に答えてくれるかなって。

F：なるほどね。

男の学生はレポートを書くためにこれから何をしますか。

[문제지]
1 インターネットで社会の変化を調べる
2 本で社会の変化を調べる
3 結婚観についてインタビューする
4 結婚観についてアンケートする

[음성]

학교에서 여학생과 남학생이 이야기하고 있습니다. 남학생은 리포트를 쓰기 위해 앞으로 무엇을 합니까?

F : 최근, 바쁜 것 같네.

M : 응. 다음 주 금요일까지 리포트를 제출하지 않으면 안 돼서.

F : 테마는 이미 정해져 있어?

M : 응. 결혼에 대한 가치관이야. 인터넷이나 책으로 지금과 30년 전의 평균적인 결혼 연령의 차이나 사회의 변화 같은 것은 조사해서 정리한 참이야.

F : 그렇구나.

M : 하지만, 그것뿐이라면 내용이 적으니까 20대 후반에서 30대인 사람에게 결혼관에 대해 인터뷰할 생각이야. 친구 형에게 벌써 부탁해 놨어. 뭐, 한 사람으로는 부족하니까 협력해 줄 사람을 더 찾지 않으면.

F : 인터뷰보다 설문 조사 쪽이 편하지 않아?

M : 설문 조사라면 긴 답변을 쓰지 않으면 안 되니까, 답변자가 힘들고, 인터뷰 쪽이 정직하게 대답해 줄까 해서.

F : 그렇구나.

남학생은 리포트를 쓰기 위해 앞으로 무엇을 합니까?

[문제지]
1 인터넷으로 사회의 변화를 조사한다
2 책으로 사회의 변화를 조사한다
3 결혼관에 대해 인터뷰한다
4 결혼관에 대해 설문 조사한다

해설 남학생이 리포트를 쓰기 위해 무엇을 하는지 묻는 문제이다. 남자가 지금과 30년 전의 결혼 연령 차이나 사회의 변화는 이미 조사했다고 하고 それだけだと内容が薄いから20代後半から30代の人に結婚観についてインタビューするつもり(그것뿐이라면 내용이 적으니까 20대 후반에서 30대인 사람에게 결혼관에 대해 인터뷰할 생각이야)라고 언급했으므로, 3 結婚観についてインタビューする(결혼관에 대해 인터뷰한다)가 정답이다.

어휘 学校 がっこう 圏학교　学生 がくせい 圏학생　レポート 圏리포트　書く かく 圏쓰다　最近 さいきん 圏최근　忙しい いそがしい い형바쁘다
来週 らいしゅう 圏다음 주　金曜日 きんようび 圏금요일　～までに ~까지　提出 ていしゅつ 圏제출　～なくちゃいけない ~(하)지 않으면 안 된다
テーマ 圏테마　もう 凰이미　決まる きまる 圏정해지다　結婚 けっこん 圏결혼　～について ~에 대해　価値観 かちかん 圏가치관
インターネット 圏인터넷　本 ほん 圏책　今 いま 圏지금　前 まえ 圏전, 앞　平均的だ へいきんてきだ な형평균적이다　年齢 ねんれい 圏연령
差 さ 圏차이, 차　社会 しゃかい 圏사회　変化 へんか 圏변화　～とか 国~같은 것, ~라든가　調べる しらべる 圏조사하다　まとめる 圏정리하다
でも 쥅하지만　内容 ないよう 圏내용　薄い うすい い형적다, 옅다　～から 国~때문에　後半 こうはん 圏후반　結婚観 けっこんかん 圏결혼관
インタビュー 圏인터뷰　友達 ともだち 圏친구　お兄さん おにいさん 圏형, 오빠　願う ねがう 圏부탁하다　足りない たりない 부족하다
協力 きょうりょく 圏협력　もっと 凰더　探す さがす 圏찾다　～より 国~보다　アンケート 圏설문 조사　楽だ らくだ な형편하다
長い ながい い형길다　回答 かいとう 圏답변, 회답　回答者 かいとうしゃ 圏답변자　大変だ たいへんだ な형힘들다
正直だ しょうじきだ な형정직하다　答える こたえる 圏대답하다

2 중상

[음성]

カフェで男の人と女の人が話しています。男の人はどこに行くことにしましたか。

M：木村さん、北海道に行ったことある？来月、旅行で北海道に行くんだけど、おすすめのところがあれば教えてほしいんだ。

F：北海道なら去年友達と行ったよ。宿は予約したの？

M：うん。もう駅の近くのホテルを予約したよ。

F：私が泊まった旅館がよかったから紹介したかったけど残念だな。あ、その旅館の近くに「しろ」っていうお寿司屋さんがあってね、おいしくて値段も安いからおすすめだよ。

M：へぇ。おいしそうな寿司屋が多くてどこに行けばいいか迷ってたけど、そこにするよ。

F：うん。あとは水族館にも行ったなぁ。でも、おすすめってほどではないかな。

M：そっか。

F：あと「たかき屋」っていうお土産屋さんもよかったんだけど、もうなくなっちゃったみたい。

M：そうなんだ。色々教えてくれてありがとう。

男の人はどこに行くことにしましたか。

[문제지]

1 りょかん
2 すし屋
3 すいぞくかん
4 おみやげ屋

[음성]

카페에서 남자와 여자가 이야기하고 있습니다. 남자는 어디에 가기로 했습니까?

M : 기무라 씨, 홋카이도에 간 적 있어? 다음 달, 여행으로 홋카이도에 가는데, 추천하는 곳이 있으면 알려 줬으면 좋겠어.

F : 홋카이도라면 작년에 친구와 갔어. 숙소는 예약했어?

M : 응. 이미 역 근처 호텔을 예약했어.

F : 내가 묵은 여관이 좋았어서 소개하고 싶었는데 아쉽다. 아, 그 여관 근처에 '시로'라는 초밥집이 있는데 말이야, 맛있고 가격도 싸서 추천이야.

M : 우와. 맛있어 보이는 초밥집이 많아서 어디로 가면 좋을지 망설였는데, 거기로 할게.

F : 응. 그리고 수족관에도 갔어. 하지만, 추천할 정도는 아니려나.

M : 그렇구나.

F : 그리고 '다카키야'라는 기념품 가게도 좋았는데, 이제 없어져 버린 것 같아.

M : 그렇구나. 여러 가지로 가르쳐 줘서 고마워.

남자는 어디에 가기로 했습니까?

[문제지]

1 여관
2 초밥집
3 수족관
4 기념품 가게

해설 남자가 가기로 한 곳이 어디인지 묻는 문제이다. 여자가 아, 그 旅館의 근처에「しろ」っていうお寿司屋さんがあってね、おいしくて値段も安いからおすすめだよ(아, 그 여관 근처에 '시로'라는 초밥집이 있는데 말이야, 맛있고 가격도 싸서 추천이야)라고 하자, 남자가 おいしそうな寿司屋가 多くてどこに行けばいいか迷ってたけど、そこにするよ(맛있어 보이는 초밥집이 많아서 어디로 가면 좋을지 망설였는데, 거기로 할게)라고 언급했으므로, 2 すし屋(초밥집)가 정답이다.

어휘 カフェ 图 카페 北海道 ほっかいどう 图 홋카이도(지명) 行く いく 图 가다 来月 らいげつ 图 다음 달 旅行 りょこう 图 여행 おすすめ 图 추천 ところ 图 곳 教える おしえる 图 알려 주다 ~てほしい ~(해) 주면 좋겠다 去年 きょねん 图 작년 友達 ともだち 图 친구 宿 やど 图 숙소 予約 よやく 图 예약 もう 囝 이미 駅 えき 图 역 近く ちかく 图 근처 ホテル 图 호텔 泊まる とまる 图 묵다 旅館 りょかん 图 여관 ~から 조 ~때문에 紹介 しょうかい 图 소개 残念だ ざんねんだ な閠 아쉽다, 유감이다 お寿司屋さん おすしやさん 图 초밥집 おいしい い閠 맛있다 値段 ねだん 图 가격 安い やすい い閠 싸다 寿司屋 すしや 图 초밥집 多い おおい い閠 많다 迷う まよう 图 망설이다 あとは 그리고 水族館 すいぞくかん 图 수족관 でも 집 하지만 ~ほど 조 ~정도 お土産屋さん おみやげやさん 图 기념품 가게 なくなる 图 없어지다 色々 いろいろ 囝 여러 가지

3 중

[음성]

会社で女の人と男の人が話しています。男の人はどうして会社を辞めますか。

[음성]

회사에서 여자와 남자가 이야기하고 있습니다. 남자는 어째서 회사를 그만둡니까?

F：田中さん、聞きましたよ。今月末で退社するそうですね。

M：はい。今までお世話になりました。実は新しくやりたいことが見つかったので、会社を辞めることにしたんです。

F：そうだったんですか。仕事についての不満も聞いたこともがなかったし、職場のみんなとも仲が良かったのにどうしたんだろうと思っていたんです。

M：給料にも満足していましたし、残業もなくて良かったんですが、何か新しいことをやってみたいなと前々から考えていました。

F：そうなんですね。次に働く会社は決まっているんですか。

M：いや、そのやりたいことというのが、試験を受けて資格を取らなくてはいけなくて。まずは試験に向けて勉強から始めます。

F：田中さんなら一発で合格できますよ。応援しています。

男の人はどうして会社を辞めますか。

[問題지]

1 やりたい仕事が見つかったから

2 仕事にふまんがあったから

3 しょくばの人と仲がよくないから

4 きゅうりょうがいい会社で働きたいから

F : 다나카 씨, 들었어요. 이번 달 말에 퇴사한다면서요?

M : 네. 지금까지 신세를 졌습니다. 실은 새롭게 하고 싶은 일을 찾게 돼서, 회사를 그만두기로 했습니다.

F : 그랬어요? 일에 대한 불만도 들은 적이 없었고, 직장 모두와도 사이가 좋았는데 어떻게 된 걸까 하고 생각하고 있었어요.

M : 월급에도 만족하고 있었고, 잔업도 없어서 좋았습니다만, 뭔가 새로운 것을 해 보고 싶다고 오래전부터 생각하고 있었습니다.

F : 그렇군요. 다음에 일할 회사는 정해져 있는 거예요?

M : 아니요, 그 하고 싶은 일이라는 것이, 시험을 쳐서 자격을 얻지 않으면 안 돼서. 우선은 시험을 위해 공부부터 시작합니다.

F : 다나카 씨라면 한 방에 합격할 수 있어요. 응원하고 있을게요.

남자는 어째서 회사를 그만둡니까?

[문제지]

1 하고 싶은 일을 찾게 됐기 때문에

2 일에 불만이 있었기 때문에

3 직장 사람과 사이가 좋지 않기 때문에

4 월급이 좋은 회사에서 일하고 싶기 때문에

해설 남자가 회사를 그만두는 이유를 묻는 문제이다. 남자가 実は新しくやりたいことが見つかったので、会社を辞めることにしたんです(실은 새롭게 하고 싶은 일을 찾게 돼서, 회사를 그만두기로 했습니다)라고 언급했으므로, 1 やりたい仕事が見つかったから(하고 싶은 일을 찾게 됐기 때문에)가 정답이다.

어휘 会社 かいしゃ 명 회사　辞める やめる 동 그만두다　聞く きく 동 듣다　今月末 こんげつまつ 이번 달 말　退社 たいしゃ 명 퇴사　今 いま 명 지금　~まで ~까지　お世話になる おせわになる 신세를 지다　実は じつは 실은　新しい あたらしい い형 새롭다　やる 동 하다　見つかる みつかる 동 찾게 되다, 발견되다　~ので 조 ~해서　仕事 しごと 명 일　~について ~에 대해　不満 ふまん 명 불만　職場 しょくば 명 직장　みんな 명 모두　仲が良い なかがよい 사이가 좋다　~のに 조 ~는데　給料 きゅうりょう 명 월급, 급료　満足 まんぞく 명 만족　残業 ざんぎょう 명 잔업, 야근　~から 조 ~해서　前々 まえまえ 명 오래전　考える かんがえる 동 생각하다　次 つぎ 명 다음　働く はたらく 동 일하다　決まる きまる 동 정해지다　試験 しけん 명 시험　受ける うける 동 치다　資格 しかく 명 자격　取る とる 동 얻다, 취득하다　~なくてはいけない ~(하)지 않으면 안 된다　まず 부 우선　向ける むける 동 위하다, 향하다　勉強 べんきょう 명 공부　~から 조 ~부터　始める はじめる 동 시작하다　一発 いっぱつ 명 한 방　合格 ごうかく 명 합격　応援 おうえん 명 응원

꼭 알아두기 이유나 목적을 묻는 문제는 정답의 단서가 実は(실은), それがね(그게 말이야)와 함께 자주 언급된다.

---

4 상

[음성]

家で夫と妻が話しています。妻はどうして洗濯機を買いませんでしたか。

M：今日、洗濯機、買わなかったの？

F：ああ、うん。そうだ。そのことなんだけどね。

M：え、こないだ見に行ったときに気に入ったのあったじゃない。売り切れてたとか？

[음성]

집에서 남편과 아내가 이야기하고 있습니다. 아내는 어째서 세탁기를 사지 않았습니까?

M : 오늘, 세탁기, 사지 않았어?

F : 아, 응. 맞다. 그 일 말인데.

M : 어, 요전에 보러 갔을 때 맘에 든 거 있었잖아. 다 팔렸었다든가?

F：ううん。在庫はあったんだけど、こないだのセールが
　もう終わってたの。

M：高くなってたってこと？

F：うん。3万円くらい。でも、セールのときも予算を超
　えてたでしょ。それで相談してから決めようと思って。

M：3万円かぁ…。

F：迷ってたら、店員さんが「現金で買ってくれたら特別
　にポイントを多くおつけしますよ。」とは言ってくれた
　んだけど。まぁ、カードで買うつもりだったしね。

M：そっか。うーん、他にもいい製品があるかもしれな
　いし、週末一緒にまた見に行ってみよう。

妻はどうして洗濯機を買いませんでしたか。

[問題지]

1　気に入ったものがなかったから

2　ほしいものが売り切れていたから

3　かかくが上がっていたから

4　げんきんを持って行かなかったから

F：아니. 재고는 있었는데, 요전의 세일이 이미 끝나 있었어.

M：비싸져 있었다는 거야?

F：응. 3만엔 정도. 하지만, 세일 때도 예산을 넘었었잖아? 그래
　서 의논하고 나서 정하려고 생각해서.

M：3만엔인가….

F：망설이고 있었더니, 점원 분이 '현금으로 사 주시면 특별히 포
　인트를 많이 붙여 드리겠습니다.'라고는 말해 주었지만 말이
　야. 뭐, 카드로 살 예정이었으니까.

M：그렇구나. 음, 그 밖에도 좋은 제품이 있을지도 모르고, 주말에
　함께 또 보러 가 보자.

아내는 어째서 세탁기를 사지 않았습니까?

[문제지]

1　마음에 든 것이 없었기 때문에

2　갖고 싶은 것이 다 팔렸었기 때문에

3　가격이 올라가 있었기 때문에

4　현금을 가지고 가지 않았기 때문에

해설　아내가 세탁기를 사지 않은 이유를 묻는 문제이다. 남자가 高くなってたってこと？(비싸져 있었다는 거야?)라고 하자, 여자가 うん。3万円く
らい。でも、セールのときも予算を超えてたでしょ。それで相談してから決めようと思って(응. 3만엔 정도. 하지만, 세일 때도 예산을 넘
었었잖아? 그래서 의논하고 나서 정하려고 생각해서)라고 언급했으므로, 3 かかくが上がっていたから(가격이 올라가 있었기 때문에)가 정답
이다.

어휘　家 いえ 圏 집　夫 おっと 圏 남편　妻 つま 圏 아내　洗濯機 せんたくき 圏 세탁기　買う かう 圏 사다　今日 きょう 圏 오늘　こないだ 圏 요전
　見る みる 圏 보다　行く いく 圏 가다　とき 圏 때　気に入る きにいる 마음에 들다　売り切れる うりきれる 圏 다 팔리다, 매진되다　在庫 ざいこ 圏 재고
　セール 圏 세일　もう 凰 이미　終わる おわる 圏 끝나다　高い たかい い형 비싸다　円 えん 圏 엔(일본의 화폐 단위)　〜くらい 国 ~정도
　でも 圙 하지만　予算 よさん 圏 예산　超える こえる 圏 넘다　それで 圙 그래서　相談 そうだん 圏 의논, 상담　決める きめる 圏 정하다
　思う おもう 圏 생각하다　迷う まよう 망설이다　店員 てんいん 圏 점원　現金 げんきん 圏 현금　特別だ とくべつだ な형 특별하다　ポイント 圏 포인트
　多い おおい い형 많다　つける 圏 붙이다　言う いう 圏 말하다　カード 圏 카드　〜つもり ~(할) 예정　他 ほか 圏 그 밖　製品 せいひん 圏 제품
　週末 しゅうまつ 圏 주말　一緒に いっしょに 凰 함께　また 凰 또　かかく 圏 가격　上がる あがる 圏 오르다

5　중

[음성]

会社で部長と女の人が話しています。二人はかばんをど
のように変えますか。

M：去年売り出したこのかばん、すごい人気だから、ア
　レンジを加えてバリエーションを増やしたいと思うん
　だけどどうかな。

F：いいと思います。このかばん、ポケットがたくさんつ
　いていて使いやすいって友達からも評判です。大きく
　て荷物がたくさん入るのに、軽いところもいいみたい
　です。

M：軽い生地を使っているからね。じゃあ、かばんの生
　地は変えないほうがいいね。

[음성]

회사에서 부장님과 여자가 이야기하고 있습니다. 두 사람은 가방을 어떻
게 바꿉니까?

M：작년에 발매한 이 가방, 굉장한 인기니까, 어레인지를 더해서
　베리에이션을 늘리고 싶다고 생각하는데 어떨까.

F：좋다고 생각합니다. 이 가방, 주머니가 많이 달려 있어서 사용
　하기 편하다고 친구로부터도 평판이 좋습니다. 커서 짐이 많
　이 들어가는데, 가벼운 점도 좋은 것 같습니다.

M：가벼운 원단을 사용하고 있으니까 말이야. 그럼, 가방 원단은
　바꾸지 않는 편이 좋겠네.

F : そうですね。あ、そうだ。色。友達に黒と、白、茶色の三色しかないからもっと明るい色のものを出してほしいって言われました。

M : なるほど。それはいいかもしれないね。これから春にかけて明るい色の持ち物を持ちたくなるだろうし。

F : はい。今年の流行カラーを調べてみます。

二人はかばんをどのように変えますか。

[문제지]

1 ポケットをつける
2 サイズを大きくする
3 軽いきじにする
4 明るい色にする

F : 그렇네요. 아, 맞다. 색깔. 친구에게 검은색과, 흰색, 갈색 세 가지 색밖에 없으니까 더 밝은색인 것을 내 줬으면 한다고 들었어요.

M : 그렇군. 그것은 좋을지도 모르겠네. 이제부터 봄에 걸쳐서 밝은색의 소지품을 들고 싶어질 것이고.

F : 네. 올해 유행 컬러를 조사해 보겠습니다.

두 사람은 가방을 어떻게 바꿉니까?

[문제지]

1 주머니를 단다
2 사이즈를 크게 한다
3 가벼운 원단으로 한다
4 밝은색으로 한다

해설 두 사람이 가방을 어떻게 바꾸는지 묻는 문제이다. 友達に黒と、白、茶色の三色しかないからもっと明るい色のものを出してほしいって言われました(친구에게 검은색과, 흰색, 갈색 세 가지 색밖에 없으니까 더 밝은색인 것을 내 줬으면 한다고 들었어요)라는 여자의 말에 남자가 긍정적으로 답하자 여자가 はい。今年の流行カラーを調べてみます(네. 올해 유행 컬러를 조사해 보겠습니다)라고 언급했으므로, 4 明るい色にする(밝은색으로 한다)가 정답이다.

어휘 会社 かいしゃ 圏 회사 　部長 ぶちょう 圏 부장(님) 　かばん 圏 가방 　変える かえる 圏 바꾸다 　去年 きょねん 圏 작년 　売り出す うりだす 圏 발매하다
すごい い형 굉장하다 　人気 にんき 圏 인기 　～から 조 ~니까 　アレンジ 圏 어렌지 　加える くわえる 圏 더하다 　バリエーション 圏 베리에이션
増やす ふやす 圏 늘리다 　思う おもう 圏 생각하다 　ポケット 圏 주머니 　たくさん 閉 많이 　つく 圏 달리다
使いやすい つかいやすい 사용하기 편하다 　友達 ともだち 圏 친구 　評判だ ひょうばんだ な형 평판이 좋다 　大きい おおきい い형 크다
荷物 にもつ 圏 짐 　入る はいる 圏 들어가다 　～のに 조 ~는데 　軽い かるい い형 가볍다 　ところ 圏 점 　生地 きじ 圏 원단 　使う つかう 圏 사용하다
じゃあ 접 그럼 　～ほうがいい ~(하)는 편이 좋다 　色 いろ 圏 색깔 　黒 くろ 圏 검은색 　白 しろ 圏 흰색 　茶色 ちゃいろ 圏 갈색
三色 さんしょく 圏 세 가지 색 　～しか ~밖에 　もっと 閉 더 　明るい あかるい い형 밝다 　出す だす 圏 내다 　～てほしい ~(해) 주면 좋겠다
これから 이제부터, 앞으로 　春 はる 圏 봄 　～にかけて ~에 걸쳐서 　持ち物 もちもの 圏 소지품 　持つ もつ 圏 들다, 가지다 　今年 ことし 圏 올해
流行 りゅうこう 圏 유행 　カラー 圏 컬러 　調べる しらべる 圏 조사하다 　つける 圏 달다, 붙이다

6 중상

[음성]

ラジオで留学エージェントの人が話しています。この会社が一番力を入れていることは何ですか。

F : 弊社は留学をサポートする会社です。留学の目的を明確にするためのカウンセリングから、語学学校への入学手続きやホームステイ先の紹介などの留学準備、そして留学先での生活までしっかりサポートいたします。弊社が特に力を入れているのは、利用者の方が無料で受けられる英会話レッスンです。レッスンはオフライン、オンラインで行われていて、経験豊かな講師たちが分かりやすく教えてくれます。回数に関係なく受けられるので、英語力に自信がない人でも留学前に日常会話レベルの英語力が身に付けられます。

[음성]

라디오에서 유학 에이전트인 사람이 이야기하고 있습니다. 이 회사가 가장 힘을 쏟고 있는 것은 무엇입니까?

F : 저희 회사는 유학을 지원하는 회사입니다. 유학의 목적을 명확하게 하기 위한 상담부터, 어학 학교로의 입학 수속이나 홈스테이 장소 소개 등의 유학 준비, 그리고 유학 장소에서의 생활까지 확실하게 지원합니다. 저희 회사가 특히 힘을 쏟고 있는 것은, 이용자 분이 무료로 들을 수 있는 영어 회화 레슨입니다. 레슨은 오프라인, 온라인으로 진행되고 있고, 경험이 풍부한 강사들이 알기 쉽게 가르쳐 줍니다. 횟수에 관계없이 들을 수 있기 때문에, 영어 실력에 자신이 없는 사람이라도 유학 전에 일상 회화 레벨의 영어 실력을 익힐 수 있습니다.

この会社が一番力を入れていることは何ですか。

이 회사가 가장 힘을 쏟고 있는 것은 무엇입니까?

[문제지]

1 カウンセリング
2 ホームステイ先の紹介
3 りゅうがく生活のサポート
4 英会話レッスン

[문제지]

1 상담
2 홈스테이 장소 소개
3 유학 생활 지원
4 영어 회화 레슨

해설 이 회사가 가장 힘을 쏟고 있는 것이 무엇인지 묻는 문제이다. 여자가 弊社が特に力を入れているのは、利用者の方が無料で受けられる英会話レッスンです(저희 회사가 특히 힘을 쏟고 있는 것은, 이용자 분이 무료로 들을 수 있는 영어 회화 레슨입니다)라고 언급했으므로, 4 英会話レッスン(영어 회화 레슨)이 정답이다.

어휘 ラジオ 圆라디오　留学 りゅうがく 圆유학　エージェント 圆에이전트　会社 かいしゃ 圆회사　一番 いちばん 囲가장
力を入れる ちからをいれる 힘을 쏟다　弊社 へいしゃ 圆저희 회사　サポート 圆지원　目的 もくてき 圆목적　明確だ めいかくだ 伝형명확하다
カウンセリング 圆상담　〜から 조〜부터　語学 ごがく 圆어학　学校 がっこう 圆학교　入学 にゅうがく 圆입학　手続き てつづき 圆수속
ホームステイ先 ホームステイさき 홈스테이 장소　紹介 しょうかい 圆소개　〜など 조〜등　準備 じゅんび 圆준비　そして 졉그리고
留学先 りゅうがくさき 圆유학 장소　生活 せいかつ 圆생활　〜まで 조〜까지　しっかり 囲확실하게　特に とくに 囲특히
利用者 りようしゃ 圆이용자　方 かた 圆분　無料 むりょう 圆무료　受ける うける 圄(수업을) 듣다　英会話 えいかいわ 圆영어 회화
レッスン 圆레슨　オフライン 圆오프라인　オンライン 圆온라인　行う おこなう 圄진행하다　経験 けいけん 圆경험
豊かだ ゆたかだ 伝형풍부하다　講師 こうし 圆강사　教える おしえる 圄가르치다　回数 かいすう 圆횟수　関係 かんけい 圆관계
英語力 えいごりょく 圆영어 실력　自信 じしん 圆자신　前 まえ 圆전, 앞　日常 にちじょう 圆일상　会話 かいわ 圆회화　レベル 圆레벨
身に付ける みにつける 익히다

☞ 문제 3은 문제지에 아무것도 인쇄되어 있지 않습니다. 따라서, 예제를 들려줄 때, 그 내용을 들으면서 개요 이해의 문제 풀이 전략을 떠올려 봅니다. 음성에서 では、始めます(그러면, 시작합니다)가 들리면, 곧바로 문제 풀 준비를 합니다. 디렉션과 예제는 실전모의고사 제1회의 해설(p.47)에서 확인할 수 있습니다.

1 　중

[음성]

会社で女の人と男の人が話しています。

F：長谷川くん、また残業?

M：あ、課長。もう少しだけ資料をまとめてから帰ります。

F：仕事に熱心なのはいいことだけど、休むときはしっかり休まないと。趣味とか自分の好きなことに使う時間も大切だと思うよ。

M：はい。でも、この仕事が本当に好きなので、僕にとっては仕事が趣味のようなものです。

F：その気持ちも分からなくはないけど、仕事と私生活をきちんと分けたほうが集中力が上がるのよ。それに仕事以外に打ち込むことがないと会社を辞めたときに、これから何に時間を使ったらいいんだろうって困っちゃう人もいるって言うし。

M：そうですね。

[음성]

회사에서 여자와 남자가 이야기하고 있습니다.

F : 하세가와 군, 또 잔업?

M : 아, 과장님. 조금만 더 자료를 정리하고 나서 돌아가겠습니다.

F : 일에 열심인 것은 좋은 거지만, 쉴 때는 확실히 쉬지 않으면. 취미라든가 자신이 좋아하는 일에 쓰는 시간도 중요하다고 생각해.

M : 네. 하지만, 이 일을 정말로 좋아하기 때문에, 저에게 있어서는 일이 취미 같은 것입니다.

F : 그 마음도 모르진 않지만, 일과 사생활을 제대로 나누는 편이 집중력이 올라가는 거야. 게다가 일 이외에 몰두할 것이 없으면 회사를 그만뒀을 때에, 앞으로 무엇에 시간을 쓰면 좋을까 하고 곤란해져 버리는 사람도 있다고 하고.

M : 그렇군요.

女の人が言いたいことは何ですか。

1 もっと熱心に仕事してほしい。

2 仕事を趣味にしないでほしい。

3 まだ会社をやめないでほしい。

4 困ったときは聞いてほしい。

여자가 말하고 싶은 것은 무엇입니까?

1 더 열심히 일했으면 좋겠다.

2 일을 취미로 삼지 않았으면 좋겠다.

3 아직 회사를 그만두지 않았으면 좋겠다.

4 곤란할 때는 물어보면 좋겠다.

해설 여자와 남자가 회사에서 어떤 이야기를 하는지 전체적인 흐름을 파악하며 주의 깊게 듣는다. 남자가 僕にとっては仕事が趣味のようなものです(저에게 있어서는 일이 취미 같은 것입니다)라고 하자, 여자가 その気持ちも分からなくはないけど、仕事と私生活をきちんと分けたほうが集中力が上がるのよ(그 마음도 모르진 않지만, 일과 사생활을 제대로 나누는 편이 집중력이 올라가는 거야)라고 했다. 질문에서 여자가 말하고 싶은 것이 무엇인지 묻고 있으므로, 2 仕事を趣味にしないでほしい(일을 취미로 삼지 않았으면 좋겠다)가 정답이다.

어휘 会社 かいしゃ 圏 회사　上司 じょうし 圏 상사　部下 ぶか 圏 부하　また 囲 또　残業 ざんぎょう 圏 잔업, 야근　課長 かちょう 圏 과장(님)
もう少し もうすこし 囲 조금 더　〜だけ 国 〜만　資料 しりょう 圏 자료　まとめる 图 정리하다　帰る かえる 图 돌아가다　仕事 しごと 圏 일
熱心だ ねっしんだ 坛刨 열심이다　休む やすむ 图 쉬다　とき 圏 때　しっかり 囲 확실히　趣味 しゅみ 圏 취미　〜とか 国 〜라든가
自分 じぶん 圏 자신　好きだ すきだ 坛刨 좋아하다　使う つかう 图 쓰다　時間 じかん 圏 시간　大切だ たいせつだ 坛刨 중요하다
思う おもう 图 생각하다　でも 国 하지만　本当に ほんとうに 정말로　〜ので 国 〜때문에　僕 ぼく 圏 저, 나(남자의 자칭)　気持ち きもち 圏 마음
分かる わかる 图 알다　私生活 しせいかつ 圏 사생활　きちんと 囲 제대로　分ける わける 图 나누다　集中力 しゅうちゅうりょく 圏 집중력
上がる あがる 图 올라가다　それに 国 게다가　以外 いがい 圏 이외　打ち込む うちこむ 图 몰두하다　辞める やめる 图 그만두다
これから 앞으로　困る こまる 图 곤란해지다　〜ちゃう 〜(해) 버리다　言う いう 图 (말)하다　もっと 囲 더　聞く きく 图 묻다

2 상

[음성]

テレビでアナウンサーが話しています。

F：こちらの移動スーパーは300種類を超える食料品や日用品をトラックに積んで、利用者の自宅を週に2回訪れるサービスを提供しています。遠くまで買い物に行かなくていいので、足腰が弱いお年寄りには大変うれしいサービスですよね。一人で暮らすお年寄りにとっては、お店の人との交流も楽しみの一つのようです。今ではトラックの数が千台を超えるほどの人気ですが、ビジネスを始めたときは2台からのスタートだったというから驚きです。高齢化が進む日本社会でますます必要とされるサービスになるでしょう。

アナウンサーは主に何について話していますか。

1 移動スーパーを利用する利点

2 おとしよりに人気の商品

3 移動スーパーを始めた理由

4 おとしよりが増えた社会

[음성]

텔레비전에서 아나운서가 이야기하고 있습니다.

F：이쪽의 이동 슈퍼는 300종류가 넘는 식료품과 일용품을 트럭에 싣고, 이용자의 자택을 주에 2회 방문하는 서비스를 제공하고 있습니다. 멀리까지 쇼핑하러 가지 않아도 되기 때문에, 다리와 허리가 약한 노인에게는 대단히 기쁜 서비스지요. 혼자 사는 노인에게 있어서는, 가게 사람과의 교류도 즐거움 중 하나인 것 같습니다. 지금은 트럭의 수가 천 대가 넘을 정도로 인기입니다만, 사업을 시작했을 때는 2대부터 시작이었다고 하니 놀랍습니다. 고령화가 진행되는 일본 사회에서 더욱더 필요한 서비스가 되겠지요.

아나운서는 주로 무엇에 대해 이야기하고 있습니까?

1 이동 슈퍼를 이용하는 이점

2 노인에게 인기인 상품

3 이동 슈퍼를 시작한 이유

4 노인이 늘어난 사회

해설 아나운서가 텔레비전에서 어떤 이야기를 하는지 전체적인 흐름을 파악하며 주의 깊게 듣는다. 아나운서가 移動スーパーは300種類を超える食料品や日用品をトラックに積んで、利用者の自宅を週に2回訪れるサービスを提供(이동 슈퍼는 300종류가 넘는 식료품과 일용품을 트럭에 싣고, 이용자의 자택을 주에 2회 방문하는 서비스를 제공), 足腰が弱いお年寄りには大変うれしいサービス(다리와 허리가 약한 노인에게는 대단히 기쁜 서비스), お店の人との交流も楽しみの一つ(가게 사람과의 교류도 즐거움 중 하나)라고 했다. 질문에서 아나운서가 하는 말의 중심 내용을 묻고 있으므로, 1 移動スーパーを利用する利点(이동 슈퍼를 이용하는 이점)이 정답이다.

어휘 テレビ 圏 텔레비전　アナウンサー 圏 아나운서　移動 いどう 圏 이동　スーパー 圏 슈퍼　種類 しゅるい 圏 종류　超える こえる 图 넘다
食料品 しょくりょうひん 圏 식료품　日用品 にちようひん 圏 일용품　トラック 圏 트럭　積む つむ 图 싣다　利用者 りようしゃ 圏 이용자

自宅 じたく 圏자택　週 しゅう 圏주　訪れる おとずれる 图방문하다　サービス 圏서비스　提供 ていきょう 圏제공　遠くとおく 멀리

~まで 图~까지　買い物 かいもの 圏쇼핑　行くいく 图가다　足腰 あしこし 圏다리와 허리　弱い よわい い형약하다　お年寄り おとしより 圏노인

大変 たいへん 보대단히　うれしい い형기쁘다　暮らす くらす 图살다　お店 おみせ 圏가게　交流 こうりゅう 圏교류　楽しみ たのしみ 圏즐거움

今 いま 圏지금　数 かず 圏수　~ほど 图~정도　人気 にんき 圏인기　ビジネス 圏사업　始める はじめる 图시작하다　スタート 圏시작

驚き おどろき 圏놀라움　高齢化 こうれいか 圏고령화　進む すすむ 图진행되다　日本 にほん 圏일본　社会 しゃかい 圏사회　ますます 보더욱더

必要 ひつよう 圏필요　利用 りよう 圏이용　利点 りてん 圏이점　理由 りゆう 圏이유　増える ふえる 图늘어나다

3　상

<table>
<tr><td>

[음성]

ラジオで男の人が話しています。

M：健康法と言えるか分かりませんが、毎日りんごを一つ食べるようにしています。「一日一個のりんごで医者いらず」ということわざがあるように、りんごは栄養価が高い果物なんです。ミネラルやビタミンが含まれていて、血圧を下げたり、疲れを取ったりする効果があります。赤以外にも青や黄色など様々な種類のりんごがありますが、栄養に違いはありません。普段はそのまま食べることが多いですが、たまにジャムやパイにして食べたりします。

男の人は主に何について話していますか。

1　りんごについてのことわざ
2　りんごの栄養とその効果
3　りんごの種類による違い
4　りんごをおいしく食べる方法

</td><td>

[음성]

라디오에서 남자가 이야기하고 있습니다.

M : 건강법이라고 말할 수 있을지 모르겠습니다만, 매일 사과를 하나 먹도록 하고 있습니다. '하루 한 개의 사과로 의사가 필요 없다'라는 속담이 있듯이, 사과는 영양가가 높은 과일입니다. 미네랄과 비타민이 함유되어 있어, 혈압을 낮추거나, 피로를 풀거나 하는 효과가 있습니다. 빨강 이외에도 파랑이나 노랑 등 다양한 종류의 사과가 있습니다만, 영양에 차이는 없습니다. 평소에는 그대로 먹는 경우가 많습니다만, 가끔 잼이나 파이로 해서 먹거나 합니다.

남자는 주로 무엇에 대해 이야기하고 있습니까?

1　사과에 대한 속담
2　사과의 영양과 그 효과
3　사과의 종류에 따른 차이
4　사과를 맛있게 먹는 방법

</td></tr>
</table>

해설　남자가 라디오에서 어떤 이야기를 하는지 전체적인 흐름을 파악하며 주의 깊게 듣는다. 남자가 一日一個のりんごで医者いらず(하루 한 개의 사과로 의사가 필요 없다), りんごは栄養価が高い果物なんです。ミネラルやビタミンが含まれていて、血圧を下げたり、疲れを取ったりする効果があります(사과는 영양가가 높은 과일입니다. 미네랄과 비타민이 함유되어 있어, 혈압을 낮추거나, 피로를 풀거나 하는 효과가 있습니다)라고 했다. 질문에서 남자가 하는 말의 중심 내용을 묻고 있으므로, 2 りんごの栄養とその効果(사과의 영양과 그 효과)가 정답이다.

어휘　ラジオ 圏라디오　健康法 けんこうほう 圏건강법　言う いう 图말하다　分かる わかる 图알다　毎日 まいにち 圏매일　りんご 圏사과
食べる たべる 图먹다　一日 いちにち 圏하루　医者 いしゃ 圏의사　いる 图필요하다　ことわざ 圏속담　栄養価 えいようか 圏영양가
高い たかい い형높다　果物 くだもの 圏과일　ミネラル 圏미네랄　ビタミン 圏비타민　含む ふくむ 图함유하다　血圧 けつあつ 圏혈압
下げる さげる 图낮추다　疲れ つかれ 圏피로　取る とる 图풀다　効果 こうか 圏효과　赤 あか 圏빨강　以外 いがい 圏이외　青 あお 圏파랑
黄色 きいろ 圏노랑　~など 图~등　様々だ さまざまだ な형다양하다　種類 しゅるい 圏종류　栄養 えいよう 圏영양　違い ちがい 圏차이
普段 ふだん 圏평소　多い おおい い형많다　たまに 가끔　ジャム 圏잼　パイ 圏파이

☞ 문제 4는 예제를 들려줄 때 1번부터 4번까지의 그림을 보고 상황을 미리 떠올려봅니다. 음성에서 では、始めます(그러면, 시작합니다)가 들리면, 곧바로 문제 풀 준비를 합니다. 디렉션과 예제는 실전모의고사 제1회의 해설(p.50)에서 확인할 수 있습니다.

1 중상

[문제지]

[음성]

<ruby>弟<rt>おとうと</rt></ruby>がハンバーガーを<ruby>買<rt>か</rt></ruby>いに<ruby>行<rt>い</rt></ruby>くそうです。<ruby>私<rt>わたし</rt></ruby>も<ruby>食<rt>た</rt></ruby>べたいです。<ruby>弟<rt>おとうと</rt></ruby>に<ruby>何<rt>なん</rt></ruby>と<ruby>言<rt>い</rt></ruby>いますか。

F：1 ハンバーガー、いる？

　　2 <ruby>私<rt>わたし</rt></ruby>の<ruby>分<rt>ぶん</rt></ruby>もお<ruby>願<rt>ねが</rt></ruby>いね。

　　3 <ruby>買<rt>か</rt></ruby>ってきてくれてありがとう。

[음성]

남동생이 햄버거를 사러 간다고 합니다. 나도 먹고 싶습니다. **동생에게 뭐라고 말합니까?**

F：1 햄버거, 필요해?

　　2 **내 몫도 부탁해.**

　　3 사 와 줘서 고마워.

해설 햄버거를 사러 가는 남동생에게 햄버거를 먹고 싶은 누나가 할 수 있는 말을 고르는 문제이다.

　　1 (X) 남동생이 할 수 있는 말이므로 오답이다.
　　2 (O) 私の分もお願いね가 '내 몫도 부탁해'라는 말이므로 정답이다.
　　3 (X) 햄버거를 사러 가는 상황에 맞지 않는 말이므로 오답이다.

어휘 弟 おとうと 圐남동생　ハンバーガー 圐햄버거　買う かう 圄사다　行く いく 圄가다　食べる たべる 圄먹다　いる 圄필요하다
　　分 ぶん 圐몫　お願い おねがい 圐부탁

2 중상

[문제지]

[음성]

<ruby>友達<rt>ともだち</rt></ruby>と<ruby>映画<rt>えいが</rt></ruby>を<ruby>見<rt>み</rt></ruby>る<ruby>時間<rt>じかん</rt></ruby>を<ruby>決<rt>き</rt></ruby>めています。２<ruby>時<rt>じ</rt></ruby>に<ruby>始<rt>はじ</rt></ruby>まる<ruby>映画<rt>えいが</rt></ruby>が<ruby>見<rt>み</rt></ruby>たいです。<ruby>何<rt>なん</rt></ruby>と<ruby>言<rt>い</rt></ruby>いますか。

M：1 <ruby>映画<rt>えいが</rt></ruby>が<ruby>始<rt>はじ</rt></ruby>まるまで２<ruby>時間<rt>じかん</rt></ruby>あるよ。

　　2 ２<ruby>時<rt>じ</rt></ruby>からのでいいんじゃない？

　　3 うーん、２<ruby>時<rt>じ</rt></ruby>はちょっとなぁ。

[음성]

친구와 영화를 볼 시간을 정하고 있습니다. 2시에 시작되는 영화를 보고 싶습니다. 뭐라고 말합니까?

M：1 영화가 시작되기까지 2시간 있어.

　　2 2시부터인 것으로 괜찮지 않아?

　　3 음, 2시는 좀.

해설 2시에 시작되는 영화가 보고 싶은 남자가 친구에게 할 수 있는 말을 고르는 문제이다.

　　1 (X) 상황에 맞지 않는 말이므로 오답이다.
　　2 (O) ２時からのでいいんじゃない가 '2시부터인 것으로 괜찮지 않아?'라는 말이므로 정답이다.
　　3 (X) 2時はちょっとなぁ(2시는 좀)는 2시는 싫다는 의미로 친구가 할 수 있는 말이므로 오답이다.

어휘 友達 ともだち 圐친구　映画 えいが 圐영화　見る みる 圄보다　時間 じかん 圐시간　決める きめる 圄정하다　始まる はじまる 圄시작되다
　　～まで 团~까지　～から 团~부터　ちょっと 囝좀

3 중

[문제지]

[음성]

レストランで頼んだ料理と違うものが出てきました。店員に何と言いますか。

F：1 どの料理を頼みましたか。
　　 2 頼んだことが間違いでした。
　　 3 頼んだの、これじゃないんですけど。

[음성]

레스토랑에서 주문한 요리와 다른 것이 나왔습니다. **점원에게 뭐라고 말합니까?**

F：1 어느 요리를 주문했습니까?
　　 2 주문한 것이 실수였습니다.
　　 3 주문한 거, 이게 아닌데요.

해설 주문한 요리와 다른 것이 나왔을 때 손님이 점원에게 할 수 있는 말을 고르는 문제이다.
　　1 (X) 점원이 할 수 있는 말이므로 오답이다.
　　2 (X) 상황에 맞지 않는 말이므로 오답이다.
　　3 (O) これじゃないんですけど가 '이게 아닌데요'라는 말이므로 정답이다.

어휘 レストラン 몡레스토랑　頼む たのむ 동주문하다　料理 りょうり 몡요리　違う ちがう 동다르다　出る でる 동나오다　店員 てんいん 몡점원
　　間違い まちがい 몡실수

4 상

[문제지]

[음성]

これから授業があります。でも、具合が悪いので帰りたいです。先生に何と言いますか。

F：1 早退させていただけますか。
　　 2 早退してもらえますか。
　　 3 早退させてはいけません。

[음성]

이제부터 수업이 있습니다. 하지만, 몸 상태가 나쁘기 때문에 돌아가고 싶습니다. 선생님에게 뭐라고 말합니까?

F：1 조퇴할 수 있을까요?
　　 2 조퇴해 주실 수 있을까요?
　　 3 조퇴시켜서는 안 됩니다.

해설 몸 상태가 나빠서 돌아가고 싶은 학생이 선생님에게 할 수 있는 말을 고르는 문제이다.
　　1 (O) 早退させていただけますか가 '조퇴할 수 있을까요?'라는 말이므로 정답이다.
　　2 (X) 早退してもらえますか는 '조퇴해 주실 수 있을까요?'라는 말이므로 오답이다.
　　3 (X) 早退させてはいけません은 '조퇴시켜서는 안 됩니다'라는 말이므로 오답이다.

어휘 これから 이제부터　授業 じゅぎょう 몡수업　でも 젭하지만　具合 ぐあい 몡몸 상태　悪い わるい い형나쁘다　帰る かえる 동돌아가다
　　先生 せんせい 몡선생(님)　早退 そうたい 몡조퇴　〜てはいけない ~(해)서는 안 된다

☞ 문제 5는 문제지에 아무것도 인쇄되어 있지 않습니다. 따라서, 예제를 들려줄 때, 그 내용을 들으면서 즉시 응답의 문제 풀이 전략을 떠올려 봅니다. 음성에서 では、始めます(그러면, 시작합니다)가 들리면, 실제 문제 풀 준비를 합니다. 디렉션과 예제는 실전모의고사 제1회의 해설(p.53)에서 확인할 수 있습니다.

1 　중

[음성]	[음성]
F：お住まいはどちらですか。	F：사는 곳은 어느 쪽입니까?
M：1 こちらへどうぞ。	M：1 이쪽으로 오세요.
2 東京の郊外です。	2 도쿄 교외입니다.
3 銀行で働いています。	3 은행에서 일하고 있습니다.

해설 여자가 남자에게 사는 곳이 어디인지 물어보는 상황이다.
　　1 (X) どちら(어느 쪽)와 관련된 こちら(이쪽)를 사용하여 혼동을 준 오답이다.
　　2 (O) 사는 곳을 묻는 말에 적절한 응답이다.
　　3 (X) 사는 곳을 묻는 말에 일하는 곳을 답하였으므로 틀리다.

어휘 お住まい おすまい 圏사는 곳　どちら 圏어느 쪽　こちら 圏이쪽　東京 とうきょう 圏도쿄(지명)　郊外 こうがい 圏교외　銀行 ぎんこう 圏은행
　　働く はたらく 圐일하다

2 　상

[음성]	[음성]
M：雨、弱まってきたよ。これなら午後には止みそうだね。	M：비, 약해졌어. 이 정도면 오후에는 그칠 것 같네.
F：1 うん、止んで良かったよ。	F：1 응, 그쳐서 다행이야.
2 うん、全然止まないね。	2 응, 전혀 멈추지 않네.
3 うん、そうだといいけど。	3 응, 그러면 좋겠는데.

해설 남자가 오후에 비가 그칠 것 같다고 예상하는 상황이다.
　　1 (X) 비가 그칠 것 같다고 말한 상황과 맞지 않다.
　　2 (X) 비가 그칠 것 같다고 말한 상황과 맞지 않다.
　　3 (O) 비가 그칠 것 같다는 말에 동의하는 적절한 응답이다.

어휘 雨 あめ 圏비　弱まる よわまる 圐약해지다　午後 ごご 圏오후　止む やむ 圐그치다　全然 ぜんぜん 圉전혀

3 　중상

[음성]	[음성]
F：友達に誘われて、来週からジムに通うことになりました。	F：친구에게 권유받아서, 다음 주부터 체육관에 다니게 되었습니다.
M：1 会社から近いところですか。	M：1 회사에서 가까운 곳인가요?
2 へえ。通ってみたらどうですか。	2 이야. 다녀 보면 어때요?
3 じゃあ、友達も誘ってください。	3 그럼, 친구도 권유해 주세요.

해설 여자가 남자에게 친구에게 권유받아 다음 주부터 체육관에 다니게 됐다고 말하는 상황이다.
　　1 (O) 체육관에 다니게 됐다는 말에 체육관의 위치를 물어보는 적절한 응답이다.
　　2 (X) 通う(かよう)를 通ってみたら(かよってみたら)로 반복 사용하여 혼동을 준 오답이다.
　　3 (X) 友達に誘われて(ともだちにさそわれて)를 友達も誘って(ともだちもさそって)로 반복 사용하여 혼동을 준 오답이다.

어휘 友達 ともだち 圏친구　誘う さそう 圐권유하다　来週 らいしゅう 圏다음 주　〜から 国~부터　ジム 圏체육관　通う かよう 圐다니다
　　会社 かいしゃ 圏회사　近い ちかい い圐가깝다　じゃあ 圙그럼

4 중

[음성]

F：コンサートの入場には年齢確認が必要です。年齢が分かる身分証はお持ちでしょうか。

M：1 もう確認しましたか。
2 何歳か分かりません。
3 学生証ならあります。

[음성]

F：콘서트 입장에는 연령 확인이 필요합니다. 연령을 알 수 있는 신분증은 가지고 계신가요?

M：1 벌써 확인했습니까?
2 몇 살인지 모릅니다.
3 학생증이라면 있습니다.

해설 여자가 남자에게 연령을 알 수 있는 신분증을 가지고 있는지 물어보는 상황이다.
1 (X) 確認(かくにん)을 반복 사용하여 혼동을 준 오답이다.
2 (X) 年齢(연령)와 관련된 何歳(몇 살)를 사용하여 혼동을 준 오답이다.
3 (O) 신분증을 가지고 있냐는 말에 적절한 응답이다.

어휘 コンサート 圏콘서트 入場 にゅうじょう 圏입장 年齢 ねんれい 圏연령 確認 かくにん 圏확인 必要だ ひつようだ な형필요하다
分かる わかる 圏알다 身分証 みぶんしょう 圏신분증 持つ もつ 圏가지다 もう 児벌써 学生証 がくせいしょう 圏학생증

5 상

[음성]

F：赤信号なのに道を渡ろうとするなんて信じられないよ。
M：1 なんで危ないことをするの？
2 ごめん、信号に気付かなかったんだ。
3 信じてくれないんだね。

[음성]

F：빨간불인데 길을 건너려고 하다니 믿을 수 없어.
M：1 어째서 위험한 짓을 해?
2 미안, 신호를 알아차리지 못했어.
3 믿어 주지 않는구나.

해설 여자가 빨간불인데 길을 건너려고 한 남자를 나무라는 상황이다.
1 (X) 빨간불에 길을 건너려고 한 남자가 할 수 있는 말이 아니다.
2 (O) 나무라는 말에 사과하는 적절한 응답이다.
3 (X) 信じる(しんじる)를 반복 사용하여 혼동을 준 오답이다.

어휘 赤信号 あかしんごう 圏빨간불 ～のに 区～인데 道 みち 圏길 渡る わたる 圏건너다 ～なんて 区~라니 信じる しんじる 圏믿다
危ない あぶない い형위험하다 信号 しんごう 圏신호 気付く きづく 圏알아차리다

6 상

[음성]

M：具合が悪いなら早めに医者に診てもらったほうがいいんじゃない？

F：1 うん。今日病院に行くつもり。
2 そうだね。早く見てみよう。
3 具合悪いの？大丈夫？

[음성]

M：몸 상태가 나쁘면 일찌감치 의사에게 진찰받는 편이 좋지 않아?

F：1 응. 오늘 병원에 갈 생각이야.
2 그렇지. 빨리 봐 보자.
3 몸 상태가 나빠? 괜찮아?

해설 남자가 여자에게 몸 상태가 나쁘면 의사에게 진찰받는 것을 권유하는 상황이다.
1 (O) 진찰받으라는 남자의 권유를 수락하는 적절한 응답이다.
2 (X) 早めに(일찌감치)와 관련된 早く(빨리)를 사용하고, 診る(진찰받다)와 발음이 같은 見る(보다)를 사용하여 혼동을 준 오답이다.
3 (X) 몸 상태가 안 좋은 사람이 할 수 있는 말이 아니다.

어휘 具合 ぐあい 圏몸 상태 悪い わるい い형나쁘다 早めに はやめに 일찌감치 医者 いしゃ 圏의사 診る みる 圏진찰하다 今日 きょう 圏오늘
病院 びょういん 圏병원 行く いく 圏가다 ～つもり ~(할) 생각이다 早い はやい い형빠르다 大丈夫だ だいじょうぶだ な형괜찮다

꼭! 알아두기 ～ほうがいいんじゃない？(~편이 좋지 않아?)는 어떤 것을 권유하거나 조언하는 표현이므로, 수락하거나 반대하는 내용을 정답으로 고른다.

7 상

[음성]

F：このセーター、使用済みのペットボトルを材料としてるんだって。

M：1　ペットボトルの材料は何？

　　2　セーターがペットボトルになるの？

　　3　ペットボトルからできてるってこと？

[음성]

F：이 스웨터, 사용이 끝난 페트병을 재료로 하고 있대.

M：1　페트병의 재료는 뭐야?

　　2　스웨터가 페트병이 되는 거야?

　　3　페트병으로 만들어졌다는 거야?

해설 여자가 남자에게 스웨터의 재료가 사용이 끝난 페트병이라는 사실을 알려주는 상황이다.

1 (X) 재료가 페트병이라고 알려줬는데 페트병의 재료를 묻고 있으므로 상황에 맞지 않다.

2 (X) 스웨터의 재료가 페트병이라고 한 상황과 맞지 않다.

3 (O) 스웨터의 재료가 페트병이라는 사실을 재차 확인하는 적절한 응답이다.

어휘 セーター 圀스웨터　使用済み しようずみ 사용이 끝남　ペットボトル 圀페트병　材料 ざいりょう 圀재료

---

8 중

[음성]

M：鈴木さん、コピー用紙が切れてるから総務部に電話しといてくれる？

F：1　はい、私がコピーしますね。

　　2　はい、伝えておきます。

　　3　あ、電話が切れてしまいました。

[음성]

M：스즈키 씨, 복사 용지가 다 떨어졌으니까 총무부에 전화해 놔 줄래?

F：1　네, 제가 복사할게요.

　　2　네, 전해 두겠습니다.

　　3　아, 전화가 끊어져 버립니다.

해설 남자가 스즈키 씨, 즉 여자에게 복사 용지가 다 떨어졌으니 총무부에 전화해 달라고 요청하는 상황이다.

1 (X) コピー를 반복 사용하여 혼동을 준 오답이다.

2 (O) 총무부에 전화해 달라는 요청을 수락하는 적절한 응답이다.

3 (X) 電話(でんわ)와 切れて(きれて)를 반복 사용하여 혼동을 준 오답이다.

어휘 コピー 圀복사　用紙 ようし 圀용지　切れる きれる 图떨어지다, 끊어지다　～から 图~니까　総務部 そうむぶ 圀총무부　電話 でんわ 圀전화　～とく ~(해) 놓다, ~(해) 두다　伝える つたえる 图전하다　～ておく ~(해) 두다, ~(해) 놓다　～てしまう ~(해) 버리다

꼭! 알아두기 ～てくれる？(~해 줄래?), ～てくれない？(~해 주지 않을래?)는 상대에게 무언가를 요청하는 표현이므로 수락하거나 거절하는 내용을 정답으로 고른다.

---

9 상

[음성]

F：このケーキ、値段のわりにおいしいね。

M：1　やっぱり高いからかな。

　　2　今度ケーキの作り方教えて。

　　3　安いケーキとは思えないよ。

[음성]

F：이 케이크, 가격에 비해 맛있네.

M：1　역시 비싸기 때문일까.

　　2　이다음에 케이크 만드는 법 알려 줘.

　　3　싼 케이크라고는 생각되지 않아.

해설 여자가 케이크가 가격에 비해 맛있다고 감탄하는 상황이다.

1 (X) 가격에 비해 맛있다는 말은 가격이 싸다는 말이므로 상황에 맞지 않은 응답이다.

2 (X) ケーキ를 반복 사용하여 혼동을 준 오답이다.

3 (O) 가격에 비해 맛있다는 말에 동의하는 적절한 응답이다.

어휘 ケーキ 圀케이크　値段 ねだん 圀가격　～わりに ~에 비해　おいしい い형맛있다　やっぱり 凰역시　高い たかい い형비싸다　～から 图~때문　今度 こんど 圀이다음　作り方 つくりかた 圀만드는 법　教える おしえる 图알려 주다　安い やすい い형싸다　思える おもえる 图생각되다

일본어도 역시,
1위 해커스

japan.Hackers.com

실전모의고사 제4회

언어지식(문자 · 어휘)

문제 1		문제 4	
1	4	**26**	4
2	2	**27**	2
3	2	**28**	3
4	1	**29**	4
5	3	**30**	2
6	3	**문제 5**	
7	1	**31**	1
8	4	**32**	3
문제 2		**33**	2
9	2	**34**	4
10	1	**35**	2
11	2		
12	4		
13	4		
14	1		
문제 3			
15	1		
16	3		
17	1		
18	4		
19	4		
20	3		
21	2		
22	3		
23	1		
24	1		
25	2		

언어지식(문법)

문제 1	
1	2
2	1
3	3
4	3
5	4
6	1
7	3
8	2
9	3
10	3
11	2
12	1
13	4
문제 2	
14	3
15	1
16	4
17	1
18	3
문제 3	
19	1
20	3
21	4
22	1
23	3

독해

문제 4	
24	3
25	4
26	4
27	1
문제 5	
28	2
29	1
30	4
31	2
32	3
33	4
문제 6	
34	1
35	2
36	4
37	4
문제 7	
38	3
39	3

청해

문제 1		문제 4	
1	2	**1**	2
2	3	**2**	1
3	3	**3**	3
4	4	**4**	2
5	4	**문제 5**	
6	4	**1**	1
문제 2		**2**	2
1	2	**3**	2
2	1	**4**	1
3	1	**5**	3
4	2	**6**	2
5	1	**7**	1
6	4	**8**	3
문제 3		**9**	1
1	3		
2	2		
3	4		

문제 1의 디렉션

問題1 _____ のことばの読み方として最もよいものを、1・2・3・4から一つえらびなさい。	문제1 _____의 말의 읽는 법으로 가장 알맞은 것을, 1·2·3·4 에서 하나 고르세요.

---

1 중

あの通りの角で降ろしてください。	저 길모퉁이에서 내려 주세요.
1 はし	1 가장자리
2 うら	2 뒤
3 さき	3 앞
4 かど	**4 모퉁이**

해설 角는 4 かど로 발음한다.

어휘 角 かど 图모퉁이 はし 图가장자리 うら 图뒤 さき 图앞 通り とおり 图길 降ろす おろす 图내리다

---

2 상

入口にある看板を見て店に入った。	입구에 있는 간판을 보고 가게에 들어갔다.
1 かんぱん	1 X
2 かんばん	**2 간판**
3 けんぱん	3 X
4 けんばん	4 X

해설 看板은 2 かんばん으로 발음한다. ばん이 탁음인 것에 주의한다.

어휘 看板 かんばん 图간판 入口 いりぐち 图입구 見る みる 图보다 店 みせ 图가게 入る はいる 图들어가다

---

3 중상

ここは駐車が禁止されている場所です。	여기는 주차가 금지되어 있는 장소입니다.
1 じゅうしゃ	1 X
2 ちゅうしゃ	**2 주차**
3 じゅうじゃ	3 X
4 ちゅうじゃ	4 X

해설 駐車는 2 ちゅうしゃ로 발음한다. 駐는 ちゅう인 것과 しゃ가 탁음이 아닌 것에 주의한다.

어휘 駐車 ちゅうしゃ 图주차 禁止 きんし 图금지 場所 ばしょ 图장소

---

4 상

気になるいくつかの商品の特徴を比べた。	관심 가는 몇 가지 상품의 특징을 비교했다.
1 くらべた	**1 비교했다**
2 しらべた	2 조사했다
3 のべた	3 진술했다
4 ならべた	4 늘어놓았다

해설 比べた는 1 くらべた로 발음한다.

어휘 比べる くらべる 图비교하다 調べる しらべる 图조사하다 述べる のべる 图진술하다 並べる ならべる 图늘어놓다
気になる きになる 관심 가다, 신경 쓰이다 いくつ 图몇 가지 商品 しょうひん 图상품 特徴 とくちょう 图특징

---

5 중상

毎日往復2時間かけて会社に通っている。	매일 왕복 2시간 들여서 회사를 다니고 있다.
1 おふく	1 X
2 おぶく	2 X
3 おうふく	**3 왕복**
4 おうぶく	4 X

해설 往復는 3 おうふく로 발음한다. おう가 장음인 것과 ふく가 탁음이 아닌 것에 주의한다.

어휘 往復 おうふく 명 왕복　毎日 まいにち 명 매일　時間 じかん 명 시간　かける 동 (시간, 돈을) 들이다　会社 かいしゃ 명 회사　通う かよう 동 다니다

꼭! 알아두기 復가 포함된 명사로 復習(ふくしゅう, 복습), 回復(かいふく, 회복)를 함께 알아 둔다.

6 중상

歴史的な建物を壊さずに長く保存していきたい。		역사적인 건물을 부수지 않고 오래 보존해 가고 싶다.	
1 ほがん	2 ほかん	1 X	2 보관
3 ほぞん	4 ほそん	**3 보존**	4 X

해설 保存은 3 ほぞん으로 발음한다. ぞん이 탁음인 것에 주의한다. 2 ほかん은 3 ほぞん과 같은 한자를 포함하고 의미가 비슷한 保管(보관)의 발음을 써서 혼동을 준 오답이다.

어휘 保存 ほぞん 명 보존　保管 ほかん 명 보관　歴史的だ れきしてきだ な형 역사적이다　建物 たてもの 명 건물　壊す こわす 동 부수다　～ずに ~(하)지 않고　長い ながい い형 오래다, 길다

7 중

この行事は 300 年も前から行われているそうだ。		이 행사는 300년이나 전부터 시행되고 있다고 한다.	
1 ぎょうじ	2 こうじ	**1 행사**	2 X
3 ぎょうごと	4 こうごと	3 X	4 X

해설 行事는 1 ぎょうじ로 발음한다. 行事의 行는 두 가지 음독 ぎょう와 こう 중 ぎょう로 발음하는 것에 주의하고, 事는 음독 じ, 훈독 こと 중 음독 じ로 발음하는 것에 주의한다.

어휘 行事 ぎょうじ 명 행사　前 まえ 명 전　～から 조 ~부터　行う おこなう 동 시행하다　～そうだ ~라고 한다

꼭! 알아두기 行가 포함된 명사로 行儀(ぎょうぎ, 예의), 流行(りゅうこう, 유행), 旅行(りょこう, 여행)를 발음에 유의하여 구별해서 알아 둔다.

8 중상

激しい雨が降っている。		세찬 비가 내리고 있다.	
1 けわしい	2 くやしい	1 험한	2 분한
3 くるしい	**4 はげしい**	3 괴로운	**4 세찬**

해설 激しい는 4 はげしい로 발음한다.

어휘 激しい はげしい い형 세차다, 격심하다　険しい けわしい い형 험하다　悔しい くやしい い형 분하다　苦しい くるしい い형 괴롭다　雨 あめ 명 비　降る ふる 동 내리다　～ている ~(하)고 있다

문제 2의 디렉션

問題2 ＿＿＿＿のことばを漢字で書くとき、最もよいものを、1・2・3・4から一つえらびなさい。	문제2 ＿＿＿ 의 말을 한자로 쓸 때, 가장 알맞은 것을, 1·2·3·4 에서 하나 고르세요.

9 상

選挙で応援している政治家にとうひょうした。		선거에서 응원하고 있는 정치가에게 투표했다.	
1 投標	**2 投票**	1 X	**2 투표**
3 役標	4 役票	3 X	4 X

해설 とうひょう는 2 投票로 표기한다. 投(とう, 던지다)를 선택지 3과 4의 役(やく, 역할)와 구별해서 알아 두고, 票(ひょう, 표)를 선택지 1과 3의 標(ひょう, 표시)와 구별해서 알아 둔다.

어휘 投票 とうひょう 명 투표　選挙 せんきょ 명 선거　応援 おうえん 명 응원　政治家 せいじか 명 정치가

息子は高校生になってから成績が<u>おちて</u>いて心配だ。

		아들은 고등학생이 되고 나서 성적이 <u>떨어지고</u> 있어서 걱정이다.	
1 落ちて	2 下ちて	**1 떨어지고**	2 X
3 低ちて	4 減ちて	3 X	4 X

해설 おちて는 1 落ちて로 표기한다.

어휘 落ちる おちる 图떨어지다 息子 むすこ 圏아들 高校生 こうこうせい 圏고등학생 ~てから ~(하)고 나서 成績 せいせき 圏성적
　　心配だ しんぱいだ [な형] 걱정이다

---

11 중

この木は枝が<u>ほそくて</u>弱々しい。

		이 나무는 가지가 <u>가늘고</u> 약하다.	
1 少くて	**2 細くて**	1 X	**2 가늘고**
3 薄くて	4 軽くて	3 얇고	4 가볍고

해설 ほそくて는 2 細くて로 표기한다.

어휘 細い ほそい [い형]가늘다 薄い うすい [い형]얇다 軽い かるい [い형]가볍다 木 き 圏나무 弱々しい よわよわしい [い형]약하다, 연약하다

---

12 중상

社会には<u>たよう</u>な考えを持った人々がいる。

		사회에는 <u>다양</u>한 생각을 가진 사람들이 있다.	
1 他洋	2 他様	1 X	2 X
3 多洋	**4 多様**	3 X	**4 다양**

해설 たよう는 4 多様로 표기한다. 多(た, 많다)를 선택지 1과 2의 他(た, 다름)와 구별해서 알아 두고, 様(よう, 모양)를 선택지 1과 3의 洋(よう,
　　큰 바다)와 구별해서 알아 둔다.

어휘 多様だ たようだ [な형]다양하다 社会 しゃかい 圏사회 考え かんがえ 圏생각 持つ もつ 图가지다 人々 ひとびと 圏사람들

꼭! 알아두기 多가 포함된 명사로 多少(たしょう, 다소), 多量(たりょう, 다량)를 함께 알아 둔다.

---

13 상

この自動車の<u>ねんりょう</u>はガソリンです。

		이 자동차의 <u>연료</u>는 휘발유입니다.	
1 焼量	2 燃量	1 X	2 X
3 焼料	**4 燃料**	3 X	**4 연료**

해설 ねんりょう는 4 燃料로 표기한다. 燃(ねん, 타다)을 선택지 1과 3의 焼(しょう, 태우다)와 구별해서 알아 두고, 料(りょう, 재료)를 선택지 1과
　　2의 量(りょう, 양)과 구별해서 알아 둔다.

어휘 燃料 ねんりょう 圏연료 自動車 じどうしゃ 圏자동차 ガソリン 圏휘발유, 가솔린

---

14 중

上司に山口さんへの<u>でんごん</u>を頼まれた。

		상사에게 야마구치 씨에게로의 <u>전언</u>을 부탁받았다.	
1 伝言	2 伝語	**1 전언**	2 X
3 電言	4 電語	3 X	4 X

해설 でんごん은 1 伝言으로 표기한다. 伝(でん, 전하다)을 선택지 3과 4의 電(でん, 번개)과 구별해서 알아 두고, 言(ごん, 말)을 선택지 2와 4의
　　語(ご, 언어)와 구별해서 알아 둔다.

어휘 伝言 でんごん 圏전언 上司 じょうし 圏상사 頼む たのむ 图부탁하다

꼭! 알아두기 伝言(でんごん, 전언)은 빈출 어휘이므로 한자와 발음을 정확하게 알아 둔다.

問題3 （　　　）に入れるのに最もよいものを、1・2・3・4から一つえらびなさい。	문제3 （　　　）에 넣을 것으로 가장 알맞은 것을, 1·2·3·4에서 하나 고르세요.

15 중

急に予定が入って、飛行機のチケットを（　　　）した。	갑자기 예정이 생겨서, 비행기 티켓을 （　　　）했다.
1 キャンセル　　　2 ストップ	**1 취소**　　　2 정지
3 カット　　　4 チェック	3 자름　　　4 체크

해설 선택지가 모두 명사이다. 괄호 앞의 내용과 함께 쓸 때 急に予定が入って、飛行機のチケットをキャンセル(갑자기 예정이 생겨서, 비행기 티켓을 취소)라는 문맥이 가장 자연스러우므로 1 キャンセル(취소)가 정답이다. 2는 列車がストップする(열차가 정지하다), 3은 髪をカットする(머리를 자르다), 4는 メールをチェックする(이메일을 체크하다)로 자주 쓰인다.

어휘 急に きゅうに 갑자기　予定 よてい 圏예정　入る はいる 圄생기다, 들어오다　飛行機 ひこうき 圏비행기　チケット 티켓　キャンセル 圏취소　ストップ 圏정지　カット 자름　チェック 圏체크

16 중상

スポーツ大会で、クラスメイトとの仲が（　　　）気がする。	스포츠 대회로, 반 친구와의 사이가 （　　　）느낌이 든다.
1 増えた　　　2 伸びた	1 늘어난　　　2 자란
3 深まった　　　4 広がった	**3 깊어진**　　　4 퍼진

해설 선택지가 모두 동사이다. 괄호 앞의 내용과 함께 쓸 때 クラスメイトとの仲が深まった(반 친구와의 사이가 깊어진)라는 문맥이 가장 자연스러우므로 3 深まった(깊어진)가 정답이다. 1은 人口が増える(인구가 늘어나다), 2는 背が伸びる(키가 자라다), 4는 うわさが広がる(소문이 퍼지다)로 자주 쓰인다.

어휘 スポーツ 圏스포츠　大会 たいかい 圏대회　クラスメイト 圏반 친구　仲 なか 圏사이　気がする きがする 느낌이 들다　増える ふえる 圄늘어나다　伸びる のびる 圄자라다, 퍼지다　深まる ふかまる 圄깊어지다　広がる ひろがる 圄퍼지다

17 중상

その映画は、ある事情により公開の時期が（　　　）された。	그 영화는, 어떤 사정에 의해 공개 시기가 （　　　）되었다.
1 延期　　　2 遅刻	**1 연기**　　　2 지각
3 渋滞　　　4 制限	3 정체　　　4 제한

해설 선택지가 모두 명사이다. 괄호 앞뒤의 내용과 함께 쓸 때 事情により公開の時期が延期された(사정에 의해 공개 시기가 연기되었다)라는 문맥이 가장 자연스러우므로 1 延期(연기)가 정답이다. 2는 学校に遅刻する(학교에 지각하다), 3은 道路が渋滞する(도로가 정체되다), 4는 入場を制限する(입장을 제한하다)로 자주 쓰인다.

어휘 映画 えいが 圏영화　事情 じじょう 圏사정　～により ~에 의해　公開 こうかい 圏공개　時期 じき 圏시기　延期 えんき 圏연기　遅刻 ちこく 圏지각　渋滞 じゅうたい 圏정체　制限 せいげん 圏제한

18 상

面接では、相手の目を見て（　　　）話すことが大事です。	면접에서는, 상대의 눈을 보고 （　　　）이야기하는 것이 중요합니다.
1 どきどき　　　2 ぶつぶつ	1 두근두근　　　2 투덜투덜
3 とんとん　　　**4 はきはき**	3 똑똑　　　**4 시원시원**

해설 선택지가 모두 부사이다. 괄호 앞뒤의 내용과 함께 쓸 때 面接では、相手の目を見てはきはき話すことが大事です(면접에서는, 상대의 눈을 보고 시원시원 이야기하는 것이 중요합니다)라는 문맥이 가장 자연스러우므로 4 はきはき(시원시원)가 정답이다. 1은 胸がどきどきする

(가슴이 두근두근하다), 2는 ぶつぶつ文句を言う(투덜투덜 불만을 말하다), 3은 とんとんノックする(똑똑 노크하다)로 자주 쓰인다.

어휘 面接 めんせつ 圏면접　相手 あいて 圏상대　目 め 圏눈　見る みる 圏보다　話す はなす 圏이야기하다　大事だ だいじだ な형중요하다
　　 どきどき 图두근두근　ぶつぶつ 图투덜투덜　とんとん 图똑똑　はきはき 图시원시원

19　중상

お昼に駅で友達と（　　　　）デパートに行った。		낮에 역에서 친구와 (　　　) 백화점에 갔다.	
1 見かけて	2 知り合って	1 봐서	2 알게 돼서
3 呼びかけて	**4 待ち合わせて**	3 호소해서	**4 만나서**

해설 선택지가 모두 동사이다. 괄호 앞뒤의 내용과 함께 쓸 때 友達と待ち合わせてデパートに行った(친구와 만나서 백화점에 갔다)라는 문맥이
가장 자연스러우므로 4 待ち合わせて(만나서)가 정답이다. 1은 彼をよく見かける(그를 자주 본다), 2는 旅行先で知り合う(여행지에서 알게
되다), 3은 協力を呼びかける(협력을 호소하다)로 자주 쓰인다.

어휘 お昼 おひる 圏낮　駅 えき 圏역　友達 ともだち 圏친구　デパート 圏백화점　行く いく 圏가다　見かける みかける 圏(우연히) 보다, (얼핏) 보다
　　 知り合う しりあう 圏알게 되다　呼びかける よびかける 圏호소하다　待ち合わせる まちあわせる 圏(약속하여) 만나다

20　상

彼のことを（　　　）見ていたら、目が合った。		그를 (　　　) 보고 있었더니, 눈이 마주쳤다.	
1 ざっと	2 ほっと	1 대충	2 안심하고
3 じっと	4 やっと	**3 지그시**	4 겨우

해설 선택지가 모두 부사이다. 괄호 앞뒤의 내용과 함께 쓸 때 彼のことをじっと見ていたら(그를 지그시 보고 있었더니)라는 문맥이 가장 자연스러
우므로 3 じっと(지그시)가 정답이다. 1은 ざっと読む(대충 읽다), 2는 けがをしなくてほっとする(다치지 않아서 안심하다), 4는 やっと出来
上がる(겨우 완성되다)로 자주 쓰인다.

어휘 彼 かれ 圏그　見る みる 圏보다　～たら ~(했)더니　目が合う めがあう 눈이 마주치다　ざっと 图대충　ほっと 图안심하고, 후유　じっと 图지그시
　　 やっと 图겨우

21　중

優勝が（　　　）だと言われていたチームが予選で負けて驚いた。		우승이 (　　　) 하다고 말해지고 있던 팀이 예선에서 져서 놀랐다.	
1 正確	2 確実	1 정확	**2 확실**
3 完全	4 素直	3 완전	4 솔직

해설 선택지가 모두 な형용사이다. 괄호 앞뒤의 내용과 함께 쓸 때 優勝が確実だと言われていた(우승이 확실하다고 말해지고 있던)라는 문맥이
가장 자연스러우므로 2 確実(확실)가 정답이다. 1은 計算が正確だ(계산이 정확하다), 3은 データが完全に消される(데이터가 완전하게 제
거되다), 4는 彼は素直だ(그는 솔직하다)로 자주 쓰인다.

어휘 優勝 ゆうしょう 圏우승　チーム 圏팀　予選 よせん 圏예선　負ける まける 圏지다　驚く おどろく 圏놀라다　正確だ せいかくだ な형정확하다
　　 確実だ かくじつだ な형확실하다　完全だ かんぜんだ な형완전하다　素直だ すなおだ な형솔직하다

22　중상

食事中、音を立てて食べていたら、母に（　　　　）が悪いと注意された。		식사 중, 소리를 내며 먹고 있었더니, 어머니에게 (　　　) 가 없다고 주의받았다.	

1 調子 _{ちょう し}	2 表情 _{ひょうじょう}		1 몸 상태		2 표정	
3 行儀 _{ぎょう ぎ}	4 性格 _{せいかく}		**3 예의**		4 성격	

해설 선택지가 모두 명사이다. 괄호 앞뒤의 내용과 함께 쓸 때 食事中、音を立てて食べていたら、母に行儀が悪いと注意された(식사 중, 소리를 내며 먹고 있었더니, 어머니에게 예의가 없다고 주의받았다)라는 문맥이 가장 자연스러우므로 3 行儀(예의)가 정답이다. 1은 調子が悪い (몸 상태가 좋지 않다), 2는 表情が暗い(표정이 어둡다), 4는 性格が悪い(성격이 나쁘다)로 자주 쓰인다.

어휘 食事 しょくじ 図식사　〜中 〜ちゅう ~중　音を立てる おとをたてる 소리를 내다　食べる たべる 图먹다　〜たら ~(했)더니　母 はは 図어머니
　　　行儀が悪い ぎょうぎがわるい 예의가 없다　注意 ちゅうい 図주의　調子 ちょうし 図몸 상태　表情 ひょうじょう 図표정　性格 せいかく 図성격

23 중상

アンケートの結果を（　　　　）、今日中に見せてください。		설문 조사의 결과를 （　　　），오늘 중으로 보여 주세요.	
1 まとめて	2 ためて	**1 정리해서**	2 모아서
3 かさねて	4 しばって	3 포개서	4 묶어서

해설 선택지가 모두 동사이다. 괄호 앞뒤의 내용과 함께 쓸 때 アンケートの結果をまとめて、今日中に見せてください(설문 조사의 결과를 정리해서, 오늘 중으로 보여 주세요)라는 문맥이 가장 자연스러우므로 1 まとめて(정리해서)가 정답이다. 2는 お金をためる(돈을 모으다), 3은 皿をかさねる(접시를 포개다), 4는 髪をしばる(머리카락을 묶다)로 자주 쓰인다.

어휘 アンケート 図설문 조사　結果 けっか 図결과　今日 きょう 図오늘　〜中 〜じゅう ~중　見せる みせる 图보이다　まとめる 图정리하다
　　　ためる 图모으다　かさねる 图포개다　しばる 图묶다

24 중상

この機械は免許がないと（　　　）することができません。		이 기계는 면허가 없으면 （　　　） 할 수 없습니다.	
1 操作 _{そう さ}	2 経営 _{けいえい}	**1 조작**	2 경영
3 行動 _{こうどう}	4 活用 _{かつよう}	3 행동	4 활용

해설 선택지가 모두 명사이다. 괄호 앞뒤의 내용과 함께 쓸 때 この機械は免許がないと操作することができません(이 기계는 면허가 없으면 조작할 수 없습니다)이라는 문맥이 가장 자연스러우므로 1 操作(조작)가 정답이다. 2는 会社を経営する(회사를 경영하다), 3은 ルールに従って行動する(규칙에 따라서 행동하다), 4는 効果的に活用する(효과적으로 활용하다)로 자주 쓰인다.

어휘 機械 きかい 図기계　免許 めんきょ 図면허　操作 そうさ 図조작　経営 けいえい 図경영　行動 こうどう 図행동　活用 かつよう 図활용

25 중

子どもたちが紙で作った飛行機を空に（　　　）遊んでいる。 _{ひ こう き}		아이들이 종이로 만든 비행기를 하늘로 （　　　） 놀고 있다.	
		1 펴서	**2 날려**
1 のばして	**2 とばして**	3 흘려	4 건네
3 ながして	4 わたして		

해설 선택지가 모두 동사이다. 괄호 앞의 내용과 함께 쓸 때 紙で作った飛行機を空にとばして(종이로 만든 비행기를 하늘로 날려)라는 문맥이 가장 자연스러우므로 2 とばして(날려)가 정답이다. 1은 腕をのばす(팔을 펴다), 3은 汗をながす(땀을 흘리다), 4는 資料をわたす(자료를 건네다)로 자주 쓰인다.

어휘 子ども こども 図아이　紙 かみ 図종이　作る つくる 图만들다　飛行機 ひこうき 図비행기　空 そら 図하늘　遊ぶ あそぶ 图놀다　のばす 图펴다
　　　とばす 图날리다　ながす 图흘리다　わたす 图건네다

문제 4의 디렉션

問題４　_____ に意味が最も近いものを、１・２・３・４から一つえらびなさい。	문제4　_____ 에 의미가 가장 가까운 것을, 1·2·3·4에서 하나 고르세요.

26 중

この携帯電話にはさまざまな機能がある。		이 휴대 전화에는 갖가지 기능이 있다.	
1 便利な	2 複雑な	1 편리한	2 복잡한
3 新たな	**4 いろいろな**	3 새로운	**4 여러 가지의**

해설 さまざまな가 '갖가지'라는 의미이므로, 의미가 가장 비슷한 4 いろいろな(여러 가지의)가 정답이다.

어휘 携帯電話 けいたいでんわ 圏 휴대 전화 さまざまだ な형 갖가지다 機能 きのう 圏 기능 便利だ べんりだ な형 편리하다
　　複雑だ ふくざつだ な형 복잡하다 新ただ あらただ な형 새롭다 いろいろだ な형 여러 가지이다

27 상

彼はあまいものを控えているそうだ。		그는 단것을 삼가고 있다고 한다.	
1 買おうと思っている	**2 食べないようにしている**	1 사려고 생각하고 있다	**2 먹지 않도록 하고 있다**
3 作ろうと思っている	4 あげないようにしている	3 만들려고 생각하고 있다	4 주지 않도록 하고 있다

해설 控えている가 '삼가고 있다'라는 의미이므로, 이와 교체하여도 문장의 의미가 바뀌지 않는 2 食べないようにしている(먹지 않도록 하고 있다)
가 정답이다.

어휘 彼 かれ 圏 그 あまい い형 달다 控える ひかえる 圏 삼가다 ~そうだ ~라고 한다 買う かう 圏 사다 ~ようと思う ~ようとおもう ~(하)려고 생각하다
　　食べる たべる 圏 먹다 ~ようにする ~(하)도록 하다 作る つくる 圏 만들다 あげる 圏 주다

28 중상

空港までの連絡バスはただです。		공항까지의 연락 버스는 공짜입니다.	
1 運休	2 満席	1 운휴	2 만석
3 無料	4 直通	**3 무료**	4 직통

해설 ただ가 '공짜'라는 의미이므로, 의미가 같은 3 無料(무료)가 정답이다.

어휘 空港 くうこう 圏 공항 ~まで 图 ~까지 連絡 れんらく 圏 연락 バス 圏 버스 ただ 圏 공짜 運休 うんきゅう 圏 운휴 満席 まんせき 圏 만석
　　無料 むりょう 圏 무료 直通 ちょくつう 圏 직통

29 중

最近、あのドラマがブームらしい。		최근, 저 드라마가 붐이라고 한다.	
1 見られている	2 放送されている	1 봐지고 있	2 방송되고 있
3 楽しまれている	**4 はやっている**	3 즐겨지고 있	**4 유행하고 있**

해설 ブーム가 '붐'이라는 의미이므로, 이와 교체하여도 문장의 의미가 바뀌지 않는 4 はやっている(유행하고 있)가 정답이다.

어휘 最近 さいきん 圏 최근 ドラマ 圏 드라마 ブーム 圏 붐 ~らしい ~라고 한다 見る みる 圏 보다 放送 ほうそう 圏 방송
　　楽しむ たのしむ 圏 즐기다 はやる 圏 유행하다

꼭! 알아두기 ブーム(붐)의 유의어로 大人気(だいにんき, 크게 인기), 大好評(だいこうひょう, 크게 호평)를 함께 알아 둔다.

30 중

石川さんとは相変わらず親しくしている。		이시카와 씨와는 여전히 친하게 지내고 있다.	
1 前よりもずっと	**2 前と同じで**	1 전보다도 훨씬	**2 전과 같이**
3 この頃特に	4 この頃になって	3 최근 특히	4 최근이 되어

해설 相変わらず가 '여전히'라는 의미이므로, 이와 교체하여도 문장의 의미가 바뀌지 않는 2 前と同じで(전과 같이)가 정답이다.

어휘 相変わらず あいかわらず 凰 여전히 親しくする したしくする 친하게 지내다 前 まえ 圏 전, 앞 ~より 图 ~보다 ずっと 凰 훨씬
　　同じだ おなじだ な형 같다 この頃 このごろ 최근 特に とくに 凰 특히

問題 5 つぎのことばの使い方として最もよいものを、1・2・3・4から一つえらびなさい。	문제5 다음의 말의 사용법으로 가장 알맞은 것을, 1·2·3·4에서 하나 고르세요.

31 중상

訪問(ほうもん)	방문
1 新製品について担当者と話し合うため、取引先を訪問した。	1 신제품에 대해 담당자와 서로 이야기하기 위해, 거래처를 방문했다.
2 梅雨が明けて、ずっと待っていた夏がようやく訪問します。	2 장마가 끝나고, 계속 기다리고 있던 여름이 드디어 방문합니다.
3 水曜日は午前中に講義がないから、12時ごろ大学に訪問する。	3 수요일은 오전 중에 강의가 없기 때문에, 12시 즈음 대학에 방문한다.
4 家に帰る途中、コンビニに訪問して夕飯を買うつもりだ。	4 집으로 돌아가는 도중, 편의점에 방문해서 저녁을 살 예정이다.

해설 訪問(방문)은 어떤 사람이나 장소를 찾아가서 만나거나 보는 경우에 사용한다. 1의 取引先を訪問した(거래처를 방문했다)에서 올바르게 사용되었으므로 1이 정답이다. 참고로, 2는 訪れる(おとずれる, 찾아오다), 3은 行く(いく, 가다), 4는 寄る(よる, 들르다)를 사용하는 것이 올바른 문장이다.

어휘 訪問 ほうもん 圓방문　新製品 しんせいひん 圓신제품　〜について 〜에 대해　担当者 たんとうしゃ 圓담당자　話し合う はなしあう 圄서로 이야기하다　取引先 とりひきさき 圓거래처　梅雨 つゆ 圓장마　明ける あける 圄끝나다　ずっと 囲계속　待つ まつ 圄기다리다　夏 なつ 圓여름　ようやく 囲드디어　水曜日 すいようび 圓수요일　午前中 ごぜんちゅう 오전 중　講義 こうぎ 圓강의　〜から 圂〜때문에　大学 だいがく 圓대학　家 いえ 圓집　帰る かえる 圄돌아가다　途中 とちゅう 圓도중　コンビニ 圓편의점　夕飯 ゆうはん 圓저녁(식사)　買う かう 圄사다　〜つもりだ 〜(할) 예정이다

32 상

オーバー	초과
1 大雨で川の水がオーバーすれば、町は大きな被害を受けるだろう。	1 큰비로 강물이 초과하면, 마을은 큰 피해를 입을 것이다.
2 問題なく運転していたのに、いきなり車のエンジンがオーバーした。	2 문제없이 운전하고 있었는데, 갑자기 차의 엔진이 초과했다.
3 結婚式の予算は最初に決めていたが、結局オーバーしてしまった。	**3 결혼식 예산은 처음에 정했는데, 결국 초과해 버렸다.**
4 山本選手はゴールの直前で前を走る選手をオーバーし、1位になった。	4 야마모토 선수는 골의 직전에서 앞을 달리는 선수를 초과해, 1위가 되었다.

해설 オーバー(초과)는 수량 등이 일정 한도를 넘는 경우에 사용한다. 3의 予算は最初に決めていたが、結局オーバーして(예산은 처음에 정했는데, 결국 초과해)에서 올바르게 사용되었으므로 3이 정답이다. 참고로, 1은 あふれる(넘치다), 2는 ストップ(정지), 4는 抜く(ぬく, 지나다)를 사용하는 것이 올바른 문장이다.

어휘 オーバー 圓초과　大雨 おおあめ 圓큰비　川 かわ 圓강　水 みず 圓물　〜ば 〜(하)면　町 まち 圓마을　大きな おおきな 큰　被害 ひがい 圓피해　受ける うける 圄입다, 받다　問題 もんだい 圓문제　運転 うんてん 圓운전　いきなり 갑자기　車 くるま 圓차　エンジン 圓엔진　結婚式 けっこんしき 圓결혼식　予算 よさん 圓예산　最初 さいしょ 圓처음　決める きめる 圄정하다　結局 けっきょく 囲결국　〜てしまう 〜(해) 버리다　選手 せんしゅ 圓선수　ゴール 圓골, 결승점　直前 ちょくぜん 圓직전　前 まえ 圓앞　走る はしる 圄달리다

通り過ぎる

1 提出期限が通り過ぎたレポートは受け取ることができません。
2 電車で寝ていて、降りなければいけない駅を通り過ぎてしまった。
3 20分ほど煮て、野菜に火が通り過ぎたら出来上がりです。
4 無事、筆記試験を通り過ぎて面接に進めることになりました。

지나치다

1 제출 기한이 지나친 리포트는 받을 수 없습니다.
2 전철에서 자고 있어서, 내려야 하는 역을 지나쳐 버렸다.
3 20분 정도 익혀서, 야채에 불이 지나치면 완성입니다.
4 무사히, 필기시험을 지나쳐서 면접에 나아갈 수 있게 되었습니다.

해설 通り過ぎる(지나치다)는 어떤 장소를 그냥 지나는 경우에 사용한다. 2의 降りなければいけない駅を通り過ぎて(내려야 하는 역을 지나쳐)에서 올바르게 사용되었으므로 2가 정답이다. 참고로, 1은 過ぎる(すぎる, 지나다), 3은 通る(とおる, 통하다), 4는 通過(つうか, 통과)를 사용하는 것이 올바른 문장이다.

어휘 通り過ぎる とおりすぎる 图 지나치다　提出 ていしゅつ 图 제출　期限 きげん 图 기한　レポート 图 리포트　受け取る うけとる 图 받다
電車 でんしゃ 图 전철　寝る ねる 图 자다　降りる おりる 图 내리다　～なければいけない ~(해)야 한다　駅 えき 图 역　～てしまう ~(해) 버리다
～ほど 图 ~정도　煮る にる 图 익히다　野菜 やさい 图 야채　火 ひ 图 불　出来上がり できあがり 图 완성　無事 ぶじ 图 무사함
筆記 ひっき 图 필기　試験 しけん 图 시험　面接 めんせつ 图 면접　進む すすむ 图 나아가다　～ことになる ~(하)게 되다

支払い

1 自動販売機でジュースを買ったあと、支払いを取るのを忘れていた。
2 あの店は人気だから、電話で支払いをしてから行ったほうがいいよ。
3 ボランティア参加の支払いは、ホームページから受け付けています。
4 購入した商品の代金は、コンビニで支払いをすることもできます。

지불

1 자동판매기에서 주스를 산 후, 지불을 가져오는 것을 잊고 있었다.
2 저 가게는 인기라서, 전화로 지불을 하고 나서 가는 편이 좋아.
3 자원봉사 참가의 지불은, 홈페이지에서 접수하고 있습니다.
4 구입한 상품의 대금은, 편의점에서 지불을 할 수도 있습니다.

해설 支払い(지불)는 돈을 내거나 값을 치르는 경우에 사용한다. 4의 代金は、コンビニで支払いをする(대금은, 편의점에서 지불을 할)에서 올바르게 사용되었으므로 4가 정답이다. 참고로, 1은 おつり(거스름돈), 2는 予約(よやく, 예약), 3은 申し込み(もうしこみ, 신청)를 사용하는 것이 올바른 문장이다.

어휘 支払い しはらい 图 지불　自動販売機 じどうはんばいき 图 자동판매기　ジュース 图 주스　買う かう 图 사다　あと 图 후, 뒤　取る とる 图 가져오다
忘れる わすれる 图 잊다　店 みせ 图 가게　人気 にんき 图 인기　～から 图 ~해서　電話 でんわ 图 전화　～てから ~(하)고 나서　行く いく 图 가다
～ほうがいい ~(하)는 편이 좋다　ボランティア 图 자원봉사　参加 さんか 图 참가　ホームページ 图 홈페이지　～から ~에서
受け付ける うけつける 图 접수하다　購入 こうにゅう 图 구입　商品 しょうひん 图 상품　代金 だいきん 图 대금　コンビニ 图 편의점

ゆでる

1 お客さんにお茶を出すため、お湯をゆでています。
2 パスタの麺をゆでている間に、ソースを作りましょう。
3 冷蔵庫の中のカレーは、電子レンジでゆでてから食べてください。
4 フライパンに油を引いて、魚の両面をしっかりゆでた。

삶다

1 손님에게 차를 내기 위해, 따뜻한 물을 삶고 있습니다.
2 파스타의 면을 삶고 있는 사이에, 소스를 만듭시다.
3 냉장고 안의 카레는, 전자레인지로 삶고 나서 먹어 주세요.
4 프라이팬에 기름을 두르고, 생선의 양면을 확실히 삶았다.

해설 ゆでる(삶다)는 물에 넣고 익히는 경우에 사용한다. 2의 パスタの麺をゆでている(파스타의 면을 삶고 있는)에서 올바르게 사용되었으므로 2

가 정답이다. 참고로, 1은 沸かす(わかす, 끓이다), 3은 温める(あたためる, 데우다), 4는 焼く(やく, 굽다)를 사용하는 것이 올바른 문장이다.

어휘 ゆでる 图삶다 客 きゃく 图손님 お茶 おちゃ 图차 出す だす 图내다 ～ため ～위해 お湯 おゆ 图따뜻한 물 パスタ 图파스타
麺 めん 图면 間 あいだ 图사이 ソース 图소스 作る つくる 图만들다 冷蔵庫 れいぞうこ 图냉장고 中 なか 图안, 속 カレー 图카레
電子レンジ でんしレンジ 图전자레인지 ～てから ～(하)고 나서 食べる たべる 图먹다 ～てください ～(해) 주세요 フライパン 图프라이팬
油を引く あぶらをひく 기름을 두르다 魚 さかな 图생선 両面 りょうめん 图양면 しっかり 图확실히

언어지식(문법) p.197

언어지식(문법) p.197

문제 1의 디렉션

問題1 つぎの文の（　　　）に入れるのに最もよい ものを、1・2・3・4から一つえらびなさい。	문제1 다음 문장의 （　　）에 넣을 것으로 가장 알맞을 것을, 1·2·3·4에서 하나 고르세요.

1 중

もう一年が終わる（　　　）、時間が経つのが早すぎます。	벌써 일년이 끝나 （　　），시간이 지나는 것이 너무 빠릅니다.
1 か　　　　　2 なんて	1 지　　　　　2 다니
3 けれど　　　4 ほど	3 지만　　　4 정도

해설 적절한 조사를 고르는 문제이다. 빈칸 앞의 もう一年が終わる(벌써 일년이 끝나)와 문맥상 어울리는 말은 '벌써 올해가 끝나다니'이다. 따라서 2 なんて(다니)가 정답이다.

어휘 もう 图벌써 終わる おわる 图끝나다 時間 じかん 图시간 経つ たつ 图지나다 早い はやい い형빠르다 ～すぎる 너무 ～(하)다 ～か 图~(할)지
～なんて 图~(하)다니 ～けれど 图~지만 ～ほど ~정도

꼭! 알아두기 なんて(~(하)다니)는, ～なんて～すぎる(~(하)다니 너무 ~하다)에서의 ～すぎる(너무 ~하다), ～なんてひどい(~(하)다니 심하다)에서의 ひどい(심하다), ～なんて びっくりした(~(하)다니 깜짝 놀랐다)에서의 びっくりした(깜짝 놀랐다)와 같이 감정이나 느낌을 나타내는 표현과 함께 자주 사용된다.

2 중

A「今年の『成人の日』っていつ（　　　）。」 B「2番目の月曜日だから、1月9日だね。」	A "올해 '성년의 날'은 언제 （　　）" B "두 번째 월요일이니까, 1월 9일이네."
1 だっけ　　　2 だもん	1 더라?　　　2 인걸
3 なのに　　　4 だけど	3 인데　　　4 지만

해설 대화의 문말 표현을 고르는 문제이다. A의 말에 B가 성년의 날이 언제인지 답해주는 문맥이다. 따라서 1 だっけ(더라?)가 정답이다.

어휘 今年 ことし 图올해 成人 せいじん 图성년, 성인 日 ひ 图날 ～って 图~은, ~(이)란 いつ 图언제 ～番目 ～ばんめ ~번째
月曜日 げつようび 图월요일 ～から 图~니까 ～っけ 图~더라, ~던가 ～もん 图~인걸 ～のに 图~인데 ～けど 图~지만

3 중상

電車で通勤しているので、休日（　　　）車を運転しません。	전철로 통근하고 있기 때문에, 휴일 （　　）차를 운전하지 않습니다.
1 にでも　　　2 にさえ	1 에라도　　　2 에조차
3 にしか　　　4 にこそ	3 에밖에　　　4 에야말로

해설 적절한 조사를 고르는 문제이다. 전철로 통근하고 있다고 했으므로, 빈칸 뒤의 車を運転しません(차를 운전하지 않습니다)과 문맥상 어울리는 말은 '휴일에밖에'이다. 따라서 3 にしか(에밖에)가 정답이다.

어휘 電車 でんしゃ 图전철 通勤 つうきん 图통근 ～ので 图~때문에 休日 きゅうじつ 图휴일 車 くるま 图차 運転 うんてん 图운전

~に 国 ~에　　~でも 国 ~라도　　~さえ 国 ~조차　　~しか 国 ~밖에　　~こそ 国 ~야말로

4　상

イギリスへの留学が決まり、外国に住むという夢が（　　　）実現すると思うと本当に嬉しい。		영국으로의 유학이 결정되어, 외국에 산다는 꿈이 （　　　） 실현된다고 생각하니 정말로 기쁘다.	
1 つねに	2 どうか	1 항상	2 부디
3 ついに	4 まるで	3 드디어	4 마치

해설 적절한 부사를 고르는 문제이다. 빈칸 뒤의 実現する(실현된다)를 보면 '외국에 산다는 꿈이 드디어 실현된다'라는 문맥이 가장 자연스럽다. 따라서 3 ついに(드디어)가 정답이다.

어휘 イギリス 園 영국　留学 りゅうがく 園 유학　決まる きまる 園 결정되다　外国 がいこく 園 외국　住む すむ 園 살다　夢 ゆめ 園 꿈
　　実現 じつげん 園 실현　思う おもう 園 생각하다　本当だ ほんとうだ な형 정말이다　嬉しい うれしい い형 기쁘다　つねに 園 항상　どうか 園 부디
　　ついに 園 드디어　まるで 園 마치

꼭 알아두기 ついに(드디어) 외에 やっと(겨우), とうとう(마침내)도 비슷한 의미로 사용되는 표현이므로 함께 알아 둔다.

5　중상

私（　　　）一番大事なものは、いつも味方でいてくれる家族です。		저 （　　　） 가장 소중한 것은, 항상 아군으로 있어 주는 가족입니다.	
1 に加えて	2 に対して	1 에 더하여	2 에 대하여
3 によって	4 にとって	3 에 의해서	4 에게 있어서

해설 적절한 문형을 고르는 문제이다. 빈칸 뒤 一番大事なもの(가장 소중한 것)에 이어지는 문맥을 보면 '저에게 있어서 가장 소중한 것'이 가장 자연스럽다. 따라서 4 にとって(에게 있어서)가 정답이다.

어휘 一番 いちばん 園 가장　大事だ だいじだ な형 소중하다　いつも 園 항상　味方 みかた 園 아군　家族 かぞく 園 가족
　　~に加えて ~にくわえて ~에 더하여　~に対して ~にたいして ~에 대하여　~によって ~에 의해서　~にとって ~에게 있어서

꼭 알아두기 Aにとって(A에게 있어서)는 'A의 입장에서 보면'이라는 의미로, 私(저), 日本人(일본인), 学生(학생)와 같이 사람을 나타내는 표현, 企業(기업), 会社(회사), 学校(학교)와 같이 조직을 나타내는 표현과 함께 자주 사용된다.

6　중

（会社で）		（회사에서）	
A「書類にミスが見つかったんだけど、どうしよう。」		A "서류에 실수가 발견되었는데, 어떡하지."	
B「部長に言えばいいよ。誰でもミスはあるから、きっと（　　　）分かってくれるよ。」		B "부장님에게 말하면 돼. 누구라도 실수는 있으니까, 분명 （　　　） 이해해 줄 거야."	
1 部長だって	2 部長として	1 부장님이라도	2 부장님으로서
3 部長のせいで	4 部長のわりに	3 부장님 탓에	4 부장님 치고는

해설 적절한 문형을 고르는 문제이다. 빈칸 앞뒤를 보면 '누구라도 실수는 있으니까, 분명 부장님이라도 이해해 줄 거야'가 가장 자연스럽다. 따라서 1 部長だって(부장님이라도)가 정답이다.

어휘 会社 かいしゃ 園 회사　書類 しょるい 園 서류　ミス 園 실수　見つかる みつかる 園 발견되다　~けど 国 ~는데　部長 ぶちょう 園 부장(님)
　　言う いう 園 말하다　~ば 国 ~(하)면　誰 だれ 園 누구　~から 国 ~니까　きっと 園 분명　分かる わかる 園 이해하다, 알다　~だって ~라도
　　~として ~으로서　~せいで ~탓에　~わりに ~치고는

7　중

母「トイレの電気、また（　　　）よ。消しなさいって何度も言っているじゃない。」		어머니 "화장실 전등, 또 （　　　） 어. 끄세요라고 몇 번이나 말하잖니."	

子「え、消したと思ったんだけどなあ。」 | 아이 "앗, 껐다고 생각했는데."

| 1 つけてしまった | 2 つけたほうがよかった | 1 켜 버렸 | 2 켜는 편이 좋았 |
| **3 つけっぱなしだった** | 4 つけるほかなかった | **3 켜진 채였** | 4 켜는 수밖에 없었 |

해설 적절한 문형을 고르는 문제이다. 빈칸 뒤 消しなさいって何度も言っているじゃない(끄세요라고 몇 번이나 말하잖니)에 이어지는 문맥을 보면 '화장실 전등, 또 켜진 채였어'가 가장 자연스럽다. 따라서 3 つけっぱなしだった (켜진 채였어)가 정답이다.

어휘 母 はは 圏어머니 トイレ 圏화장실 電気 でんき 圏전등, 전기 また 튀또 消す けす 圄끄다 言う いう 圄말하다 子 こ 圏아이
~と思う ~とおもう ~라고 생각하다 ~けど 쥅~는데 つける 圄켜다 ~てしまう ~(해) 버리다 ~ほうがいい ~(하)는 편이 좋다
~っぱなし ~(한) 채이다 ~ほかない ~(하)는 수밖에 없다

8 중

あのチームは弱いと言われてきたが、最近どんどん強く | 저 팀은 약하다고 말해져 왔지만, 최근 계속 강해지고 있다. 그들이
なっている。彼らが次の試合で(　　　)。 | 다음 시합에서 (　　　).

| 1 勝ってもかまわない | **2 勝ってもおかしくない** | 1 이겨도 상관없다 | **2 이겨도 이상하지 않다** |
| 3 勝つわけにはいかない | 4 勝つとはかぎらない | 3 이길 수는 없다 | 4 이긴다고는 단정 지을 수 없다 |

해설 적절한 문말 표현을 고르는 문제이다. 빈칸 앞의 最近どんどん強くなっている(최근 계속 강해지고 있다)를 보면, '그들이 다음 시합에서 이겨
도 이상하지 않다'가 가장 자연스럽다. 따라서 2 勝ってもおかしくない (이겨도 이상하지 않다)가 정답이다.

어휘 チーム 圏팀 弱い よわい い형약하다 言う いう 圄말하다 最近 さいきん 圏최근 どんどん 튀계속, 자꾸 強い つよい い형강하다
彼ら かれら 圏그들 次 つぎ 圏다음 試合 しあい 圏시합 勝つ かつ 圄이기다 ~てもかまわない ~(해)도 상관없다
~てもおかしくない ~(해)도 이상하지 않다 ~わけにはいかない ~(할) 수는 없다 ~とはかぎらない ~라고는 단정 지을 수 없다

9 상

(電話で) | (전화로)
高橋「すみません、待ち合わせの時間を30分遅くして | 다카하시 "죄송합니다, 만나기로 한 시간을 30분 늦게 해도 될까
　　　　もいいですか。」 | 요?"
吉村「はい、大丈夫ですよ。急ぎの用事でもありますか。」 | 요시무라 "네, 괜찮아요. 급한 볼일이라도 있어요?"
高橋「いいえ、(　　　)。」 | 다카하시 "아뇨, (　　　)."

| 1 寝坊しやすいです | 2 寝坊したはずです | 1 늦잠을 자기 쉬워요 | 2 늦잠을 잤을 것이에요 |
| **3 寝坊しちゃったんです** | 4 寝坊しそうになったんです | **3 늦잠을 자 버렸어요** | 4 늦잠을 잘 것 같이 되었어요 |

해설 대화의 문말 표현을 고르는 문제이다. 다카하시가 만나기로 한 시간을 늦춰도 되는지 묻자, 요시무라가 볼일이 있는지 이유를 되묻는 문맥이다.
따라서 3 寝坊しちゃったんです (늦잠을 자 버렸어요)가 정답이다.

어휘 電話 でんわ 圏전화 待ち合わせ まちあわせ 圏만나기로 함 時間 じかん 圏시간 遅い おそい い형늦다 大丈夫だ だいじょうぶだ な형괜찮다
急ぎ いそぎ 圏급함 用事 ようじ 圏볼일 寝坊 ねぼう 圏늦잠 ~やすい ~(하)기 쉽다 ~はずだ ~일 것이다 ~ちゃった ~(해) 버리다
~そうになる ~(할) 것 같이 되다

10 중상

来月にある試験はむずかしくて今のままでは(　　　) | 다음 달에 있는 시험은 어려워서 지금 이대로는 (　　　) 니까, 열
ので、一生懸命勉強しなければならない。 | 심히 공부하지 않으면 안 된다.

| 1 合格するものではない | 2 合格するかもしれない | 1 합격해서는 안 되 | 2 합격할지도 모르 |
| **3 合格できそうにない** | 4 合格できないこともない | **3 합격할 것 같지 않으** | 4 합격하지 못할 것도 없으 |

해설 적절한 문형을 고르는 문제이다. 빈칸 뒤 一生懸命勉強しなければならない(열심히 공부하지 않으면 안 된다)에 이어지는 문맥을 보면 '이대
로는 합격할 것 같지 않으니까'가 가장 자연스럽다. 따라서 3 合格できそうにない (합격할 것 같지 않으)가 정답이다.

어휘 来月 らいげつ 圏다음 달 試験 しけん 圏시험 むずかしい い형어렵다 今 いま 圏지금 ~ので 쥅~해서 一生懸命 いっしょうけんめい 圏열심히 함
勉強 べんきょう 圏공부 ~なければならない ~(하)지 않으면 안 된다 合格 ごうかく 圏합격 ~ものではない ~(해)서는 안 된다

~かもしれない ~(할)지도 모른다   ~そうにない ~(할) 것 같지 않다   ~ないこともない ~(하)지 못할 것도 없다

11 중

大学が遠くて通学が大変だから、近くに引っ越す（　　　）。	대학이 멀어서 통학이 힘들기 때문에, 근처로 이사（　　　）.
1 ことだ　　　　　　　2 ことにした	1 해야 한다　　　　　　2 하기로 했다
3 ことはない　　　　　4 ことになる	3 할 필요는 없다　　　　4 하게 된다

해설 적절한 문형을 고르는 문제이다. 멀어서 통학하기 힘들다고 했으므로 빈칸 앞을 보면 '근처로 이사하기로 했다'가 가장 자연스럽다. 따라서 2 こ
とにした(하기로 했다)가 정답이다.

어휘 大学 だいがく 圏대학　遠い とおい い형멀다　通学 つうがく 圏통학　大変だ たいへんだ な형힘들다　~から 图~때문에　近く ちかく 圏근처
引っ越す ひっこす 图이사하다　~ことだ ~(해)야 한다　~ことにする ~(하)기로 하다　~ことはない ~(할) 필요는 없다
~ことになる ~(하)게 되다

꼭 알아두기 A ことにする(A하기로 하다)에서 A는 본인이 하기로 결정한 행동이고, B ことになる(B하게 되다)에서 B는 누군가에 의해 결정되거나 자연스럽게 그렇게 된 행동이므로
잘 구별하여 알아 둔다.

12 중

A「天気がいいですね。今日も暑く（　　　）。」	A "날씨가 좋네요. 오늘도 더워（　　　）."
B「ニュースでは30度まで上がると言っていました。」	B "뉴스에서는 30도까지 오른다고 했어요."
1 なりそうです　　　　2 なっているでしょう	1 질 것 같아요　　　　2 져 있겠지요
3 なったらしいです　　4 ならないでしょう	3 진 것 같아요　　　　4 지지 않겠지요

해설 대화의 문말 표현을 고르는 문제이다. A의 말에 B가 뉴스에서 기온이 30도까지 오른다고 들은 것을 덧붙여 말해주는 문맥이다. 따라서 1 なり
そうです(질 것 같아요)가 정답이다.

어휘 天気 てんき 圏날씨　今日 きょう 圏오늘　暑い あつい い형덥다　ニュース 圏뉴스　~度 ~ど ~도　~まで 图~까지　上がる あがる 图오르다
~くなる ~(해)지다　~そうだ ~것 같다　~らしい ~것 같다

13 상

（電話で）	（전화로）
店員「はい、ひまわりレストランです。」	점원 "네, 히마와리 레스토랑입니다."
客　「あ、30日の5時に予約した鈴木ですが、6時に（　　　）。」	손님 "아, 30일 5시에 예약한 스즈키입니다만, 6시로（　　　）?"
店員「はい、かしこまりました。」	점원 "네, 알겠습니다."
1 変更されませんか	1 변경되지 않나요
2 変更されないでしょうか	2 변경되지 않을까요
3 変更していただきませんか	3 변경해 주시지 않나요
4 変更していただけないでしょうか	4 변경해 주실 수 없을까요

해설 적절한 경어를 고르는 문제이다. 손님이 레스토랑의 점원에게 예약 시간을 변경하겠다고 요청하는 상황이므로, '~해 주다'라는 뜻의 자신을 낮
추는 겸양 표현을 사용해야 한다. 따라서 '~ていただけないでしょうか(~(해) 주실 수 없을까요)'를 사용한 겸양 표현인 4 変更していただ
けないでしょうか(변경해 주실 수 없을까요)가 정답이다.

어휘 電話 でんわ 圏전화　店員 てんいん 圏점원　レストラン 圏레스토랑　客 きゃく 圏손님　予約 よやく 圏예약　変更 へんこう 圏변경
~ていただく ~(해) 주시다(~てもらう의 겸양 표현)

문제 2의 디렉션

問題2　つぎの文の＿★＿に入る最もよいものを、1・2・3・4から一つえらびなさい。	문제2 다음 문장의 ＿★＿ 에 들어갈 가장 알맞을 것을, 1·2·3·4 에서 하나 고르세요.

14 상

A「ねえ、遊園地のチケット予約してくれた？その日は
＿＿＿＿ ＿＿＿＿ ＿★＿ ＿＿＿＿ 人が多いんじゃ
ない？早くしないと売り切れるかもしれないよ。」
B「そうだね。今日中にやっておくよ。」

1 より	2 だから
3 いつも	4 祝日

A "저기, 유원지 티켓 예약해 줬어? 그날은 <u>경축일 이라서</u> ★<u>평소</u>
<u>보다</u> 사람이 많지 않아? 빨리하지 않으면 매진될지도 몰라."
B "그러네. 오늘 중으로 해 둘게."

1 보다	2 이라서
3 평소	4 경축일

해설 연결되는 문형이 없으므로 전체 선택지를 의미적으로 배열하면 4 祝日 2 だから 3 いつも 1 より(경축일이라서 평소보다)가 된다. 전체 문맥
과도 어울리므로 3 いつも(평소)가 정답이다.

어휘 遊園地 ゆうえんち 圏 유원지 チケット 圏 티켓 予約 よやく 圏 예약 日 ひ 圏 날 多い おおい い형 많다 早く はやく 曱 빨리
売り切れる うりきれる 圏 매진되다, 다 팔리다 ～かもしれない ~(할)지도 모른다 今日 きょう 圏 오늘 ～中 ～じゅう ~중 やる 圏 하다
～ておく ~(해) 두다 ～より 函 ~보다 ～から 函 ~라서 いつも 圏 평소 祝日 しゅくじつ 圏 경축일

15 중상

最初から育児が上手な親などいません。子育てをしなが
ら、親の ＿＿＿＿ ＿＿＿＿ ＿★＿ ＿＿＿＿ いいの
です。

1 とともに	2 自分も
3 成長していけば	4 子ども

처음부터 육아를 잘하는 부모란 없습니다. 아이를 키우면서, 부모
인 <u>자신도</u> <u>아이</u> ★<u>와 함께</u> <u>성장해 가면</u> 되는 것입니다.

1 와 함께	2 자신도
3 성장해 가면	4 아이

해설 문형 とともに는 명사 뒤에 접속하므로 먼저 4 子ども 1 とともに(아이와 함께)로 연결할 수 있다. 이것을 나머지 선택지와 함께 의미적으로 배
열하면 2 自分も 4 子ども 1 とともに 3 成長していけば(자신도 아이와 함께 성장해 가면)가 되면서 전체 문맥과도 어울린다. 따라서, 1 とと
もに(와 함께)가 정답이다.

어휘 最初 さいしょ 처음 ～から 函 ~부터 育児 いくじ 圏 육아 上手だ じょうずだ な형 잘하다 親 おや 圏 부모 ～など 函 ~란
子育て こそだて 圏 아이를 키움 ～ながら 函 ~(하)면서 ～とともに ~와 함께 自分 じぶん 圏 자신 成長 せいちょう 圏 성장 ～ば 函 ~(하)면
子ども こども 圏 아이

16 중상

A「料理は得意ですか。」
B「いいえ。電子レンジで ＿＿＿＿ ＿＿＿＿ ＿★＿
＿＿＿＿ できません。」

1 温めさえ	2 料理しか
3 すれば	**4 食べられるような**

A "요리는 잘합니까?"
B "아뇨. 전자레인지로 <u>데우기만</u> <u>하면</u> ★<u>먹을 수 있는 것 같은</u> 요
리밖에 못합니다."

1 데우기만	2 요리밖에
3 하면	**4 먹을 수 있는 것 같은**

해설 1의 さえ와 3의 すれば는 연결하여 さえすれば(~만 하면)라는 문형이 되므로 먼저 1 温めさえ와 3 すれば로 연결할 수 있다. 이것을 나머지
선택지와 함께 의미적으로 배열하면 1 温めさえ 3 すれば 4 食べられるような 2 料理しか(데우기만 하면 먹을 수 있는 것 같은 요리밖에)가
되면서 전체 문맥과도 어울린다. 따라서 4 食べられるような(먹을 수 있는 것 같은)가 정답이다.

어휘 料理 りょうり 圏 요리 得意だ とくいだ な형 잘하다 電子レンジ でんしレンジ 圏 전자레인지 温める あたためる 圏 데우다 ～さえ…ば ~만 …하면
～しか 函 ~밖에 食べる たべる 圏 먹다 ～ようだ ~것 같다

17 중상

上司から初めて大きな ＿＿＿＿ ＿＿＿＿ ＿★＿ ＿＿＿＿
とても不安だ。

1 任せられたが	2 プロジェクトの
3 リーダーを	4 うまくできるか

상사로부터 처음으로 큰 <u>프로젝트의</u> <u>리더를</u> ★<u>맡겨졌는데</u> 잘할 수
<u>있을지</u> 매우 불안하다.

1 맡겨졌는데	2 프로젝트의
3 리더를	4 잘할 수 있을지

해설 연결되는 문형이 없으므로 전체 선택지를 의미적으로 배열하면 2 プロジェクトの 3 リーダーを 1 任せられたが 4 うまくできるか(프로젝트의 리더를 맡겨졌는데 잘할 수 있을지)가 된다. 전체 문맥과도 어울리므로 1 任せられたが(맡겨졌는데)가 정답이다.

어휘 上司 じょうし 圏상사 ～から 조～로부터 初めて はじめて 田처음으로 大きな おおきな 큰 とても 田매우 不安だ ふあんだ な형불안하다 任せる まかせる 통맡기다 プロジェクト 圏프로젝트 リーダー 圏리더 うまい い형잘하다

18 중

小学生のころは、友達と公園を走り回る＿＿＿ ＿＿＿ ★ ＿＿＿ だ。

1 もの	2 だけで
3 時間が過ぎていた	4 何時間も

초등학생 때는, 친구와 공원을 뛰어다니는 _것만으로_ 몇 시간이나 ★시간이 지나 있 곤 했다.

1 곤 했	2 것만으로
3 시간이 지나 있	4 몇 시간이나

해설 1 もの와 빈칸 뒤의 だ를 연결하면 ものだ(~(하)곤 했다)라는 문형이 된다. 문형 ものだ는 동사 た형 뒤에 접속하므로 먼저 3 時間が過ぎていた 1 もの(시간이 지나 있곤 했)로 연결할 수 있다. 이것을 나머지 선택지와 함께 의미적으로 배열하면 2 だけで 4 何時間も 3 時間が過ぎていた 1 もの(것만으로 몇 시간이나 시간이 지나 있곤 했)가 되면서 전체 문맥과도 어울린다. 따라서 3 時間が過ぎていた(시간이 지나 있)가 정답이다.

어휘 小学生 しょうがくせい 圏초등학생 ころ 圏때, 경 友達 ともだち 圏친구 公園 こうえん 圏공원 走り回る はしりまわる 통뛰어다니다 ～ものだ ~(하)곤 했다 ～だけで ~(것)만으로 時間 じかん 圏시간 過ぎる すぎる 통지나다

꼭 알아두기 ～ものだ(~(하)곤 했다)는 과거에 자주 했던 일을 그리워하는 표현으로, 小学生のころ(초등학생 때), そのころ(그 때), 若いころ(젊을 때)와 같이 과거를 나타내는 표현과 함께 자주 사용된다.

문제 3의 디렉션

問題3 つぎの文章を読んで、文章全体の内容を考えて、 19 から 23 の中に入る最もよいものを、1・2・3・4から一つえらびなさい。

문제3 다음 글을 읽고, 글 전체의 내용을 생각하여, 19 부터 23 의 안에 들어갈 가장 알맞은 것을, 1·2·3·4에서 하나 고르세요.

19-23

下の文章は、留学生が書いた作文です。

日本の車

エミリー ジョンソン

日本に来て驚いたのは、[19]「軽自動車」 19 呼ばれる小さい車に乗っている人が多いことでした。実際に、日本では、家族で乗る車として軽自動車を購入することもめずらしくありません。[20]私の国では大きい車を好む人が多いので、とても不思議でした。 20 、[20]日本人の友人に日本で小さい車が人気の理由を聞いてみました。

[21]友人は私に、軽自動車の二つの長所を 21 。一つは、運転しやすいことです。日本は狭い道が多いので、車が大きいと通りにくいそうです。もう一つは経済的にお得なことです。大きい車より少ないガソリンで長い距離を走ることができます。[22]しかし、 22 長所が理由になるのは納得できませんでした。小さい車にかかるお金が安いのは私の国でも同じだからです。

아래의 글은, 유학생이 쓴 작문입니다.

일본의 차

에밀리 존슨

일본에 와서 놀란 것은, [19]경자동차 19 불리는 작은 차를 타고 있는 사람이 많은 것이었습니다. 실제로, 일본에서는, 가족끼리 타는 차로서 경자동차를 구입하는 경우도 드물지 않습니다. [20]우리나라에서는 큰 차를 선호하는 사람이 많기 때문에, 매우 신기했습니다. 20 , [20]일본인 친구에게 일본에서 작은 차가 인기인 이유를 물어보았습니다.

[21]친구는 저에게, 경자동차의 두 가지 장점을 21 . 하나는, 운전하기 쉽다는 것입니다. 일본은 좁은 길이 많아서, 차가 크면 지나가기 어렵다고 합니다. 또 하나는 경제적으로 이득인 점입니다. 큰 차보다 적은 휘발유로 긴 거리를 달릴 수 있습니다. [22]하지만, 22 장점이 이유가 되는 것은 납득할 수 없었습니다. 작은 차에 드는 돈이 저렴한 것은 우리나라에서도 같기 때문입니다.

日本に住んで1年経った今、最も納得できる理由を見つけました。[23]日本で売っている食料品や日用品は他の国のもの 23 小さくて量も少ないということです。買い物をしてもそこまで荷物が多くなりません。大きいものや量が多いものを乗せる必要がないので、大きい車がいらないのです。これは外国から来た私だから気づけた理由だと思います。

일본에 산 지 1년 지난 지금, 가장 납득할 수 있는 이유를 찾았습니다. [23]일본에서 팔고 있는 식료품이나 일용품은 다른 나라의 것 23 작고 양도 적다는 것입니다. 장을 봐도 그렇게까지 짐이 많아지지 않습니다. 큰 것이나 양이 많은 것을 실을 필요가 없기 때문에, 큰 차가 필요하지 않은 것입니다. 이것은 외국에서 온 저이기 때문에 깨달을 수 있었던 이유라고 생각합니다.

어휘 下 した 圏아래 文章 ぶんしょう 圏글 留学生 りゅうがくせい 圏유학생 書く かく 圄쓰다 作文 さくぶん 圏작문 日本 にほん 圏일본 車 くるま 圏차
来る くる 圄오다 驚く おどろく 圄놀라다 軽自動車 けいじどうしゃ 圏경자동차 呼ぶ よぶ 圄부르다 小さい ちいさい い剠작다 乗る のる 圄타다
多い おおい い剠많다 実際 じっさい 圏실제 家族 かぞく 圏가족 ～として ~로서 購入 こうにゅう 圏구입 めずらしい い剠드물다 国 くに 圏나라
大きい おおきい い剠크다 好む このむ 圄선호하다 ～ので 죄~때문에 とても 囝매우 不思議だ ふしぎだ な剠신기하다
日本人 にほんじん 圏일본인 友人 ゆうじん 圏친구 小さい ちいさい い剠작다 人気 にんき 圏인기 理由 りゆう 圏이유 聞く きく 圄묻다, 듣다
長所 ちょうしょ 圏장점 ～やすい ~(하)기 쉽다 狭い せまい い剠좁다 道 みち 圏길 通る とおる 圄지나가다 ～にくい ~(하)기 어렵다
～そうだ ~라고 한다 もう 囝또 経済的だ けいざいてきだ な剠경제적이다 お得だ おとくだ な剠이득이다 少ない すくない い剠적다
ガソリン 圏휘발유, 가솔린 長い ながい い剠길다 距離 きょり 圏거리 走る はしる 圄달리다 しかし 囿하지만 納得 なっとく 圏납득
かかる 圄들다 お金 おかね 圏돈 安い やすい い剠저렴하다 同じだ おなじだ な剠같다 ～から ~때문에 住む すむ 圄살다
経つ たつ 圄지나다 今 いま 圏지금 最も もっとも 囝가장 見つける みつける 圄찾다 売る うる 圄팔다 食料品 しょくりょうひん 圏식료품
日用品 にちようひん 圏일용품 他 ほか 圏다름 量 りょう 圏양 買い物 かいもの 圏장을 봄, 쇼핑 そこまで 그렇게까지 荷物 にもつ 圏짐
乗せる のせる 圄싣다 必要 ひつよう 圏필요 いる 圄필요하다 外国 がいこく 圏외국 ～から 죄~에서 来る くる 圄오다 気づく きづく 圄깨닫다
思う おもう 圄생각하다

19 중

1 と	2 に	1 라고	2 에
3 を	4 は	3 를	4 는

해설 적절한 조사를 고르는 문제이다. 빈칸 앞의 「軽自動車」('경자동차'), 빈칸 뒤의 呼ばれる小さい車(불리는 작은 차)를 보면, 문맥상 ''경자동차'라고 불리는 작은 차'라는 말이 자연스럽다. 따라서 1 と(라고)가 정답이다.

어휘 ～と 죄~라고 ～に 죄~에 ～を 죄~를 ～は 죄~는

20 중상

1 すると	2 そのうえ	1 그러자	2 게다가
3 そこで	4 なぜなら	3 그래서	4 왜냐하면

해설 적절한 접속사를 고르는 문제이다. 빈칸 앞에서 私の国では大きい車を好む人が多いので、とても不思議でした(우리나라에서는 큰 차를 선호하는 사람이 많기 때문에, 매우 신기했습니다)라고 하고, 빈칸 뒤에서 日本人の友人に日本で小さい車が人気の理由を聞いてみました(일본인 친구에게 일본에서 작은 차가 인기인 이유를 물어보았습니다)라고 언급하였다. 따라서 3 そこで(그래서)가 정답이다.

어휘 すると 쩝그러자 そのうえ 쩝게다가 そこで 쩝그래서 なぜなら 쩝왜냐하면

꼭 알아두기 そこで는 이유를 나타내는 '그래서' 외에, そこでやめるのはもったいない(그 시점에서 그만두는 것은 아깝다)에서의 '그 시점에서', そこで安く売っている(거기에서 싸게 팔고 있다)에서의 '거기에서'라는 의미로도 사용되므로 잘 알아 둔다.

21 상

1 教えてあげました	2 教えてもらいました	1 가르쳐 주었습니다	2 가르쳐 받았습니다
3 教えてやりました	4 教えてくれました	3 가르쳐 주었습니다	4 가르쳐 주었습니다

해설 적절한 문말 표현을 고르는 문제이다. 빈칸 앞에서 友人は私に、軽自動車の二つの長所を(친구는 저에게, 경자동차의 두 가지 장점을)라고 언급하였으므로, '친구는 저에게, 경자동차의 두 가지 장점을 가르쳐 주었습니다'가 가장 자연스럽다. 따라서 '(나에게) ~(해) 주다'라는 문형이

사용된 4 教えてくれました(가르쳐 주었습니다)가 정답이다.

어휘 教える おしえる 图 가르치다 ~てあげる (남에게) ~(해) 주다 ~てもらう (남에게) ~(해) 받다 ~てやる (남에게) ~(해) 주다
~てくれる (나에게) ~(해) 주다

22 상

1 その	**2** ある	**1** 그	**2** 어느
3 ここの	**4** どういった	**3** 여기의	**4** 어떠한

해설 적절한 지시어를 고르는 문제이다. 빈칸 앞에서 경자동차의 장점 두 가지를 언급하였으므로, 문맥상 빈칸을 포함한 문장은 '하지만, 그 장점이
이유가 되는 것은 납득할 수 없습니다'로 이어지는 것이 자연스럽다. 따라서 1 その(그)가 정답이다.

어휘 ある 어느 どういった 어떠한

23 중상

1 において	**2** について	**1** 에 있어서	**2** 에 대해서
3 に比べて	**4** に反して	**3** 에 비해서	**4** 에 반해서

해설 적절한 문형을 고르는 문제이다. 빈칸 앞에서 日本で売っている食料品や日用品は他の国のもの(일본에서 팔고 있는 식료품이나 일용품은 다
른 나라의 것)라고 하고, 빈칸 뒤에서 小さくて量も少ないということです(작고 양도 적다는 것입니다)라고 언급하였으므로, '일본에서 팔고 있
는 식료품이나 일용품은 다른 나라의 것에 비해서 작고 양도 적다는 것입니다'가 가장 자연스럽다. 따라서 3 に比べて(에 비해서)가 정답이다.

어휘 ~において ~에 있어서 ~について ~에 대해서 ~に比べて ~にくらべて ~에 비해서 ~に反して ~にはんして ~에 반해서, ~와 달리

독해 p.204

문제 4의 디렉션	
問題4 つぎの(1)から(4)の文章を読んで、質問に答えなさい。答えは、１・２・３・４から最もよいものを一つえらびなさい。	문제4 다음 (1)부터 (4)의 글을 읽고, 질문에 답하세요. 답은, 1·2·3·4에서 가장 알맞은 것을 하나 고르세요.

24 중상

(1)
これは川上先生のゼミの学生に届いたメールである。

あ て 先：hanasaki@abcmail.co.jp
件　　名：休講のお知らせ
送信日時：６月３日　10:30

学生のみなさん

　来週６月７日（月）のゼミですが、当日学会に出席
することになったため、休講にします。その分の授業
は６月９日（水）の午後３時から行う予定です。９日
の講義に出席できるかどうか明日６月４日（金）の夜
までに返信をしてください。来られない学生がいれば、
日にちや時間を調整することも考えます。

(1)
이것은 가와카미 선생님의 세미나 학생에게 도착한 이메일이다.

수 신 처：hanasaki@abcmail.co.jp
건　　명：휴강 공지
송신 일시：6월3일　10:30

학생 여러분

　다음 주 6월 7일(월) 세미나입니다만, 당일 학회에 출석하
게 되었기 때문에, 휴강으로 하겠습니다. 그만큼의 수업은 6
월 9일(수) 오후 3시부터 진행할 예정입니다. 9일 강의에 출
석할 수 있는지 어떤지 내일 6월 4일(금) 밤까지 답신을 해
주세요. 올 수 없는 학생이 있다면, 날짜나 시간을 조정하는
것도 고려하겠습니다.

なお、7日に行う予定だった発表は9日の講義で行いますので、発表者はしっかり準備をしてきてください。

川上

또한, 7일에 진행할 예정이었던 발표는 9일 강의에서 진행하겠으니, 발표자는 확실히 준비를 해 와 주세요.

가와카미

このメールからわかることは何か。

1 学生たちは6月4日に学会に出席する。
2 川上先生は6月9日に講義を行うことができない。
3 **6月9日の講義に出られるかどうか6月4日までに返信する。**
4 6月4日の講義を欠席する学生は6月9日に発表をする。

이 이메일에서 알 수 있는 것은 무엇인가?

1 학생들은 6월 4일에 학회에 출석한다.
2 가와카미 선생님은 6월 9일에 강의를 진행할 수 없다.
3 6월 9일 강의에 나갈 수 있는지 어떤지 6월 4일까지 답신한다.
4 6월 4일 강의에 결석하는 학생은 6월 9일에 발표를 한다.

해설 이메일 형식의 실용문으로 글에서 알 수 있는 것을 묻고 있다. 선택지에서 반복되는 6月4日(6월 4일), 6月9日(6월 9일), 講義(강의)를 지문에서 찾아 주변 내용과 각 선택지를 대조하며 정답을 고른다. 지문의 중반부에서 9日の講義に出席できるかどうか明日6月4日(金)の夜までに返信をしてください(9일 강의에 출석할 수 있는지 어떤지 내일 6월 4일 (금) 밤까지 답신을 해 주세요)라고 언급하고 있으므로 3 6月9日の講義に出られるかどうか6月4日までに返信する(6월 9일 강의에 나갈 수 있는지 어떤지 6월 4일까지 답신한다)가 정답이다.

어휘 先生 せんせい 圏 선생(님)　ゼミ 圏 세미나　学生 がくせい 圏 학생　届く とどく 图 (편지 등이) 도착하다, 오다　メール 圏 이메일
　　あて先 あてさき 圏 수신처　件名 けんめい 圏 건명　休講 きゅうこう 圏 휴강　お知らせ おしらせ 圏 공지, 알림　送信 そうしん 圏 송신
　　日時 にちじ 圏 일시　みなさん 여러분　来週 らいしゅう 圏 다음 주　当日 とうじつ 圏 당일　学会 がっかい 圏 학회　出席 しゅっせき 圏 출석
　　～ことになる ~(하)게 되다　～ため ~때문에　その分 そのぶん 그만큼　授業 じゅぎょう 圏 수업　午後 ごご 圏 오후　～から 图 ~부터
　　行う おこなう 图 진행하다　予定 よてい 圏 예정　講義 こうぎ 圏 강의　～かどうか ~인지 어떤지　明日 あした 圏 내일　夜 よる 圏 밤　～までに ~까지
　　返信 へんしん 圏 답신　～てください ~(해) 주세요　来る くる 图 오다　～ば ~(하)면　日にち ひにち 圏 날짜　時間 じかん 圏 시간
　　調整 ちょうせい 圏 조정　考える かんがえる 图 고려하다, 생각하다　発表 はっぴょう 圏 발표　～ので 图 ~(하)겠으니　発表者 はっぴょうしゃ 圏 발표자
　　しっかり 閏 확실히, 제대로　準備 じゅんび 圏 준비　欠席 けっせき 圏 결석

25 중

(2)
　最近、スマホやタブレットで本を読む人が増えている。紙の本より値段が安く、置く場所にも困らないので、本が好きな人にとっては便利だろう。それは私も分かっている。
　しかし、私は紙の本しか読まない。新しい本を開いたときの紙のにおいや、ページをめくる音がいいし、本棚に好きな本が並んでいるのを見るのも好きだ。便利さに負けない魅力があると思う。だから、今後も紙の本を買い続けるつもりだ。

(2)
　최근, 스마트폰이나 태블릿으로 책을 읽는 사람이 늘고 있다. 종이 책보다 가격이 싸고, 둘 장소도 곤란하지 않기 때문에, 책을 좋아하는 사람에게 있어서는 편리할 것이다. 그것은 나도 알고 있다.
　하지만, 나는 종이 책밖에 읽지 않는다. 새로운 책을 펼쳤을 때의 종이 냄새나, 페이지를 넘기는 소리가 좋고, 책꽂이에 좋아하는 책이 늘어서 있는 것을 보는 것도 좋아한다. 편리함에 지지 않는 매력이 있다고 생각한다. 그래서, 앞으로도 종이 책을 계속 살 생각이다.

紙の本について、「私」はどのように考えているか。

1 読む人も多いが、値段が高いので、好きな本だけ買っている。
2 便利だと思うが、置く場所に困るので、買いたくない。
3 いろんな魅力があるが、値段が安くないので、たまにしか買わない。

종이 책에 대해서, '나'는 어떻게 생각하고 있는가?

1 읽는 사람도 많지만, 가격이 비싸서, 좋아하는 책만 사고 있다.
2 편리하다고 생각하지만, 둘 장소가 곤란해서, 사고 싶지 않다.
3 다양한 매력이 있지만, 가격이 싸지 않아서, 가끔밖에 사지 않는다.

4 便利ではないが、いろんな魅力があるので、今後も買うつもりだ。

4 편리하지는 않지만, 다양한 매력이 있어서, 앞으로도 살 생각이다.

해설 에세이로 필자의 생각을 묻고 있다. 선택지에서 반복되는 買う(사다), 便利(편리)를 지문의 후반부에서 찾아 '종이 책'에 대한 필자의 생각을 파악한다. 후반부에서 便利さに負けない魅力があると思う。だから、今後も紙の本を買い続けるつもりだ(편리함에 지지 않는 매력이 있다고 생각한다. 그래서, 앞으로도 종이 책을 계속 살 생각이다)라고 서술하고 있으므로 **4** 便利ではないが、いろんな魅力があるので、今後も買うつもりだ(편리하지는 않지만, 다양한 매력이 있어서, 앞으로도 살 생각이다)가 정답이다.

어휘 最近 さいきん 圆 최근 スマホ 圆 스마트폰 タブレット 圆 태블릿 本 ほん 圆 책 読む よむ 图 읽다 増える ふえる 图 늘다 紙 かみ 圆 종이
〜より 图 〜보다 値段 ねだん 圆 가격 安い やすい 〈형〉 싸다 置く おく 图 두다 場所 ばしょ 圆 장소 困る こまる 图 곤란하다 〜ので 图 〜때문에
好きだ すきだ 〈な형〉 좋아하다 〜にとって 〜에게 있어서 便利だ べんりだ 〈な형〉 편리하다 分かる わかる 图 알다, 이해하다 しかし 图 하지만
〜しか 图 〜밖에 新しい あたらしい 〈형〉 새롭다 開く ひらく 图 펼치다, 열다 とき 圆 때 におい 圆 냄새 ページ 圆 페이지 めくる 图 넘기다
音 おと 圆 소리 本棚 ほんだな 圆 책꽂이 並ぶ ならぶ 图 늘어서다 見る みる 图 보다 便利さ べんりさ 圆 편리함 負ける まける 图 지다
魅力 みりょく 圆 매력 思う おもう 图 생각하다 だから 图 그래서 今後 こんご 圆 앞으로 買い続ける かいつづける 图 계속 사다
〜つもりだ 〜(할) 생각이다 多い おおい 〈형〉 많다 高い たかい 〈형〉 비싸다, 높다 〜だけ 图 〜만 いろんな 다양한 たまに 가끔

꼭 알아두기 〜と思う(〜라고 생각한다)나 〜つもりだ(〜할 생각이다)와 같은 표현이 사용된 문장에서 필자의 생각을 찾을 수 있으므로 특히 꼼꼼히 읽고 해석한다.

26 중상

(3)
　高速道路の休憩所にあるトイレでは毎日多くの忘れ物が見つかっている。そこで、ある高速道路の管理会社が忘れ物を防ぐトイレを開発した。個室トイレの鍵部分を大きな板にし、荷物が置ける台として使えるようにしたのだ。個室を出るときに鍵を触るため、そこに置いた荷物に気づけるというわけだ。
　管理会社は、利用者から忘れ物の連絡を受けると、その場所に取りに行き、持ち主が来るまで預かっている。この仕事を大変だと感じた職員が開発したそうだ。実際、忘れ物はほとんどなくなったという。

忘れ物を防ぐトイレが開発されたのは、どうしてか。

1 トイレに荷物が置ける場所を作ってほしいと、利用者に言われたから
2 トイレで忘れ物をしたくないと、管理会社の職員が思ったか
3 トイレで忘れ物をすると取りに行くのが大変だと、利用者に言われたから
4 トイレでの忘れ物に関する仕事が大変だと、管理会社の職員が思ったから

(3)
　고속 도로의 휴게소에 있는 화장실에서는 매일 많은 분실물이 발견되고 있다. 그래서, 어느 고속 도로의 관리 회사가 분실물을 방지하는 화장실을 개발했다. 화장실 칸의 열쇠 부분을 큰 판자로 해서, 짐을 둘 수 있는 받침대로써 사용할 수 있도록 한 것이다. 칸을 나올 때에 열쇠를 만지기 때문에, 거기에 둔 짐을 눈치챌 수 있다는 것이다.
　관리 회사는, 이용자로부터 분실물 연락을 받으면, 그 장소에 가지러 가서, 소유자가 올 때까지 보관하고 있다. 이 일을 힘들다고 느낀 직원이 개발했다고 한다. 실제로, 분실물은 대부분 없어졌다고 한다.

분실물을 방지하는 화장실이 개발된 것은, 어째서인가?

1 화장실에 짐을 둘 수 있는 장소를 만들어 줬으면 좋겠다고, 이용자로부터 들었기 때문에
2 화장실에서 분실하고 싶지 않다고, 관리 회사의 직원이 생각했기 때문에
3 화장실에서 분실하면 가지러 가는 것이 힘들다고, 이용자에게 들었기 때문에
4 화장실에서의 분실에 관한 일이 힘들다고, 관리 회사의 직원이 생각했기 때문에

해설 밑줄 문제이므로 선택지에서 반복되는 トイレ(화장실), 忘れ物(분실, 분실물), 利用者(이용자), 職員(직원)을 밑줄 주변에서 찾는다. 뒷부분에서 利用者から忘れ物の連絡を受けると、その場所に取りに行き、持ち主が来るまで預かっている。この仕事を大変だと感じた職員が開発したそうだ(이용자로부터 분실물 연락을 받으면, 그 장소에 가지러 가서, 소유자가 올 때까지 보관하고 있다. 이 일을 힘들다고 느낀 직원이 개발했다고 한다)라고 서술하고 있으므로 4 トイレでの忘れ物に関する仕事が大変だと、管理会社の職員が思ったから(화장실에서의 분실물에 관한 일이 힘들다고, 관리 회사의 직원이 생각했기 때문에)가 정답이다.

어휘 高速道路 こうそくどうろ 圆 고속 도로 休憩所 きゅうけいじょ 圆 휴게소 トイレ 圆 화장실 毎日 まいにち 圆 매일 多く おおく 圆 많음

忘れ物 わすれもの 图분실물, 분실　見つかる みつかる 图발견되다　そこで 쥅그래서　管理会社 かんりがいしゃ 图관리 회사　防ぐ ふせぐ 图방지하다
開発 かいはつ 图개발　個室 こしつ 图(한 사람만 사용할 수 있는) 칸　鍵 かぎ 图열쇠　部分 ぶぶん 图부분　大きな おおきな 큰　板 いた 图판자
荷物 にもつ 图짐　置く おく 图두다　台 だい 图받침대　～として ～로써　使う つかう 图사용하다　～ようにする ～(하)도록 하다
出る でる 图나오다　とき 图때　触る さわる 图만지다　～ため ～때문에　気づく きづく 图눈치채다, 알아차리다　～わけだ ～(한) 것이다
利用者 りようしゃ 图이용자　～から 쥅~로부터　連絡 れんらく 图연락　受ける うける 图받다　場所 ばしょ 图장소　取る とる 图가지다, 들다
～に行く ～にいく ~(하)러 가다　持ち主 もちぬし 图소유자　来る くる 图오다　～まで 쥅~까지　預かる あずかる 图보관하다　仕事 しごと 图일
大変だ たいへんだ な형힘들다　感じる かんじる 图느끼다　職員 しょくいん 图직원　～そうだ ~라고 한다　実際 じっさい 圊실제로
ほとんど 圊대부분　なくなる 없어지다　作る つくる 图만들다　～てほしい ~(해) 줬으면 좋겠다　言う いう 图말하다　思う おもう 图생각하다
～に関する ～にかんする ~에 관한

27 중

(4)

10月20日の朝、パクさんが出勤すると、机の上に白石課長（かちょう）からのメモが置いてあった。

> パクさん
>
> 　新商品についてのアンケート調査の報告書を確認しました。内容は分かりやすく書けていると思います。ただ、表が少し見にくいですから作り直してください。前回報告書を書いた成田さんにお願いして、どのようにまとめるかアドバイスをもらうのもいいと思います。明日の午後3時からある会議でこの資料（しりょう）を使うので、それまでにお願いします。
>
> 　明日の午前中は本社でセミナーがあるので、午後から出勤します。報告書のことで何か分からないことがあったら電話してください。
>
> 10月19日（水）
>
> 白石

このメモを読んで、パクさんがしなければならないことは何か。

1 明日の会議までに、報告書の表を見やすくなるよう作り直す。
2 明日の午後3時までに、成田さんにお願いして報告書を直してもらう。
3 明日の午前中、本社に行ってセミナーを受けてから出勤する。
4 明日、白石課長（かちょう）に電話して報告書についてアドバイスをもらう。

(4)

10월 20일 아침, 박 씨가 출근하니, 책상 위에 시라이시 과장으로부터의 메모가 놓여 있었다.

> 박 씨
>
> 　신상품에 대한 설문 조사 보고서를 확인했습니다. 내용은 이해하기 쉽게 쓰여 있다고 생각합니다. 다만, 표가 조금 보기 어렵기 때문에 다시 만들어 주세요. 지난번 보고서를 쓴 나리타 씨에게 부탁해서, 어떻게 정리할지 조언을 받는 것도 좋다고 생각합니다. 내일 오후 3시부터 있는 회의에서 이 자료를 사용하기 때문에, 그때까지 부탁합니다.
>
> 　내일 오전 중에는 본사에서 세미나가 있기 때문에, 오후부터 출근합니다. 보고서 일로 무언가 이해하지 못하는 것이 있으면 전화해 주세요.
>
> 10월 19일 (수)
>
> 시라이시

이 메모를 읽고, 박 씨가 해야 하는 것은 무엇인가?

1 내일 회의까지, 보고서의 표를 보기 쉽게 되도록 다시 만든다.
2 내일 오후 3시까지, 나리타 씨에게 부탁해서 보고서를 고쳐 받는다.
3 내일 오전 중, 본사에 가서 세미나를 듣고 나서 출근한다.
4 내일, 시라이시 과장에게 전화해서 보고서에 대해 조언을 받는다.

해설 메모 형식의 실용문으로 박 씨가 해야 하는 것을 묻고 있다. 선택지에서 반복되는 明日(내일), 報告書(보고서)를 지문에서 찾는다. 지문의 초반부에서 報告書を確認しました(보고서 확인했습니다), 表が少し見にくいですから作り直してください(표가 조금 보기 어렵기 때문에 다시 만들어 주세요)라고 언급하고, 중반부에서 明日の午後3時からある会議でこの資料を使うので、それまでにお願いします(내일 오후 3시부터 있는 회의에서 이 자료를 사용하기 때문에, 그때까지 부탁합니다)라고 언급하고 있으므로 1 明日の会議までに、報告書の表を見やすくなるよう作り直す(내일 회의까지, 보고서의 표가 보기 쉽게 되도록 다시 만든다)가 정답이다.

어휘 朝 あさ 图아침　出勤 しゅっきん 图출근　机 つくえ 图책상　上 うえ 图위　課長 かちょう 图과장(님)　～から 쥅~로부터　メモ 图메모
置く おく 图놓다　～てある ~(해) 있다　新商品 しんしょうひん 图신상품　～について ~에 대한　アンケート調査 アンケートちょうさ 图설문 조사

報告書 ほうこくしょ 명보고서　確認 かくにん 명확인　内容 ないよう 명내용　分かる わかる 동이해하다, 알다　～やすい ~(하)기 쉽다
書く かく 동쓰다　思う おもう 동생각하다　ただ 집다만　表 ひょう 명표　少し すこし 부조금　見る みる 동보다　～にくい ~(하)기 어렵다
～から 조~때문에　作り直す つくりなおす 동다시 만들다　～てください ~(해) 주세요　前回 ぜんかい 명지난번　お願い おねがい 명부탁
まとめる 동정리하다　アドバイス 명조언　もらう 동받다　明日 あした 명내일　午後 ごご 명오후　会議 かいぎ 명회의　資料 しりょう 명자료
使う つかう 동사용하다　～ので 조~때문에　～までに ~까지　午前 ごぜん 명오전　～中 ～ちゅう ~중　本社 ほんしゃ 명본사
セミナー 명세미나　～たら ~(하)면　電話 でんわ 명전화　～なければならない ~(해)야 한다　直す なおす 동고치다　行く いく 동가다
受ける うける 동듣다　～てから ~(하)고 나서

問題5　つぎの(1)と(2)の文章を読んで、質問に答えなさい。答えは、1・2・3・4から最もよいものを一つえらびなさい。	문제5　다음 (1)과 (2)의 글을 읽고, 질문에 답하세요. 답은, 1·2·3·4에서 가장 알맞은 것을 하나 고르세요.

28-30

(1)

　私たち夫婦は3年前に①田舎暮らしを始めた。二人とも地方で生まれ育ったこともあり、[28]あわただしい都会での生活に不満を感じていたためだ。一番下の娘が就職したことをきっかけに、二人で会社を退職し、空き家になっていた夫の親戚の家に引っ越してきた。

　最初は②残念に思うこともあった。[29]親しくしていた人たちに会えないことだ。東京にいたときはよく友人と会って、長話をしたりしていたので、その時間がなくなったのは少し寂しかった。

　しかし、今はそれもプラスに考えている。夫との時間が増えたからだ。ここは店が早く閉まるので、家に帰る時間も早くなった。毎晩夕食を食べた後に近所の川へ散歩に行っている。忙しい都会の生活では、夫と二人の時間が限られていたので、とても新鮮な気持ちだ。

　[30]3年間住んでみて私にはここでの生活が合っているように思う。これからもゆったりとした時間を夫婦二人で楽しみたい。

（注）空き家：人が住んでいない家

(1)

　우리들 부부는 3년 전에 ①시골 생활을 시작했다. 두 사람 모두 지방에서 태어나 자란 것도 있어, [28]분주한 도시에서의 생활에 불만을 느끼고 있었기 때문이다. 가장 어린 딸이 취직한 것을 계기로, 둘이서 회사를 퇴직하고, 빈집이 되어 있던 남편의 친척 집에 이사해 왔다.

　처음에는 ②아쉽게 생각하는 것도 있었다. [29]친하게 지내고 있던 사람들을 만날 수 없는 것이다. 도쿄에 있었을 때는 자주 친구와 만나서, 긴 이야기를 하거나 했었기 때문에, 그 시간이 없어진 것은 조금 쓸쓸했다.

　하지만, 지금은 그것도 플러스로 생각하고 있다. 남편과의 시간이 늘었기 때문이다. 여기는 가게가 빨리 닫히기 때문에, 집에 돌아오는 시간도 빨라졌다. 매일 밤 저녁 식사를 먹은 후에 근처 강으로 산책하러 가고 있다. 바쁜 도시의 생활에서는, 남편과 둘인 시간이 한정되어 있었기 때문에, 매우 신선한 기분이다.

　[30]3년간 살아 보니 나에게는 이곳에서의 생활이 맞는 것처럼 보인다. 앞으로도 느긋한 시간을 부부 둘이서 즐기고 싶다.

㈜ 빈집 : 사람이 살고 있지 않은 집

어휘　夫婦 ふうふ 명부부　前 まえ 명전, 앞　田舎暮らし いなかぐらし 명시골 생활　始める はじめる 동시작하다　地方 ちほう 명지방
生まれ育つ うまれそだつ 동태어나 자라다　あわただしい い형분주하다　都会 とかい 명도시　生活 せいかつ 명생활　不満 ふまん 명불만
感じる かんじる 동느끼다　～ため ~때문　一番 いちばん 부가장　下 した 명어림, (나이가) 아래　娘 むすめ 명딸　就職 しゅうしょく 명취직
きっかけ 명계기　会社 かいしゃ 명회사　退職 たいしょく 명퇴직　空き家 あきや 명빈집　夫 おっと 명남편　親戚 しんせき 명친척　家 いえ 명집
引っ越す ひっこす 동이사하다　最初 さいしょ 명처음　残念だ ざんねんだ な형아쉽다　思う おもう 동생각하다　親しくする したしくする 친하게 지내다
会う あう 동만나다　東京 とうきょう 도쿄(지명)　とき 명때　友人 ゆうじん 명친구　長話 ながばなし 명긴 이야기　～たり ~(하)거나
～ので 조~때문에　時間 じかん 명시간　なくなる 동없어지다　少し すこし 부조금　寂しい さびしい い형쓸쓸하다　しかし 집하지만
今 いま 명지금　プラス 명플러스　考える かんがえる 동생각하다　増える ふえる 동늘다　～から 조~때문에　店 みせ 명가게
早い はやい い형빠르다　閉まる しまる 동닫히다　帰る かえる 동돌아오다　毎晩 まいばん 명매일 밤　夕食 ゆうしょく 명저녁 식사
食べる たべる 동먹다　後 あと 명뒤, 후　近所 きんじょ 명근처　川 かわ 명강　散歩 さんぽ 명산책　行く いく 동가다　忙しい いそがしい い형바쁘다
限る かぎる 동한정하다　とても 부매우　新鮮だ しんせんだ な형신선하다　気持ち きもち 명기분　住む すむ 동살다　合う あう 동맞다
～ように思う ～ようにおもう ~인 것처럼 보이다, ~인 것처럼 느끼다　これから 앞으로　ゆったり 부느긋하게　楽しむ たのしむ 동즐기다

①田舎暮らしを始めたとあるが、その理由は何か。

1 自分が生まれ育った町に戻りたかったから
2 **あわただしい都会の生活が嫌になったから**
3 一番下の娘が田舎で就職したいと言ったから
4 夫の親戚の家が空き家になっていたから

①시골 생활을 시작했다고 했는데, 그 이유는 무엇인가?

1 자신이 태어나고 자란 마을에 돌아가고 싶었기 때문에
2 **분주한 도시의 생활이 싫어졌기 때문에**
3 가장 어린 딸이 시골에서 취직하고 싶다고 말했기 때문에
4 남편의 친척 집이 빈집이 되어 있었기 때문에

해설 지문의 田舎暮らしを始めた(시골 생활을 시작했다)에 관한 이유가 무엇인지 밑줄 주변에서 찾는다. 밑줄의 뒷부분에서 あわただしい都会での生活に不満を感じていたためだ(분주한 도시에서의 생활에 불만을 느끼고 있었기 때문이다)라고 서술하고 있으므로 2 あわただしい都会の生活が嫌になったから(분주한 도시의 생활이 싫어졌기 때문에)가 정답이다.

어휘 自分 じぶん 閉 자신 町 まち 閉 마을 戻る もどる 图 돌아가다 嫌だ いやだ な形 싫다 言う いう 图 말하다

꼭! 알아두기 밑줄친 부분의 이유는 주로 ~ためだ(~때문이다), ~というものだ(~라는 것이다)와 같은 표현이 있는 문장에서 찾을 수 있다.

②残念に思うこととあるが、どのようなことか。

1 **東京で親しくしていた友人に会えなくなったこと**
2 引っ越してきた町で親しい友人ができないこと
3 友人と長話をする時間がないほど忙しくなったこと
4 友人や家族と過ごす時間が減ってしまったこと

②아쉽게 생각하는 것이라고 했는데, 어떤 것인가?

1 **도쿄에서 친하게 지내고 있던 친구를 만날 수 없게 된 것**
2 이사 온 마을에서 친한 친구가 생기지 않는 것
3 친구와 긴 이야기를 할 시간이 없을 정도로 바빠진 것
4 친구나 가족과 지내는 시간이 줄어 버린 것

해설 지문의 残念に思うこと(아쉽게 생각하는 것)의 내용이 무엇인지 밑줄 주변에서 찾는다. 밑줄의 뒷부분에서 親しくしていた人たちに会えないことだ(친하게 지내고 있던 사람들을 만날 수 없는 것이다)라고 서술하고 있으므로 1 東京で親しくしていた友人に会えなくなったこと(도쿄에서 친하게 지내고 있던 친구를 만날 수 없게 된 것)가 정답이다.

어휘 家族 かぞく 閉 가족

田舎での生活について、「私」はどう思っているか。

1 良くないこともプラスに考えられるようになっていい。
2 夫と過ごせる時間が限られているので大事にしたい。
3 毎晩散歩に行く健康的な生活ができていい。
4 **自分に合っているここでの生活を楽しみたい。**

시골에서의 생활에 대해서, '나'는 어떻게 생각하고 있는가?

1 좋지 않은 것도 플러스로 생각할 수 있게 되어 좋다.
2 남편과 보낼 수 있는 시간이 한정되어 있기 때문에 소중히 하고 싶다.
3 매일 밤 산책하러 가는 건강한 생활을 할 수 있어서 좋다.
4 **자신에게 맞는 이곳에서의 생활을 즐기고 싶다.**

해설 시골에서의 생활에 대한 필자의 생각을 묻고 있다. 마지막 단락에서 3年間住んでみて私にはここでの生活が合っているように思う。これからもゆったりとした時間を夫婦二人で楽しみたい(3년간 살아 보니 나에게는 이곳에서의 생활이 맞는 것처럼 보인다. 앞으로도 느긋한 시간을 부부 둘이서 즐기고 싶다)라고 서술하고 있으므로 4 自分に合っているここでの生活を楽しみたい(자신에게 맞는 이곳에서의 생활을 즐기고 싶다)가 정답이다.

어휘 良い よい い形 좋다 大事だ だいじだ な形 소중하다 健康的だ けんこうてきだ な形 건강하다

(2)

[31]私たち人間が発する声は感情によって変化する。例えば、感情が高まっているときは声が大きく、トーンは高

(2)

[31]우리들 인간이 내는 목소리는 감정에 의해 변화한다. 예를 들면, 감정이 고조되어 있을 때는 목소리가 크게, 톤은 높게, 말이

く、早口になりやすい。反対に怒りをがまんしているときは、声が低く、スピードも遅くなる。また、トーンが安定しないときは緊張している可能性が高い。ある研究チームがこのような特徴を研究し、「人の声から感情を判断するAI技術」を開発した。

この技術は、さまざまな場面で活用され始めている。[32]代表的なのは、電話で客に対応するコールセンターである。電話は相手の顔が見えないため、声で感情を判断するしかない。[32]この技術を使って、客が満足しているかどうかを調査したり、スタッフのストレスが溜まっていないかを確認したりすることで、サービスの向上に役立てているそうだ。

そもそもAIには感情がない。そんな[33]AIが人間の感情を正確に理解できるとは思えないが、よりよいサービスのためのヒントとして使う程度ならおもしろい考えだと思う。

(注) トーン：声の調子

빨라지게 되기 쉽다. 반대로 화를 참고 있을 때는, 목소리가 낮아지고, 속도도 느려진다. 또, 톤이 안정되지 않을 때는 긴장하고 있을 가능성이 높다. 어느 연구 팀이 이러한 특징을 연구해, '사람의 목소리로부터 감정을 판단하는 AI 기술'을 개발했다.

이 기술은, 다양한 장면에서 활용되기 시작하고 있다. [32]대표적인 것은, 전화로 손님을 대응하는 콜센터이다. 전화는 상대의 얼굴이 보이지 않기 때문에, 목소리로 감정을 판단할 수밖에 없다. [32]이 기술을 사용해, 손님이 만족하고 있는지 어떤지를 조사하거나, 스태프의 스트레스가 쌓여 있지 않은지를 확인하거나 함으로써, 서비스 향상에 도움이 되게 하고 있다고 한다.

애초부터 AI에는 감정이 없다. 그런 [33]AI가 인간의 감정을 정확하게 이해할 수 있다고는 생각되지 않지만, 보다 좋은 서비스를 위한 힌트로서 사용하는 정도라면 재미있는 생각이라고 생각한다.

㈜ 톤 : 목소리의 상태

어휘 人間 にんげん 몡 인간　発する はっする 图 내다, 발하다　声 こえ 몡 목소리　感情 かんじょう 몡 감정　〜によって 〜에 의해　変化 へんか 몡 변화
例えば たとえば 囝 예를 들면　高まる たかまる 图 고조되다　とき 몡 때　大きい おおきい い형 크다　トーン 몡 톤　高い たかい い형 높다
早口 はやくち 몡 말이 빠름　なる 图 되다　〜やすい 〜(하)기 쉽다　反対 はんたい 몡 반대　怒り いかり 몡 화　がまんする 图 참다
低い ひくい い형 낮다　スピード 몡 속도　遅い おそい い형 느리다　また 囝 또　安定 あんてい 몡 안정　緊張 きんちょう 몡 긴장
可能性 かのうせい 몡 가능성　研究 けんきゅう 몡 연구　チーム 몡 팀　特徴 とくちょう 몡 특징　〜から 조 〜로부터　判断 はんだん 몡 판단
技術 ぎじゅつ 몡 기술　開発 かいはつ 몡 개발　さまざまだ な형 다양하다　場面 ばめん 몡 장면　活用 かつよう 몡 활용　始める はじめる 图 시작하다
代表的だ だいひょうてきだ な형 대표적이다　電話 でんわ 몡 전화　客 きゃく 몡 손님　対応 たいおう 몡 대응　コールセンター 몡 콜센터
相手 あいて 몡 상대　顔 かお 몡 얼굴　見える みえる 图 보이다　〜ため 〜때문에　〜しかない 〜(할) 수밖에 없다　使う つかう 图 사용하다
満足 まんぞく 몡 만족　〜かどうか 〜(한)지 어떤지　調査 ちょうさ 몡 조사　〜たり〜たりする 〜(하)거나 〜(하)거나 하다　スタッフ 몡 스태프
ストレス 몡 스트레스　溜まる たまる 图 쌓이다　確認 かくにん 몡 확인　サービス 몡 서비스　向上 こうじょう 몡 향상
役立てる やくだてる 图 도움이 되게 하다　〜そうだ 〜라고 한다　そもそも 囝 애초부터　正確だ せいかくだ な형 정확하다　理解 りかい 몡 이해
思える おもえる 图 생각되다　〜より 조 〜보다　よい い형 좋다　ヒント 몡 힌트　〜として 〜로서　程度 ていど 몡 정도　〜なら 〜라면
おもしろい い형 재미있다　考え かんがえ 몡 생각　思う おもう 图 생각하다　調子 ちょうし 몡 상태

---

31 중

このような特徴とあるが、何か。

1 人によって感情の表し方が違うという特徴
2 **感情によって声が変化するという特徴**
3 感情の高まりは声に表れやすいという特徴
4 感情が安定しないときに声が低くなるという特徴

이러한 특징이라고 했는데, 무엇인가?

1 사람에 따라 감정을 드러내는 방법이 다르다는 특징
2 **감정에 의해 목소리가 변화한다는 특징**
3 감정의 고조는 목소리에 드러나기 쉽다는 특징
4 감정이 안정되지 않을 때에 목소리가 낮아진다는 특징

해설 지문의 このような特徴(이러한 특징)의 내용이 무엇인지 밑줄 주변에서 찾는다. 밑줄의 앞부분에서 私たち人間が発する声は感情によって変化する(우리들 인간이 내는 목소리는 감정에 의해 변화한다)라고 서술하고 있으므로 2 感情によって声が変化するという特徴(감정에 의해 목소리가 변화한다는 특징)가 정답이다.

어휘 表し方 あらわしかた 몡 드러내는 방법　違う ちがう 图 다르다　高まり たかまり 몡 고조　表れる あらわれる 图 드러나다

---

32 중

「人の声から感情を判断するAI技術」についての説明で、合っているものはどれか。

'사람의 목소리로부터 감정을 판단하는 AI 기술'에 대한 설명으로, 맞는 것은 어느 것인가?

1　電話で客に対応するコールセンターで開発された。

2　相手の表情が見えない場面でしか活用することができない。

3　コールセンターでサービス向上のために使われている。

4　ストレスが溜まっている人の声を使って研究している。

1　전화로 손님에게 대응하는 콜센터에서 개발되었다.

2　상대의 표정이 보이지 않는 상황에서밖에 활용할 수 없다.

3　콜센터에서 서비스 향상을 위해 사용되고 있다.

4　스트레스가 쌓여 있는 사람의 목소리를 사용해 연구하고 있다.

해설　질문의 人の声から感情を判断するAI技術(사람의 목소리로부터 감정을 판단하는 AI 기술)를 지문에서 찾아 그 주변을 주의 깊게 읽는다. 두 번째 단락에서 代表的なのは、電話で客に対応するコールセンターである(대표적인 것은, 전화로 손님을 대응하는 콜센터이다)라고 하고, この技術を使って、客が満足しているかどうかを調査したり、スタッフのストレスが溜まっていないかを確認したりすることで、サービスの向上に役立てているそうだ(이 기술을 사용해, 손님이 만족하고 있는지 어떤지를 조사하거나, 스태프의 스트레스가 쌓여 있지 않은지를 확인하거나 함으로써, 서비스 향상에 도움이 되게 하고 있다고 한다)라고 서술하고 있으므로 3 コールセンターでサービス向上のために使われている(콜센터에서 서비스 향상을 위해 사용되고 있다)가 정답이다.

33　중

「人の声から感情を判断するAI技術」について、この文章を書いた人はどう思っているか。

1　AIのほうが人間より正確に判断できると思うので、役に立つはずだ。

2　AIに人間の感情を判断させても、サービスが変わらなければ意味がない。

3　AIに人間の感情が理解できるはずがないので、役に立たない。

4　AIに人間の感情が分かるとは信じられないが、アイデアはおもしろい。

'사람의 목소리로부터 감정을 판단하는 AI기술'에 대해서, 이 글을 쓴 사람은 어떻게 생각하고 있는가?

1　AI 쪽이 인간보다 정확하게 판단할 수 있다고 생각하기 때문에, 도움이 될 것이다.

2　AI에게 인간의 감정을 판단하게 해도, 서비스가 변하지 않으면 의미가 없다.

3　AI가 인간의 감정을 이해할 리가 없기 때문에, 도움이 되지 않는다.

4　AI가 인간의 감정을 이해한다고는 믿을 수 없지만, 아이디어는 재미있다.

해설　사람의 목소리로부터 감정을 판단하는 AI기술에 대한 필자의 생각을 묻고 있다. 마지막 단락에서 AIが人間の感情を正確に理解できるとは思えないが、よりよいサービスのためのヒントとして使う程度ならおもしろい考えだと思う(AI가 인간의 감정을 정확하게 이해할 수 있다고 생각되지 않지만, 보다 좋은 서비스를 위한 힌트로서 사용하는 정도라면 재미있는 생각이라고 생각한다)라고 서술하고 있으므로 4 AIに人間の感情が分かるとは信じられないが、アイデアはおもしろい(AI가 인간의 감정을 이해한다고는 믿을 수 없지만, 아이디어는 재미있다)가 정답이다.

어휘　役に立つ やくにたつ 도움이 되다　〜はずだ 〜(할) 것이다　変わる かわる 图 변하다　〜ば 图 〜(하)면　意味 いみ 圏 의미
　　　〜はずがない 〜(할) 리 없다　信じる しんじる 图 믿다　アイデア 圏 아이디어

문제 6의 디렉션

問題6　つぎの文章を読んで、質問に答えなさい。答えは、1・2・3・4から最もよいものを一つえらびなさい。

문제6　다음의 글을 읽고, 질문에 답하세요. 답은, 1·2·3·4에서 가장 알맞은 것을 하나 고르세요.

34-37

　　現在、多くの会社で働く人が不足している。①最近行われた調査では、[34]全企業の50.1％が正社員の人手が足りないと感じていることが明らかになった。その原因の一つに、人口が多い世代が年を取って退職したということがある。そんな中、人手不足を解消する方法として、65歳以上の高齢者を雇うことが注目されている。

　　현재, 많은 회사에서 일할 사람이 부족하다. ①최근 시행된 조사에서는, [34]모든 기업의 50.1%가 정사원의 일손이 부족하다고 느끼고 있다는 것이 밝혀졌다. 그 원인의 하나로, 인구가 많은 세대가 나이를 먹고 퇴직했다는 것이 있다. 그런 가운데, 일손 부족을 해소하는 방법으로서, 65세 이상의 고령자를 고용하는 것이 주목받고 있다.

実際にこの方法で人手不足を解消した企業がある。ある工業会社の例だ。この会社は、働く人が足りず、常に社員が残業をしなければならなかった。この状態を変えようと社員を増やすことにしたのだが、その際、同じ業務の経験がある高齢者にしぼって募集したという。[35]技術や経験が豊かなため、すぐに現場で業務を行うことができるうえ、[36]他の社員への技術指導を頼むことで、社員全体の技術力が上がるからだ。つまり、人手が増える以外にも良い影響が期待できるのだ。

高齢者を社員として迎えるため、いくつかの工夫を行った。まず、週5日出勤、週3日出勤、一日6時間勤務など様々な働き方から自分に合ったものを自由に選べるようにした。また、医師と協力して、社員の健康状態を管理することにした。その結果、65歳以上の社員が十数名入り、人手不足が解消したそうだ。

[37]高齢者を雇うことは会社にとってメリットが多い。そのため、積極的に雇おうという会社が増えてきている。そして、それは②今後も増えていくだろう。

(注)人手：働く人

실제로 이 방법으로 일손 부족을 해소한 기업이 있다. 어느 공업 회사의 예이다. 이 회사는, 일할 사람이 부족해, 항상 사원이 잔업을 해야 했다. 이 상태를 바꾸고자 사원을 늘리기로 했는데, 그때, 같은 업무 경험이 있는 고령자로 좁혀 모집했다고 한다. [35]기술이나 경험이 풍부하기 때문에, 곧바로 현장에서 업무를 할 수 있는 데다가, [36]다른 사원에 대한 기술 지도를 부탁함으로써, 사원 전체의 기술력이 높아지기 때문이다. 즉, 일손이 늘어나는 것 이외에도 좋은 영향을 기대할 수 있는 것이다.

고령자를 사원으로서 맞이하기 위해, 몇 가지인가의 궁리를 했다. 우선, 주 5일 출근, 주 3일 출근, 하루 6시간 근무 등 다양한 근무 방법에서 자신에게 맞는 것을 자유롭게 선택할 수 있도록 했다. 또, 의사와 협력해, 사원의 건강 상태를 관리하기로 했다. 그 결과, 65세 이상의 사원이 열몇 명 들어와, 일손 부족이 해소되었다고 한다.

[37]고령자를 고용하는 것은 회사에 있어 메리트가 많다. 그 때문에, 적극적으로 고용하고자 하는 회사가 늘어 오고 있다. 그리고, 그것은 ②앞으로도 늘어 갈 것이다.

(주) 일손 : 일하는 사람

어휘 現在 げんざい 圏현재 多く おおく 圏많음 会社 かいしゃ 圏회사 働く はたらく 圏일하다 不足 ふそく 圏부족 最近 さいきん 圏최근
行う おこなう 圏시행하다 調査 ちょうさ 圏조사 全〜 ぜん〜 모든〜, 전〜 企業 きぎょう 圏기업 正社員 せいしゃいん 圏정사원
人手 ひとで 圏일손 足りない たりない 부족하다 感じる かんじる 圏느끼다 明らかになる あきらかになる 밝혀지다 原因 げんいん 圏원인
人口 じんこう 圏인구 多い おおい い형많다 世代 せだい 圏세대 年を取る としをとる 나이를 먹다 退職 たいしょく 圏퇴직 中 なか 圏가운데
解消 かいしょう 圏해소 方法 ほうほう 圏방법 〜として 〜로서 以上 いじょう 圏이상 高齢者 こうれいしゃ 圏고령자 雇う やとう 圏고용하다
注目 ちゅうもく 圏주목 実際 じっさい 圏실제 工業 こうぎょう 圏공업 例 れい 圏예 常に つねに 圏항상 社員 しゃいん 圏사원
残業 ざんぎょう 圏잔업, 야근 〜なければならない 〜(해)야 한다 状態 じょうたい 圏상태 変える かえる 圏바꾸다 増やす ふやす 圏늘리다
〜ことにする 〜(하)기로 하다 際 さい 圏때 同じ おなじ 같음 業務 ぎょうむ 圏업무 経験 けいけん 圏경험 しぼる 圏좁히다
募集 ぼしゅう 圏모집 技術 ぎじゅつ 圏기술 豊かだ ゆたかだ な형풍부하다 〜ため 〜때문에 すぐに 곧바로 現場 げんば 圏현장
〜うえ 〜(한) 데다가 他 ほか 圏다름 指導 しどう 圏지도 頼む たのむ 圏부탁하다 全体 ぜんたい 圏전체 技術力 ぎじゅつりょく 圏기술력
上がる あがる 圏높아지다 〜から 조〜때문에 つまり 즉 以外 いがい 圏이외 良い よい い형좋다 影響 えいきょう 圏영향
期待 きたい 圏기대 迎える むかえる 圏맞이하다 いくつ 몇 가지 工夫 くふう 圏궁리 まず 圏우선 週 しゅう 圏주 出勤 しゅっきん 圏출근
勤務 きんむ 圏근무 〜など 조〜등 様々だ さまざまだ な형다양하다 働き方 はたらきかた 圏근무 방법 〜から 조〜에서 自分 じぶん 圏자신
合う あう 圏맞다 自由だ じゆうだ な형자유롭다 選ぶ えらぶ 圏선택하다 〜ようにする 〜(하)도록 하다 また 圏또 医師 いし 圏의사
協力 きょうりょく 圏협력 健康 けんこう 圏건강 管理 かんり 圏관리 結果 けっか 圏결과 入る はいる 圏들어오다 〜そうだ 〜라고 한다
〜にとって 〜에게 있어 メリット 圏메리트, 장점 多い おおい い형많다 積極的だ せっきょくてきだ な형적극적이다 そして 웹그리고
今後 こんご 圏앞으로

---

34 중

①最近行われた調査とあるが、この調査でわかったことはどのようなことか。

1 企業の半分が正社員が足りないと考えている。
2 働く人の半分が会社に社員が足りないと考えている。
3 企業の半分が高齢者を雇いたいと考えている。
4 退職した高齢者の半分が会社で働きたいと考えている。

①최근 시행된 조사라고 했는데, 이 조사에서 알게 된 것은 어떠한 것인가?

1 기업의 절반이 정사원이 부족하다고 생각하고 있다.
2 일하는 사람의 절반이 회사에 사원이 부족하다고 생각하고 있다.
3 기업의 절반이 고령자를 고용하고 싶다고 생각하고 있다.
4 퇴직한 고령자의 절반이 회사에서 일하고 싶다고 생각하고 있다.

해설 지문의 **最近行われた調査**(최근 시행된 조사)의 내용이 무엇인지를 지문에서 찾는다. 첫 번째 단락에서 **全企業の50.1%가 正社員の人手が
足りないと感じていることが明らかになった**(모든 기업의 50.1%가 정사원의 일손이 부족하다고 느끼고 있다는 것이 밝혀졌다)라고 서술하
고 있으므로, **1 企業の半分が正社員が足りないと考えている**(기업의 절반이 정사원이 부족하다고 생각하고 있다)가 정답이다.

어휘 **半分** はんぶん 圏 절반

35 중상

ある工業会社が同じ業務の経験がある高齢者を雇ったのはなぜか。	어느 공업 회사가 같은 업무 경험이 있는 고령자를 고용한 것은 왜인가?
1 同じ業務の経験がある若者が少ないから	1 같은 업무의 경험이 있는 젊은이가 적기 때문에
2 すぐに現場で活躍できるから	**2 곧바로 현장에서 활약할 수 있기 때문에**
3 他の社員に仕事を教えるのが上手だから	3 다른 사원에게 일을 가르치는 것을 잘하기 때문에
4 会社に若い社員しかいなかったから	4 회사에 젊은 사원밖에 없었기 때문에

해설 질문의 **同じ業務の経験がある高齢者**(같은 업무 경험이 있는 고령자)를 지문에서 찾아 그 주변을 주의 깊게 읽는다. 두 번째 단락에서 **技術
や経験が豊かなため、すぐに現場で業務を行うことができる**(기술이나 경험이 풍부하기 때문에, 곧바로 현장에서 업무를 할 수 있는)라고
서술하고 있으므로 **2 すぐに現場で活躍できるから**(곧바로 현장에서 활약할 수 있기 때문에)가 정답이다.

어휘 **若者** わかもの 圏 젊은이   **少ない** すくない ［い형］ 적다   **活躍** かつやく 圏 활약   **教える** おしえる 图 가르치다   **上手だ** じょうずだ ［な형］ 잘하다
若い わかい ［い형］ 젊다   **～しか** 图 ~밖에

36 중상

②今後も増えていくだろうとあるが、この文章を書いた人はなぜそのように言っているのか。	②앞으로도 늘어 갈 것이다라고 했는데, 이 글을 쓴 사람은 왜 그와 같이 말하고 있는 것인가?
1 人手が足りなくても、自分に合った働き方ができるから	1 일손이 부족해도, 자신에게 맞는 일하는 방식을 할 수 있기 때문에
2 人手が足りなくても、会社の制度が良くなるから	2 일손이 부족해도, 회사의 제도가 좋아지기 때문에
3 人手が増え、積極的に働こうとする社員も増えるから	3 일손이 늘고, 적극적으로 일하고자 하는 사원도 늘기 때문에
4 人手が増え、他の社員にもいい影響を与えるから	**4 일손이 늘고, 다른 사원에게도 좋은 영향을 주기 때문에**

해설 지문의 **今後も増えていくだろう**(앞으로도 늘어 갈 것이다)에 관한 이유가 무엇인지를 지문에서 찾는다. 두 번째 단락에서 **他の社員への技術
指導を頼むことで、社員全体の技術力が上がるからだ。つまり、人手が増える以外にも良い影響が期待できるのだ**(다른 사원에 대한
기술 지도를 부탁함으로써, 사원 전체의 기술력이 높아지기 때문이다. 즉, 일손이 늘어나는 것 이외에도 좋은 영향을 기대할 수 있는 것이다)라
고 서술하고 있으므로 **4 人手が増え、他の社員にもいい影響を与えるから**(일손이 늘고, 다른 사원에게도 좋은 영향을 주기 때문에)가 정답
이다.

어휘 **制度** せいど 圏 제도   **与える** あたえる 图 주다

37 중

この文章全体のテーマは、何か。	이 글 전체의 테마는, 무엇인가?
1 多くの会社で働く人が減った原因	1 많은 회사에서 일하는 사람이 줄어든 원인
2 会社が技術を教えることの大切さ	2 회사가 기술을 가르치는 것의 중요함
3 働きやすい会社の特徴	3 일하기 쉬운 회사의 특징
4 会社が高齢者を雇うことの利点	**4 회사가 고령자를 고용하는 것의 이점**

해설 지문의 주제를 묻고 있다. 마지막 단락에서 **高齢者を雇うことは会社にとってメリットが多い。そのため、積極的に雇おうという会社が
増えてきている。そして、それは今後も増えていくだろう**(고령자를 고용하는 것은 회사에 있어 메리트가 많다. 그 때문에, 적극적으로 고용
하고자 하는 회사가 늘어 오고 있다. 그리고, 그것은 앞으로도 늘어 갈 것이다)라고 서술하고, 지문 전체적으로 회사가 고령자를 고용하고 있는
것에 대해 이야기하고 있으므로 **4 会社が高齢者を雇うことの利点**(회사가 고령자를 고용하는 것의 이점)이 정답이다.

어휘 **テーマ** 圏 테마, 주제   **減る** へる 图 줄어들다   **大切さ** たいせつさ 圏 중요함

問題7　右のページは美術館の案内である。これを読んで、下の質問に答えなさい。答えは、1・2・3・4から最もよいものを一つえらびなさい。	문제7　오른쪽 페이지는 미술관 안내이다. 이것을 읽고, 아래 질문에 답하시오. 답은, 1·2·3·4에서 가장 알맞은 것을 하나 고르시오.

38 중

今日は金曜日である。高校生の中山さんは13時に美術館に着き、この案内を見た。夏休み特別イベントの中で、今から参加できるものはどれか。	오늘은 금요일이다. 고등학생인 나카야마 씨는 13시에 미술관에 도착해, 이 안내를 봤다. 여름 방학 특별 이벤트 중에서, 지금부터 참가할 수 있는 것은 어느 것인가?
1　AとB　　　　　2　AとC	1　A와 B　　　　　2　A와 C
3　BとD　　　　　4　CとD	3　B와 D　　　　　4　C와 D

해설 나카야마 씨가 참가할 수 있는 여름 방학 특별 이벤트를 묻는 문제이다. 질문에서 제시된 조건 (1) 金曜日(금요일), (2) 13時に美術館に着き (13시에 미술관에 도착해)에 따라,

(1) 금요일 : 여름 방학 특별 이벤트 표의 時間(시간) 부분을 보면, 금요일에 진행되는 이벤트는 B, C, D이다.

(2) 13시에 미술관에 도착 : B, C, D 모두 13시 이후에 진행되는 이벤트가 있는데 표 아래의 ※에서 C, D 이벤트에 관한 설명을 보면 予約は、イベントが始まる30分前まで(예약은, 이벤트가 시작되기 30분 전까지)라고 하므로, D의 14시 이벤트는 참가할 수 있지만 C의 13시 이벤트에는 참가할 수 없다.

나카야마 씨는 예약이 필요 없고 금요일에 진행되는 B와 13시에 도착해 예약할 수 있는 D에 참가할 수 있으므로 3 BとD(B와 D)가 정답이다.

어휘 今日 きょう 명 오늘　金曜日 きんようび 명 금요일　高校生 こうこうせい 명 고등학생　美術館 びじゅつかん 명 미술관　ポスター 명 포스터
見る みる 동 보다　夏休み なつやすみ 명 여름 방학　特別 とくべつ 명 특별　イベント 명 이벤트　中 なか 명 중　今 いま 명 지금　～から 조 ~부터
参加 さんか 명 참가

39 중

美術館で案内を見たジョンさんは、「国際書道展」に興味を持った。「国際書道展」を見るために、ジョンさんがしなければいけないことはどれか。	미술관에서 안내를 본 존 씨는, '국제 서예전'에 흥미를 가졌다. '국제 서예전'을 보기 위해서, 존 씨가 하지 않으면 안 되는 것은 어느 것인가?
1　17時までに予約をして、追加料金500円を払う。	1　17시까지 예약을 하고, 추가 요금 500엔을 지불한다.
2　17時までに予約をして、追加料金2,000円を払う。	2　17시까지 예약을 하고, 추가 요금 2,000엔을 지불한다.
3　予約はせずに、入り口カウンターで追加料金500円を払う。	3　예약은 하지 않고, 입구 카운터에서 추가 요금 500엔을 지불한다.
4　予約はせずに、入り口カウンターで追加料金2,000円を払う。	4　예약은 하지 않고, 입구 카운터에서 추가 요금 2,000엔을 지불한다.

해설 제시된 상황 「国際書道展」に興味を持った('국제 서예전'에 흥미를 가졌다)에 따라 존 씨가 해야 할 행동을 파악한다. 지문의 전람회 설명 아래의 ※에서 予約はいりません(예약은 필요 없습니다)이라고 하였고, 国際書道展(국제 서예전) 안내에서 追加料金：500円(추가 요금 : 500엔)이라고 하므로 3 予約はせずに、入り口カウンターで追加料金500円を払う(예약은 하지 않고, 입구 카운터에서 추가 요금 500엔을 지불한다)가 정답이다.

어휘 国際 こくさい 명 국제　書道 しょどう 명 서예　興味 きょうみ 명 흥미　持つ もつ 동 가지다　見る みる 동 보다
～なければならない ~(하)지 않으면 안 된다　～までに ~까지　予約 よやく 명 예약　追加 ついか 명 추가　料金 りょうきん 명 요금
円 えん 명 엔(일본의 화폐 단위)　払う はらう 동 지불하다　入り口 いりぐち 명 입구　カウンター 명 카운터

꼭 알아두기 해야 할 행동을 묻는 문제는 선택지에서 반복해서 언급되는 단어를 미리 확인한 후, 지문에서 해당 단어를 찾으면 더 수월하게 정답의 단서를 찾을 수 있다.

<table>
<tr><td colspan="2">

神田美術館

神田美術館では、お客様にお楽しみいただける
様々なイベントや展覧会を開催しています。

★夏休み特別イベント★
</td><td colspan="2">

간다 미술관

'간다 미술관'에서는, 손님이 즐기실 수 있는
여러 가지 이벤트나 전람회를 개최하고 있습니다.

★여름 방학 특별 이벤트★
</td></tr>
</table>

A　展示品解説会	B　お茶体験	A　전시품 해설회	B　차 체험
職員が展示作品について詳しく解説します。 時間：(土)(日)　一日2回 　　　①11時～　②15時～ 場所：館内1階　講堂 参加費：500円	伝統的な和室でお茶とお菓子を楽しむことができます。 時間：[38]毎日　一日3回 　　　①10時～　[38]②14時～ 　　　③16時～ 場所：館内2階　和室 参加費：700円	직원이 전시 작품에 대해 상세하게 해설합니다. 시간 : (토)(일)　하루 2회 　　　①11시～　②15시～ 장소 : 관내 1층　강당 참가비 : 500엔	전통적인 일본식 방에서 차와 과자를 즐길 수 있습니다. 시간 : [38]매일　하루 3회 　　　①10시～　[38]②14시～ 　　　③16시～ 장소 : 관내 2층　일본식 방 참가비 : 700엔
C　子ども見学ツアー	D　中高生対象アートツアー	C　어린이 견학 투어	D　중고생 대상 아트 투어
普段見られない展示室の裏側をスタッフが案内します。 時間：毎日　一日2回 　　　①11時～　②13時～ 場所：館内1階　受付カウンター前集合 参加費：なし	職員と一緒に館内の作品を見ながらアートについて考えます。 時間：[38](金)(土)(日) 　　　一日2回 　　　①12時～　[38]②14時～ 場所：館内1階　受付カウンター前集合 参加費：なし	평소 볼 수 없는 전시실의 뒤쪽을 스태프가 안내합니다. 시간 : 매일 하루 2회 　　　①11시～　②13시～ 장소 : 관내 1층 접수 카운터 앞 집합 참가비 : 없음	직원과 함께 관내의 작품을 보면서 아트에 대해 생각합니다. 시간 : [38](금)(토)(일) 하루 2회 　　　①12시～　[38]②14시～ 장소 : 관내 1층 접수 카운터 앞 집합 참가비 : 없음

※ 夏休み特別イベントは7月16日から8月31日まで開催します。

※ A，Bのイベントは入館料と別に参加費がかかります。

※ C，Dのイベントは予約が必要です。([38]予約は、イベントが始まる30分前まで)

※ 여름 방학 특별 이벤트는 7월 16일부터 8월 31일까지 개최합니다.

※ A, B 이벤트는 입장료와 별도로 참가비가 듭니다.

※ C, D 이벤트는 예약이 필요합니다. ([38]예약은, 이벤트가 시작되기 30분 전까지)

★今開催している展覧会★

国際書道展	「高田のり子」展
国内・国外から応募があった書道作品を展示しています。 場所：館内1階　第1展示室 [39]追加料金：500円	世界的な画家高田のり子の代表作品を見ることができます。 場所：館内1階　第2展示室 追加料金：2,000円

※ 開館時間は9時半から17時半までです。(入館は17時まで)

※ [39]予約はいりませんが、入館料と別に追加料金がかかります。
　追加料金はそれぞれの展示室の入り口カウンターでお支払いください。

★지금 개최하고 있는 전람회★

국제 서예전	「다카다 노리코」전
국내·국외에서 응모가 있었던 서예 작품을 전시하고 있습니다. 장소 : 관내 1층 제1전시실 [39]추가 요금 : 500엔	세계적인 화가 다카다 노리코의 대표 작품을 볼 수 있습니다. 장소 : 관내 1층 제2전시실 추가 요금 : 2,000엔

※ 개관 시간은 9시 반부터 17시 반까지입니다. (입장은 17시까지)

※ [39]예약은 필요 없습니다만, 입장료와 별도로 추가 요금이 듭니다.
　추가 요금은 각각의 전시실 입구 카운터에서 지불해 주세요.

어휘 　お客様 おきゃくさま 圏손님　楽しむ たのしむ 동즐기다　様々だ さまざまだ な형여러 가지　展覧会 てんらんかい 圏전람회　開催 かいさい 圏개최
展示品 てんじひん 圏전시품　解説会 かいせつかい 圏해설회, 설명회　職員 しょくいん 圏직원　展示 てんじ 圏전시　作品 さくひん 圏작품
〜について 〜에 대해　詳しい くわしい い형상세하다　解説 かいせつ 圏해설　時間 じかん 圏시간　場所 ばしょ 圏장소　館内 かんない 圏관내
講堂 こうどう 圏강당　参加費 さんかひ 圏참가비　お茶 おちゃ 圏차　体験 たいけん 圏체험　伝統的だ でんとうてきだ な형전통적이다
和室 わしつ 圏일본식 방　お菓子 おかし 圏과자　毎日 まいにち 圏매일　子ども こども 圏어린이　見学 けんがく 圏견학　ツアー 圏투어
普段 ふだん 圏평소　展示室 てんじしつ 圏전시실　裏側 うらがわ 圏뒤쪽　スタッフ 圏스태프　案内 あんない 圏안내　受付 うけつけ 圏접수
集合 しゅうごう 圏집합　中高生 ちゅうこうせい 圏중고생　対象 たいしょう 圏대상　アート 圏아트　ツアー 圏투어　一緒に いっしょに 児함께
〜ながら 조〜(하)면서　考える かんがえる 동생각하다　〜から 조〜부터　〜まで 조〜까지　入館料 にゅうかんりょう 圏입장료　別に べつに 별도로
かかる 동들다　予約 よやく 圏예약　必要だ ひつようだ な형필요하다　始まる はじまる 동시작되다　前 まえ 圏전, 앞　国内 こくない 圏국내
国外 こくがい 圏국외　応募 おうぼ 圏응모　世界的だ せかいてきだ な형세계적이다　画家 がか 圏화가　代表 だいひょう 圏대표
開館 かいかん 圏개관　入館 にゅうかん 圏입장, 입관　それぞれ 児각각　支払う しはらう 동지불하다

☞ 문제 1의 디렉션과 예제를 들려줄 때 1번부터 6번까지의 선택지를 미리 읽고 내용을 재빨리 파악해둡니다. 음성에서 では,始めます (그러면, 시작합니다)가 들리면, 곧바로 문제 풀 준비를 합니다. 디렉션과 예제는 실전모의고사 제1회의 해설(p.34)에서 확인할 수 있습니다.

1 상

[음성]
家で母と息子が話しています。息子は何をかばんに入れますか。

F：明日遠足でしょう？準備はできた？

M：うん、大体かばんにつめたよ。

F：えらいじゃない。一応、メモを見ながら一緒に確認しておこう。忘れ物があると困るからね。

M：はーい。まず、帽子とタオル。これは両方入れたよ。

F：タオルは入っているけど、帽子はどこ？

M：あ、さっき遊びに行くときにかぶろうと思って出したんだ。後でまた入れておくよ。

F：うん、忘れずにね。傘は入っているし、お弁当と水筒は明日の朝入れるから、これで終わり。

M：よし。明日が楽しみだなあ。

息子は何をかばんに入れますか。

[문제지]

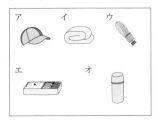

[음성]
집에서 어머니와 아들이 이야기하고 있습니다. 아들은 무엇을 가방에 넣습니까?

F : 내일 소풍이지? 준비는 다 됐어?

M : 응, 대강 가방에 담았어.

F : 훌륭하네. 일단, 메모를 보면서 함께 확인해 두자. 잊은 물건이 있으면 곤란하니까.

M : 네-. 우선, 모자와 수건. 이건 둘 다 넣었어.

F : 수건은 들어 있는데, 모자는 어디?

M : 아, 아까 놀러 갈 때에 쓰려고 생각해서 꺼냈어. 나중에 다시 넣어 둘게.

F : 응, 잊지 말고. 우산은 들어 있고, 도시락과 물통은 내일 아침 넣을 거니까, 이걸로 끝.

M : 좋아. 내일이 기대된다.

아들은 무엇을 가방에 넣습니까?

1 アイウ
2 アエオ
3 イウエ
4 イエオ

해설 선택지 그림을 보고 아들이 가방에 무엇을 넣는지 고르는 문제이다. 어머니가 帽子はどこ?(모자는 어디?)라고 하자, 아들이 さっき遊びに行く 때에 かぶろうと思って出したんだ。後でまた入れておくよ(아까 놀러 갈 때에 쓰려고 생각해서 꺼냈어. 나중에 다시 넣어 둘게)라고 했고, 그 뒤에 어머니가 お弁当と水筒は明日の朝入れるから(도시락과 물통은 내일 아침 넣을 거니까)라고 했으므로, 그림 ア와 그림 エ, 그림 オ로 구성된 2가 정답이다. 그림 イ의 수건과 그림 ウ의 우산은 이미 가방 안에 들어 있다고 했으므로 오답이다.

어휘 家 うち 圓집 母 はは 圓어머니 息子 むすこ 圓아들 かばん 圓가방 入れる いれる 圓넣다 明日 あした 圓내일 遠足 えんそく 圓소풍
準備 じゅんび 圓준비 大体 だいたい 圓대강 つめる 圓담다 えらい い圓훌륭하다 一応 いちおう 圓일단 メモ 圓메모 見る みる 圓보다
～ながら 国~(하)면서 一緒に いっしょに 圓함께 確認 かくにん 圓확인 ～ておく ~(해) 두다 忘れ物 わすれもの 圓잊은 물건
困る こまる 圓곤란하다 ～から 国~니까 まず 圓우선 帽子 ぼうし 圓모자 タオル 圓수건 両方 りょうほう 圓둘 다, 양쪽 모두
入る はいる 圓들다 ～けど 国~는데 どこ 圓어디 さっき 圓아까 遊ぶ あそぶ 圓놀다 ～に行く ~にいく ~(하)러 가다 とき 圓때
かぶる 圓(모자를) 쓰다 思う おもう 圓생각하다 出す だす 圓꺼내다 後 あと 圓나중 また 圓다시 忘れる わすれる 圓잊다
～ずに ~(하)지 말고 傘 かさ 圓우산 お弁当 おべんとう 圓도시락 水筒 すいとう 圓물통 朝 あさ 圓아침 終わり おわり 圓끝 よし 좋아
楽しみだ たのしみだ 囮圓기대되다

2 중

[음성]	[음성]
会社で女の人と男の人が話しています。女の人はこのあとまず何をしますか。	회사에서 여자와 남자가 이야기하고 있습니다. 여자는 이 다음 우선 무엇을 합니까?

F：課長、さきほどタカダ商社の担当者の方から電話がありました。

M：そっか。何だって?

F：木曜日の打ち合わせのことなんですが、急な日程が入ったそうで、明日の10時からに変更できないかとのことでした。

M：え、明日?困ったなあ。まだ資料作り終わってないんだけど…。あ、山口さんって今日忙しい?

F：いえ、今日の仕事はもう終わりました。

M：じゃあ、申し訳ないけど、資料作るの手伝ってもらえる?データを入力する部分だけでいいから、難しいことはないよ。

F：分かりました。

M：ありがとう。担当者には僕から連絡しておくから、それだけお願いね。

F：과장님, 조금 전 다카다 상사의 담당자 분으로부터 전화가 있었습니다.

M：그렇구나. 뭐래?

F：목요일 협의 건 말입니다만, 급한 일정이 들어왔다고 해서, 내일 10시부터로 변경할 수 없냐는 것이었습니다.

M：앗, 내일? 곤란하네. 아직 자료 다 만들지 않았는데…. 아, 야마구치 씨는 오늘 바빠?

F：아뇨, 오늘 일은 이미 끝났습니다.

M：그럼, 미안하지만, 자료 만드는 거 도와줄 수 있을까? 데이터를 입력하는 부분만으로 괜찮으니까, 어려운 건 없어.

F：알겠습니다.

M：고마워. 담당자에게는 내가 연락해 둘 테니까, 그것만 부탁해.

女の人はこのあとまず何をしますか。

여자는 이 다음 우선 무엇을 합니까?

[문제지]	[문제지]
1 電話に出る	1. 전화를 받는다
2 打ち合わせにしゅっせきする	2 협의에 출석한다
3 データを入力する	**3 데이터를 입력한다**
4 たんとうしゃに れんらくする	4 담당자에게 연락한다

해설 여자가 우선 해야 할 일을 고르는 문제이다. 남자가 資料作るの手伝ってもらえる?データを入力する部分だけでいいから、難しいことは

ないよ(자료 만드는 거 도와줄 수 있을까? 데이터를 입력하는 부분만으로 괜찮으니까, 어려운 건 없어)라고 하자, 여자가 分かりました(알겠습니다)라고 했으므로, 3 データを入力する(데이터를 입력한다)가 정답이다. 1은 아까 한 일이고, 2는 내일 할 일이며, 4는 남자가 할 일이므로 오답이다.

어휘 会社 かいしゃ 園회사 課長 かちょう 園과장(님) さきほど 조금 전 商社 しょうしゃ 상사, 상회 担当者 たんとうしゃ 園담당자
方 かた 園분 ～から 图~으로부터 電話 でんわ 園전화 木曜日 もくようび 목요일 打ち合わせ うちあわせ 협의 急だ きゅうだ な형급하다
日程 にってい 園일정 入る はいる 图들어오다 ～そうだ ~라고 한다 明日 あした 園내일 変更 へんこう 변경 困る こまる 图곤란하다
まだ 图아직 資料 しりょう 園자료 作り終わる つくりおわる 图다 만들다 ～けど 图~는데 今日 きょう 園오늘 忙しい いそがしい い형바쁘다
仕事 しごと 園일 もう 图이미 終わる おわる 图끝나다 申し訳ない もうしわけない い형미안하다 作る つくる 图만들다
手伝う てつだう 图돕다 データ 園데이터 入力 にゅうりょく 園입력 部分 ぶぶん 園부분 ～だけ 图~뿐 難しい むずかしい い형어렵다
分かる わかる 图알다, 이해하다 僕 ぼく 園나, 저(남자의 자칭) 連絡 れんらく 園연락 ～ておく ~(해) 두다 ～から 图~니까
出る でる 图(전화를) 받다, 나가다 しゅっせき 園출석

---

3 중상

[음성]	[음성]
スーパーで男の店員と女の店員が話しています。男の店員は何をしますか。	슈퍼에서 남자 점원과 여자 점원이 이야기하고 있습니다. 남자 점원은 무엇을 합니까?

M：事務所の片付け進んでる？手が空いたから手伝いに来たよ。

M：사무소 정리 진행되고 있어? 손이 비어서 도우러 왔어.

F：ありがとう。全然掃除してなかったから、なかなか終わらないよ。

F：고마워. 전혀 청소하지 않았었으니까, 좀처럼 끝나지 않아.

M：でも、だいぶすっきりしたね。僕は何をしようか。ロッカーの整理？

M：그래도, 꽤 깔끔하네. 나는 뭘 할까? 로커 정리?

F：あ、個人のロッカーの中は自分たちで掃除するようになってるから、しなくて大丈夫。あの奥にある机の上を片付けてくれる？ファイルとか封筒があるところ。

F：아, 개인 로커 안은 스스로 청소하게 되어 있으니까, 하지 않아도 괜찮아. 저 구석에 있는 책상 위를 정리해 줄래? 파일이라든가 봉투가 있는 곳.

M：あそこの書類って大事なものじゃない？店長に聞かずに進めちゃっていいの？

M：저기 서류는 중요한 것 아니야? 점장님께 물어보지 않고 진행해 버려도 괜찮아?

F：さっき聞いたけど問題ないって。

F：아까 물어봤는데 문제없대.

M：そうなんだ。じゃ、それさっさと終わらせて、ごみ捨てに行くね。

M：그렇구나. 그럼, 그거 서둘러 끝내고, 쓰레기 버리러 갈게.

F：ごみは今から私が捨ててくるよ。量が多くて邪魔だから。さっき言ったのだけお願い。

F：쓰레기는 지금부터 내가 버리고 올게. 양이 많아서 방해니까. 아까 말한 것만 부탁해.

男の店員は何をしますか。

남자 점원은 무엇을 합니까?

[문제지]	[문제지]
1 ロッカーの中をせいりする	1 로커 안을 정리한다
2 しょるいを かたづけていいか聞く	2 서류를 정리해도 되는지 묻는다
3 机の上をかたづける	**3 책상 위를 정리한다**
4 ごみを捨てる	4 쓰레기를 버린다

해설 남자 점원이 해야 할 일을 고르는 문제이다. 남자 점원이 僕は何をしようか(나는 뭘 할까?)라고 하자, 여자가 あの奥にある机の上を片付けてくれる？ファイルとか封筒があるところ(저 구석에 있는 책상 위를 정리해 줄래? 파일이라든가 봉투가 있는 곳)라고 했으므로, 3 机の上をかたづける(책상 위를 정리한다)가 정답이다. 1은 개인이 스스로 해야할 일이므로 할 필요가 없고, 2는 이미 여자 점원이 물어봤다고 했으며, 4는 여자 점원이 할 일이므로 오답이다.

어휘 スーパー 園슈퍼 店員 てんいん 園점원 事務所 じむしょ 園사무소 片付け かたづけ 園정리 進む すすむ 图진행되다, 나아가다
手が空く てがあく 손이 비다 ～から 图~해서 手伝う てつだう 图돕다 ～に来る ～にくる ~(하)러 오다 全然 ぜんぜん 图전혀

정답 및 해설 | 실전모의고사 제4회　**187**

실전모의고사 제4회 해커스 JLPT 실전모의고사 N3

掃除 そうじ 图청소　なかなか 国좀처럼　終わる おわる 图끝나다　でも 国그래도　だいぶ 国꽤　すっきり 国깔끔하게

僕 ぼく 图나, 저(남자의 자칭)　何 なに 图무엇　ロッカー 图로커　整理 せいり 图정리　個人 こじん 图개인　中 なか 图안, 속

自分 じぶん 图스스로, 자신　～ように ～(하)게, ～(하)도록　大丈夫だ だいじょうぶだ 图관찮다　奥 おく 图구석　机 つくえ 图책상　上 うえ 图위

ファイル 图파일　封筒 ふうとう 图봉투　書類 しょるい 图서류　大事だ だいじだ 图중요하다　店長 てんちょう 图점장(님)　聞く きく 图물어보다

～ずに ～(하)지 않고　進める すすめる 图진행하다　～ちゃう ～(해) 버리다　さっき 图아까　～けど 国～는데　問題 もんだい 图문제

さっさと 서둘러　ごみ 图쓰레기　捨てる すてる 图버리다　～に行く ～にいく ～(하)러 가다　今 いま 图지금　～から 国～부터　量 りょう 图양

多い おおい 图많다　邪魔 じゃま 图방해　言う いう 图말하다　～だけ 国～만

4 중

<table>
<tr><td>

[음성]

大学で女の学生と男の学生が話しています。二人はどこで昼食を食べますか。

F：授業お疲れ。今からお昼だよね?一緒に食べない?

M：いいよ。この教室、次の時間講義ないからここで食べようよ。

F：あ、私持ってきてないから、買いに行かなくちゃいけないんだ。1階の食堂はどう?

M：食堂は人が多くて席がないんじゃないかな。

F：そうだね。じゃあ、教室しかないかあ…。私カフェでパンでも買ってくるね。

M：うん。あ、校庭はどう?天気いいから、気持ちいいと思うよ。

F：いいね。そこにしよう。

二人はどこで昼食を食べますか。

[문제지]

1 教室

2 しょくどう

3 カフェ

4 こうてい

</td><td>

[음성]

대학에서 여학생과 남학생이 이야기하고 있습니다. 두 사람은 어디에서 점심을 먹습니까?

F：수업 수고했어. 지금부터 점심이지? 같이 먹지 않을래?

M：좋아. 이 교실, 다음 시간 강의 없으니까 여기에서 먹자.

F：아, 나 가지고 오지 않아서, 사러 가지 않으면 안 돼. 1층의 식당은 어때?

M：식당은 사람이 많아서 자리가 없지 않을까?

F：그러네. 그럼, 교실밖에 없나…. 나 카페에서 빵이라도 사 올게.

M：응. 아, 교정은 어때? 날씨 좋으니까, 기분 좋을 거라고 생각해.

F：좋네. 거기로 하자.

두 사람은 어디에서 점심을 먹습니까?

[문제지]

1 교실

2 식당

3 카페

4 교정

</td></tr>
</table>

해설　두 사람이 점심을 먹는 장소를 고르는 문제이다. 남학생이 あ、校庭はどう(아, 교정은 어때)라고 하자, 여학생이 いいね。そこにしよう(좋네. 거기로 하자)라고 했으므로, 4 こうてい(교정)가 정답이다. 1은 여학생이 밥을 사러 가야 해서 다른 곳에서 먹자고 했고 2는 자리가 없을 것 같다고 했으며, 3은 여학생이 빵을 사러 가는 곳이므로 오답이다.

어휘　大学 だいがく 图대학　学生 がくせい 图학생　昼食 ちゅうしょく 图점심(식사)　食べる たべる 图먹다　授業 じゅぎょう 图수업　今 いま 图지금

～から 国～부터　お昼 おひる 图점심(식사)　一緒に いっしょに 国같이　教室 きょうしつ 图교실　次 つぎ 图다음　時間 じかん 图시간

講義 こうぎ 图강의　～から 国～니까　持つ もつ 图가지다　買う かう 图사다　～に行く ～にいく ～(하)러 가다

～なくちゃいけない ～(하)지 않으면 안 된다　食堂 しょくどう 图식당　多い おおい 图많다　席 せき 图자리　～しか 国～밖에　カフェ 图카페

パン 图빵　校庭 こうてい 图교정　天気 てんき 图날씨　気持ち きもち 图기분　思う おもう 图생각하다　～にする ～로 하다

꼭 알아두기　장소를 묻는 문제는, 정답의 단서가 そこにしよう(거기로 하자)와 함께 자주 언급된다.

[음성]

男の学生と女の学生が話しています。女の学生はポスターにどんな内容を追加しますか。

M：吉田さん、大学祭のポスター作ってくれた？

F：はい、作りました。これです。

M：おー、素敵な絵だね。目立ちそうでいいよ。当日あるイベントや売る食べ物の紹介も簡単にまとまっているね。

F：ありがとうございます。何か足したほうがいい内容はありますか。

M：うーん、大学の地図があったほうがいいんじゃない？外部の人もたくさん来るしね。

F：地図は左下にありますよ。見えにくければ、少し大きくしましょうか。

M：ああ、ごめん。いや、これはこのままにしよう。下のほうに去年の大学祭の写真を載せるのはどうかな。様子が分かったほうが、来やすいかなと思って。

F：そうですね。じゃ、それだけ追加しておきます。

女の学生はポスターにどんな内容を追加しますか。

[문제지]

1　イベントのしょうかい
2　売る食べ物のしょうかい
3　大学の地図
4　去年の大学祭の写真

[음성]

남학생과 여학생이 이야기하고 있습니다. 여학생은 포스터에 어떤 내용을 추가합니까?

M : 요시다 씨, 대학 축제의 포스터 만들어 주었어?

F : 네, 만들었어요. 이거예요.

M : 오-, 멋진 그림이네. 눈에 띌 것 같아서 좋아. 당일 있는 이벤트나 파는 음식 소개도 간단히 정리되어 있네.

F : 감사합니다. 뭔가 더하는 편이 좋을 내용은 있나요?

M : 음, 대학의 지도가 있는 편이 좋지 않을까? 외부 사람도 많이 오고 말이야.

F : 지도는 왼쪽 아래에 있어요. 잘 안 보이면, 조금 크게 할까요?

M : 아, 미안. 아니, 이건 이대로 하자. 아래쪽에 작년 대학 축제의 사진을 싣는 것은 어떨까. 상황을 아는 편이, 오기 쉬울까 생각해서.

F : 그러네요. 그럼, 그것만 추가해 둘게요.

여학생은 포스터에 어떤 내용을 추가합니까?

[문제지]

1　이벤트 소개
2　파는 음식의 소개
3　대학의 지도
4　작년 대학 축제의 사진

해설　여학생이 포스터에 어떤 내용을 추가해야 하는지 고르는 문제이다. 남학생이 下のほうに去年の大学祭の写真を載せるのはどうかな。様子が分かったほうが、来やすいかなと思って(아래쪽에 작년 대학 축제의 사진을 싣는 것은 어떨까. 상황을 아는 편이, 오기 쉬울까 생각해서)라고 하자, 여학생이 そうですね。じゃ、それだけ追加しておきます(그러네요. 그럼, 그것만 추가해 둘게요)라고 했으므로, 4 去年の大学祭の写真(작년 대학 축제의 사진)이 정답이다. 1, 2, 3은 이미 포스터에 있는 내용이므로 오답이다.

어휘　学生 がくせい 圏학생　ポスター 圏포스터　内容 ないよう 圏내용　追加 ついか 圏추가　大学祭 だいがくさい 圏대학 축제　作る つくる 圏만들다　素敵だ すてきだ 圏멋지다　絵 え 圏그림　目立つ めだつ 圏눈에 띄다　～そうだ ~(할) 것 같다　当日 とうじつ 圏당일　イベント 圏이벤트　売る うる 圏팔다　食べ物 たべもの 圏음식　紹介 しょうかい 圏소개　簡単だ かんたんだ 岡간단하다　まとまる 圏정리되다　何 なに 圏무엇　足す たす 圏더하다　～ほうがいい ~(하)는 편이 좋다　地図 ちず 圏지도　外部 がいぶ 圏외부　たくさん 圏많이　来る くる 圏오다　左 ひだり 圏왼쪽　下 した 圏아래　見える みえる 圏보이다　～にくい ~(하)기 어렵다　～ば 图~(하)면　少し すこし 圏조금　大きい おおきい 圏크다　去年 きょねん 圏작년　写真 しゃしん 圏사진　載せる のせる 圏싣다　様子 ようす 圏상황, 모습　分かる わかる 圏알다, 이해하다　来る くる 圏오다　～やすい ~(하)기 쉽다　思う おもう 圏생각하다　～だけ 图~만　～ておく ~(해) 두다

[음성]

ある学部の留学生歓迎会で係りの人が話しています。留学生はまず何をしますか。

[음성]

어느 학부의 유학생 환영회에서 담당자가 이야기하고 있습니다. 유학생은 우선 무엇을 합니까?

M：みなさん、もうすぐ留学生歓迎会が始まります。まず、留学生のみなさんに自己紹介をしてもらいます。それから、ゲームをしたりして日本人の学生たちと親しくなりましょう。ゲームの時間になったら、会場の後ろにお菓子や飲み物を用意します。自由に食べたり飲んだりしてもかまいませんが、床や物を汚さないようにしてください。では、そろそろ始めるので、留学生はステージの上に来てください。

留学生はまず何をしますか。

[問題지]

1 じこしょうかいをする
2 ゲームをする
3 おかしを食べる
4 ステージに上がる

M : 여러분, 이제 곧 유학생 환영회가 시작됩니다. 우선, 유학생 여러분이 자기소개를 해 주겠습니다. 그러고 나서, 게임을 하거나 하며 일본인 학생들과 친해집시다. 게임 시간이 되면, 회장 뒤에 과자나 음료를 준비하겠습니다. 자유롭게 먹거나 마시거나 해도 상관없습니다만, 바닥이나 물건을 더럽히지 않도록 해 주세요. 그럼, 슬슬 시작하겠으니, 유학생은 무대 위로 와 주세요.

유학생은 우선 무엇을 합니까?

[문제지]

1 자기소개를 한다
2 게임을 한다
3 과자를 먹는다
4 무대에 오른다

해설 유학생이 우선 해야 할 일을 고르는 문제이다. 남자가 では、そろそろ始めるので、留学生はステージの上に来てください(그럼, 슬슬 시작하겠으니, 유학생은 무대 위로 와 주세요)라고 했으므로, 4 ステージに上がる(무대에 오른다)가 정답이다. 1은 앞으로 나간 후에 할 일이고, 2는 자기소개를 한 후에 할 일이며, 3은 게임 시간 중에 자유롭게 할 수 있으므로 오답이다.

어휘 学部 がくぶ 图 학부　留学生 りゅうがくせい 图 유학생　歓迎会 かんげいかい 图 환영회　係りの人 かかりのひと 담당자　みなさん 여러분
もう 凰 이제　すぐ 凰 곧　始まる はじまる 图 시작되다　まず 凰 우선　自己紹介 じこしょうかい 图 자기소개　それから 졉 그러고 나서　ゲーム 图 게임
〜たり 区 ~(하)거나　日本人 にほんじん 图 일본인　学生 がくせい 图 학생　親しい したしい い 친하다　時間 じかん 图 시간　〜たら 区 ~(하)면
会場 かいじょう 图 회장　後ろ うしろ 图 뒤　お菓子 おかし 图 과자　飲み物 のみもの 图 음료　用意 ようい 图 준비　自由だ じゆうだ 左 자유롭다
食べる たべる 图 먹다　〜たり〜たりする ~(하)거나 ~(하)거나 하다　飲む のむ 图 마시다　〜てもかまわない ~(해)도 상관없다　床 ゆか 图 바닥
物 もの 图 물건　汚す よごす 图 더럽히다　〜ないように ~(하)지 않도록　〜てください ~(해) 주세요　では 졉 그럼　そろそろ 凰 슬슬
始める はじめる 图 시작하다　〜ので 区 ~니까　ステージ 图 무대　上 うえ 图 위　来る くる 图 오다　上がる あがる 图 오르다

☞ 문제 2의 디렉션과 예제를 들려줄 때 1번부터 6번까지의 선택지를 미리 읽고 내용을 재빨리 파악해둡니다. 음성에서 では、始めます (그러면, 시작합니다)가 들리면, 곧바로 문제 풀 준비를 합니다. 디렉션과 예제는 실전모의고사 제1회의 해설(p.40)에서 확인할 수 있습니다.

1　중상

[음성]
大学で男の人と女の人が話しています。男の人は何のために実家に帰りますか。

M：日曜日の約束なんだけど、その日、実家に帰ることになっちゃって。ごめん。
F：ああ、お祭り？森さんと行くから大丈夫だよ。それより何かあったの？
M：昨日母が怪我をしたらしくてね。入院しているから、お見舞いに行こうと思って。
F：え、それは大変だね。怪我ひどいの？
M：僕もよく分からないんだ。家の中を掃除しているときに、階段から落ちたって。

[음성]
대학에서 남자와 여자가 이야기하고 있습니다. 남자는 무엇 때문에 본가에 돌아갑니까?

M : 일요일 약속 말인데, 그날, 본가에 돌아가게 되어 버려서. 미안해.
F : 아, 축제? 모리 씨와 갈 테니 괜찮아. 그것보다 뭔가 있었어?
M : 어제 어머니가 다쳤다고 해서 말이야. 입원해 있으니까, 병문안하러 가려고 생각해서.
F : 앗, 그건 큰일이네. 상처 심한 거야?
M : 나도 잘 모르겠어. 집 안을 청소하고 있을 때, 계단에서 떨어졌다고 해.

F：そっか、心配だね。

M：うん。ああ、これから掃除するときは僕が手伝ってあ
　　げないとなあ。

F：そうだね。来月にはお兄さんの結婚式もあるんでしょ?

M：そうなんだよ。早く治るといいんだけど。

男の人は何のために実家に帰りますか。

[問題紙]

1　まつりに行くため
2　**おみまいに行くため**
3　そうじを手伝うため
4　けっこんしきに出るため

F : 그렇구나, 걱정이네.

M : 응. 아, 앞으로 청소할 때는 내가 도와주지 않으면 안 되겠어.

F : 그러게. 다음 달에는 오빠의 결혼식도 있지?

M : 맞아. 빨리 나으면 좋을 텐데.

남자는 무엇 때문에 본가에 돌아갑니까?

[문제지]

1　축제에 가기 위해
2　**병문안하러 가기 위해**
3　청소를 돕기 위해
4　결혼식에 가기 위해

해설 남자가 본가에 돌아가는 이유를 묻는 문제이다. 남자가 昨日母が怪我をしたらしくてね。入院しているから、お見舞いに行こうと思って
(어제 어머니가 다쳤다고 해서 말이야. 입원해 있으니까, 병문안하러 가려고 생각해서)라고 언급했으므로, 2 おみまいに行くため(병문안하러
가기 위해)가 정답이다.

어휘 大学 だいがく 圏대학　実家 じっか 圏본가　帰る かえる 图돌아가다　日曜日 にちようび 圏일요일　約束 やくそく 圏약속　~だけど ~인데
日 ひ 圏날　~ことになる ~(하)게 되다　~ちゃう ~(해) 버리다　お祭り おまつり 圏축제　行く いく 图가다　~から 图~니까
大丈夫だ だいじょうぶだ [ナ형]괜찮다　~より 图~보다　何 なに 圏무엇　昨日 きのう 圏어제　母 はは 圏어머니　怪我をする けがをする 다치다
~らしい ~라고 한다　入院 にゅういん 圏입원　お見舞い おみまい 圏병문안　~に行く ~にいく ~(하)러 가다　思う おもう 图생각하다
大変だ たいへんだ [ナ형]큰일이다　怪我 けが 圏상처　ひどい [イ형]심하다　僕 ぼく 圏나, 저(남자의 자칭)　分かる わかる 图알다, 이해하다
家 いえ 圏집　中 なか 圏안, 속　掃除 そうじ 圏청소　とき 圏때　階段 かいだん 圏계단　~から ~에서　落ちる おちる 图떨어지다
心配 しんぱい 圏걱정　これから 앞으로　手伝う てつだう 图돕다　来月 らいげつ 圏다음 달　お兄さん おにいさん 圏오빠
結婚式 けっこんしき 圏결혼식　早く はやく 圉빨리　治る なおる 图낫다　~ため ~위해
結婚式に出る けっこんしきにでる 결혼식에 가다, 결혼식에 참석하다

2　중

[음성]

女の人と男の人が話しています。女の人はどうして引っ越
しましたか。

F：最近会社から近いアパートに引っ越したんだ。通勤
　　時間が短いって楽でいいね。

M：まあね。それより引っ越したの?前の家、1年も住ん
　　でないんじゃない?

F：うん。契約期間が終わってから引っ越そうと思ってた
　　んだけど、いいところが見つかってね。

M：そうなんだ。部屋は広いの?

F：前住んでいた家よりは狭くなったよ。建物も結構古
　　いし。

M：じゃあ、何が良かったの?

F：会社から近いところだよ。前は片道1時間かかってた
　　の。毎日通勤するだけで疲れるし、時間がもったい
　　ないじゃない。

M：確かに近いのが一番だよね。

[음성]

여자와 남자가 이야기하고 있습니다. 여자는 어째서 이사했습니
까?

F : 최근 회사에서 가까운 아파트로 이사했어. 통근 시간이 짧다
　　는 것이란 편하고 좋네.

M : 뭐 그렇지. 그것보다 이사했어? 전의 집, 1년도 살지 않은 거
　　아니야?

F : 응. 계약 기간이 끝나고 나서 이사하려고 생각했었는데, 좋은
　　곳이 발견돼서 말이야.

M : 그렇구나. 방은 넓어?

F : 전에 살았던 집보다는 좁아졌어. 건물도 꽤 낡았고.

M : 그럼, 뭐가 좋았어?

F : 회사에서 가까운 점이야. 전에는 편도 1시간 걸렸어. 매일
　　통근하는 것만으로 지치고, 시간이 아깝잖아.

M : 확실히 가까운 것이 최고지.

女の人はどうして引っ越しましたか。

[問題紙]

1 会社から遠かったから

2 けいやくきかんが終わったから

3 部屋がせまかったから

4 たてものが古かったから

여자는 어째서 이사했습니까?

[問題紙]

1 회사에서 멀었기 때문에

2 계약 기간이 끝났기 때문에

3 방이 좁았기 때문에

4 건물이 낡았기 때문에

해설 여자가 이사를 한 이유를 묻는 문제이다. 남자가 何が良かったの？(뭐가 좋았어?)라고 하자, 여자가 会社から近いところだよ。前は片道1時間かかってたの(회사에서 가까운 점이야. 전에는 편도 1시간 걸렸었어)라고 언급했으므로, 1 会社から遠かったから(회사에서 멀었기 때문에)가 정답이다.

어휘 引っ越す ひっこす 图이사하다　最近 さいきん 图최근　会社 かいしゃ 图회사　～から 图～에서　近い ちかい い형가깝다　アパート 图아파트　通勤 つうきん 图통근　時間 じかん 图시간　短い みじかい い형짧다　楽 らく な형편하다　～より 图～보다　前 まえ 图전　家 いえ 图집　住む すむ 图살다　契約 けいやく 图계약　期間 きかん 图기간　終わる おわる 图끝나다　～てから ～(하)고 나서　思う おもう 图생각하다　～けど ～는데　見つかる みつかる 图발견되다　部屋 へや 图방　広い ひろい い형넓다　狭い せまい い형좁다　建物 たてもの 图건물　結構 けっこう 閉꽤　古い ふるい い형낡다　何 なに 图무엇　良い よい い형좋다　片道 かたみち 图편도　かかる 图걸리다　毎日 まいにち 图매일　～だけ 图～만　疲れる つかれる 图지치다　もったいない い형아깝다　確かだ たしかだ な형확실하다　一番 いちばん 图최고, 일등　遠い とおい い형멀다

3 중

[音声]

図書館で女の人と係りの人が話しています。図書館の自習室で何をしてはいけませんか。

F：すみません。自習室を使いたいんですが。

M：はい。では、5番の席を使ってください。席は決まっているので、他の席に移動することはご遠慮ください。

F：はい。パソコンは使えますか。

M：お使いになれますよ。使用される場合は、他の方の迷惑にならないよう音には気を付けてください。

F：分かりました。えっと、電源は。

M：席にありますから、ご自由にお使いください。

F：ありがとうございます。それから、飲み物は飲んでもいいですよね。

M：ええ、構いません。

図書館の自習室で何をしてはいけませんか。

[問題紙]

1 席をいどうすること

2 パソコンを使うこと

3 でんげんを使うこと

4 飲み物を飲むこと

[音声]

도서관에서 여자와 담당자가 이야기하고 있습니다. 도서관 자습실에서 무엇을 하면 안 됩니까?

F：실례합니다. 자습실을 사용하고 싶은데요.

M：네. 그러면, 5번 자리를 사용해 주세요. 자리는 정해져 있으니까, 다른 자리로 이동하는 것은 삼가 주세요.

F：네. 컴퓨터는 사용할 수 있나요?

M：사용하실 수 있어요. 사용하시는 경우에는, 다른 분의 폐가 되지 않도록 소리에는 주의해 주세요.

F：알겠습니다. 음, 콘센트는.

M：자리에 있으니까, 자유롭게 사용해 주세요.

F：감사합니다. 그리고, 음료는 마셔도 괜찮지요?

M：네, 상관없습니다.

도서관 자습실에서 무엇을 하면 안 됩니까?

[問題紙]

1 자리를 이동하는 것

2 컴퓨터를 사용하는 것

3 콘센트를 사용하는 것

4 음료를 마시는 것

해설 도서관의 자습실에서 하면 안 되는 행동을 묻는 문제이다. 담당자가 席は決まっているので、他の席に移動することはご遠慮ください(자리는 정해져 있으니까, 다른 자리로 이동하는 것은 삼가 주세요)라고 언급했으므로, 1 席をいどうすること(자리를 이동하는 것)가 정답이다.

어휘 図書館 としょかん 图도서관　係りの人 かかりのひと 담당자　自習室 じしゅうしつ 图자습실　使う つかう 图사용하다　では 웹그러면　席 せき 图자리　～てください ～(해) 주세요　決まる きまる 图정해지다　～ので 图～니까　他 ほか 图다름　移動 いどう 图이동　遠慮 えんりょ 图삼감

192 무료 학습자료 제공 japan.Hackers.com

パソコン 圏컴퓨터　使用 しよう 圏사용　場合 ばあい 圏경우　他 ほか 圏다름　方 かた 圏분　迷惑 めいわく 圏폐, 민폐　音 おと 圏소리
気を付ける きをつける 주의하다　分かる わかる 圏알다, 이해하다　電源 でんげん 圏콘센트　～から 图~니까　自由だ じゆうだ な형자유롭다
それから 图그리고　飲み物 のみもの 圏음료　飲む のむ 圏마시다　構わない かまわない 상관없다, 괜찮다

4　상

[음성]
テレビで女の人が自分の仕事について話しています。女の人は何が大変だと言っていますか。

F：私は半年前、家の近くにパン屋を出しました。毎朝5時には店に行って、パンを作り始めます。朝早く起きるのが大変ではないかとよく聞かれますが、その分早く寝るので問題ありません。大変なのは常に新しい商品を研究しなければならないことですかね。アイデアが思いつかないときは時間もかかりますが、お客さんに喜んでもらうためだと思って頑張っています。最近、お客さんが増えてきたので作る量を増やしました。たくさんの方に食べていただくことができてとても嬉しいです。

女の人は何が大変だと言っていますか。

[문제지]
1 朝早く起きること
2 しょうひんのアイデアを考えること
3 お客さんがたくさん来ること
4 しょうひんをたくさん作ること

[음성]
텔레비전에서 여자가 자신의 일에 대해 이야기하고 있습니다. 여자는 무엇이 힘들다고 말하고 있습니까?

F : 저는 반년 전, 집 근처에 빵집을 냈습니다. 매일 아침 5시에는 가게에 가서, 빵을 만들기 시작합니다. 아침 일찍 일어나는 것이 힘들지 않냐고 자주 질문받습니다만, 그만큼 빨리 자기 때문에 문제없습니다. 힘든 것은 항상 새로운 상품을 연구하지 않으면 안 되는 것이려나요. 아이디어가 떠오르지 않을 때는 시간도 걸립니다만, 손님을 기쁘게 하기 위함이라고 생각하고 힘내고 있습니다. 최근, 손님이 늘기 시작해서 만드는 양을 늘렸습니다. 많은 분이 드셔 주실 수 있어서 매우 기쁩니다.

여자는 무엇이 힘들다고 말하고 있습니까?

[문제지]
1 아침 일찍 일어나는 것
2 상품의 아이디어를 생각하는 것
3 손님이 많이 오는 것
4 상품을 많이 만드는 것

해설 여자가 힘들다고 하는 것이 무엇인지 묻는 문제이다. 여자가 大変なのは常に新しい商品を研究しなければならないことですかね(힘든 것은 항상 새로운 상품을 연구하지 않으면 안 되는 것이려나요)라고 언급했으므로, 2 しょうひんのアイデアを考えること(상품의 아이디어를 생각하는 것)가 정답이다.

어휘 テレビ 圏텔레비전　自分 じぶん 圏자신　仕事 しごと 圏일　～について ~에 대해　大変だ たいへんだ な형힘들다　半年 はんとし 圏반년
前 まえ 圏전　家 いえ 圏집　近く ちかく 圏근처, 가까이　パン屋 パンや 圏빵집　出す だす 圏내다　毎朝 まいあさ 圏매일 아침　店 みせ 圏가게
行く いく 圏가다　パン 圏빵　作り始める つくりはじめる 圏만들기 시작하다　朝 あさ 圏아침　早く はやく 囝일찍　起きる おきる 圏일어나다
よく 囝자주　聞く きく 圏질문하다　その分 そのぶん 그만큼　寝る ねる 圏자다　～ので ~때문에　問題 もんだい 圏문제　常に つねに 囝항상
新しい あたらしい い형새롭다　商品 しょうひん 圏상품　研究 けんきゅう 圏연구　～なければならない ~(하)지 않으면 안 된다
アイデア 圏아이디어　思いつく おもいつく 圏떠오르다　とき 圏때　時間 じかん 圏시간　かかる 圏걸리다　お客さん おきゃくさん 圏손님
喜ぶ よろこぶ 圏기뻐하다　ため 圏위함　思う おもう 圏생각하다　頑張る がんばる 圏힘내다　最近 さいきん 圏최근　増える ふえる 圏늘다
作る つくる 圏만들다　量 りょう 圏양　たくさん 圏많음　方 かた 圏분　食べる たべる 圏먹다　～ていただく ~(해) 주시다　とても 囝매우
嬉しい うれしい い형기쁘다　来る くる 圏오다

5　중상

[음성]
会社で男の人と女の人が話しています。女の人はどうして会議に出ないことになりましたか。

M：原さん、今日の会議出られなくなったって？

[음성]
회사에서 남자와 여자가 이야기하고 있습니다. 여자는 어째서 회의에 나가지 않게 되었습니까?

M : 하라 씨, 오늘 회의 나갈 수 없게 되었다면서?

F：はい。急に取引先との打ち合わせが入ってしまって。

M：そうか…。

F：今日の会議では話したことを記録するだけなので、新入社員の中山さんにお願いしても大丈夫じゃないでしょうか。

M：中山さんは体調が悪くて午後から早退するらしいんだ。

F：そうですか。

M：うーん、会議の時間を変えるしかないかな。原さん、打ち合わせは何時ごろ終わる予定なの？

F：1時間あれば十分なので、3時には終わると思います。ただ、その後、営業に行くことになっています。

M：ああ、時間を変えても無理だね。じゃ、他の人を探してみるよ。このことは気にしないで。

女の人はどうして会議に出ないことになりましたか。

[문제지]

1 打ち合わせが入ったから

2 他の人にたのむから

3 そうたいするから

4 えいぎょうに行くから

F：네. 갑자기 거래처와의 협의가 들어와 버려서.

M：그렇구나….

F：오늘 회의에서는 이야기한 것을 기록하는 것뿐이니까, 신입 사원인 나카야마 씨에게 부탁해도 괜찮지 않을까요?

M：나카야마 씨는 몸 상태가 좋지 않아서 오후부터 조퇴한다고 해.

F：그런가요.

M：음, 회의 시간을 바꿀 수밖에 없어. 하라 씨, 협의는 몇 시쯤 끝날 예정이야?

F：1시간 있으면 충분하기 때문에, 3시에는 끝날 거라고 생각해요. 다만, 그 후에, 영업하러 가기로 되어 있어요.

M：아, 시간을 바꿔도 무리네. 그럼, 다른 사람을 찾아볼게. 이 일은 신경 쓰지 마.

여자는 어째서 회의에 나가지 않게 되었습니까?

[문제지]

1 협의가 들어왔기 때문에

2 다른 사람에게 부탁하기 때문에

3 조퇴하기 때문에

4 영업하러 가기 때문에

해설 여자가 회의에 나가지 않게 된 이유를 묻는 문제이다. 남자가 今日の会議出られなくなったって(오늘 회의 나갈 수 없게 되었다면서)라고 하자, 여자가 はい。急に取引先との打ち合わせが入ってしまって(네. 갑자기 거래처와의 협의가 들어와 버려서)라고 언급했으므로, 1 打ち合わせが入ったから(협의가 들어왔기 때문에)가 정답이다.

어휘 会社 かいしゃ 몡 회사　会議 かいぎ 몡 회의　出る でる 튕 나가다　今日 きょう 몡 오늘　急に きゅうに 갑자기　取引先 とりひきさき 몡 거래처　打ち合わせ うちあわせ 몡 협의　入る はいる 튕 들어오다　~てしまう ~(해) 버리다　話す はなす 튕 이야기하다　記録 きろく 몡 기록　~だけ ~뿐　~ので 죄 ~니까　新入社員 しんにゅうしゃいん 몡 신입 사원　お願い おねがい 몡 부탁　大丈夫だ だいじょうぶだ 녱 괜찮다　体調 たいちょう 몡 몸 상태　悪い わるい 행 좋지 않다, 나쁘다　午後 ごご 몡 오후　~から 죄 ~부터　早退 そうたい 몡 조퇴　~らしい ~라고 한다　時間 じかん 몡 시간　変える かえる 튕 바꾸다　~しか ~밖에　終わる おわる 튕 끝나다　予定 よてい 몡 예정　~ば ~(하)면　十分だ じゅうぶんだ 녱 충분하다　思う おもう 튕 생각하다　ただ 쩝 다만　後 あと 몡 후, 뒤　営業 えいぎょう 몡 영업　行く いく 튕 가다　無理 むり 몡 무리　他 ほか 몡 다름　探す さがす 튕 찾다　気にする きにする 신경 쓰다

---

6 중상

[음성]

女の人と男の人が話しています。男の人は旅館の何が一番気に入ったと言っていますか。

F：旅行どうだった？

M：すごく良かったよ。泊まった旅館が特に気に入っちゃったんだ。

F：へー、旅館ってことは、部屋に温泉があったの？

M：部屋にはなかったんだけど、1階に大きな温泉があってね。すごく気持ち良かったよ。夜ご飯と朝ご飯が付いていてご飯もとてもおいしかったし。

F：えー、いいなあ。観光地からは近いの？

[음성]

여자와 남자가 이야기하고 있습니다. 남자는 여관의 무엇이 가장 마음에 들었다고 말하고 있습니까?

F：여행 어땠어?

M：굉장히 좋았어. 묵었던 여관이 특히 마음에 들어 버렸어.

F：와, 여관이라는 건, 방에 온천이 있었던 거야?

M：방에는 없었는데, 1층에 큰 온천이 있어서 말이야. 굉장히 기분 좋아. 저녁 식사랑 아침 식사가 딸려 있어서 밥도 매우 맛있었고.

F：와, 좋네. 관광지에서는 가까워?

M：ちょっと離れているけど、その分自然の中にあるから、窓から山や川が見えるんだ。窓からの景色がきれいなところが何より気に入ったよ。

F：そうなんだ。なんていう名前の旅館なの？

M：「あさひ旅館」だよ。今度機会があったらぜひ行ってみて。

男の人は旅館の何が一番気に入ったと言っていますか。

[문제지]

1 部屋におんせんがあるところ

2 ご飯がおいしいところ

3 かんこうちから近いところ

4 けしきがきれいなところ

M：조금 떨어져 있었지만, 그만큼 자연 속에 있어서, 창에서 산이나 강이 보여. 창에서의 경치가 예쁜 점이 무엇보다 마음에 들었어.

F：그렇구나. 뭐라고 하는 이름의 여관이야?

M：'아사히 여관'이야. 다음에 기회가 있으면 꼭 가 봐.

남자는 여관의 무엇이 가장 마음에 들었다고 말하고 있습니까?

[문제지]

1 방에 온천이 있는 점

2 밥이 맛있는 점

3 관광지에서 가까운 점

4 경치가 예쁜 점

해설 남자가 여관의 무엇을 가장 마음에 들어 했는지 묻는 문제이다. 남자가 窓からの景色がきれいなところが何より気に入ったよ(창에서의 경치가 예쁜 점이 무엇보다 마음에 들었어)라고 언급했으므로, 4 けしきがきれいなところ(경치가 예쁜 점)가 정답이다.

어휘 旅館 りょかん 몡 여관　一番 いちばん 児 가장　気に入る きにいる 마음에 들다　旅行 りょこう 몡 여행　すごく 児 굉장히　良い よい い형 좋다　泊まる とまる 동 묵다, 숙박하다　特に とくに 児 특히　～ちゃう ~(해) 버리다　部屋 へや 몡 방　温泉 おんせん 몡 온천　～けど 조 ~는데　大きな おおきな 큰　気持ち良い きもちよい い형 기분이 좋다　夜ご飯 よるごはん 몡 저녁 식사　朝ご飯 あさごはん 몡 아침 식사　付く つく 동 딸리다　ご飯 ごはん 몡 밥　とても 児 매우　おいしい い형 맛있다　観光地 かんこうち 몡 관광지　～から 조 ~에서　近い ちかい い형 가깝다　ちょっと 児 조금　離れる はなれる 동 떨어지다　～けど 조 ~지만　その分 そのぶん 그만큼　自然 しぜん 몡 자연　中 なか 몡 속, 안　～から 조 ~해서　窓 まど 몡 창문　山 やま 몡 산　川 かわ 몡 강　見える みえる 동 보이다　景色 けしき 몡 경치　きれいだ な형 예쁘다　何 なに 몡 무엇　～より 조 ~보다　名前 なまえ 몡 이름　今度 こんど 몡 다음　機会 きかい 몡 기회　～たら ~(하)면　ぜひ 児 꼭　行く いく 동 가다

☞ 문제 3은 문제지에 아무것도 인쇄되어 있지 않습니다. 따라서, 예제를 들려줄 때, 그 내용을 들으면서 개요 이해의 문제 풀이 전략을 떠올려 봅니다. 음성에서 では, 始めます(그러면, 시작합니다)가 들리면, 곧바로 문제 풀 준비를 합니다. 디렉션과 예제는 실전모의고사 제1회의 해설(p.47)에서 확인할 수 있습니다.

1 중

[음성]

大学で女の学生と男の学生が話しています。

F：先輩、最近中国語が上達しなくて悩んでいます。たくさん勉強しているつもりなんですが、まだ足りないんでしょうか。

M：うーん、勉強時間は増やす必要ないんじゃないかな。

F：でも、同じ時期に始めた友達はもうぺらぺらなのに、私はまだうまく話せないんです。

M：焦る気持ちも分かるけど、人によってうまくなるまでにかかる時間が違うからね。

F：そうですね。

M：とにかく、うまく話せなくてもどんどん話すことが大事だと思うよ。失敗から学べることも多いし。

F：そうですか。

[음성]

대학에서 여학생과 남학생이 이야기하고 있습니다.

F：선배, 최근 중국어가 늘지 않아서 고민하고 있어요. 많이 공부하고 있다고 생각했는데, 아직 부족한 걸까요?

M：음, 공부 시간은 늘릴 필요 없지 않을까.

F：하지만, 같은 시기에 시작한 친구는 이미 술술 말하는데, 저는 아직 잘 이야기하지 못해요.

M：조급한 마음도 이해하지만, 사람에 따라 잘 하게 되기까지 걸리는 시간이 다르니까.

F：그렇죠.

M：어쨌든, 잘 이야기할 수 없어도 계속 이야기하는 것이 중요하다고 생각해. 실패로부터 배울 수 있는 것도 많고.

F：그런가요.

M：うん。中国から来た留学生の友達紹介してあげるから、その子とたくさん話してみて。

F：ありがとうございます。

男の学生が伝えたいことは何ですか。

1 勉強する時間を増やしたほうがいい。

2 できなくても焦らないほうがいい。

3 失敗してもどんどん話したほうがいい。

4 中国人の友達を作ったほうがいい。

M : 응. 중국에서 온 유학생 친구 소개해 줄 테니까, 그 아이와 많이 이야기해 봐.

F : 감사합니다.

남학생이 전하고 싶은 것은 무엇입니까?

1 공부하는 시간을 늘리는 편이 좋다.

2 할 수 없어도 조급해하지 않는 편이 좋다.

3 실패해도 계속 이야기하는 편이 좋다.

4 중국인 친구를 만드는 편이 좋다.

해설 여학생과 남학생이 대학에서 어떤 이야기를 하는지 전체적인 흐름을 파악하며 주의 깊게 듣는다. 남학생이 うまく話せなくてもどんどん話すことが大事だと思うよ。失敗から学べることも多いし(잘 이야기할 수 없어도 계속 이야기하는 것이 중요하다고 생각해. 실패로부터 배울 수 있는 것도 많고)라고 했다. 질문에서 남학생이 전하고 싶은 것이 무엇인지를 묻고 있으므로, 3 失敗してもどんどん話したほうがいい(실패해도 계속 이야기하는 편이 좋다)가 정답이다.

어휘 大学 だいがく 圏 대학 学生 がくせい 圏 학생 先輩 せんぱい 圏 선배 最近 さいきん 圏 최근 中国語 ちゅうごくご 圏 중국어
上達 じょうたつ 圏 (실력이) 늚 悩む なやむ 圏 고민하다 たくさん 囝 많이 勉強 べんきょう 圏 공부 時間 じかん 圏 시간 まだ 囝 아직
足りない たりない 부족하다 増やす ふやす 圏 늘리다 必要 ひつよう 圏 필요 でも 접 하지만 同じ おなじ 같음 時期 じき 圏 시기
始める はじめる 圏 시작하다 友達 ともだち 圏 친구 もう 囝 이미 ぺらぺらだ 饶割 술술 말하다 まだ 囝 아직 うまい 饶割 잘하다
話す はなす 圏 이야기하다 焦る あせる 圏 조급하다 気持ち きもち 圏 마음 分かる わかる 圏 이해하다, 알다 〜けど 图 〜지만
〜によって 〜에 따라 〜までに 〜까지 かかる 圏 걸리다 時間 じかん 圏 시간 違う ちがう 圏 다르다 〜から 图 니까 とにかく 囝 어쨌든
どんどん 囝 계속 大事だ だいじだ 饶割 중요하다 思う おもう 圏 생각하다 失敗 しっぱい 圏 실패 〜から 图 〜부터, 에서 学ぶ まなぶ 圏 배우다
多い おおい 饶割 많다 中国 ちゅうごく 圏 중국 来る くる 오다 留学生 りゅうがくせい 圏 유학생 紹介 しょうかい 圏 소개 子 こ 圏 아이
伝える つたえる 圏 전하다 〜ほうがいい 〜(하)는 편이 좋다 作る つくる 圏 만들다

2 상

[음성]

テレビでアナウンサーが話しています。

M：みなさん、普通ポストに手紙を出すとどれくらいで相手に届きますか。国内であれば3日ほどですね。こちらにあるのは、入れてから届くのに10年かかるという珍しいポストです。地域の子どもたちに、10年後地元を思い出してほしいという思いから商店街の人たちが始めたイベントで、期間は今月末までです。みなさんなら、10年後の自分に何を伝えたいですか。想像するだけでわくわくしてきますね。

アナウンサーは主に何について話していますか。

1 ポストに手紙を出す方法

2 このポストを使ったイベント

3 10年後のポストの変化

4 イベントに参加した人の感想

[음성]

텔레비전에서 아나운서가 이야기하고 있습니다.

M : 여러분, 보통 우체통에 편지를 부치면 얼마만에 상대에게 도착합니까? 국내라면 3일 정도지요. 이쪽에 있는 것은, 넣고 나서 도착하는 데에 10년 걸린다고 하는 신기한 우체통입니다. 지역의 아이들에게, 10년 후 고향을 생각해 내 줬으면 좋겠다는 마음에서 상점가의 사람들이 시작한 이벤트로, 기간은 이번 달 말까지입니다. 여러분이라면, 10년 후의 자신에게 무엇을 전하고 싶습니까? 상상하는 것만으로 두근두근해지네요.

아나운서는 주로 무엇에 대해 이야기하고 있습니까?

1 우체통에 편지를 부치는 방법

2 이 우체통을 사용한 이벤트

3 10년 후의 우체통의 변화

4 이벤트에 참가한 사람의 감상

해설 아나운서가 텔레비전에서 어떤 이야기를 하는지 전체적인 흐름을 파악하며 주의 깊게 듣는다. 아나운서가 こちらにあるのは、入れてから届くのに10年かかるという珍しいポストです。地域の子どもたちに、10年後地元を思い出してほしいという思いから商店街の人たちが始めたイベント(이쪽에 있는 것은, 넣고 나서 도착하는 데에 10년 걸린다고 하는 신기한 우체통입니다. 지역의 아이들에게, 10년 후 고향을 생각해 내 줬으면 좋겠다는 마음에서 상점가의 사람들이 시작한 이벤트)라고 언급했다. 질문에서 아나운서가 하는 말의 중심 내용을 묻고 있으므로, 2 このポストを使ったイベント(이 우체통을 사용한 이벤트)가 정답이다.

어휘 テレビ 圏텔레비전　アナウンサー 圏아나운서　みなさん 여러분　普通 ふつう 圏보통　ポスト 圏우체통　手紙 てがみ 圏편지
出す だす 图(편지를) 부치다, 내다　相手 あいて 圏상대　届く とどく 图(편지 등이) 도착하다　国内 こくない 圏국내　～ば 图~(하)면
～ほど 图~정도　入れる いれる 图넣다　～てから ~(하)고 나서　かかる 걸리다　珍しい めずらしい い형신기하다, 희귀하다　地域 ちいき 圏지역
子ども こども 圏아이　後 ご 圏후　地元 じもと 圏고향　思い出す おもいだす 图생각해 내다　～てほしい ~(해) 줬으면 좋겠다　思い おもい 圏마음
～から 图~에서　商店街 しょうてんがい 圏상점가　始める はじめる 图시작하다　イベント 圏이벤트　期間 きかん 圏기간　今月 こんげつ 圏이번 달
末 まつ 圏말　～まで 图~까지　～なら ~라면　自分 じぶん 圏자신　何 なに 圏무엇　伝える つたえる 图전하다　想像 そうぞう 圏상상
～だけで ~만으로　わくわく 图두근두근　主に おもに 图주로　～について ~에 대해　方法 ほうほう 圏방법　使う つかう 图사용하다
変化 へんか 圏변화　参加 さんか 圏참가　感想 かんそう 圏감상

꼭 알아두기 중심 내용을 묻는 문제는, こちらにあるのは~(이쪽에 있는 것은~), ~をご存じですか(~을 알고 계십니까?)와 함께 언급된 내용이 주제 혹은 핵심 소재일 가능성이 높다.

3 중상

[음성]

ラジオで女の人が話しています。

F：日本では節約することがいいことだと考える人が多いです。食費を削ったり、使う水の量を減らしたりするのは最も一般的な方法だと思います。ですが、私はこれらの方法をおすすめしません。毎日努力をしなければいけないためストレスが溜まりやすいからです。節約をするなら、日々のストレスを溜めない方法で長く続けるのが効果的です。まずはスーパーやコンビニに行く回数を減らすことから始めましょう。買い物に行くと必要がないものまで欲しくなってしまいます。本当に必要なときに必要なものだけを買いに行く習慣をつけることで、ストレスなく節約できますよ。

女の人は節約についてどう思っていますか。

1 食費を減らすなどの簡単な方法で節約したほうがいい。
2 ストレスが溜まるから節約しないほうがいい。
3 毎日少しずつ努力する方法は長く続けられる。
4 必要なものだけを買う習慣が節約につながる。

[음성]

라디오에서 여자가 이야기하고 있습니다.

F : 일본에서는 절약하는 것이 좋은 것이라고 생각하는 사람이 많습니다. 식비를 삭감하거나, 사용하는 물의 양을 줄이거나 하는 것은 가장 일반적인 방법이라고 생각합니다. 하지만, 저는 이들 방법을 추천하지 않습니다. 매일 노력을 하지 않으면 안 되기 때문에 스트레스가 쌓이기 쉽기 때문입니다. 절약을 한다면, 매일 스트레스를 쌓지 않는 방법으로 길게 계속하는 것이 효과적입니다. 우선은 슈퍼나 편의점에 가는 횟수를 줄이는 것부터 시작합시다. 쇼핑하러 가면 필요가 없는 것까지 갖고 싶어져 버립니다. 정말로 필요할 때에 필요한 것만을 사러 가는 습관을 들이는 것으로, 스트레스 없이 절약할 수 있습니다.

여자는 절약에 대해 어떻게 생각하고 있습니까?

1 식비를 줄이는 등의 간단한 방법으로 절약하는 편이 좋다.
2 스트레스가 쌓이기 때문에 절약하지 않는 편이 좋다.
3 매일 조금씩 노력하는 방법은 길게 계속할 수 있다.
4 필요한 것만을 사는 습관이 절약으로 이어진다.

해설 여자가 라디오에서 어떤 이야기를 하는지 전체적인 흐름을 파악하며 주의 깊게 듣는다. 여자가 節約をするなら、日々のストレスを溜めない方法で長く続けるのが効果的です(절약을 한다면, 매일 스트레스를 쌓지 않는 방법으로 길게 계속하는 것이 효과적입니다), 本当に必要なときに必要なものだけを買いに行く習慣をつけることで、ストレスなく節約できますよ(정말로 필요할 때에 필요한 것만을 사러 가는 습관을 들이는 것으로, 스트레스 없이 절약할 수 있습니다)라고 언급했다. 질문에서 여자가 절약에 대해 어떻게 생각하는지를 묻고 있으므로, 4 必要なものだけを買う習慣が節約につながる(필요한 것만을 사는 습관이 절약으로 이어진다)가 정답이다.

어휘 ラジオ 圏라디오　日本 にほん 圏일본　節約 せつやく 圏절약　考える かんがえる 图생각하다　多い おおい い형많다　食費 しょくひ 圏식비
削る けずる 图삭감하다　～たり～たりする ~(하)거나 ~(하)거나 하다　使う つかう 图사용하다　水 みず 圏물　量 りょう 圏양
減らす へらす 图줄이다　最も もっとも 图가장　一般的だ いっぱんてきだ な형일반적이다　方法 ほうほう 圏방법　思う おもう 图생각하다
ですが 접하지만　すすめる 图추천하다　毎日 まいにち 圏매일　努力 どりょく 圏노력　～なければいけない ~(하)지 않으면 안 된다
～ため ~때문에　ストレス 圏스트레스　溜まる たまる 图쌓이다　～やすい ~(하)기 쉽다　～から 图~때문에　～なら ~라면　日々 ひび 圏매일
溜める ためる 图쌓다　長い ながい い형길다　続ける つづける 图계속하다　効果的だ こうかてきだ な형효과적이다　まず 图우선
スーパー 圏슈퍼　コンビニ 圏편의점　行く いく 图가다　回数 かいすう 圏횟수　始める はじめる 图시작하다　買い物 かいもの 圏쇼핑
必要 ひつよう 圏필요　～まで 图~까지　欲しい ほしい い형갖고 싶다, 원하다　～てしまう ~(해) 버리다　本当に ほんとうに 정말로
必要だ ひつようだ な형필요하다　とき 圏때　～だけ 图~만　習慣をつける しゅうかんをつける 습관을 들이다　～について ~에 대해
思う おもう 图생각하다　食費 しょくひ 圏식비　～など ~등　簡単だ かんたんだ な형간단하다　～ほうがいい ~(하)는 편이 좋다
少し すこし 图조금　～ずつ 图~씩　つながる 图이어지다

☞ 문제 4는 예제를 들려줄 때 1번부터 4번까지의 그림을 보고 상황을 미리 떠올려봅니다. 음성에서 では、始めます(그러면, 시작합니다)가 들리면, 곧바로 문제 풀 준비를 합니다. 디렉션과 예제는 실전모의고사 제1회의 해설(p.50)에서 확인할 수 있습니다.

1 중상

[문제지]

[음성]

この絵は撮影禁止です。写真を撮っている客に何と言いますか。

F：1 ここで撮影をしていただけませんか。
　　2 こちらの絵の撮影はお控えください。
　　3 この絵は撮影しないほうがいいですよ。

[음성]

이 그림은 촬영 금지입니다. 사진을 찍고 있는 손님에게 뭐라고 말합니까?

F：1 여기에서 촬영을 해 주실 수 있나요?
　　2 이쪽 그림의 촬영은 삼가 주세요.
　　3 이 그림은 촬영하지 않는 편이 좋아요.

해설 촬영 금지인 사진을 찍는 손님에게 직원이 할 수 있는 말을 고르는 문제이다.
　　1 (X) 撮影をしていただけませんか는 '촬영을 해 주실 수 있나요?'라는 말이므로 오답이다.
　　2 (O) 撮影はお控えください가 '촬영은 삼가 주세요'라는 말이므로 정답이다.
　　3 (X) 撮影しないほうがいいですよ는 '촬영하지 않는 편이 좋아요'라는 말이므로 오답이다.

어휘 絵 え 圀 그림　撮影 さつえい 圀 촬영　禁止 きんし 圀 금지　写真 しゃしん 圀 사진　撮る とる 图 찍다　客 きゃく 圀 손님　～ていただく ~(해) 주시다
　　控える ひかえる 图 삼가다　～ほうがいい ~(하)는 편이 좋다

2 중상

[문제지]

[음성]

近くにいた人がどのバスに乗ればいいか教えてくれました。何と言いますか。

M：1 教えてくださってありがとうございます。
　　2 ぜひ教えてあげてください。
　　3 教えれば良かったと思いました。

[음성]

가까이에 있던 사람이 어느 버스를 타면 되는지 가르쳐 주었습니다. 뭐라고 말합니까?

M：1 가르쳐 주셔서 감사합니다.
　　2 꼭 가르쳐 줘 주세요.
　　3 가르치면 좋았다고 생각했습니다.

해설 어느 버스를 타면 되는지 가르쳐 준 여자에게 할 수 있는 말을 고르는 문제이다.
　　1 (O) 教えてくださってありがとうございます가 '가르쳐 주셔서 감사합니다'라는 말이므로 정답이다.
　　2 (X) 教えてあげてください는 '가르쳐 줘 주세요'라는 말이므로 오답이다.

3 (X) 教えれば良かったと思いましたは '가르치면 좋았다고 생각했습니다'라는 말이므로 오답이다.

어휘 近く ちかく 團 가까이, 근처 バス 團 버스 乗る のる 團 타다 〜ば 團 〜(하)면 教える おしえる 團 가르치다 〜てくださる 〜(해) 주시다 ぜひ 團 꼭
〜てください 〜(해) 주세요 良い よい 團 좋다 思う おもう 團 생각하다

3 중상

[문제지]

[음성]
靴屋で靴を履いてみましたが、少し小さいです。お店の
人に何と言いますか。

M : 1 もう少し小さいサイズが合うようです。
2 これより大きいサイズを持ってきましょうか。
3 これより一つ大きいサイズありますか。

[음성]
신발 가게에서 신발을 신어 봤습니다만, 조금 작습니다. 가게 사
람에게 뭐라고 말합니까?

M : 1 조금 더 작은 사이즈가 맞을 것 같습니다.
2 이것보다 큰 사이즈를 가지고 올까요?
3 이것보다 하나 큰 사이즈 있습니까?

해설 신어 본 신발 사이즈가 작을 때, 가게 사람에게 할 수 있는 말을 고르는 문제이다.
1 (X) 신어 본 신발이 작은 상황에 맞지 않는 말이므로 오답이다.
2 (X) 가게 사람이 할 수 있는 말이므로 오답이다.
3 (O) これより一つ大きいサイズありますか가 '이것보다 하나 큰 사이즈 있습니까?'라는 말이므로 정답이다.

어휘 靴屋 くつや 團 신발 가게 靴 くつ 團 신발 履く はく 團 신다 少し すこし 團 조금 小さい ちいさい 團 작다 お店 おみせ 團 가게 もう 團 더
サイズ 團 사이즈 合う あう 團 맞다 〜ようだ 〜것 같다 〜より 團 〜보다 大きい おおきい 團 크다 持つ もつ 團 가지다

4 상

[문제지]

[음성]
友達をバーベキューに誘いたいです。友達に何と言いま
すか。

F : 1 明日のバーベキュー、私も行っていいかな?
2 明日時間があったら、バーベキューに来ない?
3 明日のバーベキューって誰が来るの?

[음성]
친구를 바비큐에 부르고 싶습니다. 친구에게 뭐라고 말합니까?

F : 1 내일 바비큐, 나도 가도 될까?
2 내일 시간이 있으면, 바비큐 하러 오지 않을래?
3 내일 바비큐는 누가 오는 거야?

해설 친구를 바비큐에 부르고 싶을 때 할 수 있는 말을 고르는 문제이다.
1 (X) 私も行っていいかなは '나도 가도 될까?'라는 말이므로 오답이다.
2 (O) バーベキューに来ない가 '바비큐 하러 오지 않을래?'라는 말이므로 정답이다.

3 (X) 誰が来るの는 '누가 오는 거야?'라는 말이므로 오답이다.

어휘 友達 ともだち 圏 친구   バーベキュー 圏 바비큐   誘う さそう 图 권유하다   明日 あした 圏 내일   行く いく 图 가다   時間 じかん 圏 시간
～たら 图 ~(하)면   来る くる 图 오다   誰 だれ 圏 누구

> 꼭 알아두기   ～に誘いたいです(~에 부르고 싶습니다)는 상대방과 무언가를 함께 하고 싶은 상황이므로 초대하거나 권유하는 말을 정답으로 고른다.

☞ 문제 5는 문제지에 아무것도 인쇄되어 있지 않습니다. 따라서, 예제를 들려줄 때, 그 내용을 들으면서 즉시 응답의 문제 풀이 전략을 떠올려 봅니다. 음성에서 では,始めます(그러면, 시작합니다)가 들리면, 실제 문제 풀 준비를 합니다. 디렉션과 예제는 실전모의고사 제1회의 해설(p.53)에서 확인할 수 있습니다.

---

1   중

[음성]	[음성]
F：キムさんは日本に住んでどのくらいになりますか。 M：1 今年で3年目になります。 2 はい、それくらいになりますね。 3 30分ぐらい経ったと思います。	F：김 씨는 일본에 산 지 어느 정도 됩니까? M：1 올해로 3년째가 됩니다. 2 네, 그 정도 되네요. 3 30분 정도 지났다고 생각합니다.

해설 여자가 김 씨, 즉 남자에게 일본에 산 지 어느 정도 되는지 물어보는 상황이다.
　　1 (O) 일본에 산 지 3년째라는 말이므로 적절한 응답이다.
　　2 (X) くらい를 반복 사용하여 혼동을 준 오답이다.
　　3 (X) どのくらい(어느 정도)와 관련된 30分ぐらい(30분 정도)를 사용하여 혼동을 준 오답이다.

어휘 日本 にほん 圏 일본   住む すむ 图 살다   どのくらい 어느 정도   今年 ことし 圏 올해   経つ たつ 图 지나다   思う おもう 图 생각하다

---

2   상

[음성]	[음성]
M：明日から旅行に行くというのに、全く準備をしてないなんて。 F：1 準備したなら大丈夫だよ。 2 今から準備しても十分間に合うよ。 3 先に準備してから行こうよ。	M：내일부터 여행을 간다고 하는데, 전혀 준비를 하지 않았다니. F：1 준비했다면 괜찮아. 2 지금부터 준비해도 충분히 시간에 맞아. 3 먼저 준비하고 나서 가자.

해설 남자가 내일부터 여행을 가는데 전혀 준비하지 않았다고 여자를 나무라는 상황이다.
　　1 (X) 準備(じゅんび)를 반복 사용하여 혼동을 준 오답이다.
　　2 (O) 준비하지 않았다고 나무라는 말에 대한 적절한 응답이다.
　　3 (X) 準備(じゅんび)를 반복 사용하고, 行く(いく)를 行こう(いこう)로 반복 사용하여 혼동을 준 오답이다.

어휘 明日 あした 圏 내일   ～から 图 ~부터   旅行 りょこう 圏 여행   行く いく 图 가다   ～というのに ~고 하는데   全く まったく 뤼 전혀
準備 じゅんび 圏 준비   ～なら ~(한)다면   大丈夫だ だいじょうぶだ 쟁휑 괜찮다   今 いま 圏 지금   十分 じゅうぶん 뤼 충분히
間に合う まにあう 图 시간에 맞다   先に さきに 뤼 먼저   ～てから ~(하)고 나서

---

3   중상

[음성]	[음성]
F：その資料を作り終わったら、メールで送っておいてください。	F：그 자료를 다 만들면, 이메일로 보내 둬 주세요.

M：1 いいえ、終わっていません。

 2 はい、送っておきます。

 3 あっ、置いてあります。

M：1 아뇨, 끝나지 않았습니다.

 2 네, 보내 두겠습니다.

 3 아, 놓여 있습니다.

해설 여자가 남자에게 자료를 다 만들면 이메일로 보내 달라고 요청하는 상황이다.

 1 (X) 終わったら(おわったら)를 終わって(おわって)로 반복 사용하여 혼동을 준 오답이다.

 2 (O) 이메일로 보내 달라는 요청을 수락하는 적절한 응답이다.

 3 (X) おいて(둬)를 置いて(놓여)로 반복 사용하여 혼동을 준 오답이다.

어휘 資料 しりょう 圏 자료 作り終わる つくりおわる 图 다 만들다 ～たら 区 ~(하)면 メール 圏 이메일 送る おくる 图 보내다 ～ておく ~(해) 두다
 ～てください ~(해) 주세요 終わる おわる 图 끝나다 置く おく 图 두다 ～てある ~(해)져 있다

---

4 중상

[음성]

M：お飲み物はお食事の後でよろしいでしょうか。

F：1 食事と一緒にお願いします。

 2 飲み物だけでいいです。

 3 コーヒーにします。

[음성]

M：음료는 식사 후로 괜찮으십니까?

F：1 식사와 같이 부탁합니다.

 2 음료만으로 괜찮습니다.

 3 커피로 하겠습니다.

해설 남자가 여자에게 음료를 식사 후에 내어도 괜찮은지 물어보는 상황이다.

 1 (O) 식사 후가 아니라 식사와 같이 달라는 말이므로 상황에 적절한 응답이다.

 2 (X) 飲み物(のみもの)를 반복 사용하여 혼동을 준 오답이다.

 3 (X) 飲み物(음료)와 관련된 コーヒー(커피)를 사용하여 혼동을 준 오답이다.

어휘 飲み物 のみもの 圏 음료 食事 しょくじ 圏 식사 後 あと 圏 후, 뒤 持つ もつ 图 가지다 一緒に いっしょに 回 같이, 함께 ～だけで ~만으로
 コーヒー 圏 커피 ～にする ~로 하다

꼭! 알아두기 ～でよろしいでしょうか(~로 괜찮으십니까?)는 의견을 묻는 표현이므로 수락하거나 다른 의견을 제시하는 내용을 정답으로 고른다.

---

5 중상

[음성]

F：高橋君はサッカー部のキャプテンだけあって、本当に上手だね。

M：1 これから上手になるだろうね。

 2 キャプテンになれると思うよ。

 3 うん、一番うまいよね。

[음성]

F：다카하시 군은 축구부의 주장인 만큼, 정말로 잘하네.

M：1 앞으로 잘 하게 되겠지.

 2 주장이 될 수 있다고 생각해.

 3 응, 가장 잘하네.

해설 여자가 남자에게 축구부 주장인만큼 정말 잘한다고 다카하시 군을 칭찬하는 상황이다.

 1 (X) 다카하시 군을 칭찬하는 상황에 맞지 않는 응답이다.

 2 (X) 다카하시 군은 축구부 주장이라고 한 여자의 말에 맞지 않다.

 3 (O) 다카하시 군을 칭찬하는 말에 동감하는 적절한 응답이다.

어휘 サッカー部 サッカーぶ 圏 축구부 キャプテン 圏 주장 ～だけあって ~인 만큼 本当だ ほんとうだ な형 정말이다 上手だ じょうずだ な형 잘하다
 これから 앞으로 思う おもう 图 생각하다 一番 いちばん 回 가장 うまい い형 잘하다, 능란하다

---

6 상

[음성]

M：空が暗いね。いつ雨が降ってもおかしくないよ。

F：1 本当におかしいね。

[음성]

M：하늘이 어둡네. 언제 비가 내려도 이상하지 않아.

F：1 정말로 이상하네.

  2 そうだね。早く帰ろう。   2 그러게. 빨리 돌아가자.

  3 いつから暗くなるって？   3 언제부터 어두워진대?

해설 남자가 하늘이 어두운 것을 보고 언제 비가 내려도 이상하지 않다고 확신하는 상황이다.

 1 (X) おかしく를 おかしい로 반복 사용하여 혼동을 준 오답이다.

 2 (O) 언제 비가 내려도 이상하지 않다는 말에 동감하는 적절한 응답이다.

 3 (X) 이미 하늘이 어둡다고 한 상황과 맞지 않다.

어휘 空 そら 몡 하늘　暗い くらい い형 어둡다　いつ 몡 언제　雨 あめ 몡 비　降る ふる 통 (비, 눈이) 내리다　～てもおかしくない ~(해)도 이상하지 않다

　　本当に ほんとうに 정말로　おかしい い형 이상하다　早く はやく 툄 빨리　帰る かえる 통 돌아가다　～から 조 ~부터

---

7 중상

[음성]   [음성]

F：川島さん、今日の発表すごく良かったよ。   F：가와시마 씨, 오늘 발표 굉장히 좋았어.

M：1 ありがとうございます。   M：1 감사합니다.

  2 どういたしまして。   2 천만에요.

  3 ご苦労様でした。   3 수고하셨습니다.

해설 여자가 가와시마 씨, 즉 남자에게 오늘 발표 굉장히 좋았다고 칭찬하는 상황이다.

 1 (O) 칭찬받을 때 할 수 있는 적절한 응답이다.

 2 (X) 칭찬받을 때 할 수 있는 응답이 아니다. どういたしまして(천만에요)는 고맙다는 말을 들었을 때, 혹은 상대방의 말을 부드럽게 부정할 때 하는 말이므로 오답이다.

 3 (X) 칭찬받을 때 할 수 있는 응답이 아니다.

어휘 今日 きょう 몡 오늘　発表 はっぴょう 몡 발표　すごく 튄 굉장히　良い よい い형 좋다

---

8 중상

[음성]   [음성]

M：田村さん、最近学校を休んでばかりいるね。 M：다무라 씨, 최근 학교를 쉬기만 하고 있네.

F：1 授業で忙しいのかな。   F：1 수업으로 바쁜 걸까.

  2 一回も休んだことないよね。   2 한 번도 쉰 적 없지.

  3 うん、体調でも悪いのかな。   3 응, 몸 상태라도 안 좋은 걸까.

해설 남자가 여자에게 다무라 씨가 최근 학교를 쉬기만 하고 있다고 걱정하는 상황이다.

 1 (X) 学校(학교)와 관련된 授業(수업)를 사용하여 혼동을 준 오답이다.

 2 (X) 休んで(やすんで)를 休んだ(やすんだ)로 반복 사용하여 혼동을 준 오답이다.

 3 (O) 걱정하는 말에 공감하는 적절한 응답이다.

어휘 最近 さいきん 몡 최근　学校 がっこう 몡 학교　休む やすむ 통 쉬다　～てばかりいる ~(하)기만 하다　授業 じゅぎょう 몡 수업

　　忙しい いそがしい い형 바쁘다　～ことない ~(한) 적 없다　体調 たいちょう 몡 몸 상태　悪い わるい い형 안 좋다, 나쁘다

---

9 중상

[음성]   [음성]

F：木村先輩、部長がどこにいるかご存じですか。 F：기무라 선배, 부장님이 어디에 있는지 알고 계시나요?

M：1 会議室じゃないですか。   M：1 회의실 아닐까요?

  2 ご存じないと思います。   2 모르고 계신다고 생각합니다.

  3 部長が呼んでいますよ   3 부장님이 부르고 있어요.

해설 여자가 기무라 선배, 즉 남자에게 부장님이 어디에 있는지 알고 계시냐고 물어보는 상황이다.

 1 (O) 부장님이 회의실에 있다고 하는 말이므로 적절한 응답이다.

2 (X) ご存じ(ごぞんじ)를 반복 사용하여 혼동을 준 오답이다.

3 (X) 部長(ぶちょう)를 반복 사용하여 혼동을 준 오답이다.

어휘 **先輩** せんぱい 圐선배　**部長** ぶちょう 圐부장(님)　どこ 圐어디　ご存じだ ごぞんじだ 알고 계시다(知っている의 존경어)　会議室 かいぎしつ 圐회의실　思う おもう 圄생각하다　呼ぶ よぶ 圄부르다

실전모의고사 제5회

언어지식(문자·어휘)

문제 1

1	1
2	4
3	3
4	2
5	2
6	4
7	3
8	1

문제 2

9	2
10	3
11	4
12	1
13	3
14	4

문제 3

15	1
16	4
17	2
18	3
19	4
20	1
21	1
22	2
23	3
24	4
25	4

문제 4

26	3
27	1
28	2
29	4
30	3

문제 5

31	1
32	3
33	2
34	4
35	4

언어지식(문법)

문제 1

1	2
2	3
3	4
4	1
5	3
6	4
7	2
8	3
9	1
10	3
11	4
12	2
13	1

문제 2

14	3
15	2
16	3
17	4
18	3

문제 3

19	1
20	4
21	2
22	3
23	1

독해

문제 4

24	3
25	4
26	1
27	2

문제 5

28	4
29	2
30	3
31	3
32	1
33	4

문제 6

34	2
35	4
36	4
37	1

문제 7

38	4
39	2

청해

문제 1

1	1
2	2
3	3
4	4
5	2
6	1

문제 2

1	3
2	1
3	4
4	2
5	1
6	3

문제 3

1	4
2	2
3	3

문제 4

1	2
2	1
3	1
4	1

문제 5

1	1
2	2
3	3
4	1
5	3
6	3
7	2
8	2
9	1

문제 1의 디렉션

問題1 ＿＿＿ のことばの読み方として最もよいものを、1・2・3・4から一つえらびなさい。	문제1 ＿＿＿ 의 말의 읽는 법으로 가장 알맞은 것을, 1·2·3·4에서 하나 고르세요.

---

1 중상

大阪市の一部の地区で停電が起こった。

1 ちく	2 じく
3 ちか	4 じか

오사카 시의 일부 지구에서 정전이 일어났다.

1 지구	2 X
3 X	4 X

해설 地区는 1 ちく로 발음한다.

어휘 地区 ちく 명 지구, 지역　大阪 おおさか 명 오사카(지명)　市 し 명 시　一部 いちぶ 명 일부　停電 ていでん 명 정전　起こる おこる 동 일어나다

---

2 중상

子育てに役立つ情報を教えてもらいました。

1 しょうぼう	2 じょうぼう
3 しょうほう	4 じょうほう

육아에 도움이 되는 정보를 가르쳐 받았습니다.

1 X	2 X
3 X	4 정보

해설 情報는 4 じょうほう로 발음한다. じょう가 탁음인 것과 ほう가 탁음이 아닌 것에 주의한다.

어휘 情報 じょうほう 명 정보　子育て こそだて 명 육아, 아이 키우기　役立つ やくだつ 동 도움이 되다　教える おしえる 동 가르치다

꼭 알아두기 情가 포함된 명사로 事情(じじょう, 사정), 表情(ひょうじょう, 표정)를 함께 알아 둔다.

---

3 중

きのう指をけがしてしまった。

1 うで	2 あし
3 ゆび	4 くび

어제 손가락을 다쳐 버렸다.

1 팔	2 다리
3 손가락	4 목

해설 指는 3 ゆび로 발음한다.

어휘 指 ゆび 명 손가락　うで 명 팔　あし 명 다리　くび 명 목　きのう 명 어제　けがする 다치다

---

4 중

彼が作曲した歌は大ヒットした。

1 さっこく	2 さっきょく
3 さくこく	4 さくきょく

그가 작곡한 노래는 대히트했다.

1 X	2 작곡
3 X	4 X

해설 作曲는 2 さっきょく로 발음한다. さっ이 촉음인 것에 주의한다.

어휘 作曲 さっきょく 명 작곡　彼 かれ 명 그　歌 うた 명 노래　大ヒット だいヒット 명 대히트

꼭 알아두기 作가 포함된 명사로 動作(どうさ, 동작), 作成(さくせい, 작성)를 발음에 유의하여 구별해서 알아 둔다.

---

5 중상

今日の夕食はカレーにしましょう。

오늘 저녁은 카레로 합시다.

1 ゆしょく	**2 ゆうしょく**	1 X	**2 저녁**
3 ゆはん	4 ゆうはん	3 X	4 저녁밥

해설 夕食는 2 ゆうしょく로 발음한다. ゆう가 장음인 것에 주의한다.

어휘 夕食 ゆうしょく 阊 저녁(식사)   夕飯 ゆうはん 阊 저녁밥   今日 きょう 阊 오늘   カレー 阊 카레   ～にする ~로 하다

---

6   중상

故郷を離れる時、寂しい気持ちになった。		고향을 떠날 때, 쓸쓸한 기분이 되었다.	
1 まずしい	2 くるしい	1 가난한	2 괴로운
3 かなしい	**4 さびしい**	3 슬픈	**4 쓸쓸한**

해설 寂しい는 4 さびしい로 발음한다.

어휘 寂しい さびしい い형 쓸쓸하다   まずしい い형 가난하다   くるしい い형 괴롭다   かなしい い형 슬프다   故郷 こきょう 阊 고향
離れる はなれる 阊 떠나다, 떨어지다   時 とき 阊 때   気持ち きもち 阊 기분

---

7   상

この山にはきのこがたくさん生えています。		이 산에는 버섯이 많이 나 있습니다.	
1 しょうえて	2 いえて	1 X	2 X
3 はえて	4 せいえて	**3 나**	4 X

해설 生えて는 3 はえて로 발음한다.

어휘 生える はえる 阊 나다, 자라다   山 やま 阊 산   きのこ 阊 버섯   たくさん 阊 많이

---

8   중상

部下に新プロジェクトについて意見を求めた。		부하에게 새 프로젝트에 대해 의견을 구했다.	
1 もとめた	2 すすめた	**1 구했다**	2 추천했다
3 あつめた	4 つよめた	3 모았다	4 강하게 했다

해설 求めた는 1 もとめた로 발음한다.

어휘 求める もとめる 阊 구하다   すすめる 阊 추천하다   あつめる 阊 모으다   つよめる 阊 강하게 하다   部下 ぶか 阊 부하   新～ しん～ 새~
プロジェクト 阊 프로젝트   ～について ~에 대해   意見 いけん 阊 의견

문제 2의 디렉션

問題2 ＿＿＿のことばを漢字で書くとき、最もよいものを、 1・2・3・4から一つえらびなさい。	문제2 ＿＿＿의 말을 한자로 쓸 때, 가장 알맞은 것을, 1·2·3·4에 서 하나 고르세요.

---

9   중

転んで、ひざからちが出た。		넘어져서, 무릎에서 피가 났다.	
1 皿	**2 血**	1 접시	**2 피**
3 由	4 宙	3 이유	4 공중

해설 ち는 2 血로 표기한다.

어휘 血 ち 阊 피   皿 さら 阊 접시   由 よし 阊 이유, 취지   宙 ちゅう 阊 공중, 하늘   転ぶ ころぶ 阊 넘어지다, 구르다   ひざ 阊 무릎   出る でる 阊 나다

10 중

ホテルの<u>おくじょう</u>にプールがあります。		호텔 <u>옥상</u>에 수영장이 있습니다.	
1 室上	2 室場	1 X	2 X
3 屋上	4 屋場	**3 옥상**	4 X

해설 おくじょう는 3 屋上로 표기한다. 屋(おく, 집)를 선택지 1과 2의 室(しつ, 방)와 구별해서 알아 두고, 上(じょう, 위)를 선택지 2와 4의 場(じょう, 장소)와 구별해서 알아 둔다.

어휘 屋上 おくじょう 図옥상 ホテル 図호텔 プール 図수영장

11 중

会社を始めるには<u>たいりょう</u>の資金が必要だ。		회사를 시작하려면 <u>대량</u>의 자금이 필요하다.	
1 多料	2 多量	1 X	2 다량
3 大料	**4 大量**	3 X	**4 대량**

해설 たいりょう는 4 大量로 표기한다. 大(たい, 크다)를 선택지 1과 2의 多(た, 많다)와 구별해서 알아 두고, 量(りょう, 양)를 선택지 1과 3의 料(りょう, 재료)와 구별해서 알아 둔다.

어휘 大量 たいりょう 図대량 多量 たりょう 図다량 会社 かいしゃ 図회사 始める はじめる 图시작하다 資金 しきん 図자금
必要だ ひつようだ 國필요하다

꼭! 알아두기 大가 포함된 명사로 大会(たいかい, 대회), 大学(だいがく, 대학)를 발음에 유의하여 구별해서 알아 둔다.

12 중상

読んだ本は<u>棚</u>にもどしてください。		읽은 책은 선반에 <u>되돌려</u> 주세요.	
1 戻して	2 返して	**1 되돌려**	2 돌려줘
3 移して	4 直して	3 이동해	4 고쳐

해설 もどして는 1 戻して로 표기한다.

어휘 戻す もどす 图(원위치로) 되돌리다 返す かえす 图돌려주다 移す うつす 图이동하다 直す なおす 图고치다 読む よむ 图읽다 本 ほん 図책
棚 たな 図선반 ～てください ~(해) 주세요

13 중

新製品の<u>こうこく</u>に力を入れている。		신제품 <u>광고</u>에 힘을 쏟고 있다.	
1 交告	2 交浩	1 X	2 X
3 広告	4 広浩	**3 광고**	4 X

해설 こうこく는 3 広告로 표기한다. 広(こう, 넓다)를 선택지 1과 2의 交(こう, 교차하다)와 구별해서 알아 두고, 告(こく, 알리다)를 선택지 2와 4의
浩(こう, 넓다)와 구별해서 알아 둔다.

어휘 広告 こうこく 図광고 新製品 しんせいひん 図신제품 力を入れる ちからをいれる 힘을 쏟다

꼭! 알아두기 広告(こうこく, 광고)는 빈출 어휘이므로 한자와 발음을 정확하게 알아 둔다.

14 중상

<u>鈴木</u>さんの話が本当なのは<u>たしか</u>だろう。		스즈키 씨의 이야기가 사실인 것은 <u>확실할</u> 것이다.	
1 適か	2 証か	1 X	2 X
3 定か	**4 確か**	3 분명할	**4 확실할**

해설 たしかは 4 確かで 표기한다.

어휘 確かだ たしかだ [な형] 확실하다   定かだ さだかだ [な형] 분명하다   話 はなし [명] 이야기   本当だ ほんとうだ [な형] 사실이다, 정말이다

問題3 （　　　）に入れるのに最もよいものを、1・2・3・4から一つえらびなさい。	문제3 （　　　）에 넣을 것으로 가장 알맞은 것을, 1·2·3·4에서 하나 고르세요.

---

15 중상

コーヒーをこぼしてできた（　　　）は洗っても落ちなかった。 1 しみ　　　　　2 きず 3 しるし　　　　4 ほこり	커피를 쏟아서 생긴 （　　　）은 씻어도 빠지지 않았다. **1 얼룩**　　　　2 상처 3 표시　　　　4 먼지

해설 선택지가 모두 명사이다. 괄호 앞의 내용과 함께 쓸 때 コーヒーをこぼしてできたしみ(커피를 쏟아서 생긴 얼룩)라는 문맥이 가장 자연스러우므로 1 しみ(얼룩)가 정답이다. 2는 顔にできたきず(얼굴에 생긴 상처), 3은 ペンでつけたしるし(펜으로 한 표시), 4는 本棚につもったほこり(책장에 쌓인 먼지)로 자주 쓰인다.

어휘 コーヒー [명] 커피   こぼす [동] 쏟다   洗う あらう [동] 씻다   落ちる おちる [동] 빠지다, 떨어지다   しみ [명] 얼룩   きず [명] 상처   しるし [명] 표시   ほこり [명] 먼지

---

16 중상

皮を（　　　）細く切ったじゃがいもを油であげました。 1 けして　　　　2 やぶって 3 はずして　　　**4 むいて**	껍질을 （　　　）가늘게 자른 감자를 기름에 튀겼습니다. 1 끄고　　　　2 깨다 3 풀고　　　　**4 벗기고**

해설 선택지가 모두 동사이다. 괄호 앞의 내용과 함께 쓸 때 皮をむいて(껍질을 벗기고)라는 문맥이 가장 자연스러우므로 4 むいて(벗기고)가 정답이다. 1은 電気をけす(불을 끄다), 2는 常識をやぶる(상식을 깨다), 3은 ねじをはずす(나사를 풀다)로 자주 쓰인다.

어휘 皮 かわ [명] 껍질   細い ほそい [い형] 가늘다   切る きる [동] 자르다   じゃがいも [명] 감자   油 あぶら [명] 기름   あげる [동] 튀기다   けす [동] 끄다   やぶる [동] 깨다   はずす [동] 풀다, 빼다   むく [동] 벗기다

---

17 상

田中さんは（　　　）性格で、怒ったところを見たことがない。 1 単純な　　　　**2 穏やかな** 3 熱心な　　　　4 明らかな	다나카 씨는 （　　　）성격으로, 화내는 것을 본 적이 없다. 1 단순한　　　　**2 온화한** 3 열심인　　　　4 명백한

해설 선택지가 모두 な형용사이다. 괄호 뒤의 내용과 함께 쓸 때 穏やかな性格で、怒ったところを見たことがない(온화한 성격으로, 화내는 것을 본 적이 없다)라는 문맥이 가장 자연스러우므로 2 穏やかな(온화한)가 정답이다. 1은 単純な考え(단순한 생각), 3은 熱心な人(열심인 사람), 4는 明らかな事実(명백한 사실)로 자주 쓰인다.

어휘 性格 せいかく [명] 성격   怒る おこる [동] 화내다   見る みる [동] 보다   ~ことがない ~(한) 적이 없다   単純だ たんじゅんだ [な형] 단순하다   穏やかだ おだやかだ [な형] 온화하다   熱心だ ねっしんだ [な형] 열심이다   明らかだ あきらかだ [な형] 명백하다

꼭 알아두기 穏やかな(온화한)를 대신해서 温和な(おんわな, 온화한), おとなしい(얌전한)를 사용해도 자연스러운 문맥을 만들 수 있다.

---

18 상

10年ぶりに訪れた熊本は、昔とは（　　　）変わっていた。	10년 만에 방문한 구마모토는, 옛날과는 （　　　）바뀌어 있었다.

1 しばらく	2 最も	1 한동안	2 가장
3 ずいぶん	4 一斉に	3 꽤	4 일제히

해설 선택지가 모두 부사이다. 괄호 앞뒤의 내용과 함께 쓸 때 昔とはずいぶん変わっていた(옛날과는 꽤 바뀌어 있었다)라는 문맥이 가장 자연스러우므로 3 ずいぶん(꽤)이 정답이다. 1은 しばらく会わない(한동안 만나지 않다), 2는 最も重要だ(가장 중요하다), 4는 一斉に報道する(일제히 보도하다)로 자주 쓰인다.

어휘 ~ぶり ~만에 訪れる おとずれる ⑧방문하다 熊本 くまもと 圀구마모토(지명) 昔 むかし 圀옛날 変わる かわる ⑧바뀌다 しばらく 凰한동안
最も もっとも 凰가장 ずいぶん 凰꽤 一斉に いっせいに 凰일제히

19 중상

新車は高いから、予算を考えて ( ) の自動車を買うことにした。		새 차는 비싸니까, 예산을 생각해서 ( ) 자동차를 사기로 했다.	
1 当時	2 途中	1 당시	2 도중
3 時期	4 中古	3 시기	4 중고

해설 선택지가 모두 명사이다. 괄호 앞뒤의 내용과 함께 쓸 때 新車は高いから、予算を考えて中古の自動車(새 차는 비싸니까, 예산을 생각해서 중고 자동차)라는 문맥이 가장 자연스러우므로 4 中古(중고)가 정답이다. 1은 当時の服(당시의 옷), 2는 作成途中のレポート(작성 도중인 리포트), 3은 梅雨の時期の大雨(장마 시기의 큰비)로 자주 쓰인다.

어휘 新車 しんしゃ 圀새 차 高い たかい い衡비싸다 ~から 图~니까 予算 よさん 圀예산 考える かんがえる ⑧생각하다
自動車 じどうしゃ 圀자동차 買う かう ⑧사다 当時 とうじ 圀당시 途中 とちゅう 圀도중 時期 じき 圀시기 中古 ちゅうこ 圀중고

20 중

うちの大学の ( ) は桜並木がきれいで観光地としても有名です。		우리 대학 ( ) 는 벚나무 가로수가 예뻐서 관광지로서도 유명합니다.	
1 キャンパス	2 オフィス	1 캠퍼스	2 사무실
3 ファイル	4 ホームページ	3 파일	4 홈페이지

해설 선택지가 모두 명사이다. 괄호 앞뒤의 내용과 함께 쓸 때 うちの大学のキャンパスは桜並木がきれいで(우리 대학 캠퍼스는 벚나무 가로수가 예뻐서)라는 문맥이 가장 자연스러우므로 1 キャンパス(캠퍼스)가 정답이다. 2는 会社のオフィス(회사의 사무실), 3은 全てのファイル(모든 파일), 4는 市のホームページ(시의 홈페이지)로 자주 쓰인다.

어휘 大学 だいがく 圀대학 桜 さくら 圀벚나무 並木 なみき 圀가로수 きれいだ な衡예쁘다 観光地 かんこうち 圀관광지
有名だ ゆうめいだ な衡유명하다 キャンパス 圀캠퍼스 オフィス 圀사무실 ファイル 圀파일 ホームページ 圀홈페이지

21 중

仕事でミスをして、上司に ( ) をかけてしまった。		일에서 실수를 해서, 상사에게 ( ) 를 끼쳐 버렸다.	
1 迷惑	2 悪化	1 폐	2 악화
3 違反	4 被害	3 위반	4 피해

해설 선택지가 모두 명사이다. 괄호 뒤의 내용과 함께 쓸 때 迷惑をかけてしまった(폐를 끼쳐 버렸다)라는 문맥이 가장 자연스러우므로 1 迷惑(폐)가 정답이다. 2는 病気が悪化する(병이 악화되다), 3은 法に違反する(법에 위반되다), 4는 被害をあたえる(피해를 주다)로 자주 쓰인다.

어휘 仕事 しごと 圀일 ミス 圀실수 上司 じょうし 圀상사 迷惑をかける めいわくをかける 폐를 끼치다 ~てしまう ~(해) 버리다
悪化 あっか 圀악화 違反 いはん 圀위반 被害 ひがい 圀피해

꼭 알아두기 迷惑(폐)는 迷惑をかける(めいわくをかける, 폐를 끼치다)로 자주 쓰인다. 이와 같이 ~をかける와 함께 쓰는 표현으로 電話をかける(でんわをかける, 전화를 걸다), 眼鏡をかける(めがねをかける, 안경을 쓰다)를 함께 알아 둔다.

22　중상

明日は弟のバスケの試合を家族全員で（　　　）しに行くつもりだ。

내일은 남동생의 농구 시합을 가족 전원이 （　　　） 하러 갈 예정이다.

1 希望(きぼう)	2 応援(おうえん)	1 희망	2 응원
3 救助(きゅうじょ)	4 賛成(さんせい)	3 구조	4 찬성

해설　선택지가 모두 명사이다. 괄호 앞의 내용과 함께 쓸 때 試合を家族全員で応援(시합을 가족 전원이 응원)이라는 문맥이 가장 자연스러우므로 2 応援(응원)이 정답이다. 1은 進学を希望する(진학을 희망하다), 3은 人を救助する(사람을 구조하다), 4는 意見に賛成する(의견에 찬성하다)로 자주 쓰인다.

어휘　明日 あした 圏내일　弟 おとうと 圏남동생　バスケ 농구　試合 しあい 圏시합　家族 かぞく 圏가족　全員 ぜんいん 圏전원, 모두　行く いく 图가다　〜つもりだ 〜(할) 예정이다　希望 きぼう 圏희망　応援 おうえん 圏응원　救助 きゅうじょ 圏구조　賛成 さんせい 圏찬성

23　상

不満があるなら（　　　）文句を言わず、相手に直接伝えたほうがいい。

불만이 있다면 （　　　） 불평을 말하지 말고, 상대에게 직접 전하는 편이 좋다.

1 いらいら	2 のろのろ	1 안달복달	2 느릿느릿
3 ぶつぶつ	4 はきはき	3 투덜투덜	4 시원시원

해설　선택지가 모두 부사이다. 괄호 뒤의 내용과 함께 쓸 때 ぶつぶつ文句を言わず(투덜투덜 불평을 말하지 말고)라는 문맥이 가장 자연스러우므로 3 ぶつぶつ(투덜투덜)가 정답이다. 1은 いらいらする(안달복달하다), 2는 のろのろ運転をする(느릿느릿 운전을 하다), 4는 はきはき答える(시원시원 대답하다)로 자주 쓰인다.

어휘　不満 ふまん 圏불만　〜なら 〜(하)면　文句 もんく 圏불평　言う いう 图말하다　相手 あいて 圏상대　直接 ちょくせつ 凰직접　伝える つたえる 图전하다　〜ほうがいい 〜(하)는 편이 좋다　いらいら 凰안달복달　のろのろ 凰느릿느릿　ぶつぶつ 凰투덜투덜　はきはき 凰시원시원

24　상

商品を買うときは値段よりも質を（　　　）しています。

상품을 살 때는 가격보다도 질을 （　　　） 하고 있습니다.

1 集中(しゅうちゅう)	2 制限(せいげん)	1 집중	2 제한
3 主張(しゅちょう)	4 重視(じゅうし)	3 주장	4 중시

해설　선택지가 모두 명사이다. 괄호 앞의 내용과 함께 쓸 때 値段よりも質を重視(가격보다도 질을 중시)라는 문맥이 가장 자연스러우므로 4 重視(중시)가 정답이다. 1은 勉強に集中する(공부에 집중하다), 2는 入場を制限する(입장을 제한하다), 3은 考えを主張する(생각을 주장하다)로 자주 쓰인다.

어휘　商品 しょうひん 圏상품　買う かう 图사다　とき 圏때　値段 ねだん 圏가격　〜より 医〜보다　質 しつ 圏질　集中 しゅうちゅう 圏집중　制限 せいげん 圏제한　主張 しゅちょう 圏주장　重視 じゅうし 圏중시

25　중

一生懸命書いた作文を先生に（　　　）もらえてうれしかった。

열심히 쓴 작문을 선생님에게 （　　　） 받을 수 있어서 기뻤다.

1 許(ゆる)して	2 優(すぐ)れて	1 허락	2 뛰어나
3 輝(かがや)いて	4 褒(ほ)めて	3 빛나	4 칭찬

해설　선택지가 모두 동사이다. 괄호 앞뒤의 내용과 함께 쓸 때 作文を先生に褒めてもらえてうれしかった(작문을 선생님에게 칭찬받을 수 있어서 기뻤다)라는 문맥이 가장 자연스러우므로 4 褒めて(칭찬)가 정답이다. 1은 利用を許す(이용을 허락하다), 2는 デザインに優れる(디자인에 뛰어나다), 3은 太陽が輝く(태양이 빛나다)로 자주 쓰인다.

어휘　一生懸命 いっしょうけんめい 圏열심히, 열심임　書く かく 图쓰다　作文 さくぶん 圏작문　先生 せんせい 圏선생(님)　うれしい い형기쁘다　許す ゆるす 图허락하다　優れる すぐれる 图뛰어나다　輝く かがやく 图빛나다　褒める ほめる 图칭찬하다

問題 4 _____に意味が最も近いものを、1・2・3・4から一つえらびなさい。	문제 4 _____에 의미가 가장 가까운 것을, 1·2·3·4에서 하나 고르세요.

26 중상

もっと冷静に行動しなさい。	더 냉정하게 행동하세요.
1 急いで　　　　2 考えて	1 서둘러서　　　　2 생각해서
3 落ち着いて　　4 思い切って	**3 침착하게**　　　4 큰맘 먹고

해설 冷静に가 '냉정하게'라는 의미이므로, 의미가 가장 비슷한 3 落ち着いて(침착하게)가 정답이다.

어휘 もっと 🖳더, 더욱　冷静だ れいせいだ 🇳형냉정하다　行動 こうどう 🇲명행동　急ぐ いそぐ 🇸동서두르다　考える かんがえる 🇸동생각하다
落ち着く おちつく 🇸동침착하다　思い切って おもいきって 🖳큰맘 먹고, 과감히

27 중상

今の暮らしに満足しています。	지금의 삶에 만족하고 있습니다.
1 生活　　　　2 成績	**1 생활**　　　　2 성적
3 記録　　　　4 職場	3 기록　　　　4 직장

해설 暮らし가 '삶'이라는 의미이므로, 의미가 가장 비슷한 1 生活(생활)가 정답이다.

어휘 今 いま 🇲명지금　暮らし くらし 🇲명삶　満足 まんぞく 🇲명만족　生活 せいかつ 🇲명생활　成績 せいせき 🇲명성적　記録 きろく 🇲명기록　職場 しょくば 🇲명직장

28 중

バレーボールの練習は大変だ。	배구 연습은 힘들다.
1 やさしい　　　**2 きつい**	1 쉽다　　　　**2 고되다**
3 楽だ　　　　4 嫌いだ	3 편하다　　　4 싫다

해설 大変だ가 '힘들다'라는 의미이므로, 의미가 가장 비슷한 2 きつい(고되다)가 정답이다.

어휘 バレーボール 🇲명배구　練習 れんしゅう 🇲명연습　大変だ たいへんだ 🇳형힘들다　やさしい 🇮형쉽다　きつい 🇮형고되다　楽だ らくだ 🇳형편하다
嫌いだ きらいだ 🇳형싫다

꼭! 알아두기 大変だ(힘들다)의 유의어로 ハードだ(힘들다), つらい(힘들다)를 함께 알아 둔다.

29 중

今日はピザをテイクアウトします。	오늘은 피자를 테이크아웃 합니다.
1 頼みます　　　2 届けます	1 부탁합니다　　　2 보냅니다
3 焼きます　　　**4 持ち帰ります**	3 굽습니다　　　　**4 테이크아웃 합니다**

해설 テイクアウトします가 '테이크아웃 합니다'라는 의미이므로, 의미가 같은 4 持ち帰ります(테이크아웃 합니다)가 정답이다.

어휘 今日 きょう 🇲명오늘　ピザ 🇲명피자　テイクアウト 🇲명테이크아웃　頼む たのむ 🇸동부탁하다　届ける とどける 🇸동보내다　焼く やく 🇸동굽다
持ち帰る もちかえる 🇸동테이크아웃 하다, 가지고 돌아가다

30 중상

彼女の説明を聞いて納得した。	그녀의 설명을 듣고 납득했다.
1 反対した　　　2 感心した	1 반대했다　　　　2 감탄했다
3 よく分かった　4 少し困った	**3 잘 이해했다**　　4 조금 곤란했다

해설 納得した가 '납득했다'라는 의미이므로, 이와 교체하여도 문장의 의미가 바뀌지 않는 3 よく分かった(잘 이해했다)가 정답이다.

어휘 彼女 かのじょ 圏그녀 説明 せつめい 圏설명 聞く きく 圏듣다 納得 なっとく 圏납득 反対 はんたい 圏반대 感心 かんしん 圏감탄 よく 匣잘
分かる わかる 圏이해하다, 알다 少し すこし 匣조금 困る こまる 圏곤란하다

문제 5의 디렉션

問題5 つぎのことばの使い方として最もよいものを、 | 문제5 다음의 말의 사용법으로 가장 알맞은 것을, 1·2·3·4
1・2・3・4から一つえらびなさい。 | 에서 하나 고르세요.

31 중상

滞在 | 체재

1 夏休みを利用して、アメリカに１か月間滞在する予定だ。 | 1 여름 방학을 이용해서, 미국에 1개월간 체재할 예정이다.
2 息子はおばけが本当に滞在すると信じているらしい。 | 2 아들은 귀신이 정말로 체재한다고 믿고 있는 것 같다.
3 ポチは私が小学生のころから滞在している犬です。 | 3 포치는 제가 초등학생 때부터 체재하고 있는 개입니다.
4 退勤時間を過ぎても、会社には多くの社員が滞在していた。 | 4 퇴근 시간이 지나도, 회사에는 많은 사원이 체재하고 있었다.

해설 滞在(체재)는 다른 곳에 가서 머무는 경우에 사용한다. 1의 アメリカに１か月間滞在する(미국에 1개월간 체재할)에서 올바르게 사용되었으므로 1이 정답이다. 참고로, 2는 存在(존재), 3은 飼う(기르다), 4는 残る(남다)를 사용하는 것이 올바른 문장이다.

어휘 滞在 たいざい 圏체재 夏休み なつやすみ 圏여름 방학 利用 りよう 圏이용 アメリカ 圏미국 予定 よてい 圏예정 息子 むすこ 圏아들
おばけ 圏귀신, 유령, 도깨비 本当だ ほんとうだ な형정말이다 信じる しんじる 圏믿다 ～らしい ~것 같다 小学生 しょうがくせい 圏초등학생
ころ 圏때, 무렵 ～から 圏~부터 犬 いぬ 圏개 退勤 たいきん 圏퇴근 時間 じかん 圏시간 過ぎる すぎる 圏지나다 会社 かいしゃ 圏회사
多く おおく 圏많음 社員 しゃいん 圏사원

32 중상

都合 | 사정

1 今回の大会の都合は、選手にとってかなりハードなものです。 | 1 이번 대회의 사정은, 선수에게 있어 상당히 힘든 것입니다.
2 事故の影響で電車の都合が乱れ、駅は人であふれていた。 | 2 사고의 영향으로 전철의 사정이 흐트러져, 역은 사람으로 넘치고 있었다.
3 本日のイベントは、天候の都合により中止にさせていただきます。 | 3 오늘의 이벤트는, 날씨 사정으로 인해 중지합니다.
4 両親への結婚のあいさつに向かう彼は、とても緊張した都合だ。 | 4 부모님에게 결혼 인사를 가는 그는, 매우 긴장한 사정이다.

해설 都合(사정)는 어떤 일을 할 때에 영향을 미치는 것이 있는 경우에 사용한다. 3의 天候の都合により中止(날씨 사정으로 인해 중지)에서 올바르게 사용되었으므로 3이 정답이다. 참고로, 1은 日程(일정), 2는 ダイヤ(열차 시간표), 4는 様子(모습)를 사용하는 것이 올바른 문장이다.

어휘 都合 つごう 圏사정 今回 こんかい 圏이번 大会 たいかい 圏대회 選手 せんしゅ 圏선수 ～にとって ~에게 있어 かなり 匣상당히
ハードだ な형힘들다 事故 じこ 圏사고 影響 えいきょう 圏영향 電車 でんしゃ 圏전철 乱れる みだれる 圏흐트러지다 駅 えき 圏역
あふれる 圏넘치다 本日 ほんじつ 圏오늘 イベント 圏이벤트 天候 てんこう 圏날씨, 기후 中止 ちゅうし 圏중지 両親 りょうしん 圏부모님
結婚 けっこん 圏결혼 あいさつ 圏인사 向かう むかう 圏가다, 향하다 彼 かれ 圏그 とても 匣매우 緊張 きんちょう 圏긴장

33 상

見かける

1 将来の夢が見かけないことに悩んでいる人は少なくないでしょう。

2 昔好きだった人を偶然見かけて、思わず声をかけたくなった。

3 無事に解決したと思われた事件は、意外な展開を見かけた。

4 部屋の窓から富士山が見かけるホテルを予約するつもりだ。

보다

1 장래의 꿈이 보지 않는 것에 고민하고 있는 사람은 적지 않겠지요.

2 옛날에 좋아했던 사람을 우연히 봐서, 무심코 말을 걸고 싶어졌다.

3 무사히 해결했다고 생각되었던 사건은, 의외의 전개를 봤다.

4 방의 창문에서 후지산이 보는 호텔을 예약할 예정이다.

해설 見かける(보다)는 의도하지 않았는데 대상을 봤을 경우에 사용한다. 2의 昔好きだった人を偶然見かけて(옛날에 좋아했던 사람을 우연히 봐서)에서 올바르게 사용되었으므로 2가 정답이다. 참고로, 1은 見つかる(발견되다), 3은 見せる(보여주다), 4는 見える(보이다)를 사용하는 것이 올바른 문장이다.

어휘 見かける みかける 튕 (우연히) 보다, 눈에 들어오다　将来 しょうらい 몡 장래　夢 ゆめ 몡 꿈　悩む なやむ 튕 고민하다　少ない すくない い형 적다
昔 むかし 몡 옛날　好きだ すきだ な형 좋아하다　偶然 ぐうぜん 튐 우연히　思わず おもわず 튐 무심코　声をかける こえをかける 말을 걸다
無事だ ぶじだ な형 무사하다　解決 かいけつ 몡 해결　思う おもう 튕 생각하다　事件 じけん 몡 사건　意外だ いがいだ な형 의외다
展開 てんかい 몡 전개　部屋 へや 몡 방　窓 まど 몡 창문　〜から 죄 ~에서　富士山 ふじさん 몡 후지산　ホテル 몡 호텔　予約 よやく 몡 예약
〜つもりだ ~(할) 예정이다

꼭 알아두기 見かける(보다)와 같이 見る를 사용한 복합동사인 見つける(みつける, 발견하다)와 見つめる(みつめる, 바라보다)도 함께 알아 둔다.

34 중

修理

1 探しやすいように、本棚の本はジャンル別に修理している。

2 経済が修理してきていると言うが、国民は実感がないようだ。

3 科学の進歩によって、修理できない病気が減ったといいます。

4 壊れた自転車を修理してもらうのに、1時間もかからなかった。

수리

1 찾기 쉽도록, 책꽂이의 책은 장르별로 수리하고 있다.

2 경제가 수리해 오고 있다고 말하지만, 국민은 실감이 없는 것 같다.

3 과학의 진보에 의해, 수리할 수 없는 병이 줄었다고 합니다.

4 고장 난 자전거를 수리받는 데에, 1시간도 걸리지 않았다.

해설 修理(수리)는 고장난 부분을 손봐서 다시 사용할 수 있게 만드는 경우에 사용한다. 4의 壊れた自転車を修理してもらう(고장 난 자전거를 수리받는)에서 올바르게 사용되었으므로 4가 정답이다. 참고로, 1은 整理(정리), 2는 回復(회복), 3은 治す(치료하다)를 사용하는 것이 올바른 문장이다.

어휘 修理 しゅうり 몡 수리　探す さがす 튕 찾다　〜やすい ~(하)기 쉽다　〜ように ~(하)도록　本棚 ほんだな 몡 책꽂이　本 ほん 몡 책
ジャンル 몡 장르　〜別 〜べつ ~별　経済 けいざい 몡 경제　言う いう 튕 말하다　国民 こくみん 몡 국민　実感 じっかん 몡 실감　〜ようだ ~것 같다
科学 かがく 몡 과학　進歩 しんぽ 몡 진보　〜によって ~에 의해　病気 びょうき 몡 병　減る へる 튕 줄다　壊れる こわれる 튕 고장 나다
自転車 じてんしゃ 몡 자전거　かかる 튕 걸리다

35 상

だるい

1 近くに大きなスーパーができてから、店の経営がだるくなった。

나른하다

1 근처에 큰 슈퍼가 생기고 나서, 가게 경영이 나른해졌다.

2 このコースはだるい坂道が続くので、初心者におすすめだ。

3 彼はお金にだるい人で、計画なしに大きな買い物をする。

4 高熱で体がだるくて、一日中ベッドに横になっていた。

---

2 이 코스는 나른한 언덕길이 계속되기 때문에, 초심자에게 추천이다.

3 그는 돈에 나른한 사람이라서, 계획 없이 큰 쇼핑을 한다.

4 고열로 몸이 나른해서, 하루 종일 침대에 누워 있었다.

해설 だるい(나른하다)는 피로나 질병으로 몸을 움직이는 것이 귀찮고 내키지 않는 경우에 사용한다. 4의 高熱で体がだるくて(고열로 몸이 나른해서)에서 올바르게 사용되었으므로 4가 정답이다. 참고로, 1은 苦しい(난처하다), 2는 ゆるい(완만하다), 3은 だらしない(칠칠치 못하다)를 사용하는 것이 올바른 문장이다.

어휘 だるい [い형] 나른하다 近く ちかく [명] 근처 大きな おおきな 큰 スーパー [명] 슈퍼 できる [동] 생기다 店 みせ [명] 가게 経営 けいえい [명] 경영 コース [명] 코스 坂道 さかみち [명] 언덕길 続く つづく [동] 계속되다 ~ので [조] ~때문에 初心者 しょしんしゃ [명] 초심자 おすすめ [명] 추천 彼 かれ [명] 그 お金 おかね [명] 돈 計画 けいかく [명] 계획 大きな おおきな 큰 買い物 かいもの [명] 쇼핑 高熱 こうねつ [명] 고열 体 からだ [명] 몸 一日中 いちにちじゅう [명] 하루 종일 ベッド [명] 침대 横になる よこになる 눕다

꼭! 알아두기 だるい(나른하다)는 '몸 상태가 좋지 않아 움직이는 것이 귀찮다'라는 의미 외에, 映画の内容がだるい(えいがのないようがだるい, 영화 내용이 지루하다)에서와 같이 '따분하고 지루하다'라는 의미로도 쓰이므로 함께 알아 둔다.

언어지식 (문법) p.249

p.249

문제 1의 디렉션

問題1 つぎの文の（　　　）に入れるのに最もよいものを、1・2・3・4から一つえらびなさい。	문제1 다음 문장의 （　　　）에 넣을 것으로 가장 알맞을 것을, 1·2·3·4에서 하나 고르세요.

1　중

息子にお風呂の掃除を頼むと、嫌な顔（　　　）された。

아들에게 욕실의 청소를 부탁하자, 싫은 얼굴（　　　）당했다.

1 が	**2 を**	1 이	**2 을**
3 に	4 と	3 에	4 과

해설 적절한 조사를 고르는 문제이다. 빈칸 뒤의 された(당했다)와 문맥상 어울리는 말은 '싫은 얼굴을'이다. 따라서 2 を(을)가 정답이다.

어휘 息子 むすこ [명] 아들 お風呂 おふろ [명] 욕실 掃除 そうじ [명] 청소 頼む たのむ [동] 부탁하다 嫌だ いやだ [な형] 싫다 顔 かお [명] 얼굴 ~が [조] ~이 ~を [조] ~을 ~に [조] ~에 ~と [조] ~과

2　상

祖父の体調は（　　　）良くなり、来週には退院できるらしい。

할아버지의 몸 상태는 （　　　）좋아져, 다음 주에는 퇴원할 수 있다고 한다.

1 大して	2 今にも	1 그다지	2 당장에라도
3 次第に	4 続々	**3 차츰**	4 속속

해설 적절한 부사를 고르는 문제이다. 빈칸 뒤의 良くなり(좋아져)를 보면 '차츰 좋아져'라는 문맥이 가장 자연스럽다. 따라서 3 次第に(차츰)가 정답이다.

어휘 祖父 そふ [명] 할아버지 体調 たいちょう [명] 몸 상태 良い よい [い형] 좋다 来週 らいしゅう [명] 다음 주 退院 たいいん [명] 퇴원 ~らしい ~라고 한다 大して たいして [부] 그다지 今にも いまにも [부] 당장에라도 次第に しだいに [부] 차츰 続々 ぞくぞく [부] 속속

꼭! 알아두기 次第に(차츰)는 ~くなる(~(해)지다), ~てくる(~해 오다), ~ていく(~해 가다)와 같은 표현과 함께 자주 사용된다.

3 중상

(玄関で)	(현관에서)
A「急におじゃましてごめんね。」	A "갑자기 방문해서 미안해."
B「ううん。お茶（　　　）出せないけど、ゆっくりして	B "아니야. 차 (　　　) 낼 수 없지만, 느긋하게 있다 가."
いってね。」	A "응. 고마워."
A「うん。ありがとう。」	

1 ぐらいまで	2 ぐらいなら	1 정도까지	2 정도라면
3 ぐらいから	**4 ぐらいしか**	3 정도부터	**4 정도밖에**

해설 적절한 조사를 고르는 문제이다. 빈칸 뒤의 出せないけど(낼 수 없지만)와 문맥상 어울리는 말은 '차 정도밖에'이다. 따라서 4 ぐらいしか(정도밖에)가 정답이다.

어휘 玄関 げんかん 圏 현관　急に きゅうに 갑자기　おじゃま 圏 방문, 실례　お茶 おちゃ 圏 차　出す だす 图 내다　〜けど 图 ~지만
ゆっくり 囲 느긋하게　〜ぐらい 图 ~정도　〜まで 图 ~까지　〜なら 图 ~라면　〜から 图 ~부터　〜しか 图 ~밖에

4 중상

(店で)	(가게에서)
店員「お探しのものはございますか。」	점원 "찾으시는 것이 있습니까?"
客　「同窓会に着て行く服を探しています。」	손님 "동창회에 입고 갈 옷을 찾고 있습니다."
店員「では、この青いワンピースはいかがですか。色は	점원 "그러면, 이 파란 원피스는 어떠십니까? 색깔은 파랑 (　　　)
青（　　　）黒と赤がございます。」	검정과 빨강이 있습니다."

1 のほかにも	2 のようには	**1 외에도**	2 처럼은
3 のために	4 のかわりに	3 을 위해	4 대신에

해설 적절한 문형을 고르는 문제이다. 빈칸 뒤 黒と赤がございます(검정과 빨강이 있습니다)에 이어지는 문맥을 보면, '파랑 외에도'가 가장 자연스럽다. 따라서 1 のほかにも(외에도)가 정답이다.

어휘 店 みせ 圏 가게　店員 てんいん 圏 점원　探す さがす 图 찾다　客 きゃく 圏 손님　同窓会 どうそうかい 圏 동창회　着る きる 图 입다
行く いく 图 가다　服 ふく 圏 옷　では 囧 그러면　青い あおい い형 파랗다　ワンピース 圏 원피스　色 いろ 圏 색깔　黒 くろ 圏 검정
赤 あか 圏 빨강　〜のほかにも ~외에도　〜のようには ~처럼은　〜のために ~을 위해　〜のかわりに ~대신에

5 중

海外に行った経験はあまりないが、昔一度だけ中国に	해외에 간 경험은 그다지 없지만, 옛날에 딱 한 번 중국에 (　　　).
（　　　）。	1 간 이유가 있다　　2 갔을 리가 없다
1 行ったわけがある　　2 行ったわけがない	**3 간 적이 있다**　　4 간 적이 없다
3 行ったことがある　　4 行ったことがない	

해설 적절한 문형을 고르는 문제이다. 빈칸 앞을 보면 '옛날에 딱 한 번 중국에 간 적이 있다'가 가장 자연스럽다. 따라서 3 行ったことがある(간 적이 있다)가 정답이다.

어휘 海外 かいがい 圏 해외　行く いく 图 가다　経験 けいけん 圏 경험　あまり 囲 그다지　昔 むかし 圏 옛날　一度だけ いちどだけ 딱 한 번
中国 ちゅうごく 圏 중국　わけ 圏 이유　〜わけがない ~(할) 리가 없다　〜ことがある ~(한) 적이 있다　〜ことがない ~(한) 적이 없다

꼭! 알아두기 〜たことがある(~(한) 적이 있다)는 昔(옛날에), 過去に(과거에), 子供のころ(어렸을 때)와 같은 표현과 함께 자주 사용된다.

6 중상

夏休みの（　　　）だけに遊園地はたくさんの親子でに	여름 방학 (　　　) 만큼 유원지는 많은 부모 자식으로 북적이고
ぎわっていた。	있었다.

1 期間だ	2 期間で	1 기간이다	2 기간으로
3 期間の	**4 期間な**	3 기간의	**4 기간인**

해설 문형에 접속하는 알맞은 형태를 고르는 문제이다. 빈칸 뒤의 だけに(~인 만큼)는 명사 + な에 접속하는 문형이므로, 4 期間な(기간인)가 정답이다.

어휘 夏休み なつやすみ 圏 여름 방학 ~だけに ~인 만큼 遊園地 ゆうえんち 圏 유원지 たくさん 囲 많은 親子 おやこ 圏 부모 자식
にぎわう 圄 북적이다 期間 きかん 圏 기간

---

7 중상

(電話で)	(전화로)
妻「もしもし。もう駅に着いちゃったんだけど、あとどの ぐらいかかる?」	아내 "여보세요. 이미 역에 도착해 버렸는데, 앞으로 어느 정도 걸려?"
夫「僕は今、会社を（　　　）よ。10分もあれば着く と思う。」	남편 "나는 지금, 회사를 （　　　）야. 한 10분 있으면 도착할 거라고 생각해."

1 出たつもりだ	**2 出たところだ**	1 나왔다고 생각해	**2 나온 참이**
3 出る一方だ	4 出る場合だ	3 나가기만 해	4 나갈 때

해설 적절한 문형을 고르는 문제이다. 빈칸 뒤 10分もあれば着くと思う(한 10분 있으면 도착할 거라고 생각해)에 이어지는 문맥을 보면 '회사를 나온 참이야'가 가장 자연스럽다. 따라서 2 出たところだ(나온 참이)가 정답이다.

어휘 電話 でんわ 圏 전화 妻 つま 圏 아내 もう 囲 이미 駅 えき 圏 역 着く つく 圄 도착하다 ~ちゃう ~(해) 버리다 ~けど 丞 ~는데
あと 囲 앞으로 ~ぐらい 丞 ~정도 かかる 圄 걸리다 夫 おっと 圏 남편 僕 ぼく 圏 나, 저(남자의 자칭) 今 いま 圏 지금 会社 かいしゃ 圏 회사
~もあれば 한 ~ 있으면 思う おもう 圄 생각하다 出る でる 圄 나오다 ~つもりだ ~라고 생각하다 ~ところだ ~(한) 참이다
~一方だ ~いっぽうだ ~(하)기만 하다 ~場合だ ~ばあいだ ~(할) 때다

꼭 알아두기 ~ところだ(~참이다)는 동사 た형과 접속할 경우 '~(한) 참이다'라는 의미가 되고, 동사의 사전형과 접속할 경우 '~(하)려던 참이다'라는 의미가 되므로 구별하여 알아 둔다.

---

8 상

たびたび事件が起こったことで、ようやく外国人労働者の 労働環境に目が（　　　）。	자주 사건이 일어남으로 인해, 비로소 외국인 노동자의 노동 환경 에 눈이 （　　　）.

1 向けられるようにした	2 向けさせるようにした	1 돌려지게 했다	2 돌리게 하도록 했다
3 向けられるようになった	4 向けさせるようになった	**3 돌려지게 되었다**	4 돌리게 하게 되었다

해설 적절한 문형을 고르는 문제이다. 자주 사건이 일어났다고 했으므로 빈칸 앞을 보면 '비로소 외국인 노동자의 노동 환경에 눈이 돌려지게 되었다'
가 가장 자연스럽다. 따라서 3 向けられるようになった(돌려지게 되었다)가 정답이다.

어휘 たびたび 囲 자주 事件 じけん 圏 사건 起こる おこる 圄 일어나다 ~ことで ~로 인해 ようやく 囲 비로소, 겨우 外国人 がいこくじん 圏 외국인
労働者 ろうどうしゃ 圏 노동자 労働 ろうどう 圏 노동 環境 かんきょう 圏 환경 目 め 圏 눈 向ける むける 圄 돌리다 ~ようにする ~(하)도록 하다
~ようになる ~(하)게 되다

---

9 중상

先月まで緑色だった木々の葉は、気温が（　　　）真っ 赤に変化していった。	지난달까지 초록색이었던 나무들의 잎은, 기온이 （　　　） 새빨갛 게 변화해갔다.

1 下がるにつれ	2 下がりがちで	**1 내려감에 따라**	2 내려가기 쉬워
3 下がったうえで	4 下がったのに	3 내려간 후에	4 내려갔는데

해설 적절한 문형을 고르는 문제이다. 빈칸 앞뒤를 보면, '기온이 내려감에 따라 새빨갛게 변화해갔다'가 가장 자연스럽다. 따라서 1 下がるにつれ
(내려감에 따라)가 정답이다.

어휘 先月 せんげつ 団지난달　～まで 조~까지　緑色 みどりいろ 団초록색　木々 きぎ 団나무들　葉 は 団잎　気温 きおん 団기온
真っ赤だ まっかだ な형새빨갛다　変化する へんかする 동변화하다　下がる さがる 동내려가다　～につれ ~(함)에 따라　～がちだ ~(하)기 쉽다
～うえで ~(한) 후에　～のに 조~는데

10　중상

クレジットカードを（　　　）身分が証明できる書類が 必要です。	신용 카드를 （　　　） 신분을 증명할 수 있는 서류가 필요합니다.
	1 만든다는 것은　　　　2 만듦과 함께
1 作るとは　　　　　2 作るとともに	**3 만드는 데는**　　　4 만드는 사이에
3 作るには　　　　4 作るうちに	

해설 적절한 문형을 고르는 문제이다. 빈칸 뒤 身分が証明できる書類が必要です(신분을 증명할 수 있는 서류가 필요합니다)에 이어지는 문맥을
보면 '신용 카드를 만드는 데는'가 가장 자연스럽다. 따라서 3 作るには(만드는 데는)가 정답이다.

어휘 クレジットカード 団신용 카드　身分 みぶん 団신분　証明 しょうめい 団증명　書類 しょるい 団서류　必要だ ひつようだ な형필요하다
作る つくる 동만들다　～とは ~는 것은　～とともに ~과 함께　～には ~(하)는 데는　～うちに ~사이에

11　중

（会社で）	（회사에서）
A「あれ？声がガラガラですね。風邪ですか。」	A "어라? 목소리가 쉬었네요. 감기인가요?"
B「いいえ。昨日カラオケで（　　　）。のどが痛いです。」	B "아뇨. 어제 노래방에서 （　　　）. 목이 아파요."
1 歌いはじめました　　2 歌いなおしました	1 노래 부르기 시작했어요　　2 다시 노래 불렀어요
3 歌いおわりました　　**4 歌いすぎました**	3 노래를 다 불렀어요　　**4 너무 많이 노래 불렀어요**

해설 대화의 문말 표현을 고르는 문제이다. A가 B에게 감기냐고 묻자 B가 노래를 많이 불러서 목소리가 쉬었다고 이야기하는 문맥이다. 따라서 4 歌
いすぎました(너무 많이 노래 불렀어요)가 정답이다.

어휘 会社 かいしゃ 団회사　声 こえ 団목소리　ガラガラ 부(목소리가) 쉼, 걸걸함　風邪 かぜ 団감기　昨日 きのう 団어제　カラオケ 団노래방
のど 団목　痛い いたい い형아프다　歌う うたう 동노래 부르다　～はじめる ~(하)기 시작하다　～なおす 다시 ~(하)다　～おわる 다 ~(하)다
～すぎる 너무 ~(하)다

12　중

電灯が少なく、人通りがないこの道を夜一人で（　　　） 危ない。	전등이 적고, 사람의 왕래가 없는 이 길을 밤에 혼자서 （　　　） 위험하다.
1 歩くにも　　　　　**2 歩くのは**	1 걷는데도　　　　　**2 걷는 것은**
3 歩くことで　　　　4 歩くたびに	3 걸음으로 인해　　　4 걸을 때마다

해설 적절한 문형을 고르는 문제이다. 빈칸 앞뒤를 보면 '사람의 왕래가 없는 이 길을 밤에 혼자서 걷는 것은 위험하다'가 가장 자연스럽다. 따라서 2
歩くのは(걷는 것은)가 정답이다.

어휘 電灯 でんとう 団전등, 등　少ない すくない い형적다　人通り ひとどおり 団왕래　道 みち 団길　夜 よる 団밤　危ない あぶない い형위험하다
歩く あるく 동걷다　～にも ~데도　～のは ~것은　～ことで ~로 인해　～たびに ~(할) 때마다

13　상

（マラソン大会で）	（마라톤 대회에서）
スタッフ「最後までコースを走り切った方にプレゼントを 　　　　（　　　）。どうぞ。」	스태프 "마지막까지 코스를 다 달린 분에게 선물을 （　　　）. 　　　여기요."
参加者　「ありがとうございます。頑張ってよかったです。」	참가자 "감사합니다. 열심히 해서 다행이었네요."
1 差し上げております　2 差し上げましょうか	**1 드리고 있습니다**　　2 드릴까요
3 いただいております　　4 いただきましょうか	3 받고 있습니다　　　　4 받을까요

해설 적절한 경어를 고르는 문제이다. 스태프가 참가자에게 선물을 주는 상황이므로, '주다'라는 뜻의 자신을 낮추는 겸양 표현을 사용해야 한다. 따라서 '주다'라는 뜻의 겸양 표현을 사용해야한다. 따라서 差し上げる(드리다)를 사용한 1 差し上げております(드리고 있습니다)가 정답이다.

어휘 マラソン 圏마라톤　大会 たいかい 圏대회　スタッフ 圏스태프　最後 さいご 圏마지막　～まで 国~까지　コース 圏코스　走る はしる 園달리다
　　～切る ～きる 国 ~(하)다　方 かた 圏분　プレゼント 圏선물　参加者 さんかしゃ 圏참가자　頑張る がんばる 園열심히 하다, 힘내다
　　差し上げる さしあげる 園드리다(あげる의 겸양어)　～ておる ~하고 있다(～ている의 겸양 표현)　いただく 園받다(もらう의 겸양어)

꼭! 알아두기 差し上げる(드리다) 외에 お目にかかる(뵙다), 伺う(묻다, 듣다), 拝見する(보다), 申し上げる(말하다)도 자주 출제되는 겸양 표현이므로 함께 알아 둔다.

問題2　つぎの文の ___★___ に入る最もよいものを、
1・2・3・4から一つえらびなさい。

문제2 다음 문장의 ___★___ 에 들어갈 가장 알맞을 것을, 1·2·3·4 에서 하나 고르세요.

---

14 중상

今日の安藤選手は ＿＿＿ ＿＿＿ ＿★＿ ＿＿＿
明るい表情が印象的でした。

오늘의 안도 선수는 평소의 모습 에서는 ★상상할 수 없을 것 같은 밝은 표정이 인상적이었습니다.

1 ような　　　　　　2 からは
3 想像できない　　　4 普段の様子

1 것 같은　　　　　2 에서는
3 상상할 수 없을　　4 평소의 모습

해설 조사 からは 는 명사에 접속하므로 먼저 4 普段の様子 2 からは(평소의 모습에서는)로 연결할 수 있다. 이것을 나머지 선택지와 함께 의미적으로 배열하면 4 普段の様子 2 からは 3 想像できない 4 ような(평소의 모습에서는 상상할 수 없을 것 같은)가 되면서 전체 문맥과도 어울린다. 따라서 3 想像できない(상상할 수 없을)가 정답이다.

어휘 今日 きょう 圏오늘　選手 せんしゅ 圏선수　表情 ひょうじょう 圏표정　印象的だ いんしょうてきだ 전형인상적이다　～ような ~것 같은
　　～から 国~에서　想像 そうぞう 圏상상　普段 ふだん 圏평소　様子 ようす 圏모습

---

15 중상

娘の誕生日に ＿＿＿ ＿＿＿ ＿★＿ ＿＿＿ つも りだ。

딸의 생일에 이전부터 가지고 싶어 하는 ★기타를 사 줄 예정이다.

1 ほしがっている　　2 ギターを
3 買ってあげる　　　4 以前から

1 가지고 싶어 하는　　2 기타를
3 사 줄　　　　　　　4 이전부터

해설 문형 つもりだ는 동사 사전형 뒤에 접속하므로 먼저 3 買ってあげる つもりだ(사 줄 예정이다)로 연결할 수 있다. 이것을 나머지 선택지와 함께 의미적으로 배열하면 4 以前から 1 ほしがっている 2 ギターを 3 買ってあげる(이전부터 가지고 싶어 하는 기타를 사 줄)가 되면서 전체 문맥과도 어울린다. 따라서 2 ギターを(기타를)가 정답이다.

어휘 娘 むすめ 圏딸　誕生日 たんじょうび 圏생일　～つもりだ ~(할) 예정이다　ほしい 이형가지고 싶다　～がる ~(싶)어 하다　ギター 圏기타
　　買う かう 園사다　以前 いぜん 圏이전　～から 国~부터

---

16 중상

(空港で)
客　　「飛行機に乗り遅れました。どうにか今日中に出発
　　　したいんですけど。」
係員「只今、次の飛行機に ＿＿＿ ＿＿＿ ＿★＿
　　　＿＿＿ 確認いたします。」

(공항에서)
손님　"비행기를 놓쳤습니다. 어떻게든 오늘 중에 출발하고 싶습
　　　니다만."
담당자 "지금, 다음 비행기에 비어 있는 좌석이 ★있는 지 어떤지
　　　확인하겠습니다."

1 座席が　　　　　　2 かどうか
3 ある　　　　　　　4 空いている

1 좌석이　　　　　　2 지 어떤지
3 있는　　　　　　　4 비어 있는

해설 문형 かどうか는 동사 보통형 뒤에 접속하므로 먼저 3 ある 2 かどうか(있는지 어떤지) 혹은 4 空いている 2 かどうか(비어 있는지 어떤지)

218 무료 학습자료 제공 **japan.Hackers.com**

로 연결할 수 있다. 빈칸 앞의 '다음 비행기에'와 문맥상 어울리는 말은 4 空いている 1 座席が 3 ある 2 かどうか(비어 있는 좌석이 있는지 어떤지) 이므로, 3 ある(있는)가 정답이다.

어휘 空港 くうこう 圏공항　客 きゃく 圏손님　飛行機 ひこうき 圏비행기　乗り遅れる のりおくれる 图놓치다　どうにか 어떻게든
今日中 きょうじゅう 오늘 중　出発 しゅっぱつ 圏출발　~けど 图~다만　係員 かかりいん 圏담당자　只今 ただいま 圏지금　次 つぎ 圏다음
確認 かくにん 圏확인　いたす 图하다(する의 겸양어)　座席 ざせき 圏좌석　~かどうか ~지 어떤지　空く あく 图비다

꼭! 알아두기 ~かどうか(~지 어떤지)는 確認いたします(확인하겠습니다), 聞いてみます(물어보겠습니다), 調べてみます(조사해 보겠습니다)와 같은 표현과 함께 자주 사용된다.

17 중상

(学校で)
A「料理って楽しいけど、片付(かたづ)けが面倒(めんどう)なんだよね。」
B「うん。だから、僕は料理を _____ _____ ★
_____ ゴミを片付(かたづ)けたりしているよ。」

1 使った　　　　　　2 しながら
3 洗ったり　　　　　**4 道具を**

(학교에서)
A "요리란 즐겁지만, 정리가 귀찮아."
B "응. 그래서, 나는 요리를 하면서 사용한 ★도구를 씻거나 쓰레기를 정리하거나 하고 있어"

1 사용한　　　　　　2 하면서
3 씻거나　　　　　　**4 도구를**

해설 연결되는 문형이 없으므로 전체 선택지를 의미적으로 배열하면 2 しながら 1 使った 4 道具を 3 洗ったり(하면서 사용한 도구를 씻거나)가 된다. 전체 문맥과도 어울리므로 4 道具を(도구를)가 정답이다.

어휘 学校 がっこう 圏학교　料理 りょうり 圏요리　楽しい たのしい い형즐겁다　~けど 图~지만　片付け かたづけ 圏정리
面倒だ めんどうだ な형귀찮다　だから 囼그래서　僕 ぼく 圏나, 저(남자의 자칭)　ゴミ 圏쓰레기　片付ける かたづける 图정리하다
使う つかう 图사용하다　洗う あらう 图씻다　~たり~たりする ~(하)거나 ~(하)거나 하다　道具 どうぐ 圏도구

18 중상

日本には、生活 _____ _____ ★ _____
がある。

1 に困(こま)っても　　　2 制度
3 をしてもらえる　　4 経済的(けいざいてき)な援助(えんじょ)

일본에는, 생활 에 곤란해도 경제적인 원조 ★를 받을 수 있는 제도가 있다.

1 에 곤란해도　　　　2 제도
3 를 받을 수 있는　　4 경제적인 원조

해설 연결되는 문형이 없으므로 전체 선택지를 의미적으로 배열하면 1 に困っても 4 経済的な援助 3 をしてもらえる 2 制度(에 곤란해도 경제적인 원조를 받을 수 있는 제도)가 된다. 전체 문맥과도 어울리므로 3 をしてもらえる(를 받을 수 있는)가 정답이다.

어휘 日本 にほん 圏일본　生活 せいかつ 圏생활　困る こまる 图곤란하다　制度 せいど 圏제도　経済的だ けいざいてきだ な형경제적이다
援助 えんじょ 圏원조

문제 3의 디렉션

問題3 つぎの文章を読んで、文章全体(ぶんしょうぜんたい)の内容(ないよう)を考えて、19 から 23 の中に入る最もよいものを、1・2・3・4から一つえらびなさい。

문제3 다음 글을 읽고, 글 전체의 내용을 생각하여, 19 부터 23 의 안에 들어갈 가장 알맞은 것을, 1·2·3·4에서 하나 고르세요.

19-23

下の文章(ぶんしょう)は、留学生(りゅうがくせい)が書いた作文です。

아래 글은, 유학생이 쓴 작문입니다.

日本のおばあさん

エミリ・フォード

[19]私がホームステイを始めて、もうすぐ半年が
19 。家族はお父さんとお母さん、おばあさんの3

일본의 할머니

에밀리·포드

[19]제가 홈스테이를 시작하고, 이제 곧 반년이 19 . 가족은 아버지와 어머니, 할머니 3명입니다. 대학생 자녀도 있

人です。大学生の子どももいますが、大学に通うために離れて暮らしています。

　私は特におばあさんと仲が良く、おばあさんはいつも[20]日本の文化や礼儀　20　教えてくれます。[21]おばあさんは運動が大好きで、80歳を過ぎた今でもスポーツクラブに通っています。

　ある日、　21　おばあさんが転んで足を折ってしまいました。しばらくスポーツクラブに通えないことがショックなようで落ち込んでいました。[22]こんなに元気がないおばあさんを見たのは初めてでした。　22　、[22]元気を出してもらいたくて、足を使わずにできる体操を考えて一緒にすることにしました。

　おばあさんに体操を教えると、とてもうれしそうな様子で「私はこんな優しい孫がいて幸せ者だね」と言いました。その言葉を聞いて、私は涙が　23　。[23]本当の孫のように考えてくれているとは思ってもいなかったので、とてもうれしかったです。

습니다만, 대학에 다니기 위해 떨어져 살고 있습니다.

　저는 특히 할머니와 사이가 좋고, 할머니는 항상 [20]일본의 문화나 예의 　20　 가르쳐 줍니다. [21]할머니는 운동을 정말 좋아해서, 80세가 넘은 지금에도 스포츠 클럽에 다니고 있습니다.

　어느 날, 　21　 할머니가 넘어져서 다리가 부러져 버렸습니다. 당분간 스포츠 클럽에 다닐 수 없다는 것이 충격인 듯 침울해 있었습니다. [22]이렇게 기운이 없는 할머니를 본 것은 처음이었습니다. 　22　, [22]기운을 내 주었으면 해서, 다리를 쓰지 않고 할 수 있는 체조를 생각해서 함께 하기로 했습니다.

　할머니에게 체조를 가르치자, 매우 기뻐 보이는 모습으로 "나는 이런 상냥한 손자가 있어 행복한 사람이구나"라고 말했습니다. 그 말을 듣고, 저는 눈물이 　23　. [23]진짜 손자처럼 생각해 주고 있을 거라고는 생각도 하지 않았기 때문에, 매우 기뻤습니다.

어휘 下 した 圓아래　文章 ぶんしょう 圓글　留学生 りゅうがくせい 圓유학생　書く かく 圖쓰다　作文 さくぶん 圓작문　日本 にほん 圓일본
おばあさん 圓할머니　ホームステイ 圓홈스테이　始める はじめる 圖시작하다　家族 かぞく 圓가족　もう 凰이제　すぐ 凰곧
半年 はんとし 圓반년　お父さん おとうさん 圓아버지　お母さん おかあさん 圓어머니　大学生 だいがくせい 圓대학생　子ども こども 圓자녀
大学 だいがく 圓대학　通う かよう 圖다니다　～ために ~위해　離れる はなれる 圖떨어지다　暮らす くらす 圖살다　特に とくに 凰특히
仲 なか 圓사이　良い よい い圏좋다　いつも 凰항상　文化 ぶんか 圓문화　礼儀 れいぎ 圓예의　教える おしえる 圖가르치다
運動 うんどう 圓운동　大好きだ だいすきだ な圏정말 좋아하다　過ぎる すぎる 圖넘다, 지나다　今 いま 圓지금　スポーツクラブ 圓스포츠 클럽
日 ひ 圓날　転ぶ ころぶ 圖넘어지다　足を折る あしをおる 다리가 부러지다　しばらく 凰당분간　ショックだ な圏충격이다　～ようだ ~인 듯 하다
落ち込む おちこむ 圖침울하다　元気 げんき 圓기운　見る みる 圖보다　初めて はじめて 凰처음　出す だす 圖내다　足 あし 圓다리, 발
使う つかう 圖쓰다　～ずに ~(하)지 않고　体操 たいそう 圓체조　考える かんがえる 圖생각하다　一緒に いっしょに 凰함께
～ことにする ~(하)기로 하다　とても 凰매우　うれしい い圏기쁘다　～そうな ~(해) 보이는　様子 ようす 圓모습　優しい やさしい い圏상냥하다
孫 まご 圓손자　幸せ者 しあわせもの 圓행복한 사람　言う いう 圖말하다　言葉 ことば 圓말　聞く きく 圖듣다　涙 なみだ 圓눈물
本当 ほんとう 圓진짜　思う おもう 圖생각하다　～ので 國~때문에

19 중

1 経とうとしています	2 経つことになっています	**1 지나려고 하고 있습니다**	2 지나게 되어 있습니다
3 経ったことにします	4 経っているのでしょう	3 지난 것으로 하겠습니다	4 지나고 있는 것이겠지요

해설 적절한 문형을 고르는 문제이다. 빈칸 앞에서 私がホームステイを始めて、もうすぐ半年が(제가 홈스테이를 시작하고, 이제 곧 반년이)라고 언급하였으므로, '제가 홈스테이를 시작하고, 이제 곧 반년이 지나려고 하고 있습니다'가 가장 자연스럽다. 따라서 1 経とうとしています(지나려고 하고 있습니다)가 정답이다.

어휘 経つ たつ 圖지나다　～ようとする ~(하)려고 하다　～ことになる ~(하)게 되다　～ことにする ~(하)기로 하다　～のでしょう ~(한) 것이겠지요

꼭! 알아두기 ～ようとする(~(하)려고 하다)는 무언가 막 시작되기 직전이나 끝나기 직전을 나타내는 표현이다. 経とうとする((시간이) 지나려고 하다), 始まろうとする(시작되려고 하다), 終わろうとする(끝나려고 하다)로 자주 사용됨을 알아 둔다.

20 중

1 によって	2 において	1 에 의해	2 에 있어서
3 にとって	**4 について**	3 에게 있어서	**4 에 대해**

해설 적절한 문형을 고르는 문제이다. 빈칸 앞뒤를 보면, '일본의 문화나 예의에 대해 가르쳐 줍니다'가 가장 자연스럽다. 따라서 4 について(에 대해)가 정답이다.

어휘 〜によって ~에 의해 〜において ~에 있어서 〜にとって ~에게 있어서 〜について ~에 대해

21 상

1 この	2 そんな	1 이	2 그런
3 あんな	4 どのような	3 저런	4 어떤

해설 적절한 지시어를 고르는 문제이다. 빈칸 앞 문장인 おばあさんは運動が大好きで、80歳を過ぎた今でもスポーツクラブに通っています (할머니는 운동을 정말 좋아해서, 80세가 넘은 지금에도 스포츠 클럽에 다니고 있습니다)를 보면, 빈칸을 포함한 문장은 '그런 할머니가 넘어져 서 다리가 부러져 버렸습니다'인 것이 가장 자연스러우므로 2 そんな(그런)가 정답이다.

22 중상

1 さらに	2 または	1 게다가	2 혹은
3 それで	4 ところが	3 그래서	4 그런데

해설 적절한 접속사를 고르는 문제이다. 빈칸 앞에서 こんなに元気がないおばあさんを見たのは初めてでした(이렇게 기운이 없는 할머니를 본 것은 처음이었습니다)라고 하고, 빈칸 뒤에서 元気を出してもらいたくて、足を使わずにできる体操を考えて一緒にすることにしました (기운을 내 주었으면 해서, 다리를 쓰지 않고 할 수 있는 체조를 생각해서 함께 하기로 했습니다)라고 언급하였다. 따라서 3 それで(그래서)가 정답이다.

어휘 さらに 图게다가 または 图혹은 それで 图그래서 ところが 图그런데

23 상

1 出そうになりました	2 出ていくみたいでした	1 날 뻔했습니다	2 나갈 것 같았습니다
3 出たふりをしました	4 出たはずがありません	3 난 척을 했습니다	4 났을 리가 없습니다

해설 적절한 문말 표현을 고르는 문제이다. 빈칸 뒤에서 本当の孫のように考えてくれているとは思ってもいなかったので、とてもうれしかった です(진짜 손자처럼 생각해 주고 있을 거라고는 생각도 하지 않았기 때문에, 매우 기뻤습니다)라고 언급하였으므로, '저는 눈물이 날 뻔했습니 다. 진짜 손자처럼 생각해 주고 있을 거라고는 생각도 하지 않았기 때문에, 매우 기뻤습니다'가 가장 자연스럽다. 따라서 1 出そうになりました (날 뻔했습니다)가 정답이다.

어휘 出る でる 图(눈물이) 나다 〜そうになる ~(할) 뻔하다 〜みたいだ ~같다 〜ふり ~(한) 척 〜はずがない ~일 리 없다

독해 p.256

독해 p.256

문제 4의 디렉션

問題4 つぎの(1)から(4)の文章を読んで、質問に答えな さい。答えは、1・2・3・4から最もよいもの を一つえらびなさい。	문제4 다음 (1)부터 (4)의 글을 읽고, 질문에 답하세요. 답은, 1·2·3·4에서 가장 알맞은 것을 하나 고르세요.

24 상

(1)

これは利用者が市民プールに送ったメールである。

あ て 先 : harukawacity-pool@harukawasports. com

(1)

이것은 이용자가 시민 수영장에 보낸 이메일이다.

수 신 인 : harukawacity-pool@harukawasports.com

件　名：マナーについて
送信日時：2023 年 4 月 3 日　16:00

市民プール様
　こんにちは。シニアクラスに通っている岡田と申します。私のような老人がクラスについていけるか心配でしたが、ゆっくり丁寧に指導してくださる先生方のおかげで楽しく通うことができています。
　いつ行ってもプールだけでなく、シャワー室もきれいで快適なのですが、ただ水泳後ぬれたままロッカールームに移動する利用者がいて、床がびちょびちょなことがあります。プールから上がったら、タオルで体を拭くように呼びかけてほしいです。よろしくお願いします。

岡田

このメールを見た人は、どうしなければいけないか。

1　クラスの指導をもっと丁寧にするように、先生に伝える。
2　プールやシャワー室をきれいに使うように、利用者に呼びかける。
3　ぬれた体でロッカールームに入らないように、利用者に注意する。
4　プールから上がった後、ぬれた体を拭けるように、タオルをおく。

건　명：매너에 대하여
송신 일시：2023년 4월 3일 16:00

시민 수영장님
　안녕하세요. 시니어 클래스에 다니고 있는 오카다라고 합니다. 저 같은 노인이 클래스를 따라갈 수 있을지 걱정이었습니다만, 천천히 정성스럽게 지도해 주시는 선생님 분 덕분에 즐겁게 다닐 수 있습니다.
　언제 가도 수영장뿐만 아니라, 샤워실도 깨끗하고 쾌적합니다만, 단지 수영 후 젖은 채 로커룸으로 이동하는 이용자가 있어, 바닥이 흠뻑 젖는 경우가 있습니다. 수영장에서 나오면, 수건으로 몸을 닦도록 호소해 주길 바랍니다. 잘 부탁드립니다.

오카다

이 이메일을 본 사람은, 어떻게 하지 않으면 안 되는가?

1　클래스의 지도를 더 정성스럽게 하도록, 선생님에게 전한다.
2　수영장이나 샤워실을 깨끗하게 사용하도록, 이용자에게 호소한다.
3　젖은 몸으로 로커룸에 들어가지 않도록, 이용자에게 주의한다.
4　수영장에서 나온 후, 젖은 몸을 닦을 수 있도록, 수건을 놓는다.

해설　이메일 형식의 실용문으로 이메일을 본 사람이 하지 않으면 안 되는 것을 묻고 있다. 선택지에서 반복되는 ぬれた(젖은), 利用者(이용자)를 지문에서 찾는다. 지문의 후반부에 水泳後ぬれたままロッカールームに移動する利用者がいて、床がびちょびちょなことがあります。プールから上がったら、タオルで体を拭くように呼びかけてほしいです(수영 후 젖은 채 로커룸으로 이동하는 이용자가 있어, 바닥이 흠뻑 젖는 경우가 있습니다. 수영장에서 나오면, 수건으로 몸을 닦도록 호소해 주길 바랍니다)라고 언급하고 있으므로 3 ぬれた体でロッカールームに入らないように、利用者に注意する(젖은 몸으로 로커룸에 들어가지 않도록, 이용자에게 주의한다)가 정답이다.

어휘　利用者 りようしゃ 圏이용자　市民 しみん 圏시민　プール 圏수영장　送る おくる 圏보내다　メール 圏이메일　あて先 あてさき 圏수신인
件名 けんめい 圏건명　マナー 圏매너　~について ~에 대하여　送信 そうしん 圏송신　日時 にちじ 圏일시　シニア 圏시니어
クラス 圏클래스, 수업　通う かよう 圏다니다　申す もうす 圏(말)하다　~ような ~같은　老人 ろうじん 圏노인　心配だ しんぱいだ 恬형걱정이다
ゆっくり 周천천히　丁寧だ ていねいだ 恬형정성스럽다　指導 しどう 圏지도　くださる 圏주시다(くれる의 존경어)　先生 せんせい 圏선생(님)
~おかげで ~덕분에　楽しい たのしい い형즐겁다　いつ 圏언제　~だけでなく ~뿐만 아니라　シャワー室 シャワーしつ 圏샤워실
きれいだ 恬형깨끗하다　快適だ かいてきだ 恬형쾌적하다　ただ 周단지　水泳 すいえい 圏수영　後 ご 圏후　ぬれる 圏젖다　~まま ~(한) 채
ロッカールーム 圏로커룸　移動 いどう 圏이동　床 ゆか 圏바닥　びちょびちょだ 恬형흠뻑 젖다　~から ~에서
上がる あがる 圏나오다, 올라오다　~たら ~(하)면　タオル 圏수건　体 からだ 圏몸　拭く ふく 圏닦다　呼びかける よびかける 圏호소하다
見る みる 圏보다　伝える つたえる 圏전하다　入る はいる 圏들어가다　注意 ちゅうい 圏주의　おく 圏놓다, 두다

꼭! 알아두기　실용문에서는 ~てほしい(~해 주기를 바라다), ~てください(~해 주세요), ~ようにしましょう(~하도록 합시다)와 같은 표현이 사용된 문장에서 이 글을 읽은 사람이 해야 할 일이 자주 언급된다.

(2)

　日本は祝日が多い国だ。祝日が日曜日のときはその翌日を休日にする制度もある。何年か前には「山の日」も追加され、祝日は 16 日に増えた。

　日本に祝日が多い理由に会社を休みにくい社会の雰囲気がよく挙げられる。休むのが申し訳ないと考える人が多いという。そんな日本人が何も心配せず休める機会が祝日なのかもしれないが、祝日の数が多いことよりも自由に休暇が取りやすい社会であることのほうがずっといいのではないだろうか。政府にはこっちに力を入れてほしい。

祝日について、この文章を書いた人はどう考えているか。

1 日本は祝日が多く、社会制度がいい国である。
2 日本は祝日の数をもっと減らしたほうがいい。
3 自由に休めるよう、会社の休暇を増やすべきである。
4 自由に休みやすい雰囲気の社会になってほしい。

(2)

　일본은 공휴일이 많은 나라다. 공휴일이 일요일일 때는 그다음 날을 휴일로 하는 제도도 있다. 몇 년인가 전에는 '산의 날'도 추가되어, 공휴일은 16일로 늘었다.

　일본에 공휴일이 많은 이유로 회사를 쉬기 어려운 사회 분위기가 자주 들어진다. 쉬는 것이 미안하다고 생각하는 사람이 많다고 한다. 그런 일본인이 아무것도 걱정하지 않고 쉴 수 있는 기회가 공휴일인 걸지도 모르지만, 공휴일의 수가 많은 것보다도 자유롭게 휴가를 내기 쉬운 사회인 편이 훨씬 좋은 게 아닐까. 정부가 이쪽에 힘을 쏟아 주었으면 좋겠다.

공휴일에 대해, 이 글을 쓴 사람은 어떻게 생각하고 있는가?

1 일본은 공휴일이 많고, 사회 제도가 좋은 나라이다.
2 일본은 공휴일의 수를 더 줄이는 편이 좋다.
3 자유롭게 쉴 수 있도록, 회사의 휴가를 늘려야 한다.
4 자유롭게 쉬기 쉬운 분위기의 사회가 되었으면 좋겠다.

해설 에세이로 필자의 생각을 묻고 있다. 선택지에서 반복되는 祝日(공휴일), 自由に(자유롭게)를 지문의 후반부에서 찾아 '공휴일'에 대한 필자의 생각을 파악한다. 후반부에서 祝日の数が多いことよりも自由に休暇が取りやすい社会であることのほうがずっといいのではないだろうか(공휴일의 수가 많은 것보다도 자유롭게 휴가를 내기 쉬운 사회인 편이 훨씬 좋은 게 아닐까)라고 서술하고 있으므로 4 自由に休みやすい雰囲気の社会になってほしい(자유롭게 쉬기 쉬운 분위기의 사회가 되었으면 좋겠다)가 정답이다.

어휘 日本 にほん 圀 일본　祝日 しゅくじつ 圀 공휴일　多い おおい い형 많다　国 くに 圀 나라　日曜日 にちようび 圀 일요일　とき 圀 때
翌日 よくじつ 圀 다음 날　休日 きゅうじつ 圀 휴일　制度 せいど 圀 제도　前 まえ 圀 전　追加 ついか 圀 추가　増える ふえる 圄 늘다　理由 りゆう 圀 이유
会社 かいしゃ 圀 회사　休む やすむ 圄 쉬다　~にくい ~(하)기 어렵다　社会 しゃかい 圀 사회　雰囲気 ふんいき 圀 분위기　よく 囝 자주
挙げる あげる 圄 들다　申し訳ない もうしわけない い형 미안하다　考える かんがえる 圄 생각하다　日本人 にほんじん 圀 일본인　心配 しんぱい 圀 걱정
機会 きかい 圀 기회　~かもしれない ~일지도 모른다　数 かず 圀 수　自由だ じゆうだ な형 자유롭다　休暇 きゅうか 圀 휴가
取る とる 圄 (휴가를) 내다　~やすい ~(하)기 쉽다　ずっと 囝 훨씬　政府 せいふ 圀 정부　力を入れる ちからをいれる 힘을 쏟다
~てほしい ~(했)으면 좋겠다　文章 ぶんしょう 圀 글　書く かく 圄 쓰다　もっと 囝 더　~べきだ ~(해)야 한다

(3)
学校にボランティア募集のお知らせが貼ってある。

学生環境ボランティア募集のお知らせ

　県内の学校に通う大学生を対象に環境を守る活動を行うボランティアを募集します。ただし、事前研修を 2 日間とも受講できる方に限ります。活動期間は 1 年間で、全ての活動への参加は不要ですが、少なくとも 3 回は参加してください。 最初の活動は 3 月 30 日 (水) に河川の清掃を予定しています。

[応募について]

---

(3)
학교에 자원봉사자 모집 안내가 붙어 있다.

학생 환경 자원봉사자 모집 안내

　현내의 학교에 다니는 대학생을 대상으로 환경을 지키는 활동을 시행하는 자원봉사자를 모집합니다. 단, 사전 연수를 2일간 모두 수강할 수 있는 분에 한합니다. 활동 기간은 1년간이며, 모든 활동에의 참가는 불필요합니다만, 적어도 3회는 참가해 주세요. 첫 활동은 3월 30일(수)에 하천 청소를 예정하고 있습니다.

[응모에 대해서]

●申請方法：本団体のホームページよりお願
いします。

●締め切り：3月11日（金）17:00

●事前研修：3月16日（水）、3月18日（金）
14:00-16:00

● 신청 방법 : 본 단체 홈페이지에서 부탁드립니다.

● 마감 : 3월 11일(금) 17:00

● 사전 연수 : 3월 16일(수), 3월 18일(금) 14:00-
16:00

ボランティアについて、この文章からわかることは何か。

1 参加できるのは研修を受けた県内にある大学の学生だ
けだ。

2 期間内に行われる活動には3回より多く参加する必要
がある。

3 申請は3月30日までにホームページから行わなけれ
ばならない。

4 河川の清掃活動に参加する大学の学生は研修を受け
なくてもいい。

자원봉사에 대해, 이 글에서 알 수 있는 것은 무엇인가?

1 참가할 수 있는 것은 연수를 받은 현내에 있는 대학의 학생뿐
이다.

2 기간 내에 행해지는 활동에는 3회보다 많이 참가할 필요가 있다.

3 신청은 3월 30일까지 홈페이지에서 하지 않으면 안 된다.

4 하천 청소 활동에 참가하는 대학의 학생은 연수를 받지 않아도
된다.

해설 안내문 형식의 실용문으로 글에서 알 수 있는 것을 묻고 있다. 선택지에서 반복되는 参加(참가), 大学の学生(대학의 학생), 活動(활동), 研修
(연수)를 지문에서 찾아 주변의 내용과 각 선택지를 대조하여 정답을 고른다. 지문의 초반부에 県内の学校に通う大学生を対象(현내의 학교
에 다니는 대학생을 대상), ただし、事前研修を2日間とも受講できる方に限ります(단, 사전 연수를 2일간 모두 수강할 수 있는 분에 한합
니다)라고 언급하고 있으므로 1 参加できるのは研修を受けた県内にある大学の学生だけだ(참가할 수 있는 것은 연수를 받은 현내에 있
는 대학의 학생뿐이다)가 정답이다.

어휘 学校 がっこう 圏학교　ボランティア 圏자원봉사자, 자원봉사　募集 ぼしゅう 圏모집　お知らせ おしらせ 圏안내, 알림　貼る はる 圏붙이다
～てある ~(해)져 있다　学生 がくせい 圏학생　環境 かんきょう 圏환경　県 けん 圏현　通う かよう 圏다니다　大学生 だいがくせい 圏대학생
対象 たいしょう 圏대상　守る まもる 圏지키다　活動 かつどう 圏활동　行う おこなう 圏시행하다　ただし 圏단　事前 じぜん 圏사전
研修 けんしゅう 圏연수　受講 じゅこう 圏수강　～に限る ～にかぎる ~에 한하다　期間 きかん 圏기간　全て すべて 圏모두　参加 さんか 圏참가
不要だ ふようだ な형불필요하다　少なくとも すくなくとも 閂적어도　～てください ~(해) 주세요　最初 さいしょ 圏첫, 맨 처음　河川 かせん 圏하천
清掃 せいそう 圏청소　予定 よてい 圏예정　応募 おうぼ 圏응모　～について ~에 대해서　申請 しんせい 圏신청　方法 ほうほう 圏방법
団体 だんたい 圏단체　ホームページ 圏홈페이지　締め切り しめきり 圏마감　大学 だいがく 圏대학　文章 ぶんしょう 圏글　受ける うける 圏받다

27 상

（4）
　いつもは近所のスーパーに行くが、今日はずっと行き
たかった大型スーパーに友人といっしょに向かった。月
末のセールの日だけあって、野菜や肉が低価格で売られ
ていた。ただ、その価格の理由は他にもあった。一つ一
つの商品の量が多いのだ。だから、半分ずつお金を出し
合って買った商品を友人と分けた。子どもがたくさんいる
家庭やよくパーティーを開く人はいいかもしれないが、ど
ちらでもない私には食べきれない。こんなときじゃないと
私がここで買い物するのは難しいと思った。近所のスー
パーが休みのときでも一人では来ることはないだろう。

（4）
　평소에는 근처 슈퍼에 가지만, 오늘은 계속 가고 싶었던 대형 슈
퍼로 친구와 함께 향했다. 월말 세일 날인만큼, 야채나 고기가 낮은
가격으로 팔리고 있었다. 다만, 그 가격의 이유는 그밖에도 있었다.
하나하나의 상품의 양이 많은 것이다. 그래서, 반씩 돈을 내어 모
아 산 상품을 친구와 나눴다. 아이가 많이 있는 가정이나 자주 파
티를 여는 사람은 좋을지도 모르겠지만, 어느 쪽도 아닌 나는 다 먹
을 수 없다. 이럴 때가 아니면 내가 여기에서 쇼핑을 하는 것은 어
렵다고 생각했다. 근처의 슈퍼가 쉴 때도 혼자서는 올 일이 없을
것이다.

こんなときとあるが、どのようなときか。	이럴 때라고 되어 있는데, 어떤 때인가?
1 いつも行くスーパーにほしい商品がないとき	1 평소 가는 슈퍼에 원하는 상품이 없을 때
2 だれかといっしょに買った物を分けるとき	**2 누군가와 함께 산 것을 나눌 때**
3 セールでいつもより商品が安く買えるとき	3 세일로 평소보다 상품을 싸게 살 수 있을 때
4 たくさんの友人といっしょにパーティーをするとき	3 많은 친구와 함께 파티를 할 때

해설 밑줄 문제이므로 선택지에서 반복되는 いつも(평소), 商品(상품), いっしょに(함께)를 밑줄 주변에서 찾는다. 앞부분에서 一つ一つの商品の 量が多いのだ。だから、半分ずつお金を出し合って買った商品を友人と分けた(하나하나의 상품의 양이 많은 것이다. 그래서, 산 상품을 친구와 나눴다)라고 서술하고 있으므로 2 だれかといっしょに買った物を分けるとき(누군가와 함께 산 것을 나눌 때)가 정답이다.

어휘 いつも 图평소　近所 きんじょ 图근처　スーパー 图슈퍼　行く いく 图가다　今日 きょう 图오늘　ずっと 图계속　大型 おおがた 图대형
友人 ゆうじん 图친구　いっしょに 图함께　向かう むかう 图향하다, 가다　月末 げつまつ 图월말　セール 图세일　～だけあって ~인만큼
野菜 やさい 图야채　肉 にく 图고기　低価格 ていかかく 图낮은 가격　売る うる 图팔다　ただ 图다만　価格 かかく 图가격　理由 りゆう 图이유
他にも ほかにも 그밖에도　商品 しょうひん 图상품　量 りょう 图양　だから 图그래서　半分 はんぶん 图반, 절반　お金 おかね 图돈
出し合う だしあう 图내어 모으다　買う かう 图사다　分ける わける 图나누다　子ども こども 图아이　たくさん 图많이　家庭 かてい 图가정
よく 图자주　パーティー 图파티　開く ひらく 图열다　～かもしれない ~(할)지도 모른다　食べる たべる 图먹다　～きる 다 ~(하)다　とき 图때
買い物 かいもの 图쇼핑　難しい むずかしい い형어렵다　思う おもう 图생각하다　休み やすみ 图쉼　来る くる 图오다　ほしい い형원하다
～より 图~보다

問題5　つぎの(1)と(2)の文章を読んで、質問に答えなさい。答えは、1・2・3・4から最もよいものを一つえらびなさい。	문제5 다음 (1)과 (2)의 글을 읽고, 질문에 답하세요. 답은, 1·2·3·4에서 가장 알맞은 것을 하나 고르세요.

28-30

(1)

サッカーの国際大会が始まった。①今回の大会はサッカー場の建設とインフラ整備の遅れが心配されていた。サッカー場は間に合ったが、インフラに関しては十分ではなく来場客から不満の声があがっている。大会の進行には問題がなく、残念だったのは[28]活躍が期待された大会の開催国がすぐ負けてしまったことだ。

楽しい大会には暗い面もある。どこの国も試合に勝った時はいい。国民が一つになる。[29]問題は負けた時だ。原因になった選手を犯人と呼び、一斉に批判する。選手だけでなく監督や関係者がともに戦った結果なのに、②そんなのおかしい。それに勝った相手チームの批判をし始めることもある。

大会だから結果を重視するのは当たり前だ。ただ、それだけに集中するとこの大会がサッカーの祭りであることを忘れてしまう。選手の国に関係なく、すばらしいプレーを見せる選手がいれば褒め、試合が終われば選手たちに拍手を送る。[30]熱心に応援するのはいいが、試合自体を楽しむ余裕を持ってほしい。

(1)

축구의 국제 대회가 시작되었다. ①이번 대회는 축구장 건설과 인프라 정비 지연이 우려되고 있었다. 축구장은 시간을 맞췄지만, 인프라에 관해서는 충분하지 않아 내장객으로부터 불만의 목소리가 나오고 있다. 대회의 진행에는 문제가 없고, 아쉬웠던 것은 [28]활약이 기대되었던 대회의 개최국이 금방 져 버린 것이다.

즐거운 대회에는 어두운 면도 있다. 어느 나라나 시합에 이겼을 때는 좋다. 국민이 하나가 된다. [29]문제는 졌을 때다. 원인이 된 선수를 범인이라고 부르고, 일제히 비판한다. 선수뿐만 아니라 감독이나 관계자가 함께 싸운 결과인데, ②그런 건 이상하다. 게다가 이긴 상대팀의 비판을 하기 시작하는 경우도 있다.

대회니까 결과를 중시하는 것은 당연하다. 다만, 그것에만 집중하면 이 대회가 축구 축제라는 것을 잊어버린다. 선수의 나라에 관계없이, 훌륭한 플레이를 보여주는 선수가 있으면 칭찬하고, 시합이 끝나면 선수들에게 박수를 보낸다. [30]열심히 응원하는 것은 좋지만, 시합 자체를 즐기는 여유를 가지면 좋겠다.

(注) インフラ：ここでは道路や周辺の施設 （주) 인프라: 여기서는 도로나 주변의 시설

어휘 サッカー 명축구　国際 こくさい 명국제　大会 たいかい 명대회　始まる はじまる 동시작되다　今回 こんかい 명이번

サッカー場 サッカーじょう 명축구장　建設 けんせつ 명건설　インフラ 명인프라　整備 せいび 명정비　遅れ おくれ 명지연

心配 しんぱい 명우려, 걱정　間に合う まにあう 동시간을 맞추다　~に関して ~にかんして ~에 관해서　十分だ じゅうぶんだ な형충분하다

来場客 らいじょうきゃく 명내장객　~から 조~로부터　不満 ふまん 명불만　声 こえ 명목소리　あがる 동나오다, 오르다　進行 しんこう 명진행

問題 もんだい 명문제　残念だ ざんねんだ な형아쉽다　活躍 かつやく 명활약　期待 きたい 명기대　開催国 かいさいこく 명개최국　すぐ 부금방

負ける まける 동지다　~てしまう ~(해) 버리다　楽しい たのしい い형즐겁다　暗い くらい い형어둡다　面 めん 명면　国 くに 명나라

試合 しあい 명시합　勝つ かつ 동이기다　時 とき 명때　国民 こくみん 명국민　原因 げんいん 명원인　選手 せんしゅ 명선수

犯人 はんにん 명범인　呼ぶ よぶ 동부르다　一斉に いっせいに 부일제히　批判 ひはん 명비판　~だけでなく ~뿐만 아니라

監督 かんとく 명감독　関係者 かんけいしゃ 명관계자　ともに 함께　戦う たたかう 동싸우다　結果 けっか 명결과　おかしい い형이상하다

それに 접게다가　相手 あいて 명상대　チーム 명팀　始める はじめる 동시작하다　重視 じゅうし 명중시　当たり前だ あたりまえだ な형당연하다

ただ 접다만　集中 しゅうちゅう 명집중　祭り まつり 명축제　忘れる わすれる 동잊다　関係 かんけい 명관계　すばらしい い형훌륭하다

プレー 명플레이　見せる みせる 동보여주다　褒める ほめる 동칭찬하다　終わる おわる 동끝나다　拍手 はくしゅ 명박수　送る おくる 동보내다

熱心だ ねっしんだ な형열심이다　応援 おうえん 명응원　自体 じたい 명자체　楽しむ たのしむ 동즐기다　余裕 よゆう 명여유　持つ もつ 동가지다

28 중

①今回の大会について、合っているものはどれか。	①이번 대회에 대해, 맞는 것은 어느 것인가?
1 サッカー場の建設が遅れて、大会の開催も遅れた。	1 축구장 건설이 늦어져서, 대회 개최도 늦어졌다.
2 大会前までにインフラがきちんと整えられた。	2 대회 전까지 인프라가 제대로 갖춰졌다.
3 試合の進行が良くなくて、不満の声があがった。	3 시합의 진행이 좋지 않아, 불만의 목소리가 나왔다.
4 期待されていた国が活躍できなかった。	4 기대되고 있었던 나라가 활약하지 못했다.

해설 지문의 今回の大会(이번 대회)의 내용이 무엇인지 밑줄 주변에서 찾는다. 밑줄의 뒷부분에서 活躍が期待された大会の開催国がすぐ負け
てしまったことだ(활약이 기대되었던 대회의 개최국이 금방 져 버린 것이다)라고 서술하고 있으므로 4 期待されていた国が活躍できなかっ
た(기대되고 있었던 나라가 활약하지 못했다)가 정답이다.

어휘 開催 かいさい 명개최　遅れる おくれる 동늦어지다　前 まえ 명전　きちんと 부제대로, 잘　整える ととのえる 동갖추다　良い よい い형좋다

声 こえ 명목소리

29 상

②そんなのおかしいとあるが、何がおかしいのか。	②그런 건 이상하다라고 되어 있는데, 무엇이 이상한 것인가?
1 試合で勝った時だけ国民が一つにまとまること	1 시합에서 이겼을 때만 국민이 하나로 뭉치는 것
2 試合で負けた原因を一人の選手のせいにすること	2 시합에서 진 원인을 한 명의 선수 탓으로 하는 것
3 関係者が選手と一緒に戦っていると考えないこと	3 관계자가 선수와 함께 싸우고 있다고 생각하지 않는 것
4 自分の国に勝った相手チームの選手を批判すること	4 자신의 나라를 이긴 상대팀 선수를 비판하는 것

해설 지문의 そんなのおかしい(그런 건 이상하다)의 내용이 무엇인지 밑줄 주변에서 찾는다. 밑줄의 앞부분에서 問題は負けた時だ。原因にな
った選手を犯人と呼び、一斉に批判する(문제는 졌을 때다. 원인이 된 선수를 범인이라고 부르고, 일제히 비판한다)라고 서술하고 있으므로
2 試合で負けた原因を一人の選手のせいにすること(시합에서 진 원인을 한 명의 선수 탓으로 하는 것)가 정답이다.

어휘 まとまる 동(하나로) 뭉치다　考える かんがえる 동생각하다

30 중상

この文章を書いた人が一番言いたいことは何か。	이 글을 쓴 사람이 가장 말하고 싶은 것은 무엇인가?
1 試合でミスした選手の批判ばかりするのなら、国を応援するべきではない。	1 시합에서 실수한 선수의 비판만 한다면, 나라를 응원해서는 안 된다.

2 試合に負けたからといって、選手を批判しても結果が変わることはない。

3 大会の結果に集中しすぎて、試合を楽しむことを忘れてはいけない。

4 大会の結果を考えずに応援できる人だけが、スポーツを楽しめる。

2 시합에 졌다고 해서, 선수를 비판해도 결과가 바뀌지는 않는다.

3 대회 결과에 너무 집중해서, 경기를 즐기는 것을 잊어서는 안 된다.

4 대회 결과를 생각하지 않고 응원할 수 있는 사람만이, 스포츠를 즐길 수 있다.

해설 지문의 주제를 묻고 있다. 마지막 단락에서 熱心に応援するのはいいが、試合自体を楽しむ余裕を持ってほしい(열심히 응원하는 것은 좋지만, 시합 자체를 즐기는 여유를 가지면 좋겠다)라고 서술하고, 지문 전체적으로 대회 결과 보다 경기를 즐겨야 한다는 것을 이야기하고 있으므로 3 大会の結果に集中しすぎて、試合を楽しむことを忘れてはいけない(대회 결과에 너무 집중해서, 경기를 즐기는 것을 잊어서는 안 된다)가 정답이다.

어휘 ~べきだ ~(해)야 한다 ~からといって ~라고 해서

꼭 알아두기 필자가 말하고 싶은 바는 ~てほしい(~해 주면 좋겠다), ~に決まっている(당연히~이다)와 같은 표현이 사용된 문장에서 자주 명시된다.

31-33

(2)

入社5年目で初のプロジェクトリーダーを任された。うちの会社ではプロジェクト案を書いた人がリーダーをやることがほとんどで、本当は2歳下の後輩がやるはずだった。しかし、[31]後輩に代わりを頼まれて上司である私がやることになったのだ。初めてのリーダーで不安もあったが、うれしかった。

リーダーになって1か月が経ったとき、後輩からの「もっと仕事を任せてほしい」という言葉に驚いた。[32]担当の仕事にいつも私が細かく指示を出していたことが不満だったようだ。プロジェクトを成功させたかったのもあるが、チームに苦労をかけたくなくてこの方法をとったのに、何とも言えない気持ちになった。

理想のリーダーは部長だった。責任感が強く、問題が起きても一人で解決する。部下は部長の出す指示通りに動くだけだから楽に仕事ができた。でも、状況を見てどんなリーダーが必要か判断しなければならなかったのだ。[33]このチームでは部下を信じて仕事を任せて、彼らがそれをうまくできるようにサポート役に回ったほうがいいのかもしれない。

(2)

입사 5년 차에 첫 프로젝트 리더를 맡겨졌다. 우리 회사에서는 프로젝트 안을 쓴 사람이 리더를 하는 경우가 대부분으로, 사실은 [31]2살 아래의 후배가 할 터였다. 하지만, [31]후배에게 대리를 부탁받아 상사인 내가 하게 된 것이다. 첫 리더라서 불안도 있었지만, 기뻤다.

리더가 되고 1개월이 지났을 때, 후배로부터의 '더 일을 맡겨 주면 좋겠다'라는 말에 놀랐다. [32]담당 업무에 항상 내가 세세하게 지시를 내리고 있던 것이 불만이었던 것 같다. 프로젝트를 성공시키고 싶었던 것도 있지만, 팀에 수고를 끼치고 싶지 않아서 이 방법을 취했는데, 뭐라고 말할 수 없는 기분이 들었다.

이상적인 리더는 부장님이었다. 책임감이 강해, 문제가 생겨도 혼자서 해결한다. 부하는 부장님이 내리는 지시대로 움직이기만 하니까 편하게 일을 할 수 있었다. 하지만, 상황을 보고 어떤 리더가 필요한지 판단하지 않으면 안 되었던 것이다. [33]이 팀에서는 부하를 믿고 일을 맡겨, 그들이 그것을 잘 할 수 있도록 서포트 역할로 옮기는 편이 좋은 걸지도 모른다.

어휘 入社 にゅうしゃ 圏입사 プロジェクト 圏프로젝트 リーダー 圏리더 任す まかす 圏맡기다 うち 圏우리 会社 かいしゃ 圏회사
プロジェクト案 プロジェクトあん 圏프로젝트 안 書く かく 圏쓰다 やる 圏하다 ほとんど 圏대부분 本当 ほんとう 圏사실 下 した 圏아래
後輩 こうはい 圏후배 ~はずだ ~일 터다 しかし 圏하지만 代わり かわり 圏대리 頼む たのむ 圏부탁하다 上司 じょうし 圏상사
初めて はじめて 圏첫, 처음 不安 ふあん 圏불안 うれしい い圏기쁘다 経つ たつ 圏지나다 とき 圏때 もっと 圏더 仕事 しごと 圏일
任せる まかせる 圏맡기다 ~てほしい ~(해) 주면 좋겠다 言葉 ことば 圏말 驚く おどろく 圏놀라다 担当 たんとう 圏담당 いつも 圏항상
細かい こまかい い圏세세하다 指示 しじ 圏지시 出す だす 圏내리다, 내다 不満 ふまん 圏불만 ~ようだ ~것 같다 成功 せいこう 圏성공
チーム 圏팀 苦労をかける くろうをかける 수고를 끼치다 方法 ほうほう 圏방법 とる 圏취하다 言う いう 圏말하다 気持ち きもち 圏기분
理想 りそう 圏이상 部長 ぶちょう 圏부장(님) 責任感 せきにんかん 圏책임감 強い つよい い圏강하다 問題 もんだい 圏문제
起きる おきる 圏생기다, 일어나다 解決 かいけつ 圏해결 部下 ぶか 圏부하 ~通り ~どおり ~대로 動く うごく 圏움직이다 楽だ らくだ な圏편하다

でも 接 하지만　状況 じょうきょう 名 상황　見る みる 動 보다　必要 ひつよう 名 필요　判断 はんだん 名 판단　信じる しんじる 動 믿다
うまい い형 잘하다　サポート 名 서포트　役 やく 名 역할　回る まわる 動 옮기다, 돌다　～かもしれない ~(할)지도 모른다

31 중상

「私」がプロジェクトリーダーになったのは、なぜか。	'내'가 프로젝트 리더가 된 것은, 왜인가?
1 会社に入ってから5年になったから	1 회사에 들어오고 나서 5년이 되었기 때문에
2 プロジェクト案を出したから	2 프로젝트 안을 냈기 때문에
3 後輩にやってほしいと頼まれたから	**3 후배에게 해 주었으면 좋겠다고 부탁받았기 때문에**
4 上司にやってみたいと言ったから	4 상사에게 해 보고 싶다고 말했기 때문에

해설 질문의 プロジェクトリーダー(프로젝트 리더)를 지문에서 찾아 그 주변을 주의 깊게 읽는다. 첫 번째 단락에서 後輩に代わりを頼まれて上司である私がやることになったのだ(후배에게 대리를 부탁받아 상사인 내가 하게 된 것이다)라고 서술하고 있으므로 3 後輩にやってほしいと頼まれたから(후배에게 해 주었으면 좋겠다고 부탁받았기 때문에)가 정답이다.

어휘 入る はいる 動 들어오다

32 중

驚いたとあるが、どうしてか。	놀랐다고 되어 있는데, 어째서인가?
1 後輩が仕事のやり方に不満を持っていたから	**1 후배가 일하는 방식에 불만을 가지고 있었기 때문에**
2 後輩が担当する仕事を変えてほしがったから	2 후배가 담당하는 일을 바꿔 주길 바랐기 때문에
3 後輩がプロジェクトが成功するか不安がったから	3 후배가 프로젝트가 성공할지 불안해했기 때문에
4 後輩が仕事の苦労をチームの人に話していたから	4 후배가 일의 고생을 팀 사람에게 이야기하고 있었기 때문에

해설 지문의 驚いた(놀랐다)에 관한 이유가 무엇인지 밑줄 주변에서 찾는다. 밑줄 뒷부분에서 担当の仕事にいつも私が細かく指示を出していたことが不満だったようだ(담당 업무에 항상 내가 세세하게 지시를 내리고 있던 것이 불만이었던 것 같다)라고 서술하고 있으므로 1 後輩が仕事のやり方に不満を持っていたから(후배가 일하는 방식에 불만을 가지고 있었기 때문에)가 정답이다.

33 중

「このチーム」にはどんなリーダーが必要だと言っているか。	'이 팀'에는 어떤 리더가 필요하다고 말하고 있는가?
1 責任感があって、どんな問題でも解決できるリーダー	1 책임감이 있고, 어떤 문제라도 해결할 수 있는 리더
2 指示を細かく出して、部下を楽に働かせられるリーダー	2 지시를 세세하게 내려서, 부하를 편하게 일하게 할 수 있는 리더
3 状況が変わっても、正しい判断ができるリーダー	3 상황이 바뀌어도, 올바른 판단을 할 수 있는 리더
4 部下に仕事を任せ、チームのサポートに回るリーダー	**4 부하에게 일을 맡기고, 팀의 서포트로 바뀌는 리더**

해설 질문의 このチーム(이 팀)를 지문에서 찾아 그 주변을 주의 깊게 읽는다. 마지막 단락에서 このチームでは部下を信じて仕事を任せて、彼らがそれをうまくできるようにサポート役に回ったほうがいいのかもしれない(이 팀에서는 부하를 믿고 일을 맡겨, 그들이 그것을 잘 할 수 있도록 서포트 역할로 옮기는 편이 좋은 걸지도 모른다)라고 서술하고 있으므로 4 部下に仕事を任せ、チームのサポートに回るリーダー(부하에게 일을 맡기고, 팀의 서포트로 옮기는 리더)가 정답이다.

문제 6의 디렉션

問題6　つぎの文章を読んで、質問に答えなさい。答えは、1・2・3・4から最もよいものを一つえらびなさい。	문제6　다음의 글을 읽고, 질문에 답하세요. 답은, 1・2・3・4에서 가장 알맞은 것을 하나 고르세요.

金子先生

　お久しぶりです。お変わりありませんか。[34]先生と最後にお会いしたのが高校を卒業して5年目の年の同窓会でしたね。あの時はたくさんお話しできてよかったです。1年に1回は集まろうという話がありましたが、[34]あれからもう3年が経ってしまいました。

　同窓会の時に高校で英語を教えているとお話ししましたよね。今までは茶道部を担当していましたが、[35]今年から演劇部の指導をすることになりました。先生がしてくださったように生徒たちにうまく指導できているか分かりませんが、頑張っています。

　演劇部の指導を始めて、自分が部活をやっていた頃のことをよく思い出します。練習が大変で休みたいと文句を言っていたこともありましたが、練習のあとに先生が買ってきてくれたアイスを食べたり、一緒に有名なミュージカルを見に行ったり、楽しいことばかりでした。

　そういえば、[36]大会に出た時に演技の発表前なのに自信がなくて先生の前で泣いてしまうなんてこともありました。先生をたくさん困らせてしまいましたね。

　[37]こないだ演劇部だった今川さんと京都に行って来ました。今回手紙と一緒に送ったのは京都のきれいな風景とともに撮った私たちの写真です。今川さんが持って来てくれた高校時代の写真と比べてみたんですが、やっぱりあの時とは若さが違いますね。写真には先生の姿も映っていて、今川さんも懐かしがっていました。

　今度先生がお時間のある時にぜひお会いしたいです。最近、冷えてきましたのでお体には十分にお気を付けください。

山本　花子

（注）同窓会：卒業後、クラスメイトと集まる会

가네코 선생님

　오랜만입니다. 별일 없으시죠? [34]선생님과 마지막으로 만난 것이 고등학교를 졸업하고 5년째 해의 동창회였지요. 그때는 많이 이야기할 수 있어서 좋았습니다. 1년에 한 번은 모이자는 이야기가 있었습니다만, [34]그로부터 벌써 3년이 지나 버렸습니다.

　동창회 때 고등학교에서 영어를 가르치고 있다고 이야기했었지요? 지금까지는 다도부를 담당하고 있었습니다만, [35]올해부터 연극부의 지도를 하게 되었습니다. 선생님이 해 주신 것처럼 학생들에게 잘 지도하고 있는지 모르겠습니다만, 열심히 하고 있습니다.

　연극부의 지도를 시작하고, 제가 부 활동을 하고 있던 시절의 일을 자주 떠올립니다. 연습이 힘들어서 쉬고 싶다고 불평한 적도 있었습니다만, 연습 후에 선생님이 사 와 준 아이스크림을 먹거나, 함께 유명한 뮤지컬을 보러 가거나, 즐거운 일뿐이었습니다.

　그러고 보니, [36]대회에 나갔을 때 연기 발표 전인데 자신이 없어서 선생님 앞에서 울어 버리는 일도 있었습니다. 선생님을 많이 곤란하게 해 버렸지요.

　[37]얼마 전 연극부였던 이마가와 씨와 교토에 다녀왔습니다. 이번에 편지와 함께 보낸 것은 교토의 예쁜 풍경과 함께 찍은 우리들의 사진입니다. 이마가와 씨가 가지고 와 준 고등학교 시절의 사진과 비교해 봤습니다만, 역시 그때와는 젊음이 다르네요. 사진에는 선생님의 모습도 찍혀 있어서, 이마가와 씨도 그리워했습니다.

　다음에 선생님이 시간이 있으실 때 꼭 뵙고 싶습니다. 최근, 쌀쌀해졌으니 몸을 충분히 조심해 주세요.

야마모토 하나코

(주) 동창회: 졸업 후, 반 친구와 모이는 모임

어휘　先生 せんせい 圏 선생(님)　久しぶり ひさしぶり 圏 오랜만　最後 さいご 圏 마지막　会う あう 圏 만나다　高校 こうこう 圏 고등학교
卒業 そつぎょう 圏 졸업　年 とし 圏 해　同窓会 どうそうかい 圏 동창회　時 とき 圏 때　たくさん 圏 많이　話す はなす 圏 이야기하다
集まる あつまる 圏 모이다　話 はなし 圏 이야기　〜から 图 〜부터　もう 圏 벌써　経つ たつ 圏 지나다　〜てしまう 〜(해) 버리다
英語 えいご 圏 영어　教える おしえる 圏 가르치다　今 いま 圏 지금　茶道部 さどうぶ 圏 다도부　担当 たんとう 圏 담당　今年 ことし 圏 올해
演劇部 えんげきぶ 圏 연극부　指導 しどう 圏 지도　〜ように 〜처럼　生徒 せいと 圏 학생　分かる わかる 圏 알다, 이해하다
頑張る がんばる 圏 열심히 하다　始める はじめる 圏 시작하다　自分 じぶん 圏 저, 자신　部活 ぶかつ 圏 부 활동, 동아리　やる 圏 하다
頃 ころ 圏 시절, 때　思い出す おもいだす 圏 떠올리다, 생각해 내다　練習 れんしゅう 圏 연습　大変だ たいへんだ 図園 힘들다　休む やすむ 圏 쉬다
文句 もんく 圏 불평　言う いう 圏 말하다　あと 圏 후　買う かう 圏 사다　アイス 圏 아이스크림　食べる たべる 圏 먹다　一緒に いっしょに 圏 함께
有名だ ゆうめいだ 図園 유명하다　ミュージカル 圏 뮤지컬　見る みる 圏 보다　行く いく 圏 가다　楽しい たのしい 団園 즐겁다　〜ばかりだ 〜뿐이다
大会 たいかい 圏 대회　出る でる 圏 나가다　演技 えんぎ 圏 연기　発表 はっぴょう 圏 발표　前 まえ 圏 전　自信 じしん 圏 자신　泣く なく 圏 울다
困る こまる 圏 곤란하다　こないだ 圏 얼마 전　京都 きょうと 圏 교토(지명)　今回 こんかい 圏 이번　手紙 てがみ 圏 편지　送る おくる 圏 보내다
きれいだ 図園 예쁘다　風景 ふうけい 圏 풍경　〜とともに 〜와 함께　撮る とる 圏 찍다　写真 しゃしん 圏 사진　持つ もつ 圏 가지다, 들다
高校時代 こうこうじだい 圏 고등학교 시절　比べる くらべる 圏 비교하다　やっぱり 圏 역시　若さ わかさ 圏 젊음

違う ちがう 图 다르다　姿 すがた 图 모습　映る うつる 图 찍히다　懐かしい なつかしい い형 그립다　今度 こんど 图 다음　時間 じかん 图 시간
ぜひ 图 꼭　最近 さいきん 图 최근　冷える ひえる 图 쌀쌀해지다, 식다　十分だ じゅうぶんだ な형 충분하다　気を付ける きをつける 몸조심하다
クラスメイト 图 반 친구　会 かい 图 모임

山本さんが金子先生に最後に会ったのはいつか。	야마모토 씨가 가네코 선생님을 마지막으로 만난 것은 언제인가?
1　1年前	1　1년 전
2　3年前	**2　3년 전**
3　5年前	3　5년 전
4　8年前	4　8년 전

해설 질문의 金子先生に最後に会ったの(가네코 선생님을 마지막으로 만난 것)를 지문에서 찾는다. 첫 번째 단락에서 先生と最後にお会いした
のが高校を卒業して5年目の年の同窓会でしたね(선생님과 마지막으로 만난 것이 고등학교를 졸업하고 5년째 해의 동창회였지요)라고 하
고, あれからもう3年が経ってしまいました(그로부터 벌써 3년이 지나 버렸습니다)라고 서술하고 있으므로, 2 3年前(3년 전)가 정답이다.

山本さんはどういう人か。	야마모토 씨는 어떤 사람인가?
1　金子先生に英語を教えてくれた人	1　가네코 선생님에게 영어를 가르쳐 준 사람
2　金子先生に英語を教えてもらった人	2　가네코 선생님에게 영어를 가르쳐 받은 사람
3　金子先生に演劇を教えてくれた人	3　가네코 선생님에게 연극을 가르쳐 준 사람
4　金子先生に演劇を教えてもらった人	**4　가네코 선생님에게 연극을 가르쳐 받은 사람**

해설 선택지에서 반복되는 英語(영어), 演劇(연극)를 지문에서 찾아 야마모토 씨가 어떤 사람인지 파악한다. 두 번째 단락에서 今年から演劇部の
指導をすることになりました。先生がしてくださったように生徒たちにうまく指導できているか分かりませんが、頑張っています(올
해부터 연극부의 지도를 하게 되었습니다. 선생님이 해 주신 것처럼 학생들에게 잘 지도하고 있는지 모르겠습니다만, 열심히 하고 있습니다)라
고 서술하고 있으므로 4 金子先生に演劇を教えてもらった人(가네코 선생님에게 연극을 가르쳐 받은 사람)가 정답이다.

꼭! 알아두기　〜てくれる(〜해 주다)는 상대방이 나에게 어떤 것을 해 주는 것이고, 〜てもらう(〜해 받다)는 내가 상대방에게 어떤 것을 해 받는, 즉 상대방이 나에게 어떤 것을 해 주는
것이므로 A が〜てくれる(A가〜해 주다)와 A に〜てもらう(A에게 〜해 받다)는 서로 바꿔 쓸 수 있음을 알아 둔다.

部活をやっていた頃に、山本さんがしたことはどれか。	부 활동을 하고 있던 시절에, 야마모토 씨가 한 것은 어느 것인가?
1　部活の練習が大変で練習を休んだ。	1　부 활동의 연습이 힘들어서 연습을 쉬었다.
2　先生と一緒にアイスを買いに行った。	2　선생님과 함께 아이스크림을 사러 갔다.
3　部活の人と有名なミュージカルに出た。	3　부 활동의 사람과 유명한 뮤지컬에 나갔다.
4　大会で演技をする前に泣き出した。	**4　대회에서 연기를 하기 전에 울음을 터뜨렸다.**

해설 지문의 部活をやっていた頃(부 활동을 하고 있던 시절)의 내용이 무엇인지 밑줄 주변에서 찾는다. 밑줄의 뒷부분에서 大会に出た時に演技
の発表前なのに自信がなくて先生の前で泣いてしまうなんてこともありました(대회에 나갔을 때 연기 발표 전인데 자신이 없어서 선생님
앞에서 울어 버리는 일도 있었습니다)라고 서술하고 있으므로 4 大会で演技をする前に泣き出した(대회에서 연기를 하기 전에 울음을 터뜨
렸다)가 정답이다.

어휘 泣き出す なきだす 图 울음을 터뜨리다

山本さんは金子先生にどんな写真を送ったか。	야마모토 씨는 가네코 선생님에게 어떤 사진을 보냈는가?
1　今川さんと京都で撮った写真	1　이마가와 씨와 교토에서 찍은 사진

2 京都のきれいな景色を撮った写真	2 교토의 예쁜 경치를 찍은 사진
3 今川さんと撮った高校時代の写真	3 이마가와 씨와 찍은 고등학교 시절의 사진
4 先生が映った高校時代の写真	4 선생님이 찍힌 고등학교 시절의 사진

해설 질문의 写真(사진)을 지문에서 찾아 그 주변을 주의 깊게 읽는다. 다섯 번째 단락에서 こないだ演劇部だった今川さんと京都に行って来ました。今回手紙と一緒に送ったのは京都のきれいな風景とともに撮った私たちの写真です(얼마 전 연극부였던 이마가와 씨와 교토에 다녀왔습니다. 이번에 편지와 함께 보낸 것은 교토의 예쁜 풍경과 함께 찍은 우리들의 사진입니다)라고 서술하고 있으므로 1 今川さんと京都で撮った写真(이마가와 씨와 교토에서 찍은 사진)이 정답이다.

문제 7의 디렉션

問題7 右のページは図書館の案内である。これを読んで、下の質問に答えなさい。答えは、1・2・3・4から最もよいものを一つえらびなさい。	문제7 오른쪽 페이지는 도서관의 안내이다. 이것을 읽고, 아래 질문에 답하세요. 답은, 1·2·3·4에서 가장 알맞은 것을 하나 고르세요.

---

38 중상

会社員のパクさんは10日前に星空図書館で本を借りた。日曜日の午前中に本を返却するつもりだ。パクさんがしなければいけないことはどれか。	회사원인 박 씨는 10일 전에 호시조라 도서관에서 책을 빌렸다. 일요일 오전 중에 책을 반납할 생각이다. 박 씨가 하지 않으면 안 되는 것은 어느 것인가?
1 ホームページで本の返却を申し込む。	1 홈페이지에서 책 반납을 신청한다.
2 カウンターで本の返却をお願いする。	2 카운터에서 책 반납을 부탁한다.
3 カウンターの横のデスクに本を返す。	3 카운터 옆 데스크로 책을 돌려준다.
4 入り口の横の返却ポストに本を入れる。	**4 입구 옆의 반납 포스트에 책을 넣는다.**

해설 제시된 상황 日曜日の午前中に本を返却するつもりだ(일요일 오전 중에 책을 반납할 생각이다)에 따라 박 씨가 해야 할 행동이 무엇인지를 파악한다. 지문의 利用案内(이용 안내) 표의 休館日(휴관일) 부분에서 日曜日(일요일)가 휴관일이고, 返却場所(반납 장소)에서 開館時間外は入り口横の返却ポスト(개관 시간 외에는 입구 옆의 반납 포스트)라고 하므로 4 入り口の横の返却ポストに本を入れる(입구 옆의 반납 포스트에 책을 넣는다)가 정답이다.

어휘 会社員 かいしゃいん 圏회사원　前 まえ 圏전, 앞　図書館 としょかん 圏도서관　本 ほん 圏책　借りる かりる 圏빌리다
日曜日 にちようび 圏일요일　午前中 ごぜんちゅう 圏오전 중　返す かえす 圏반납하다　~つもりだ ~(할) 생각이다
~なければいけない ~(하)지 않으면 안 된다　ホームページ 圏홈페이지　返却 へんきゃく 圏반납　申し込む もうしこむ 圏신청하다
カウンター 圏카운터　横 よこ 圏옆　デスク 圏데스크　入り口 いりぐち 圏입구　ポスト 圏포스트, 우체통

꼭 알아두기 정보검색은 주로 첫 번째 문제는 지문의 첫 번째 표와 관련된 내용에서, 두 번째 문제는 지문의 두 번째 표와 관련된 내용에서 정답의 단서를 찾을 수 있다.

---

39 중상

小学6年生の大友くんは図書館のイベントに参加しようと思っている。イベントに参加するために、大友くんはどうしなければならないか。	초등학교 6학년인 오토모 군은 도서관 이벤트에 참가하려고 생각하고 있다. 이벤트에 참가하기 위해서, 오토모 군은 어떻게 하지 않으면 안 되는가?
1 3月8日までに予約し、友達と一緒に参加する。	1 3월 8일까지 예약하고, 친구와 함께 참가한다.
2 3月8日までに予約し、母親と一緒に参加する。	**2 3월 8일까지 예약하고, 어머니와 함께 참가한다.**
3 3月10日までに予約し、友達と一緒に参加する。	3 3월 10일까지 예약하고, 친구와 함께 참가한다.
4 3月10日までに予約し、母親と一緒に参加する。	4 3월 10일까지 예약하고, 어머니와 함께 참가한다.

해설 제시된 상황 小学6年生の大友くんは図書館のイベントに参加しようと思っている(초등학교 6학년인 오토모 군은 도서관 이벤트에 참가하려고 생각하고 있다)에 따라 오토모 군이 해야 할 행동이 무엇인지를 파악한다. 지문의 今月のイベント(이번 달의 이벤트) 표 아래의 締め切り(마감) 부분에서 3月1日(火)から8日(火)の午後7時までです(3월 1일(화)부터 8일(화) 오후 7시까지입니다)라고 하고, 対象者(대

상자) 부분에서 小学生以下のお子さんは必ずご家族の方とともにご参加お願いいたします(초등학생 이하의 자녀 분은 반드시 가족 분과 함께 참가 부탁드립니다)라고 하므로 2 3月8日までに予約し、母親と一緒に参加する(3월 8일까지 예약하고, 어머니와 함께 참가한다)가 정답이다.

어휘 小学 しょうがく 阁 초등학교 〜年生 〜ねんせい ~학년 イベント 阁 이벤트 参加 さんか 阁 참가 思う おもう 등 생각하다 〜ために ~위해서
予約 よやく 阁 예약 友達 ともだち 阁 친구 一緒に いっしょに 튀 함께 母親 ははおや 阁 어머니

38-39 도서관의 안내

―星空図書館―	― 호시조라 도서관―

>>> 来館される方へ

当図書館はお住まいに関係なくどなたでもご利用になれます。ただし、本の貸出には図書館カードが必要です。カードはカウンターにてお作りできます。カウンター横のデスクに申込書がありますので、ご記入の上、名前と住所が確認できる身分証とお出しください。借りたい本は事前にホームページから予約できます。

[利用案内]

開館時間	午前9時〜午後7時
[38]休館日	[38]日曜日、第2・4月曜日、年末年始
貸出	本の数：一人10冊まで 貸出期間：2週間以内 ＊次の貸出は返却後に可能
[38]返却場所	カウンター [38](開館時間外は入り口横の返却ポスト)

＊ 天候の影響による交通機関の混乱などで開館時間が変更になる場合は、当図書館ホームページでお知らせします。

[今月のイベント♬]

> ● オリジナル絵本作り ●
> 自分だけの特別な絵本を作ってみませんか。
> お友達と一緒にぜひ！
> 全部で3回のレッスンになっています。
> （3月12、19、26日（土） 13:00-15:00）
> 費　用　：　500円

● [39]対象者：高校生までのお子さん
＊ [39]小学生以下のお子さんは必ずご家族の方とともにご参加お願いいたします。
● 定　員：40名
● 申請方法：当図書館のカウンター、ホームページで受け付けています。

>>내관하시는 분에게

본 도서관은 거주지에 관계없이 누구나 이용하실 수 있습니다. 단, 책 대출에는 도서관 카드가 필요합니다. 카드는 카운터에서 만드실 수 있습니다. 카운터 옆 데스크에 신청서가 있으니, 기입하신 후, 이름과 주소를 확인할 수 있는 신분증을 제출해 주세요. 빌리고 싶은 책은 사전에 홈페이지에서 예약할 수 있습니다.

[이용 안내]

개관 시간	오전 9시~오후 7시
[38]휴관일	[38]일요일, 둘째·넷째 월요일, 연말연시
대출	책의 수 : 1인 10권까지 대출 기간 : 2주일 이내 *다음 대출은 반납 후에 가능
[38]반납 장소	카운터 [38](개관 시간 외에는 입구 옆의 반납 포스트)

* 날씨의 영향으로 인한 교통 기관의 혼란 등으로 개관 시간이 변경되는 경우에는, 본 도서관 홈페이지에서 알려 드립니다.

[이번 달의 이벤트♬]

> ● 오리지널 그림책 만들기 ●
> 나만의 특별한 그림책을 만들어 보지 않겠습니까?
> 친구들과 함께 꼭!
> 전부 3회 레슨으로 되어 있습니다.
> (3월 12, 19, 26일 (토) 13:00-15:00)
> 비용 : 500엔

● [39]대상자 : 고등학생까지의 자녀 분
* [39]초등학생 이하의 자녀 분은 반드시 가족 분과 함께 참가 부탁드립니다.
● 정원 : 40명
● 신청 방법 : 본 도서관 카운터, 홈페이지에서 접수하고 있습니다.

●[39]締め切り：3月1日（火）から8日（火）の午後7時までです。定員に満たない場合は10日までに延ばす予定です。

●[39]마감 : 3월 1일(화)부터 8일(화) 오후 7시까지입니다. 정원이 차지 않은 경우에는 10일까지 연장할 예정입니다.

어휘 来館 らいかん 명내관 住まい すまい 명거주지 関係 かんけい 명관계 利用 りよう 명이용 ただし 접단 貸出 かしだし 명대출 カード 명카드
必要だ ひつようだ 나형필요하다 作る つくる 동만들다 申込書 もうしこみしょ 명신청서 記入 きにゅう 명기입 〜上 〜うえ ~(한) 후
名前 なまえ 명이름 住所 じゅうしょ 명주소 確認 かくにん 명확인 身分証 みぶんしょう 명신분증 出す だす 동제출하다 事前 じぜん 명사전
案内 あんない 명안내 開館 かいかん 명개관 時間 じかん 명시간 午前 ごぜん 명오전 午後 ごご 명오후 休館日 きゅうかんび 명휴관일
月曜日 げつようび 명월요일 年末年始 ねんまつねんし 명연말연시 数 かず 명수 期間 きかん 명기간 週間 しゅうかん 명주일, 주간
以内 いない 명이내 次 つぎ 명다음 可能 かのう 명가능 場所 ばしょ 명장소 天候 てんこう 명날씨 影響 えいきょう 명영향 〜による ~로 인한
交通機関 こうつうきかん 명교통 기관 混乱 こんらん 명혼란 変更 へんこう 명변경 場合 ばあい 명경우 知らせる しらせる 동알리다
今月 こんげつ 명이번 달 オリジナル 명오리지널 絵本作り えほんづくり 명그림책 만들기 自分 じぶん 명나, 자신 特別だ とくべつだ 나형특별하다
ぜひ 부꼭 全部 ぜんぶ 명전부 レッスン 명레슨 費用 ひよう 명비용 円 えん 명엔(일본의 화폐 단위) 対象者 たいしょうしゃ 명대상자
高校生 こうこうせい 명고등학생 お子さん おこさん 명자녀 분 小学生 しょうがくせい 명초등학생 以下 いか 명이하 必ず かならず 부반드시
家族 かぞく 명가족 方 かた 명분 〜とともに ~과 함께 定員 ていいん 명정원 申請 しんせい 명신청 方法 ほうほう 명방법
受け付ける うけつける 동접수하다 締め切り しめきり 명마감 満たない みたない 차지 않다 延ばす のばす 동연장하다 予定 よてい 명예정

문제별 분할 파일 바로 듣기

☞ 문제 1의 디렉션과 예제를 들려줄 때 1번부터 6번까지의 선택지를 미리 읽고 내용을 재빨리 파악해둡니다. 음성에서 「では、始めます (그러면, 시작합니다)」가 들리면, 곧바로 문제 풀 준비를 합니다. 디렉션과 예제는 실전모의고사 제1회의 해설(p.34)에서 확인할 수 있습니다.

1 중상

[음성]
家で妻と夫が話しています。妻はこの後、何をしますか。

M：どっか行くの？

F：大学時代の友達とご飯に行くって言わなかったっけ？

M：ああ、先週言ってたね。予定がないと思って映画のチケット予約しちゃったよ。

F：えー。約束は取り消せないから、チケットを明日に変更してくれる？

M：明日は料理教室の日だろう？パンを作るの楽しみにしてたでしょ？

F：あ、そうだった。

M：映画はいつでも行けるから大丈夫。久しぶりに会うんだから、気にせず楽しんで来てよ。

F：ありがとう。あ、洗濯物干しておいたから、もし雨が降ってきたらよろしくね。

M：うん。分かった。

妻はこの後、何をしますか。

[음성]
집에서 아내와 남편이 이야기하고 있습니다. 아내는 이후, 무엇을 합니까?

M : 어딘가 가는 거야?

F : 대학 시절 친구와 밥 먹으러 간다고 말하지 않았던가?

M : 아, 지난주에 말했었지. 예정이 없다고 생각해서 영화 티켓 예약해 버렸어.

F : 음. 약속은 취소할 수 없으니까, 티켓을 내일로 변경해 줄래?

M : 내일은 요리 교실 날이지? 빵을 만드는 거 기대하고 있었잖아?

F : 아, 그랬다.

M : 영화는 언제라도 갈 수 있으니까 괜찮아. 오랜만에 만나는 거니까, 신경 쓰지 말고 즐기고 와.

F : 고마워. 아, 빨래 널어 놨으니까, 만약 비가 오면 부탁해.

M : 응. 알았어.

아내는 이후, 무엇을 합니까?

해설 선택지 그림을 보고 아내가 이후에 해야 할 일을 고르는 문제이다. 남편이 どっか行くの?(어딘가 가는 거야?)라고 하자, 아내가 大学時代の友達とご飯に行くって言わなかったっけ?(대학 시절 친구와 밥 먹으러 간다고 말하지 않았던가?)라고 했으므로, 선택지 1이 정답이다. 2는 하지 않기로 했고, 3은 아내가 내일 할 일이며, 4는 이미 아내가 한 일이므로 오답이다.

어휘 家 いえ 圏 집　妻 つま 圏 아내　夫 おっと 圏 남편　行く いく 圏 가다　大学時代 だいがくじだい 圏 대학 시절　友達 ともだち 圏 친구
　　　ご飯 ごはん 圏 밥　言う いう 圏 말하다　先週 せんしゅう 圏 지난주　予定 よてい 圏 예정　思う おもう 圏 생각하다　映画 えいが 圏 영화
　　　チケット 圏 티켓　予約 よやく 圏 예약　～ちゃう ~(해) 버리다　約束 やくそく 圏 약속　取り消す とりけす 圏 취소하다　～から 国 ~니까
　　　明日 あした 圏 내일　変更 へんこう 圏 변경　料理 りょうり 圏 요리　教室 きょうしつ 圏 교실　日 ひ 圏 날　パン 圏 빵　作る つくる 圏 만들다
　　　楽しむ たのしむ 圏 기대하다　大丈夫だ だいじょうぶだ 国 괜찮다　久しぶりだ ひさしぶりだ 国 오랜만이다　会う あう 圏 만나다
　　　気にする きにする 신경 쓰다　来る くる 圏 오다　洗濯物 せんたくもの 圏 빨래, 세탁물　干す ほす 圏 널다, 말리다　～ておく ~(해) 놓다　もし 国 만약
　　　雨 あめ 圏 비　降る ふる 圏 (비가) 오다　分かる わかる 圏 알다, 이해하다

2 중상

[음성]

バス停で男の人と女の人が話しています。男の人は何番のバスに乗りますか。

M：すみません。博物館に行きたいんですけど、402番のバスで合っていますか。

F：博物館って科学博物館のことでしょうか。

M：いえ、鉄道博物館です。情報誌に載っている通り、鉄道博物館行きを待っていたんですが、全然来なくて。

F：ああ、それなら2月から路線が変わって今は301番と302番が博物館行きになりました。

M：そうだったんですか。

F：確か302番がまっすぐ博物館に行くバスで、それに乗れば30分もかからないうちに到着しますよ。301番は各バス停で止まるので倍の時間がかかったと思います。

M：それなら早く着くバスに乗ったほうがいいですね。ご親切にありがとうございます。

男の人は何番のバスに乗りますか。

[문제지]

1 301番

2 302番

3 401番

4 402番

[음성]

버스 정류장에서 남자와 여자가 이야기하고 있습니다. 남자는 몇 번 버스를 탑니까?

M : 실례합니다. 박물관에 가고 싶은데요, 402번 버스가 맞나요?

F : 박물관이라는 게 과학 박물관 말인가요?

M : 아니요, 철도 박물관이요. 정보지에 실려 있는 대로, 철도 박물관행을 기다리고 있었는데요, 전혀 오지 않아서.

F : 아, 그거라면 2월부터 노선이 바뀌어서 지금은 301번과 302번이 박물관행이 되었어요.

M : 그랬나요?

F : 아마 302번이 곧장 박물관으로 가는 버스이고, 그걸 타면 30분도 걸리지 않는 사이에 도착해요. 301번은 각 버스 정류장에서 멈추기 때문에 배로 시간이 걸렸다고 생각해요.

M : 그렇다면 빨리 도착하는 버스를 타는 편이 좋겠네요. 친절에 감사드립니다.

남자는 몇 번 버스를 탑니까?

[문제지]

1 301번

2 302번

3 401번

4 402번

해설 남자가 몇 번 버스를 타는지 고르는 문제이다. 여자가 302番がまっすぐ博物館に行くバスで、それに乗れば30分もかからないうちに到

着しますよ。301番は各バス停で止まるので倍の時間がかかったと思います(302번이 곧장 박물관으로 가는 버스이고, 그걸 타면 30분도 걸리지 않는 사이에 도착해요. 301번은 각 버스 정류장에서 멈추기 때문에 배로 시간이 걸렸다고 생각해요)라고 하자, 남자가 それなら早く着くバスに乗ったほうがいいですね(그렇다면 빨리 도착하는 버스를 타는 편이 좋겠네요)라고 했으므로, 2 302番(302번)이 정답이다. 1은 302번보다 배로 시간이 걸린다고 했고, 3은 언급되지 않았으며, 4는 노선이 변경되어 박물관에 가지 않게 되었다고 했으므로 오답이다.

어휘 バス停 バスてい 圏 버스 정류장　バス 圏 버스　乗る のる 圏 타다　博物館 はくぶつかん 圏 박물관　行く いく 圏 가다　～けど 조 ~은데
　　合う あう 圏 맞다　科学 かがく 圏 과학　鉄道 てつどう 圏 철도　情報誌 じょうほうし 圏 정보지　載る のる 圏 실리다　～通り ～とおり ~대로
　　待つ まつ 圏 기다리다　全然 ぜんぜん 里 전혀　来る くる 圏 오다　～から 조 ~해서　路線 ろせん 圏 노선　変わる かわる 圏 바뀌다
　　今 いま 圏 지금　確か たしか 里 아마　まっすぐ 里 곧장　かかる 圏 걸리다　～うちに ~사이에　到着 とうちゃく 圏 도착　各 かく～ 각~
　　止まる とまる 圏 멈추다　倍 ばい 圏 배, 2배　時間 じかん 圏 시간　思う おもう 圏 생각하다　早く はやく 里 빨리　着く つく 圏 도착하다
　　～ほうがいい ~(하)는 편이 좋다　親切だ しんせつだ な형 친절하다

3　상

[음성]　　　　　　　　　　　　　　　　　　　　　　[음성]
部室で女の学生と男の学生が話しています。男の学生は　　동아리실에서 여학생과 남학생이 이야기하고 있습니다. 남학생은 전단지
チラシのどこを直しますか。　　　　　　　　　　　　　의 어디를 고칩니까?

F：この卒業コンサートのチラシ、木村くんが作ったの？　　F：이 졸업 콘서트 전단지, 기무라 군이 만든 거야?

M：うん。昨日急いで作ったものだから、あまりきれいに　　M：응. 어제 서둘러서 만든 거라서, 그다지 예쁘게는 못 했지만.
　　はできなかったけど。

F：そんなことないよ。デザインも素敵だよ。ただもう少　　F：그렇지 않아. 디자인도 멋져. 단지 조금 더 콘서트 이름이 큰
　　しコンサートの名前が大きいほうがいいかな。あまり　　　편이 좋으려나. 그다지 눈에 띄지 않는 느낌이 들어.
　　目立たない感じがする。

M：名前の下の写真を大きくしたくて、文字を縮小したんだ。　　M：이름 아래의 사진을 크게 하고 싶어서, 글씨를 축소한 거야.

F：でも、名前がよく見えないのは気になるな。　　　　　F：하지만, 이름이 잘 보이지 않는 것은 신경 쓰이네.

M：うーん、でも、写真はこのままにしたいから会場まで　　M：음, 하지만, 사진은 이대로 하고 싶으니까 회장까지의 지도를
　　の地図を削除するのはどう？　　　　　　　　　　　　삭제하는 건 어때?

F：それは必要だと思うけど。あ、この日程のところもう　　F：그것은 필요하다고 생각하는데. 아, 이 일정 부분 조금 더 작
　　少し小さくできるかもね。　　　　　　　　　　　　　게 할 수 있을지도 모르겠네.

M：そうだね。じゃあ、この二つを変えてみるよ。　　　　M：그렇네. 그럼, 이 두 개를 바꿔 볼게.

男の学生はチラシのどこを直しますか。　　　　　　　　남학생은 전단지의 어디를 고칩니까?

[문제지]

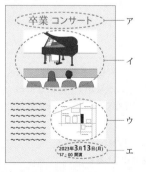

1　ア、イ
2　イ、エ
3　ア、エ
4　ウ、エ

해설 선택지 그림을 보고 남학생이 전단지의 어디를 고쳐야 하는지 고르는 문제이다. 여학생의 もう少しコンサートの名前が大きいほうがいいか

な(조금 더 콘서트 이름이 큰 편이 좋으려나)라는 말에, 남자가 사진을 크게 하기 위해 글씨를 줄인 것이라고 하자, 여자가 この日程のところも う少し小さくできるかもね(이 일정 부분 조금 더 작게 할 수 있을지도 모르겠네)라고 했고, 그 후 남학생이 そうだね。じゃあ、この二つを 変えてみるよ(그렇네. 그럼, 이 두 개를 바꿔 볼게)라고 했으므로, 그림 ア와 그림 エ로 구성된 3이 정답이다. イ의 사진은 이대로 하고, ウ의 지 도는 삭제하지 않기로 했으므로 오답이다.

어휘 部室 ぶしつ 📁동아리실 学生 がくせい 📁학생 チラシ 📁전단지 直す なおす 📁고치다 卒業 そつぎょう 📁졸업 コンサート 📁콘서트
作る つくる 📁만들다 昨日 きのう 📁어제 急ぐ いそぐ 📁서두르다 ～から 📁~라서 あまり 📁그다지 きれいだ 📁예쁘다 ～けど 📁~지만
デザイン 📁디자인 素敵だ すてきだ 📁멋지다 ただ 📁단지 もう 📁더 少し すこし 📁조금 名前 なまえ 📁이름 大きい おおきい 📁크다
目立つ めだつ 📁눈에 띄다 感じ かんじ 📁느낌 下した 📁아래 写真 しゃしん 📁사진 文字 もじ 📁글씨 縮小 しゅくしょう 📁축소 でも 📁하지만
見える みえる 📁보이다 気になる きになる 신경 쓰이다 会場 かいじょう 📁회장 地図 ちず 📁지도 削除 さくじょ 📁삭제
必要だ ひつようだ 📁필요하다 思う おもう 📁생각하다 日程 にってい 📁일정 小さい ちいさい 📁작다 ～かも ~(할)지도 모른다
変える かえる 📁바꾸다

4 중상

[음성]	[음성]
るすばんでんわ かちょう 留守番電話で課長からのメッセージを聞いています。これ ひと なに を聞いた人はこのあとまず何をしなければなりませんか。	부재중 전화로 과장님으로부터의 메시지를 듣고 있습니다. 이것을 들은 사람은 이후 우선 무엇을 하지 않으면 안 됩니까?
M：もしもし。田中です。今日の10時に村山工業から山 田部長がいらっしゃるのは知ってるよね。対応は私が する予定だったけど、子どもが熱を出して病院に連れ て行かなくちゃいけないんだ。山田部長にも電話は したけど他の日は都合が合わないようだから、部長 が到着したら私の机の上にある資料を渡して、製品 の簡単な説明をしてくれる？先にその資料を見ながら うちの製品の長所を整理しておくとうまく説明できると 思うから。診察が終わり次第急いで会社に向かうよ。 じゃあ、よろしく。	M：여보세요. 다나카입니다. 오늘 10시에 무라야마 공업에서 야 마다 부장님이 오시는 것은 알고 있지? 대응은 내가 할 예정 이었는데, 아이가 열이 나서 병원에 데리고 가지 않으면 안 돼. 야마다 부장님에게도 전화는 했는데 다른 날은 형편이 맞지 않는 것 같으니까, 부장님이 도착하면 내 책상 위에 있는 자료 를 건네고, 제품의 간단한 설명을 해 줄래? 먼저 그 자료를 보 면서 우리 제품의 장점을 정리해 두면 잘 설명할 수 있을 거 라고 생각하니까. 진찰이 끝나는 대로 서둘러서 회사로 향할 게. 그럼, 잘 부탁해.
ひと なに これを聞いた人はこのあとまず何をしなければなりませんか。	이것을 들은 사람은 이후 우선 무엇을 하지 않으면 안 됩니까?
[문제지] ぶちょう でんわ 1 部長に電話をかける せつめい 2 せいひんの説明をする ぶちょう 3 部長にしりょうをわたす ちょうしょ 4 せいひんの長所をまとめる	[문제지] 1 부장에게 전화를 건다 2 제품의 설명을 한다 3 부장에게 자료를 건넨다 4 제품의 장점을 정리한다

해설 부재중 메시지를 들은 사람이 우선 해야 할 일을 고르는 문제이다. 과장이 先にその資料を見ながらうちの製品の長所を整理しておくと う まく説明できると思うから(먼저 그 자료를 보면서 우리 제품의 장점을 정리해 두면 잘 설명할 수 있을 거라고 생각하니까)라고 했으므로, 4 せ いひんの長所をまとめる(제품의 장점을 정리한다)가 정답이다. 1은 과장이 이미 한 일이고, 2와 3은 제품의 장점을 정리한 후에 할 일이므로 오답이다.

어휘 留守番電話 るすばんでんわ 📁부재중 전화 課長 かちょう 📁과장(님) ～から 📁~로부터 メッセージ 📁메시지 聞く きく 📁듣다
今日 きょう 📁오늘 工業 こうぎょう 📁공업 部長 ぶちょう 📁부장(님) いらっしゃる 📁오시다(来る의 존경어) 知る しる 📁알다
対応 たいおう 📁대응 予定 よてい 📁예정 ～けど 📁~는데 子ども こども 📁아이 熱を出す ねつをだす 열이 나다 病院 びょういん 📁병원
連れて行く つれていく 데리고 가다 ～なくちゃいけない ~(하)지 않으면 안 된다 電話 でんわ 📁전화 他 ほか 📁다름 日 ひ 📁날
都合 つごう 📁형편 合う あう 📁맞다 ～ようだ ~것 같다 ～から 📁~니까 到着 とうちゃく 📁도착 机 つくえ 📁책상 上 うえ 📁위
資料 しりょう 📁자료 渡す わたす 📁건네다 製品 せいひん 📁제품 簡単だ かんたんだ 📁간단하다 説明 せつめい 📁설명
先に さきに 📁먼저 見る みる 📁보다 ～ながら 📁~(하)면서 うち 📁우리 長所 ちょうしょ 📁장점 整理 せいり 📁정리 ～ておく ~(해) 두다
うまい 📁잘 하다 思う おもう 📁생각하다 診察 しんさつ 📁진찰 終わる おわる 📁끝나다 ～次第 ～しだい ~(하)는 대로
急ぐ いそぐ 📁서두르다 会社 かいしゃ 📁회사 向かう むかう 📁향하다 かける 📁(전화를) 걸다 まとめる 📁정리하다

5 중상

[음성]

大学の学生部で女の学生と職員が話しています。女の学生は留学に行くために最初に何をしますか。

F：アメリカへの留学を考えているんですけど…。

M：留学といっても様々なプログラムがありますが、どのプログラムに申請するか決めましたか。

F：えっと、まだ悩んでいて…。

M：それでしたら、ちょうど来週留学説明会があるので、そちらに参加してもらったほうが詳しい説明が聞けると思いますよ。

F：そうですか。

M：説明会で配られる資料に申請の際に必要な書類が書いてあるので、プログラムが決まったら、そちらを参考に準備してください。

F：はい。分かりました。

M：あと、申請のときに英語の試験の点数を提出しなければいけないものもあります。英語の試験はもう受けましたか。

F：はい。それなら1か月前に受けました。まずは説明を聞くのが良さそうですね。

女の学生は留学に行くために最初に何をしますか。

[문제지]

1 プログラムを決める
2 説明会にさんかする
3 しょるいを準備する
4 英語のしけんを受ける

[음성]

대학의 학생부에서 여학생과 직원이 이야기하고 있습니다. 여학생은 유학을 가기 위해 맨 처음에 무엇을 합니까?

F：미국으로의 유학을 생각하고 있습니다만….

M：유학이라고 해도 여러 가지 프로그램이 있습니다만, 어느 프로그램에 신청할지 정했습니까?

F：어, 아직 고민하고 있어서….

M：그렇다면, 마침 다음 주 유학 설명회가 있으니까, 그쪽에 참가해 주시는 편이 자세한 설명을 들을 수 있을 거라고 생각합니다.

F：그렇군요.

M：설명회에서 배포되는 자료에 신청 시에 필요한 서류가 적혀 있으니까, 프로그램이 정해지면, 그쪽을 참고로 준비해 주세요.

F：네. 알겠습니다.

M：그리고, 신청 때 영어 시험 점수를 제출하지 않으면 안 되는 것도 있습니다. 영어 시험은 이미 봤습니까?

F：네. 그거라면 한 달 전에 봤습니다. 우선은 설명을 듣는 것이 좋을 것 같네요.

여학생은 유학을 가기 위해 맨 처음에 무엇을 합니까?

[문제지]

1 프로그램을 정한다
2 설명회에 참가한다
3 서류를 준비한다
4 영어 시험을 본다

해설 여학생이 유학을 가기 위해 맨 처음에 해야 할 일을 고르는 문제이다. 여학생이 まずは説明を聞くのが良さそうですね(우선은 설명을 듣는 것이 좋을 것 같네요)라고 했으므로, 2 説明会にさんかする(설명회에 참가한다)가 정답이다. 1은 설명회에 참가한 후에 할 일이고, 3은 프로그램을 정한 후에 할 일이며, 4는 이미 했으므로 오답이다.

어휘 大学 だいがく 圏대학 学生部 がくせいぶ 圏학생부 学生 がくせい 圏학생 職員 しょくいん 圏직원 留学 りゅうがく 圏유학 行く いく 圏가다 ～ために ~위해 アメリカ 圏미국 考える かんがえる 圏생각하다 ～けど 图~다만 ～といっても ~라고 해도 様々だ さまざまだ な형여러 가지이다 プログラム 圏프로그램 申請 しんせい 圏신청 決める きめる 圏정하다 まだ 图아직 悩む なやむ 圏고민하다 ちょうど 图마침 来週 らいしゅう 圏다음 주 説明会 せつめいかい 圏설명회 ～ので 图~니까 参加 さんか 圏참가 ほう 圏편 詳しい くわしい い형자세하다 説明 せつめい 圏설명 聞く きく 圏듣다 思う おもう 圏생각하다 配る くばる 圏배포하다 資料 しりょう 圏자료 際 さい 圏시, 때 必要だ ひつようだ な형필요하다 書類 しょるい 圏서류 書く かく 圏적다, 쓰다 決まる きまる 圏정해지다 参考 さんこう 圏참고 準備 じゅんび 圏준비 ～てください ~(해) 주세요 分かる わかる 圏알다, 이해하다 あと 접그리고 とき 圏때 英語 えいご 圏영어 試験 しけん 圏시험 点数 てんすう 圏점수 提出 ていしゅつ 圏제출 ～なければいけない ~(하)지 않으면 안 된다 もう 图이미 受ける うける 圏(시험을) 보다, 받다 前 まえ 圏전 まず 图우선

[음성]

会社で女の人と男の人が話しています。男の人は営業部に何を持って行きますか。

F：西田くん、どこ行くの？

M：営業部です。今朝コピー用紙がなくなりそうだと連絡があったので、届けに行くところでした。

F：それならホワイトボード用のペンもついでに持って行ってくれる？

M：ペンだったら、さっき名刺を取りに来た営業部の人が一緒に持って行きましたよ。

F：え、昨日は届けてくれって言ってたのに。

M：はい。そのつもりのようでしたが、うちの部署に別の用事があったらしくて。

F：なるほどね。

M：では、営業部に行ってきます。

男の人は営業部に何を持って行きますか。

[문제지]

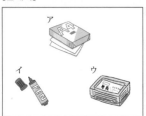

1 ア
2 イ
3 イ、ウ
4 ア、イ、ウ

[음성]

회사에서 여자와 남자가 이야기하고 있습니다. 남자는 영업부에 무엇을 가지고 갑니까?

F : 니시다 군, 어디 가?

M : 영업부입니다. 오늘 아침 복사 용지가 없어질 것 같다고 연락이 있어서, 배달하러 가는 참이었습니다.

F : 그러면 화이트보드용 펜도 가는 김에 가시고 가 줄래?

M : 펜이라면, 아까 명함을 가지러 온 영업부 사람이 같이 가지고 갔습니다.

F : 어, 어제는 보내 달라고 말했었는데.

M : 네. 그럴 생각인 것 같았습니다만, 우리 부서에 다른 볼일이 있었던 것 같아서요.

F : 그렇구나.

M : 그럼, 영업부에 다녀오겠습니다.

남자는 영업부에 무엇을 가지고 갑니까?

해설 선택지 그림을 보고 남자가 영업부에 무엇을 가지고 가는지 고르는 문제이다. 남자가 今朝コピー用紙がなくなりそうだと連絡があったので、届けに行くところでした(오늘 아침 복사 용지가 없어질 것 같다고 연락이 있어서, 배달하러 가는 참이었습니다)라고 했으므로, 그림 ア로 구성된 1이 정답이다. イ의 화이트보드용 펜과 ウ의 명함은 영업부 사람이 직접 가져갔으므로 오답이다.

어휘 会社 かいしゃ 圏 회사 営業部 えいぎょうぶ 圏 영업부 持つ もつ 圏 가지다 行く いく 圏 가다 今朝 けさ 圏 오늘 아침
コピー用紙 コピーようし 복사 용지 なくなる 圏 없어지다 ～そうだ ～것 같다 連絡 れんらく 圏 연락 ～ので 조 ～해서
届ける とどける 圏 배달하다, 보내다 ～ところだ ～(하)는 참이다 それなら 圖 그러면 ホワイトボード 圏 화이트보드 ～用 ～よう ～용
ペン 圏 펜 ついでに 囝 가는 김에, 하는 김에 さっき 囝 아까 名刺 めいし 圏 명함 取る とる 圏 가지다, 받다, 집다 来る くる 圏 오다
昨日 きのう 圏 어제 言う いう 圏 말하다 つもり 圏 생각 ～ようだ ～것 같다 うち 圏 우리 部署 ぶしょ 圏 부서 用事 ようじ 圏 볼일
～らしい ～것 같다 なるほど 囝 그렇군, 과연

☞ 문제 2의 디렉션과 예제를 들려줄 때 1번부터 6번까지의 선택지를 미리 읽고 내용을 재빨리 파악해둡니다. 음성에서 では、始めます (그러면, 시작합니다)가 들리면, 곧바로 문제 풀 준비를 합니다. 디렉션과 예제는 실전모의고사 제1회의 해설(p.40)에서 확인할 수 있습니다.

[음성]

会社で女の人と男の人が話しています。男の人は犬の散歩について何が一番いいと言っていますか。

F：最近、なんかすっきりしましたね。運動でも始めたんですか。

M：妻の仕事が忙しくなって代わりに犬の散歩をするようになったんだ。それで痩せたのかも。

F：私もたまにやりますけど、運動不足の私には結構いい運動になります。

M：確かにいい運動だね。まあ、早起きは大変だけど、自然に健康的な生活を送るようになったよ。

F：そうですか。

M：何より良かったのは何も考えない時間ができたことかな。そういう時間を持つことで心が穏やかになるっていうか、リフレッシュできるんだ。

F：確かに何も考えないのって意外に難しいですもんね。

M：うん。一人の時間があってもテレビを見たり、スマホを触ったりしていると無意識にいろいろ考えちゃうし。

F：そうですね。

男の人は犬の散歩について何が一番いいと言っていますか。

[문제지]

1 運動不足がかいしょうされること
2 けんこうてきな生活が送れること
3 何も考えない時間が持てること
4 一人の時間ができること

[음성]

회사에서 여자와 남자가 이야기하고 있습니다. 남자는 개 산책에 대해 무엇이 가장 좋다고 말하고 있습니까?

F : 최근, 뭔가 산뜻해졌네요. 운동이라도 시작한 건가요?

M : 아내의 일이 바빠져서 대신에 개 산책을 하게 되었어. 그래서 살이 빠진 걸지도.

F : 저도 가끔 합니다만, 운동 부족인 저에게는 꽤 좋은 운동이 됩니다.

M : 확실히 좋은 운동이지. 뭐, 일찍 일어나는 것은 힘들지만, 자연스럽게 건강한 생활을 보내게 되었어.

F : 그렇습니까?

M : 무엇보다 좋았던 것은 아무것도 생각하지 않는 시간이 생긴 것이려나. 그런 시간을 가짐으로써 마음이 평온해진다고 할까, 재충전할 수 있어.

F : 확실히 아무것도 생각하지 않는 것은 의외로 어렵지요.

M : 응. 혼자만의 시간이 있어도 텔레비전을 보거나, 스마트폰을 만지거나 하고 있으면 무의식적으로 여러 가지 생각해 버리고.

F : 그렇지요.

남자는 개 산책에 대해 무엇이 가장 좋다고 말하고 있습니까?

[문제지]

1 운동 부족이 해소된 것
2 건강한 생활을 보낼 수 있는 것
3 아무것도 생각하지 않는 시간을 가질 수 있는 것
4 혼자만의 시간이 생기는 것

해설 남자가 말한 개 산책의 가장 좋은 점이 무엇인지 묻는 문제이다. 남자가 何より良かったのは何も考えない時間ができたことかな(무엇보다 좋았던 것은 아무것도 생각하지 않는 시간이 생긴 것이려나)라고 언급했으므로, 3 何も考えない時間が持てること(아무것도 생각하지 않는 시간을 가질 수 있는 것)가 정답이다.

어휘 会社 かいしゃ 圏 회사　犬 いぬ 圏 개　散歩 さんぽ 圏 산책　最近 さいきん 圏 최근　すっきり 團 산뜻한　運動 うんどう 圏 운동
始める はじめる 图 시작하다　妻 つま 圏 아내　仕事 しごと 圏 일　忙しい いそがしい い형 바쁘다　代わりに かわりに 團 대신에
~ようになる ~(하)게 되다　痩せる やせる 图 살이 빠지다　~かも ~일지도　たまに 圏 가끔　やる 图 하다　~けど 图 ~다만
運動不足 うんどうぶそく 圏 운동 부족　結構 けっこう 團 꽤　確かに たしかに 확실히　早起き はやおき 圏 일찍 일어남　大変だ たいへんだ な형 힘들다
自然だ しぜんだ な형 자연스럽다　健康的だ けんこうてきだ な형 건강하다　生活 せいかつ 圏 생활　送る おくる 图 보내다
考える かんがえる 图 생각하다　時間 じかん 圏 시간　持つ もつ 图 가지다　心 こころ 圏 마음　穏やかだ おだやかだ な형 평온하다
リフレッシュ 재충전, 리프레시　意外だ いがいだ な형 의외이다　難しい むずかしい い형 어렵다　テレビ 圏 텔레비전　見る みる 图 보다
~たり~たりする ~(하)거나 ~(하)거나 하다　スマホ 圏 스마트폰　触る さわる 图 만지다　無意識だ むいしきだ な형 무의식적이다
いろいろ 團 여러 가지　~ちゃう ~(해) 버리다　かいしょう 圏 해소

꼭! 알아두기 가장 좋은 것, 가장 마음에 든 것과 같이 여러 가운데 가장 ~한 것 하나를 고르는 문제는 何より(무엇보다), 何と言っても(뭐니 뭐니 해도)와 같은 강조 표현 뒤에 언급되는 내용을 주의 깊게 듣는다.

2 중

[음성]

レストランで男の人と女の人が話しています。女の人はこのレストランの何が一番気に入ったと言っていますか。

M：料理どれもおいしかったね。

F：うん。本当に。特に最初に出てきたお魚。臭いがするかなって心配だったんだけど全然なくて。魚が苦手な私でも残さず食べられたよ。

M：そんなに気に入ってくれたなら良かったよ。きれいな景色を見ながら料理が楽しめるってことで有名なレストランだから、味はあまり期待してなかったんだけどね。

F：私も。景色やインテリアを期待して来たのに、何よりも料理に感動するとは思わなかったよ。

M：うん。景色も味も満足だけど、やっぱり価格は結構するよね。

F：確かに値段は他のお店に比べたらそうかもしれないけど、この料理なら文句ないよ。

M：まぁ、そうだね。

女の人はこのレストランの何が一番気に入ったと言っていますか。

[문제지]

1 料理の味

2 きれいな景色

3 インテリア

4 料理のねだん

[음성]

레스토랑에서 남자와 여자가 이야기하고 있습니다. 여자는 이 레스토랑의 무엇이 가장 마음에 들었다고 말하고 있습니까?

M : 요리 어느 것이나 맛있었네.

F : 응. 정말로. 특히 맨 처음에 나온 생선. 냄새가 나려나 걱정했는데 전혀 나지 않아서. 생선을 잘 못 먹는 나도 남기지 않고 먹을 수 있었어.

M : 그렇게 마음에 들어 주었다면 다행이야. 예쁜 경치를 보면서 요리를 즐길 수 있기로 유명한 레스토랑이니까, 맛은 그다지 기대하지 않았는데.

F : 나도. 경치나 인테리어를 기대하고 왔는데, 무엇보다도 요리에 감동할 거라고는 생각하지 않았어.

M : 응. 경치도 맛도 만족이지만, 역시 가격은 꽤 하네.

F : 확실히 가격은 다른 가게에 비하면 그럴지도 모르지만, 이 요리라면 불만 없어.

M : 뭐, 그렇네.

여자는 이 레스토랑의 무엇이 가장 마음에 들었다고 말하고 있습니까?

[문제지]

1 요리의 맛

2 예쁜 경치

3 인테리어

4 요리의 가격

해설 여자가 말한 레스토랑의 가장 마음에 드는 점이 무엇인지 묻는 문제이다. 여자가 景色やインテリアを期待して来たのに、何よりも料理に感動するとは思わなかったよ(경치나 인테리어를 기대하고 왔는데, 무엇보다도 요리에 감동할 거라고는 생각하지 않았어)라고 언급했으므로, 1 料理のあじ(요리의 맛)가 정답이다.

어휘 レストラン 圏 레스토랑　一番 いちばん 囝 가장　気に入る きにいる 마음에 들다　料理 りょうり 圏 요리　おいしい い형 맛있다
本当だ ほんとうだ 恬형 정말이다　特に とくに 囝 특히　最初 さいしょ 圏 처음　出てくる でてくる 나오다　魚 さかな 圏 생선　臭い におい 圏 냄새
心配だ しんぱいだ 恬형 걱정하다　全然 ぜんぜん 囝 전혀　苦手だ にがてだ 恬형 잘 못 먹다, 서투르다　残す のこす 圄 남기다　食べる たべる 圄 먹다
きれいだ 恬형 예쁘다　景色 けしき 圏 경치　見る みる 圄 보다　〜ながら 恎 〜(하)면서　楽しむ たのしむ 圄 즐기다
有名だ ゆうめいだ 恬형 유명하다　味 あじ 圏 맛　あまり 囝 그다지　期待 きたい 圏 기대　インテリア 圏 인테리어　来る くる 圄 오다
感動 かんどう 圏 감동　思う おもう 圄 생각하다　満足 まんぞく 圏 만족　やっぱり 囝 역시　価格 かかく 圏 가격　結構 けっこう 囝 꽤
確かだ たしかだ 恬형 확실하다　値段 ねだん 圏 가격　他 ほか 圏 다름　店 みせ 圏 가게　比べる くらべる 圄 비하다, 비교하다
〜かもしれない ~(할)지도 모른다　文句 もんく 圏 불만

3 중

[음성]

会社で女の人と男の人が話しています。男の人はどうして出張に行くことになりましたか。

F：おはようございます。

[음성]

회사에서 여자와 남자가 이야기하고 있습니다. 남자는 어째서 출장을 가게 되었습니까?

F : 좋은 아침입니다.

M：おはよう。来週の新製品の売り上げを報告する会議なんだけどさ。

F：ああ、森さんが司会でしたよね。

M：実はその司会を代わってほしいんだ。参加できなくなってね。

F：大丈夫ですけど。何かあったんですか。

M：本社に出張に行かなくちゃいけなくなったんだ。

F：本社ですか。本社なんて面接を受けたとき以来行ってないです。

M：僕も久しぶりだよ。今回、新入社員の教育担当者に選ばれてさ。来週の月曜日から火曜日にかけて、担当者の研修が行われるんだ。

F：他の仕事も任せられて忙しいのに大変ですね。

男の人はどうして出張に行くことになりましたか。

[문제지]

1 売り上げをほうこくするため
2 会議にさんかするため
3 面接にさんかするため
4 けんしゅうを受けるため

M：좋은 아침. 다음 주 신제품 매상을 보고하는 회의 말인데.

F：아, 모리 씨가 사회였지요.

M：실은 그 사회를 대신해 주었으면 좋겠어. 참가할 수 없게 되어서 말이야.

F：괜찮습니다만. 무슨 일 있나요?

M：본사로 출장을 가지 않으면 안 되게 되었어.

F：본사입니까? 본사라니 면접을 봤을 때 이래로 간 적이 없어요.

M：나도 오랜만이야. 이번, 신입 사원 교육 담당자로 뽑혀서. 다음 주 월요일부터 화요일에 걸쳐, 담당자 연수가 진행돼.

F：다른 일도 맡겨져서 바쁜데 큰일이네요.

남자는 어째서 출장을 가게 되었습니까?

[문제지]

1 매상을 보고하기 위해
2 회의에 참가하기 위해
3 면접에 참가하기 위해
4 연수를 받기 위해

해설 남자가 출장을 가게 된 이유를 묻는 문제이다. 남자가 本社に出張に行かなくちゃいけなくなったんだ(본사로 출장을 가지 않으면 안 되게 되었어), 来週の月曜日から火曜日にかけて、担当者の研修が行われるんだ(다음 주 월요일부터 화요일에 걸쳐, 담당자 연수가 진행돼)라고 언급했으므로, 4 けんしゅうを受けるため(연수를 받기 위해)가 정답이다.

어휘 会社 かいしゃ 圏회사　出張 しゅっちょう 圏출장　行く いく 圏가다　来週 らいしゅう 圏다음 주　新製品 しんせいひん 圏신제품
売り上げ うりあげ 圏매상, 판매고　報告 ほうこく 圏보고　会議 かいぎ 圏회의　~けど 图~인데　司会 しかい 圏사회　実は じつは 图실은
代わる かわる 圏대신하다　~てほしい ~(해) 주면 좋겠다　参加 さんか 圏참가　大丈夫だ だいじょうぶだ な형괜찮다　本社 ほんしゃ 圏본사
~なくちゃいけない ~(하)않으면 안 된다　面接 めんせつ 圏면접　受ける うける 圏(면접, 시험을) 보다　以来 いらい 圏이래
久しぶり ひさしぶり 圏오랜만　今回 こんかい 圏이번　新入社員 しんにゅうしゃいん 圏신입 사원　教育 きょういく 圏교육
担当者 たんとうしゃ 圏담당자　選ぶ えらぶ 圏뽑다　月曜日 げつようび 圏월요일　~から 图~부터　火曜日 かようび 圏화요일
~にかけて ~에 걸쳐　研修 けんしゅう 圏연수　行う おこなう 圏진행하다　他 ほか 圏다름　仕事 しごと 圏일　任せる まかせる 圏맡기다
忙しい いそがしい い형바쁘다　大変だ たいへんだ な형큰일이다

4 　중상

[음성]
電話で引っ越しセンターのスタッフと女の人が話しています。女の人はいつ引っ越しますか。

M：はい。こちらムカイ引っ越しセンターです。

F：引っ越しのお手伝いをお願いしたいんですが。来月の上旬を考えていて、できれば週末の9日、10日がいいです。

M：引っ越し先まで移動するのにかかる時間は分かりますか。

F：今の家から車で1時間ほどです。

[음성]
전화로 이삿짐센터 스태프와 여자가 이야기하고 있습니다. 여자는 언제 이사합니까?

M：네. 여기는 무카이 이삿짐센터입니다.

F：이사 도움을 부탁하고 싶습니다만. 다음 달 상순을 생각하고 있고, 가능하면 주말인 9일, 10일이 좋습니다.

M：이사하는 곳까지 이동하는 데 걸리는 시간은 알고 있습니까?

F：지금 집에서 차로 1시간 정도입니다.

M：1時間ですね。えっと…そうですね…、9日は一日中予約でいっぱいです。10日であれば希望されるサービスによっては可能です。荷物の移動だけをご希望でしょうか。それから荷物の量も大体でいいので教えてください。

F：大きな家具はベッドやソファのみです。一人暮らしなので荷物は少ないんですが、時間がないので荷物をまとめるのもお願いしたいです。

M：えっと…、荷物の移動のみなら10日の午前中でも可能なんですが、そうでなければ4日の午後、6日の午前になります。

F：うーん、そうですね。じゃあ、6日で。

M：分かりました。それでは料金のほうを計算しますので、少々お待ちください。

女の人はいつ引っ越しますか。

[問題紙]

1　4日
2　6日
3　9日
4　10日

M : 1시간이군요. 음… 그러면…, 9일은 하루 종일 예약이 가득 찼습니다. 10일이면 희망하시는 서비스에 따라서는 가능합니다. 짐 이동만을 희망하십니까? 그리고 짐의 양도 대략으로 괜찮으니 알려 주세요.

F : 큰 가구는 침대나 소파뿐입니다. 혼자 살고 있기 때문에 짐은 적습니다만, 시간이 없기 때문에 짐을 정리하는 것도 부탁하고 싶습니다.

M : 음…, 짐의 이동뿐이라면 10일 오전 중에도 가능합니다만. 그렇지 않으면 4일 오후, 6일 오전이 됩니다.

F : 음, 그렇군요. 그럼, 6일로.

M : 알겠습니다. 그럼 요금 쪽을 계산하겠으니, 잠시 기다려 주세요.

여자는 언제 이사합니까?

[문제지]

1　4일
2　6일
3　9일
4　10일

해설 여자가 이사하는 날이 언제인지 묻는 문제이다. 여자가 じゃあ、6日で(그럼, 6일로)라고 하자, 이삿짐센터 스태프가 分かりました(알겠습니다)라고 언급했으므로, 2 6日(6일)가 정답이다.

어휘 電話 でんわ 圏 전화　引っ越しセンター ひっこしセンター 圏 이삿짐센터　スタッフ 圏 스태프　手伝い てつだい 圏 도움　来月 らいげつ 圏 다음 달　上旬 じょうじゅん 圏 상순　考える かんがえる 圏 생각하다　できれば 가능하면　週末 しゅうまつ 圏 주말　引っ越し先 ひっこしさき 圏 이사하는 곳　移動 いどう 圏 이동　かかる 圏 걸리다　時間 じかん 圏 시간　分かる わかる 圏 알다, 이해하다　今 いま 圏 지금　家 いえ 圏 집　〜から 区 〜에서　車 くるま 圏 차　ほど 정도　一日中 いちにちじゅう 하루 종일　予約 よやく 圏 예약　いっぱいだ 恆 가득 차다　希望 きぼう 圏 희망　サービス 圏 서비스　〜によって 〜에 따라　可能だ かのうだ 恆 가능하다　荷物 にもつ 圏 짐　〜だけ 区 〜만, 〜뿐　それから 個 그리고　量 りょう 圏 양　大体 だいたい 團 대략　教える おしえる 圏 알리다, 일러 주다　〜てください 〜(해) 주세요　大きな おおきな 큰　家具 かぐ 圏 가구　ベッド 圏 침대　ソファ 圏 소파　〜のみ 区 〜뿐　一人暮らし ひとりぐらし 혼자 삶　少ない すくない 恆 적다　まとめる 圏 정리하다　午前 ごぜん 圏 오전　〜中 〜ちゅう 〜중　午後 ごご 圏 오후　料金 りょうきん 圏 요금　ほう 圏 쪽, 편　計算 けいさん 圏 계산　少々 しょうしょう 團 잠시

5 중

[음성]

ラジオで女の人が話しています。女の人はどうして野菜作りを始めましたか。

F：私は庭でトマトときゅうりを育てています。年を取って健康のことを考えたときに、農薬を使用していない野菜を食べようと思うようになりました。スーパーでもそのような野菜は売っていますが、一般の野菜よりも高いです。なので、自分で育てることにしました。それで選んだのがトマトときゅうりです。不思議なもので野菜が嫌いな娘も庭で採れた野菜なら食べてくれ

[음성]

라디오에서 여자가 이야기하고 있습니다. 여자는 어째서 야채 기르기를 시작했습니까?

F : 저는 정원에서 토마토와 오이를 기르고 있습니다. 나이가 들어 건강을 생각했을 때, 농약을 사용하지 않은 야채를 먹자고 생각하게 되었습니다. 슈퍼에서도 그런 야채는 팔고 있습니다만, 일반 야채보다도 비쌉니다. 그래서, 스스로 키우기로 했습니다. 그래서 고른 것이 토마토랑 오이입니다. 신기하게도 야채를 싫어하는 딸도 정원에서 수확된 야채라면 먹어 주는

るんですよね。子どもが野菜を食べてくれないと悩んでいる友人にも野菜作りを勧めています。

것입니다. 아이가 채소를 먹어 주지 않는다고 고민하고 있는 친구에게도 야채 기르기를 추천하고 있습니다.

女の人はどうして野菜作りを始めましたか。

여자는 어째서 야채 기르기를 시작했습니까?

[문제지]

1 薬を使っていない野菜が食べたかったから
2 スーパーの野菜が高くなったから
3 むすめに野菜を食べてほしかったから
4 友人に野菜作りをすすめられたから

[문제지]

1 약을 쓰지 않은 야채가 먹고 싶었기 때문에

2 슈퍼의 야채가 비싸졌기 때문에

3 딸이 야채를 먹길 바랐기 때문에

4 친구에게 야채 기르기를 추천받았기 때문에

해설 여자가 야채를 기르는 이유를 묻는 문제이다. 여자가 健康のことを考えたときに、農薬を使用していない野菜を食べようと思うようになりました。スーパーでもそのような野菜は売っていますが、一般の野菜よりも高いです。なので、自分で育てることにしました(건강을 생각했을 때, 농약을 사용하지 않은 야채를 먹자고 생각하게 되었습니다. 슈퍼에서도 그런 야채는 팔고 있습니다만, 일반 야채보다도 비쌉니다. 그래서, 스스로 키우기로 했습니다)라고 언급했으므로, 1 薬を使っていない野菜が食べたかったから(약을 쓰지 않은 야채가 먹고 싶었기 때문에)가 정답이다.

어휘 ラジオ 圕 라디오 野菜作り やさいづくり 圕 야채 기르기 始める はじめる 图 시작하다 庭 にわ 圕 정원 トマト 圕 토마토 きゅうり 圕 오이 育てる そだてる 图 기르다 年を取る としをとる 나이가 들다 健康 けんこう 圕 건강 考える かんがえる 图 생각하다 とき 圕 때 農薬 のうやく 圕 농약 使用 しよう 圕 사용 野菜 やさい 圕 야채 食べる たべる 图 먹다 思う おもう 图 생각하다 ~ようになる ~(하)게 되다 スーパー 圕 슈퍼 売る うる 图 팔다 一般 いっぱん 圕 일반 高い たかい い刻 비싸다 なので 图 그래서 自分で じぶんで 스스로 ~ことにする ~(하)기로 하다 それで 图 그래서 選ぶ えらぶ 图 고르다 不思議だ ふしぎだ な刻 신기하다 嫌いだ きらいだ な刻 싫다 娘 むすめ 圕 딸 採れる とれる 图 수확되다, 생산되다 子ども こども 圕 아이 悩む なやむ 图 고민하다 友人 ゆうじん 圕 친구 勧める すすめる 图 추천하다, 권하다 薬 くすり 圕 약 使う つかう 图 쓰다 ~てほしい ~(하)길 바라다

6　상

[음성]
学校で女の学生と男の学生が話しています。二人はこの後何をすることにしましたか。

F：今日の講義、全然ついていけなかったよ。

M：僕も。アルバイトの時間まで余裕があるから、これから図書館で今日の内容を復習しようと思うんだけど、一緒にどう？

F：うーん、私も復習はしなくちゃいけないんだけど、このテキスト自体が難しいからもっと簡単な参考書を探しに行こうかなって思ってた。

M：確かにこのテキスト難しいよね。僕も一緒に行ってもいい？

F：うん。本屋はここからそんなに遠くないところにあるから歩いて行けるよ。

M：良かった。

F：いいテキストがあったら予習用に使いたいんだ。易しいテキストで予習してから講義を受ければ、講義の内容も頭に入りやすくなると思うんだよね。

M：そうだね。いいのが見つかるといいね。

二人はこの後何をすることにしましたか。

[음성]
학교에서 여학생과 남학생이 이야기하고 있습니다. 두 사람은 이후 무엇을 하기로 했습니까?

F : 오늘 강의, 전혀 따라가지 못했어.

M : 나도. 아르바이트 시간까지 여유가 있으니까, 이제부터 도서관에서 오늘 내용을 복습하려고 생각하는데, 같이 어때?

F : 음, 나도 복습은 해야 하는데, 이 교재 자체가 어려우니까 더 간단한 참고서를 찾으러 갈까 생각하고 있었어.

M : 확실히 이 교재 어렵지. 나도 같이 가도 돼?

F : 응. 서점은 여기서 그렇게 멀지 않은 곳에 있으니까 걸어서 갈 수 있어.

M : 잘됐다.

F : 좋은 교재가 있으면 예습용으로 쓰고 싶어. 쉬운 교재로 예습하고 나서 강의를 들으면, 강의 내용도 머리에 들어오기 쉬워질 거라고 생각해.

M : 그렇지. 좋은 것을 찾게 되면 좋겠네.

두 사람은 이후 무엇을 하기로 했습니까?

[문제지]	[문제지]
1 こうぎの復習をする	1 강의 복습을 한다
2 こうぎの予習をする	2 강의 예습을 한다
3 本を買いに行く	**3 책을 사러 간다**
4 アルバイトに行く	4 아르바이트하러 간다

해설 두 사람이 이후 무엇을 하는지 묻는 문제이다. 여자가 このテキスト自体が難しいからもっと簡単な参考書を探しに行こうかなって思ってた(이 교재 지치기 이려우니까 더 간단한 참고서를 찾으러 갈까 생각하고 있어)라고 하지, 남자기 僕も一緒に行ってもいい?(니도 같이 기도 돼?)라고 물었고, 여자가 うん(응)이라고 했으므로, 3 本を買いに行く(책을 사러 간다)가 정답이다.

어휘 学校 がっこう 圏학교　学生 がくせい 圏학생　今日 きょう 圏오늘　講義 こうぎ 圏강의　全然 ぜんぜん 閉전혀　ついていく 따라가다
僕 ぼく 圏나, 저(남자의 자칭)　これから 이제부터　図書館 としょかん 圏도서관　内容 ないよう 圏내용　復習 ふくしゅう 圏복습　〜けど 图~인데
一緒に いっしょに 閉같이　〜なくちゃいけない ~(해)야 한다, ~(하)지 않으면 안 된다　テキスト 圏교과서　自体 じたい 圏자체
難しい むずかしい い형어렵다　〜から 图~니까　もっと 閉더　簡単だ かんたんだ な형간단하다　参考書 さんこうしょ 圏참고서
探す さがす 圏찾다　行く いく 圏가다　思う おもう 圏생각하다　確かに たしかに 확실히　本屋 ほんや 圏서점　遠い とおい い형멀다
歩く あるく 圏걷다　予習 よしゅう 圏예습　〜用 〜よう ~용　使う つかう 圏쓰다　易しい やさしい い형쉽다　受ける うける 圏(강의를) 듣다
頭 あたま 圏머리　入る はいる 圏들어오다　見つかる みつかる 圏찾게 되다

☞ 문제 3은 문제지에 아무것도 인쇄되어 있지 않습니다. 따라서, 예제를 들려줄 때, 그 내용을 들으면서 개요 이해의 문제 풀이 전략을 떠올려 봅니다. 음성에서 では、始めます(그러면, 시작합니다)가 들리면, 곧바로 문제 풀 준비를 합니다. 디렉션과 예제는 실전모의고사 제1회의 해설(p.47)에서 확인할 수 있습니다.

---

1 상

[음성]	[음성]
ラジオで医者が話しています。	라디오에서 의사가 이야기하고 있습니다.

F：朝活という言葉をご存じですか。文字通り、朝早くから勉強や運動、仕事など何か活動することを言います。一日の活動時間が増える、普段より集中できるなどの理由からテレビや雑誌でも勧められていますが、誰もがそういった効果を感じられるとは限りません。私達一人一人の姿、性格が違うように、人によって活動的に行動できる時間が違います。朝活をいい習慣だと考える人が多いようですが、自分に合わないのなら無理して続ける必要はないのです。

F：아침 활동이라는 말을 알고 계십니까? 글자 그대로, 아침 일찍부터 공부나 운동, 일 등 무언가 활동하는 것을 말합니다. 하루의 활동 시간이 늘어난다, 평소보다 집중할 수 있다 등의 이유로 텔레비전이나 잡지에서도 권장되고 있습니다만, 누구나 그러한 효과를 느낄 수 있다고는 할 수 없습니다. 우리 개개인의 모습, 성격이 다른 것처럼, 사람에 따라 활동적으로 행동할 수 있는 시간이 다릅니다. 아침 활동을 좋은 습관이라고 생각하는 사람이 많은 것 같습니다만, 자신에게 맞지 않는다면 무리해서 계속할 필요는 없는 것입니다.

医者は主に何について話していますか。	의사는 주로 무엇에 대해서 이야기하고 있습니까?
1 朝活におすすめの活動	1 아침 활동으로 추천하는 활동
2 朝活で感じられた効果	2 아침 활동에서 느껴진 효과
3 朝活を習慣にする方法	3 아침 활동을 습관으로 삼는 방법
4 朝活をする時の注意点	**4 아침 활동을 할 때의 주의점**

해설 의사가 라디오에서 어떤 이야기를 하는지 전체적인 흐름을 파악하며 주의 깊게 듣는다. 의사가 朝活という言葉をご存じですか(아침 활동이라는 말을 알고 계십니까), 一日の活動時間が増える、普段より集中できるなどの理由からテレビや雑誌でも勧められていますが、誰もがそういった効果を感じられるとは限りません(하루의 활동 시간이 늘어난다, 평소보다 집중할 수 있다 등의 이유로 텔레비전이나 잡지에서도 권장되고 있습니다만, 누구나 그러한 효과를 느낄 수 있다고는 할 수 없습니다), 自分に合わないのなら無理して続ける必要はないのです(자신에게 맞지 않는다면 무리해서 계속할 필요는 없는 것입니다)라고 했다. 질문에서 의사가 하는 말의 중심 내용을 묻고 있으므로, 4

朝活をする時の注意点(아침 활동을 할 때의 주의점)이 정답이다.

어휘 ラジオ 圏라디오　医者 いしゃ 圏의사　言葉 ことば 圏말　ご存じだ ごぞんじだ 알고 계시다(知っている의 존경어)　文字 もじ 圏글자
～通り ～どおり ~그대로　朝 あさ 圏아침　早く はやく 圏일찍　～から 조~부터　勉強 べんきょう 圏공부　運動 うんどう 圏운동　仕事 しごと 圏일
活動 かつどう 圏활동　一日 いちにち 圏하루　時間 じかん 圏시간　増える ふえる 늘어나다　普段 ふだん 圏평소　～より 조~보다
集中 しゅうちゅう 圏집중　理由 りゆう 圏이유　テレビ 圏텔레비전　雑誌 ざっし 圏잡지　勧める すすめる 圄권장하다, 권하다　誰 だれ 圏누구
効果 こうか 圏효과　感じる かんじる 圄느끼다　～とは限らない ～とはかぎらない ~라고는 할 수 없다　一人一人 ひとりひとり 圏개개인
姿 すがた 圏모습　性格 せいかく 圏성격　違う ちがう 圄다르다　～ように ~처럼　～によって ~에 따라　活動的だ かつどうてきだ 圉활동적이다
行動 こうどう 圏행동　習慣 しゅうかん 圏습관　考える かんがえる 圄생각하다　多い おおい 圉많다　自分 じぶん 圏자신　合う あう 圄맞다
無理 むり 圏무리　続ける つづける 圄계속하다　必要 ひつよう 圏필요　おすすめ 圏추천　方法 ほうほう 圏방법　時 とき 圏때
注意点 ちゅういてん 圏주의점

2　중

[음성]
市役所で上司と女の職員が話しています。

M：この頃、外国人の観光客をよく見かけるようになったね。

F：そうですね。たぶん、ドラマのおかげだと思いますよ。

M：この辺りでドラマの撮影してたっけ？

F：あ、そうじゃなくて、小さな町や田舎が舞台になっているドラマを見て、都市よりもこういう静かな町に興味を持つ人が増えているそうです。

M：へぇ。看板やメニュー表に外国語表記もないし、英語もあまり通じないから観光客からしたら大変じゃないのかな。

F：それがいいみたいですよ。日本の田舎にしかない特別な雰囲気、風景が魅力のようです。

M：なるほどね。でも、車がないと交通が不便な町だから、観光客が町を回りやすいようにバスの本数を増やしたり何か工夫したほうがいいかもな。

女の職員は何について話していますか。

1 外国人に人気のドラマ
2 **観光客が増えた理由**
3 日本の田舎の魅力
4 観光客を呼ぶ工夫

[음성]
시청에서 상사와 여자 직원이 이야기하고 있습니다.

M : 요즘, 외국인 관광객을 자주 보게 되었네.

F : 그렇네요. 아마, 드라마 덕분이라고 생각합니다.

M : 이 근처에서 드라마 촬영했나?

F : 아, 그게 아니라, 작은 마을이나 시골이 무대가 되고 있는 드라마를 보고, 도시보다도 이런 조용한 마을에 흥미를 갖는 사람이 늘고 있다고 합니다.

M : 음. 간판이나 메뉴판에 외국어 표기도 없고, 영어도 그다지 통하지 않으니까 관광객 입장에서는 힘들지 않을까?

F : 그것이 좋은 것 같아요. 일본 시골에밖에 없는 특별한 분위기, 풍경이 매력인 것 같습니다.

M : 그렇구나. 하지만, 차가 없으면 교통이 불편한 마을이니까, 관광객이 마을을 돌기 쉽도록 버스의 편수를 늘리거나 뭔가 궁리하는 편이 좋을지도 모르겠네.

여자 직원은 무엇에 대해 이야기하고 있습니까?

1 외국인에게 인기인 드라마
2 **관광객이 늘어난 이유**
3 일본 시골의 매력
4 관광객을 부를 궁리

해설 상사와 여자 직원이 시청에서 어떤 이야기를 하는지 전체적인 흐름을 파악하며 주의 깊게 듣는다. 상사가 この頃、外国人の観光客をよく見かけるようになったね(요즘, 외국인 관광객을 자주 보게 되었네)라고 하자, 여자 직원이 小さな町や田舎が舞台になっているドラマを見て、都市よりもこういう静かな町に興味を持つ人が増えているそうです(작은 마을이나 시골이 무대가 되고 있는 드라마를 보고, 도시보다도 이런 조용한 마을에 흥미를 갖는 사람이 늘고 있다고 합니다)라고 한 후, 日本の田舎にしかない特別な雰囲気、風景が魅力のようです(일본 시골에밖에 없는 특별한 분위기, 풍경이 매력인 것 같습니다)라고 했다. 질문에서 여자 직원이 하는 말의 내용을 묻고 있으므로, 2 観光客が増えた理由(관광객이 늘어난 이유)가 정답이다.

어휘 市役所 しやくしょ 圏시청　上司 じょうし 圏상사　職員 しょくいん 圏직원　この頃 このごろ 요즘　外国人 がいこくじん 圏외국인
観光客 かんこうきゃく 圏관광객　よく 圉자주　見かける みかける 圄보다, 마주치다　～ようになる ~(하)게 되다　たぶん 圉아마
ドラマ 圏드라마　～おかげだ ~덕분이다　思う おもう 圄생각하다　辺り あたり 圏근처　撮影 さつえい 圏촬영　小さな ちいさな 작은
町 まち 圏마을　田舎 いなか 圏시골　舞台 ぶたい 圏무대　見る みる 圄보다　都市 とし 圏도시　～より 조~보다
静かだ しずかだ 圉조용하다　興味 きょうみ 圏흥미　持つ もつ 圄갖다　増える ふえる 圄늘다　～そうだ ~라고 한다　看板 かんばん 圏간판
メニュー表 メニューひょう 圏메뉴판, 메뉴 표　外国語 がいこくご 圏외국어　表記 ひょうき 圏표기　英語 えいご 圏영어　あまり 圉그다지

通じる つうじる 圖 통하다　～から 国 ~니까, ~에서　大変だ たいへんだ 나형 힘들다　～みたいだ ~것 같다　日本 にほん 圓 일본

特別だ とくべつだ 나형 특별하다　雰囲気 ふんいき 圓 분위기　風景 ふうけい 圓 풍경　魅力 みりょく 圓 매력　～ようだ ~것 같다

なるほど 그렇군, 과연　でも 国 하지만　車 くるま 圓 차　交通 こうつう 圓 교통　不便だ ふべんだ 나형 불편하다　回る まわる 圖 돌다

～やすい ~(하)기 쉽다　バス 圓 버스　増やす ふやす 늘리다　工夫 くふう 圓 궁리　～ほうがいい ~(하)는 편이 좋다　～かも ~(할)지도 모른다

人気 にんき 圓 인기　理由 りゆう 圓 이유　呼ぶ よぶ 圖 부르다

3 중

[음성]	[음성]
テレビで専門家が話しています。	텔레비전에서 전문가가 이야기하고 있습니다.

F：現在の日本において社会問題となっている子どもの貧困ですが、その数は七人に一人だと言われています。こちらの子ども食堂では成長期の子どもに栄養のある食事を届けたいと無料で温かい食事を提供しています。生活が苦しい家庭にはありがたい食堂ですが、スタッフは地域住民から集められたボランティアで、食材や場所を借りる費用も彼らが負担しています。地域住民の協力だけでは難しい状況です。国からの一日も早い支援が待たれます。

専門家は主に何について話していますか。

1 日本にある子ども食堂の数
2 成長に必要な栄養
3 子ども食堂の課題
4 ボランティアの集め方

F：현재 일본에서 사회 문제가 되고 있는 어린이 빈곤입니다만, 그 수는 일곱 명 중 한 명이라고 말해지고 있습니다. 이쪽의 어린이 식당에서는 성장기 어린이에게 영양 있는 식사를 전달하고 싶다며 무료로 따뜻한 식사를 제공하고 있습니다. 생활이 어려운 가정에게는 고마운 식당입니다만, 스태프는 지역 주민으로 모인 자원봉사자로, 식재료나 장소를 빌리는 비용도 그들이 부담하고 있습니다. 지역 주민의 협력만으로는 어려운 상황입니다. 국가로부터의 하루라도 빠른 지원이 기다려집니다.

전문가는 주로 무엇에 대해 이야기하고 있습니까?

1 일본에 있는 어린이 식당의 수
2 성장에 필요한 영양
3 어린이 식당의 과제
4 자원봉사자를 모으는 방법

해설 전문가가 라디오에서 어떤 이야기를 하는지 전체적인 흐름을 파악하며 주의 깊게 듣는다. 전문가가 こちらの子ども食堂では成長期の子どもに栄養のある食事を届けたいと無料で温かい食事を提供しています(이쪽의 어린이 식당에서는 성장기 어린이에게 영양 있는 식사를 전달하고 싶다며 무료로 따뜻한 식사를 제공하고 있습니다), スタッフは地域住民から集められたボランティアで(스태프는 지역 주민으로 모인 자원봉사자로), 地域住民の協力だけでは難しい状況です。国からの一日も早い支援が待たれます(지역 주민의 협력만으로는 어려운 상황입니다. 국가로부터의 하루라도 빠른 지원이 기다려집니다)라고 했다. 질문에서 전문가가 하는 말의 중심 내용을 묻고 있으므로, 3 子ども食堂の課題(어린이 식당의 과제)가 정답이다.

어휘 テレビ 圓 텔레비전　専門家 せんもんか 圓 전문가　現在 げんざい 圓 현재　日本 にほん 圓 일본　～において ~에서　社会 しゃかい 圓 사회
問題 もんだい 圓 문제　子ども こども 圓 어린이　貧困 ひんこん 圓 빈곤　数 かず 圓 수　言う いう 圓 말하다　食堂 しょくどう 圓 식당
成長期 せいちょうき 圓 성장기　栄養 えいよう 圓 영양　食事 しょくじ 圓 식사　届ける とどける 圖 전달하다　無料 むりょう 圓 무료
温かい あたたかい 나형 따뜻하다　提供 ていきょう 圓 제공　生活 せいかつ 圓 생활　苦しい くるしい 나형 (생활이) 어렵다　家庭 かてい 圓 가정
ありがたい 나형 고맙다　スタッフ 圓 스태프　地域 ちいき 圓 지역　住民 じゅうみん 圓 주민　～から 国 ~로부터　集める あつめる 圖 모으다
ボランティア 圓 자원봉사자　食材 しょくざい 圓 식재료　場所 ばしょ 圓 장소　借りる かりる 圖 빌리다　費用 ひよう 圓 비용　彼ら かれら 圓 그들
負担 ふたん 圓 부담　協力 きょうりょく 圓 협력　～だけ ~만　難しい むずかしい 나형 어렵다　状況 じょうきょう 圓 상황　国 くに 圓 국가, 나라
一日 いちにち 圓 하루　早い はやい 나형 빠르다　支援 しえん 圓 지원　待つ まつ 圖 기다리다　成長 せいちょう 圓 성장
必要だ ひつようだ 나형 필요하다　課題 かだい 圓 과제　集め方 あつめかた 圓 모으는 방법

☞ 문제 4는 예제를 들려줄 때 1번부터 4번까지의 그림을 보고 상황을 미리 떠올려봅니다. 음성에서 では、始めます(그러면, 시작합니다)가 들리면, 곧바로 문제 풀 준비를 합니다. 디렉션과 예제는 실전모의고사 제1회의 해설(p.50)에서 확인할 수 있습니다.

1 상

[문제지]

[음성]

図書館に本を運ばなくてはいけません。でも一人では運べません。友達に何と言いますか。

F：1 図書館に運んでおいて。
2 手伝ってくれる？
3 持ってあげようか。

[음성]

도서관에 책을 옮겨야 합니다. 하지만 혼자서는 옮길 수 없습니다. 친구에게 뭐라고 말합니까?

F：1 도서관에 옮겨 둬.
2 도와줄래?
3 들어줄까?

해설 책을 혼자서 옮길 수 없을 때 친구에게 할 수 있는 말을 고르는 문제이다.
1 (X) 상황에 맞지 않는 말이므로 오답이다.
2 (O) 手伝ってくれる가 '도와줄래?'라는 말이므로 정답이다.
3 (X) 친구가 할 수 있는 말이므로 오답이다.

어휘 図書館 としょかん 圏 도서관 本 ほん 圏 책 運ぶ はこぶ 圏 옮기다 ～なくてはいけない ~(해)야 한다 でも 圙 하지만 友達 ともだち 圏 친구
～ておく ~(해) 두다 手伝う てつだう 圏 돕다 持つ もつ 圏 들다

꼭 알아두기 一人では～ません(혼자서는 ~없습니다)은 도움이 필요한 상황이므로 부탁하거나 요청하는 내용을 정답으로 고른다.

2 중

[문제지]

[음성]

祖母の家に遊びに来ました。家に上がります。祖母に何と言いますか。

M：1 おじゃまします。
2 上がってください。
3 お世話になりました。

[음성]

할머니 집에 놀러 왔습니다. 집에 들어갑니다. 할머니께 뭐라고 말합니까?

M：1 실례합니다.
2 들어와 주세요.
3 신세를 졌습니다.

해설 할머니 집에 놀러 온 남자가 집에 들어갈 때 할 수 있는 말을 고르는 문제이다.
1 (O) おじゃまします가 '실례합니다'라는 말이므로 정답이다.
2 (X) 할머니가 할 수 있는 말이므로 오답이다.
3 (X) 상황에 맞지 않는 말이므로 오답이다.

어휘 祖母 そぼ 圏 할머니 家 いえ 圏 집 遊ぶ あそぶ 圏 놀다 来る くる 圏 오다 上がる あがる 圏 (안으로) 들어가다, 들어오다 ～てください ~(해) 주세요

3 중

[문제지]

[음성]

セールが終わる日が知りたいです。店員に何と言いますか。

F : 1 セールはいつまでやっていますか。

2 セールは何時からですか。

3 セールはいつありますか。

[음성]

세일이 끝나는 날을 알고 싶습니다. 점원에게 뭐라고 말합니까?

F : 1 세일은 언제까지 하고 있습니까?

2 세일은 몇 시부터입니까?

3 세일은 언제 있습니까?

해설 세일이 끝나는 날을 알고 싶은 손님이 점원에게 할 수 있는 말을 고르는 문제이다.

1 (O) いつまでやっていますか가 '언제까지 하고 있습니까?'라는 말이므로 정답이다.

2 (X) 何時からですか는 '몇 시부터입니까?'라는 말이므로 오답이다.

3 (X) いつありますか는 '언제 있습니까?'라는 말이므로 오답이다.

어휘 セール 圏세일 終わる おわる 圄끝나다 日 ひ 圏날 知る しる 圄알다 店員 てんいん 圏점원 いつ 圏언제 ～まで 国~까지 やる 圄하다 ～から 国~부터

4 중상

[문제지]

[음성]

会社に取引先の人が来ました。部長が来るまでこの部屋で待っていてもらいます。取引先の人に何と言いますか。

M : 1 こちらで少々お待ちください。

2 取引先の方がお待ちですよ。

3 この部屋でお待ちいただきましょうか。

[음성]

회사에 거래처 사람이 왔습니다. 부장님이 올 때까지 이 방에서 기다리고 있도록 합니다. 거래처 사람에게 뭐라고 말합니까?

M : 1 여기에서 잠시 기다려 주세요.

2 거래처 분이 기다리십니다.

3 이 방에서 기다리시게 할까요?

해설 부장님이 올 때까지 이 방에서 기다려 달라고 말하고 싶을 때, 거래처 사람에게 할 수 있는 말을 고르는 문제이다.

1 (O) こちらで少々お待ちください가 '여기에서 잠시 기다려 주세요'라는 말이므로 정답이다.

2 (X) 부장님에게 할 수 있는 말이므로 오답이다.

3 (X) お待ちいただきましょうか는 '기다리시게 할까요?'라는 말이므로 오답이다.

어휘 会社 かいしゃ 圏회사 取引先 とりひきさき 圏거래처 来る くる 圄오다 部長 ぶちょう 圏부장(님) ～まで 国~까지 部屋 へや 圏방 待つ まつ 圄기다리다 少々 しょうしょう 閏잠시 方 かた 圏분

☞ 문제 5는 문제지에 아무것도 인쇄되어 있지 않습니다. 따라서, 예제를 들려줄 때, 그 내용을 들으면서 즉시 응답의 문제 풀이 전략을 떠올려 봅니다. 음성에서 では、始めます(그러면, 시작합니다)가 들리면, 실제 문제 풀 준비를 합니다. 디렉션과 예제는 실전모의고사 제1회의 해설(p.53)에서 확인할 수 있습니다.

---

1 상

[음성]
F：友達がもうすぐ結婚するんだけど、何をあげたら喜ぶと思う？
M：1 僕なら食器がほしいな。
　　2 素敵なプレゼントだね。
　　3 友達、喜んでくれた？

[음성]
F : 친구가 이제 곧 결혼하는데, 무엇을 주면 좋아할 거라고 생각해?
M : 1 나라면 식기를 갖고 싶어.
　　2 멋진 선물이네.
　　3 친구, 좋아해 줬어?

해설 여자가 남자에게 결혼하는 친구에게 무엇을 주면 좋아할지 물어보는 상황이다.
　　1 (O) 식기가 좋겠다는 말이므로 적절한 응답이다.
　　2 (X) 선물을 사기 전인 상황에 맞지 않은 응답이다.
　　3 (X) 友達(ともだち)를 반복 사용하고 喜ぶ(よろこぶ)를 喜んで(よろこんで)로 반복 사용하여 혼동을 준 오답이다.

어휘 友達 ともだち 명 친구　もう 분 이제　すぐ 분 곧　結婚 けっこん 명 결혼　～けど 조 ～는데　あげる 동 주다　喜ぶ よろこぶ 동 좋아하다
　　思う おもう 동 생각하다　僕 ぼく 명 나, 저(남자의 자칭)　食器 しょっき 명 식기　ほしい い형 갖고 싶다　素敵だ すてきだ 나형 멋지다
　　プレゼント 명 선물

---

2 상

[음성]
M：美術館の絵や像は写真を撮ってもかまいませんか。
F：1 はい、写真でもかまいません。
　　2 はい、ご自由にどうぞ。
　　3 はい、これは有名な絵です。

[음성]
M : 미술관의 그림이나 조각상은 사진을 찍어도 괜찮습니까?
F : 1 네, 사진이라도 괜찮습니다.
　　2 네, 자유롭게 찍으세요.
　　3 네, 이것은 유명한 그림입니다.

해설 남자가 미술관에서 그림이나 조각상의 사진을 찍어도 괜찮은지 허락을 구하는 상황이다.
　　1 (X) 写真(しゃしん)과 かまいません을 반복 사용하여 혼동을 준 오답이다.
　　2 (O) 사진을 찍어도 된다고 허락하는 말이므로 적절한 응답이다.
　　3 (X) 絵(え)를 반복 사용하여 혼동을 준 오답이다.

어휘 美術館 びじゅつかん 명 미술관　絵 え 명 그림　像 ぞう 명 조각상　写真 しゃしん 명 사진　撮る とる 동 찍다　～てもかまわない ~(해)도 괜찮다
　　自由だ じゆうだ 나형 자유롭다　有名だ ゆうめいだ 나형 유명하다

꼭 알아두기 ～てもかまいませんか(~(해)도 괜찮습니까?), ～てもよろしいでしょうか(~해도 괜찮을까요?)는 허락을 구하는 표현이므로 승낙하거나 거절하는 내용을 정답으로 고른다.

---

3 상

[음성]
M：昨日の帰り道、事故を起こしそうになったんだ。
F：1 今日は車で帰ろうよ。
　　2 えっ、怪我はひどいの？
　　3 運転するときは気を付けないと。

[음성]
M : 어제 돌아가는 길, 사고를 낼 뻔했어.
F : 1 오늘은 차로 돌아가자.
　　2 앗, 상처는 심해?
　　3 운전할 때는 조심하지 않으면 안 돼.

해설 남자가 어제 돌아가는 길에 사고를 낼 뻔했다고 이야기하는 상황이다.
　　1 (X) 帰り道(돌아가는 길)와 관련된 帰る(돌아가다)를 사용하여 혼동을 준 오답이다.

2 (X) 남자가 사고를 낼 뻔한 것이지 낸 것은 아니므로 상황과 맞지 않다.

3 (O) 사고를 낼 뻔했다는 말에 조심하라고 주의를 주는 적절한 응답이다.

어휘 昨日 きのう 뗑어제 帰り道 かえりみち 뗑돌아가는 길 事故 じこ 뗑사고 起こす おこす 툉내다, 일으키다 ~そうになる ~뻔하다

今日 きょう 뗑오늘 車 くるま 뗑차 帰る かえる 툉돌아가다 怪我 けが 뗑상처, 다침 ひどい い휑심하다 運転 うんてん 뗑운전 とき 뗑때

気を付ける きをつける 조심하다

꼭 알아두기 ~そうになる(~뻔하다), ~ところだった(~할 뻔했다)는 실제로는 일어나지 않은 일임을 알아둔다.

4 상

[음성]

F：本田さん、さっき課長が褒めてましたよ。仕事が速

いって。

M：1 課長がですか？嬉しいな。

2 もっと速いですか。

3 急いでいたんですかね。

[음성]

F：혼다 씨, 아까 과장님이 칭찬하셨어요. 일이 빠르다고.

M：1 과장님이요? 기쁘네요.

2 더 빠른가요?

3 서두르고 있었던 걸까요.

해설 여자가 혼다 씨, 즉 남자에게 일하는 것이 빠르다고 과장님이 칭찬한 것을 전달하는 상황이다.

1 (O) 과장님이 칭찬하셨다는 말에 기뻐하는 적절한 응답이다.

2 (X) 速い(はやい)를 반복 사용하여 혼동을 준 오답이다.

3 (X) 速い(빠르다)와 관련된 急ぐ(서두르다)를 사용하여 혼동을 준 오답이다.

어휘 さっき 뗑아까 課長 かちょう 뗑과장(님) 褒める ほめる 툉칭찬하다 仕事 しごと 뗑일 速い はやい い휑빠르다 嬉しい うれしい い휑기쁘다

急ぐ いそぐ 툉서두르다

5 중상

[음성]

F：昨日くれたクッキーおいしくて、食べ出したら止まらな

くなっちゃったよ。

M：1 え、私にもクッキーちょうだい。

2 え、もう止まった？

3 え、そんなにおいしかった？

[음성]

F：어제 준 쿠키 맛있어서, 먹기 시작했더니 멈출 수가 없게 되

어 버렸어.

M：1 어, 나에게도 쿠키 줘.

2 어, 벌써 멈췄어?

3 어, 그렇게 맛있었어?

해설 여자가 어제 남자가 준 쿠키가 매우 맛있었다고 이야기하는 상황이다.

1 (X) 남자가 쿠키를 준 사람이므로 남자가 할 수 있는 말이 아니다.

2 (X) 止まらない(とまらない)를 止まって(とまって)로 반복 사용하여 혼동을 준 오답이다.

3 (O) 쿠키가 매우 맛있었다는 말에 적절한 응답이다.

어휘 昨日 きのう 뗑어제 くれる 툉(나에게) 주다 クッキー 뗑쿠키 おいしい い휑맛있다 食べ出す たべだす 툉먹기 시작하다

止まる とまる 툉멈추다 ~ちゃう ~(해) 버리다 ちょうだい 줘, 주세요 もう 쀤벌써

6 중

[음성]

M：消しゴム、二つあるので一つお貸ししましょうか。

F：1 じゃあ、これを使ってください。

2 消しゴム、ないんですか。

3 あ、いいんですか。どうも。

[음성]

M：지우개, 두 개 있으니까 하나 빌려 드릴까요?

F：1 그럼, 이것을 써 주세요.

2 지우개, 없어요?

3 아, 괜찮습니까? 고맙습니다.

해설 남자가 여자에게 지우개를 하나 빌려주겠다고 제안하는 상황이다.

1 (X) 지우개를 빌려주겠다고 제안받은 사람이 할 수 있는 말이 아니다.

2 (X) 지우개를 빌려주겠다고 제안받은 사람이 할 수 있는 말이 아니다.

3 (O) 제안을 수락하고 고마워하는 적절한 응답이다.

어휘 消しゴム けしゴム 図 지우개   貸す かす 图 빌려주다   使う つかう 图 쓰다   ~てください ~(해) 주세요   いい い형 괜찮다, 좋다

7 상

[음성]
F：私のせいで行けなくなっちゃったね。せっかくのキャンプの日に熱が出るなんて。
M：1 本当に申し訳ないね。
　　2 こういうこともあるよ。
　　3 キャンプ楽しみだね。

[음성]
F：나 때문에 못 가게 되어 버렸네. 모처럼의 캠핑 날에 열이 나다니.
M：1 정말로 미안하네.
　　2 이런 일도 있지.
　　3 캠핑 기대된다.

해설 여자가 열이 나서 캠핑에 못 가게 되어버려 남자에게 미안해하는 상황이다.
　　1 (X) 미안해한 것은 여자이므로 남자가 할 수 있는 말이 아니다.
　　2 (O) 미안해하는 여자를 안심시켜주는 적절한 응답이다.
　　3 (X) 여자가 열이 나서 캠핑에 못 가게 된 상황과 맞지 않다.

어휘 ~せいだ ~때문에, 탓에   行く いく 图 가다   ~ちゃう ~(해) 버리다   せっかく 囝 모처럼   キャンプ 圕 캠프   日 ひ 圕 날
　　熱が出る ねつがでる 열이 나다   本当だ ほんとうだ 图 정말이다   申し訳ない もうしわけない い형 미안하다   楽しみ たのしみ 圕 기대

8 중

[음성]
F：先週買ってあげたばかりなのにまた財布なくしたの？
M：1 うん。買い物ばかりしてるよ。
　　2 うん。かばんに入れたはずなのに。
　　3 うん。またあげるつもり。

[음성]
F：지난주에 사 준 지 얼마 안 됐는데 또 지갑 잃어버렸어?
M：1 응. 쇼핑만 하고 있어.
　　2 응. 가방에 넣었을 건데.
　　3 응. 또 줄 생각이야.

해설 여자가 사준 지 얼마 안 된 지갑을 또 잃어버렸냐고 남자를 질책하는 상황이다.
　　1 (X) 買ってあげた(사준)와 관련된 買い物(쇼핑)를 사용하여 혼동을 준 오답이다.
　　2 (O) 지갑을 또 잃어버렸냐는 질책에 당황하는 적절한 응답이다.
　　3 (X) あげた를 あげる로 반복 사용하여 혼동을 준 오답이다.

어휘 先週 せんしゅう 圕 지난주   買う かう 图 사다   ~たばかり ~(한) 지 얼마 안 되다, 막 ~하다   また 囝 또   財布 さいふ 圕 지갑   なくす 图 잃어버리다
　　買い物 かいもの 圕 쇼핑   ~ばかり ~만   かばん 圕 가방   入れる いれる 图 넣다   ~はずだ ~일 것이다   あげる 图 주다   ~つもり ~생각이다

9 상

[음성]
M：今、お時間ありますか。報告書の書き方について伺いたいことがあるんですが。
F：1 はい。どんなことでしょうか。
　　2 いいえ。報告書は書いていません。
　　3 どこを訪ねる予定ですか。

[음성]
M：지금, 시간 있으세요? 보고서 작성 방법에 대해 여쭙고 싶은 것이 있는데요.
F：1 네, 어떤 것이죠?
　　2 아니요. 보고서는 쓰지 않았어요.
　　3 어디를 방문할 예정입니까?

해설 남자가 여자에게 보고서 작성 방법에 대해 물어보고 싶다고 말하는 상황이다.
　　1 (O) 물어보고 싶은 것이 무엇인지 되묻는 말이므로 적절한 응답이다.
　　2 (X) 報告書(ほうこくしょ)를 반복 사용하여 혼동을 준 오답이다.
　　3 (X) 伺う(여쭙다)의 다른 뜻인 '방문하다'와 관련된 訪ねる(방문하다)를 사용하여 혼동을 준 오답이다.

어휘 今 いま 圕 지금   時間 じかん 圕 시간   報告書 ほうこくしょ 圕 보고서   書き方 かきかた 圕 작성 방법   ~について ~에 대해
　　伺う うかがう 图 여쭙다, 방문하다(聞く, 訪ねる의 겸양어)   書く かく 图 쓰다   どこ 圕 어디   訪ねる たずねる 图 방문하다   予定 よてい 圕 예정